Güterverkehr kompakt

Güterverkehr kompakt

2. Auflage

Herausgegeben von
Wolfgang Stölzle, Dustin Schöder und Ludwig Häberle

DE GRUYTER
OLDENBOURG

ISBN 978-3-11-077287-6
e-ISBN (PDF) 978-3-11-077304-0
e-ISBN (EPUB) 978-3-11-077313-2

Library of Congress Control Number: 2023950565

Bibliografische Information der Deutschen Nationalbibliothek
Die Deutsche Nationalbibliothek verzeichnet diese Publikation in der Deutschen Nationalbibliografie;
detaillierte bibliografische Daten sind im Internet über http://dnb.dnb.de abrufbar.

© 2024 Walter de Gruyter GmbH, Berlin/Boston
Einbandabbildung: Gettyimages/axllll
Satz: Integra Software Services Pvt. Ltd.
Druck und Bindung: CPI books GmbH, Leck

www.degruyter.com

Stimmen zur aktuellen Auflage

„Bei nahezu allen Fragestellungen im Güterverkehr sind heute vielfältige Sichtweisen zu verknüpfen: Erwartungen der Kunden mit ihren eigenen Logistikkonzepten, Gesetze und Regulatorik, politisch-gesellschaftliche Interessen bis hin zum kombinierten Einsatz von Verkehrsträgern. Das Lehrbuch Güterverkehr kompakt greift in seiner 2. Auflage diesen Vernetzungsanspruch sehr gut verständlich auf und bettet aktuelle Fragen des Güterverkehrs in das «Bermuda-Dreieck» von Verkehrspolitik, Verkehrsmärkten und Verkehrsunternehmen ein. Der Leser spürt stark den Erfahrungsschatz der Autoren, die in verschiedenen Bereichen des Güterverkehrs ihre fachliche Heimat haben. Ich werde das Buch den über 190 Netzwerkpartnern der CTL empfehlen, wenn es um den Kompetenzaufbau von Quereinsteigern ebenso geht wie um die Konzeption und Ausgestaltung von Schulungsmaßnahmen."

Francesco De Lauso
CEO CTL Cargo Trans Logistik AG

„Das Buch Güterverkehr kompakt vermittelt in komprimierter Form die wesentlichen Zusammenhänge des Güterverkehrs. Besonders eindrucksvoll ist dabei die gelungene Verknüpfung von theoretischen und praktischen Erkenntnissen. Trotz der kompakten Darstellung werden nicht nur aktuelle Trends wie Digitalisierung und Nachhaltigkeit behandelt, sondern auch komplexe verkehrsträgerübergreifende Themen. Ich kann das Buch sowohl interessierten Studierenden als auch Praktikern im Bereich der Transportwirtschaft und Logistik sehr empfehlen."

Univ. Prof. Dr. Sebastian Kummer
Vorstand des Instituts für Transportwirtschaft und Logistik
Wirtschaftsuniversität Wien

„In den Anwendungsorientierten Wissenschaften, wie der Logistik, ist ein besonderes Augenmerk auf Praxisrelevanz und enge Anbindung zwischen Wissenschaft, Forschung und Praxis notwendig, vor allem auch in der Lehre. Hier ist „Güterverkehr kompakt" mit seiner Nähe zwischen Praxis und Wissenschaft, mit klaren verständlichen Praxisbeispielen, ohne die Komplexität der Regulatorik und der Interaktionen zwischen den vielschichtigen Stakeholdern zu vernachlässigen, optimal einzusetzen. Speziell die vielen Erfahrungen, die in diesem Buch zusammengetragen wurden, sind von besonderem Interesse für zukünftigen Logistiker. Es freut mich damit eine perfekte Unterstützung für unsere Studierenden parallel zur Lehre zu haben."

Prof. Dr. Johannes Fottner
Professor für Technische Logistik
Technische Universität MünchenWirtschaftsuniversität Wien

https://doi.org/10.1515/9783110773040-202

„Auch die Logistik und der Güterverkehr stehen unter einem großen transformativen Druck und nachhaltigem Wandel. Umso wichtiger ist es, aktuelle Trends, Potenziale und die wirtschaftliche, wie gesellschaftliche und politische Bedeutung dieses Wandels verstehen zu können. Den Autoren gelingt hier ein beeindruckender Rundumschlag und Meilenstein. Aufbauend auf einem überaus soliden Fundament liefert es uns wertvolle Einblicke und Erkenntnisse, die uns helfen, diesen Wandel zu verstehen, zu begleiten und zu gestalten. Damit vereint es Theorie und Praxis in vorbildlicher Form. Ein must-read für alle, die sich mit den hier adressierten Themen beschäftigen."

Jan-Frederik Kremer
Principal & Founder AiF InnovatorsNet

„Güterverkehr kompakt ist eine herausragende Publikation, die in verschiedener Weise Maßstäbe setzt. Vor allem bieten die Autorinnen und Autoren einen umfassenden Einblick in die Welt des Güterverkehrs. Struktur und inhaltliche Aufbereitung der inhaltlichen Dimensionen des Buches machen komplexe Themen verstehbar. Auf gelungene Weise vermittelt es fundiertes Fachwissen zu Logistik und Transport und geht außerdem konkret auf wesentliche Trends und Entwicklungen der Branche ein. Praxisnahen Beispiele veranschaulichen die theoretischen Konzepte. In der Gesamtkomposition ist „Güterverkehr kompakt" eine unbedingt zu empfehlende Lektüre für Fachleute, Studierende und alle, die sich für die Herausforderungen und Chancen im Bereich Güterverkehr interessieren."

Christoph Meyer
Geschäftsführer Bundesvereinigung Logistik (BVL) e.V.

Vorwort der Herausgeber

Die Bedeutung der Logistik für eine leistungsfähige Wirtschaft und zufriedene Kunden ist spätestens seit den Krisen der vergangenen Jahre breiten Bevölkerungskreisen bewusst geworden. Die besondere Rolle des Güterverkehrs – auch im Kontext der Logistik – wird indessen längst nicht so intensiv beleuchtet. Mittlerweile ist das Verständnis von Güterverkehr integrativ geprägt: Dabei werden nicht mehr einzelne Verkehrsträger isoliert betrachtet, sondern vielmehr deren Zusammenspiel in den Vordergrund gerückt. Unternehmen im Güterverkehr operieren innerhalb eines komplexen Umfelds, das nationale und internationale Märkte sowie die Verkehrspolitik umfasst.

Diesem Anspruch ist bereits die erste Auflage des vorliegenden Buches nachgekommen, die im Jahr 2010 erschienen ist und von Wolfgang Stölzle zusammen mit Hans Peter Fagagnini als Sammelband – damals vor allem mit Autorinnen und Autoren aus dem Kreis der Nachwuchswissenschaftler des Lehrstuhls für Logistikmanagement der Universität St. Gallen – herausgegeben wurde. Ziel war es, Studierenden einen kompakten Über- und Einblick in den Güterverkehr zu vermitteln, ohne zu stark in Details einzutauchen, die sich zudem gerade im Verkehrsbereich schnelllebig verändern können.

Die nun vorliegende, komplett überarbeitete 2. Auflage ist wiederum als Herausgeberwerk konzipiert, diesmal mit Autorinnen und Autoren, die als Führungskräfte in Wissenschaft, Praxis und Politik im Bereich Logistik und Verkehr tätig sind. Das Zielpublikum wird damit bewusst erweitert. Dies umfasst nicht nur Studierende auf Bachelor- und Masterniveau an Universitäten und Hochschulen im Bereich Logistik und Verkehr, sondern auch Teilnehmende von Weiterbildungen sowie Quereinsteigende in Führungspositionen sowie jüngere Führungskräfte im Logistik- und Verkehrsbereich.

Über allem steht ein modernes, interdisziplinäres Verständnis von Güterverkehr, der in Verkehrssysteme eingebunden ist. Aus einer schwerpunktmäßig logistisch-betriebswirtschaftlichen Sicht wird der Güterverkehr in das Spannungsfeld von Unternehmen, Märkten und Verkehrspolitik eingebettet. Die ganzheitliche Betrachtungsweise erstreckt sich auch auf verschiedene Verkehrsträger und zeigt sich in verkehrsträgerübergreifenden Lösungen für den Güterverkehr. Beim Management von Güterverkehrsunternehmen liegt ein besonderes Augenmerk auf den Aspekten Wirtschaftlichkeit, Nachhaltigkeit und Innovation. Die Auswahl der Autorinnen und Autoren ermöglicht schließlich eine nahtlose Verknüpfung von konzeptionellen Inhalten mit praxisbezogenen Aspekten aus Unternehmen, Märkten und der Verkehrspolitik.

Der besondere Dank der Herausgeber geht an Hans Peter Fagagnini, dessen grundsätzliche Sicht auf den Güterverkehr auch diese 2. Auflage prägt, ebenso wie an die Autorinnen und Autoren, die sehr diszipliniert die Deadline eingehalten und mit ihren Beiträgen ein pünktliches Erscheinen des Werkes ermöglicht haben. Den Unternehmen 4PL Central Station, barth Logistikgruppe, Häberle Logistik, NOKERA und Seifert Logistics Group danken wir für ihre Beiträge zu den im Buch verarbeiteten Praxisbeispie-

https://doi.org/10.1515/9783110773040-203

len. Yannik Kohleisen hat unermüdlich und höchst zuverlässig die finalen Arbeiten am Manuskript betreut – herzlichen Dank dafür!

Bazenheid / Starnberg / Zürich, im Oktober 2023
Wolfgang Stölzle / Dustin Schöder / Ludwig Häberle

Inhaltsverzeichnis

Geleitwort Bundesverband Güterkraftverkehr Logistik und Entsorgung

Geleitwort von Prof. Dr. Dirk Engelhardt
Vorstandssprecher des Bundesverbands Güterkraftverkehr Logistik
und Entsorgung (BGL) e.V.

Der Bundesverband Güterkraftverkehr Logistik und Entsorgung (BGL) e.V. ist der Spitzenverband für Straßengüterverkehr, Logistik und Entsorgung in Deutschland mit Sitz in Frankfurt am Main. Er vertritt seit 1947 die berufsständischen Interessen von aktuell rund 7.000 in seinen Landesverbänden organisierten Unternehmen. Diese betätigen sich schwerpunktmäßig in den Bereichen Straßengütertransport, Logistik, Spedition, Lagerung und Entsorgung. Die Branche erwirtschaftet mit ihren rund 650.000 Beschäftigen knapp 40 Mrd. Euro Umsatz pro Jahr.

Unsere moderne Gesellschaft ist gekennzeichnet von einer hochspezialisierten Arbeitsteiligkeit, die infolge der Globalisierung weit über nationale Grenzen hinweg weltweit ausgeprägt ist. Die Versorgung der Bevölkerung und der Industrie mit Rohstoffen, Vorläuferprodukten, Endprodukten und Dienstleistungen ist nur möglich auf Grundlage einer reibungslos funktionierenden und auf Störeinflüsse flexibel reaktionsfähigen, verkehrsträgerübergreifenden Logistik. Grundbaustein hierfür ist das unter Nachhaltigkeitsaspekten erfolgende, intelligente Zusammenwirken von Mensch, Infrastruktur und Transportmittel. Die Logistikkette umfasst nicht allein den Transportprozess, sondern schließt auch die zeit- und bedarfsgerechte Bereitstellung und Anlieferung von Waren ein. Von daher greifen die Transport- und die innerbetriebliche Logistik Hand in Hand und tragen dadurch zum Funktionieren von Gesellschaft und Wirtschaft bei. Aufgrund der Vielfalt der zu transportierenden Waren und Güter ist die Kenntnis um den Einsatz und die Verfügbarkeit von geeigneten Transportmitteln sowohl im Hinblick auf den Verkehrsträger als auch die diesbezüglichen Fahrzeuge von großer Bedeutung. So bedingen bspw. Gefahrguttransporte, Tiertransporte, Abfalltransporte, Großraum- und Schwerransporte, Stückguttransporte, Tank-/Silotransporte jeweils eigene logistische Prozessplanungen. Die zunehmende Urbanisierung unserer Gesellschaft in Verbindung mit der politisch verankerten Verkehrs- und Energiewende stellt die Citylogistik der Zukunft vor zunehmende Herausforderungen. Dies alles erfordert nicht zuletzt spezialisiertes Fachpersonal auf allen operativen und administrativen Logistikebenen. Defizite im Vorhalten von Fachpersonal (bspw. Fahrpersonalmangel), in der Infrastruktur (bspw. marode

https://doi.org/10.1515/9783110773040-205

Brücken, Tunnel), in der Verfügbarkeit geeigneter Transportmittel (bspw. Tank-/Silofahrzeuge, Fahrzeuge des Großraum- und Schwerlastverkehrs, Güterwaggons), führen zu Störanfälligkeiten und damit unweigerlich zum Kollaps von Lieferketten mit nachteiligen Auswirkungen auf das gesellschaftliche Leben und Wirken sowie die Wirtschaft. Im Hinblick auf die Tatsache, dass 72 Prozent der Güterverkehrsleistung auf der Straße von Lkw erbracht und 85 Prozent der Gütermenge von Lkw transportiert werden, ist der Straßengüterverkehr in der logistischen Prozesskette als bedeutender systemrelevanter Faktor einzustufen. Allen Beteiligten in der Logistikkette wird daher ein hohes Maß an Verantwortung zuteil.

Das vorliegende Lehrbuch greift die mannigfaltigen Aspekte des Waren- und Güterverkehrs detailliert auf und betont die Bedeutung von Wirtschaftlichkeit, Nachhaltigkeit und Innovativität beim Management von Güterverkehrsunternehmen. Auch politische Rahmenbedingungen werden anhand der regulierenden Verkehrspolitik aufgezeigt. Inhaltlich ist das Lehrbuch so konzipiert, dass ein Denken in Verkehrssystemen, vor allem aus einer logistisch-betriebswirtschaftlichen Sicht, angestrebt wird. Das Lehrbuch stellt durch seine Themenvielfalt die Grundlage des Basiswissens zum Verständnis für eine moderne Logistik im gegenwärtigen Wandel der Gesellschaft dar und versetzt den Leser in die Lage, zukunftsfähige Entscheidungen in einem globalisierten Logistikmarkt fachgerecht zu treffen.

Geleitwort Bundesvereinigung Logistik

Geleitwort von Prof. Dr.-Ing. Thomas Wimmer
Vorsitzender des Vorstands der Bundesvereinigung Logistik (BVL) e.V.

BVL⌐

Wenn sich 13 Autorinnen und Autoren zusammenfinden, um ihre Expertise in einem Lehrbuch „Güterverkehr kompakt" zusammenzutragen, ist das allein schon eine Kommentierung wert. Denn wenn jeder mit jedem sprechen und danach zum Ausgangspunkt zurückkehren wollte, gäbe es $6{,}2 \times 10^9$ Möglichkeiten, das eigene Wissen zu erweitern.

Wissen zu teilen, schafft mehr Wissen – und zwar für mehr Personen als die, die damit angefangen haben. Wissen zu teilen, braucht menschliche Größe. Nämlich zuzulassen, dass andere dieses Wissen aufnehmen, adaptieren und Neues entwickeln werden – auf das man möglicherweise allein nicht gekommen wäre.

Diese Logik haben sich die Mitglieder der gemeinnützigen Bundesvereinigung Logistik (BVL) ebenfalls auf die Fahnen geschrieben: Vordenker, Netzwerker, Ausbilder sein. Der Purpose lautet: „Wir verbinden Menschen in einem einzigartigen Netzwerk. Gemeinsam gestalten wir die Logistik der Zukunft." 10.500 Mitglieder in 38 Regionalgruppen bzw. Chapters organisieren über 350 Fachveranstaltungen pro Jahr. Was für ein Potenzial.

Die Initiatoren dieses Buches haben den Anspruch formuliert, die Zusammenhänge und Wechselwirkungen im Güterverkehrssektor herauszuarbeiten. Sie dokumentieren damit ein modernes, systemisches Verständnis des Verkehrs. Als Zielgruppen haben sie Studierende der Fachrichtungen Logistik und Verkehr, aber auch Teilnehmende von Weiterbildungen definiert. Auch „Quereinsteiger" in Führungspositionen werden adressiert und natürlich junge Führungskräfte bei Logistik-Dienstleistern, in Verkehrsunternehmen sowie in Industrie– und Handelsunternehmen. Wenn diese sich mit ihrem Wissen vernetzen, gibt es unvorstellbar große Potenziale.

Netzwerke sind intelligente Verbindungen zwischen mehreren Punkten. Direkte Wege sind möglich. Ihre Stärke spielen Netzwerke aber auch dann aus, wenn es zu Störungen kommt und neue Wege nötig werden. Reale und digitale Netze sind wichtig, weil sie Transparenz und Agilität ermöglichen – innerhalb von Unternehmen und in der gesamten Lieferkette. Komplexe Verbindungen zwischen Produzenten, Händlern, Lieferanten, Dienstleistern und Kunden, mit Auftraggebern und Auftragnehmern, bilden die Basis allen Wirtschaftens. Ohne physische Warenbewegung aber geht gar nichts.

Gut, wenn man sich im Güterverkehr auskennt.

https://doi.org/10.1515/9783110773040-206

Geleitwort 4 PL Central Station

Alexander Bauer †
Group Chairman, Inhaber und Gründer der 4PL Central Station AG

Im Geschäftsmodell der 4PL Central Station AG spielt der Straßengüterverkehr eine zentrale Rolle. Als unverzichtbarer Bestandteil der von 4PLCS entwickelten Logistik-konzepte für Industrie und Handel gilt es, die nach den Erfordernissen einer funktio-nierenden Industrielogistik benötigten Transportkapazitäten sicherzustellen und optimal zu steuern.

Allein in Deutschland sind fast 47.000 Unternehmen im gewerblichen Güterkraft-verkehr unterwegs. Mehr als 720.000 Fahrzeuge bieten Ladekapazität für mehr als 10,3 Millionen Tonnen Güter. Damit ist der Güterverkehr eine fundamentale Größe bei der Aufrechterhaltung einer funktionierenden Wirtschaft. Industrie und Handel sind auf eine effiziente Versorgung mit Rohstoffen und Halbfertigmaterialien sowie auf die Distribution der fertigen Produkte angewiesen. Ein reibungsloser Güterver-kehr ermöglicht es Produktionsbetrieben, ihre Lieferketten zu optimieren und Just-in-Time-versorgt zu werden. Dadurch können Produktionskosten gesenkt und Produkti-onsprozesse verbessert werden. Für Industrie und Handel ist der Güterverkehr ein Schlüssel zur Wettbewerbsfähigkeit auf ihren jeweiligen Absatzmärkten.

Das Lehrbuch „Güterverkehr kompakt" vermittelt Studierenden, aber auch Neu-und Quereinsteigern auf Führungsebene in Logistik- und Verkehrsunternehmen, ein tiefes interdisziplinäres Verständnis von Güterverkehr aus verschiedenen Blickwin-keln. Dabei werden theoretische Inhalte mit Praxisbezügen aus Unternehmen, Märk-ten und Politik verzahnt.

„Güterverkehr kompakt" behandelt Ursache und Wirkung zahlreicher Faktoren, welche die Warenströme beeinflussen: Infrastruktur und Verkehrspolitik, Güterver-kehrsmärkte sowie Kosten-, Preis- und Kapazitätsmanagement. Nicht zu vergessen die Megatrends wie zunehmende Anforderungen an klimaschonende Betriebs- und Ver-kehrskonzepte und Digitalisierung, denen in diesem Lehrbuch gleich mehrere Kapitel gewidmet sind. „Güterverkehr kompakt" befähigt Leserinnen und Leser, die Rolle der Branche im Spannungsfeld zwischen Unternehmen, politischer Regulierung, Märkten und Innovationsdruck zu verstehen. Denn Güterverkehr kann nur mit einem tiefen Verständnis für alle auf ihn einwirkenden Faktoren wirtschaftlich gestaltet werden. Mit diesem Know-how setzen wir bei 4PL Central Station AG als neutral, dabei hoch digitali-siert agierender Fourth-Party-Logistics-Provider unsere Konzepte für innovative Logistik-

https://doi.org/10.1515/9783110773040-207

lösungen auf. Als Dienstleister seiner Auftraggeber plant, koordiniert, optimiert und integriert 4PLCS die gesamte Lieferkette für Industriekunden auf Basis eines ganzheitlichen Ansatzes. Damit stellt 4PLCS sicher, dass die Prozesse aller beteiligten Drittanbieter, darunter Spediteure und Frachtführer, nahtlos ineinandergreifen. Dabei versteht es sich von selbst, dass beim Logistikmanagement die physische Transportleistung zentral und automatisiert aus einem digitalen Control Tower und Transport-Management-System gesteuert wird, die über Schnittstellen an die Kundensysteme angebunden sind. Datenanalysen und zunehmend auch der Einsatz Künstlicher Intelligenz gehören zu den Instrumenten, mit denen Lieferketten effizienter und umweltfreundlicher werden. Güterverkehr ist zudem ein Treiber von technologischen Innovationen. Auch das greifen die Autoren in einem eigenen Kapitel auf.

„Güterverkehr kompakt" bietet aber nicht nur einen facettenreichen Einblick in eine Teildisziplin der Logistikwirtschaft. Das Lehrbuch beleuchtet einen Sektor, der Berufseinsteigern viele attraktive Berufsbilder bietet, sei es im Supply-Chain-Management, der Transportplanung oder in IT-Berufen. Mit „Güterverkehr kompakt" bekommen Leserinnen und Leser also nicht nur ein umfassendes Wissenskompendium an die Hand, auch für die Berufswahl bietet dieses Lehrbuch wertvolle Anreize.

Geleitwort barth Logistikgruppe

Henrik Zielosko
Mitglied der Geschäftsleitung der barth Logistikgruppe

barth
LOGISTIKGRUPPE
Der Mensch macht's aus.

Im Jahr 2024 erfolgreich ein Güterverkehrsunternehmen zu managen bedeutet, vier Jahre ganz besondere Herausforderungen gemeistert zu haben.

An dieser Stelle freuen wir uns, in der hier vorliegenden 2. Auflage von „Güterverkehr kompakt" als Referenzunternehmen dienen zu können und somit Teil eines Werks zu sein, das einen ganzheitlichen Blick auf einen anspruchsvollen Markt und seine Teilnehmer erlaubt.

Güterverkehr ist so viel mehr als der reine Transport von A nach B, so viel mehr als immer sichtbare Lkws und Güterzüge auf einer überlasteten Infrastruktur. Im Jahr 2024 ist exzellent organisierter Güterverkehr das Zusammenspiel von funktionierenden, stabilen und einfach reproduzierbaren Prozessen mit motivierend und wertschätzend geführten sowie an genau der richtigen Stelle eingesetzten Mitarbeitern. Den Anspruch, Leistungen in (offenen) Verkehrsnetzen in einer optimalen Kombination aller Produktionsfaktoren zu einer erwartbaren Qualität und einem dazu passenden Preis zu erstellen, formulieren Logistikdienstleister und Speditionen spätestens seit der Deregulierung in den 1990er Jahren. Dabei ist der Wettbewerbsdruck seither enorm und die fehlende Sichtbarkeit der Branche über einen großen Teil dieser Zeit ist erstaunlich, stellt man in den 2010er Jahren und spätestens aktuell mehr und mehr doch auch in einer breiten Öffentlichkeit fest, wie stark unser aller Alltag von der Güterversorgung abhängt.

Als Unternehmen sind wir dankbar dafür, dass Güterverkehr aus einem Blumenstrauß von Perspektiven in dieser neuen Auflage beleuchtet (Spot On!) und analysiert wird. Güterverkehr eint mit einer Vielzahl von weiteren Dienstleistungen die fehlende Lagerbarkeit. Und doch macht den Güterverkehr besonders, dass die Nachfrage nur eine abgeleitete ist und deshalb die zu erstellende Leistung dennoch sofort und auf Abruf verfügbar sein muss. Anders als beim Friseur akzeptieren Kunden nicht, dass der nächste freie Termin erst in drei Wochen zur Verfügung steht.

Aus unserer Sicht herausragend ist also der Anspruch an das Verkehrsnetz und die darin Beteiligten hinsichtlich ihrer Flexibilität und Einsatzbereitschaft. In einer Branche, die Jahrzehnte damit gekämpft hat (und dies eventuell immer noch tut), ihr „staubiges" Image abzulegen, wird es trotz wohldefinierter Prozesse weiter darum gehen, Menschen für ihre Arbeit zu begeistern. Um Kunden maßgeschneiderte Lösungen anbieten zu können und um Märkte zu versorgen. Gemäß unseren Werten arbeiten wir

https://doi.org/10.1515/9783110773040-208

daran, hierbei den kleinstmöglichen Fußabdruck auf unserer Erde zu hinterlassen. Hierzu arbeiten wir eng und konstruktiv mit unseren Kunden zusammen, sodass ökonomischer und ökologischer Anspruch miteinander einhergehen können.

Die barth Logistikgruppe mit ihren knapp 700 Mitarbeitern ist stolz darauf, bereits vor 16 Jahren den Slogan „Der Mensch macht's aus" in ihr Logo integriert zu haben – auf Basis der Idee einer Gruppe von Angestellten des Unternehmens. Menschen über große Entfernungen auf eine Weise kommunizieren zu lassen, die in „Echtzeit" ein Produkt erstellen, bei dem es häufig um Minuten geht, und sich dabei minutiös von außen getrackt in die Karten schauen zu lassen, ist ein Gesamtwerk, auf das wir stolz sein können. Hierfür stehen wir mit unseren 16 Standorten bundesweit.

Als Leserinnen und Lesern dieser Ausgabe wünschen wir Ihnen viel Freude und lehrreiche Einblicke in diese „unsere" kleine große Welt, die alles Wirtschaften miteinander verbindet.

Geleitwort BLG Logistics

Geleitwort von Frank Dreeke
Vorstandsvorsitzender der BLG LOGISTICS GROUP AG & CO. KG

Das Geschäftsmodell der globalen Wirtschaft basiert auf einer eng getakteten und miteinander verwobenen Logistik rund um den Globus. Dieses weltumspannende Netz aus Lieferketten ist sehr fragil. Mit einem immer intensiveren Warenaustausch in globalen Wertschöpfungsnetzen steigen die Anforderungen an einen leistungsfähigen Güterverkehr, der damit zu einem wichtigen Standortfaktor geworden ist. Gleichzeitig sind entlang der Lieferkette neue Maßstäbe der sozialen, ökologischen und ökonomischen Nachhaltigkeit zu beachten. In diesem Spannungsfeld entwickelt sich die BLG LOGISTICS GROUP als Seehafen- und Logistikdienstleister mit internationalem Netzwerk erfolgreich weiter. Seit über 145 Jahren gestaltet das Unternehmen innovative, hochkomplexe und zukunftsfähige Logistik-Lösungen für die Kunden aus Industrie und Handel. Die Geschäftsbereiche AUTOMOBILE und CONTAINER sind führend in Europa. Der Geschäftsbereich CONTRACT gehört zu den führenden deutschen Anbietern.

In kaum einer Branche spürt man den Puls der Zeit unmittelbarer als in der Logistik. Von der konjunkturellen Entwicklung der Weltwirtschaft bis hin zum Konsumverhalten der lokalen Endverbraucher – Logistikdienstleister gehören zu den Ersten, die Veränderungen wahrnehmen. Die BLG bietet den Kunden verlässliche und leistungsfähige Logistik auf dem Wasser, der Schiene und der Straße, die den hohen Erwartungen uneingeschränkt entsprechen. Güterverkehr ist bei der BLG Logistics Group von einer integrativen Sichtweise geprägt, welche die verschiedenen Verkehrsträger nahtlos miteinander verbindet. Dabei spielen auch innovative Technologien, wie etwa die Automatisierung und Digitalisierung von Verkehrsträgern und Infrastrukturen, eine entscheidende Rolle, um die Effizienz und Nachhaltigkeit des Güterverkehrs sicher zu stellen. Damit trägt die BLG Logistics Group auch den sozialen und ökologischen Dimensionen der Branche Rechnung.

Wettbewerbsfähigkeit auf dem Markt heißt auch, das Know-how der Belegschaft immer auf dem aktuellen Stand zu halten. Qualifizierter Nachwuchs ist für die BLG eine wichtige Grundlage für die Zukunft. Ausbildung und die Förderung des Nachwuchses auf allen Ebenen sind daher zentrale Anliegen der BLG. Dabei wird nicht nur auf technisches Wissen Wert gelegt, sondern auch auf die Förderung von Kreativität, kritischem Denken und interdisziplinärem Arbeiten. Das Unternehmen setzt auf enge Kooperationen mit renommierten Bildungseinrichtungen, die praxisnahe Lern-

https://doi.org/10.1515/9783110773040-209

inhalte vermitteln und einen direkten Mehrwert für die berufliche Karriere der Studierenden sowie der Teilnehmenden von Weiterbildungsveranstaltungen bieten.

Das vorliegende Lehrbuch bietet einen umfassenden Einblick in die vielfältigen Facetten des Güterverkehrs und zeichnet sich durch eine zeitgemäße Didaktik aus. Es empfiehlt sich daher als Werkzeug für all jene, die sich für eine zukunftsorientierte, nachhaltige und effiziente Logistik- und Güterverkehrswelt engagieren. Wir laden Sie ein, gemeinsam mit uns die Herausforderungen der Zukunft anzunehmen und die Logistikbranche aktiv mitzugestalten.

Geleitwort Ludwig Häberle Logistik

Geleitwort von Hans-Peter Häberle
Geschäftsführender Gesellschafter der Ludwig Häberle Logistik GmbH

Zweck der Existenz und unser oberstes Unternehmensziel ist es, im offenen und direkten Dialog, zusammen mit unseren Kunden und für unsere Kunden, mit Freude und Leidenschaft, innovative Lösungen zu entwickeln und umzusetzen, die allen Beteiligten einen echten Mehrwert sowie einen nachhaltigen Nutzen bringen. Respekt für die Einzigartigkeit jedes einzelnen Menschen und ein hohes Maß an gegenseitiger Wertschätzung und Verständnis gegenüber allen Stakeholdern in Verbindung mit einem ausgeprägten Sinn für ein Miteinander, Voneinander und Füreinander sind die Grundlage für die entstehenden Win-Win-Lösungen.

Gegründet im Jahr 1956 von Ludwig Häberle, ist aus dem über viele Jahre kleinen Transportunternehmen ein Logistikunternehmen mit heute 300 Mitarbeitenden entstanden. Unsere Unternehmensgruppe ist heute weltweit in den Bereichen Transport, Logistik, Beratung, Personaldienstleistung, Immobilien, Produktion sowie Handel aktiv und beschäftigt insgesamt rund 1.000 Mitarbeitende.

Der Güterverkehr war und ist für unsere Unternehmensgruppe ein wichtiges Feld für die beständige Weiterentwicklung. Die Basis und wichtigste Voraussetzung dafür stellten und stellen Interaktion, Integration, Kommunikation und Kooperation zwischen unterschiedlichsten Menschen und Verkehrsträgern dar – gepaart mit der zum jeweiligen Zeitpunkt vorhandenen Informationstechnologie.

Unter den Vorzeichen Interaktion, Integration, Kommunikation und Kooperation ist es auch den Herausgebern und Autoren gelungen, als Team die permanenten, vielfältigen und tiefgreifenden Veränderungen des Güterverkehrs vollständig aufzuarbeiten und kompakt darzustellen. Gemäß meiner Einschätzung mit Brille aus der unternehmerischen Praxis ist diese Aufgabe außergewöhnlich gut gemeistert worden.

Das runde Zusammenspiel der zentralen grundlegenden Themenschwerpunkte mit aktuellen Druckpunkten und Trends im Güterverkehr – Nachhaltigkeit, Digitalisierung, Innovation – machen dieses Werk nicht allein zur Lektüre für Studierende, Berufseinsteiger, Quereinsteiger, Teilnehmende von Weiterbildungen und zukünftige Führungskräfte in Transport- und Logistik- sowie Handels und Industrieunternehmen. Das Werk stiftet all denjenigen einen Mehrwert, die Interesse an Güterverkehr und nachhaltigen Wertschöpfungslösungen mitbringen.

Ich wünsche Ihnen viel Freude und Erfolg beim Lesen!

https://doi.org/10.1515/9783110773040-210

Geleitwort Seifert Logistics Group

Geleitwort von Axel Frey
CEO der Seifert Logistics Group

Die ständige Weiterentwicklung von Organisationsformen und Prozessen von Unternehmen, die im Bereich des Güterverkehrs agieren, ist von großer Bedeutung. Gleichzeitig müssen Unternehmen den wachsenden Anforderungen in einer globalisierten Welt gerecht werden. Dies erfordert die Integration neuer Technologien, die Berücksichtigung von Umweltaspekten und eine stetige Verbesserung der Abläufe. Faktoren, wie sich verändernde Erwartungen der Arbeitsmarktgenerationen, Fachpersonalmangel und neue Führungsstile, müssen in die Ablauforganisation eines Unternehmens miteinbezogen werden. Parallel dazu erleben Unternehmen einen Wandel vom Arbeitgeber- zum Arbeitnehmermarkt. Wer in der heutigen Zeit die besten Talente für sein Unternehmen gewinnen möchte, muss den Menschen in den Mittelpunkt stellen. Hierfür werden klare Strukturen und Prozesse sowie eine solide und skalierbare Konzernstruktur benötigt, um auf interne und externe Einflüsse schnell reagieren zu können.

Die Branche erlebt aktuell spannende Zeiten, von neuen Technologien bis hin zum Thema Nachhaltigkeit stehen wir immer wieder vor neuen Aufgaben für die Zukunft. Aber auch politische und ökonomische Einflüsse, wie Krieg und Maut-Bestimmungen müssen in das strategische Geschäft miteinfließen. Die Flexibilität, neue Business-Units einzuführen, Strukturen zu verändern und weitsichtige Verantwortliche zu definieren, ist notwendig für eine strategische Positionierung am Markt.

In diesem Zusammenhang möchten wir Sie ermutigen, sich intensiver mit Güterverkehr auseinanderzusetzen und Ihre Prozesse auf Effizienz und Effektivität zu überprüfen. Nur durch eine kontinuierliche Optimierung können Sie im Wettbewerb bestehen und gleichzeitig einen nachhaltigen Beitrag zur Entwicklung der Gesellschaft leisten. Wir wünschen Ihnen spannende Einblicke und Inspiration bei der Lektüre dieses Werkes.

Unternehmensprofil

Die Seifert Logistics Group hat sich vom regionalen Marktführer zu einem international operierenden Transort- und Kontraktlogistikdienstleister entwickelt. Gegründet im Jahr 1947 gehört das Familienunternehmen mit Hauptsitz in Ulm laut Fraunhofer Institut zu den Top 100 Logistikdienstleistern in Deutschland. Zudem wurde die Unternehmensgruppe von der Universität St. Gallen zu einem der TOP JOB-Arbeitgeber aus-

https://doi.org/10.1515/9783110773040-211

gezeichnet. Mit über 4.000 Mitarbeitenden, davon rund 80 Auszubildende und duale Studierende, erwirtschaftet die SLG einen Jahresumsatz von mehr als 330 Millionen Euro (geplant 2023). Als Kontraktlogistikdienstleister bewirtschaftet die SLG mehr als 45 Standorte in Europa mit rund 900.000 Quadratmetern Logistikfläche.

Zudem setzt sich die SLG verstärkt mit den Themen Digitalisierung und Nachhaltigkeit auseinander, um den Kunden eine zukunftsorientierte Logistik anbieten zu können. Durch einen hochmodernen Fuhrpark sowie dem individuellen Schulungskonzept für Fahrpersonal konnte die SLG den Eco-Performance-Award der Branche für Nachhaltigkeit gewinnen.

Abkürzungsverzeichnis

3PL	Third-Party Logistics
4PL	Fourth-Party Logistics
bspw.	beispielsweise
bzw.	beziehungsweise
ca.	circa
CO_2	Kohlenstoffdioxid
CEO	Chief Executive Officer
CFO	Chief Financial Officer
COO	Chief Operations Officer
CST	Cargo sous terrain
d. h.	das heißt
ebd.	ebenda
et al.	et alii
etc.	et cetera
f.	folgende (Seite)
ff.	folgende (Seiten)
Hrsg.	Herausgeber
i.d.R.	in der Regel
IHK	Industrie und Handelskammer
Jg.	Jahrgang
kg	Kilogramm
km	Kilometer
KPI	Key Performance Indicator
Lkw	Lastkraftwagen
Pkw	Personenkraftwagen
o. ä.	oder ähnliches
o. D.	ohne Datum
s.	siehe
S.	Seite
t	Tonne
tkm	Tonnenkilometer
u. a.	unter anderem
v. a.	vor allem
vgl.	vergleiche
z. B.	zum Beispiel

https://doi.org/10.1515/9783110773040-212

1 Güterverkehr und seine Bedeutung für Politik, Unternehmen und Märkte

1.1 Bedeutung des Güterverkehrs

Christian Kille

1.1.1 Güterverkehr und seine Rolle bei der Wertschöpfung

Zur Einordnung des Güterverkehrs bedarf es einer Abgrenzung zu den zahlreichen Begriffen rund um den Güterverkehr, die in diesem Kontext auftreten. Dafür bietet es sich an, dessen Rolle in der gesamten Wertschöpfungskette zu erläutern, die auch den Rohstoffan- bzw. -abbau, die Produktion, den Handel und den Ge- bzw. Verbrauch (Konsum) beinhaltet. Dafür wird auf die Wertschöpfungskette von Kille und Meißner (2021) zurückgegriffen, die basierend auf Klaus (1993) um die immer wichtiger werdende „Last Mile" (siehe Kapitel 4.3) erweitert wurde (siehe Abbildung 1.1.1). In dieser Darstellung wird schematisch eine Kette beginnend beim Urlieferanten über die Produktion und den Handel zum Endverbraucher dargestellt, in dem die einzelnen Schritte der Wertschöpfung für eine logistische Diskussion zu finden sind. Es fällt auf, dass der Begriff „Güterverkehr" oder allgemein „Verkehr" (noch) nicht auftaucht. Der Grund liegt darin, dass zur Einordung die logistische Perspektive eingenommen wurde, in der der Güterverkehr eine Teilmenge darstellt. Entsprechend erfolgt zunächst die Erläuterung der Logistik und der Logistikdienstleistung.

Zurück zur Wertschöpfungskette aus Abbildung 1.1.1: Sie kann als ein Netzwerk aus den Kernakteuren (insbesondere Produktions- und Handelsunternehmen sowie Privathaushalte) verstanden werden, die miteinander verbunden sind, um Waren von der Quelle (dem Urlieferanten) bis zur Senke (dem Endkunden) auszutauschen. Ein solches Netzwerk kann in Form von „Knoten" und „Kanten" beschrieben werden. Dabei sind die Knoten Start- bzw. Zielpunkt des Austauschs (eine Quelle ist der Start-, eine Senke der Zielpunkt). Die Verbindungen zwischen diesen Knoten sind die Kanten (Vahrenkamp & Kotzab, 2012).

Diese Verbindungen (Kanten) zwischen den einzelnen Akteuren (Knoten) werden durch Leistungen überbrückt, die entweder mit den Ressourcen dieser Akteure (insourced) oder mit externen Partnern (outsourced) realisiert werden. Diese hervorgehobenen Schritte werden nach Klaus (2002) als Logistikdienstleistung definiert, die Aktivitäten
- des Transportierens („Transfer von Objekten im Raum") entlang der Kanten,
- des Umordnens, Umschlagens, der Kommissionierung („Veränderung der Ordnungen von Objekten") und
- des Lagerns („Transfer von Objekten in der Zeit") von Gütern und Materialien in der Wirtschaft in den Knoten umfassen.

https://doi.org/10.1515/9783110773040-001

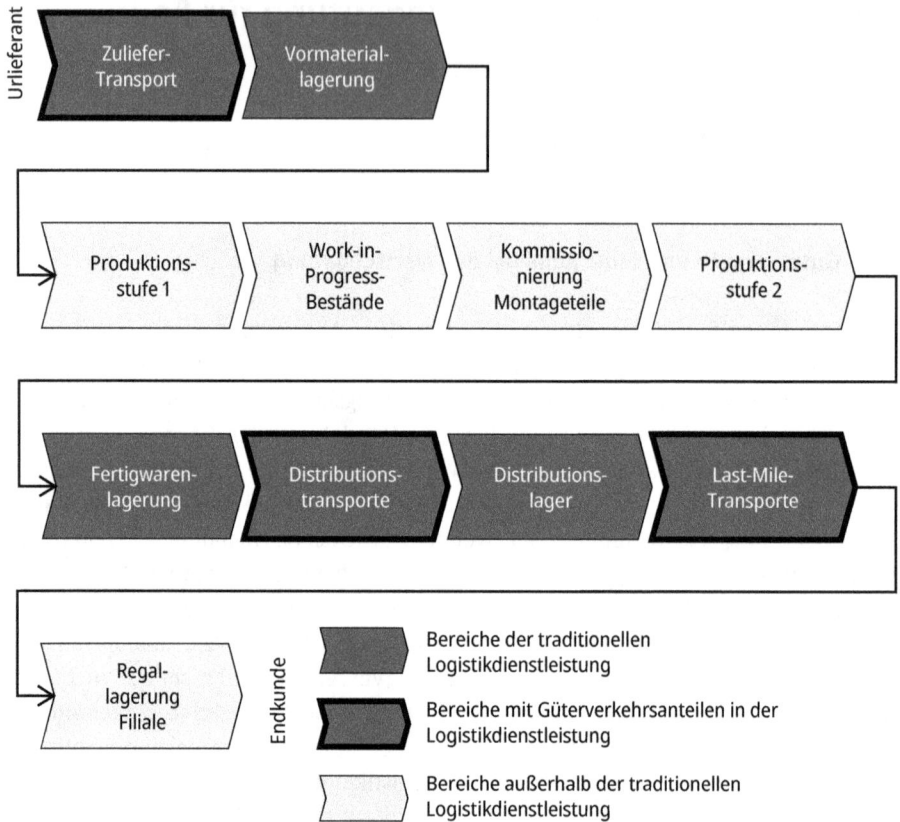

Abbildung 1.1.1: Erweiterte Wertschöpfungskette (in Anlehnung an Klaus (1993) und Kille & Meißner, 2021).

Darin eingeschlossen sind auch die damit unmittelbar verbundenen (administrativen) Auftragsabwicklungs- und Dispositionsaktivitäten, die unternehmensübergreifenden Planungs- und Steuerungsaufgaben, die heute oft auch als Supply Chain Management bezeichnet werden, und die Aufwendungen für die Bestandshaltung, wie etwa Kapitalkosten oder Abschreibungskosten, deren Kontrolle und Reduzierung ein wesentliches Ziel des Logistikmanagements sind (Klaus, 2002).

Der Güterverkehr selbst lässt sich der Aktivität des Transportierens zuordnen. Nach Pfohl (2018) wird diese Raumüberbrückung bzw. Ortsveränderung von Gütern durch ein Transportsystem beschrieben, welches aus

- dem Transportgut (bspw. Schüttgut, Container, verpackte Ware auf Paletten oder Pakete),
- dem Transportmittel (bspw. Kfz.-Eisenbahntransportwaggon, Containerschiff oder Lkw -Auflieger) und dem
- Transportprozess (bspw. als kombinierter Verkehr oder Direkttransport) besteht.

Der Güterverkehr wird entsprechend durch Transportgut, Transportmittel und Transportsystem beeinflusst. Zusammenfassend lässt sich der Güterverkehr im Kontext des Transportierens bzw. des Transports, also der Aktivitäten entlang der Kanten einordnen. Dabei ist zu berücksichtigen, dass auch im Prozessschritt des Transports Knoten zu finden sein können. Dies resultiert aus der Organisation eines effizienten und effektiven Transports, der im Zuge der Organisation des Güterverkehrs näher erläutert wird (siehe Kapitel 1.1.2).

Dass der Güterverkehr einen wichtigen Bestandteil an der gesamten Wertschöpfungskette einnimmt, zeigt die Aufteilung der Logistikkosten nach den oben beschriebenen Bereichen. So nimmt der Transport, dem der Güterverkehr zugeordnet ist, in nahezu allen Volkswirtschaften rund 50 % der Logistikkosten ein.[1]

Zur weiteren Differenzierung des Güterverkehrs wird auf die Struktur von Claussen (1979) zurückgegriffen. Dabei ist der Güterverkehr dem Güterverkehrssystem zuzuordnen, welches eine Untermenge des Verkehrssystems darstellt, das ein Bestandteil des Wirtschafts- und Gesellschaftssystems ist (siehe Abbildung 1.1.2). Der Güterverkehr wird dementsprechend in einer zweiten Differenzierungsebene gemäß den eingesetzten Verkehrsträgern beschrieben (siehe Kapitel 1.1.3).

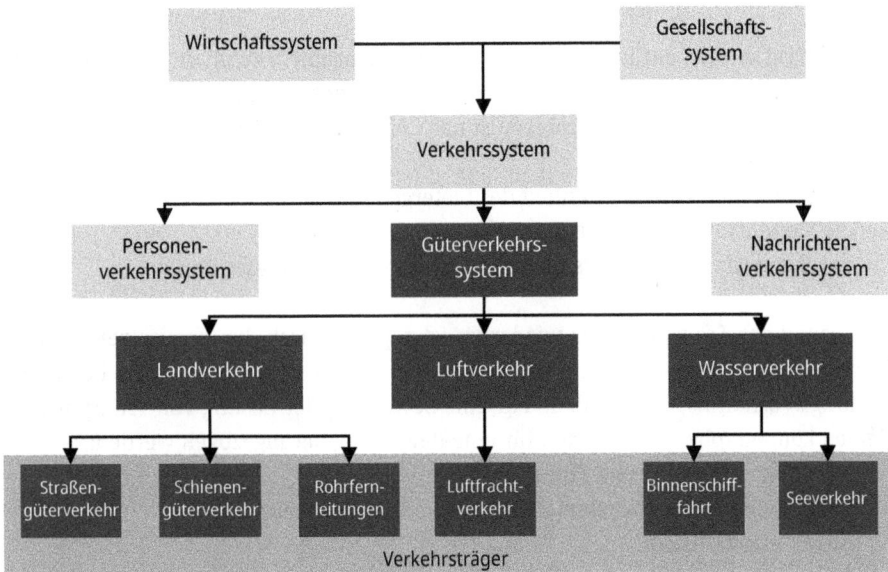

Abbildung 1.1.2: Güterverkehr im Gesamtsystem (in Anlehnung an Claussen, 1979).

---

1 Abgeleitet aus Schwemmer, Dürrbeck und Klaus (2020). Dort nimmt der Transport 46 % der Logistikkosten ein, Lager und Umschlag 32 %, Bestände 15 % und Logistikplanung 7 %. Diese Daten variieren von Jahr zu Jahr und von Land zu Land leicht, bleiben jedoch in dieser Größenordnung (siehe vorherige Ausgabe der sogenannten „Top-100-Studien", zuletzt erschienen als Schwemmer & Klaus, 2021 für Europa).

Aufgrund der Interaktion zwischen Akteuren und der Einbettung in Systeme existieren rechtliche Regelungen, die nicht nur nationales und internationales Recht betreffen, sondern auch von Verkehrsträger zu Verkehrsträger unterschiedlich sein können. Erklärt werden kann dies durch die drei bereits erwähnten Charakterisierungsmerkmale des Güterverkehrs Transportgut (bspw. Lebensmittel, Gefahrgut), Transportmittel (bspw. Lenk- und Ruhezeitenregelung, Beförderungsgenehmigung) und Transportsystem (bspw. Kabotage, Incoterms).

Als Bestandteil des Verkehrssystems nimmt der Güterverkehr auch eine hohe politische Bedeutung ein, die nicht nur alleine mit dem Bundesministerium für Digitales und Verkehr in Deutschland, dem Bundesministerium für Klimaschutz, Umwelt, Energie, Mobilität, Innovation und Technologie in Österreich bzw. dem Eidgenössischen Departement für Umwelt, Verkehr, Energie und Kommunikation in der Schweiz ihre Relevanz in der Regierungspolitik – wenn auch in unterschiedlicher Intensität – widergespiegelt wird. Dies verdeutlicht auch der Anteil an den Ausgaben des Bundes für das Verkehrssystem (siehe Abbildungen 1.1.6 und 1.1.7).

1.1.2 Organisation des Güterverkehrs

Der Güterverkehr ist dafür zuständig, ein Transportproblem zu lösen. Dafür bedarf es je nach Ausgestaltung des Transportproblems eine entsprechende Organisation des Güterverkehrs. Ein Transportproblem ist nach Pfohl (2018) gekennzeichnet durch
- das Transportgut,
- die Struktur und Beschaffenheit des Liefergebietes,
- die Standorte der Liefer- und Empfangspunkte sowie
- durch die Art des Angebots und der Nachfrage seitens dieser Punkte.

Die Lösung des Transproblems wiederum ist geprägt durch die einzusetzenden Ressourcen des Güterverkehrs und der geforderten Services, die das klassische „Preis-Leistungs-Verhältnis" beschreiben. Für eine Bewertung der Lösung von Transportproblemen können folgende Kriterien für eine Bewertung herangezogen werden:
- Logistikkosten (inklusive Transportkosten),
- Liefer- oder Versorgungsservice (inklusive Transportzeit),
- Anpassungsfähigkeit,
- Störanfälligkeit,
- Ökologische und soziale Effekte,
- Transparenz über den gesamten Prozess,
- Zeit für die Planung und Errichtung des Systems.[2]

---

[2] Vgl. Pfohl (2021). Dort sind die Bewertungskriterien für Logistiknetzwerke aufgestellt worden, die jedoch ohne weiteres auf den Güterverkehr übertragen werden können.

Die Organisation des Güterverkehrs nimmt damit eine wichtige Rolle ein, um den Transport in einer Wertschöpfungskette erfolgreich gestalten zu können. Dafür existieren verschiedene Grundmodelle zur Organisation des Güterverkehrs bzw. des Transportnetzwerks (siehe Abbildung 1.1.3). Je nach Bewertung der genannten Kriterien fallen die Präferenzen für die jeweilige Ausgestaltung aus. Transportnetzwerke können auch komplexer ausgestaltet sein, mehrere Verkehrsträger beinhalten und eine Kombination aus den Grundmustern annehmen.

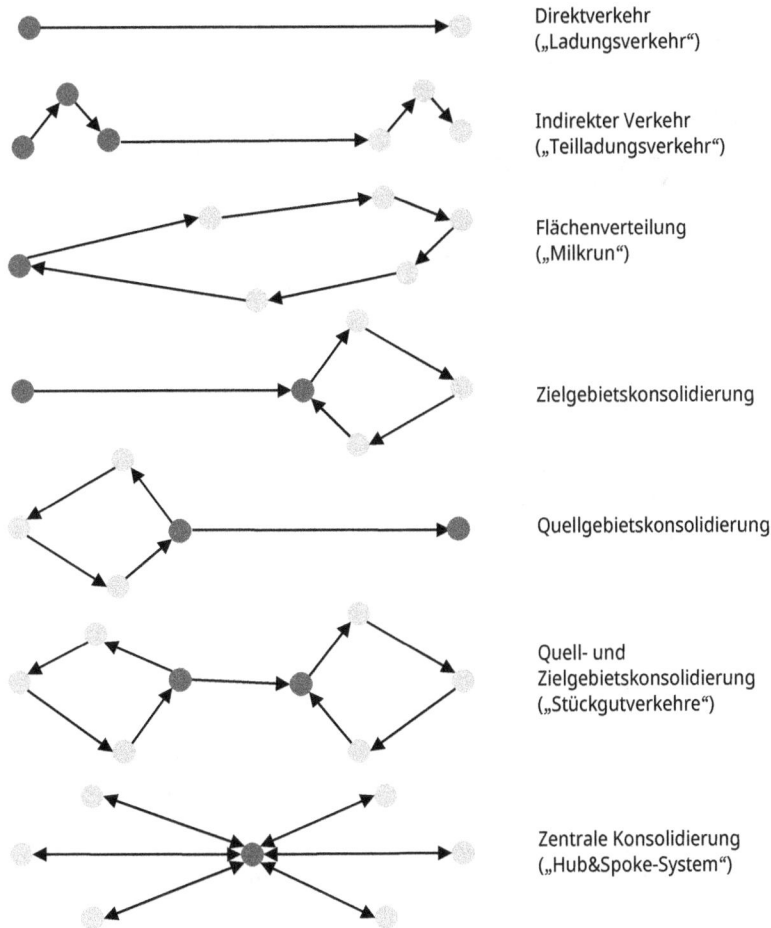

Abbildung 1.1.3: Grundmuster der Transportorganisation (in Anlehnung an Bretzke, 2020).

Verkehrsträger

Wie oben erläutert, werden die Knoten durch Kanten miteinander verbunden. Die Infrastruktur der Kanten ist durch den eingesetzten Verkehrsträger geprägt. Die Wahl des Verkehrsträgers entscheidet sich aufgrund der Organisation des Güterverkehrs sowie der dahinterliegenden Kriterien (siehe vorherigen Abschnitt). Jeder Verkehrsträger hat seine Vor- und Nachteile, die in Kapitel 1.2 näher erläutert werden. Hier wird ausschließlich die Bedeutung der Verkehrsträger im Güterverkehr skizziert.

Die klassische Messung der Relevanz der Verkehrsträger im Güterverkehr erfolgt über die Transportmenge in Tonnen (t) und die Transportleistung in Tonnenkilometer (tkm). Dies wird durch die meisten offiziellen Stellen so gehandhabt.[3]

Die einzelnen Verkehrsträger nehmen in den drei Ländern Deutschland, Österreich und Schweiz jeweils ähnliche Verhältnisse hinsichtlich der Transportmengen ein (siehe Abbildung 1.1.4). Der Straßengüterverkehr dominiert mit 80 bis 90 % Anteil deutlich. Die Bestrebungen der letzten Jahre, Transportmengen auf die Schiene zu verlagern, verändert nicht viel an den Anteilen. Scheinbar verhindern sie eher einen Wechsel der Transporte zu anderen Verkehrsträgern.[4]

Bei der Analyse der Transportkosten verändern sich die Anteile hauptsächlich bei den Verkehrsträgern jenseits der Straße (siehe Abbildung 1.1.5). Die relativ kostengünstigen Verkehrsträger Schiene und Binnenschiff mit kürzeren Wegstrecken nehmen einen kleineren Anteil ein. Die Verkehrsträger See und Luft können durch den internationalen und interkontinentalen Kontext ihre Anteile vergrößern.

Im Güterverkehr sind nicht nur gewerbliche Güterverkehrsunternehmen aktiv. Auch der Werkverkehr nimmt einen nicht unerheblichen Anteil ein, der sich auf knapp unter 50 % Anteil beim Transportkostenaufkommen beläuft (Schwemmer et al., 2020). Dieser Anteil, der nicht als Umsatz bezeichnet werden kann, da er intern in einem Industrie- oder Handelsunternehmen auftritt, wird von offizieller Stelle wie den statistischen Bundesämtern nicht erhoben. Dies ist auch der Grund, warum keine monetären Zahlen zum Güterverkehr von offizieller Stelle existieren.

1.1.3 Politische Bedeutung des Güterverkehrs

Der Güterverkehr ist eine unabdingbare Voraussetzung für einen erfolgreichen Wirtschaftsstandort. Insbesondere wenn die Wertschöpfungsketten arbeitsteilig organisiert und international verteilt sind, bedarf es eines politischen Rahmens, der den Güterverkehr so effizient wie möglich gestalten lässt. Hierbei hat nicht nur der bereits beschriebene regulatorische Rahmen einen Einfluss, sondern auch Investitionen in die Infrastruktur. Hierzu werden intensive Diskussionen geführt, wie und wie hoch

---

3 Die Statistischen Ämter messen den Güterverkehr nur nach diesen Kenngrößen für alle Verkehrsträger. Auch wenn es Informationen zu den Umsätzen von Güterverkehrsunternehmen gibt, bildet dies nur einen Teil des Güterverkehrs ab (siehe Abbildung 1.1.4 bzw. der Diskussion dazu zur Veranschaulichung).

4 Vgl. dazu bspw. Schwemmer et al. (2020). Dort ist ersichtlich, dass die Tonnage auf der Schiene um die 270 Mio. Tonnen stagniert, während auf der Straße eine kontinuierliche Zunahme von 3,4 auf 3,6 Mrd. Tonnen innerhalb von drei Jahren zu sehen ist.

Anteile nach Tonnen (Deutschland)

Luftfrachtverkehr
0.1%

Binnenschifffahrt
2.4%

Seeverkehr
2.7%

Rohrleitungen
0.6%

Schienengüter-
verkehr
6.2%

Straßengüter-
verkehr
83.3%

Anteile nach Tonnen (Österreich)

Rohrleitungen
1.9%

Luftfrachtverkehr
0.02%

Binnenschifffahrt
0.7%

Schienengüter-
verkehr
10.7%

Straßengüter-
verkehr
86.7%

Anteile nach Tonnen (Schweiz)

Schienengüter-
verkehr
7.3%

Luftfrachtverkehr
0.04%

Binnenschifffahrt
0.4%

Straßengüter-
verkehr
92.3%

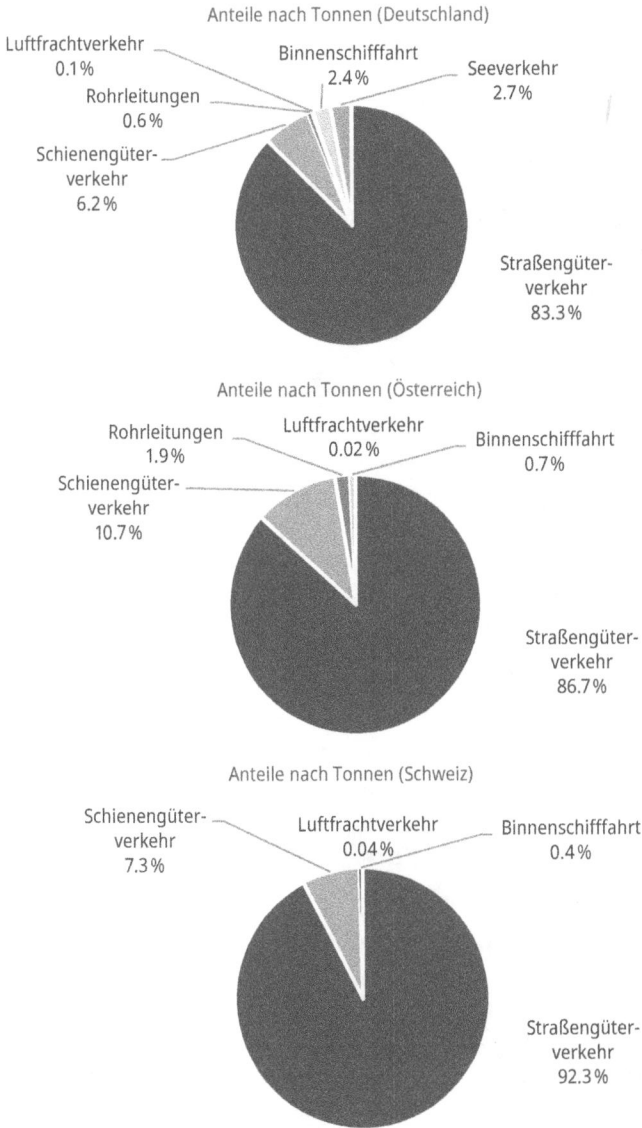

Abbildung 1.1.4: Anteile der Transportmengen im Güterverkehr nach Verkehrsträgern (Schwemmer & Klaus, 2021).[5]

5 Die Quelle wurde gewählt, da hierbei nicht nur offizielle Datenbanken genutzt wurden, sondern weil auch die Daten an den Untersuchungsraum angepasst wurden und damit eine Vergleichbarkeit gewährleistet ist. Die Daten beziehen sich auf das Jahr 2020.

Anteile nach Kosten (Deutschland)

Luftfrachtverkehr
3.7%

Binnenschifffahrt
0.6%

Seeverkehr
5.9%

Rohrleitungen
3.2%

Schienengüter-
verkehr
4.4%

Straßengüter-
verkehr
82.1%

Anteile nach Kosten (Österreich)

Rohrleitungen
0.9%

Luftfrachtverkehr
0.9%

Binnenschifffahrt
0.1%

Schienengüter-
verkehr
12.1%

Straßengüter-
verkehr
86.0%

Anteile nach Kosten (Schweiz)

Schienengüter-
verkehr
6.7%

Luftfrachtverkehr
1.9%

Binnenschifffahrt
0.1%

Straßengüter-
verkehr
91.7%

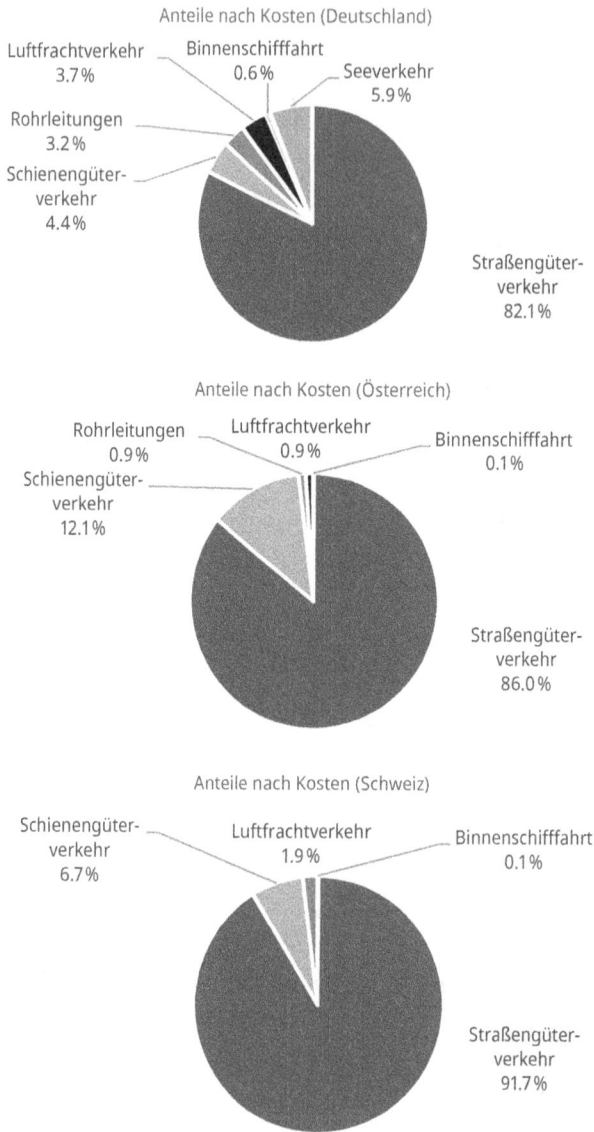

Abbildung 1.1.5: Anteile der Transportkosten im Güterverkehr nach Verkehrsträgern
(Schwemmer & Klaus, 2021).[6]

---

6 Die Quelle wurde gewählt, da hierbei nicht nur offizielle Datenbanken genutzt wurden, sondern weil auch die Daten an den Untersuchungsraum angepasst wurden und damit eine Vergleichbarkeit gewährleistet ist. Die Daten beziehen sich auf das Jahr 2020.

Investitionen in die Verkehrsinfrastruktur zu nationalem und/oder regionalem Wirtschaftswachstum und Produktivität beitragen (Link, 2018). Dies erfolgt nicht nur auf bundes- oder landespolitischer Ebene in den entsprechenden Parlamenten, sondern auch auf kommunaler Ebene bspw. in Form von Bürgerinitiativen.

Die Relevanz des Verkehrs für Deutschland aus Sicht der Regierung zeigt das Budget, welches dem Bundeministeriums für Digitales und Verkehr in Deutschland zugeteilt wird. Nach dem Bundesministerium für Arbeit und Soziales und dem Bundesministerium der Verteidigung hat es mit 8 % die meisten Mittel zur Verfügung (siehe Abbildung 1.1.6).[7]

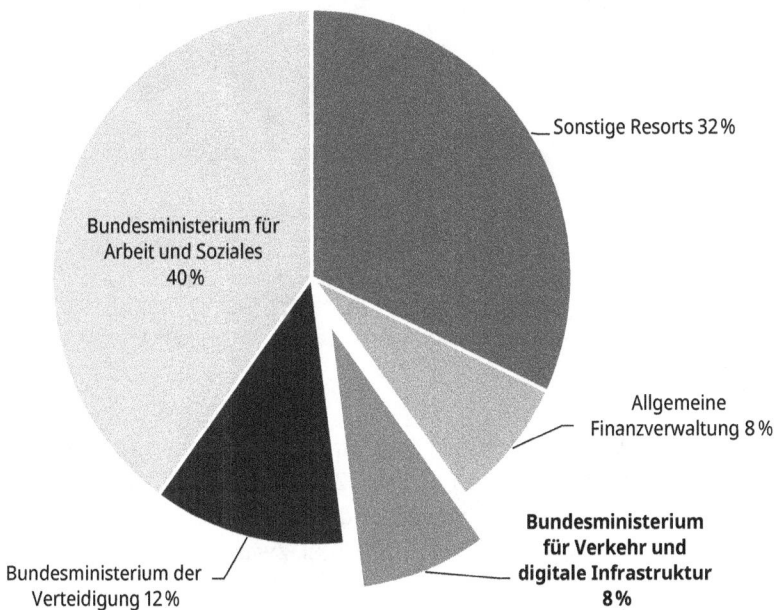

Abbildung 1.1.6: Bundeshaushalt 2019 (BMF, 2018).

Ein Großteil des Budgets fließt mit rund einem Drittel in den Straßenverkehr, gut 40 % werden für den Schienenverkehr aufgewendet (siehe Abbildung 1.1.7). Der relativ hohe Beitrag zugunsten der Schiene hat damit zu tun, dass neben der Infrastruktur im Gegensatz zu den anderen Verkehrsträgern auch der Betrieb (im Fall des Personenverkehrs) subventioniert wird und damit im Budget ebenso auftaucht. Ein weiterer Grund liegt in der Zielrichtung der Förderung alternativer Verkehrsträger gegenüber der Straße.

---

7 Es wurde das Jahr 2019 als Referenz gewählt, da die folgenden Jahre durch Krisen weniger repräsentativ erscheinen.

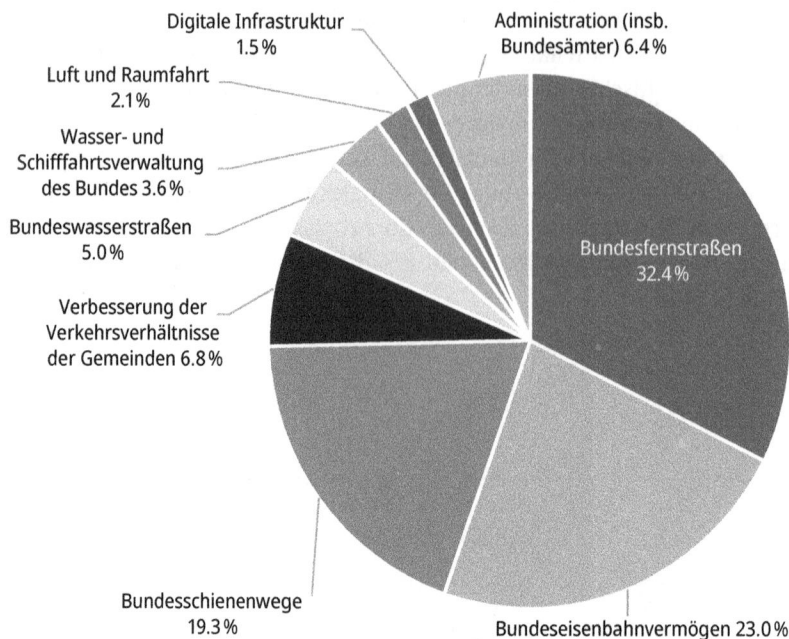

Abbildung 1.1.7: Haushalt des damaligen Bundesministeriums für Verkehr und digitale Infrastruktur BMVI 2016 (BMF, 2018).

Mit den Investitionen erhofft sich die Politik, dass mit den verbesserten Transportbedingungen insgesamt Kosten reduziert, Zeit gespart, Zuverlässigkeit erhöht und neue Leistungen angeboten werden können mit dem Ziel, dass die Wirtschaft wettbewerbsfähiger wird und damit Arbeitsplätze schafft (Link, 2018). Zwar wurde dieser Zusammenhang insbesondere in der Logistik noch wenig quantitativ untersucht.[8] Doch liegt der Rückschluss nahe, dass bei nahezu idealen Infrastrukturbedingungen, d. h. auch bei einem reibungslos und effizient funktionierender Güterverkehr, die Wettbewerbsfähigkeit der Wirtschaft stark profitiert.

Die Diskussionen in der Öffentlichkeit über Investitionen in Verkehrsinfrastruktur zeigt immer wieder, dass auch negative Effekte des Güterverkehrs existieren. Ein oft herangeführter kritischer Punkt sind die externen Kosten, die durch den Bau und die Vorhaltung der Verkehrsinfrastruktur (darunter Versiegelung von Flächen, Ge-

---

[8] Hierauf wird in Link (2018, S. 105 f.) verwiesen. Einzig wird dort auf eine Studie von Hickling, Lewis, Brod, Inc. (1995) verwiesen, die auf Interviews fußt. Dort ist mit aller Vorsicht zu genießendes Ergebnis generiert worden, dass bei einer Reduzierung der Transportzeit um 1 % die Logistikkosten um gut 0,5 % sinken können. Aufgrund der bereits über 20 Jahre alten Untersuchung, der Erhebungsmethode und der nur bedingten Übertragbarkeit auf Deutschland sollte diese Aussage kritisch betrachtet werden.

fährdung von Flora und Fauna und Emissionen jeglicher Art während des Baus etc.) sowie den Betrieb der Verkehrsmittel (insbesondere Emissionen von Schadstoffen und Lärm, Unfällen und Unfallfolgekosten etc.) entstehen, zu deren Höhe und Bewertung aufgrund der komplizierten Quantifizierung noch nicht abschließenden Ergebnisse gefunden werden konnten (Link, 2018).

Literaturverzeichnis

BMF (2018). *Infografik: Bundeshaushalt 2019 – Ausgaben im Überblick*. Abgerufen am 24.10.2023 unter https://www.bundesfinanzministerium.de/Datenportal/Daten/frei-nutzbare-produkte/Bilder/Infografiken/Ausgaben-Bundeshaushalt-2019.html

Bretzke, W. R. (2020). *Logistische Netzwerke*. Heidelberg: Springer Verlag.

Claussen, T. (1979). *Grundlagen der Güterverkehrsökonomie*. Hamburg: Deutscher Verkehrs-Verlag.

Hickling, Lewis, Brod, Inc. (Hrsg.) (1995). Measuring the Relationship between Freight Transportation and Industry Productivity (*Final report*, NCHRP 02–17(4)). Washington D.C.: Transportation Research Board.

Kille, C. & Meißner, M. (2021). „Gipfel der Logistikweisen" – eine Initiative zur Prognose der quantitativen und qualitativen Entwicklung der Logistik in Deutschland für das Jahr 2021. In C. Kille & M. Meißner (Hrsg.), *Logistik im Spannungsfeld der Politik* (S. 11–31). Hamburg: DVV Media Group.

Klaus, P. (1993). *Die dritte Bedeutung der Logistik*. Nürnberg: Eigenverlag.

Klaus, P. (2002). *Die dritte Bedeutung der Logistik*. Hamburg: Deutscher Verkehrs-Verlag.

Link, H. (2018). Verkehr und Wirtschaft – Die volkswirtschaftliche Bedeutung des Verkehrs. In O. Schwedes (Hrsg.), *Verkehrspolitik – Eine interdisziplinäre Einführung* (S. 89–114). Wiesbaden: Springer VS.

Pfohl, H. C. (2018). *Logistiksysteme*. Heidelberg: Springer Verlag.

Pfohl, H.-C. (2021). *Logistikmanagement* (4. Aufl). Heidelberg: Springer Verlag.

Schwemmer, M., Dürrbeck, K. & Klaus, P. (2020). *Top 100 der Logistik*. Hamburg: DVV Media Group.

Schwemmer, M. & Klaus, P. (2021). *Top 100 in European Transport and Logistics Services*. Hamburg: DVV Media Group.

Vahrenkamp, R. & Kotzab, H. (2012). *Logistik – Management und Strategien*. München: Oldenbourg.

1.2 Strukturen und Aufgaben des Güterverkehrs

Dustin Schöder

Der Güterverkehr ist ein zentraler Bestandteil jeder modernen Volkswirtschaft und spielt eine fundamentale Rolle bei der Aufrechterhaltung der industriellen Produktion und der Versorgung von Märkten.[9] Der deutschsprachige Raum in Europa, als bedeutender Industrie-Cluster auf dem Kontinent, bildet hierbei keine Ausnahme. Die Strukturen und Aufgaben des Güterverkehrs sind von schlüsselwichtiger Bedeutung für die Effizienz der Warenbewegungen im Großen und im Kleinen, für die Wettbe-

---

[9] Hinweis: Das vorliegende Kapitel greift auf Inhalte des Kapitels 1.2 Märkte, Unternehmen und Politik von Hans Peter Fagagnini und Wolfgang Stölzle der ersten Auflage des Buches zurück.

werbsfähigkeit der Industrie und die Transformation der Gesellschaft in Richtung Nachhaltigkeit.

1.2.1 Strukturen des Güterverkehrs

Der Güterverkehr in Deutschland ist durch eine vielschichtige und eng miteinander verknüpfte Struktur gekennzeichnet. Die verschiedenen Verkehrsträger – Straße, Schiene, Binnenschifffahrt, Seeschifffahrt und Luftfahrt – spielen eine integrale Rolle bei der Beförderung von Waren entlang der Wertschöpfungsketten (siehe Kapitel 2.2), welche das strukturgebende Element von Transportketten sind. Eine Transportkette ist eine Folge von technisch und organisatorisch verknüpften Vorgängen, bei denen Güter von einer Quelle zu einer Senke transportiert werden.

Straßengüterverkehr

Der Straßengüterverkehr ist der dominierende Verkehrsträger im europäischen und deutschen Güterverkehrssystem. Dies ist hauptsächlich auf seine Flexibilität, Netzwerkdichte und damit verbundene schnelle Lieferzeiten zurückzuführen. Laut dem Statistischen Bundesamt (Destatis, 2023) entfielen im Jahr 2021 72,0 % der Güterverkehrsleistung auf die Straße. Dieser hohe Anteil spiegelt die Bedeutung wider, welchen der Straßengüterverkehr für die Versorgung von Unternehmen und Endverbrauchern hat. Der Verkehrsträger Straße besitzt unter allen Verkehrsträgern die größte Flexibilität und die höchste Netzwerkdichte der Infrastruktur. Dies ermöglicht dem Straßentransport den direkten Zugang zu nahezu jedem Ort. Besonders auf der Kurzstrecke ist der Straßengüterverkehr auch schnell, was ein weiterer Vorteil ist. Die Herausforderungen des Straßengüterverkehrs sind vielfältig. Eine hohe Verkehrsbelastung (Staus), Umweltverschmutzung und Abnutzung der Infrastruktur sind nur einige der negativen Begleiterscheinungen (Umweltbundesamt, 2022). Darüber hinaus können die Betriebskosten im Straßengüterverkehr für Fahrzeuge, Treibstoff und Wartung hoch sein, insbesondere bei längeren Strecken. Zudem stellen der Mangel an Lkw-Parkplätzen besonders in Transitländern wie Deutschland, Österreich und der Schweiz sowie die Notwendigkeit der Förderung und Verbreitung nachhaltigerer Antriebssysteme weitere Herausforderungen dar.

Schienengüterverkehr

Die Schiene spielt eine bedeutende Rolle im Güterverkehr im deutschsprachigen Raum in Europa. Im Besonderen ist ihre Bedeutung im Alpentransit hervorzuheben. Sie bietet eine nachhaltigere Alternative zum Straßentransport, da sie eine höhere Energieeffizienz, größere Massetransportfähigkeit und geringere CO_2-Emissionen aufweist. Gemäß des Statistischen Bundesamts (Destatis) betrug der Anteil des Schienengüterverkehrs in Deutschland im Jahr 2021 18,7 % (Destatis, 2023) der Beförderungsleistung im Güterverkehr. Der Schienengüterverkehr ist besonders für den Transport großer Mengen über lange Strecken geeignet. Insbesondere für den Transport von Massengütern wie Kohle, Erz sowie Containern stellt er trotz einer im Vergleich zu Straße geringeren Netzwerkdichte die effizienteste und ökologischste Option für Verlader und Spediteure dar. Die zentralen Herausforderungen im Schienengüterverkehr sind Engpässe und Modernisierungsbedarfe in der Infrastruktur, was insb. auf kürzeren Strecken zu einem langsameren Transport führt. Im Vergleich zur Straße besitzt der Schienengüterverkehr eine begrenze Flexibilität bei der Lieferzeitgestaltung, da eine Vertaktung der Transporte in Fahrplänen notwendig ist.

Binnenschifffahrt

Die Binnenschifffahrt ist ein wichtiger Verkehrsträger für den Güterverkehr in Deutschland, dank des dichten Netzwerks von Flüssen und Kanälen im Land. Historisch hat sich die Binnenschifffahrt vom einst wichtigsten Verkehrsträger des Kontinents zu einem den Güterverkehr ergänzenden Element entwickelt. Sie spielt insbesondere bei der Beförderung von Massengütern und Containern eine entscheidende Rolle. Laut dem Statistischen Bundesamt (Destatis) entfielen im Jahr 2021 6,9 % der Güterverkehrsleistung in Deutschland auf die Binnenschifffahrt (Destatis, 2023). Die Binnenschifffahrt ermöglicht den Transport von großen Gütermengen mit niedrigen Emissionen und ist somit eine umweltfreundliche Alternative zu anderen Verkehrsträgern. Gleichzeitig ist der Transport von Sendungen per Binnenschiff im Vergleich zur Straße und Schiene langsam, weniger flexibel und kann wetterbedingten Einschränkungen und Engpässen in der Infrastruktur unterliegen. Es ist zu erwarten, dass die Auswirkungen des Klimawandels diesen Verkehrsträger in Europa zukünftig besonders belasten werden, was negativ auf die Verfügbarkeit und Flexibilität der Binnenschifffahrt wirken wird.

Seeschifffahrt und Luftfahrt

Deutschland ist – ebenso wie Österreich und die Schweiz – stark in den internationalen Handel eingebunden, was den Bedarf an Seefracht- und Luftfrachtdiensten erhöht. Seehäfen wie Hamburg und Bremerhaven sind wichtige Schnittstellen für den Import und Export von Waren. Während der Transport zur See die größte Massetransportfähigkeit aller Verkehrsträger ausweist und dadurch, auf die die einzelne Sendung gerechnet, auch die umweltfreundlichste Art des Transports darstellt. Auch ist der Transport per Schiff i. d. R. besonders kosteneffizient, wenngleich die Transportgeschwindigkeit langsamer als bei anderen Verkehrsträgern ist und (natürliche) Zugangsbeschränkungen existieren, denn nicht alle Regionen sind per Schiff zu erreichen. Die Luftfracht ist die von der Transportgeschwindigkeit her schnellste Option, jedoch auch auf die einzelne Sendung gerechnet die derzeit die am wenigsten umweltfreundliche Art des Transports. Weitere Vorteile liegen in der globalen Verfügbarkeit und hohen Sicherheit dieses Verkehrsträgers. Die Luftfracht spielt daher eine entscheidende Rolle für den schnellen und zeitkritischen Transport hochwertiger Güter, die Massetransportfähigkeit ist jedoch sehr gering. Eine tiefergehende Betrachtung der Arten von Güterverkehrsunternehmen nach Verkehrsträgern findet im Kapitel 2.2 statt.

Transportketten im Güterverkehr bestehen aus komplexes Akteurs-Netzwerken, welche an der Planung, Durchführung und Überwachung von Transporten beteiligt sind. Dabei ist grundsätzlich zwischen ein- oder mehrgliedrigen Transporten zu unterscheiden (siehe Abbildung 1.2.1). Der eingliedrige Transport umfasst den unmittelbaren und direkten Transport von Sendungen von einem Ausgangspunkt zu einem Zielort ohne Zwischenstopps oder Umladungen. Ein mehrgliedriger Transport hingegen setzt sich aus mehreren aufeinanderfolgenden Etappen verschiedener Verkehrsträger zusammen, bei welchen die Sendungen während des Transports (mindestens einmal) umgeschlagen werden (vgl. Arnold, Isermann, Kuhn, Fuhrmans, & Tempelmeier., 2008). Ein gutes Beispiel hierfür ist die Kombination aus Straßentransport, Schifffahrt und Schienentransport, wie sie in interkontinentalen Transportketten häufig vorkommt.

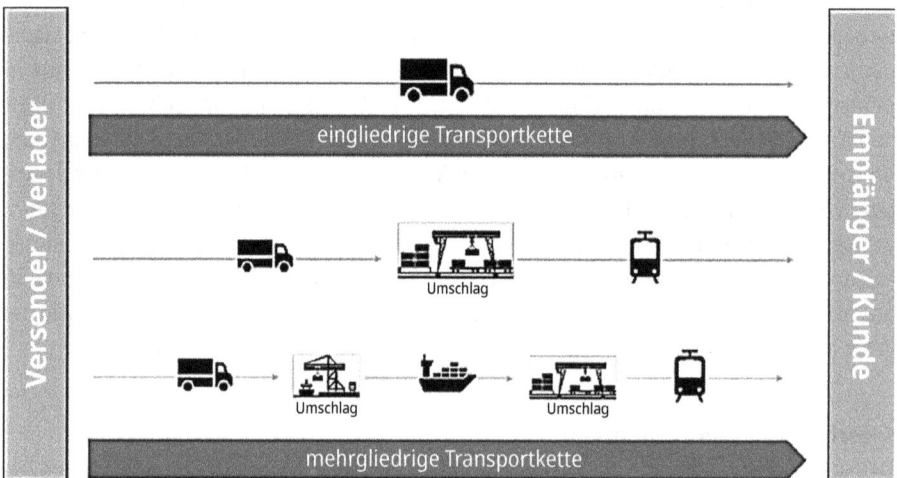

Abbildung 1.2.1: Schematische Transportkette (Eigene Darstellung nach Arnold et.al., 2008).

Übersicht der Akteure in ein- und mehrgliedrigen Transportketten

Verlader
Die Akteure am Anfang der Transportkette, die Versender bzw. Verlader (häufig handelt es sich um Hersteller und Produzenten) tragen eine erhebliche Verantwortung für den reibungslosen Ablauf der Transportkette. Sie müssen sicherstellen, dass die Sendungen rechtzeitig bereitgestellt und verladen werden. Die Herausforderung besteht i. d.R. darin, die Produktion effizient zu planen und die Lagerhaltung so zu steuern, dass Engpässe vermieden werden und die Bereitstellung der zu transportierenden Sendungen fristgerecht erfolgt.

Spediteure und Frachtführer

Die Spediteure und Frachtführer sind für die physische Beförderung der Güter von einem Ort zum nächsten verantwortlich. Sie müssen geeignete Transportmittel auswählen, Routen planen, Ladekapazitäten optimieren sowie alle erforderlichen Genehmigungen und Dokumente organisieren. Die Herausforderung für Spediteure und Frachtführer liegt in der Auswahl der kosteneffizientesten und gleichzeitig zeiteffizientesten Transportlösungen.

Logistikunternehmen (3PL, 4PL)

Logistikunternehmen (bspw. Third-Party-Logistics-Provider oder Fourth-Party-Logistics-Provider) spielen eine entscheidende Rolle bei der Koordination und Integration der verschiedenen Transportetappen in mehrgliedrigen Transporten. Ihre Aufgaben reichen von der Verfolgung der Sendungen über die Organisation der Umladungen bis hin zur reibungslosen Abwicklung der Zollformalitäten. Die Herausforderungen bestehen darin, die verschiedenen Akteure entlang der Transportkette optimal zu orchestrieren und Engpässe zu vermeiden.

Hafen- und Terminalbetreiber

Besonders in mehrgliedrigen Transporten, bei denen Häfen und Terminals als Umschlagstationen dienen, haben Hafen- und Terminalbetreiber eine zentrale Rolle. Sie müssen sicherstellen, dass die Umladungen zwischen verschiedenen Transportmitteln wie bspw. Schiffen, Zügen, Flugzeugen oder Lastkraftwagen effizient und ohne Verzögerungen erfolgen. Die Herausforderungen liegen in der optimalen Nutzung der vorhandenen Infrastruktur und Ressourcen.

Zollbehörden und andere regulierende Stellen

Beim grenzüberschreitenden Güterverkehr sind Zollbehörden (sowie ggf. weitere Regulierungsstellen) beteiligt, um die Einhaltung der Zollvorschriften, Steuern und rechtlichen Bestimmungen sicherzustellen. Dies erfordert eine genaue Dokumentation und die Koordination mit den verschiedenen Akteuren entlang der Transportkette. Die Herausforderung besteht darin, den reibungslosen Fluss der Waren zu gewährleisten, während gleichzeitig die notwendigen regulativen Vorgaben durchgeführt bzw. eingehalten werden.

Besondere Herausforderungen in mehrgliedrigen Transporten

Neben den allgemeinen Herausforderungen im Transport von Gütern gibt es spezifische Herausforderungen, welche sich bei mehrgliedrigen Transporten herausbilden:

Umschlag und Handling: Eine der zentralen Herausforderungen in mehrgliedrigen Transporten ist der Umschlag der Sendungen zwischen den verschiedenen Verkehrsträgern und Transportmitteln. Der Umschlag stellt i. d. R. den Flaschenhals entlang der Transportkette dar und birgt das Risiko von Beschädigungen oder Verzögerungen. Spezielle technische Lösungen, weitere Nutzergruppen-spezifische Vorkehrungen sowie geschultes Personal sollen einen reibungslosen Umschlag der Sendungen sicherstellen.

Lagerung: In mehrgliedrigen Transporten kommt der Lagerhaltung eine besondere Bedeutung zu, da die Sendungen mitunter zwischengelagert werden müssen, bevor sie auf das nächste Transportmittel umgeschlagen werden können. Dies erfordert eine effiziente Lagerhaltung, um Verluste, Diebstahl oder Beschädigungen zu minimieren und die rechtzeitige Bereitstellung für den Weitertransport sicher zu stellen.

Koordination der Akteure: Der Koordination der beteiligten Akteure entlang der Transportkette kommt eine zentrale Bedeutung zu. Die Herausforderung besteht in der Sicherstellung der informatorischen Durchgängigkeit und Steuerung der Akteure.

Resilienz: Mehrgliedrige Transporte sind anfälliger für Verzögerungen und Unterbrechungen als eingliedrige Transporte. Jeder Umschlag und jede Transportetappe bergen das Potenzial für Verzögerungen aufgrund von Wetterbedingungen, Verkehrsstaus, technischen Problemen oder anderen unvorhergesehenen Ereignissen. Die Herausforderung besteht in der Reaktion auf derartige Ereignisse, um den Transportplan und die zeitlichen Vorgaben einzuhalten.

1.2.2 Aufgaben des Güterverkehrs in Deutschland

Der Güterverkehr in Deutschland erfüllt eine Vielzahl von Aufgaben, die von wirtschaftlicher und logistischer Bedeutung sind.

Versorgung von Industrie, Handel und Endverbraucher

Eine der Hauptaufgaben des Güterverkehrs ist die Versorgung von Industrie, Handel und Endverbrauchern mit Rohstoffen, Vorprodukten und Fertigprodukten. Aus einer theoretischen Perspektive stellt sich dies als räumliche Überbrückung (oder auch raum-zeitliche Transformation) dar. Die reibungslose Beförderung von Waren ist von entscheidender Bedeutung, um die Produktion in verschiedenen Branchen sicherzustellen und die Lieferketten von Handel und Industrie aufrechtzuerhalten.

Internationale Wettbewerbsfähigkeit

Der Güterverkehr spielt eine wesentliche Rolle für die internationale Wettbewerbsfähigkeit der deutschsprachigen Volkswirtschaften. Als Exportnationen sind Deutschland, Österreich und die Schweiz darauf angewiesen, Waren in die Weltmärkte zu liefern. Ein effizienter und funktionierender Güterverkehr trägt dazu bei, dass Produkte wettbewerbsfähig bleiben und auf globaler Ebene konkurrieren können.

Arbeitsplatzschaffung und Enabler für wirtschaftliche Prosperität

Der Güterverkehrssektor trägt erheblich zur Schaffung von Arbeitsplätzen bei. Dies betrifft nicht nur direkt im Transportsektor tätige Personen, sondern auch Arbeitsplätze in Bereichen der Logistik, Lagerhaltung, Verwaltung und vielfältigste Dienstleistungen rund um den Güterverkehr. Die Logistikbranche als Ganzes ist ein bedeutender Arbeitgeber in Deutschland (Statista, 2022).

Anbindung von Regionen und Standorten

Der Güterverkehr spielt eine entscheidende Rolle bei der Anbindung von Produktionsstandorten, Logistikzentren in nationale und internationale „Tradelanes" (Handelsrouten). Er gewährleistet die Erreichbarkeit von Unternehmen und Regionen, welche oftmals an strategisch wichtigen Standorten angesiedelt sind. Dadurch trägt der Güterverkehr zur Stärkung der regionalen Wirtschaften und zur Integration in internationale Handelsnetzwerke bei.

Aufbauend auf die dargestellten Aufgaben des Güterverkehrs sollen diese vertiefend nach drei Seiten beleuchtet werden. In Richtung: Markt, Unternehmen und Politik. Denn diese drei Dimensionen stellen das Spannungsfeld des Güterverkehrs dar (siehe Abbildung 1.2.2).

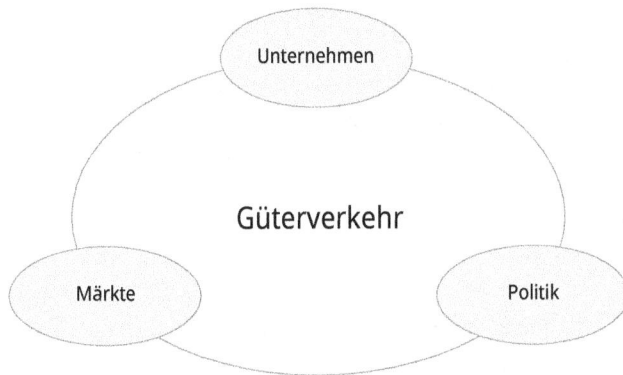

Abbildung 1.2.2: Güterverkehr im Spannungsfeld von Märkten, Unternehmen und Politik.

Der Einfachheit halber stehen sich in der Betrachtung dieses Spannungsfeldes nur je zwei charakteristische Ausprägungen gegenüber, was letztlich drei Koordinatensysteme mit je vier Quadranten ergibt.

Märkte und Politik

Die Beschaffenheit der Märkte bildet das zentrale Datum für das Verhältnis zwischen Markt und Politik. Vereinfacht lässt sich die Betrachtung auf funktionierende, wenig regulierten Märkten und regulierte Märkte mit speziellen Anforderungen reduzieren

	Märkte mit speziellen Anforderungen	Funktionierende Märkte
Politik sichert und gestaltet	[3] gefährliche Güter, Schienengüterverkehr, Infrastrukturen	[4] Karbotage, öffentliche Umschlagsanlagen
Politik ordnet	[1] Grenzkontrollen, Trassenvergabe, Umweltschutz	[2] Hochseeschifffahrt, Straßentransport, Pipelines

Abbildung 1.2.3: Aufgaben der Märkte und der Politik.

(siehe Abbildung 1.2.3). Was die Politik auf dem Wege staatlicher Regulierungen und Eingriffe tut, lässt sich vereinfacht in vier Kategorien einteilen: Politik und Staat ordnen, fördern, sichern und gestalten, und das in je unterschiedlicher Art und Weise. Ordnung ist selbst in voll funktionierenden Märkten gefragt, denn auch hier gelten bestimmte Spielregeln.

Im Güterverkehr herrschen weitgehend geordnete Marktverhältnisse vor (Quadrant 2). Hier steht nicht die Einschränkung des Handelns im Vordergrund, sondern die Ermöglichung und Entfaltung von Aktivitäten. Im Güterverkehr gibt es jedoch auch Bereiche, in welche die Politik gestaltend eingreift. Als Beispiel ist hier die Kabotage[10] zu nennen, welche vom einheimischen Gewerbe als bedrohlich betrachtet werden da sie das örtliche Preisniveau unterlaufen können, so dass Regulierungen gefordert wurden und werden. Mit dem europäischen Binnenmarkt haben derartige Argumente an Bedeutung verloren, obwohl die Regulierung der Kabotage weiterhin zulässig ist. Insgesamt hat sich die Politik zwar etwas zurückgezogen, bleibt jedoch dennoch aktiv in ihrer Gestaltungsfunktion, beispielsweise durch die Förderung öffentlicher Umschlagsanlagen. Sie ermöglicht den Bau solcher Anlagen und regelt den Zugang zu ihnen (Quadrant 4). In bestimmten Marktbereichen gibt es jedoch spezifische Anforderungen (Quadrant 3). Besonders hervorzuheben sind die Vorschriften für den Transport und die Handhabung gefährlicher Güter. Im Schienengüterverkehr könnte die Ansicht vertreten werden, dass die Schienen ebenso wie die Straßen frei befahrbar sein sollten. Dennoch würden rasch Konflikte entstehen, wenn mehrere Anbieter gleichzeitig dieselben Strecken nutzen wollten (Quadrant 1). Daher ist eine geregelte Nutzung dieser Verkehrsinfrastruktur von entscheidender Bedeutung für einen effizienten Güterverkehr. In Bezug auf die Infrastruktur ergeben sich auch Fragen zur Sicherheit, nicht nur im Sinne der Gefahrenabwehr. Während früher Sicherheit hauptsächlich polizeiliche Aufgaben innerhalb der staatlichen Grenzen und auch Grenzkontrollen einschloss, umfasst

---

10 Kabotage ist gewerblicher Güterkraftverkehr mit Be- und Entladeort in einem Staat, dem sogenannten Aufnahmemitgliedstaat, durch einen Unternehmer, der in diesem Staat weder Sitz noch Niederlassung hat (BALM, 2023).

sie heute einen breiteren Bereich. Dies schließt auch Maßnahmen zum Schutz der Umwelt und anderer schützenswerter Güter ein (Quadrant 1).

Die Politik der Europäischen Union zeichnet sich durch eine Liberalisierung des Verkehrssektors aus. Der Güterverkehr ist diesbezüglich ein besonders wichtiger Bereich. Im Straßengüterverkehr wurden die zahlreichen nationalen Regulierungen aufgehoben und im Schienengüterverkehr der Wettbewerb eingeführt. Für den Verkehrsmarkt hat die EU und ihre Mitgliedstaaten weitgehend marktwirtschaftliche Verhältnisse geschaffen. Es sollen überall dort die Marktkräfte wirken, wo die Rechtsordnung nicht festlegt, dass hoheitlich oder auf andere Weise zu entscheiden sei. Im Allgemeinen ist dies der Fall, wenn es um den Betrieb der einzelnen Verkehrsmittel geht, während in den erwähnten Quadranten (1 und 3) die sichernde und gestaltende Hand von Staat und Politik erkennbar ist.

Politik und Unternehmen

Die Aufgabenteilung zwischen Staat und Markt wird im Verhältnis zwischen Politik und Unternehmen unmittelbar greifbar (siehe Abbildung 1.2.4). Die Aufteilung ist einfach und komplex zugleich. Alles, was nicht dem Staat als Aufgabe gesetzlich zugewiesen wird, bildet Bestandteil der unternehmerischen Freiheit (Fagagnini & Stölzle, 2010).

	Politik fördert und gestaltet	Politik ordnet und gestaltet
Unternehmen positionieren sich international	[3] Harmonisieren, Standards, Abbau von Hindernissen	[4] Verkehrsregeln, freier Zugang
Unternehmen positionieren sich national/lokal	[1] Finanzierungen, Abgaben, Anreize	[2] Standortpolitik, Arbeitsmarktregeln

Abbildung 1.2.4: Aufgaben von Unternehmen und Politik.

Im Zuge der Globalisierung werden die einzelnen Marktgebiete immer globaler. Deswegen verliert die nationale und lokale Distribution von Gütern jedoch keineswegs an Bedeutung (Fagagnini & Stölzle, 2010). Unterschiede zwischen der globalen und mehr lokalen geografischen Ausrichtung eines Geschäftes bestehen und liegen nicht allein im Umfang der Marktgebiete, sondern meist in der Dynamik und damit im Tempo des Wachstums. Das staatliche Aufgabenportfolio enthält in aller Regel unterschiedliche Elemente, welche für Unternehmen dienlich oder hinderlich sein können. Die Förderung zielt in aller Regel auf finanzielle Unterstützungen oder Anreize ab. Abgaben wie Benzin- und Dieselsteuern, Maut, Schwerverkehrsabgaben dagegen belasten Unternehmen, dienen aber der Finanzierung der Infrastruktur und der Förderung von Projekten sowie von Abgeltungen oder Finanzhilfen (Quadrant 1). Unbestreitbar ist, dass sich die

Staaten untereinander in einem Standortwettbewerb befinden (Quadrant 2). Diese Unterstützung zeigt sich auf verschiedene Arten, hauptsächlich jedoch durch finanzielle Anreize und steuerliche Begünstigungen. In der Regel wird die Standortpolitik vorrangig von inneren Antrieben beeinflusst, insbesondere durch die Bemühungen der heimischen Industrie, sich vor ausländischem Dumping zu schützen. Aus diesen Bemühungen resultieren Arbeitsmarktregelungen, die auf die Förderung von Gleichstellung abzielen.

Im Einzelnen gibt es i. d.R. kein einfaches entweder Staat oder Markt. Dies umso mehr, als im Ruf nach dem Staat gewichtige Unterschiede. Aufgaben des öffentlichen Personenverkehrs liegen in der Gewährleistung der Grundversorgung. Im Gegensatz dazu operiert der Güterverkehr im Rahmen der Marktwirtschaft, obwohl er in der Vergangenheit strengen Regulierungen unterlag. Während der öffentliche Personenverkehr finanzielle Unterstützung und Ausgleiche erhält, wenn glaubhaft argumentiert wird, dass die Grundversorgung gefährdet oder er die dringend benötigte Erschließung größerer Gebiete plant, muss der Güterverkehr den Marktgesetzen folgen. Es ist jedoch wichtig zu beachten, dass der Güterverkehr gelegentlich erhebliche politische Unterstützung erfährt, beispielsweise im Bereich des kombinierten Verkehrs, insbesondere im Alpentransit, oder bei der Einrichtung von Terminals. In diesem Kontext gibt es bestimmte Aufgaben, die in die Verantwortung der Politik und des Staates fallen und daher geregelt werden müssen (Quadrant 4). Hierzu gehören beispielsweise internationale Vereinbarungen über Verkehrsvorschriften. Mit zunehmender Internationalisierung und Globalisierung der Märkte steigt die Notwendigkeit technischer Harmonisierung und weltweit geltender Standards (Quadrant 3). Im internationalen Kontext stoßen politische Steuerungsversuche jedoch manchmal an Grenzen bestehen (Fagagnini & Stölzle, 2010). Die Durchsetzung von Standards und Harmonisierungsbemühungen in bestimmten Bereichen gestalten sich oft schwierig. Letztendlich hängt das aktive Handeln der Politik von ordnungspolitischen Kriterien und den erwarteten Ergebnissen auf dem Markt ab.

Unternehmen und Märkte

Was sind Märkte ohne Unternehmen und Unternehmen ohne Märkte? Letztlich bedingen und definieren sich beide gegenseitig. Die strategische Positionierung im Markt ist für die Unternehmen zentral. Weil sich richtig verstandene Freiheit mit Verantwortung paart, bildet das Insolvenzrisiko für Unternehmen das Gegenstück zur Dispositionsfreiheit. Wenn sich die gewählte Strategie nicht umsetzen lässt und Verluste hingenommen werden müssen, droht letztlich der Konkurs.

In Abbildung 1.2.5 ist nur ein marktwirtschaftlicher Quadrant auszumachen (Quadrant 3), in welchem die volle Dispositionsfreiheit gegeben ist. Ein gutes Beispiel dafür ist sicherlich der Bereich des Straßengüterverkehrs. Die Position des starken Wettbewerbs bei schwachen Budgetschranken umfasst den Kreis der öffentlichen Unternehmen, aber auch solchen, die nur formell privatisiert worden sind und die wei-

	Märkte mit starkem Wettbewerb	Märkte mit schwachem Wettbewerb
Volle unternehmerische Freiheit	[3] Freie strategische Positionierung	[4] Monopole, Oligopole, Kooperationen
Begrenzte unternehmerische Freiheit	[1] Unternehmen des öffentlichen Rechts, gebunden an Aufträge	[2] Natürliche Monopole

Abbildung 1.2.5: Märkte und Positionierung von Unternehmen.

terhin bestimmte öffentliche Aufträge zu erfüllen haben (Quadrant 1). In den Feldern des schwachen Wettbewerbs finden sich Monopole oder Oligopole aber auch Re-Monopolisierungen (Quadrant 4). Eine einmal beschlossene Liberalisierung garantiert nicht automatisch den dauerhaften Wettbewerb. Dazu bedarf es einer kritischen Masse an Marktteilnehmern. Nicht zu unterschätzen ist auch die Zusammenarbeit oder Kooperation zwischen den Akteuren. Eine intensive Kooperation kann den Wettbewerb ebenfalls eindämmen. Ähnlich gelagert sind die sogenannten natürlichen Monopole, zu denen die Schieneninfrastruktur zählt (Quadrant 2).

Der Güterverkehr in Deutschland ist ein komplexes und vielseitiges System, das die Grundlage für die wirtschaftliche Entwicklung, die Versorgung der Industrie und den internationalen Handel bildet. Die verschiedenen Verkehrsträger erfüllen unterschiedliche Aufgaben und stehen vor verschiedenen Herausforderungen. Die nachhaltige Entwicklung des Güterverkehrs wird in den kommenden Jahren von entscheidender Bedeutung sein, da Deutschland, Österreich und die Schweiz bestrebt sind, wirtschaftliches Wachstum und Umweltschutz in Einklang zu bringen. Die Förderung von umweltfreundlichen Transportlösungen, die Modernisierung der Infrastruktur und die Implementierung neuer Technologien werden dabei Schlüsselfaktoren sein, um die Effizienz, Nachhaltigkeit und Wettbewerbsfähigkeit des Güterverkehrs in Deutschland sicherzustellen.

Literaturverzeichnis

Arnold, D., Isermann, H., Kuhn, A., Fuhrmans, K. & Tempelmeier, H. (2008). *Handbuch Logistik*. Berlin, Heidelberg: Springer Verlag.

Bundesamt für Logistik und Mobilität [BALM] (2023). *Was ist Kabotage und wer ist dazu befugt?* Abgerufen am 01.07.2023 unter https://www.balm.bund.de/SharedDocs/FAQs/DE/Gueterkraftverkehr/Kabotage.html

Destatis (2023). *Güterverkehr nach Art, Menge und Leistung 2021*. Abgerufen am 31.07.2023 unter https://www.destatis.de/DE/Themen/Branchen-Unternehmen/Transport-Verkehr/Gueterverkehr/_inhalt.html#sprg350830

Fagagnini, W. & Stölzle, W. (2010). *Märkte, Unternehmen und Politik*. In W. Stölzle & H. P. Fagagnini (Hrsg), *Güterverkehr Kompakt* (S. 3–13). München: Oldenbourg.
Statista (2022). *Anzahl der Beschäftigten in Spedition und Logistik in Deutschland in den Jahren 2003 bis 2021*. Abgerufen am 10.07.2023 unter https://de.statista.com/statistik/daten/studie/443194/umfrage/be schaeftigte-in-spedition-und-logistik-in-deutschland/
Umweltbundesamt (2022). *Weniger Verkehr, mehr Lebensqualität – Leitfaden zur Kommunikation von Suffizienz als Ziel kommunaler Verkehrspolitik*. Abgerufen am 31.07.2023 unter https://www.umweltbun desamt.de/sites/default/files/medien/376/publikationen/weniger_verkehr_mehr_lebensqualitaet_leit faden_2022_09_21.pdf

1.3 Wirkungszusammenhänge

Alexander Eisenkopf, Andreas Knorr

Die intensive Einbindung in die internationale Arbeitsteilung und ein hohes Maß an Spezialisierung sind zentrale Charakteristika moderner Volkswirtschaften. Sie bilden zugleich die Grundvoraussetzung für ein hohes Volkseinkommen und damit für einen hohen materiellen Lebensstandard der Bevölkerung. Jedwede wirtschaftliche Aktivität setzt jedoch die Existenz leistungsfähiger Logistiksysteme und damit auch Güterverkehre zwingend voraus. Vor diesem Hintergrund wird die Nachfrage nach Güterverkehren in der Lehrbuchliteratur traditionell als sogenannte abgeleitete Nachfrage bezeichnet. Sie resultiert somit erst aus anderen wirtschaftlichen Aktivitäten, konkret aus Produktionsprozessen und der Distribution der Erzeugnisse an die Nachfrager. Empirisch besteht in der Tat eine enge Korrelation zwischen der Wirtschaftsleistung (d. h. dem Bruttoinlandsprodukt/BIP bzw. Bruttonationaleinkommen/BNE) einerseits und dem Güterverkehrsaufkommen andererseits. Sie gilt sowohl bei konjunkturellen als auch bei saisonalen Schwankungen der wirtschaftlichen Aktivität. Allerdings lässt sich aus der erwähnten Korrelation keine eindeutige Kausalitätsbeziehung im Sinne einer vom Wirtschaftsgeschehen abgeleiteten Nachfrage nach Güterverkehrsdienstleistungen ableiten. Im Gegenteil ermöglichen innovative Logistiklösungen unter Nutzung moderner Digitalisierungstechnologien und -konzepte (Manyika et al., 2016) ihren industriellen Nachfragern durchaus Anpassungen und Optimierungen ihrer Produktions- und Distributionsprozesse. Beispielhaft sind an dieser Stelle die Just-in-Time-Fertigung (JIT), die Just-in-Sequence-Produktion (JIS) und Supplier-managed-Inventory-Prozesse (SMI) anzuführen. Die sich zuletzt häufenden Störungen inländischer und vor allem grenzüberschreitender Lieferketten belegen nachdrücklich, dass die Nichtverfügbarkeit logistischer Dienstleistungen das Produktionspotential einer Volkswirtschaft und damit die Güterversorgung der Bevölkerung spürbar reduzieren können. Exemplarisch seien die im Zuge der Corona-Krise staatlich verhängten Hygienemaßnahmen, insbesondere die Lockdowns, Quarantänevorschriften und Grenzschließungen, sowie die zunehmende Neigung der Politik, außen- und sicherheitspolitische Ziele durch wirtschafts- und vor allem handelspolitische Sanktionen erreichen zu wollen, genannt.

Des Weiteren unterliegen Volkswirtschaften infolge technisch-organisatorischen Fortschritts auf der Angebotsseite und aufgrund von Präferenzänderungen der Nachfrager einem kontinuierlichen Strukturwandel. Dieser induziert wiederum Veränderungen der Sendungsvolumina, der Art und der physischen Eigenschaften der Transportgüter, der räumlichen Wirtschaftsstruktur sowie der zeitlichen Abläufe von Produktions- und Distributionsprozessen. Der Strukturwandel beeinflusst damit auch die Wettbewerbsfähigkeit der verschiedenen Güterverkehrsmodi und deren jeweilige Modal-Split-Anteile.

Schließlich vollziehen sich Güterverkehre – wie jegliches menschliche Handeln überhaupt – nicht im politisch-gesellschaftlich luftleeren Raum. So hängen Art und Umfang logistischer Dienstleistungen wesentlich von der Politik gesetzten rechtlichen Rahmenbedingungen ab. Die relevanten Entscheidungsträger erstrecken sich je nach Regelungsgegenstand von Akteuren auf der lokalen Ebene bis hin zu supranationalen (EU) und internationalen Organisationen, insbesondere den Sonderorganisationen der Vereinten Nationen (z. B. die *Internationale Seeschifffahrts-Organisation* – IMO, der *Weltpostverein* – UPU oder die *Internationale Zivilluftfahrtorganisation* – ICAO). Der politische Entscheidungsprozess wird jedoch in erheblichem Maße sowohl durch wissenschaftliche Politikberatung als auch durch demokratisch nicht legitimierte Träger von Partikularinteressen beeinflusst. Dazu gehören nicht nur die Verbände der Güterverkehrs- und Logistikwirtschaft, die Vertreter von Großunternehmen der Branche sowie die Branchengewerkschaften, sondern in erheblichem Umfang auch Nichtregierungsorganisationen (NRO bzw. NGO), insbesondere aus den Bereichen Umwelt- und Klimaschutz sowie Menschenrechte.

1.3.1 Bestimmungsfaktoren von Angebot und Nachfrage im Güterverkehr

Die auf überwiegend realitätsfernen Prämissen beruhenden, einfachen volkswirtschaftlichen Modelle der neoklassischen Wohlfahrtsökonomik ignorieren anders als die Verkehrswissenschaft sowohl die zeitliche und als auch die räumliche Dimension wirtschaftlicher Aktivität. Sie unterstellen neben weiteren unrealistischen Modellannahmen wie einer beidseitigen atomistischen Marktstruktur (d. h. unendlich viele Anbieter und Nachfrager), homogenen Gütern, vollständiger Markttransparenz (d. h. vollständige Marktübersicht), fehlenden Präferenzen seitens Nachfrager bzgl. der Anbieter oder der Herkunft der Güter sowie einer unendlichen Reaktionsgeschwindigkeit auf Datenänderungen nicht zuletzt sogenannte Punktmärkte. Das bedeutet, dass sämtliche Transaktionen zwischen Anbietern und Nachfragern exakt zum selben Zeitpunkt und am gleichen Ort abgewickelt werden. Per Annahme explizit aus der Analyse ausgeschlossen sind folglich nicht nur Transportzeiten und Transportkosten; auch räumliche Standortvor- oder Nachteile existieren im Modell folglich nicht. Ebenfalls bar jeder Realität wird schließlich angenommen, dass alle Güter stets ohne Zeitverzug in der von den Nachfragern benötigten Menge lieferbar sind und von diesen auch ohne Verzögerung abgenommen werden.

Wirtschaftsgeographische Zusammenhänge

Aus der Erklärungsperspektive der empirisch ausgerichteten Wirtschaftsgeographie zeigt sich demgegenüber seit jeher eine erhebliche zeitliche und räumliche Dynamik von Produktions-, Distributions-, Konsum-, Recycling- und Entsorgungsprozessen und damit auch der diese Prozesse ermöglichende Güterverkehr. Wesentliche Treiber dieser Dynamik, welche allesamt die räumliche Dimension des Wirtschaftsgeschehens sowie Art, Struktur und Umfang von Arbeitsteilung und Spezialisierung im Raum und so letztlich auch Logistikströme und Güterverkehrsvolumina entscheidend beeinflussen (Dicken, 2015; Aberle, 2009), sind:

- Der Standortwettbewerb zwischen Staaten, Regionen und Städten um die Ansiedelung mobiler Produktionsfaktoren

- der technisch-organisatorische Fortschritt sowie die sich wandelnden Präfenzen der Nachfrager als wesentliche Determinanten des Strukturwandels

- die quantitativ und qualitativ ausreichende Verfügbarkeit der erforderlichen Verkehrswegeinfrastrukturen sowie deren Nutzungskosten für die Logistikdienstleister

- die Verfügbarkeit und Kosten der benötigten Transportenergie und Arbeitskräfte (z. B. Fahrer und Lokführer)

- die Bevölkerungszahl, Bevölkerungsdichte, Siedlungsstruktur und Verteilung der Bevölkerung im Raum

- die räumliche und flächenmäßige Ausdehnung eines Landes und dessen geographische Lage (z. B. an der Peripherie oder als zentral gelegenes Transitland);

- die für Produktions-, Distributions-, Konsum-, Recycling- und Entsorgungsprozesse einerseits sowie für die Durchführung von Güterverkehren und Logistikdienstleistungen andererseits geltenden Rechtsvorschriften:
    - Erstere umfassen seit geraumer Zeit neben den üblichen nationalen Rechtsvorschriften (u. a. des Wettbewerbs-, Verbraucherschutz-, Arbeits-, Sozial-, und Umweltrechts) auch zunehmend Vorschriften mit grenzüberschreitender Wirkung. So verpflichtet das deutsche *Gesetz über die unternehmerischen Sorgfaltspflichten zur Vermeidung von Menschenrechtsverletzungen in Lieferketten* (kurz: *Lieferkettensorgfaltspflichtengesetz – LkSG*)[11] deutsche Unternehmen mit Wirkung vom 01.01.2023 dazu, bei ihren ausländischen Zulieferern die Einhaltung bestimmter menschenrechts- und umweltbezogener Sorgfaltspflichten sicherzustellen und dies zu dokumentieren.
    - Zu Letzteren zählen dabei je nach Art des Beförderungsvorgangs nationales Recht (u. a. arbeits- und sozialrechtliche Regularien sowie Gefahrgutvorschriften), internationale Verträge – wie z. B. die 1999 bilateral zwischen der Schweiz

---

11 Bundesgesetzblatt Teil I, 2021, Nr. 46, Bonn, 22.07.2022, 2959–2969.

und der EU abgeschlossenen Luft- und Landverkehrsabkommen – und/oder supranationales Recht (z. B. die Entsenderegeln und Kabotagevorschriften der Europäischen Union und im Europäischen Wirtschaftsraum (EWR)).

Wirtschaftshistorische Entwicklungen

Wirtschaftsgeschichtlich betrachtet waren und sind die internationale Arbeitsteilung und daraus resultierenden Spezialisierungsmuster und Warenströme einem kontinuierlichen quantitativen und qualitativen Wandel unterworfen. So herrschte zu Beginn der ab etwa Mitte des 18. Jahrhunderts von England ausgehenden Industrialisierung noch interindustrieller Handel vor, also vollständige Spezialisierung der Produktionsstandorte und damit dem Austausch von Gütern unterschiedlicher Produktgruppen (z. B. Rohstoffe gegen Fertigwaren). Die grenzüberschreitenden Liefer- und Wertschöpfungsketten waren aufgrund deutlich niedrigerer Direktinvestitionen und Unternehmensverflechtungen im Vergleich zu heute sehr viel weniger komplex. Im Gegensatz dazu vollzieht sich ein Großteil des heutigen Außenhandels als intraindustrieller Handel, d. h. als Austausch relativ homogener Produkte derselben Produktgruppen – z. B. Automobile, Verkehrsflugzeuge, Pharmaprodukte bzw. entsprechende Zulieferteile –, die sowohl im Inland als auch im Ausland hergestellt werden. Entsprechend haben sich im Zeitablauf überaus komplexe und sich räumlich i. d. R. über mehrere Kontinente erstreckende transnationale Produktionsprozesse mit sehr geringer Wertschöpfungstiefe herausgebildet (d. h. wenig Eigenproduktion, aber viel Fremdbezug von Vorprodukten). Diese auch als *Deep integration* bezeichneten hochgradig arbeitsteiligen Produktionsprozesse lassen sich grundsätzlich in drei Varianten organisieren:

- Innerhalb eines multinationalen Unternehmens zwischen dessen entsprechend spezialisierten in- und ausländischen Standorten (sogenannter *Intra-firm trade* bzw. innerbetrieblicher Handel)

- in Gestalt internationaler Produktionsnetzwerke rechtlich selbständiger Unternehmen auf der Basis von Zulieferungs- und Abnahmeverträgen. Beispielsweise umfasst die Zuliefererliste des US-amerikanischen Unternehmens Apple etwas mehr als zweihundert Vorleistungserbringer mit mehr als der doppelten Anzahl von Produktionsstätten weltweit (Apple, 2021); der *Audi e-tron* wird derzeit am Standort Brüssel, Belgien, aus knapp 6.000 Komponenten endmontiert, die von rund dreihundert Zulieferern aus 37 Ländern bezogen werden (DER SPIEGEL, 2022).
- als Mischform beider vorstehend angeführter Varianten.

Global betrachtet ist der Güterverkehr seit Ende des Zweiten Weltkriegs parallel zum Anstieg der weltweiten Wirtschaftsleistung – der auch das exponentielle Wachstum der mit Waren und Dienstleistungen zu versorgenden Weltbevölkerung reflektiert – in quantitativer Hinsicht ebenfalls substantiell angewachsen (bei regelmäßigen, konjunkturell bedingten Schwankungen um den langfristigen Trendverlauf). Überdurchschnittliche Zuwächse kennzeichneten in diesem Zeitraum bis etwa 2008 den grenzüberschreitenden Güterverkehr, konkret die in Tonnenkilometern gemessene Verkehrsleistung. Demgegenüber entwickelt sich das Verkehrsaufkommen (d. h. die in Tonnen gemessenen beförderten Mengen) weniger dynamisch. Ursächlich war die üblicherweise als Globalisierung bezeichnete deutliche Intensivierung der internationalen Handelsbeziehungen und von ausländischen Direktinvestitionen (Lund et al., 2019). Sie wurde von einer Kombination politischer, technologischer und ökonomischer Faktoren vorangetrieben.

So gelang im Rahmen des 1948 in Kraft getretenen Allgemeinen Zoll- und Handelsabkommens (*General Agreement on Tariffs and Trade* – GATT), welches seit 1995 integraler Bestandteil des Regelwerks der Welthandelsorganisation (*World Trade Organization* – WTO) mit Sitz in Genf ist, eine deutliche Liberalisierung des grenzüberschreitenden Warenhandels sowie später teilweise auch des Dienstleistungshandels. Zugleich erhöhte sich die Anzahl der Staaten, die das GATT-/WTO-Regelwerk befolgen, kontinuierlich. War das GATT-Abkommen 1947 von 23 Nationen unterzeichnet worden, hat die WTO aktuell 164 Mitgliedstaaten.

Auch auf regionaler Ebene nahm die Zahl regionaler Integrationsblöcke ab Anfang der 1990er Jahre stark zu. Damit wurden intern bestehende Barrieren für Handel und Direktinvestitionen deutlich reduziert, woraus vielfältige neue Möglichkeiten der Arbeitsteilung und Spezialisierung resultierten. Die bekanntesten Beispiele neben der bereits 1958 als *Europäische Wirtschaftsgemeinschaft* (EWG) gegründeten heutigen *Europäischen Union* (EU) sind das *United States-Mexico-Canada Agreement* (USMCA), welches 2020 das frühere *Nordamerikanische Freihandelsabkommen* (NAFTA) ersetzte, *Mercosur* (*Mercado Común del Sur*) in Lateinamerika, der *Verband Südostasiatischer Staaten* (*Association of Southeast Asian Nations* – ASEAN), das *Comprehensive and Progressive Agreement for Trans-Pacific Partnership* (CPTPP), der *Golf-Kooperationsrat* (*Gulf Cooperation Council* – GCC) und die in Gründung befindliche *Afrikanische Freihandelszone African Continental Free Trade Area* (AfCFTA).

Mit der deutschen Wiedervereinigung im Jahr 1990 und dem wirtschaftlichen sowie politischen Zusammenbruch der Sowjetunion und der Zentralverwaltungswirtschaften des gesamten Ostblocks und der 1975 beginnenden wirtschaftlichen Öffnung der Volksrepublik China wurden weltweit etwa 1,5 Mrd. Menschen neu in die internationale Arbeitsteilung integriert.

Weltweit sanken Transport-, Kommunikations- und Datenverarbeitungskosten aufgrund technologischer Neuerungen (z. B. Internet und Containerisierung), aber auch infolge der seit Ende der 1970er Jahre vor allem von den USA ausgehenden Deregulierung der Verkehrsmärkte einschließlich der Märkte für Kurier-, Express- und Paketsendungen (KEP) deutlich (OECD, 2007).

Des Weiteren spiegelt der sogenannte Güterstruktureffekt den Wandel der gesamtwirtschaftlichen Güterangebotspalette im Zuge der wirtschaftlichen Entwicklung eines Landes wider. Diese ist dadurch charakterisiert, dass mit zunehmendem Entwicklungsstand der Volkswirtschaft der Anteil der Grundstoffindustrie an der Wirtschaftsleistung kontinuierlich sinkt. An ihre Stelle tritt dafür die Erzeugung hochwertiger, aber deutlich kleinteiligerer Investitions- und Konsumgüter. Dies hatte und hat wiederum erhebliche Auswirkungen auf die Logistik- und Transportmärkte und manifestiert sich vor allem durch den starken Anstieg der Stückgut-, Eilgut- und Expressgutverkehre. Grundsätzlich ergeben sich die konkreten logistischen Anspruchsprofile an das Güterverkehrssystem nämlich primär aus den zu befördernden Güterarten, deren Eigenschaften (z. B. physische oder chemische Produktmerkmale sowie der Grad der Lagerfähigkeit) und aus den zu transportierenden Gütermengen. Zurückzuführen ist das einerseits darauf, dass höherwertige Produkte weniger gewichts- bzw. volumenintensiv sind. Andererseits erhöhen sie jedoch die qualitativen Anforderungen an die Transportwirtschaft, weil komplexere Logistiksysteme mit hoher Terminliefer- und Terminmengentreue aufgebaut werden müssen und Produkte mit höherer Wertdichte auch größere Transportkostenbelastungen tragen können. Durch diesen sogenannten Logistikeffekt lassen sich z. B. die generell gestiegenen Transportdistanzen erklären, die selbst bei konstantem mengenmäßigen Transportaufkommen zwangsläufig zu höheren Verkehrsleistungen führen. Die Leistungsfähigkeit von Güterverkehrssystemen wird folglich immer stärker daran gemessen, inwieweit die Systemkomponenten in der Lage sind, kleine Sendungsgrößen schnell, zuverlässig und flexibel an die individuellen Bedürfnisse angepasst zu transportieren.

Güterstruktur- und Logistikeffekt haben wiederum erhebliche Auswirkungen auf die Wettbewerbsfähigkeit der einzelnen Verkehrsträger (siehe Kapitel 4.3), was sich an der Entwicklung ihrer jeweiligen Modal-Split-Anteile ablesen lässt. So sind die Marktanteile der klassischen Massengutverkehrsträger Schiene und Binnenschifffahrt seit langem stagnierend bis tendenziell rückläufig, während der Güterverkehr auf der Straße und vor allem die Luftfracht sowie der kombinierte Verkehr, insbesondere der großen, weltweit tätigen *Integrators* wie etwa DHL, FedEx oder UPS, kontinuierliche Zuwächse aufweisen (Bundesministerium für Verkehr und digitale Infrastruktur 2021; Bundesamt für Statistik 2022).

Die enge wechselseitige Verflechtung zwischen Güterverkehrsaufkommen einerseits und der allgemeinen wirtschaftlichen Entwicklung sowie insbesondere des Außenhandels andererseits gilt allerdings auch in ökonomischen Krisenzeiten. Abgesehen von regelmäßig auftretenden Konjunkturabschwüngen wirken sich vor allem schwere exogene Schocks negativ auf Volumina und Struktur des Güterverkehrs aus. Beispielhaft zu nennen sind in diesem Zusammenhang die aus politischen Geschehnissen im Mittleren Osten herrührenden Ölpreisschocks der Jahre 1973, 1979 und 1991, die nahezu globale Wirtschafts-, Finanz- und Schuldenkrise (einschließlich der Eurokrise) ab 2008 sowie die 2020 von vielen Staaten verhängten und teilweise massiven Beschränkungen, nicht zuletzt der Personen- und Gütermobilität, im Zusammenhang mit der Corona-Krise (siehe Kapitel 5.6). Aufgrund der überragenden Bedeutung der Volksrepublik China als Produktionsstandort in grenzüberschreitenden Wertschöpfungsprozessen zogen die von der dortigen Regierung wiederholt ergriffenen, großflächigen Lockdowns erhebliche und anhaltende Störungen der internationalen Lieferketten nach sich. Auch die von zahlreichen westlichen Staaten ab Ende Februar 2022 wegen des Ukrainekriegs gegen Russland und Belarus verhängten Sanktionen und deren Vergeltungsmaßnahmen wirken sich weiterhin erheblich negativ auf die internationale Arbeitsteilung und die Güterverkehrsströme und Logistikprozesse aus.

Unabhängig von den geopolitischen Ereignissen in den Jahren 2020–2023, lässt sich seit etwas über einem Jahrzehnt auch weltweit eine deutliche Zunahme des Neoprotektionismus beobachten. Damit geht die Gefahr großflächiger Handelskriege einher, insbesondere zwischen den USA und der Volksrepublik China.

Von einer solchen, brisant erscheinenden geopolitischen Gemengelage und den damit zusammenhängenden Erfahrungen dürften mittel- bis langfristig erhebliche Auswirkungen auf die internationalen Wirtschaftsbeziehungen ausgehen (Dib & Azouz, 2020). Zu erwarten sind grundlegende Rekonfigurationen grenzüberschreitender Wertschöpfungsketten in Richtung einer partiellen Deglobalisierung mit der Folge möglicher Wohlstandsverluste durch geringeres Produktivitätswachstum wegen entfallender Spezialisierungsvorteile (Felbermayr, Mahlkow & Sandkamp, 2022). An dieser Stelle erwähnt seien folgende in Fachkreisen intensiv diskutierten Konzepte (Lund et al., 2020; Van den Bossche, Ehrig, Troncoso, & Luo, 2022; Maihold, 2022):

- Reshoring, d. h. die (partielle) Rückverlagerung von Produktions- und Wertschöpfungsprozessen ins Inland,
- Nearshoring, d. h. die (partielle) Rückverlagerung in geographisch näher gelegene Staaten mit der Folge räumlich verkürzter Wertschöpfungs- und Lieferketten und
- Friendshoring, d. h. die Verlagerung in Staaten, die als enge politische Verbündete gelten.

Schließlich werden der technisch-organisatorische Fortschritt, Präferenzänderungen und die nationale und internationale Politik auch in Zukunft Wertschöpfungsprozesse und damit die Logistik- und Güterverkehrsmärkte einem heute nicht absehbaren Wandel unterwerfen und entsprechende Anpassungen erfordern. Ein Beispiel wäre der zunehmende Einsatz von Fertigungsrobotern in Verbindung mit 3D-Druckern (additive manufacturing) in Produktionsprozesse, von der ein hohes, derzeit noch nicht präzise abschätzbares Disruptionspotenzial für zahlreiche Lieferketten ausgeht (Baldwin, 2019); weitere Beispiele sind die Nutzung künstlicher Intelligenz in Produktion und Logistik sowie das politisch immer bedeutsamer erscheinende Thema Klimaschutz.

1.3.2 Wechselwirkungen von Markt und Politik

Maßnahmen der Verkehrspolitik beeinflussen seit jeher sowohl den Passagier- als auch den Güterverkehr in erheblichem Umfang. Unterscheiden lassen sich dabei die drei Teilbereiche

- Verkehrsinfrastrukturpolitik
- Verkehrsordnungspolitik und
- Verkehrsprozesspolitik

Träger der Verkehrspolitik sind zum einen die Nationalstaaten selbst. Da für das Funktionieren des EU-Binnenmarkts und die Verwirklichung der ihm zugrundeliegenden wirtschaftlichen Grundfreiheiten – insbesondere des freien Warenverkehrs, des freien Dienstleistungsverkehrs sowie der Arbeitnehmerfreizügigkeit – leistungsfähige grenzüberschreitende Verkehrsflüsse unabdingbar sind, spielt inzwischen die EU eine zentrale Rolle bei der Setzung verkehrspolitischer Ziele und als Träger der Verkehrspolitik, und zwar sowohl im Gemeinsamen Markt selbst als auch gegenüber Drittstaaten wie der Schweiz.

Grundsätzlich soll die Verkehrspolitik dazu beitragen, das gesellschaftliche Oberziel „Verbesserung der Lebensqualität" zu verwirklichen. Es weist nach heutiger Lesart drei Dimensionen auf, zwischen denen allerdings potenzielle Zielkonflikte bestehen:

- Minimierung der Kosten der Raumüberwindung zur Optimierung der wirtschaftlichen Integration der EU-Mitgliedstaaten sowie innerhalb des EWR,
- Gewährleistung eines nachfragegerechten Verkehrsangebots in quantitativer und qualitativer Hinsicht sowie
- Transition zu nachhaltige(re)n Formen von Mobilität zur Verwirklichung der sehr ambitionierten Klimaziele der EU und ihrer Mitgliedstaaten.

Verkehrsinfrastrukturpolitik

Die Verfügbarkeit leistungsfähiger Verkehrsinfrastrukturen stellt eine unabdingbare Voraussetzung für die Durchführung von Güterverkehren und die Erbringung von Logistikdienstleistungen dar. Trotz mitunter nicht unerheblicher einzelstaatlicher Unterschiede werden in nahezu allen Staaten weltweit Verkehrsinfrastrukturen primär in Form staatlicher Angebotsmonopole bereitgestellt, deren Bau und Unterhalt i. d. R. aus öffentlichen Haushalten – d. h. aus Steuermitteln – finanziert werden. Im Straßenverkehr werden Verkehrsinfrastrukturprojekte inzwischen aber auch als Öffentlich Private Partnerschaften (ÖPP) realisiert, wie z. B. der Ausbau von Autobahnen oder Binnenhäfen. Zunehmende Verbreitung findet auch die mautbasierte Nutzerfinanzierung zumindest von Schnellstraßen und Autobahnen sowie von punktuellen Infrastrukturen wie Brücken und Tunneln. Im Luftverkehr, der Binnenschifffahrt, der Eisenbahn und der Hochseeschifffahrt werden die Infrastrukturen jedoch nach wie vor überwiegend durch kommunale und/oder staatliche Unternehmen in meist privater Rechtsform betrieben und durch i. d.R. regulierte Nutzungsentgelte finanziert.

Grundsätzlich festzuhalten ist allerdings, dass in den vergangenen Jahrzehnten in vielen Ländern, nicht zuletzt in Deutschland als wichtigem Transitland, die staatlichen Investitionen in die Verkehrsinfrastruktur seit langem hinter dem planerisch ermittelten Ersatz- und Ausbaubedarf zurückbleiben und sich damit deren Leistungsfähigkeit systematisch verschlechtert hat. Ablesbar ist dies am kontinuierlich gesunkenen Modernitätsgrad der Infrastrukturen, d. h. dem Verhältnis von Netto- zu Bruttoanlagevermögen (Bundesministerium für Verkehr und digitale Infrastruktur, 2021). Dies gilt insbesondere für das Fernstraßennetz, obwohl der Straßenverkehr über seine spezifischen Abgaben (Energiesteuer, Kraftfahrzeugsteuer, Lkw-Maut) Finanzmittel in erheblichem Umfang generiert. Mängel in der Infrastruktur sind allerdings auch bei den anderen Verkehrsträgern zu konstatieren, vor allem bei der in Deutschland zunehmend maroden Eisenbahninfrastruktur, die gerade die planmäßige Durchführung der beim Netzzugang i. d.R. niedriger priorisierten Güterverkehre erheblich beeinträchtigt.

Verkehrsordnungs- und Verkehrsprozesspolitik

Die Verkehrsordnungspolitik umfasst sämtliche langfristig angelegten Maßnahmen, die Rahmenbedingungen oder Spielregeln definieren, innerhalb derer Anbieter und Nachfrager auf den Märkten agieren. Hierzu gehören insbesondere Regelungen des Marktzutritts, zur Koordinierung bzw. Steuerung der Preisbildung auf den Märkten und sonstige direkte oder indirekte Eingriffe mit Relevanz für den Wettbewerb. Zur Verkehrsordnungspolitik zählen darüber hinaus auch eigentumsrechtliche Grundsatzentscheidungen, also die Frage, ob Verkehrsinfrastrukturen und Verkehrsunternehmen in öffentlichem oder privatem Eigentum gehalten und/oder betrieben werden sollen. Generell sollten ordnungspolitische Maßnahmen an den Grundprinzipien der jeweiligen Wirtschaftsordnung ausgerichtet sein. Für eine Marktwirtschaft bedeutet dies das Primat des Wettbewerbsprinzips, d. h. die Gewährleistung offener Märkte mit freiem Marktzutritt, flankiert durch eine aktive Wettbewerbspolitik und ggf. unterstützt durch wettbewerbssichernde Regulierungseingriffe, sowie Privatunternehmen als Anbieter. Ausnahmen hiervon sind nur begründbar durch das Vorliegen von Marktversagen. Hieran setzen vor allem Maßnahmen der Verkehrsprozesspolitik an. Sie stellen selektive, d. h. markt- oder verkehrsträgerbezogene und eher kurz- bis mittelfristig ausgerichtete, staatliche Interventionen dar. Mit ihrer Hilfe sollen insbesondere die wohlfahrtsmindernden Folgen von Marktversagen korrigiert werden, d. h. beim Vorliegen natürlicher Monopole (häufig bei Verkehrsinfrastrukturen), einer asymmetrischen Informationsverteilung zwischen Anbietern und Nachfragern (ein Argument für staatliche Verbraucherschutzregularien und Qualitätsstandards), bei technologischen Externalitäten (z. B. Erschließungseffekte der Infrastruktur, aber auch externe Kosten infolge von Umweltschäden und Klimaeffekten) sowie bei öffentlichen Gütern (Fritsch, Wein & Ewers, 2005).

Im Verkehrssektor lassen sich allerdings Verkehrsordnungs- und Verkehrsprozesspolitik nicht immer trennscharf voneinander abgrenzen. So war der Verkehrssektor im Güter- und Personenverkehr in Deutschland und nahezu allen Mitgliedstaaten der EU (und der früheren EWG) über Jahrzehnte hinweg durch mitunter äußerst restriktive Rahmenbedingungen gekennzeichnet, die in Umfang und Intensität i. d. R. mit erheblichen legalen Beschränkungen des Wettbewerbs einhergingen und zum Teil auch private Anbieter von der Leistungserbringung ganz oder teilweise ausschlossen. Diese sogenannte Verkehrsmarktordnung umfasste in ihren Grundzügen drei Erscheinungsformen staatlicher Marktregulierung:

- Das Angebot von Verkehrsleistungen durch öffentliche Unternehmen (z. B. Eisenbahnen, ÖPNV),
- Marktzugangsregelungen in Form objektiver Marktzugangsbeschränkungen in Form von Kontingenten (z. B. die Kontingentierung im gewerblichen Straßengüterverkehr in Deutschland bis Ende 1997 sowie im grenzüberschreitenden Straßengüterverkehr),
- Eingriffe in die Preisbildung durch die Tarifbindung für Transportleistungen mittels obligatorischer Preissysteme (so im nationalen Straßengüterverkehr, Eisenbahngüterverkehr und der Binnenschifffahrt) sowie
- umfassende Kabotageverbote im grenzüberschreitenden Güter- und Personenverkehr.

Die ökonomischen Folgen dieser interventionistischen Verkehrsmarktordnung waren gesamtwirtschaftlich relevante Kostensteigerungen, z. B. infolge der regulierungsbedingt überhöhten Preise sowie erhebliche Compliance-Kosten in den Unternehmen infolge der Umsetzung der Regulierungsauflagen. Ökonomisch unerwünschte Marktstrukturwirkungen betrafen den Bestandsschutz von Anbietern, die bei freiem Wettbewerb zum Ausscheiden gezwungen gewesen wären sowie die Konservierung nicht marktfähiger Betriebsgrößen (Eisenkopf, 2013). Außerdem litten die Anpassungsflexibilität der Verkehrsunternehmen und das Innovationstempo, insbesondere bei den Eisenbahnen. Dort ließ sich eine stetige Abnahme der Marktorientierung beobachten, wodurch die sinkende Wettbewerbsfähigkeit der Güterverkehrssparte der Deutschen Bahn AG neben dem bereits beschriebenen Güterstruktureffekt mit erklärt werden kann.

Seit Mitte der 1980er Jahre wurden die Verkehrsmarktordnungen in Deutschland und europaweit jedoch sukzessive dereguliert. Auslöser dieses Liberalisierungsprozesses waren das Urteil des Europäischen Gerichtshofs (EuGH) vom 22.05.1985 zur Dienstleistungsfreiheit im Verkehr und die darauffolgenden Beschlüsse der Staats- und Regierungschefs der Mitgliedstaaten, die konkrete Vorgaben für die Liberalisierung der nationalen Verkehrspolitiken setzten. In der Folge wurden im Straßengüterverkehr sowohl die europäische wie auch die nationalen Verkehrsmarktordnung mit ihren Kapazitäts- und Preisregulierungen aufgegeben. Dies führte in Deutschland zur Aufhebung des obligatorischen Tarifsystems und zur sukzessiven Freigabe des Marktzugangs. Unter diesen neuen Rahmenbedingungen entwickelten sich zügig anspruchsvolle Logistik- und Güterverkehrslösungen; überdies zog die Marktöffnung Preissenkungen für Transporte von bis zu 30 % nach sich, von denen die verladende Wirtschaft unmittelbar profitierte (siehe vertiefend Kapitel 5.5).

Schwieriger war die Problemlage bei der Liberalisierung des Eisenbahnwesens, das zu Zeiten des regulierten Verkehrsmarktes von staatlichen Eisenbahnunternehmen dominiert wurde. Die inzwischen vier Eisenbahnpakete der EU zur Liberalisierung des Schienenverkehrs erzwangen die weitgehende Öffnung der nationalen Eisenbahnmärkte und stärkten tendenziell die unternehmerische Unabhängigkeit der staatlichen Eisenbahnen von den Regierungen. Die neuen gesetzlichen Rahmenbedingungen brachten auch die EU-weite Öffnung der Güterverkehrsmärkte mit sich. Insbesondere im Ganzzugverkehr konnten die Eisenbahnunternehmen infolgedessen stärker am Verkehrswachstum partizipieren. Trotzdem werden die Erfolge der EU-Eisenbahnpolitik kritisch hinterfragt, da die dominierenden Eisenbahnen nach wie vor als Staatsunternehmen organisiert sind und Newcomer sich weiterhin Markteintrittsbarrieren, vor allem beim diskriminierungsfreien Netzzugang und dem Zugang zu rollendem Material gegenübersehen.

Im Gegensatz zum Schienen- und Straßengüterverkehr galt für die Binnenschifffahrt auf den Hauptschifffahrtwegen im grenzüberschreitenden Verkehr schon seit Jahrzehnten eine liberalere Marktordnung mit freier Preisbildung. So existierte im Rheinstromgebiet als der wichtigsten Binnenschifffahrtsachse Deutschlands und der EU vor dem Donaugebiet bereits seit 1974 kein Kabotagevorbehalt mehr, während auf den sonstigen europäischen Wasserstraßen die Regelkabotage 1995 eingeführt wurde. Im innerdeutschen Binnenschiffsverkehr gab es zwar keine Kapazitätsregulierung, jedoch ein zum 01.01.1994 aufgehobenes obligatorisches Preissystem. In der Folge kam es in diesem Segment zu einem deutlichen Verfall der Raten.

Nachhaltige Mobilität als neues Oberziel der Verkehrspolitik
Nachdem bei der Öffnung der Verkehrsmärkte große Fortschritte erzielt werden konnten, wandelte sich der Fokus der EU zuletzt zunehmend der nachhaltigen, speziell der klimafreundlichen Mobilität zu. Nicht nur werden die Umwelteffekte und Treibhausgasemissionen von Verkehr und Transportlogistik im Rahmen des im Dezember 2019 offiziell vorgestellten *European Green Deal* – er sieht die Reduktion der Nettotreibhausgasemissionen in der EU bis 2050 auf null vor – in Politik, Medien und Öffentlichkeit diskutiert. Vor allem nimmt der Verkehr unter den von der Klimapolitik adressierten Sektoren eine Schlüsselrolle ein, da dort die politisch vorgegebenen Minderungsziele bisher verfehlt wurden. Der Verkehr ist der einzige Sektor, in dem in der EU27 gegenüber dem Referenzjahr 1990 die Treibhausgasemissionen weiter gestiegen sind (siehe vertiefend Kapitel 1.6). Entsprechend hoch ist inzwischen die Regelungsdichte auf dem Gebiet nachhaltiger Mobilität, wobei auf EU-Ebene Reformen das EU-Emissionshandelssystem (EU-EHS), die Erneuerbare-Energien-Richtlinie und die Energiesteuer-Richtlinie die Schwerunkte bilden.

Die wachsende Bereitschaft der Politik zu Ad-hoc-Eingriffen auf nationaler und auf EU-Ebene oder auch zu nur ideologisch motivierten Veränderungen der Rahmendaten für die Verkehrsmärkte birgt jedoch die Gefahr einer Wiederkehr ökonomisch ineffizienter sowie umwelt- und klimapolitisch ineffektiver, kleinteiliger, nach Verkehrsträgern differenzierter regulatorischer Interventionen. So ist der Verkehrssektor derzeit nur partiell in das EU-EHS integriert, welches umwelt- und klimapolitisch weithin als bestmögliches Instrument angesehen wird, da sich mit Hilfe dieses im Idealfall alle Sektoren umfassenden Instruments die politisch erwünschten Treibhausgasemissionsreduktionen im Gegensatz zur sektor- bzw. sogar verkehrsträgerspezifischen Reduktionszielen zu den geringsten volkswirtschaftlichen Kosten realisieren lassen (Eisenkopf & Knorr, 2021). Konkret ist lediglich der Luftverkehr seit 2012 Teil des Emissionshandelssystems, und bereits zuvor waren indirekt alle strombasierten Transportaktivitäten darin integriert worden. Ansonsten unterliegt der Verkehrssektor nach wie vor verkehrsträgerspezifischen individuellen Emissionsreduktionszielen im Rahmen der sogenannten Lastenteilung (*Effort Sharing Decision* – ESD). Dazu zählen insbesondere preispolitische Eingriffe, verbindliche Grenzwerte für Emissionen oder den spezifischen Treibstoffverbrauch bzw. Flottengrenzwerte sowie Verbote von Antriebstechniken (z. B. das Verbot von Verbrennungsantrieben im Straßenverkehr). Erst ab 2027 ist die Einrichtung eines zweiten Emissionshandels für Verkehr und Gebäudewärme geplant. Die zahlreichen Interventionen bergen jedoch das Risiko, dass bestimmte Logistik- und Güterverkehrskonzepte betriebswirtschaftlich nicht mehr abbildbar sind. Die Logistikwirtschaft ist daher gut beraten, proaktiv innovative Konzepte für nachhaltige(re) Logistiklösungen zu entwickeln und diese in den politischen Willensbildungs- und Entscheidungsprozess einzubringen.

Literaturverzeichnis

Aberle, G. (2009). *Transportwirtschaft. Einzelwirtschaftliche und gesamtwirtschaftliche Grundlagen* (5. Aufl.). München: Oldenbourg.

Apple (2021). *Supplier List*. [Fiscal Year 2022]. Abgerufen am 24.10.2023 unter https://www.apple.com/supplier-responsibility/pdf/Apple-Supplier-List.pdf

Baldwin, R. (2019). *The Globotics Upheaval. Globalization, Robotics, and the Future of Work*. New York: Oxford University Press.

Bundesamt für Statistik (2022). *Verkehrsleitung im Güterverkehr*. Abgerufen am 05.09.2023 unter https://www.bfs.admin.ch/bfs/de/home/statistiken/kataloge-datenbanken/tabellen.assetdetail.22664212.html

Bundesministerium für Verkehr und digitale Infrastruktur (Hrsg.) (2021). *Verkehr in Zahlen 2021/2022*, 50. Jg. Flensburg: Kraftfahrt-Bundesamt. Abgerufen am 05.09.2023 unter https://www.bmvi.de/SharedDocs/DE/Publikationen/G/verkehr-in-zahlen-2021-2022-pdf.pdf?__blob=publicationFile

DER SPIEGEL (2022). *Alle Wege führen nach China*. Nr. 52 vom 06.08.2022, 58–62.

Dib, G. & Azouz, N. (2020). Global Supply Chain Survey. In *Allianz Research*. Search of Post-Covid-19 Resilience. München. Abgerufen am 24.10.2023 unter https://www.allianz.com/content/dam/onemarketing/azcom/Allianz_com/economic-research/publications/specials/en/2020/december/2020_10_12_SupplyChainSurvey.pdf

Dicken, P. (2015). *Global Shift*. Mapping the Changing Contours of the World Economy, (7. Aufl.). New York: The Guildford Press.

Eisenkopf, A. (2013). Verkehrspolitische und volkswirtschaftliche Rahmenbedingungen. In P. Klaus, W. Krieger & M. Krupp (Hrsg.), *Gabler Lexikon Logistik: Management logistischer Netzwerke und Flüsse* (5. Aufl., S. 617–625). Wiesbaden: Gabler.

Eisenkopf, A. (2022). Mobilität auf dem Klimaprüfstand: Bahnverkehr. In *Wirtschaftsdienst*, 102 Heft 13, 29–35. Abgerufen unter https://www.wirtschaftsdienst.eu/inhalt/jahr/2022/heft/13/beitrag/mobilitaet-auf-dem-klimapruefstand-bahnverkehr.html.

Eisenkopf, A. & Knorr, A. (2021). Emissionshandel als Leitinstrument für eine effektive und effiziente EU-Klimapolitik im Verkehr. In: Wirtschaftsdienst, 101. Jahrgang, Heft 10, 795–803. Abgerufen am 24.10.2023 unter https://www.wirtschaftsdienst.eu/inhalt/jahr/2021/heft/10/beitrag/emissionshandel-als-leitinstrument-fuer-eine-effektive-und-effiziente-eu-klimapolitik-im-verkehr.html

Felbermayr, G., Mahlkow, H. & Sandkamp, A. (2022). *Cutting through the Value Chain: The Long-Run Effects of Decoupling the East from the West*. CESifo Policy Brief, 6. Jahrgang, Heft 4 (April, 2022). Abgerufen am 24.10.2023 unter https://www.cesifo.org/de/publikationen/2022/working-paper/cutting-through-value-chain-long-run-effects-decoupling-east-west

Fritsch, M., Wein, T. & Ewers, H.-J. (2005). *Marktversagen und Wirtschaftspolitik* (6. Aufl.). München: Vahlen.

Lund, S., Manyika, J., Woetzel, J., Bughin, J., Krishnan, M., Seong, J. & Muir, M. (2019). *Globalization in Transition: The Future of Trade and Value Chains*. McKinsey Global Institute. Abgerufen unter https://www.mckinsey.com/featured-insights/innovation-and-growth/globalization-in-transition-the-future-of-trade-and-value-chains

Lund, S., Manyika, J., Woetzel, J., Barriball, E., Krishnan, M., Alicke, K., Birshan, M., George, K., Smit, S., Swan, D. & Hutzler, K. (2020). *Risk, resilience, and rebalancing in global value chains*. McKinsey Global Institute. Abgerufen unter https://www.mckinsey.com/business-functions/operations/our-insights/risk-resilience-and-rebalancing-in-global-value-chains

Maihold, G., (2022). *Die neue Geopolitik der Lieferketten*. SWP Aktuell Nr. 45 (Juli 2022), Berlin. Abgerufen am 24.10.2023 unter https://www.swp-berlin.org/publications/products/aktuell/2022A45_geopolitik_lie ferketten.pdf

Manyika, J., Lund, S., Bughin, J., Woetzel, J., Stamenov, K. & Dhingra, D. (2016). *Digital Globalization: The New Era of Global Flows*. McKinsey Global Institute. Abgerufen unter https://www.mckinsey.com/business-functions/mckinsey-digital/our-insights/digital-globalization-the-new-era-of-global-flows

OECD (2007). OECD Economic Outlook 2007/1, No. 81. Paris. Abgerufen am 24.10.2023 unter https://doi.org/10.1787/eco_outlook-v2007-1-en

Van den Bossche, P., Ehrig, B., Troncoso, O. & Luo, S. (2022). *The tides are turning*. 2021 Kearney US Reshoring Index. A.T. Kearney. Abgerufen unter https://www.kearney.com/service/operations-performance/us-reshoring-index/2021

1.4 Megatrends in Logistik und Güterverkehr

Verena Ehrler, Sarah Bittner-Krautsack

1.4.1 Der Güterverkehr als komplexes System

Transportsysteme gelten seit langem als komplexe Systeme (vgl. Vester, 1988; Ehrler, 2011):

- Sie sind charakterisiert durch eine Vielzahl verschiedener Elemente, die in einem dynamischen Verhältnis miteinander vernetzt sind.
- Jeder Eingriff in dieses System führt dazu, dass sich die Beziehungen der Elemente zueinander verschieben und verändern, was wiederum Auswirkungen auf das gesamte System hat.
- Das Transportsystem ist in sich geschlossen und gleichzeitig in konstantem Austausch mit seinem Umfeld.
- Und das System in seiner Gesamtheit ist mehr als die bloße Summe der einzelnen Elemente.

Um diese Einstufung am Güterverkehrssystem zu veranschaulichen: Der Güterverkehr steht in ständigem Austausch mit produzierenden und weiterverarbeitenden Unternehmen, bis einschließlich hin zu den Endkonsumenten. Dieser Austausch erfolgt als Austausch von Gütern, Dienstleistungen, Finanzen oder Informationen entlang der Supply Chain, in die der Güterverkehr eingebettet ist. Er umfasst eine Vielzahl an Akteuren (siehe Kapitel 2.2) und lässt sich abgrenzen, z. B. gegen zum Personenverkehr, auch wenn diese beiden Systeme letztendlich miteinander verbunden sind. Diese Verbindung kann ergänzender Natur sein, wie z. B. bei der „letzten Meile" von online Verkäufen, wo der Transport der Güter in Form einer Abholung durch den Endverbraucher oder die Endverbraucherin erfolgt, oder eher kompetitiv, wie z. B. in der Konkurrenz um Flächen und Infrastruktur im immer dichter besiedelten Raum der Innenstädte, wenn es um Fragen der Verkehrsberuhigung für Maßnahmen der Klimawandelanpassung und Steigerung der Aufenthaltsqualität im Öffentlichen Raum geht.

Die letzten Jahre sind von Entwicklungen gekennzeichnet, die im Güterverkehrssystem zu grundlegenden Veränderungen geführt haben und auch noch weiterhin führen werden. Digitalisierung, Urbanisierung und zunehmendes Umweltbewusstsein sind nur einige der Trends, die diese Entwicklungen kennzeichnen. Zur Strukturierung eignet sich das Neue St. Galler Management Modell, das für komplexen Systeme von Unternehmen entwickelt wurde. Der zu Grunde gelegte Ansatz lässt sich gut auf das komplexe System des Güterverkehrs übertragen, um dieses zu strukturieren und die für die Entwicklung des Güterverkehrs relevanten Trends zu identifizieren.

Das St. Galler Management Modell bettet die Unternehmung in „Umweltsphären" ein. Dies sind die Bereiche, die das Umfeld der Unternehmung bilden, und die somit zum einen den Rahmen setzen, mit dem aber gleichzeitig die Unternehmung im Austausch steht (vgl. Rüegg-Stürm, 2019). In der folgenden Analyse wird das Modell als Rahmen für die Analyse einer Industrie verwendet. Eine derartige Übertragung des Modells als Analysewerkzeug ist möglich, da es sich beim Gütertransport, wie bei Unternehmungen, um ein komplexes System handelt (vgl. Ehrler, 2011). Die Umweltsphären sind somit der Rahmen und das Umfeld, in dem der Gütertransport eingebettet ist.

In Abweichung zum ursprünglichen Modell wird hier die Sphäre „Natur" als die umfassendste Hülle gesetzt (Abbildung 1.4.1). Die Existenz unserer Gesellschaft basiert auf dem Vorhandensein von natürlichen Ressourcen wie z. B. Wasser, sauberer Luft zum Atmen, aber auch Energiequellen. Der Zugang zu diesen Ressourcen ist auch Voraussetzung für das Funktionieren von Wirtschaftssystemen. Diese Betrachtungsweise ist zudem relevant, um der grundlegenden und wachsenden Bedeutung von Nachhaltigkeit Rechnung zu tragen (vgl. Folke, Biggs, Norström, Reyers & Rockström, 2016).

Im Folgenden werden zunächst die güterverkehrsrelevanten Trends der Umweltsphäre und aus den Interaktionsthemen betrachtet, anschließend die Trends, die im Zusammenhang mit den Stakeholder-Gruppen stehen. Als Interaktionsthemen werden Themen bezeichnet, die die verschiedenen Akteure des Systems miteinander verbinden und über die sie miteinander im Austausch stehen; diese können materieller oder immaterieller Natur sein, also zum Beispiel auch wertebezogener Art (vgl. Rüegg-Stürm & Grand, 2019). Eine Analyse der Auswirkungen dieser Trends auf die Prozesse, Ordnungsmomente, d. h. die sozialen, organisatorischen und kulturellen Strukturen, sowie

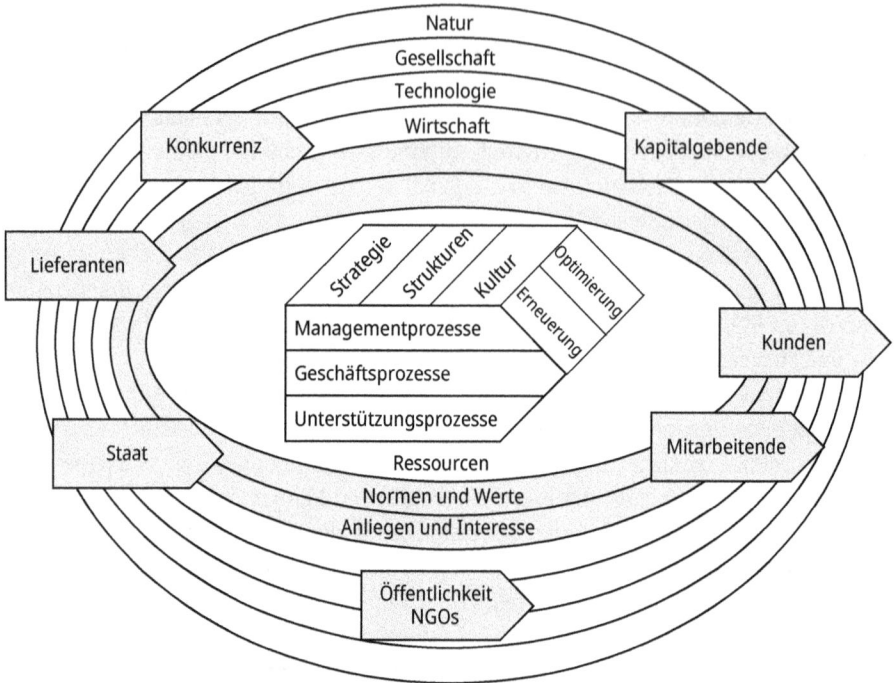

Abbildung 1.4.1: Strukturierungsrahmen für Transportsystems, in Anlehnung an das Neue St. Galler Management Modell (Rüegg-Stürm & Grand, 2019).

Entwicklungsmodi im Güterverkehr werden im Überblick dargestellt, ergänzt um einen Ausblick auf zukünftige Trends des Güterverkehrs. Aufgrund der zentralen Rolle, die der Stakeholder „Staat" im Zusammenhang mit den Trends im Güterverkehr einnimmt, wird dessen Rolle abschließend im Detail dargestellt (siehe Kapitel 1.4.2).

Güterverkehrsrelevante Trends in den Umweltsphären

Natur: Im Bereich der Umweltsphäre „Natur" sind die Ressourcen und deren sichtbar werdende Verknappung von hoher Relevanz für den Güterverkehr. Zunehmende Extremwetterverhältnisse in Gestalt von starken Winden, Niederschlägen, Überflutungen und Dürren führen zu Unterbrechungen von Transport- und Lieferketten. Eine hohe Anpassungsfähigkeit wird damit, neben Effizienzmaximierung, zu einem zentralen Thema im Bereich der Logistik- und Güterverkehrssysteme, um eine erhöhte Resilienz zu erzielen. Die Entwicklungen haben eine direkte Relevanz für den Güterverkehr in Gestalt steigender Preise für Energie, Transportmittel, Infrastruktur und Emissionen, d. h. die Verwendung und Belastung von natürlichen Ressourcen führt zu höheren Kosten im Güterverkehr. Insbesondere steigende Energiepreise hat in den letzten Jahrzehnten zu einer Suche nach alternativen Energiequellen zu fossilen Brennstoffen geführt und zu einem Trend zu Fahrzeugen mit reduzierten Emissionen, ohne lokale Emissionen und einem niedrigeren Energieverbrauch. Der Einsatz von Elektrofahrzeugen und Fahrzeugen mit Wasserstoffantrieb sowie das Bemühen um die Verlagerung von Transporten von der Straße hin zu umweltfreundlicheren Transportformen wie Schiene und Binnenschifffahrt sind die Folge.

Gesellschaft: Megatrends im Bereich Gesellschaft sind – insbesondere in Europa, aber auch auf globalem Niveau – die demographischen Veränderungen in Form eines steigenden Durchschnittsalters der Bevölkerung, Migration, zunehmendes Umweltbewusstsein und Nachhaltigkeitsdenken, sowie eine fortschreitende Digitalisierung. Diese Trends sorgen auf der einen Seite für einen Mangel an Arbeitskräften im Bereich der Logistik und Güterverkehr, eröffnen auf der anderen Seite aber auch die Möglichkeit, neue Fachkräfte mit Spezialkenntnissen zu rekrutieren, die mit der Digitalisierung im Güterverkehr vertraut sind. Trends, die ebenfalls einen wesentlichen Einfluss auf den Güterverkehr haben, sind der weiter wachsende Onlinehandel sowie die Individualisierung von Produkten und Services. Immer kleinteilige Produktionsmengen und Sendungsgrößen charakterisieren den Güterverkehr in Folge dieser Trends. Sie ermöglichen zum einen den Einsatz von alternativen Transportmodi im Bereich der Kurzstrecke (z. B. Lastenrädern im urbanen Lieferverkehr), führen durch kleinteiligere Direktlieferungen – und Retouren – aber auch zu einem Rückgang von Bündelungseffekten und dadurch zu mehr Verkehrsbewegungen. Die Sicherstellung der Effizienz bleibt deshalb im Güterverkehr eine dauernde Herausforderung und die Optimierung der Transportverkehre über das gesamte Transportnetz wird zunehmend komplexer.

Technologie: Die Digitalisierung und die Umstellung auf alternative Antriebsformen, gepaart mit der Verlagerung auf umweltfreundliche Transportmodi, sind zugleich wesentliche Technologietrends im Güterverkehr, die Auswirkungen auf das gesamte Güterverkehrssystem zur Folge haben. Digitalisierung ermöglicht neue Kooperations- und Steuerungsmöglichkeiten für die Akteure des Güterverkehrs. Alternative Antriebsformen erfordern technologische und organisatorische Innovationen, ermöglichen aber auch effizientere und nachhaltigere Transporte. Für Transportunternehmen bedeutet dies, dass im Rahmen der Erneuerungen oft hohe Investitionen für diese innovativen Technologien notwendig sind, die erst über den Lauf der Zeit zu einer Ertragsverbesserung führen. Gelingt es den Transportunternehmen nicht, diese Investitionen vorzunehmen, riskieren sie, aufgrund einer nicht optimierten Effizienz mittelfristig ihre Wettbewerbsfähigkeit zu verlieren oder sogar den Zugang zum Markt vollständig verwehrt zu bekommen. Diese Verweigerung kann sowohl durch Verordnungen, Gesetze und Auflagen bedingt werden, die nur noch Transporte mit geringeren oder gar keinen Emissionen zulassen, etwa bei Lieferverkehren in urbanen Lagen, erlaubt sind, oder sie kann dadurch entstehen, dass keine ausreichende Kompatibilität mit den Partnern in der Transportkette erreicht wird, und diese deshalb eine weitere Zusammenarbeit ablehnen.

Die Verwendung innovativer Technologien in jeder Form stellt neue Anforderungen an die Ausbildung von Mitarbeitenden, sowohl im Bereich der Grundausbildung als auch im Bereich der Umschulung. Auch hier entsteht somit ein Investitionsbedarf, gleichzeitig erlaubt diese Umstellung aber auch, bestehende Abläufe und Strukturen in der Transportwirtschaft umzugestalten und zu verbessern. Es besteht somit eine direkte Verbindung zu den Ordnungsmomenten und Entwicklungsmodi; d. h. die Trends und Innovationen im Bereich der Technologie, haben einen direkten Einfluss darauf, wie die Akteure des Güterverkehrs miteinander interagieren und kooperieren. So beeinflusst z. B. Die Digitalisierung, wie Informationen innerhalb aber auch zwischen Unternehmen ausgetauscht werden, welche strategischen und kulturellen Umstellungen in Unternehmen bezügliche logistischer und transportbezogener Prozesse erfolgen, welche Kompetenzen Mitarbeitende haben müssen und welche Arten von Arbeitsplätzen es gibt. Entwicklungen wie Cloud Computing und Logistics as a Service (LaaS) ermöglichen die Auslagerung von Informationen und Informatikleistungen, ermöglichen gleichzeitig einen Ist-Zeit Austausch von Informationen über Transporte und Versorgungsketten über die eigene Unternehmung hinaus.

Wirtschaft: Niedrige Transportkosten haben eine Arbeitsteilung auf globalem Niveau ermöglicht, die sich in internationalen, oftmals komplexen Lieferketten manifestiert. Krisen wie die COVID-19 Pandemie und davor schon die SARS-Krise, sowie militärische Konflikte und ein Trend zum nationalen Protektionismus auch in Form von einem Ausstieg aus internationalen Kooperationen (z. B. BREXIT), führen dazu, dass Unternehmen die Risiken, die sich mit internationalen Transport- und Produktionsketten verbinden, verstärkt wahrnehmen. In der Folge gewinnen Konzepte wie Reshoring oder Friendshoring an Bedeutung.

Die zunehmenden Anforderungen an Nachhaltigkeit wirtschaftlicher Aktivitäten führt dazu, dass Kapitalgeber und Kunden von Güterverkehrsanbietern erwarten, dass diese ihre Emissionen bemessen, berichten und glaubwürdig ihre Nachhaltigkeitsbestrebungen mit den bereits erzielten Effekten kommunizieren. So haben beispielsweise Transportunternehmen zusammen mit Finanzinstitutionen und Versicherungen sowie der Wissenschaft die Posseidon Principles entwickelt, die festlegen, in welcher Form sich Reedereien zu einer Verringerung ihrer Emissionen verpflichten müssen und diese auch berechnen und publizieren, um Neuinvestitionen finanziert zu bekommen. Aktuell sind es 30 Finanzdienstleister mit einem Finanzvolumen im Schifffahrtsbereich von ca. EUR 200 Milliarden, die sich bereits diesen Prinzipien angeschlossen haben (vgl. Poseidon Principles, 2023).

Güterverkehrsrelevante Trends in Interaktionsthemen – Ressource, Normen und Werte, Anliegen und Interessen

Der Austausch und die Zusammenarbeit der Akteure des Güterverkehrs sind bereits heute dadurch gekennzeichnet, dass die Unternehmen sich einerseits mit einer zunehmenden Knappheit an Ressourcen (Mitarbeitende, aber auch Energie und andere Ressourcen) konfrontiert sehen, andererseits der Markt unter dem Druck steht, dass Transporte nachhaltiger, effizienter und emissionsärmer werden müssen. Viele Unternehmen sehen vor diesem Hintergrund vor allen Dingen in Kooperationen einen Lösungsansatz. Entwicklungen wie das Physical Internet als Netzwerk der Transportnetzwerke versuchen hier, unter Nutzung der Möglichkeiten der Digitalisierung den Anforderungen des Marktes gerecht zu werden. Durch das Teilen von Informationen und Infrastrukturen in Kombination mit einer modularen ad-hoc Gestaltung von Transportlösungen sollen die Nutzung bestehender Transportressourcen verbessert, Leerfahrten reduziert und Arbeitsplätze in der Logistik sozialverträglicher gestaltet werden (Montreuil, 2011). Insbesondere in der Transportindustrie aber auch bei Versendern wird diese Vision eines neuen Güterverkehrssystems, das durch seinen modularen Ansatz effizienter und agiler werden soll, eine erstrebenswerte Perspektive und mit der Entwicklung standardisierter Transporteinheiten sowie der Ausbreitung von Cloud Computing im Bereich Logistik, sind Schritte in Richtung einer Realisierung unternommen (ETP ALICE, 2023).

Güterverkehrsrelevante Trends bei den Stakeholdergruppen
Die Beschreibung der für den Güterverkehr relevanten Trends in den einzelnen Sphären hat bereits die für die Stakeholdergruppen relevanten Entwicklungen widergespiegelt:
- Schwierigkeiten für die Sicherstellung von Lieferungen auf Grund von Krisensituationen und Konflikten;
- steigende Anforderungen durch Kunden an die Nachhaltigkeit von Produkten und verbesserte Recyclingsysteme, bei gleichzeitig sinkenden Budgets der Haushalte auf Grund von Inflation;
- Schwierigkeiten, gerade in Europa, junge Fachkräfte zu rekrutieren;
- steigender Konkurrenzdruck in Beschaffungsmärkten und eine Tendenz zu Überkapazitäten auf der Angebotsseite;
- zunehmende Nachhaltigkeitsanforderungen durch Kapitalgeber und die Öffentlichkeit.

Wie aufgezeigt, bietet Digitalisierung in vielen Bereichen einen Ansatz, wie diese Herausforderungen gemeistert werden. Die damit verbundenen Umstellungen im Bereich der Güterverkehrslogistik sind eine große Herausforderung für die Unternehmen im Güterverkehr. Zusammen mit den Umstellungsanforderungen im Zusammenhang mit einer Verbesserung der Nachhaltigkeit und Effizienz, sind diese beiden Themen Herausforderungen, bei denen die Industrie, und insbesondere die Güterverkehrslogistik, eine enge Kooperation mit der Politik als Rahmengeber und Förderungsgeber braucht, auch um im internationalen Wettbewerb zu bestehen.

Im Zusammenhang mit der Digitalisierung wird diese Kooperation benötigt:
- in Form von Standards, um Kompatibilität zu gewährleisten
- in Form von Gesetzgebungen und Verordnungen, um Datensicherheit zu gewährleisten

- in Form von Finanzierungen bzw. Förderungen, um gerade kleine und mittelständische Unternehmen bei der Umstellung zu begleiten
- in Form einer erfolgreichen internationalen Wirtschafts- und Handelspolitik, um insbesondere die Sicherstellung der notwendigen Versorgung von Hardwarekomponenten zu gewährleisten

Im Zusammenhang mit der Verbesserung der Nachhaltigkeit und Effizienz wird die Zusammenarbeit benötigt, da nach wie vor externe Kosten nicht internalisiert werden. Als Folge dieser fehlenden Internalisierung, sind Investitionen in nachhaltigere Lösungen häufig mit Mehrkosten verbunden, die nicht im Wettbewerb mit anderen Unternehmen geltend gemacht werden können. Nachhaltige Unternehmen sehen sich dadurch häufig im Wettbewerb, national und international, benachteiligt. Hier ist die Politik gefordert, die gesellschaftlichen Ziele der Nachhaltigkeit so in Rahmenbedingungen umzusetzen, dass es nicht in der Verantwortung und der Finanzen der einzelnen Unternehmen bleibt, nachhaltiger und effizienter zu werden. Neben klaren Richtlinien betreffend der Nachhaltigkeitsziele, ist somit eine Rahmengestaltung in Form von Gesetzgebungen und Verordnungen notwendig, sowie auch hier eine finanzielle Unterstützung insbesondere von kleinen und mittelständischen Unternehmen.

Auf Grund dieser Herausforderungen und Aufgaben, die sich für den Staat durch die aufgezeigten Trends und Entwicklungen abzeichnen, wird im Folgenden auf diesen Stakeholder gesondert eingegangen.

1.4.2 Rolle des Staates

Im komplexen System des Güterverkehrs bekam über Jahrzehnte der Staat in erster Linie die Rolle zugesprochen, dafür verantwortlich zu sein, die Verkehrsinfrastruktur als öffentliches Gut bereitzustellen. Dazu gehörte, diese Infrastruktur zu planen, zu bauen und zu betreiben sowie den zugehörigen Finanzierungsbedarf zu decken.

Die externen Kosten des Verkehrs, sprich die Kosten für die Gesellschaft, sind nur teilweise, und auch sehr unterschiedlich je nach Verkehrsträger, in den Transportkosten enthalten. Laut Bundesamt für Raumentwicklung (2023) wurden im Jahr 2020 in der Schweiz 21 % der externen Kosten im Verkehr durch den Güterverkehr verursacht. Innerhalb der EU-28 liegt der Anteil des Güterverkehrs an den externen Kosten im Verkehr bei 18 %, wobei 53 % vom Straßengüterverkehr und 37 % vom Seefrachtverkehr verursacht werden (SUERF Policy Briefs, 2021). Externe Kosten sind v. a. Kosten für Unfälle, Luftverschmutzung, Klimawandel, Lärm, vor- und nachgelagerte Prozesse sowie Natur- und Landschaftsverbrauch, die nicht von den Verursachern, sondern von der Allgemeinheit getragen werden. Internalisierungsmaßnahmen wie Mineralölsteuer, CO_2-Abgaben oder Nutzungsentgelte für die Infrastruktur kompensieren nicht immer die durch den Güterverkehr verursachten Kosten. So sind im Straßengüterverkehr in der EU- 28 lediglich 45 % und im Schienengüterverkehr rund 55 % der externen

Kosten internalisiert. (Christen, Meinhart, Sinabell, Streicher & Langer, 2021). Obwohl der Straßenschwerverkehr z. B. in der Schweiz seine externen Kosten durch eine leistungsabhängige Schwerverkehrsabgabe teilweise selber trägt, liegen die externen Kosten, die er verursacht noch immer über den externen Kosten beim Schienengüterverkehr (Bundesamt für Raumentwicklung, 2023). Folglich unterstützen Staaten mit Subventionen die Verlagerung des Güterverkehrs auf umweltfreundliche Verkehrsträger wie die Schiene, Binnenwasserstraße oder auch den kombinierten Güterverkehr.

Rund 25 % der gesamten Treibhausgasemissionen der EU sind dem Verkehr zuzurechnen und die Tendenz ist steigend. Ein Drittel davon wird aus dem Güterverkehr verursacht. (EEA, 2023) Mit dem Paris Agreement, haben sich Staaten weltweit rechtlich verbindliche Klimaziele gesetzt, und die EU strebt bis 2050 Klimaneutralität an. Etliche europäische Länder gehen noch weiter in ihren Zielen. Um diese ambitionierten Ziele zu erreichen, wird es Maßnahmen brauchen, um die Treibhausgasemissionen aus dem Güterverkehr in den Griff zu bekommen. Die Rolle der Staaten hat sich folglich verändert. Es gilt nicht nur mehr Märkte zu reparieren und mit Marktversagen staatliches Handeln zu argumentieren, sondern darum, mit Visionen, Zielen und Maßnahmen voranzuschreiten hin zu einer klimaneutralen Gesellschaft und Wirtschaft.

Die Mitgliedsstaaten der Europäischen Union möchten mit dem European Green Deal die Europäische Union zum ersten klimaneutralen Kontinent bis zum Jahr 2050 machen und dafür Netto-Treibhausgasemissionen bis 2030 um mindestens 55 % gegenüber dem Stand von 1990 senken sowie das Wirtschaftswachstums vom Ressourcenverbrauch entkoppeln. Für den Verkehr bedeutet dieses Ziel die Verringerung der verkehrsbedingten Treibhausgasemissionen um 90 % bis 2050 (Europäische Kommission, o. D.).

Um diese Ziele auf den Weg zu bringen, sieht die Europäische Kommission in ihrem „Fit für 55"-Paket (2022) den Verkehr betreffend vor, die Emissionen aus dem Seeverkehr in das EU-Emissionshandelssystem mit aufzunehmen, den Emissionshandel im Luftverkehr anzupassen, und ein eigenes Emissionshandelssystem für u. a. den Straßenverkehrssektor aufzusetzen. Darüber hinaus sollen ab 2035 leichte Nutzfahrzeuge mit Verbrennungsmotor in der EU nicht mehr zugelassen werden, und begleitend der Aufbau der Infrastruktur (Ladepunkte und Tankstellen) für alternative Kraftstoffe festgelegt werden.

Der Verkehr ist einer der Bereiche, bei dem sich die EU und Mitgliedsstaaten die Zuständigkeit teilen, weil u. a. auf Grund der Tatsache, dass Verkehre oft länderübergreifend erfolgen, eine bessere Wirkung bei einheitlichen Maßnahmen auf EU-Ebene erzielt werden kann. Die aktuelle *Strategie für nachhaltige und intelligente Mobilität* (Europäische Kommission, 2020) sieht im Bereich Güterverkehr u. a. vor, dass bis zum Jahr 2030 100 europäische Städte klimaneutral sein sollen, bis 2050 fast alle Lieferwagen und neue Lkws emissionsfrei sind, und der Schienengüterverkehr sich im Vergleich zu 2015 verdoppelt.

Staaten wie Österreich möchten bis zum Jahr 2040 Klimaneutralität erzielen, Deutschland bis zum Jahr 2045 (Bundesregierung, 2022). In Österreich soll der Mobilitätsmasterplan 2030 Wege im Verkehrssektor entlang der Maxime „Vermeiden-Verlagern-Verbessern" aufzeigen. Es wird davon ausgegangen, dass im Jahr 2040 für den Landverkehr nur mehr einem Drittel der heute im Landverkehr verbrauchten Energiemenge zur Verfügung stehen wird, aufgrund der begrenzten Verfügbarkeit von erneuerbaren Energien. Die güterverkehrsrelevanten Ziele entlang dieser Maxime lauten wie folgt:

- Ziel in Bezug auf Vermeiden beim Güterverkehr ist es, die Wirtschaftsentwicklung und den Aufwand für Gütertransporte zu entkoppeln. So soll bei einem prognostizierten Wirtschaftswachstum von 40 % bis zum Jahr 2040, die Güterverkehrsleistung nur moderat um bis zu 10 % zunehmen.
- Ziel in Bezug auf das Verlagern beim Güterverkehr ist es, den Modal Split der Schiene von 31 % in 2018 durch europäische Zusammenarbeit auf 40 % zu erhöhen.
- Ziele in Bezug auf das Verbessern sind es beim Güterverkehr, dass 100 % aller Neuzulassungen im Bereich der leichten Nutzfahrzeuge und schweren Nutzfahrzeuge kleiner als 18 Tonnen spätestens ab dem Jahr 2030 emissionsfrei sind; und dass 100 % aller Neuzulassungen im Bereich der schweren Nutzfahrzeuge größer als 18 Tonnen ab 2035 emissionsfrei sind. (BMK, 2021)

Diese Ziele sollen durch Forschung und Innovation (siehe Kapitel 5.9) als auch Digitalisierung (siehe Kapitel 5.7) erreicht werden. So sollen im Bereich Digitalisierung zukünftig verstärkt leistungsfähige digitale Infrastrukturen als auch zuverlässige Daten nach definierten Kriterien bereitgestellt werden, und Verkehre mit diesen letztlich auch effizienter gesteuert werden. (BMK, 2021)

Länder, und insbesondere Städte, die dringend Luftqualitätsziele erreichen wollen und müssen, setzen sich selbst Ziele zur Klimaneutralität. Im Rahmen des von der C40 Organisation und der UN mit koordinierten Initiative „Race To Zero" haben sich über 1100 Städte weltweit dazu verpflichtet, bis 2040 klimaneutral zu werden, so z. B. auch Berlin, Zürich, und Wien (UN, 2023).

So möchte auch die Stadt Wien mit ihrem Wiener Klimafahrplan bis 2040 klimaneutral werden und hat dahingehend ihre Smart City Strategie im Jahr 2022 überarbeitet. Unter anderem sollen bis 2030 ausschließlich Fahrzeuge mit nicht-fossilen Antrieben neu zugelassen werden und Wirtschaftsverkehre innerhalb des Stadtgebietes 2030 weitgehend CO_2-frei sein. Als vielversprechende güterverkehrsrelevante Maßnahmen werden flächendeckende betreiberunabhängige Umschlagboxen zur Eindämmung von Leerfahrten im Lieferverkehr eingerichtet. Weitere Lösungsansätze sieht man in Einfahrts- oder Parkverboten für Fahrzeuge mit (hohen spezifischen) CO_2-Emissionen, im Ausbau der Ladestationen in Garagen und im halböffentlichen Raum, in einem Mix aus ordnungsrechtlichen Vorgaben und unterstützenden Anreizinstrumenten für emissionsfreie Lieferfahrzeuge, und auch in der Rolle der Vorreiterschaft bei der Beschaffung von CO_2-freien städtischen Kfz-Flotten (Stadt Wien, 2022).

1.4.3 Zusammenfassung

Wie die vorangegangenen Beispiele zeigen, richtet sich staatliches Handeln zunehmend auf die Erreichung der Klimaziele aus (siehe Kapitel 3.4). Dabei ist es politischer Wille, Emissionen aus dem Verkehr zu reduzieren und gleichzeitig verantwortungsvolles unternehmerisches Handeln im Sinne der Kreislaufwirtschaftsgrundsätze, Achtung der Menschrechte und des Umweltschutzes zu forcieren. Wie bereits einleitend dargestellt, ist der Wettbewerb im Markt ohne eine vollständige Internalisierung der externen, durch den Verkehr generierten Kosten, nicht möglich.

Hinzu kommt, dass davon auszugehen ist, dass der Investitionsbedarf in Infrastrukturen in Zukunft weiter zunehmen wird. Anpassungen an den Klimawandel und Schaffung resilienter Verkehrsinfrastrukturen, sowie die zu erwartenden, steigenden Kosten für Instandhaltung und Reparaturen, werden steigende Kosten für die Allgemeinheit verursachen.

Eine volkswirtschaftliche Gesamtrechnung nach den Prinzipien der Doppelten Buchhaltung, die eine Berücksichtigung der Ressourcen und Infrastruktur sowie die Notwendigkeit künftiger Investitionen zu deren Erhalt vorsieht, kann hier ein zielführender Ansatz sein. Denn es ist Aufgabe der Politik, die bestehende Infrastruktur an die Folgen des Klimawandels anzupassen, die volkswirtschaftlich notwendigen Ressourcen und somit auch die Wirtschaft und den Logistikstandort mit seiner Wertschöpfung und Beschäftigung zu sichern.

1.4.4 Ausblick

Neben den aufgezeigten Trends ist abzuwarten, wie sich Trends von der Globalisierung weg hin zu mehr regionalen Produktionsstrukturen etablieren werden. Politische Entwicklungen wie der BREXIT, aber auch Entwicklungen im weiteren Bereich der Sicherheit (Corona-Krise, politische und militärische Konflikte) haben in den letzten Jahren dazu geführt, dass mehr und mehr Unternehmen und Gruppen der Bevölkerung eine Abkehr von internationalen Produktionsstrukturen hin zu nationalen oder sogar regionalen Konzepten als sicherer und belastbarer betrachten. Sollten sich diese Trends durchsetzen, wird das gesamte Güterverkehrssystem sich umstellen, auch wenn Rohstoffe weiterhin international transportiert werden müssen.

Literaturverzeichnis

BMK (2021, 12. Oktober). *Mobilitätsmasterplan 2030. Bundesministerium für Klimaschutz, Umwelt, Energie, Mobilität, Innovation und Technologie*. Abgerufen am 9.12.2022 unter https://www.bmk.gv.at/dam/jcr:6318aa6f-f02b-4eb0-9eb9-1ffabf369432/BMK_Mobilitaetsmasterplan2030_DE_UA.pdf

Bundesamt für Raumentwicklung (2023). *Externe Kosten und Nutzen des Verkehrs in der Schweiz. Strassen-, Schienen-, Luft- und Schiffsverkehr* 2020. Abgerufen am 23.09.2023 unter https://www.are.admin.ch/are/de/home/mobilitaet/grundlagen-und-daten/kosten-und-nutzen-des-verkehrs.html

Bundesregierung (2022). *Generationenvertrag für das Klima*. Abgerufen am 15. 01. 2023 unter https://www.bundesregierung.de/breg-de/themen/klimaschutz/klimaschutzgesetz-2021-1913672?view=renderNewsletterHtml

Christen, E., Meinhart, B., Sinabell, F., Streicher, G. & Langer, I. (2021). *Transportkostenwahrheit im internationalen Handel*. Abgerufen am 8.12.2022 unter https://fiw.ac.at/fileadmin/Documents/Publika tionen/Studien_2021/FIW_RR_Transportkostenwahrheit_im_internationalen_Handel_03_2021.pdf

EEA European Environment Agency (2023). *Road Transport*. Abgerufen am 19.03.2023 unter https://www.eea.europa.eu/en/topics/in-depth/road-transport

Ehrler, V. (2011). *Taking off: Does Electronic Documentation make Air Cargo Fly High Again?*. München: Huss.

ETP ALICE (2023). *Systems & Technologies for Interconnected Logistics*. Abgerufen am 24.09.2023 unter https://www.etp-logistics.eu/roadmaps-3-2/information-systems-for-interconnected-logistics-2-2/

Europäische Kommission (o. D.). *Europäischer Grüner Deal*. Abgerufen am 9.12.2022 unter https://www.con silium.europa.eu/de/policies/green-deal/

Europäische Kommission (2020, 9. Dezember). *Strategie für nachhaltige und intelligente Mobilität: Den Verkehr in Europa auf Zukunftskurs bringen*. Abgerufen am 8.12.2022 unter https://eur-lex.europa.eu/legal-content/DE/TXT/HTML/?uri=CELEX:52020DC0789&from=EN

Europäische Kommission (2022, 23. Februar). *RICHTLINIE DES EUROPÄISCHEN PARLAMENTS UND DES RATES über die Sorgfaltspflichten von Unternehmen im Hinblick auf Nachhaltigkeit und zur Änderung der Richtlinie (EU) 2019/1937*. Abgerufen am 9.12.2022 unter https://eur-lex.europa.eu/legal-content/DE/TXT/HTML/?uri=CELEX:52022PC0071&from=EN

Folke, C., Biggs, R., Norström, A. V., Reyers, B. & Rockström, J. (2016). Social-ecological resilience and biosphere-based sustainability science. *Ecology and Society, 21*(3).

Montreuil, B. (2011). Toward a Physical Internet: meeting the global logistics sustainability grand challenge. *Logistics Research, 3*, 71–87.

Poseidon Principles (2023). *Poseidon Principles – A global framework for responsible ship finance*. Abgerufen am 24.09.2023 unter https://www.poseidonprinciples.org/finance/about/

Rüegg-Stürm, J. & Grand, S. (2019). *Das St. Galler Management-Modell: Management in einer komplexen Welt*. Bern: Haupt.

Stadt Wien (2022). *Wiener Klimafahrplan*. Abgerufen am 9.12.2022 unter https://www.wien.gv.at/spezial/kli mafahrplan/klimaschutz-wien-wird-klimaneutral/mobilitat/

SUERF Policy Briefs (2021). *External Costs of Freight Transport – Relevance and Implications of Internalisation at the European Level*. Abgerufen am 23.09.2023 unter https://www.suerf.org/docx/f_35c0435bac5b49fc667bd23a5c49fea1_35885_suerf.pdf

UN (2023). *Race To Zero - Who's in Race to Zero?* United Nations Climate Change. Abgerufen am 19.03.2023 unter https://unfccc.int/climate-action/race-to-zero/who-s-in-race-to-zero#Cities-Race-to-Zero

Vester, F. (1988*). Neuland des Denkens: Vom technokratischen zum kybernetischen Zeitalter* (5. Aufl.). München: dtv.

1.5 Handlungsoptionen und -restriktionen für Güterverkehrsunternehmen

Wolfgang Stölzle, Ludwig Häberle, Dustin Schöder

Im Spannungsfeld von Verkehrspolitik und Märkten ergeben sich für Güterverkehrsunternehmen zahlreiche Handlungsoptionen wie auch -restriktionen. Zunächst geht es darum, die Restriktionen zu erkennen, die im Wesentlichen durch die Verkehrspolitik geprägt werden. Es gibt wohl nur wenige Sektoren, die so stark durch politische Eingriffe geprägt sind wie der Verkehrssektor. Am nächsten kommen wohl der Energie- und der Gesundheitssektor an eine solch hohe Regelungsdichte heran. Die Handlungsoptionen beschreiben die verbleibenden Spielräume für strategische Initiativen von Güterverkehrsunternehmen rund um Produkte und Services. Hierbei ist die Entwicklung der Nachfrage auf den relevanten Märkten besonders ins Kalkül zu ziehen, denn sie kann in der Regel kaum durch die Unternehmen selbst beeinflusst werden. Die Nachfrage nach Güterverkehren hat insoweit derivativen Charakter, als dass sie vom Warenaustausch abgeleitet wird. Schließlich ist beim Ausloten von Handlungsspielräumen auch das Agieren aktueller und potenzieller Wettbewerber zu berücksichtigen. Dazu gehören Mergers & Acquisitions (M&A)-Initiativen ebenso wie neue strategische Initiativen bestehender Akteure. Neue Wettbewerber kommen beispielsweise aus der Vertikalisierung von Kunden. Beispielsweise bauen Online-Händler eigene Flotten zur Auslieferung von Paketen auf und bieten damit auch Drittgeschäft an. Auch die Start-up-Szene ist eine Quelle neuer Produkte und Services, hier häufig gestützt auf digitale Innovationen wie etwa Geschäftsmodelle der digitalen Spedition.

Die folgenden Ausführungen erheben bewusst nicht den Anspruch, alle Handlungsoptionen für verschiedenste Arten von Güterverkehrsunternehmen systematisch auszuloten und zu beschreiben. Vielmehr geht es darum, anhand konkreter Beispiele das Verständnis über Restriktionen der Verkehrspolitik, den Mechanismen der Märkte und unternehmerische Gestaltungsspielräume zu schärfen. Nahezu alle Impulse, die sich nachstehend finden, werden in späteren Kapiteln wieder aufgegriffen, in den Gesamtzusammenhang eingeordnet und vertieft. Insofern möge sich die Leserinnen und Leser sich zunächst auf exemplarische, isoliert betrachtete Besonderheiten von Verkehrspolitik und Märkten konzentrieren. In Kapitel 6 wird abschließend aufgezeigt, wie sich die Wirkungszusammenhänge zwischen Unternehmen, Märkten und Verkehrspolitik konkret darstellen können.

Verkehrspolitische Regulierungen als Leitplanken für Unternehmen und Märkte

Verkehrspolitisch motivierte, staatliche Regulierungen entstehen oft aufgrund von Entwicklungen im Verkehr, die gesellschaftlich unerwünscht sind (siehe zur Regulierung Kapitel 4.4). Aber auch Entwicklungen auf Märkten können dazu führen, dass die Politik eingreift, um beispielsweise einen fairen Wettbewerb im Güterverkehrssektor zu gewährleisten. Regulierungen in Gestalt von Verboten ebenso wie von finanziellen Anreizen schaffen damit für Unternehmen ein externes Bezugssystem, das oftmals als restriktiv für die Gestaltung eigener Produkte und Services wahrgenommen wird.

Immer wieder werden allerdings auch die Grenzen solcher Restriktionen deutlich. Wenn sich die Faktoren, die einst Regulierungen ausgelöst haben, verändern, sollten letztere beispielsweise im Zuge einer Liberalisierung wieder gelockert oder aufgehoben werden. Dies – so zeigt die Geschichte der Verkehrspolitik – wird häufig nicht oder nur verzögert – in Angriff genommen. Ohne Anspruch auf Vollständigkeit folgen ausgewählte Beispiele verkehrspolitischer Regulierungen.

Sicherheitsstandards

Die politische Regulierung setzt europaweite und nationale Sicherheitsstandards für den Betrieb von Transportfahrzeugen fest. Davon betroffen sind etwa die technische Ausstattung der Fahrzeuge, die im Rahmen von Zulassungen und Prüfungen kontrolliert wird, ebenso wie der Betrieb der Fahrzeuge in Gestalt von Höchstgeschwindigkeiten oder Durchfahrverboten. Mit dem letztgenannten Aspekt sind die Ausbildung und das Verhalten des Fahrpersonals direkt verbunden.

Verkehrsbeschränkungen

Regulative Eingriffe geben Verkehrsbeschränkungen für schwere Lkws in bestimmten Teilen des Verkehrsnetzes oder zu bestimmten Zeiten vor. Dies dient in der Regel der Wohnqualität in Wohngebieten, der Entlastung der Verkehrsinfrastruktur an Nadelöhren ebenso wie der Wettbewerbsfähigkeit anderer Verkehrsträger. Zu letztgenanntem Aspekt zählt beispielsweise das Nachtfahrverbot für schwere Lkws in der Schweiz, dass die Wettbewerbsfähigkeit der Güterbahn auf kurzen und mittleren Distanzen erhöhen soll.

Lizenzen, Genehmigungen und Konzessionen

Güterverkehrsunternehmen müssen zumeist verschiedene Arten von Lizenzen, Genehmigungen und Konzessionen beantragen und führen, um rechtliche Vorgaben zu erfüllen. Dies umfasst sowohl den Nachweis bestimmter Ausstattungsvorschriften für Equipment sowie Schulungen und Qualifikationsstandards für das Personal, beispielsweise bei Gefahrguttransporten. In Deutschland bedarf der Betrieb von Lkws eines sogenannten Verkehrsleiters, der bei Fehlverhalten auch privat haftbar gemacht werden kann.

Umweltauflagen

Die Regulierung legt europaweit zunehmend strengere Umweltauflagen und Emissionsstandards für Fahrzeuge fest. Dies betrifft insbesondere den Einsatz von CO_2-emissionsarmen bzw. -freien Antriebsarten wie Hybrid-, Elektro- oder Wasserstofftechnologien ebenso wie den Einsatz von alternativen Kraftstoffen. Auch Grenzwerte für Feinstaubemissionen zählen zu diesem Bereich. Im Luftverkehr sind die Einhaltung von Grenzwerten für Lärmemissionen, teilweise auch Nachtflugverbote, zu berücksichtigen. Wenn neue Infrastrukturen wie Schienentrassen, Start- und Landebahnen oder Terminals gebaut werden, ist die Genehmigung oft mit Auflagen zur Renaturierung verbunden.

Soziale und arbeitsrechtliche Vorschriften

Wie in den meisten europäischen Ländern – so auch in Deutschland, Österreich und der Schweiz – sind Mindeststandards für Arbeitsbedingungen, Arbeitszeiten und Löhne definiert. Bei den Arbeitszeiten für Fahrpersonal für schwere Lkws gelten europaweite Vorschriften, die Lenk- und Mindest-Ruhezeiten definieren. Deren Einhaltung wird u. a. mit dem digitalen Tachographen überwacht. Bei internationalen Straßengüterfernverkehren greifen bei der Passage eines Landes nationale Mindestlohnstandards, die auch dann zu berücksichtigen sind, wenn die sogenannte Kabotage, d. h. Transporte im Inland mit im Ausland zugelassenen Fahrzeugen, erlaubt ist.

Maut-, Zoll- und Steuervorschriften

Der Güterverkehr ist mit komplexen Regelungen rund um Mauten, Zölle und Steuern konfrontiert. Beispielsweise müssen Fahrzeuge aus dem Ausland den inländischen Mautstandards inklusive der dafür nötigen technischen Ausstattung entsprechen. Die Besteuerung betrifft etwa Einfuhrsteuern für Fahrzeuge aus dem Ausland. Die Zollabwicklung hat zwar im Rahmen der Ausweitung der EU an Bedeutung verloren, sie gilt innereuropäisch aber beispielsweise immer noch für die Schweiz und Großbritannien.

Die verkehrspolitischen Maßnahmen – seien es Verbote oder Anreize – zielen auch auf Eingriffe in den Markt und den Wettbewerb ab. Verwiesen sei auf Restriktionen für den Einsatz von Lang-Lkws in Deutschland zugunsten der Güterbahn oder die Förderung des alpenquerenden Güterverkehrs auf der Schiene in der Schweiz, wie das Lesebeispiel zeigt.

Beispiel: Lenkungswirkung von Restriktionen am Beispiel des alpenquerenden Güterverkehrs
Die Schweizer Verkehrspolitik bezweckt mit dem Güterverkehrsverlagerungsgesetz, den Güterschwerlastverkehr von der Straße auf die Schiene zu verlagern, dies insbesondere im alpenquerenden Güterverkehr. Diese Politik ist breit abgestützt und wurde vom Stimmvolk mehrfach bekräftigt: 1992 mit der Zustimmung zur Neuen Eisenbahn-Alpentransversale (NEAT), 1994 mit der Annahme des Alpenschutzartikels und auch 1998 mit der Einführung der Leistungsabhängigen Schwerverkehrsabgabe LSVA für Lkws und einer Gesetzesvorlage zur Finanzierung der Eisenbahngroßprojekte. Ergänzend wirken das Nachtfahr- und Wochenendfahrverbot für Lkws sowie Subventionen (sogenannte Abgeltungen) für alpenquerende Schienengüterverkehre mit dem begleiteten bzw. unbegleiteten Kombinierten Verkehr. Das Ziel: Nicht mehr als 650.000 Lastwagen sollen pro Jahr über die Alpen durch die Schweiz fahren. Das gesetzlich verankerte Ziel wird jedoch Jahr für Jahr nicht erreicht: 2022 passierten 880.000 Lkw die Alpen durch die Schweiz. Ausschlaggebend hierfür ist unter anderem das in den letzten Jahrzehnten

erhebliche Güterverkehrswachstum in Europa. Dennoch: Mit einem Tonnage-bezogenen Anteil am Modal Split von über 70 % dominiert die Schiene den alpenquerenden Verkehr. So kann konstatiert werden, dass die Lenkungsmaßnahmen ihre Wirkung entfalten, auch wenn die absoluten Zielvorgaben bislang nicht erreicht werden konnten (UVEK, 2023).

Agieren von Güterverkehrsunternehmen auf Märkten

Wechselwirkungen zwischen Marktwachstum und Marktanteil spielen eine entscheidende Rolle im Güterverkehrssektor. Dabei beeinflussen sie maßgeblich die Wettbewerbsfähigkeit und die strategische Ausrichtung von Unternehmen in diesem Bereich.

Das Marktwachstum bezieht sich auf die Veränderung der Marktnachfrage über einen bestimmten Zeitraum. Im Güterverkehr bedeutet Wachstum eine Zunahme des Warenaustauschs, die in der Folge („derivativ") zu einem gestiegenen Transportbedarf führt. Gründe für Veränderungen des Warenaustauschs können wirtschaftliches Wachstum ebenso wie eine Zunahme der Arbeitsteilung in Wertschöpfungsnetzwerken sein. Güterverkehrsunternehmen, die in einem wachsenden Markt operieren, haben die Möglichkeit, ihre Geschäftätigkeiten auszubauen und ihre Umsätze zu steigern. Wenn der Markt nicht wächst, verbleibt für die Akteure lediglich der Wachstumspfad über eine Vergrößerung des eigenen Marktanteils zulasten der Wettbewerber, beispielsweise über eine Niedrigpreis-Politik oder über Zukäufe. Der Marktanteil beschreibt als ein Indikator die Wettbewerbsposition eines Unternehmens im Vergleich zu seinen Mitbewerbern. Ein hoher Marktanteil deutet oft darauf hin, dass ein Unternehmen erfolgreich ist und eine starke Position im Markt innehat. Wird diese zu groß, schreitet oft die Verkehrspolitik ein, die sich im DACH-Raum zumindest prinzipiell für einen Wettbewerb innerhalb der und zwischen den Verkehrsträgern ausspricht.

Die Segmentierung im Güterverkehrssektor (siehe dazu Kapitel 3) ist essenziell, um die Wechselwirkungen zwischen Marktwachstum und Marktanteil optimal zu nutzen. Die Ausrichtung auf ein bestimmtes Segment des Güterverkehrsmarkts geht bei Güterverkehrsunternehmen mit einer Analyse des eigenen Leistungsportfolios einher (zur strategischen Positionierung siehe Kapitel 5.1). Durch die Segmentierung des Marktes können Unternehmen ihre Ressourcen gezielt auf diejenigen Bereiche konzentrieren, in denen sie die größten Wachstumschancen und das größte Potenzial zur Steigerung ihres Marktanteils sehen. Das ermöglicht eine effiziente Nutzung der begrenzten Ressourcen. Durch die Fokussierung auf bestimmte Marktsegmente ist es möglich, die eigene Expertise und das eigene Know-how in diesen Bereichen zu vertiefen. Dies führt oft nicht nur zu Skaleneffekten und damit Kostenvorteilen bei der Auslastung größerer Transportkapazitäten, sondern auch zu einer vertieften Expertise und damit im Ergebnis zu einer höheren Kundenzufriedenheit und -loyalität. Als Beispiele können der Einsatz von Mega-Carriern in der Containerseeschifffahrt oder der Einsatz von Lang-Lkws bei Hub-Hub-Verkehren auf dafür zugelassenen Abschnitten des Straßennetzes in Deutschland genannt werden. Durch die gezielte Ansprache spezifischer Marktsegmente vermögen Unternehmen sich von ihren Mitbewerbern abzuheben und ein Alleinstellungsmerkmal zu schaffen, das dann als kritischer Erfolgsfaktor im Wettbewerb dient.

Die Fokussierung auf bestimmte Marktsegmente oder Nischen ermöglich darüber hinaus eine verbesserte Reaktionsfähigkeit bezüglich des eigenen Angebots. Spezialisierte Unternehmen können sich oftmals schneller an neue Trends, Kundenbedürfnisse oder technologische Entwicklungen anpassen. Beispiele hierzu finden sich bei der Pharmalogistik, die aufgrund dort herrschender hoher Einstiegshürden in Gestalt der Erfüllung vorgeschriebener Qualitätsstandards (GDP – good distribution practice) nur eine stark begrenzte Zahl von Anbietern aufweist. Diese sind mit neuen Anforderungen der Pharmahersteller und -händler in der Regel gut vertraut und können aufgrund ihrer Spezialisierung schnell passende Transportangebote offerieren.

Als ein anders geartetes Beispiel für den Aufbau einer stärkeren Marktstellung gelten Bestrebungen größerer Reedereien in der Containerseeschifffahrt, ihre Wertschöpfungsposition durch Vertikalisierung entlang von Seehafenhinterlandverkehren auszubauen. Dazu kann der Aufkauf von Binnenschifffahrtsreedereien ebenso gehören wie die Akquisition von Hafenbetriebsgesellschaften an der See bzw. im Binnenland oder von Transportunternehmen des Straßengüterverkehrs, die sich auf die Hinterlandanbindungen konzentriert haben. Insbesondere das Engagement von Reedereien im Bereich der Seehäfen wird von der Verkehrspolitik sehr aufmerksam begleitet, geht es doch dabei immer auch um den Schutz kritischer Infrastrukturen.

Die Beispiele zeigen, dass einerseits strategische Initiativen von Unternehmen Märkte und ihre Strukturen verändern vermögen, wodurch auch die Verkehrspolitik auf den Plan gerufen wird. Andererseits können Veränderungen in Märkten von Industrie und Handel – beispielsweise Nachfrageeinbrüche infolge kriegerischer Auseinandersetzungen – dazu führen, dass auch die davon betroffene Nachfrage nach Güterverkehren zusammenbricht und das jeweilige Marktsegment des Güterverkehrs massiven Änderungen unterworfen ist.

Management-Entscheidungen von Güterverkehrsunternehmen

Das Management von Güterverkehrsunternehmen muss im Spannungsfeld von Verkehrspolitik und Märkten strategische Entscheidungen treffen. Die Entscheidungsbereiche werden im Detail in Kapitel 5 abgehandelt. Deshalb sollen nachfolgend den Leserinnen und Lesern das Grundverständnis und ausgewählte Besonderheiten dieser Entscheidungsbereiche am Beispiel eines Unternehmens mit Schwerpunkt Straßengüterverkehr kompakt illustriert werden.

Strategische Positionierung

Die barth Logistikgruppe, ein mittelständischer Logistikdienstleister aus Hechingen in Süddeutschland, bietet seit je her hoch-qualitative Transportleistungen mit ergänzenden Mehrwertleistungen im eigenen Netzwerk (Fahrplanverkehre) an. Das Unternehmen möchte auch im Vergleich mit den großen Akteuren als Qualitätsführer wahrgenommen werden. Zudem beschäftigt sich ein weiteres Geschäftsfeld mit Kontraktlogistik. Strategisch wird der Mensch in den Mittelpunkt gestellt, frei nach dem Motto „logistics is people's business". So gelingt es, trotz der überschaubaren Größe (16 Standorte, etwa 700 Mitarbeitende) Alleinstellungsmerkmale im Transport- und Kontraktlogistik-Markt herauszustellen. Das Unternehmen wurde über 2 Generationen von der Familie geführt und anschließend an einen ausländischen Logistikdienstleister verkauft, der die Corporate Identity fortsetzt und das komplette Management-Team übernommen hat. Wachstum wurde bislang mit eigenen Vertriebsaktivitäten gestemmt. Seit der Übernahme durch den ausländischen Investor werden auch Zukäufe von Unternehmen auf dem Markt ins Auge gefasst, um die Marktposition zu stärken und über Süddeutschland hinaus auszubauen.

Leistungsprofil

Die barth Logistikgruppe verfügt über mehrere eigene Standorte (Niederlassungen) und konzentriert sich auf Stückgut-, LTL- und FTL-Transporte für Kunden in ausgewählten Branchen (z. B. Papier-, Reifen-, Automobilzulieferer-Branche). Auch die Kontraktlogistik weist ein Leistungsprofil für spezifische Branchen, etwa die Pharmaindustrie, auf. Hierauf sind einige Standorte mit Mitarbeitenden, Equipment und Gebäudetechnik besonders ausgelegt.

Geographisches Marktgebiet

Der geographische Mittelpunkt der Geschäftsaktivitäten ist Süddeutschland. Mit der Übernahme des Unternehmens durch einen ausländischen Logistikdienstleister werden auch Verkehre in das Heimatland des Mutterunternehmens aufgebaut. Für Kunden, die Transporte außerhalb des eigenen Netzwerks nachfragen, arbeitet die barth Logistikgruppe mit Partnern zusammen (siehe „Kooperation").

Assets und Kapazitäten

Die Transportleistungen werden mit etwa 130 eigenen Fahrzeugen sowie ergänzend mit Subunternehmern erbracht. Die Niederlassungen gehören dem Unternehmen und werden mit eigenem Personal betrieben. Das Unternehmen verfügt über eine Immobiliengesellschaft und eine Betriebsgesellschaft. Ein besonderer Schwerpunkt ist der IT-Bereich, wo sich das Unternehmen als Pionier sieht und zusammen mit ausgewählten IT-Dienstleistern neue Services entwickelt sowie umsetzt.

Kooperationen

Als mittelständisches Unternehmen im Straßengüterverkehr ist es der barth Logistikgruppe nicht möglich, den ganzen deutschen Markt sowie die Nachbarländer mit eigenen Ressourcen abzudecken. Insofern ist die barth Logistikgruppe Mitglied in mehreren deutschen Kooperationen für Stückgut-, LTL- und FTL-Verkehre, wo Sendungen eingespeist oder für den süddeutschen Raum übernommen werden. Transporte aus dem bzw. in das Ausland werden mit ausgewählten internationalen Kooperationspartnern abgewickelt.

Know-how und Qualifikationen

Die Alleinstellungsmerkmale erfordern bestimmte Know-how-Schwerpunkte der Belegschaft. So wird das Fahrpersonal selbst ausgebildet und mit spezifischen Anreizen zu einer möglichst langen Betriebszugehörigkeit bewegt. Dementsprechend ist die Fluktuationsquote sehr niedrig. Die IT-Kompetenz wird gezielt aufrechterhalten und ausgebaut, auch mit Schulungen für das eigene Personal. Ein besonderes Augenmerk gelten Tools zur Sicherstellung hoch-qualitativer Transporte einschließlich einer Echtzeit-Kommunikation mit den Kunden zum Sendungsstatus.

Innovationspotenzial

Innovationen werden vornehmlich im IT-Bereich getätigt. Beim Bau eines neuen Firmensitzes wurden bewusst qualitative Wohlfühl-Faktoren für das Personal hoch priorisiert. Das Gebäude weist modernste Energie- und Einrichtungsstandards vor. Demgegenüber nimmt man etwa bei den Antriebstechnologien für die Lkws eher eine Follower-Position ein.

Verträge

Mit vielen Kunden werden Kontrakte abgeschlossen, in der Regel im Transportbereich mit einjähriger Laufzeit, in der Kontraktlogistik auch mit mehrjährigen Verträgen, um die Finanzierung spezifischer Investitionen im Sinne einer Laufzeiten-Kongruenz abzusichern. Am Spotmarkt engagiert man sich allenfalls, um verbleibende Restkapazitäten aufzufüllen oder Subunternehmer-Kapazitäten einzukaufen.

Kosten und Preise

Der bewusste Verzicht auf im Ausland zugelassene Fahrzeuge und den Einsatz ausländischen Personals geht mit einer recht hohen Kostenposition einher. Insofern steht das Unternehmen immer unter gewissem Druck, die zur Kostendeckung nötigen Preise am Markt durchzusetzen. Dazu wird bewusst das hohe Qualitätsniveau in den Mittelpunkt der Argumentation gegenüber Kunden gestellt. Kostendämpfend wirkt der Einsatz professioneller Tools zur optimalen Kapazitätsauslastung im eigenen Transportnetz.

Finanzierung und Risikoposition

Bislang wurde in recht beschränktem Umfang auf eine mittel- bis langfristige Fremdfinanzierung gesetzt, auch um die unternehmerische Unabhängigkeit nicht zu gefährden. Der Einstieg des ausländischen Investors ermöglicht neue Investitionsspielräume ohne den Einsatz von weiterem Fremdkapital. Investive Engagements werden von einem professionellen Risikomanagement begleitet, das vom Investor unterstützt und gefördert wird. Grundsätzlich werden risikoreiche Geschäftsopportunitäten auch bei interessanten Margen-Potenzialen vermieden. Um im Straßengüterverkehr keine zu starke Abhängigkeit von zeitweise knappen Subunternehmer-Kapazitäten einzugehen, wird bewusst eine recht große eigene Flotte von Lkws unterhalten. Dabei kommen sowohl Leasing- als auch klassische Kauf-Transaktionen zum Einsatz. Das Durchschnittsalter der Flotte beträgt etwa 3 Jahre, so dass jederzeit ein zuverlässiger und moderner Fuhrpark zur Verfügung steht.

Literaturverzeichnis

UVEK (2023). *Verkehrsverlagerung.* Abgerufen am 18.10.2023 unter https://www.uvek.admin.ch/uvek/de/home/verkehr/verkehrsverlagerung.html

1.6 Eigenschaften und Einflussfaktoren von Güterverkehrsleistungen

Verena Ehrler, Ludwig Häberle

Güterverkehrsleistungen sind Dienstleistungen, die durch Logistiker erbracht werden. Sie können als einfache Dienstleistung erbracht werden, z. B. in Form eines direkten Punkt-zu-Punkt Transports, sind aber häufig komplexe Transportleistungsketten, die sich aus verschiedenen Elementen zusammensetzen und auch verschiedene Transportmodi enthalten können. Insbesondere internationale Verkehre sind häufig multimodale Güterverkehrsleistungen. Oft sind Güterverkehrsleistungen in vor- und nachgelagerte logistische Dienstleistungen eingebettet, z. B. Versandvorbereitung, Qualitätskontrolle vor einem Versand oder bei Wareneingang, oder Lagerung.

Erbracht werden Güterverkehrsleistungen durch sogenannte Güterverkehrsunternehmen. Dies können Unternehmen sein, die nur eine Art von Güterverkehrs(dienst-)leistungen erbringen, wie z. B. Straßentransport, oder aber auch Unternehmen, die verschiedene Transportformen anbieten. Dabei werden häufig Transportaufträge an Unterauftragnehmer vergeben, die im Auftrag eines Güterverkehrsdienstleisters den Transport ausführen. Es kann auch durchaus vorkommen, dass ein Unterauftragnehmer selbst weitere Unteraufträge vergibt.

Gemessen werden Güterverkehrsleistungen in der Regel in Tonnenkilometer (tkm), wobei 1 tkm einer Tonne, die über einen Kilometer bewegt wurde, entspricht.

Da Güterverkehrsleistungen erbracht werden, um Güter an einem anderen Ort zu einem bestimmten Zeitpunkt zur Verfügung zu stellen, weil sie dort benötigt werden, wird durch die Güterverkehrsleistung ein Mehrwert der Güter generiert. Güterverkehrsleistungen sind somit ein wichtiger Bestandteil der Wertschöpfungskette. Sie stellen einen räumlichen und zeitlichen Transfer der Güter dar. Wichtig ist, dass es zu keinem physische Verlust, weder qualitativ noch quantitativ, der Güter im Rahmen des Transports kommt, und dass die Güter zum vorgesehenen und vereinbarten Zeitpunkt ihr Ziel erreichen.

Der Ausgangspunkt einer Transportkette wird oft als Quelle bezeichnet, und der Endpunkt als Senke. Eine solche Transportkette kann verschiedene Verkehrsträger, Transportmittel und Kombinationen daraus umfassen. Da aus Sicht eines Verladers oder Empfängers eine Transportkette end-to-end betrachtet wird, können ganz unterschiedlich ausgestaltete Transportketten in direktem Wettbewerb zueinander stehen (siehe Kapitel 4.3).

Auftraggeber für eine Güterverkehrsleistung kann sowohl der Versender sein als auch der Empfänger der Güter, abhängig von den zwischen den Parteien vereinbarten Lieferbedingungen (Incoterms). Hinzu kommt, dass die Partei, die den Güterverkehr bezahlt, nicht immer die Partei ist, die den Güterverkehr vom Sender zum Empfänger organisiert und kontrolliert. Es kann durchaus vorkommen, dass der Empfänger eines Gutes den Transport bezahlt, aber der Versender den Transport organisiert. Auftraggeber der Güterverkehrsleistung und Zahlender sind somit nicht immer identisch bei einer Güterverkehrsleistung.

Güterverkehrsleistungen sind in der Regel komplexe Verkettungen von Akteuren und Dienstleistungen in einem dynamischen Umfeld. Das Beispiel der Güterverkehrsleistung einer Luftfrachttransportkette verdeutlicht diese Komplexität (siehe Abbildung 1.6.1).

Abbildung 1.6.1 stellt eine Güterverkehrsleistung in Form eine Transportkette vom Versender zum Empfänger per Luftfracht dar. Die Sendung wird vom Verlader durch den Spediteur zum Flughafen gebracht. Nach einer Prüfung durch den Zoll wird die Fracht durch einen Handling Agent für den Flug vorbereitet und anschließend ins Flugzeug verladen. Nach der Ankunft am Zielflughafen wird die Sendung entladen, verzollt und für den Weitertransport vorbereitet, ehe sie zum Empfänger gebracht wird. Transporte zum Flughafen und Weitertransporte vom Flughafen erfolgen in der Regel per Lkw, seltener auch per Bahn. Die Frachtcontainer, die für den Transport im Flugzeug zum Einsatz kommen, sind andere als die, die für den Transport auf der Schiene oder der Straße verwendet werden. Die Vorbereitung für den Flug und die Vorbereitung für den Weitertransport nach dem Flug erfordern deshalb neben den administrativen Vorgängen in der Regel ein Umladen der Sendung in andere Transportgefäße. Selbst eine relativ einfache Transportkette, wie die hier abgebildete Luftfrachtkette, erfordert somit bereits die Koordination von zwölf verschiedenen Akteuren sowie mindestens sechs Ein- oder Ausladevorgänge in Transportmittel. Hinzu kommen die Verschiebungen zwischen den eigentlichen Transporten.

Wie alle Dienstleistungen sind auch Güterverkehrsleistungen dadurch gekennzeichnet, dass die Erbringung der Leistung und ihre Nutzung zeitgleich erfolgen. Sie sind immateriell und können deshalb nicht gelagert werden. Daraus ergibt sich, dass Güterverkehrsleistungen nicht auf Vorrat erzeugt werden können. Es ist deshalb not-

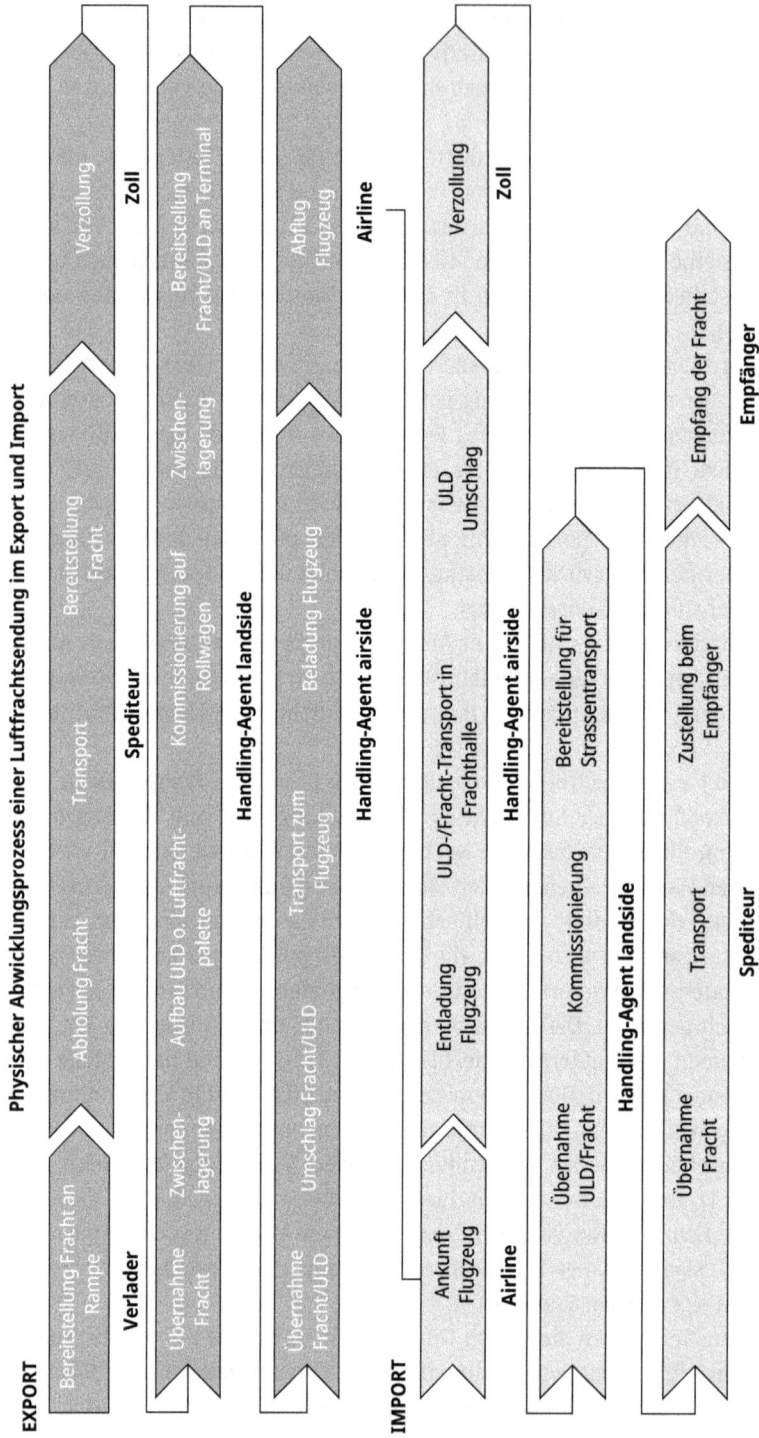

Abbildung 1.6.1: Güterverkehrsleistungen innerhalb der Transportkette einer Luftfrachtsendung (Häberle & Stölzle, 2020).

wendig, die erwarteten erforderlichen Transportkapazitäten bereitzuhalten, für den Fall, dass sie benötigt werden. Dadurch ergeben sich hohe Leistungsbereitschaftskosten für die Vorhaltung von z. B. Personal, Fahrzeuge, Infrastruktur, etc. Hinzu kommt, dass die Nachfrage nach Güterverkehrsleistungen stark schwanken kann und häufig nur begrenzt planbar ist. Neben saisonalen Schwankungen gibt es immer mehr Disruptionen, die die Nachfrage plötzlich und dramatisch verändern können, z. B. in Form von Extremwetterlagen, politischen Konflikten, Gesundheitskrisen etc.

Hinzu kommt der Trend zu immer kleineren Sendungsgrößen und steigenden Kundenanforderungen in Form von Individualisierung der Güterverkehrsleistung, sowie Nachhaltigkeitsanforderungen. All dies führt zu hohen Herausforderungen an das Management (siehe Kapitel 5.5 und 5.6).

Im Folgenden werden die dienstleistungsspezifischen (1.6.1) und güterverkehrsspezifischen (1.6.2) Eigenschaften von Güterverkehrsleistungen beschrieben, gefolgt von einer Darstellung ausgewählter Faktoren, die die Erstellung von Güterverkehrsleistungen maßgeblich beeinflussen (siehe Abschnitt 1.6.3). Hierbei werden die Abhängigkeiten einzelner Faktoren beleuchtet, und deren Einflüsse auf die wichtigsten Akteure von Güterverkehrsdienstleistungen aufgezeigt.

1.6.1 Dienstleistungsspezifische Eigenschaften von Güterverkehrsleistungen

Güterverkehrsprozesse als Faktorkombinationsprozesse

Güterverkehrsdienstleistungen sind komplexe Prozesse, die einen Kombinationsprozess von internen und externen Faktoren darstellen (Corsten & Gössinger, 2015). Interne Faktoren sind dabei die Produktionsfaktoren der Unternehmung, die den Güterverkehr erbringt. Externe Faktoren sind die äußeren Einflussfaktoren, die auf die Erbringung der Güterverkehrsleistung wirken. Sie befinden sich somit in der Regel außerhalb des Einflussbereichs der leistungserbringenden Unternehmung, sind aber gleichzeitig von hoher Relevanz, da sie die Rahmenbedingungen der Leistungserbringung definieren.

Eine mögliche Gliederung externer Einflussfaktoren ist somit die Einteilung in Faktoren, die direkt die Erbringung der Güterverkehrsleistung beeinflussen, wie z. B. meteorologische Rahmenbedingungen, Infrastrukturverfügbarkeit, und solche, die die leistungserbringende Unternehmung beeinflussen, wie z. B. Konkurrenzsituation und Veränderungen der Marktsituation, Anforderungen von Banken und Versicherungen an Güterverkehrsdienstleister, Rahmenvereinbarungen für Mitarbeiterinnen und Mitarbeiter.

Die Faktorkombination ist somit unternehmensspezifisch und unterschiedlich für jede einzelne Güterverkehrsleistung. Für eine Optimierung der Integration sowohl interner als auch externer Faktoren in den Prozess der Erbringung der Güterverkehrsleistung ist es wichtig, die für das jeweilige Unternehmen und seine ganz spezifische Dienstleistung relevanten Parameter zu identifizieren, und Transparenz über ihre Entwicklungen zu maximieren. Nur so kann die Agilität des Güterverkehrsdienstleisters maximiert, und damit die Resilienz der Leistungserbringung gesichert werden.

Immaterialität und Intangibilität der Leistungserstellung

Güterverkehrsleistungen sind immateriell und intangibel, d. h. nicht greifbar. Sie können deshalb nicht auf Vorrat erstellt werden, und eine Qualitätskontrolle ist erst nach Erstellung der Leistung möglich. Dabei kann es oft Wochen dauern, bis alle Informationen über die Güterverkehrsleistung vorliegen, die für eine Qualitätsbeurteilung notwendig sind, z. B. Pünktlichkeit der Lieferung, Einhaltung vereinbarter Transportkonditionen während des gesamten Transports und Vollständigkeit der Lieferung in Quantität und Qualität. Nimmt man als Beispiel die Hochseeschifffahrt so kann es bis zu 40 Tagen für einen Transport zwischen Fernost und Europa dauern, bis allein der Transport einer solchen Transportkette abgeschlossen ist. Entsprechend länger dauert es, bis sämtliche Informationen über alle Qualitätsmerkmale der Leistungserstellung von allen beteiligten Dienstleistern aus Asien bis Europa vorliegen und überprüft werden können.

Obwohl die Leistungsqualität erst so spät erfolgen kann, muss der Preis für die Güterverkehrsleistung bereits im Vorfeld der Erbringung der Leistung festgelegt werden. Der Vereinbarung der sogenannten "Service Level Agreements" sowie der Versicherung von Güterverkehrsleistungen kommt somit eine hohe Bedeutung zu. Immer mehr Unternehmen gehen deshalb dazu über, sehr detaillierte und umfassende Anforderungskataloge an ihre Lieferanten und Dienstleister von Güterverkehrs- und Logistikleistungen zu erstellen. Diese Anforderungen umfassen zeitliche, geographische und qualitative Komponenten. Eine Nicht-Einhaltung kann dann zum Auflösen von Verträgen oder zu Straffzahlungen führen.

Auf Grund immer kleinerer Sendungsgrößen, sowie auf Grund immer spezifischerer Anforderungen, ist der Güterverkehrsleistungsmarkt von einer steigenden Individualisierung der Leistungen gekennzeichnet. Dies erhöht die Komplexität der Erstellung von Güterverkehrsdienstleistungen weiter, und sorgt gleichzeitig für Spielräume für eine intransparente Preisgestaltung (siehe Kapitel 5.5). Die Folge davon ist ein zunehmender Konkurrenzdruck für Güterverkehrsdienstleister und ihre Unterauftragnehmer, da die Kombinationen von Preisen und Leistungen immer vielfältiger, und der Markt immer intransparenter werden.

Simultanität von Erstellung und Inanspruchnahme (uno-actu Prinzip)

Die Erstellung von Güterverkehrsdienstleistungen und deren Inanspruchnahme erfolgen grundsätzlich gleichzeitig, bedingt durch die Intangibilität und damit der fehlenden Unmöglichkeit der Lagerung. Man spricht in diesem Zusammenhang auch vom uno-actu Prinzip – Erstellung und Inanspruchnahme im gleichen Moment. Dadurch sind Güterverkehrsleistungen nicht revidierbar. Güter können zwar zurückgeschickt werden, dies entspricht aber einer zusätzlichen Güterverkehrsdienstleistung. Der erste, ursprüngliche Transport wird dadurch nicht aufgehoben, sondern lediglich ergänzt durch einen Retourfluss.

Güterverkehrsleistungen erfordern hohe und langfristige Infrastrukturinvestitionen. Häfen und Flughäfen, Straßen, Schifffahrtskanäle, Pipelines, der Bau von Schiffen, etc. bedürfen langfristiger Planung und hoher Investitionen. Eine kurzfristige Anpassung von Kapazitäten ist nicht oder nur sehr eingeschränkt möglich (siehe Kapitel 5.6). Als Folge reagieren Güterverkehrspreise empfindlich auf Nachfrageschwankungen. Die Kapazitäten insbesondere der Infrastruktur, aber auch des Güterverkehrsdienstleistungsangebots an sich, sind somit häufig auf die Spitzenbedarfswerte ausgerichtet, um Unterkapazitäten im Markt zu vermeiden. Daraus ergibt sich gleichzeitig das Risiko einer Schaffung von Überkapazitäten, und hoher Leer- und Bereitschaftskosten in nachfrageschwachen Zeiten, die nicht auf die Güterverkehrsnachfragenden übergewälzt werden können.

Eine weitere Herausforderung, die sich aus der uno-actu Charakteristik von Güterverkehrsdienstleistungen ergibt, ist die Unpaarigkeit von Güterströmen. Güterverkehrsdienstleistungen können nicht räumlich verschoben werden. Wenn also mehr Transporte in eine Richtung als in deren Gegenrichtung nachgefragt werden, kommt es zwangsläufig zu Leerfahrten in die Gegenrichtung, wenn Transportvehikel und -Gefäße, z. B. Schiffe und Container, leer zurücktransportiert werden, zu der Stelle, an der die hohe Nachfrage nach Güterverkehrsleistungen ihren Ausgangsort hat. Diesen Herausforderungen wird in der Praxis durch Kapazitäts- und Preismanagement, z. B. in Form von Mengen- oder Rundlaufrabatten, begegnet (siehe Kapitel 5.5 und 5.6).

Ein Beispiel sind die sehr variablen Preisanpassungen in der Luftfahrt, bei denen kontinuierlich durch die Pricing Departments der Luftfahrtgesellschaften Analysen von Angebot und Nachfrage nach Kapazitäten, auch für die Beifracht, die sogenannte Bellyfreight, durchgeführten werden (Merkert, 2023). Auf Grund des Ergebnisses dieser Analysen und der ermittelten Restverfügbarkeiten werden fortlaufend die Preise neugestaltet.

Und auch in der Seefahrt lassen sich solche Anpassungen beobachten. Hier wird durch eine Anpassung der Geschwindigkeit, mit der die Transporte ausgeführt werden, die im Markt angebotene Kapazität angepasst. Ist diese zu hoch, wird durch "slow steaming" eine Reduzierung erreicht, wobei als positiver Nebeneffekt der Energieverbrauch und die Emissionen gleichzeitig drastisch reduziert werden (vgl. Psaraftis & Kontovas, 2015).

1.6.2 Güterverkehrsspezifische Eigenschaften von Güterverkehrsleistungen

Es wurde bereits angesprochen, dass die Heterogenität der Kundenanforderungen, der Leistungsangebote, die hohen Leistungsbereitschaftskosten in Verbindung mit schwankender Nachfrage und komplexen, äußeren Einflussfaktoren den Güterverkehrsleistungsmarkt prägen. Im Folgenden wird auf diese Charakteristika vertiefend eingegangen.

Heterogenität der Kundenanforderungen

Kundenanforderungen im Güterverkehr sind stark von den Tätigkeitsfeldern und daraus entstehenden Anforderungen der verladenden Unternehmen abhängig. Neben der Individualisierung der Anforderungen ist der Markt davon gekennzeichnet, dass Verlader zunehmend Komplettlösungen und Zusatzleistungen erwarten (z. B. Integration von Produktionsschritten wie dem Zusammenfügen von Lieferungen verschiedener Zulieferbetriebe zum eigenen Produkt innerhalb der Transportkette). Hinzu kommen kontinuierlich steigende Anforderungen an die Zurverfügungstellung von Informationen über die Güterverkehrsleistung im Vorfeld, während und nach der Erbringung.

Die marktorientierte Standardleistung tritt immer weiter in den Hintergrund, und die auf den Verlader ausgerichteten Individualleistungen dominieren zunehmend den Markt. Ein typisches Beispiel ist dafür der Straßengüterverkehr, der von einem hohen Grad an Kundenindividualität bei einzelnen Prozessen gekennzeichnet ist, selbst bei gleichen oder ähnlichen Waren, für die individualisiertes Labeling oder unterschiedliche Verpackungsarten von Sendungen durch Versender verlangt werden.

Heterogene Leistungsangebote

Die individuellen Anforderungen der Verlader führen zu einem heterogenen Leistungsangebot auf Seiten der Güterverkehrsunternehmen. Hinzu kommen die spezifischen Eigenschaften der einzelnen Sendungen, die unterschiedlich komplexe Anforderungen an die Leistungserstellung erfordern. Neben einer Differenzierung der Leistung nach Güterarten (z. B. "normale" Transporte vs. Gefahrguttransporte oder Transporte lebender Tiere), ist eine Unterscheidung nach Einheitsart des Guts (Stück vs. Massengut), nach Transportkonditionen (temperaturgeführt oder nicht), oder dem Aggregatzustand der Güter (flüssig, gasförmig oder fest) notwendig. Hinzu kommt die Frage der Transportorganisation, ob diese als Chartertransport oder im Rahmen eines Linienverkehres erfolgt. Besonders deutlich wird die Vielfältigkeit der Gestaltung der Güterverkehrsleistung in der Luftfracht. Hier wird z. B. nicht nur zwischen einer Transportabwicklung in Vollfrachtern oder als Beifracht im Bauch von Passagierflugzeugen unterschieden, sondern die Frachtprodukte unterscheiden sich auch nach der Laufzeit, sodass Luftfrachtakteure Standardlaufzeiten und Expresslaufzeiten für besonders zeitkritische Waren anbieten.

Dominanz von Leistungsbereitschaftskosten

Güterverkehrsleistungen erfordern verschiedene Arten von Ressourcen wie Fahrzeuge, Anlagen und Personal (Assets). Diese Ressourcen verursachen Kosten, die von der Ressourcenmenge (Anzahl an Fahrzeugen, Festangestellten etc.) und deren Preisen (Gehälter oder Betriebskosten) abhängen. Wie bereits erwähnt, orientiert sich die Kapazitätsbereitstellung im Güterverkehr auf Grund des langen Zeitvorlaufs ihrer Erstellung oft an der maximal erwarteten Nachfrage. Diese hohen Bereitschaftskosten fallen unabhängig von der tatsächlichen Nachfrage nach Güterverkehrsleistungen an.

Der Anteil an Fixkosten von Güterverkehrsdienstleistern ist deshalb oft sehr hoch und stellt eine große Belastung für die Unternehmen dar. Gleichzeitig ist, auf Grund der unbekannten zukünftigen Nachfrage, eine Zuordnung von Gemeinkosten zu Leistungen nur schwierig, da die Zielmenge für die Umlage unbekannt ist.

Um eine Verringerung der Fixkosten zu erreichen, können Güterverkehrsdienstleister zum einen ihre Leistungstiefe verringern, oder den Anteil der Fremdvergabe von Teil- oder Vorleistungen ihres Leistungsportfolios erhöhen. Digitalisierung ermöglicht und unterstützt eine solche Fremdvergabe, bis hin zur vollständigen Steuerung der Güterverkehrsleistungen durch einen Logistikpartner, der in die eigentliche Erbringung der Güterverkehrsleistung nicht mehr involviert ist. In diesem Fall der vollständigen Fremdvergabe spricht man auch von Logistics as a Service (LaaS) oder einem Fourth Party Logistics Provider (4PL). Die Fixkosten dieser LaaS Anbieter liegen dann ausschließlich bei ihren IT-Kosten und den Löhnen ihrer festangestellten Mitarbeiterinnen und Mitarbeitern. Gleichzeitig sind diese Serviceanbieter aber auch darauf angewiesen, die eigentlichen Güterverkehrsdienstleistung im Markt ankaufen zu können. In Zeiten knapper Angebote ist diese Verfügbarkeit nicht immer gegeben. Die Variabilisierung der Kosten durch Fremdeinkauf und eine Vergabe von Transportkapazitäten hat somit sowohl einen Einfluss auf das Preis- als auch auf das Kapazitätsmanagement.

Ein Beispiel für einen anderen Ansatz des Umgangs mit der Problematik hoher Fixkosten liefert der kombinierte Verkehr auf Straße und Schiene. Kombi-Operateure betreiben einzelne Transportrelationen in der Regel mehrfach wöchentlich, um Kunden eine hohe Frequenz an Verbindungen zu bieten und somit eine hohe Nutzung der Infrastruktur zu erreichen. Kurzfristig ist dabei die angebotene Zugkapazität weitgehend stabil, und durch eine hohe Auslastung können die Fixkosten auf eine hohe Anzahl erbrachter Güterverkehrsleistungen umgelegt werden. Da der Aufbau neuer Linien kostenintensiv ist, wird die Infrastruktur erst ausgebaut, wenn eine hohe Kundennachfrage auf der entsprechenden Relation sichergestellt ist.

Schwankende Nachfrage

Nachfragen nach Güterverkehrsleistungen sind starken Schwankungen unterworfen (siehe Abbildungen in Kapitel 5.5 und 5.6). Diese Schwankungen ergeben sich aus der variierenden Nachfrage nach Realgüterflüssen der Wirtschaft, sowie aus der variierenden Nachfrage der derivativen, bzw. abgeleiteten Nachfrage.

Es ist deshalb wesentlich für Güterverkehrsunternehmen, den Markt zu beobachten und mögliche Entwicklungen externer Faktoren in die fortlaufende Analyse sowie das Risikomanagement der Unternehmung mit einzubauen. Im Bereich der Strategieentwicklung muss entschieden werden, an welchem Bedarf die Kapazitäten der Unternehmung ausgerichtet werden sollen. Eine Orientierung am Spitzenbedarf kann zu Leerkosten bei nachfrageschwachen Zeiten führen; eine Orientierung an eher nachfrageschwachen Zeiten kann zu Unterkapazitäten und verpassten Marktchancen führen.

Ein zumindest partielles Outsourcing von Teilkapazitäten an Unterauftragnehmer kann hier zu mehr Flexibilität führen, sorgt aber gleichzeitig für Abhängigkeit von diesen Unterauftragnehmern.

Ein guter Indikator für Schwankungen in der Güterverkehrsnachfrage ist der Containerumschlag in Häfen. Da über 90 % des internationalen Warenverkehrs per Hochseeschifffahrt und mit Containern abgewickelt wird, ist der Containerumschlag in den Häfen ein wichtiger Indikator des Welthandels. Saisonale und konjunkturelle Schwankungen lassen sich gut aus der Entwicklung der Containerumschlagszahlen ableiten. Referenz auf den RWI/ISL-Containerumschlag-Index zum weltweiten Containerumschlag (vgl. RWI/ISL-Containerumschlag-Index, 2023).

Abhängigkeit von exogenen Rahmenbedingungen

Eine wesentliche Rolle im Zusammenspiel von Markt, Politik und Unternehmensstrategie von Güterverkehrsdienstleistern spielen exogene Rahmenbedingungen. Insbesondere staatliche Fördermaßnahmen, wie z. B. Subventionen für eine Umstellung auf umweltfreundlichere Technologien, und Abgaben, wie z. B. Strafgebühren für das Nicht-Einhalten von Arbeitszeitlimiten bei Lkw-Fahrern, beeinflussen die Erstellung von Güterverkehrsleistungen. So sorgt z. B. die Internalisierung externer Kosten in Form einer Maut für eine relative Attraktivitätsverschiebung. Wurde bis anhin im Bahnverkehr die Infrastruktur den Nutzern mit belastet, kann durch die Einführung der Maut ein Ausgleich der Kosten der anteiligen Infrastrukturnutzung erreicht werden. Schienengüterverkehr wird so attraktiver im Verhältnis zum Straßenverkehr.

Gleichzeitig kann eine positive Steuerung erfolgen. Werden die Einnahmen aus der Steuerung gleichzeitig auch in Form von Förderungen für die Steuerung eingesetzt, spricht man von "insetting", dass eine weitere Verstärkung der Steuerung ermöglicht.

Das Beispiel der Bemühungen um einen Modal Shift von der Straße auf die Schiene im EU-Raum verdeutlicht das: Auf europäischer Ebene wird aus ökologischen Erwägungen angestrebt, den Anteil des Schienengüterverkehrs an der Transportleistung deutlich zu steigern. Um die relative Attraktivität der Schiene zu steigern und damit den Modal Shift zugunsten der Schiene zu stützen, wird erwogen, Einnahmen aus Steuererhöhungen des konkurrierenden Straßengüterverkehrs zur Finanzierung von Förderungsmaßnahmen des Schienenverkehrs zu verwenden. So soll die in Deutschland für Anfang 2024 beschlossene Mauterhöhung indirekt die Schiene bevorteilen, da zum einen durch die steigenden Kosten des Straßengüterverkehr dieser unattraktiver macht. Gleichzeitig sollen die Gelder aus der Maut für Bahnprojekte eingesetzt werden, um einem ökologisch nachhaltigeren Güterverkehr in Europa zu stärken (Best et al., 2007).

Insgesamt lassen sich die güterverkehrsspezifischen und dienstleistungsspezifischen Eigenschaften, die einen Einfluss auf Güterverkehrsleistungen haben, wie in Abbildung 1.6.2 zusammenfassen:

Auf Grund ihrer spezifischen Eigenschaften für Güterverkehrsleistungen werden die Faktoren Wetterabhängigkeit und Saisonalität im Folgenden genauer betrachtet:

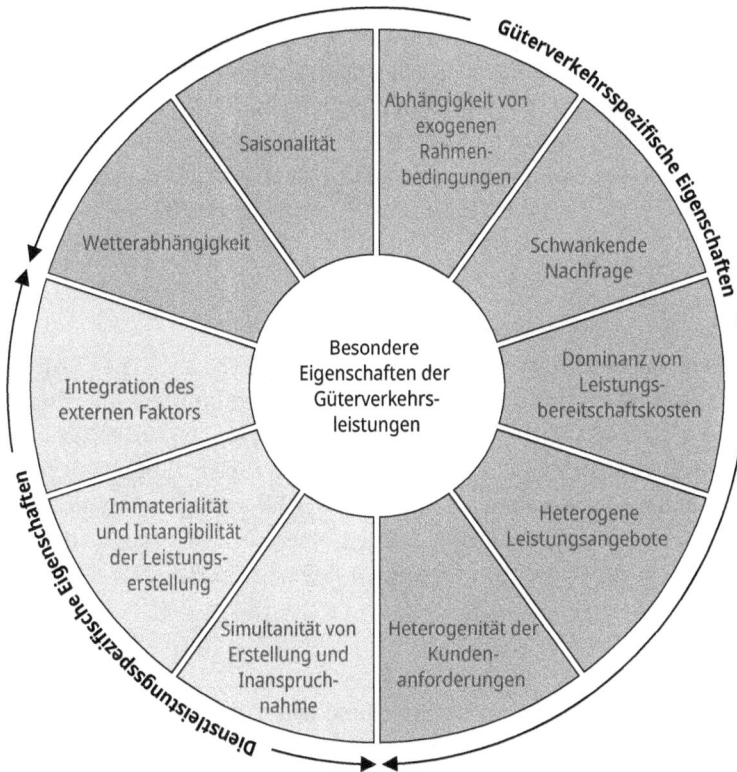

Abbildung 1.6.2: Eigenschaften von Güterverkehrsleistungen getrennt nach Dienstleistungs- und Güterverkehrsspezifika.

Wetterabhängigkeit

Wetterbedingungen verändern bzw. erschweren die Erstellung der Güterverkehrsleistung. Im Straßentransport kann schlechtes Wetter in Form von Regen, Schnee oder Sturm zu schlechten Straßenbedingungen und folglich Verzögerungen bei der Leistungserstellung führen. In der Luftfracht kann es durch Wetterextreme wie Starkwind, vereiste Start- und Landebahnen zu Ausfällen von Flügen kommen, und damit auch zu Ausfällen im Prozess der Leistungserstellung. In der Seefahrt führen Extremwetterkonditionen zu Verlust von Frachtstücken bis hin zum Verlust ganzer Schiffe. Weitere Probleme, die sich aus Wetterextremen ergeben, sind Hitze bei Kühltransporten und dem Transport von Lebensmitteln. Insgesamt führen Extremwetterlagen dazu, dass die Qualität von Güterverkehrsleistungen reduziert wird und oft sogar die Erbringung der Leistung unmöglich wird. Die Folge sind dramatische Kostenanstiege für die Güterverkehrsdienstleister, auch durch die aufgrund der Zunahme der Extremwetterlagen bedingten steigenden Versicherungskosten für die Unternehmen und ihre Transporte. Durch den Klimawandel ist eine weitere Zunahme der Häufigkeit und Intensität von Extremwetterlagen zu erwarten.

Neben den Unterbrechungen der Transportketten ist es wesentlich, dass Maßnahmen zur Sicherung erträglicher Arbeitsplatzkonditionen getroffen werden. Insbesondere Lagerhallen, die häufig unzureichend bis gar nicht isoliert sind, heizen bei steigenden Temperaturen auf und machen akzeptable Arbeitskonditionen unmöglich. Aber auch der Arbeitsort "Fahrzeug" muss an die sich ändernden Wetterbedingungen adaptiert werden.

Saisonalität der Nachfrage und des Angebots

Saisonalität der Nachfrage beschreibt wiederkehrende, rhythmisch-variierende Bedürfnisse der Nachfrageseite. Diese sind z. B. in der Baubranche und im Bereich landwirtschaftlicher Produkte zu beobachten. So zeigen Luftfrachtimporte typische saisonale Verläufe, mit erheblichen Ausschlägen nach oben und unten (Keller, 2010). Einige Gemüsearten werden in den Sommermonaten innerhalb der EU erzeugt, während diese in Wintermonaten aus aller Welt importiert werden. Aber auch im Straßenverkehr sind diese Schwankungen zu beobachten, wo z. B. im Frühjahr Obst aus Spanien nach ganz Europa transportiert wird.

1.6.3 Ausgewählte Einflussfaktoren auf die Erstellung von Güterverkehrsleistungen

Nicht nur einzelne Markakteure stehen miteinander im Wettbewerb, gleiches gilt auch für ganze Transportketten von der Quelle bis zur Senke. So ist der Straßengüterverkehr häufig ein Substitut für den kombinierten Verkehr. Gleichzeitig stehen innerhalb von Transportketten für die einzelnen Abschnitte der Kette sowohl die Marktakteure selbst als auch die Transportmodi miteinander in Konkurrenz: Im Hauptlauf eines kombinierten Verkehrs kann es sein, dass sowohl der Schienentransport als auch die Binnenschifffahrt als Möglichkeit für den gleichen Streckenabschnitt in Frage kommen (siehe Abbildung 1.6.3). Es sind aber nicht nur die geografischen und topografische Rahmenbedingungen, die einen Einfluss auf die Transportmoduswahl haben. Die Wettbewerbsfähigkeit eines Verkehrsträgers ist maßgeblich durch Faktoren wie Laufzeit, Verfügbarkeit, Zuverlässigkeit und Kosten bestimmt. Politik und Steuerungsmaßnahmen in Form von Abgaben und Subventionen haben durch die Auswirkungen auf Kosten, Kostenstrukturen und Verfügbarkeit eine zentrale Rolle. Die hohen Investitionen in die Infrastruktur Straße bei gleichzeitig fehlender Internalisierung externer Kosten über die letzten Jahrzehnte hat die Verwendung von Straßenverkehr mit begünstigt. Die Flexibilität dieses Modus trägt ebenfalls zu seiner Attraktivität bei. Ein internationaler Vergleich zeigt aber auch, dass dort, wo Schienenverkehre ähnlich gestützt wurden wie der Straßenverkehr, die Bahn deutlich wettbewerbsfähiger ist.

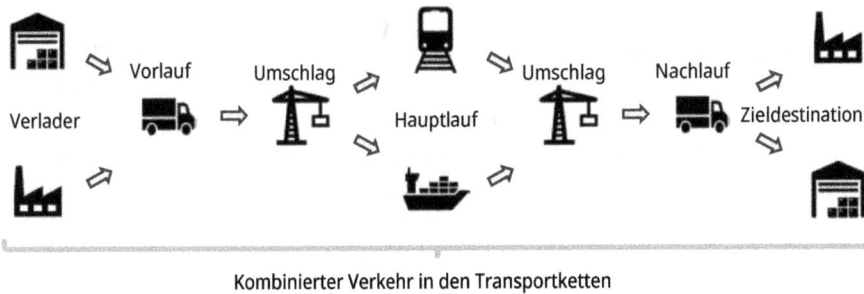

Kombinierter Verkehr in den Transportketten

Abbildung 1.6.3: Transportmodi im Wettbewerb am Beispiel eines kombinierten Verkehrs.

Die Erstellung von Güterverkehrsleistungen erfolgt im Zusammenspiel der involvierten Akteure, unter dem Einfluss exogener Faktoren. Wesentliche Faktoren sind dabei die Politik, die den Rahmen für den Güterverkehr gestaltet, die Digitalisierung, sowie der Klimawandel (siehe auch Kapitel 1.4).

Politik
Die Politik steuert die Entwicklung der Infrastruktur durch entsprechende Finanzierungen, und die Nutzung durch entsprechende Regulierungen. Damit hat sie eine zentrale Rolle in der Gestaltung von Güterverkehrsleistungen (vgl. Kapitel 5.2). Durch den Bau von Wasserwegen, Schienen, Straße, Flughäfen oder Pipelines werden geographisch und topographische Rahmenbedingungen übersteuert. Es werden Möglichkeiten für Güterverkehrsleistungen geschaffen, und deren Ausgestaltung maßgeblich mitgestaltet. Der Ausbau von Infrastruktur entscheidet in ganz wesentlicher Form mit darüber, wie effizient und zuverlässig Güterverkehrsleistungen erbracht werden können. Infrastrukturengpässen und -mängel beeinträchtigen die Leistungsfähigkeit und Effizienz eines Transportmodus. Fehlende fortlaufende Instandhaltungsarbeiten führen dann zu einem Investitionsrückstau, der Unterbrechungen der Verkehrsflüsse zufolge hat (z. B. Sanierungsstau Autobahnbrücken und Bahninfrastruktur in Deutschland).

Die Bereitstellung von Finanzmitteln für Infrastruktur und Subventionen ist ein starkes Steuerungsmittel und wirkt sich auf Verkehrsangebot und -nachfrage aus. Durch die Investitionen wird der eine oder andere Transportmodus wettbewerbsfähiger, weil er effizienter werden kann, mehr Verbindungen anbieten kann, oder durch Subventionen günstiger werden kann – absolut oder im Verhältnis zu anderen Modi. Ein Beispiel für den gezielten Einsatz dieser Steuerungsmöglichkeit ist die aktuelle Förderung von Binnenschifffahrt und Schienenverkehren in der EU, nach Jahrzehnten der Förderung des Straßenverkehrs, um so eine Verlagerung hin zu diesen Verkehrsträgern, die aktuell als nachhaltiger als die Straße einzustufen sind, zu erreichen.

Regulierungen, die Ausgestaltung eines übergeordneten Rahmens für die Marktakteure, spielen ebenfalls eine wichtige Rolle, da sie insbesondere die Nutzung der Infrastruktur steuern. Sie sind von hoher Bedeutung für die politische Stabilität und damit die Strategieausrichtung, Planung und laufenden Tätigkeiten der Marktakteure. Diese benötigen für die Entwicklung langfristiger Geschäftsstrategien und Planungen stabile Märkte. Transparenz über die Aktionen der politischen Akteure sind daher wichtig, denn häufig werden nur dann Investitionen in die Erstellung von Güterverkehrsleistungen getätigt, wenn Märkte als politisch stabil und verlässlich wahrgenommen werden. Gleichzeitig haben politische und marktwirtschaftliche Unsicherheit häufig volatile wirtschaftliche Entwicklungen zufolge, die sich nachteilig auf die Wirtschaft und infolge dazu auf die Güterverkehrsnachfrage auswirken.

Klimawandel

Durch vegetative Prozesse gelangen Jahr für Jahr erhebliche Mengen an Treibhausgasemissionen in die Atmosphäre, beispielsweise durch Altholzverrottung oder Vulkanausbrüche, etwa 800 Gigatonnen jährlich (Intergovernmental Panel on Climate Change, 2023). Der globale Kohlenstoffkreislauf wäre ohne den menschlichen Einfluss weitgehend im Gleichgewicht, da durch die Einspeicherung von Treibhausgasemissionen in den Weltmeeren oder auch durch die Einspeicherung von Kohlenstoff als Biomasse in Wäldern auf der anderen Seite in etwa so viele Treibhausgasemissionen wieder gebunden werden (siehe Abbildung 1.6.4). Die weltweiten anthropogenen Treibhausgasemissionen steigen aber seit Beginn der Industrialisierung, und seit den 60er Jahren in exponentieller Form. Allein im Jahr 2022 nahmen sie um 0,9 % zu und erreichten damit einen neuen Höchststand von total 36,8 Gigatonnen (International Energy Agency, 2023). An den 36,8 Gigatonnen hat der globale Verkehrssektor mit einem Ausstoß von 8.0 Gigatonnen einen Anteil von 21,9 %. Damit liegt der Anteil der anthropogenen Treibhausgasemissionen zwar insgesamt "nur" bei rund 4 % aller Treibhausgasemissionen. Jedoch ist eben dieser anthropogene Beitrag besonders bedeutsam, da er den natürlichen Kohlenstoffdioxidkreislauf aus dem Geleichgewicht bringt und durch die zusätzliche Freisetzung von Kohlenstoffdioxid in die Atmosphäre zu einer Erhöhung der CO_2-Konzentration in der Atmosphäre beiträgt. So hat sich die CO_2-Konzentration in der Atmosphäre seit der vorindustriellen Zeit um 1850 von 0,03 % auf heute etwa 0,04 % erhöht – mit weiter ansteigender Tendenz.

Betrachtet man die EU, so ist der Verkehr der einzige Sektor, in dem die Treibhausgasemissionen in den letzten drei Jahrzehnten zugenommen haben: zwischen 1990 und 2019 um insgesamt 25 % (siehe Abbildung 1.6.5) (Statistisches Bundesamt, 2023). In einigen Industrienationen wie der Schweiz hat der Verkehrssektor mit gut 30 % im Referenzjahr 2021 aller CO_2-Emissionen einen besonders hohen Anteil, obwohl der Trend rückläufig ist: Seit dem Einbruch der Weltwirtschaftskrise 2008 zeigt der Trend bei den verkehrsbedingten CO_2-Emissionen in der Schweiz nach unten (Bundesamt für Umwelt BAFU, 2023).

Die große Herausforderung, die es im Rahmen des Güterverkehrs zu bewältigen gilt, ist, dass bis 2050 mit mehr als einer Verdoppelung der aktuellen Frachttransportvolumina zur rechnen ist. Gleichzeitig ist es notwendig, bis 2050 die CO_2-Emission um

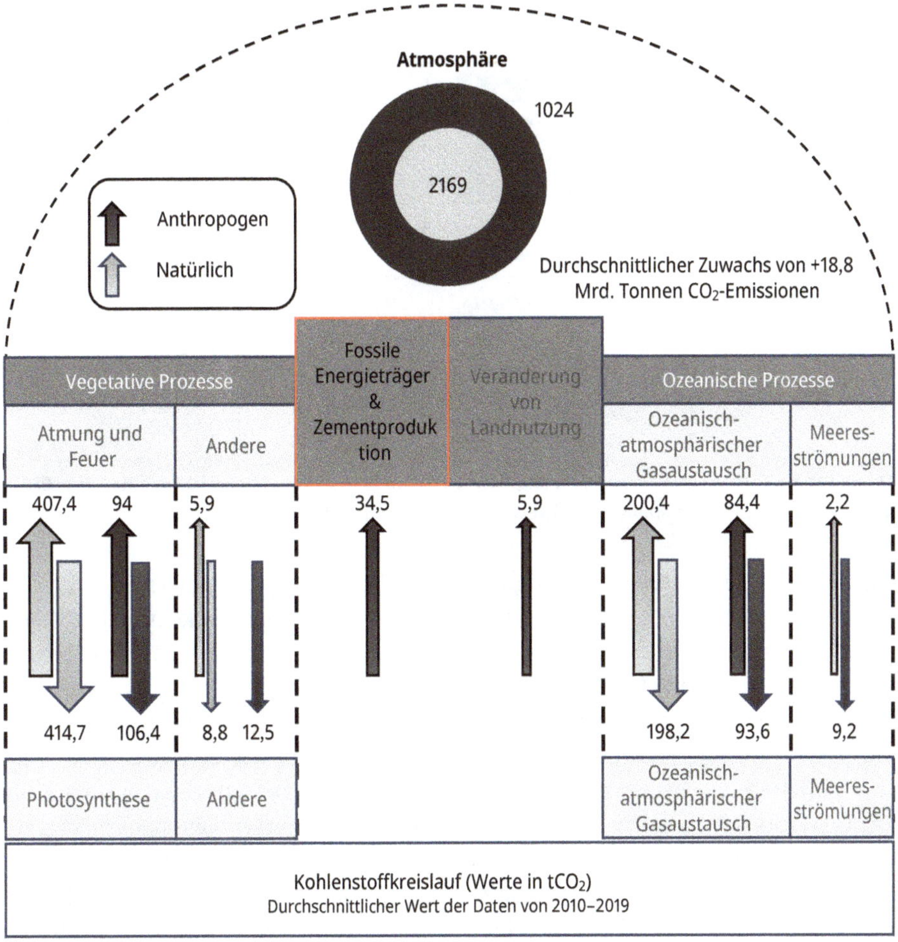

Atmosphäre

1024

2169

Anthropogen

Natürlich

Durchschnittlicher Zuwachs von +18,8 Mrd. Tonnen CO_2-Emissionen

Vegetative Prozesse		Fossile Energieträger & Zementproduktion	Veränderung von Landnutzung	Ozeanische Prozesse	
Atmung und Feuer	Andere			Ozeanisch-atmosphärischer Gasaustausch	Meeres-strömungen
407,4	94	5,9	34,5	5,9	200,4	84,4	2,2
414,7	106,4	8,8	12,5			198,2	93,6	9,2
Photosynthese	Andere			Ozeanisch-atmosphärischer Gasaustausch	Meeres-strömungen

Kohlenstoffkreislauf (Werte in tCO_2)
Durchschnittlicher Wert der Daten von 2010–2019

Abbildung 1.6.4: Kohlenstoffkreislauf (in Anlehnung an Intergovernmental Panel on Climate Change, 2023).

80 % gegenüber den Werten von 2020 zu reduzieren, um das Klimaziel einer Erwärmung um maximal 1,5°C zu erreichen (vgl. ITF, 2023).

Vergleicht man die Verkehrsträger, fällt auf, dass der Straßenverkehr in Europa mit einem Anteil von 71,7 %, bezogen auf das Referenzjahr 2019, der größte Treibhausgasemittent im Verkehrssektor ist, gefolgt, von der Schifffahrt (14,0 %) und der Luftfahrt (13,4 %), während die Schiene mit 0,4 % daran nur einen sehr geringen Anteil hat (vgl. Statistisches Bundesamt, 2023). Schaut man nur auf den Straßenverkehr ist zu differenzieren, dass Personenkraftwagen mit 60,6 % gegenüber dem Güterschwerlastverkehr (27,1 %) und leichten Nutzfahrzeugen (11,0 %) den größten Anteil haben.

Kohlenstoffdioxidausstoss in der EU-27
Verbrennung von Brennstoffen in ausgewählten Sektoren, Index 1990 = 100

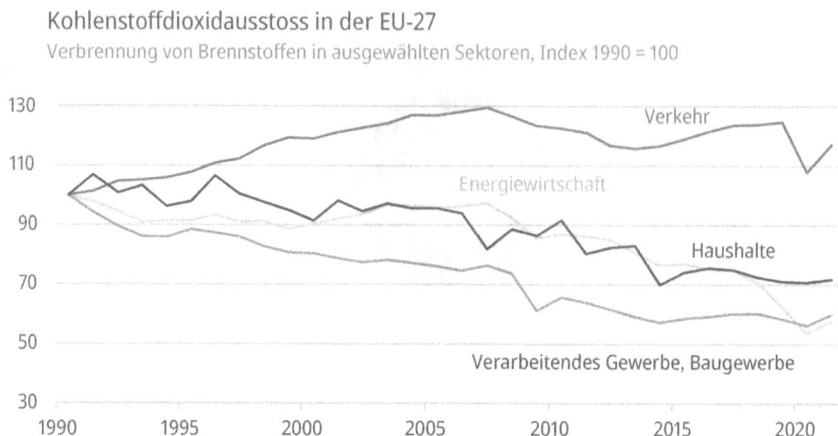

Abbildung 1.6.5: Indexierte Entwicklung des Kohlenstoffdioxidausstoßes in der EU-27 von 1990 bis 2020 (Eigene Darstellung in Anlehnung an Statistisches Bundesamt, 2023).

Eine Lenkung des Güterverkehrs hin zu nachhaltigen Transportlösungen ist ein politisches Anliegen in der EU. Damit einhergehend rückt der Schienenverkehr in den öffentlichen Fokus. Lenkungswirkungen erfolgen zum einen über die Subventionierung nachhaltiger Güterverkehrslösungen, wie Schienen- und Binnenschifffahrtsverkehren, sowie emissionsreduzierter Fahrzeuge. Andererseits erfolgt die Steuerung über erhöhte Abgaben für weniger nachhaltige Verkehrslösungen, z. B. in Form Mautgebühren.

Teilweise nur schwer abzuschätzen sind die Langzeitfolgen des Klimawandels für den Güterverkehr. Da weite Teile der Erde unbewohnbar werden könnten, ist auch zukünftig mit massiven Migrationsströmen zu rechnen. Im Zuge des Abschmelzens der Polkappen rückt das Szenario einer transarktischen Schifffahrt immer näher, wodurch neue Herausforderungen entstehen: Führt eine potenzielle Ablagerung von transportbedingten Rußpartikeln an den Polen dazu, dass die Sonneneinstrahlung weniger stark reflektiert und somit das Abschmelzen der Pole sogar gefördert wird? Dies könnte in der Folge den Anstieg der Meeresspiegel fördern, mit Folgen für die aktuellen Häfen und der Seeverkehrsinfrastruktur. Bei fortschreitendem Klimawandel als Folge des Nicht-Erreichens des 1,5°C Klimaziels ist somit sowohl auf der Angebots- als auch auf der Nachfrageseite mit erheblichen Auswirkungen auf aktuelle Güterverkehrsströme und -lösungen zu rechnen (Brasseur, Jacob & Schuck-Zöller, 2017).

Digitalisierung
Digitalisierung wirkt vielschichtig, sowohl innerhalb der Wertschöpfungskette von Unternehmen, und damit auch Güterverkehrsdienstleistern, als auch als externer Einflussfaktor für Güterverkehrsleistungen und deren Erbringer.

Erfolgreiche Digitalisierung kann, durch eine Echtzeitauswertung großer Datenmengen, Transparenz in die Nutzung und Verfügbarkeit von Lieferketten und Transportnetzen bringen. Damit ist eine Effizienzsteigerung des Transportsystems insgesamt ermöglicht. Leefahrten können besser reduziert werden, Frachtbörsen können die Zusammenarbeit zwischen den verschiedenen Akteuren optimieren, Kommunikationswege können verkürzt werden. Digitalisierung ermöglicht echtzeitbasierte Routenoptimierungen und Konzepte wie das Physical Internet, dass die Anwendung ad-hoc optimierter Routensteuerungen für Güterverkehre anstrebt, die dadurch effizienter und nachhaltiger werden sollen (vgl. Montreuil, 2011)

Digitalisierung von Güterverkehrsleistungen ermöglicht die vollständige Abtrennung der Steuerung von Güterverkehrsleistungen von deren Erbringung. Die Digitalisierung von Frachtpapieren hat bereits eine Trennung des Flusses der Frachtdokumente vom Güterfluss ermöglicht (vgl. Ehrler, 2011). Im Bereich der Fahrzeugbewegungen, ermöglicht die Digitalisierung den Einsatz autonomer Fahrzeuge und im Bereich der Steuerung von Lieferketten, die Einführung von Logistics as a Service.

Damit verändert sich der Arbeitsplatz der Güterverkehrsleistungen vollständig. Es werden neue Ausbildungskonzepte notwendig, gleichzeitig wird in vielen Bereichen eine Unabhängigkeit von Mitarbeitenden möglich. So erhofft sich die Branche, dass Lkw-Fahrerinnen und -Fahrer ersetzt werden können, Piloten- und Kapitänspositionen im Flugverkehr und in der Binnenschifffahrt durch digitale Lösungen und auch im Seeverkehr, wodurch Arbeitskräftemangel in diesen Stellen gelöst werden.

Auswirkungen und Potenziale der digitalen Transformation im Güterverkehr werden in den Kapiteln 5.7 und 5.8 vertieft.

1.6.4 Zusammenfassung

Güterverkehrsdienstleistungen sind das Ergebnis komplexer Kooperationen in einem dynamischen Umfeld. Ihre Infrastrukturen und Rahmenbedingungen sind oftmals über mehrere Jahrzehnte hinweg gestaltet worden. Da sich die exogenen Einflussfaktoren auf Güterverkehrsdienstleistungen und Güterverkehrsdienstleister fortlaufend wandeln, ist auch ein Wandel der Leistungen und ihrer Anbieter selbst notwendig. Die Rolle der Politik ist es dabei, den Rahmen so zu gestalten, dass eine stabile, ökonomisch, ökologisch und sozial nachhaltige Entwicklung möglich ist.

Klimawandel und Digitalisierung zählen so, neben demographischem Wandel und Urbanisierung, mit zu den wichtigsten Einflussfaktoren, die es gilt, in zukünftigen Entwicklungen von Güterverkehrsleistungen zu berücksichtigen. Für Güterverkehrsdienstleister ist es wesentlich, ihre Agilität zu maximieren, um so ihre Resilienz in diesem dynamischen Umfeld bestmöglich zu sichern, denn von einer Zunahme an Disruptionen ist auszugehen. Megatrends bringen neben Herausforderungen auch Chancen mit sich. Die Digitalisierung ermöglichen Echtzeitanalysen, die Simulation möglicher zukünftiger Trends und das Erkennen von Entwicklungen der Einflussfaktoren in Bezug auf Güterverkehrsdienstleistungen. Sie sind so ein wichtiger Bestandteil von Frühwarnsystemen.

Literaturverzeichnis

Best, A., Görlach, B., Van Essen, H., Schrotten, A., Becker, U. & Gerike, R. (2007). *Die Subventionierung des Verkehrs in Europa: Umfang, Struktur und Verteilung*. Europäische Umweltagentur.

Brasseur, G. P., Jacob, D. & Schuck-Zöller, S. (2017). *Klimawandel in Deutschland. Entwicklung, Folgen, Risiken und Perspektiven*. Berlin, Heidelberg: Springer Spektrum.

Bundesamt für Umwelt [BAFU] (2023). *Treibhausgasemissionen des Verkehrs*. Abgerufen am 07.07.2023 unter https://www.bafu.admin.ch/bafu/de/home/themen/klima/zustand/daten/treibhausgasinventar/verkehr.html

Corsten, H. & Gössinger, R. (2015). *Dienstleistungsmanagement* (6. Aufl.). München: De Gruyter Oldenbourg.

Ehrler, V. (2011). *Taking off: Does Electronic Documentation Make Air Cargo Fly High Again; A systemic appraoch to understanding the complex dynamics of the air cargo system*. Berlin: Huss Verlag.

Häberle, L. & Stölzle, W. (2020). *Luftfrachtlogistik-Studie Schweiz 2020: Fakten – Anforderungen – Trends*. Göttingen: Cuvillier Verlag.

Intergovernmental Panel on Climate Change (IPCC) (2023). Global Carbon and Other Biogeochemical Cycles and Feedbacks. In *Climate Change 2021 – The Physical Science Basis: Working Group I Contribution to the Sixth Assessment Report of the Intergovernmental Panel on Climate Change* (S. 673–816). Cambridge: Cambridge University Press. https://doi.org/10.1017/9781009157896.007

International Energy Agency (2023, März). *CO_2 Emissions in 2022*. Abgerufen am 07.07.2023 unter https://iea.blob.core.windows.net/assets/3c8fa115-35c4-4474-b237-1b00424c8844/CO2Emissionsin2022.pdf

ITF (2023). *ITF Transport Outlook 2023. Paris*: OECD Publishing. Abgerufen am 07.07.2023 unter https://doi.org/10.1787/b6cc9ad5-en

Keller, M. (2010). *Flugimporte von Lebensmitteln und Blumen nach Deutschland: Eine Untersuchung im Auftrag der Verbraucherzentralen. Verbraucherzentralen im Rahmen der Gemeinschaftsaktion Nachhaltige Ernährung*. Abgerufen am 07.07.2023 unter https://www.ichbindannmalimgarten.de/wp-content/uploads/2017/02/Flugimporte-von-Lebensmitteln-und-Blumen-nach-Deutschland_2010.pdf

Merkert, R. (2023). Air Cargo and Supply Chain Management. In J. Sarkis (Hrsg.), T*he Palgrave Handbook of Supply Chain Management* (S. 135–149). Cham: Palgrave Macmillan.

Montreuil, B. (2011). Toward a Physical Internet: meeting the global logistics sustainability grand challenge. *Logistics Research. 3*(2), 71–87. https://doi.org/10.1007/s12159-011-0045-x

Psaraftis, H. & Kontovas, C. (2015). Slow Steaming in Maritime Transportation: Fundamentals, Trade-offs, and Decision Models. In CY. Lee & Q. Meng (Hrsg.), *Handbook of Ocean Container Transport Logistics* (S. 315–358). Cham: Springer.

RWI/ISL-Containerumschlag-Index (2023). RWI Essen. Abgerufen am 07.07.2023 unter https://www.rwi-essen.de/containerindex

Statistisches Bundesamt (2023). *Kohlendioxidemissionen im Verkehr gegenüber 1990 gestiegen*. Abgerufen am 07.07.2023 unter https://www.destatis.de/Europa/DE/Thema/Umwelt-Energie/CO2_Sektoren.html

2 Güterverkehrsunternehmen

2.1 Merkmale und Charakteristika

Christian Kille

Güterverkehrsunternehmen sind als ausführende Akteure zwar abhängig von Transportaufträgen seitens der Verlader bzw. anderen Logistikdienstleistern, sie spielen jedoch operativ die wichtigste Rolle beim Gütertransport. Damit der Güterverkehrsmarkt mit seinen Unternehmen den unterschiedlichsten Anforderungen seitens der Auftraggeber an den Transport hinsichtlich Qualität, Kosten und Leistung gerecht werden kann, existieren zahlreiche Arten von Unternehmen. Es kann also nicht davon gesprochen werden, dass die über 60.000 Unternehmen (Destatis, 2022) ähnliche Merkmale und Charakteristika aufweisen. Aus diesem Grund wird in diesem Kapitel eine Morphologie mit Differenzierungskriterien und deren Ausprägungen entwickelt, um Güterverkehrsunternehmen hinreichend beschreiben zu können.

2.1.1 Eigenschaften von Güterverkehrsunternehmen als Morphologie

Um Güterverkehrsunternehmen miteinander vergleichen zu können, bietet sich eine adäquate Liste an Kriterien mit Ausprägungen an. Dabei ist es wichtig, die Balance zwischen „zu grob" und „zu detailliert" zu wahren. Die Heterogenität der Güterverkehrsunternehmen und deren Eigenschaften lässt sich bereits an der Produktvielfalt erkennen (Objekteigenschaften). Um eine Einsortierung von Unternehmen im Güterverkehr zu erreichen, die auf der einen Seite die Heterogenität widerspiegelt, auf der anderen Seite eine Handhabbarkeit gewährleistet, bietet sich ein Schema an, das neben dem Objekt auch die Organisation, die Ressourcen, die Positionierung und die Trendorientierung als Eigenschaft für Unternehmen heranzieht (siehe Tabelle 2.1.1).

Die Kriteriengruppe „Organisation" beinhaltet eine grundsätzliche Aufstellung des Unternehmens hinsichtlich der Unternehmensart, des Geschäftsmodells und der geografischen Ausdehnung.

Unternehmensart

Grundsätzlich wird der Güterverkehr im operativen Bereich zwischen dem Werkverkehr und dem gewerblichen Güterverkehr unterschieden. Der gewerbliche Güterverkehr ist die „geschäftsmäßige oder entgeltliche Beförderung von Gütern mit Kraftfahrzeugen, die einschließlich Anhänger ein höheres zulässiges Gesamtge-

https://doi.org/10.1515/9783110773040-002

Tabelle 2.1.1: Kriterien und Ausprägungen zur Beschreibung von Güterverkehrsunternehmen (basierend auf Pfohl, 2021, Isermann & Lieske, 1998; Pfohl, 2018; Tyssen, 2010; Kille & Reuter, 2018); *Rohrleitungen werden aufgrund der geringen praktischen Relevanz im Güterverkehrsmarkt im Weiteren nicht mehr berücksichtigt.

Organisation	**Unternehmensart**	Werkverkehr	Gewerblicher Güterverkehr	Spedition	Digitale Vermittlung		
	Geschäftsmodell	Operativer Transport	Klassische Vermittlung	Digitale Plattform	Kooperation	Integrierter Logistikdienstleister	
	Geografische Ausdehnung	Lokal/ Regional	National	Europa	Welt		
Ressourcen	**Besitzverhältnis**	Eigene Ressourcen („asset based")	Eigene und fremde Ressourcen („asset light")	Fremde Ressourcen („no assets")			
	Eingesetztes Equipment	Standard	Spezial				
	Verkehrsträger	Straßenverkehr	Schienenverkehr	Seeschifffahrt	Luftverkehr	Binnenschifffahrt	Rohrleitung*
	Modalität	Intramodal	Intermodal				
Positionierung	**Kernkompetenz**	Relationen	Netzwerke	Systeme	Leistungspakete		
	Kontakt zum versendenden Unternehmen	Direkt	Indirekt	Digital			

Objekt	Größe	Paket	Stückgut	Teilladungsverkehr	Komplettladungsverkehr	Massengut
	Art	Lose (gasförmig, flüssig …)	Verpackt	Sensibel	Sperrig (Schwergut)	
Trendorientierung	Nachhaltigkeit	First Mover	Aktiv	Passiv		
	Technische Innovation	First Mover	Aktiv	Passiv		

wicht als 3,5 Tonnen (t) haben".[1] Wiederum „Werkverkehr ist Güterkraftverkehr für eigene Zwecke eines Unternehmens",[2] bei dem grundsätzlich die beförderten Güter Eigentum des Unternehmens sein und die Transporte mit eigenen Ressourcen durchgeführt werden müssen.[3]

Eine Spedition ist dafür verantwortlich, „die Versendung eines Gutes zu besorgen",[4] was über einen Speditionsvertrag vereinbart wird. Dieser umfasst „die Bestimmung des Beförderungsmittels und des Beförderungsweges, die Auswahl ausführender Unternehmer [Frachtführer][5], den Abschluss der für die Versendung erforderlichen Fracht-, Lager- und Speditionsverträge sowie die Erteilung von Informationen und Weisungen an die ausführenden Unternehmer und die Sicherung von Schadensersatzansprüchen des Versenders".[6] Eine Spedition kann damit als Vermittler zwischen Transportnachfrage und -angebot angesehen werden. In der Praxis agieren Speditionen teilweise auch im Selbsteintritt mit eigenem Fuhrpark und Fahrpersonal, wodurch sie zusätzlich als Frachtführer bzw. als Unternehmen des gewerblichen Güterverkehrs tätig sind.

Eine digitale Vermittlung in Form einer Matching Plattform oder einer Digitalen Spedition bildet wiederum eine Sonderform der Spedition, die den Vermittlungsprozesses IT-technisch komplett automatisiert und ohne Eingriff von Personal abbildet (Stölzle, Schmidt, Kille, Wildhaber & Schulze, 2018). In Kapitel 2.1.2 werden die Rollen und deren Differenzierung näher beschrieben.

Geschäftsmodell

Im Güterverkehr kann grundsätzlich zwischen einem Unternehmen, das operativ den Transport durchführt, und einem Unternehmen, das administrativ den Transport vermittelt, unterschieden werden. Im Detail gibt es weitere Unterschiede, die berücksichtigt werden müssen. Aus diesem Grund werden insgesamt fünf grundsätzliche Geschäftsmodelle unterschieden (wiederum der Einfachheit wegen auch nicht mehr). Unternehmen mit Fokus auf den operativen Transport treten als ausführender Partner einer Spedition auf (siehe oben „Unternehmensart"), der für diese die Transporte durchführt. Die Spedition hat das Geschäftsmodell einer klassischen Vermittlung von Transportnachfrage der Verlader (bspw. Industrie- und Handelsunternehmen) und -angebot (Carrier bzw. Frachtführer). Diese Vermittlung kann mittlerweile auch digital auf einer Plattform abgebildet werden, sodass dies

---

1 § 1, Absatz 1 Güterkraftverkehrsgesetz (GüKG), Stand 12.7.2021.
2 § 1, Absatz 2 ebd.
3 Vgl. ebd.
4 § 453, Absatz 1 Handelsgesetzbuch (HGB), Stand 15.7.2022.
5 Ein Frachtführer ist dafür zuständig, das Gut vom Versand zum Bestimmungsort zu befördern und an den Empfänger abzuliefern. Er kann in der Regel dem gewerblichen Güterverkehr zugeordnet werden (vgl. § 407, Absatz 1, HGB).
6 § 454, Absatz 1 HGB.

eine spezielle Ausprägung der Vermittlung darstellt, da sie im Idealfall vollständig automatisch erfolgt. Eine Kooperation wiederum ist ein Zusammenschluss mehrerer Unternehmen (Frachtführer und/oder Speditionen), die darüber für ihre Kunden bspw. Lücken in ihrer geografischen Abdeckung (siehe folgend) füllen oder ihre Position im Einkauf verbessern wollen. Die meisten vorherigen Geschäftsmodelle sind fokussiert auf den Güterverkehr bzw. den Transport von Waren. Integrierte Logistikdienstleister verfügen über ein breites Spektrum an Angeboten in der Logistik, die vom Transport unter Einbezug mehrerer Verkehrsträger über Lagerhaltung bis zu administrativen und beraterische Leistungen reichen können.

Geografische Ausdehnung
Je nach Größe oder Ausrichtung des Güterverkehrsunternehmens bietet es eine Abdeckung der Durchführung bzw. Vermittlung von Transporten im lokalen bzw. regionalen, nationalen, europäischen grenzüberschreitenden oder weltweiten Bereich an. Dabei ist entsprechend der Unterscheidung nach dem Geschäftsmodell zu treffen, ob es diese Transporte selbst durchführt oder an entsprechende Partner (Frachtführer) vermittelt.

Die Kriteriengruppe „Ressource" umfasst die Besitzverhältnisse und Form des Equipments.

Besitzverhältnis
Ein Differenzierungsmerkmal ist, ob bzw. in welchem Ausmaß die Transportaufträge mit eigenen Ressourcen durchgeführt werden. Das Spektrum reicht vom hauptsächlichen Einsatz eigener Ressourcen („asset based") bis zum Einsatz ausschließlich fremder Ressourcen („no assets"). Zwischen diesen beiden Extrema liegt der Ansatz „asset light", bei dem sich das Unternehmen auf den Besitz weniger Schlüsselressourcen beschränkt.

Eingesetztes Equipment
Die Ressourcen können nach Standard- (Auflieger, Wechselbrücken, Paletten, Seefrachtcontainer etc.) und Spezial-Equipment (zum Transport von gekühlter Ware, Fertigautomobilen, Stahl-Coils etc.) unterschieden werden.

Verkehrsträger
Gemäß dem Verständnis von Güterverkehr ist ein Differenzierung nach den Verkehrsträgern Straße, Schiene, See- und Binnenschifffahrt sowie Luft zur Einsortierung von Unternehmen und deren Tätigkeiten sinnvoll. Der Verkehrsträger „Rohrleitungen" ist der Vollständigkeit in der Aufstellung in Tabelle 2.1.1 aufgenommen. Aufgrund der geringen Praxisrelevanz für den Güterverkehr wird diese Ausprägung nicht weiter mitgeführt.

Modalität

Inwieweit die für das Unternehmen relevante Verkehrsträger miteinander verbunden sind, zeigt das Kriterium der Modalität an, das zwischen intramodal (Transporte beschränkt auf einen Verkehrsträger) und intermodal (Transporte unter Einbezug mehrerer Verkehrsträger) unterscheidet.

Die Kriteriengruppe „Positionierung" zeigt auf, was das Unternehmen als Kernkompetenz definiert und wo es im Transportprozess hinsichtlich des Kontakts zum versendenden Unternehmen zu finden ist.

Kernkompetenz

Unternehmen können sich konzentrieren auf einzelne Relationen, die sie bspw. im Linienverkehr anbieten, auf den Betrieb eines Netzwerkes zur Abdeckung einer zusammenhängenden geografischen Fläche für die Abwicklung von Transporten, auf eine Systemanbieterschaft mit einem breiten Bündel an unterschiedlichen Transport- und anderen Logistikdienstleistungen oder auf das Angebot von definierten Leistungspaketen im Sinne der Kontraktlogistik (siehe Kapitel 3.3).

Kontakt zum versendenden Unternehmen

Die Position im Transportprozess definiert sich durch den Kontakt zum versendenden Unternehmen, der im traditionellen Sinne direkt oder indirekt im vertrieblichen bzw. akquisitorischen Sinne stattfinden kann. Mit dem Aufkommen der digitalen Plattformen und Geschäftsmodelle existiert eine weitere Schnittstelle in Form eines digitalen Kontakts.

Eine wichtige Kriteriengruppe stellt das „Objekt" dar, in welchem das zu befördernde Transportgut über Größe und Art definiert wird.

Größe

Die Größe des Objekts orientiert sich an der Sendung, die ein Paket bis 31,5 kg sein kann, ein Stückgut bis 2,5 Tonnen, eine Teil- bzw. Komplettladung im Umfang der Transportkapazität eines Transportmittels oder ein Massengut, für das Kapazitäten mehrerer Transportmittel benötigt wird.

Art

Daran anschließend wird das Objekt nach seiner Art unterschieden. Es kann als loses, gasförmiges, flüssiges, rieselfähiges oder pastöses Gut vorliegen, für das besonderes Equipment wie bspw. Silos oder Tanks benötigt werden. Verpackte Ware lässt sich meist in standardisiertem Equipment befördern, sofern sie nicht besonders sensibel hinsichtlich bspw. Temperatur, Feuchtigkeit, Stößen o. ä. ist. Eine weitere Ausprägung ist sperriges Gut oder Schwergut, welches aufgrund der Größe besonderes Handling bedarf.

Die letzte Kriteriengruppe „Trendorientierung" soll die strategische Ausrichtung an besonderen Entwicklungen beschreiben und umfasst die Nachhaltigkeit sowie die technische Innovationskraft. Bei beiden Aspekten wird zwischen dem „First Mover", der jeweils bei der Einführung modernen Instrumentariums und Lösungen früh partizipiert, dem aktiven Akteur, der nach der Etablierung von modernen Lösungen diese in seinem Unternehmen implementiert, und dem passiven Akteur, der erst im Falle einer besonderen Notwendigkeit bspw. seitens des Gesetzgebers oder des Kunden handelt. Diese beiden Kriterien bzw. diese Kriteriengruppe wird in den folgenden Diskussionen in den beschreibenden Tabellen nicht mitgeführt, weil sie nur unternehmensspezifisch bewertet werden können. Eine tendenzielle Aussage im Text wird getroffen.

2.1.2 Ausgewählte Arten von Güterverkehrsunternehmen

Der morphologische Kasten in Tabelle 2.1.1 wird als Basis für die Beschreibung von Gruppen an Güterverkehrsunternehmen genutzt. Jedes einzelne Unternehmen in diesen Gruppen kann spezifisch abweichend einsortiert werden. Die weiteren Diskussionen sollen damit dem Verständnis über die Anwendung des morphologischen Kastens und auch über beispielhafte Unternehmensgruppen im Güterverkehr dienen.

Frachtführer

Der Frachtführer bzw. im englischen Carrier betreibt die Verkehrsmittel wie Lkws, Züge oder Schiffe (Klaus, Krieger & Krupp, 2012) und gilt als Unternehmen des gewerblichen Güterverkehrs. Einsatzbereiche sind auf der Straße als Partner im Nah- und Regionalbereich bspw. zum Sammeln und Verteilen von Stückgutsendungen, der nationale Fernverkehr bspw. zwischen zwei Hubs oder der europaweite Fernverkehr bspw. zur Ver- und Entsorgung in Produktionsverbünden. In der Regel sind Frachtführer kleine und Kleinstunternehmen, die eigene Ressourcen betreiben. Nach BAG (2020) haben knapp zwei Drittel der im Straßengüterverkehr tätigen Unternehmen weniger als zehn Beschäftigte, gut 20 % haben nur einen Lkw. Der Anzahl nach kommt zum Großteil Standardequipment zum Einsatz (BAG, 2020). Dies spiegelt den gesamten Güterverkehr nur teilweise wider, da insbesondere bei anderen Verkehrsträgern Frachtführer mit speziellem Equipment im Einsatz sind.

Aufgrund der eingangs formulierten Definition sind Frachtführer bei allen Verkehrsträgern zu finden, wenngleich die Straße zahlenmäßig deutlich dominiert. Diese operativ arbeitenden Klein- und Kleinstunternehmen können aufgrund ihrer Größe Transporte auf definierten (zumindest örtlich, teilweise als Linienverkehre auch zeitlich) oder frei vereinbarten Relationen (Trampverkehre) anbieten. Der Trend zur Zentralisierung in Kombination mit einem Outsourcing administrativer Prozesse allgemein und des Transporteinkaufs speziell führte dazu, dass Frachtführer oft nur noch indirekt über ein vermittelndes Unternehmen wie eine Spedition oder eine digitale Plattform an Aufträge gelangen. Eingesetzt werden Frachtführer für den Transport jeglichen Objekts.

Generell gelten Frachtführer als passive Akteure hinsichtlich Nachhaltigkeit und technischer Innovationen. Dies liegt weniger an deren Überzeugung, sondern eher an deren geringen Margen und der Abhängigkeit von den Auftraggebern (siehe Tabelle 2.1.2).

Reederei

Nach § 476 HGB ist ein Reeder Eigentümer eines von ihm zum Erwerb durch Seefahrt betriebenen Schiffes. Die Reederei entspricht der Unternehmensform. Sie übernimmt neben der Tätigkeit eines im vorherigen Abschnitt beschriebenen Frachtführers (Betrieb des Transportmittels) auch die Akquisition von Transportaufträgen (Klaus et al., 2012). Ein Reeder tritt im gewerblichen Güterverkehr auf und bietet im Regelfall europa- und weltweite Seefrachttransporte an.[7] Es gibt immer wieder Bestrebungen, dass große Reedereien wie Maersk oder CMA-CGM ihr Kerngeschäftsfeld der Seefracht durch speditionelle und Kontraktlogistikleistungen erweitern, um die Transportkette vom Versender bis zum Empfänger komplett abbilden zu können und den direkten Kundenkontakt zu haben.

Die meisten Reedereien fokussieren auf den operativen Transport von Seefracht mit hauptsächlich eigenen Ressourcen, die in saisonalen Spitzen durch Equipment von anderen Reedereien ergänzt werden (siehe Tabelle 2.1.3). Die in der Öffentlichkeit bekannten Reedereien wie Maersk, MSC oder Hapag-Lloyd bieten den Transport von standardisierten Containern an. Containerisierte Seefracht nimmt nach Destatis (2022) rund 40 % an der Gesamtmenge in deutschen Seehäfen umgeschlagener Tonnage ein. Der Rest sind andere Stück- und Massengüter, die mit speziellem Equipment transportiert werden müssen.

Reedereien agieren der Definition entsprechend intramodal. Grundsätzlich verkehren die Frachtschiffe auf Relationen, die bei größeren Containerreedereien bereits zu Netzwerken ausgebaut wurden. Insbesondere diese Unternehmen sind auch aktiv im Bereich der technischen Innovationen, auch um ihre Position in den weltweiten Handelsketten zu bewahren. Hinsichtlich der Nachhaltigkeit erscheinen sie als eher unauffällig.

---

7 Nationale Transporte zwischen Häfen finden in Europa nur wenige statt, da die Länder relativ klein sind und damit geringe Potenziale für diese Transporte existieren. In den USA, in China oder Indien spielen nationale Seetransporte eine gewichtigere Rolle.

Tabelle 2.1.2: Beschreibung Frachtführer.

Organisation	Unternehmensart	Werkverkehr	Gewerblicher Güterverkehr	Spedition	Digitale Vermittlung	
	Geschäftsmodell	Operativer Transport	Klassische Vermittlung	Digitale Plattform	Kooperation	Integrierter Logistikdienstleister
	Geografische Ausdehnung	Lokal/ Regional	National	Europa	Welt	
Ressourcen	**Besitzverhältnis**	Eigene Ressourcen („asset based")	Eigene und fremde Ressourcen („asset light")	Fremde Ressourcen („no assets")		
	Eingesetztes Equipment	Standard	Spezial			
	Verkehrsträger	Straßenverkehr	Schienenverkehr	Seeschifffahrt	Luftverkehr	Binnenschifffahrt
	Modalität	Intramodal	Intermodal			
Positionierung	**Kernkompetenz**	Relationen	Netzwerke	Systeme	Leistungspakete	
	Kontakt zum versendenden Unternehmen	Direkt	Indirekt	Digital		
Objekt	**Größe**	Paket	Stückgut	Teilladungsverkehr	Komplettladungsverkehr	Massengut
	Art	Lose (gasförmig, flüssig ...)	Verpackt	Sensibel	Sperrig (Schwergut)	

Tabelle 2.1.3: Beschreibung Reederei.

Organisation	Unternehmensart	Werkverkehr	Gewerblicher Güterverkehr	Spedition	Digitale Vermittlung	
	Geschäftsmodell	Operativer Transport	Klassische Vermittlung	Digitale Plattform	Kooperation	Integrierter Logistikdienstleister
	Geografische Ausdehnung	Lokal/ Regional	National	Europa	Welt	
Ressourcen	Besitzverhältnis	Eigene Ressourcen („asset based")	Eigene und fremde Ressourcen („asset light")	Fremde Ressourcen („no assets")		
	Eingesetztes Equipment	Standard	Spezial			
	Verkehrsträger	Straßenverkehr	Schienenverkehr	Seeschifffahrt	Luftverkehr	Binnenschifffahrt
	Modalität	Intramodal	Intermodal			
Positionierung	Kernkompetenz	Relationen	Netzwerke	Systeme	Leistungspakete	
	Kontakt zum versendenden Unternehmen	Direkt	Indirekt	Digital		
Objekt	Größe	Paket	Stückgut	Teilladungsverkehr	Komplettladungsverkehr	Massengut
	Art	Lose (gasförmig, flüssig ...)	Verpackt	Sensibel	Sperrig (Schwergut)	

Luftfracht-Carrier

Entsprechend einer Reederei betreibt ein Luftfracht-Carrier Flugzeuge zur Beförderung von Gütern. Dieser tritt oft in Form einer Fluggesellschaft auf, die neben Gütern auch Passagiere befördert und ein eigenes Netzwerk betreibt bzw. einer Allianz angehört. Es existieren nur noch wenige Luftfracht-Carrier bzw. Fluggesellschaften mit der reinen Ausrichtung auf den Gütertransport (darunter zählt das luxemburgische Unternehmen Cargolux). Der Grund liegt in der effizienten Kombination von Passagier- und Güterbeförderung, die hierbei als Belly-Load bezeichnet wird (Kraus, 2012) und für rund die Hälfte der per Flugzeug transportierten Tonnage steht (vgl. z. B. Nycz, 2021).

Diese gewerblichen Güterverkehrsunternehmen führen den operativen Transport im Auftrag für Vermittler aus. In den seltensten Fällen haben sie einen direkten Kontakt zu den Auftraggebern des Transports bzw. dem Versender. Um den Prozess so reibungslos und effizient wie möglich zu gestalten, werden die Güter in standardisierten, auf die Flugzeuge abgestimmte Unit Load Devices gepackt.

Aufgrund der Eignung des Flugzeugs für lange Distanzen wird die Luftfracht hauptsächlich im grenzüberschreitenden Verkehr eingesetzt (siehe Tabelle 2.1.4). Dafür ist ein Netzwerk aus Verbindungen relevanter Flughäfen notwendig, um einen ausreichenden Bündelungsfaktor zu generieren. Wegen der Eigenschaften der Luftfracht (schnell und zuverlässig) sind auch sensible Güter insbesondere hinsichtlich Temperatur und Haltbarkeit prädestiniert für den Transport durch Luftfracht-Carrier.

Eisenbahnverkehrsunternehmen

Auch wenn die Deutsche Bahn weiterhin mit über 40 % (mofair, 2021) einen hohen Marktanteil auf dem Verkehrsträger Schiene einnimmt, sind allein in Deutschland mehrere hundert Eisenbahnverkehrsunternehmen (siehe Kapitel 2.2) aktiv. Hinzu kommen Werkseisenbahnen, die auf den Werksgeländen von großen Industrieunternehmen oder von Binnenhäfen verkehren.

Eisenbahnverkehrsunternehmen (EVUs) konzentrieren sich auf den operativen Transport im lokalen (bspw. die Hafenbahnen), nationalen und grenzüberschreitenden europäischen Raum (siehe Tabelle 2.1.5). Die Kapazitäten werden meist selbst vorgehalten. Vermieter von Waggons und Loks sind eine besondere Ausprägung und eher die Ausnahme. Die transportierten Güter sind sehr verschieden und bestehen zu einem Großteil aus See-Containern im Standard- und Massengut in unterschiedlichster Form im Spezialgeschäft. Sie werden direkt und indirekt von den versendenden Unternehmen gebucht.

Spedition

Wie bereits eingangs definiert nimmt die Spedition die Rolle eines klassischen Vermittlers zwischen der Transportnachfrage und dem Transportangebot ohne eigene Ressourcen ein. In der Praxis nutzen Speditionen oft eigenes Equipment wie Fahrzeuge, Fahrperso-

Tabelle 2.1.4: Beschreibung Luftfracht-Carrier.

Organisation	Unternehmensart	Werkverkehr	Gewerblicher Güterverkehr	Spedition	Digitale Vermittlung	Integrierter Logistikdienstleister
	Geschäftsmodell	Operativer Transport	Klassische Vermittlung	Digitale Plattform	Kooperation	
	Geografische Ausdehnung	Lokal/ Regional	National	Europa	Welt	
Ressourcen	Besitzverhältnis	Eigene Ressourcen („asset based")	Eigene und fremde Ressourcen („asset light")	Fremde Ressourcen („no assets")		
	Eingesetztes Equipment	Standard	Spezial			
	Verkehrsträger	Straßenverkehr	Schienenverkehr	Seeschifffahrt	Luftverkehr	Binnenschifffahrt
	Modalität	Intramodal	Intermodal			
Positionierung	Kernkompetenz	Relationen	Netzwerke	Systeme	Leistungspakete	
	Kontakt zum versendenden Unternehmen	Direkt	Indirekt	Digital		
Objekt	Größe	Paket	Stückgut	Teilladungsverkehr	Komplettladungsverkehr	Massengut
	Art	Lose (gasförmig, flüssig ...)	Verpackt	Sensibel	Sperrig (Schwergut)	

Tabelle 2.1.5: Beschreibung Eisenbahnverkehrsunternehmen.

Organisation	Unternehmensart	Werkverkehr	Gewerblicher Güterverkehr	Spedition	Digitale Vermittlung	
	Geschäftsmodell	Operativer Transport	Klassische Vermittlung	Digitale Plattform	Kooperation	Integrierter Logistikdienstleister
	Geografische Ausdehnung	Lokal/Regional	National	Europa	Welt	
Ressourcen	**Besitzverhältnis**	Eigene Ressourcen („asset based")	Eigene und fremde Ressourcen („asset light")	Fremde Ressourcen („no assets")		
	Eingesetztes Equipment	Standard	Spezial			
	Verkehrsträger	Straßenverkehr	Schienenverkehr	Seeschifffahrt	Luftverkehr	Binnenschifffahrt
	Modalität	Intramodal	Intermodal			
Positionierung	**Kernkompetenz**	Relationen	Netzwerke	Systeme	Leistungspakete	
	Kontakt zum versendenden Unternehmen	Direkt	Indirekt	Digital		
Objekt	**Größe**	Paket	Stückgut	Teilladungsverkehr	Komplett- ladungsverkehr	Massengut
	Art	Lose (gasförmig, flüssig …)	Verpackt	Sensibel		Sperrig (Schwergut)

nal und Immobilien, was als Selbsteintritt bezeichnet wird (siehe Tabelle 2.1.6). Damit vermischen sich die Ausprägungsformen Speditions- und Transportunternehmen.

Je nach Kernkompetenzen konzentriert sich eine Spedition auf geografische Bereiche, Verkehrsträger, Ressourcen und Objekte. Entsprechend differenziert ist die Unternehmenslandschaft und reicht von Kleinunternehmen bis hin zu weltweit agierenden Konzernen.

Digitale Spedition

Nach Stölzle et al. (2018) vereint die digitale ebenso wie die klassische Spedition die Koordination und Planung des Gütertransports. Dabei werden Frachtführer und Sendungen automatisiert miteinander verbunden, u. a. um Sendungsströme zu optimieren und Leerfahrten zu vermeiden. Es werden dadurch nicht nur niedrigere Kosten durch die Reduzierung des Personaleinsatzes versprochen, sondern auch das Heben weiterer Bündelungspotenziale. Die digitale Spedition als Geschäftsmodell übernimmt als Vertragspartner sämtliche Verantwortlichkeiten und die Haftung wie ein klassischer Spediteur. Die Zahl der digitalen Speditionen ist derzeit noch gering, die Unternehmenslandschaft von Startups oder unternehmenseigenen Lösungen geprägt. Damit fällt die Marktabdeckung geringer als bei klassischen Speditionen aus (siehe Tabellen 2.1.6 und 2.1.7 sowie Kapitel 2.2).

Rollen im Wertschöpfungsprozess

Im Transportprozess nehmen Güterverkehrsunternehmen je nach deren Geschäftsmodell und strategischen Positionierung unterschiedliche Rollen ein (siehe oben). Die Rollen unterscheiden sich im Güterverkehr zunächst zwischen dem Werkverkehr und dem gewerblichen Güterverkehr (siehe Abbildung 2.1.1). Im Werkverkehr ist die verantwortliche Einheit in das Industrie- bzw. Handelsunternehmen integriert (Alternative 1 in Abbildung 2.1.1), da eigene Ressourcen genutzt werden (siehe Kapitel 2.1.1).

Im gewerblichen Güterverkehr sind unterschiedliche Unternehmen in der Wertschöpfungskette des Transportprozesses eingebunden: das verladende Unternehmen, welches das Transportgut zum Versand aufgibt (Klaus et al., 2012) und meist ein Industrie- oder Handelsunternehmen ist, ein von diesen für die Bewirtschaftung des Warenausgangslagers beauftragten Logistikdienstleister, und der Empfänger bzw. der Kunde des verladenden Unternehmens. Im einfachsten Fall eines direkten Transports von der Quelle zur Senke erfolgt die Beauftragung des Transports über eine Spedition, die diesen zur Ausführung an einen geeigneten Frachtführer vermittelt (Alternative 2a in Abbildung 2.1.1). Zwischen den einzelnen Partnern wird ein Speditions- bzw. Frachtführervertrag geschlossen. Mit dem Aufkommen von Matching-Plattformen und Digitalen Speditionen erfolgt die Vermittlung des Transportauftrags zwischen dem verladenden Unternehmen und dem Frachtführer zumindest teilweise automatisiert (Alternative 2b in Abbildung 2.1.1).

Tabelle 2.1.6: Beschreibung Spedition.

Organisation	Unternehmensart	Werkverkehr	Gewerblicher Güterverkehr	Spedition	Digitale Vermittlung	
	Geschäftsmodell	Operativer Transport	Klassische Vermittlung	Digitale Plattform	Kooperation	Integrierter Logistikdienstleister
	Geografische Ausdehnung	Lokal/ Regional	National	Europa	Welt	
Ressourcen	**Besitzverhältnis**	Eigene Ressourcen („asset based")	Eigene und fremde Ressourcen („asset light")	Fremde Ressourcen („no assets")		
	Eingesetztes Equipment	Standard	Spezial			
	Verkehrsträger	Straßenverkehr	Schienenverkehr	Seeschifffahrt	Luftverkehr	Binnenschifffahrt
	Modalität	Intramodal	Intermodal			
Positionierung	**Kernkompetenz**	Relationen	Netzwerke	Systeme	Leistungspakete	
	Kontakt zum versendenden Unternehmen	Direkt	Indirekt	Digital		
Objekt	**Größe**	Paket	Stückgut	Teilladungsverkehr	Komplettladungsverkehr	Massengut
	Art	Lose (gasförmig, flüssig ...)	Verpackt	Sensibel	Sperrig (Schwergut)	

Tabelle 2.1.7: Beschreibung Digitale Spedition.

Organisation	Unternehmensart	Werkverkehr	Gewerblicher Güterverkehr	Spedition	Digitale Vermittlung	
	Geschäftsmodell	Operativer Transport	Klassische Vermittlung	Digitale Plattform	Kooperation	Integrierter Logistikdienstleister
	Geografische Ausdehnung	Lokal/ Regional	National	Europa	Welt	
Ressourcen	Besitzverhältnis	Eigene Ressourcen („asset based")	Eigene und fremde Ressourcen („asset light")	Fremde Ressourcen („no assets")		
	Eingesetztes Equipment	Standard	Spezial			
	Verkehrsträger	Straßenverkehr	Schienenverkehr	Seeschifffahrt	Luftverkehr	Binnenschifffahrt
	Modalität	Intramodal	Intermodal			
Positionierung	Kernkompetenz	Relationen	Netzwerke	Systeme	Leistungspakete	
	Kontakt zum versendenden Unternehmen	Direkt	Indirekt	Digital		
Objekt	Größe	Paket	Stückgut	Teilladungsverkehr	Komplett-ladungsverkehr	Massengut
	Art	Lose (gasförmig, flüssig …)	Verpackt	Sensibel	Sperrig (Schwergut)	

Alternative 1: Werkverkehr

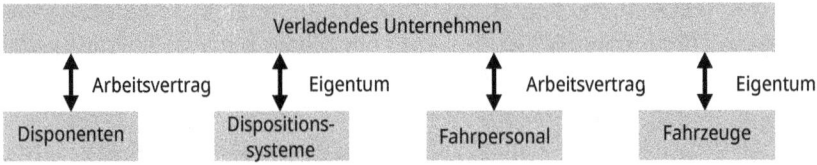

Alternative 2a: Gewerblicher Güterverkehr, ungebrochener Direkttransport, Straße, klassisch

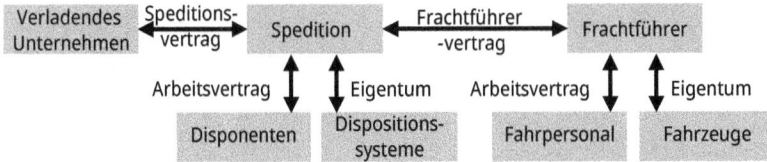

Alternative 2b: Gewerblicher Güterverkehr, ungebrochener Direkttransport, Straße, digitalisiert

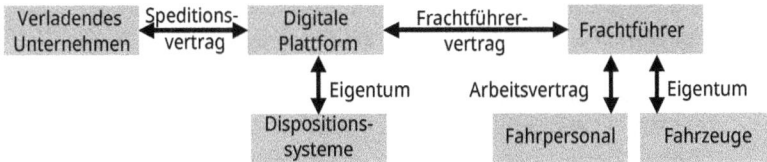

Alternative 2c: Gewerblicher Güterverkehr, intermodaler Transport

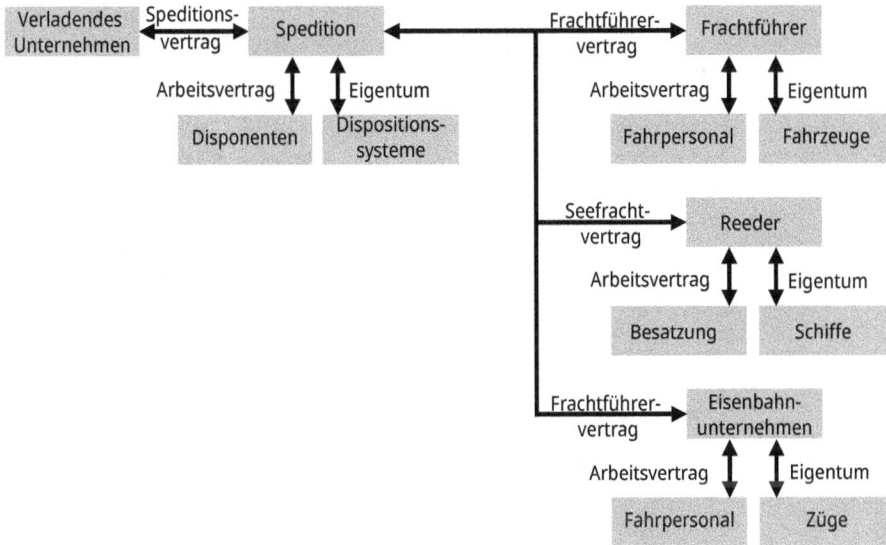

Abbildung 2.1.1: Rollen der Güterverkehrsunternehmen in der Wertschöpfungskette. (erweiterte Abbildung in Anlehnung an Isermann & Lieske, 1998).

Sobald die Transporte nicht mehr direkt von der Quelle bis zur Senke durchgeführt werden können, was etwa bei intermodale Transportketten insbesondere im grenzüberschreitenden Kontext der Fall ist, sind unterschiedliche Güterverkehrsunternehmen involviert. Alternative 2c in Abbildung 2.1.1 zeigt ein Beispiel für einen fiktiven intermodalen Transportprozess von Asien nach Europa.

Güterverkehrsunternehmen können auch eine übergeordnete Rolle einnehmen, bei der sie im Auftrag des verladenden Unternehmens mehrere Speditionen mit unterschiedlichen Schwerpunkten (bspw. Stückgut, Seefracht und Luftfracht) oder gar über Stufen einer Supply Chain hinweg (bspw. auf der Beschaffungs- und Distributionsseite eines Produktionsunternehmens) koordinieren. Diese Formen bzw. die dahinter liegenden Geschäftsmodelle werden in Kapitel 5.3 im Detail erläutert.

Literaturverzeichnis

BAG (2020). *Struktur der Unternehmen des gewerblichen Güterkraftverkehrs und des Werkverkehrs.* Band USTAT 19. Köln.

Destatis (Hrsg.) (2022). *Verkehr – Verkehr aktuell.* Fachserie 8, Reihe 1.1. Wiesbaden.

Isermann, H. & Lieske, D. (1998). Gestaltung der Logistiktiefe unter Berücksichtigung transaktionskostentheoretischer Gesichtspunkte. In H. Isermann (Hrsg.), *Logistik. Gestaltung von Logistiksystemen* (S. 403–428). Landsberg/Lech: Moderne Industrie.

Kille, C. & Reuter, C. (2018). *Erfolgsfaktoren von 4PL, LLP und 3PL in der Chemielogistik.* Würzburg: Eigenverlag.

Klaus, P., Krieger, W. & Krupp, M. (Hrsg.) (2012). *Gabler Lexikon Logistik* (5. Aufl.). Wiesbaden: Gabler.

Kraus, T. (2012). Luftfracht. In: P. Klaus, W. Krieger & M. Krupp (Hrsg.), *Gabler Lexikon Logistik.* (5. Aufl., S.410–414. Wiesbaden: Gabler.

Mofair, N. (Hrsg.) (2021). *Signal auf Grün für Klimaschutz, Wachstum und Wettbewerb.* Berlin.

Nycz, M. (2021). The Air Freight Market During the Pandemic. *European Research Studies Journal, 24*(4), 554–563.

Pfohl, H.-C. (2018). *Logistiksysteme* (9. Aufl). Heidelberg: Springer Verlag.

Pfohl, H.-C. (2021). *Logistikmanagement* (4. Aufl). Heidelberg: Springer Verlag.

Stölzle, W., Schmidt, T., Kille, C., Wildhaber, V. & Schulze, F. (2018). *Digitalisierungswerkzeuge in der Logistik: Einsatzpotenziale, Reifegrad und Wertbeitrag.* Göttingen: Cuvillier Verlag.

Tyssen, C. (2010). Güterverkehrsunternehmen im Überblick. In: W. Stölzle & H. P. Fagagnini (Hrsg.), *Güterverkehr kompakt* (S. 19–38). München: Oldenbourg.

2.2 Arten von Güterverkehrsunternehmen

Ludwig Häberle, Wolfgang Stölzle, Yannik Kohleisen

Güterverkehrsunternehmen weisen hinsichtlich ihrer Art und Komplexität eine beachtliche Vielfalt auf. Diese Vielfalt begründet sich nicht allein durch die hohe Anzahl an Unternehmen im Markt, sondern auch durch die Differenziertheit an abgedeckten Leistungsspektren. Die einzelnen Marktakteure sind nicht immer klar oder sinnvoll voneinander abzugrenzen, da sich Tätigkeitsbereiche und Leistungsspektren oft überschneiden. Daher ist die Kategorisierung der unterschiedlichen Unternehmensarten eine Herausforderung.

Im vorherigen Kapitel 2.1 wird mit dem morphologischen Kasten eine feingranulare, idealtypische Systematisierung der Charakteristika von Güterverkehrsunternehmen angestrebt, ergänzt um einzelne ausgewählte Beispiele von Akteuren. Nicht immer lässt sich ein Akteur in eine Reinform einordnen. Mitunter überlappen die Geschäftsmodelle einzelner Akteure. Dieses Kapitel zielt darauf ab, einen kompakten Überblick über die breite Ausdifferenzierung der Akteurslandschaft zu schaffen. Im Zentrum steht die Beschreibung von Phänomenen in der Praxis. Dazu werden typischerweise anzutreffende Arten von Güterverkehrsunternehmen vorgestellt und voneinander abgegrenzt. Es besteht kein Anspruch, eine vollständige Liste aller Akteure zu bieten. Einige Arten von Güterverkehrsunternehmen werden aus Gründen der Vereinfachung nicht erwähnt oder grob den hier aufgeführten Oberkategorien zugeordnet. So gibt es beispielsweise Akteure, die in Nischen tätig sind oder sich durch einen Fokus auf spezielle Schnittmengen abheben. Die Einordnung der Akteure orientiert sich an den dominierenden Verkehrsträgern. Digitale Angebote, die häufig primär als Dienstleister für die aufgeführten Akteure aktiv sind, werden umrahmend dargestellt.

2.2.1 Auswahl idealtypischer Merkmale zur Abgrenzung von Güterverkehrsunternehmen

Die Abgrenzung von Güterverkehrsunternehmen kann anhand verschiedener Merkmale erfolgen. Die in Abbildung 2.2.1 aufgezeigte Differenzierung der Akteurslandschaft setzt auf dem morphologischen Kasten in Kapitel 2.1 auf und orientiert sich an den nachfolgenden idealtypischen Abgrenzungsmerkmalen:

– *Verkehrsart und -träger*: Hierbei kann hinsichtlich der Verkehrsart zwischen dem Landverkehr, Luftverkehr und Wasserverkehr (Binnen- und Seeschifffahrt) unterschieden werden sowie hinsichtlich des Verkehrsträgers zwischen Straße, Schiene, Wasser und Luft. In der Praxis stellen Transportketten oft Mischformen von Verkehrsarten bzw. Verkehrsträgern dar (intermodaler Verkehr), wobei häufig bimodale oder trimodale Transportketten anzutreffen sind.

– *Grad des Einsatzes eigener Ressourcen (Asset-based versus no assets)*: Unternehmen können sich in Bezug auf den Grad des Einsatzes eigener Ressourcen unterscheiden. Asset-getriebene Unternehmen verfügen über eigene Transportmittel und Infrastruktur, wie Lkws, Schienenfahrzeuge oder auch Lagerhäuser und Hubs bzw. Terminals für den Güterumschlag. Demgegenüber stehen Unternehmen mit einem Asset-light-Geschäftsmodell, die weitgehend bis vollständig auf eigene Ressourcen für die Leistungserbringung verzichten und stattdessen auf externe Ressourcen von Spediteuren oder Transportunternehmen zurückgreifen. Verzichten beispielsweise Spediteure gänzlich auf den Einsatz eigener Lkws (digitale Spedition), spricht man auch von einem Asset-free-Geschäftsmodell. In der Praxis existieren insbesondere bei Spediteuren und Third Party Logistics (3PL)-Providern unterschiedliche Mischformen, bei denen Unternehmen sowohl eigene Ressourcen nutzen als auch auf externe Dienstleister zurückgreifen.

– *Art der angebotenen Leistung / Geschäftsmodell*: Unternehmen können verschiedene Arten von Leistungen anbieten, die sich in ihrem Umfang und ihrer Komplexität unterscheiden. Einzelleistungen beziehen sich auf den Transport oder die logistische Dienstleistung für einen einzelnen Auftrag. Bei Verbundleistungen agieren Güterverkehrsunternehmen als Teil eines umfassenderen logistischen Netzwerks oder eines Verbunds. Durch die Kooperation mehrerer Akteure können komplexe Transport- und Logistikdienstleistungen angeboten werden. Eine integrierte Leistung bezieht sich auf die vollständige Übernahme der logistischen Prozesse und Dienstleistungen für Kunden. Hier übernimmt ein Unternehmen die gesamte Planung, Organisation, Steuerung und Ausführung einer Transportkette. Dies kann die Abwicklung von Transporten, Lagerung, Umschlägen, Handling oder Verpackung bzw. Behälterwechsel umfassen, um Kunden eine integrierte Komplettlösung für die Transportkette zu bieten.

–*Sendungsgröße und Güterart*: Menge und Art der Güter beeinflussen die Art der Transport- und Logistikdienstleistung. Stückgüter umfassen einzelne Güter oder Waren, die als einzelne Packstücke in kleinen Mengen verladen werden können. KEP-Dienste (Kurier-, Express- und Paketdienste) sind auf den schnellen Versand von kleinen Sendungen spezialisiert. FTL (Full Truck Load) bezieht sich auf den Transport einer vollen Ladung in einem Lkw, während LTL (Less than Truck Load) für den Transport von Teilladungen. FCL (Full Container Load) bezeichnen den Transport einer vollen und LCL (Less than Container Load) den Transport von Teilladungen in einem Container.

– *Beschaffenheit der Güter*: Die Beschaffenheit der Güter hat nicht nur Auswirkungen auf die Wahl der Transport- und Logistikdienstleistungen, sondern auch auf die erforderlichen Sicherheits- und Handhabungsmaßnahmen. Güter können hinsichtlich ihrer Beschaffenheit in flüssig, fest, gasförmig oder pastös unterteilt werden. Jede Form erfordert spezifische Lagerungs- und Transportbedingungen.

– *Sonstige Merkmale*: Zusätzlich zu den aufgeführten Merkmalen gibt es weitere Abgrenzungskriterien. So kann bei Güterverkehren zwischen Massen-, Schwer- oder Gefahrgut unterschieden werden. Massengüter stellen beispielsweise den Transport großer Mengen von Rohstoffen dar. Schwergüter bezeichnen den Transport überdimensionaler oder schwerer Güter, die spezielle Ausrüstung und Fachkenntnisse erfordern. Gefahrgut bezieht sich auf den Transport von gefährlichen Stoffen oder Substanzen, die bestimmten Vorschriften und Sicherheitsstandards unterliegen.

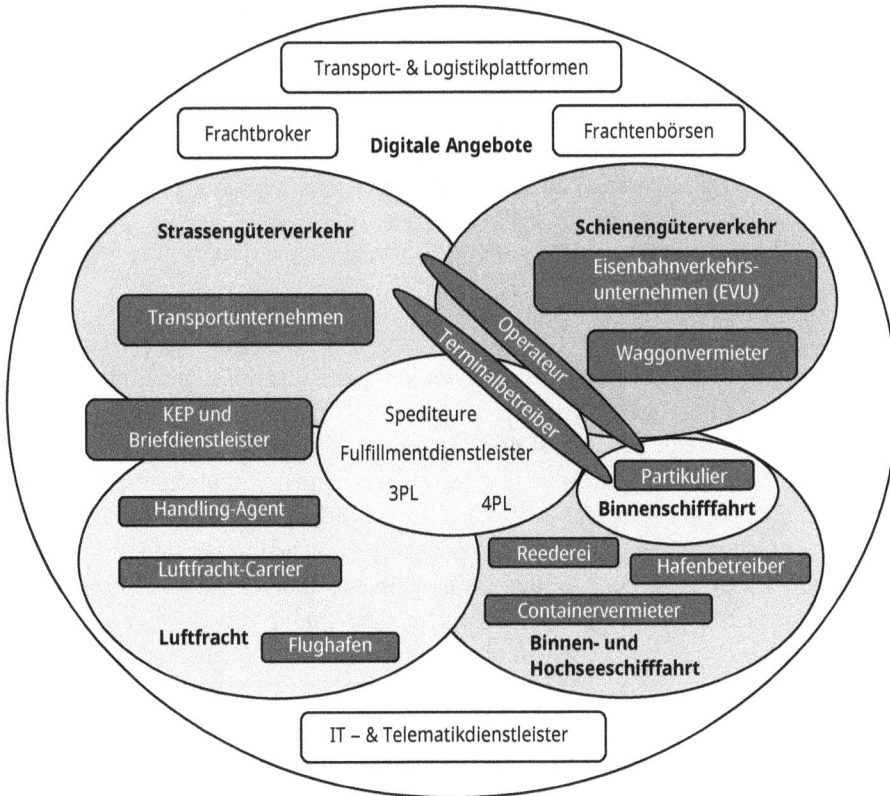

Abbildung 2.2.1: Überblick ausgewählter Güterverkehrsunternehmen.

2.2.2 Ausgewählte Güterverkehrsunternehmen im Überblick

In diesem Abschnitt werden die verschiedenen Güterverkehrsunternehmen aus Abbildung 2.2.1 vorgestellt und charakterisiert. Dazu gehören Reedereien und Partikuliere, Hafenbetreiber, Terminalbetreiber, Operateure, Eisenbahnverkehrsunternehmen (EVU), Asset-Vermieter, Transportunternehmen im Straßengüterverkehr, KEP- und Briefdienstleister, Luftfracht-Carrier, Flughäfen, Handling-Agents, Spediteure, Third Party Logistics Provider (3PL) und Fourth Party Logistics Provider (4PL).

Reedereien und Partikuliere

Reedereien und Partikuliere sind zentrale Akteure im maritimen Güterverkehr. Reedereien besitzen und betreiben Schiffe und sind für den Transport von Gütern über See verantwortlich (vgl. Kap. 2.1.2.2). Ein Partikulier ist ein in der Binnenschifffahrt tätiger selbständiger Schiffseigentümer, der auch selbst fährt. Partikuliere sind in der

Regel als Subunternehmer für größere Reedereien tätig und besitzen häufig nur ein einziges Schiff.

Getrieben durch Reedereien, ist in den letzten Jahren ein Trend hin zur vertikalen Integration zu beobachten, wobei insbesondere große Redereien im Rahmen ihrer M&A-Aktivitäten Beteiligungen an Terminals erwerben und Logistikdienstleister aufkaufen, um Transportketten verkehrsträgerübergreifend aus einer Hand gegenüber Kunden anzubieten. Dies ermöglicht es Reedereien, die eigenen Wertschöpfungs- und Lieferketten zu kontrollieren und zu optimieren (Schlautmann, 2022).

Hafen- und Terminalbetreiber

Hafenbetreiber sind für den Betrieb und die Verwaltung von Häfen verantwortlich. Hafenbetreiber fungieren oft auch als Terminalbetreiber und garantieren den Umschlag von Gütern. Ein Beispiel ist die Hamburger Hafen und Logistik AG (HHLA), deren Rolle im Jahr 2021 seit Ankündigung einer geplanten Minderheitsbeteiligung durch die chinesischen Reederei COSCO an einem Containerterminal vor dem Hintergrund öffentlicher Debatten zum Schutz kritischer Verkehrsinfrastruktur kontrovers diskutiert wurde (Preuß, 2021). Neben der zunehmenden Beteiligung von Reedereien an Hafenbetreibern ist der Trend erkennbar, dass Häfen selbst eigene Güterverkehre organisieren. Exemplarisch ist hier Europas größter Binnenhafen Duisport zu nennen.

> **Beispiel: HHLA und die Diskussion um den Schutz kritischer Verkehrsinfrastruktur**
> Die Hamburger Hafen und Logistik AG (HHLA) ist mit über 6.300 Mitarbeitern eines der führenden Logistikunternehmen in Europa. Mit einem Netzwerk von Seehafenterminals in Hamburg, Odessa, Tallinn und Triest, hochfrequenten Hinterlandverbindungen sowie gut angebundenen Intermodal-Hubs in Zentral- und Osteuropa verknüpft die HHLA wichtige Logistik-Hubs an der Schnittstelle von See- und Landverkehr.
>
> Die HHLA ist ein wichtiger Katalysator der politischen Debatte um die Kontrolle über kritische Verkehrsinfrastruktur. Ein Beispiel dafür ist die Beteiligung des chinesischen Reedereikonzerns Cosco mit 24,99 % am Containerterminal Tollerort in Hamburg, einer Betriebsstätte der HHLA (HHLA Hamburger Hafen und Logistik AG, 2023). Kritische Infrastrukturen, die Einrichtungen mit wichtiger Bedeutung für das staatliche Gemeinwesen darstellen, können bei einseitigen Abhängigkeiten, einem Ausfall oder einer Beeinträchtigung des Betriebs nachhaltig wirkende Versorgungsengpässe und erhebliche Störungen der öffentlichen Sicherheit nach sich ziehen (Schnieder, 2021). Nach knapp zweijähriger Prüfung wurde das Abkommen im Mai 2023 von der deutschen Bundesregierung durchgewunken, nachdem zuvor durch die Festlegung einer Obergrenze für die Beteiligung in Höhe von 25 % eine Sperrminorität ausgeschlossen wurde.

Terminalbetreiber sind auf den Umschlag und die Lagerung von Gütern spezialisiert. Sie betreiben Terminals, die meist bimodal oder trimodal angebunden sind. In der Regel stellen Terminalbetreiber Equipment bereit und sind innerhalb des Terminals für den Transport zuständig. Aktuelle Beispiele für die Infrastrukturentwicklung sind das geplante Gateway Basel Nord und das Multimodal-Terminal am Hafen Trier.

Gateway Basel Nord – Das neue trimodale Umschlagsterminal an der deutsch-schweizerischen Grenze
Mit dem Gateway Basel Nord entsteht ein neues, trimodales Umschlagsterminal für einen effizienten Import-/Export-Güterverkehr, das von der Gateway Basel Nord AG und den Schweizerischen Rheinhäfen realisiert wird. Es fungiert als trimodales Terminal als Schnittstelle für den Güterumschlag zwischen Schiff und Schiene bzw. Straße und soll dazu beitragen, den Containerverkehr über den Rhein zur Hälfte klimafreundlich auf die Schiene zu verlagern. Dadurch sollen jährlich über 100.000 Lkw-Fahrten eingespart werden. Die Gateway Basel Nord AG wurde im Juni 2015 von den drei Schweizer Logistik- und Transportunternehmen Contargo, Hupac und SBB Cargo gegründet. Die Gesellschaft mit Sitz in Basel plant und realisiert das Containerterminal für den Import-Export-Verkehr (Gateway Basel Nord, 2023).

Eisenbahnverkehrsunternehmen

Eisenbahnverkehrsunternehmen (EVU) erbringen Personen- und/oder Güterverkehrsleistungen auf der Schiene (vgl. Kap. 2.1.2.4). Sie sind für den Betrieb von Zügen verantwortlich und unterscheiden sich von Infrastrukturbetreibern, welche für die Bereitstellung der Schieneninfrastruktur verantwortlich sind. EVU verkehren auf den Schienenwegen von Eisenbahninfrastrukturunternehmen (EIU). EVU können parallel auch die Funktion von EIU haben. Für nicht ausschließlich regional tätige Unternehmen sind in einem solchen Fall jedoch Entflechtungsvorgaben des Eisenbahnregulierungsrechts (vgl. Eisenbahnregulierungsgesetz in Deutschland) zu beachten (Eisenbahn-Bundesamt, 2021). Das europäische Recht sieht vor, dass sich der Netzzugang für EVU auch auf Infrastrukturen in anderen Ländern erstrecken kann.

In Deutschland gab es zum 31. Mai 2023 insgesamt 512 verkehrende, genehmigte öffentliche EVU, von denen 387 im Bereich des Güterverkehrs agieren (Eisenbahn-Bundesamt, 2021). Neben den DB-AG-eigenen EVU sind in den letzten Jahren immer mehr so genannte „Dritte" (Nichtbundeseigene Eisenbahnen) auf dem Schienennetz der DB Netze und anderen EIU unterwegs. Hauptsächlich im Nahverkehr und im Güterverkehr ist zu beobachten, dass die „Dritten" gegenüber der Deutschen Bahn zunehmend Marktanteile gewinnen.

Operateure

Operateure agieren bei der Güterbeförderung an der Schnittstelle unterschiedlicher Verkehrsträger. Operateure bieten einerseits Terminal-zu-Terminal-Dienstleistungen an, die sich an Spediteure und Straßentransporteure richten. Dabei führen Operateure den Transport von Ladeeinheiten über längere Strecken sowie den Umschlag an entsprechenden Terminals durch. Zu diesem Zweck sichern sich Operateure durch den Erwerb von Traktion von den Eisenbahnverkehrsunternehmen selbst Trassenzugang zur Schieneninfrastruktur. Andererseits ermöglichen Operateure auch komplette Transportketten von „Tür-zu-Tür", einschließlich Vor- und Nachlauf. Solche Verkehre sind insbesondere für den Transport von Containern und Sattelaufliegern sowie Wechselbrücken anzutreffen. Durch die Bereitstellung spezieller Waggons sind

Operateure weitaus mehr als nur Vermittler bzw. Zwischenhändler an der Schnittstelle von Logistikdienstleistern und Eisenbahnverkehrsunternehmen.

Beispiel: Hupac AG

Die Hupac Gruppe mit Hauptsitz in Chiasso (CH) ist ein europaweit agierender Operateur. Mit 680 Mitarbeitenden in der Schweiz, Italien, Deutschland, den Niederlanden, Belgien, Spanien, Polen, Russland und China, täglich etwa 150 Zügen und einem Transportvolumen von 1.1 Mio. Straßensendungen zählt sie zu den führenden Netzwerkbetreibern im intermodalen Verkehr in Europa. Als unabhängiger Kombi-Operateur bündelt die Hupac Sendungen der Transportunternehmen zu Ganzzügen. Die Kerndienstleistung ist der "Verkauf" einzelner Stellplätze auf einem Zug, wobei die Hupac als Operateur das Auslastungsrisiko für den Zug übernimmt und die Traktion bei EVU einkauft. Für den Betrieb setzt das Unternehmen 9.100 eigene Wagenmodule ein. Während andere Operateure einen Großteil der Waggons direkt von EVU beziehen, setzt die Hupac überwiegend auf eigenes Equipment. Zum Kundenkreis gehören primär Speditionen und Transportunternehmen, wobei es sich beim kombinierten Verkehr meist um kleinere und mittelgroße Akteure handelt, die mit ihren Transportvolumina selbst keine Ganzzüge auslasten könnten. Die Kunden liefern die Ladeeinheiten am Abfahrtsumschlagsbahnhof ab und nehmen diese am Empfangsterminal wieder entgegen. Hupac ist nicht in den Vor- und Nachlauf der Transporte involviert (Hupac, 2023).

Asset-Vermieter

Asset-Vermieter bieten Frachtführern neben Transportmitteln wie etwa Lkws, Waggons, Flugzeuge oder Schiffe auch Auflieger und Container an. Das Geschäftsmodell der Asset-Vermieter besteht darin, Transportmittel in unterschiedlichen Vertragsarten zu vermieten. Frachtführern können dadurch flexibel auf ein breites Sortiment an Transportmitteln zurückgreifen, was die Auswahl der passenden Transportmittel für den individuellen Bedarf ermöglicht, ohne sich finanziell langfristig an dieses Asset binden zu müssen. Für viele Frachtführer ist das Leistungsangebot von Asset-Vermietern nicht zuletzt vor dem Hintergrund von Schwankungen der Güterverkehrsnachfrage attraktiv. Ein Beispiel für einen Asset-Vermieter im Schienengüterverkehr ist die VTG AG, Europas größter Waggonvermieter mit gut 94.000 Waggons (VTG, 2020). Ein Beispiel aus dem Straßengüterverkehr ist die herstellerunabhängige TIP-Group, deren Aktivitäten die Vermietung von Sattelzugmaschinen, Auflieger und Wechselbrücken in Form von Tages-, Kurzzeit-, Langzeitmieten, Mietkäufen und „Sale and Rent Back" umfasst (TIP Group, 2023). Im Luftfrachtverkehr vermietet das Schweizer Unternehmen Skycell temperaturkontrollierte Hybridbehältern als ULDs, welche unter anderem für pharmazeutische Transporte unverzichtbar sind (SkyCell, 2023).

Transportunternehmen im Straßengüterverkehr

Transportunternehmen im Straßengüterverkehr, häufig auch als Frachtführer oder Flottenbetreiber bezeichnet, nutzen den Lkw als wichtigstes Transportmittel und setzen bei der Leistungserbringung primär auf eigene Ressourcen – ob geleast, gekauft oder teils auch gemietet. Die Transporteure im Straßengüterverkehr decken sämtliche Transporte von Gütern mit Kraftfahrzeugen auf dem Verkehrsträger Straße ab. Diese werden je nach Sendungsgröße in Direkt- oder Sammelverkehren abgewickelt. Charakteristisch für den Straßengüterverkehr ist dessen hohe Netzdichte, welche unterbrechungsfreie Verbindungen zwischen Quelle und Senke und kurze Transportzeiten ermöglicht. Transportunternehmen sind im gewerblichen Güterverkehr tätig. Davon abzugrenzen ist der Werkverkehr, welcher, beispielsweise von Handels- oder auch Industrieunternehmen, für eigene Zwecke durchgeführt wird (vgl. 2.1.2).

KEP- und Briefdienstleister

Kurier-, Express- und Paketdienste (KEP) sowie Briefdienstleister bieten umfassende Dienstleistungen von „Tür-zu-Tür" an. Sie setzen hierfür hauptsächlich Kraftfahrzeuge (Lkw und Lieferwägen) und, für Expresslieferungen und im interkontinentalen Güterverkehr, auch Flugzeuge als Transportmittel – seltener den Schienengüterverkehr. Unternehmen wie DHL, UPS oder FedEx sind Beispiele für Integratoren in diesem Bereich. Diese Unternehmen verfügen über ein breites Netzwerk von Vertriebszentren und nutzen hochstandardisierte, effiziente Logistiksysteme, um eine schnelle und zuverlässige Zustellung von Paketen und Briefen weltweit zu gewährleisten. Mit einem eigenen Netzwerk aus Flugzeug- und Lkw-Flotten sowie eigenen Hubs bedienen Integratoren alle Stufen der Wertschöpfung weitestgehend selbst, wobei sie im Güterverkehr auf der Straße auf ein breites Netzwerk aus Subunternehmern und nur sehr eingeschränkt auf eigene Ressourcen setzen.

Anbieter von Kurier-, Express- und Paketdiensten transportieren typischerweise Sendungen mit geringem Gewicht (ca. 2–30kg) und Volumen, wie zum Beispiel Dokumente, Päckchen und Kleinstückgüter. Des Weiteren zeichnen sich die KEP-Dienstleister durch einen individuellen Kundenservice bezüglich Schnelligkeit, Pünktlichkeit und Zuverlässigkeit aus. Die KEP-Dienstleister erbringen die logistischen Funktionen des Sammelns, Umschlagens, Sortierens, Transportierens und Zustellens aus einer Hand. Der KEP-Markt gilt wegen der erforderlichen Infrastruktur (Depots, Hubs) und Technik (IT, Sortieranlagen, Sendungsverfolgung) als kapitalintensiv.

Luftfracht-Carrier

Luftfracht-Carrier transportieren Güter grundsätzlich per Flugzeug. Sie spielen eine zentrale Rolle in globalen Lieferketten und ermöglichen schnelle und effiziente Transporte über große Entfernungen (Schäfer, 2019). Es gibt verschiedene Akteure in der Luftfrachtbranche, darunter Full-Service-Network-Carrier (FSNC), Integratoren, Frachtfluglinien und auch Low-Cost-Carrier.

Kombination-Carrier wie FSNC sind Linienfluggesellschaften, die sowohl Passagiere als auch Fracht befördern. Diese Carrier nutzen in der Regel Hub-and-Spoke-Netzwerke, bei denen ein zentraler Knotenpunkt (Hub) mit mehreren regionalen Zielen (Spokes) verbunden ist. Die Destinationen und Flugfrequenzen werden in erster Linie auf der Grundlage der Passagierbedürfnisse festgelegt. Die Fracht wird in den Unterflurfrachträumen der Passagierflugzeuge als sogenannte Belly-Fracht transportiert. Sie können jedoch auch reine Frachtflugzeuge einsetzen, um zusätzliche Kapazitäten bereitzustellen oder auf Strecken mit hoher Frachtnachfrage zu bedienen (vgl. Kap. 2.1.2.3).

Zu den wichtigsten Geschäftsmodellen im Luftfrachtbereich gehören *Frachtlinien-dienste*, welche regelmäßige Frachtkapazitäten bereitstellen. Spediteure und andere Kunden können Kapazitäten, sogenannte "Allotments", zu veröffentlichten oder individuell vereinbarten Frachtraten buchen. Zudem kommen *Frachtcharterdienste,* welche individuellen Flüge nach Bedarf anbieten. Hierbei gibt es Vollcharter, bei denen das gesamte Flugzeug für eine einzige Sendung bzw. einen Kunden gemietet wird, sowie Splitcharter, bei denen die Kapazität des Flugzeugs zwischen mehreren Kunden aufgeteilt wird (Air Partner, 2023). Als weiteres Geschäftsmodell sind *Frachterbetriebsgesellschaf-ten* zu nennen, welche Frachtflüge im Auftrag anderer Fluggesellschaften anbieten. Dieses Angebot wird auch als "Wet Leasing" oder "ACMI" (Aircraft, Crew, Maintenance and Insurance) bezeichnet. Integratoren wie DHL, FedEx und UPS nutzen diese Form des Leasings, um ihre Transportkapazitäten zu erweitern und auf bestimmten Strecken oder zu bestimmten Zeiten zusätzliche Frachtflüge anzubieten. Auch einige Kombination-Carrier nutzen Frachterbetriebsgesellschaften, um die Nachfrage nach Frachtkapazitäten zu decken.

Flughäfen

Flughäfen sind wichtige Knotenpunkte im Luftfrachtverkehr. Je nach Geschäftsmodell gibt es internationale Drehkreuze mit Frachtaktivitäten, reine Frachtflughäfen und Low-Cost-Carrier-Flughäfen mit Frachtaktivitäten. Diese Flughäfen bieten Infrastruktur, Abfertigungsdienste und Logistiklösungen für den Transport von Luftfracht an. Sie spielen eine zentrale Rolle bei der Verbindung von Lieferketten weltweit und gewährleisten einen reibungslosen und effizienten Transport innerhalb von Luftfrachtlieferketten (Häberle & Stölzle, 2020). Die Einbindung von Flughäfen innerhalb einer Luftfracht-Transportkette ist beispielhaft in Kapitel 1.6 dargestellt.

Handling-Agents

Handling-Agents sind für die Abfertigung von Flugzeugen am Boden verantwortlich. Einige Beispiele für Bodenabfertigungsunternehmen sind die Mitglieder des IATA Ground Handling Partner Programms (GHP), das Handling-Agents wie die in Frankfurt am Main ansässige Fraport AG mit Flughäfen und Nicht-IATA-Fluggesellschaften zusammenbringt, die weltweit Bodenabfertigungsdienste anbieten (IATA, 2023). Sie bieten eine Vielzahl von Dienstleistungen wie Umschlag, Lagerung und Abfertigung für Fracht und Passage an. Handling-Agents sorgen dafür, dass Flugzeuge schnell und effizient abgefertigt werden, indem sie Gepäck und Fracht be- und entladen und andere Bodendienste erbringen. Durch ihre Expertise tragen sie zur reibungslosen Abwicklung des Luftfrachtverkehrs bei und gewährleisten die sichere und zeitgerechte Abfertigung von Flugzeugen an Flughäfen.

Spediteure

Spediteure sind Unternehmen, die den Transport von Gütern organisieren. Sie unterscheiden sich dadurch von Frachtführern, dass sie Transporte nicht zwingend selbst durchführen. Das Speditionsgeschäft ist im fünften Abschnitt des Handelsgesetzbuches detailliert beschrieben. Die Hauptaufgabe eines Spediteurs ist die Organisation einer kosten- und zeitoptimalen Transportlösung im Interesse des Kunden. Dem Spediteur dabei kommt eine entscheidende Rolle bei der Verkehrsträgerwahl zu: Auch wenn im Zuge unternehmenspolitischer Ziele der Einfluss verladender Kunden auf die Verkehrsträgerwahl in jüngster Zeit tendenziell zunimmt, liegt die Wahl des Verkehrsträgers in der Regel auf Seiten des Spediteurs. Der Spediteur kann gemäß Handelsgesetzbuch die Güterbeförderung im Selbsteintritt als Frachtführer selbst durchführen, muss es aber nicht (Bundesamt für Justiz, 2023). Speditionsunternehmen mit eigenem Fuhrpark sowie Transportunternehmen haben ein Interesse daran, die eigenen Fahrzeuge bestmöglich auszulasten. Diese Tatsache kann bei einer möglichen Verlagerung von Verkehren von der Straße auf die Schiene oder den Wasserweg hinderlich sein.

Je nach Geschäftsmodell wird von Spediteuren bei der Transportdurchführung auf eigene Ressourcen gesetzt oder explizit darauf verzichtet. Spediteure, die gänzlich auf eigene Assets für die Transportdurchführung verzichten, werden verbreitet auch digitale Speditionen genannt (Dietrich & Fiege, 2017). In der Praxis bestehen viele Mischformen, sodass der Übergang zwischen Spedition und Frachtführer fließend ist.

> **Exkurs: Digitale Speditionen**
> Digitale Speditionen bieten in der Regel eine breite Palette von Dienstleistungen an, darunter Transportmanagement, Frachtabwicklung, Sendungsverfolgung und -steuerung, Dokumentenmanagement und vieles mehr. Durch den Einsatz moderner Technologien können sie dazu beitragen, Prozesse zu optimieren und die Effizienz beim Kunden erhöhen. Charakteristisch ist der vollständige Verzicht auf eigene Transportressourcen. Stattdessen setzen digitale Speditionen Subunternehmer für die Transportdurchführung ein (vgl. Kap. 2.1.2.6). Digitale Speditionen werden nur als solche bezeichnet, wenn diese als Vertragspartner sämtliche Verantwortlichkeiten und die Haftung übernehmen wie klassische Spediteure. Andernfalls spricht man von Vermittlern, Plattformen oder auch Brokern.
>
> Beispiele für digitale Speditionen sind Forto und Sennder. Diese Unternehmen nutzen moderne Technologien, um den Transportprozess zu optimieren und effizienter zu gestalten. Forto wickelt hauptsächlich See- und Luftfrachten elektronisch ab (Holzki, 2021). Zusammen mit Sennder sind die beiden Berliner Unternehmen die am Markt wohl bekanntesten digitalen Speditionen und versprechen eine nachhaltiges Unternehmenswachstum in den kommenden Jahren (Ruiner & Klumpp, 2022).

Third Party Logistics (3PL)-Provider

Third Party Logistics Provider (3PL) bieten umfassende Logistikdienstleistungen an, die über den reinen Transport hinausgehen. Ähnlich wie Spediteure übernehmen 3PL neben dem Transport noch weitergehende Aufgaben wie Lagerhaltung, Qualitätsprüfung, Kommissionierung, Konfektionierung, Labeling oder Zollabwicklung für ihre Kunden. Durch die Auslagerung dieser logistischen Aufgaben an 3PL-Dienstleister können sich Unternehmen auf ihr Kerngeschäft konzentrieren und die Effizienz ihrer Transportkette verbessern. Für diese Logistikdienstleister werden in der Praxis oftmals die Begriffe 3PL und Spediteur Synonym verwendet, da das Angebotsspektrum nicht scharf voneinander getrennt werden kann und Überlappungen bestehen. In der Regel greifen 3Pler auf ein breites Netzwerk aus Subunternehmern zurück, welche den Gütertransport im Auftrag des 3Pler ausführen.

Fourth Party Logistics (4PL)-Provider

Fourth Party Logistics Provider (4PL) agieren unter Übernahme der speditionellen Haftung und ohne den Einsatz eigener Betriebsmittel als Logistikdienstleister und -manager an der Schnittstelle zwischen auftraggebendem Kunden und Logistikdienstleistern. Beauftragt von einem verladenden Kunden, übernimmt ein 4PL die Koordination und Optimierung logistischer Dienstleistungen über die gesamte Lieferkette ihrer Kunden. Mit ihrem umfassenden Fachwissen und ihren logistischen Kompetenzen helfen sie Unternehmen, ihre logistischen Prozesse zu optimieren, im Kundeninteresse Kosten zu senken und damit die Lieferketteneffizienz zu verbessern. 4PL zeichnen sich durch ihre hohe IT-Kompetenz aus, die für die fortlaufende Optimierung der Koordinationsleistungen erfolgskritisch sind. Das Geschäftsmodell eines 4PL an der Schnittstelle zu seinen Kunden wird in Abschnitt 2.2.4 im Detail an einem Fallbeispiel aus der Praxis aufgezeigt.

2.2.3 Marktakteure mit digitalem Angebot

Neben den in Abschnitt 2.2.2 aufgeführten Marktakteuren, die mit ihren Kerndienstleistungen unmittelbar auf den Gütertransport fokussiert sind, ergänzen Marktakteure mit primär digitalem Angebot die Akteurslandkarte. Deren Leistungsangebot adressiert sich in vielen Fällen unmittelbar die oben aufgeführten Akteure durch unterstützende oder ergänzende Tools oder Dienstleistungen. Beispielsweise unterstützen Telematikdienstleister die Tourenplanung und das Flottenmanagement von Güterverkehrsunternehmen und fördern die Effizienz von Transportprozessen, digitale Frachtenbörsen bilden für die effiziente Allokation von Transportkapazitäten eine wichtige Schnittstelle zwischen dem Angebot und der Nachfrage. Die Spezifika und Abgrenzungen einzelner Akteure werden nachfolgend erläutert.

Telematikdienstleister

Telematikdienstleister bieten umfassende Lösungen für Flottenbetreiber an, die darauf abzielen, Echtzeitinformationen über Fahrzeugstandorte, Fahrverhalten, Kraftstoffverbrauch und andere relevante Daten zu erfassen. Durch die Integration von GPS-Tracking, Kommunikation und Datenanalyse tragen sie maßgeblich zur Verbesserung der Flottenverwaltung, Effizienz und Sicherheit bei. Besonders für Unternehmen mit einer großen Anzahl von Fahrzeugen erweisen sich diese Dienstleistungen als äußerst bedeutsam, da sie Kosten senken und die Effizienz steigern können. Mithilfe von Telematiksystemen sind Flottenbetreiber in der Lage, den Kraftstoffverbrauch ihrer Fahrzeuge zu überwachen und ineffizientes Fahrverhalten zu erkennen. Dies ermöglicht eine Senkung des Kraftstoffverbrauchs und somit eine Reduzierung der Betriebskosten. Darüber hinaus bieten IT- und Telematikdienstleister auch Lösungen für das Flottenmanagement an, welche die Optimierung von Wartungsplänen und die Verringerung von Ausfallzeiten unterstützen (Lasch, 2020). Ein weiterer Anwendungsfall im speditionellen Umfeld ist der Einsatz von Routen- und Tourenplanungssoftware, um im Hinblick auf vorhandene Transportkapazitäten möglichst vollausgelastete Touren zu planen. Aus dem operativen Alltag eines Disponenten wäre deren Einsatz kaum wegzudenken.

Frachtenbörsen

(Digitale) Frachtenbörsen stellen Online-Plattformen dar, die als Mittler zwischen Angebots- und Nachfrageseite für Fracht- bzw. Laderaumgesuche fungieren. Indem sie eine Vielzahl von Unternehmen von beiden Marktseiten auf einer Plattform zusammenbringen, ermöglichen Frachtenbörsen wie TIMOCOM oder Trans.eu effiziente Transaktionen für beide Marktseiten. So können aus einer kaum überblickbaren Anzahl an Anbietern relationsbezogen passende Angebote gefiltert werden, um freie Ladekapazitäten optimal auszulasten oder für einzelne Sendungen einen passenden Frachtführer zu identifizieren.

Transport- und Logistikplattformen

Digitale Transport- und Logistikplattformen bieten eine breite Palette von Dienstleistungen an. Viele Plattformen sind dabei auf einzelne spezifische Leistungen spezialisiert. Eine Kernleistung ist die Unterstützung des Ausschreibungsmanagements für die Vereinbarung von Kontrakten zwischen Verlader und Logistikdienstleister. Führende Anbieter wie Transporeon unterstützen den Ausschreibungsprozess über eine Plattform mit hohem Standardisierungsgrad. Ähnlich wie Frachtenbörsen, tragen sie zur Steigerung der Transparenz bei, indem sie Verladern die Möglichkeit geben, Angebote von verschiedenen Logistikdienstleistern zu vergleichen (Tarkowski, 2023). Durch die Integration verschiedener Dienstleistungen auf einer Plattform können Unternehmen ihre Transport- und Logistikprozesse insgesamt effizienter gestalten. Beispielsweise können sie Sendungen verfolgen und steuern, um sicherzustellen, dass sie pünktlich ankommen. Sie können auch Dokumente wie Frachtbriefe oder Zollpapiere elektronisch verwalten, um so den Papieraufwand zu reduzieren und Fehler zu vermeiden (Göpfert, 2022). Vor dem Hintergrund angespannter Lieferketten und damit verbundenen Verzögerungen steigt am Markt das Bedürfnis nach Visibilität in Echtzeit, um Lieferketten im Überblick zu halten und bei Störungen möglichst sofort Maßnahmen zu ergreifen. Entsprechend weist der Markt für Visibilität-Dienstleistungen weltweit ein starkes Wachstum auf. Nachfolgend sind in Tabelle 2.2.1 beispielhaft die primären Leistungsspektren ausgewählter Marktakteure aufgeführt.

Tabelle 2.2.1: Abgedecktes Leistungsspektrum ausgewählter Marktakteure im Güterverkehr mit digitalem Angebot.

Anbieter	Transport-Organisation	TMS	Frachtenbörse	Visibilität	Ausschreibungs-Management
CargoBoard	✓				
Forto	✓				
Instafreight	✓				✓
Saloodo	✓		✓		
Sennder	✓				
Active Logistics		✓			
Körber		✓			
Soloplan		✓			
Drive4Schenker			✓		
eTrucknow			✓		
Pamyra			✓		
Teleroute			✓		
Trans.eu			✓		✓
TIMOCOM			✓	✓	✓
Transporeon				✓	✓
FourKites				✓	
project44				✓	
Shippeo				✓	

2.2.4 Aktivitäten von Güterverkehrsunternehmen am Markt: Fallbeispiel 4PL Central Station für den Kunden NOKERA

Wohnhäuser vom Fließband, das ist das NOKERA-Prinzip. Das Schweizer Start-up NO-KERA tritt an, die Bauindustrie durch eine skalierbare und effiziente serielle Fertigung von Wohnimmobilien aus Holz nachhaltig zu transformieren. Spezialisiert auf einen besonders schnellen und skalierbaren Bau, beträgt die Bauzeit für ein Mehrfamilienhaus mit 20 Wohneinheiten nur wenige Monate. Dabei setzt das Unternehmen auf Ressourcen-schonendes und nachhaltiges Bauen sowie einen digitalisierten Planungs-, Produktions- und Montageprozess. So soll Wohnraum nicht nur schnell, sondern auch kostengünstig geschaffen werden. Dass mit dieser nachhaltigen Holzbauweise ein Marktbedürfnis bedient wird, belegt auch die Zahl der bereits über 20.000 beauftragten Wohneinheiten (Stand: September 2023). Nur zwei Jahre nach Unternehmensgründung gehört NOKERA damit zu den „Einhörnern" in der Start-up-Szene. Um durch den Bau der *Green Factory* perspektivisch jährlich bis zu 20.000 Wohnungen zu fertigen, kommt der Logistik eine entscheidende Rolle zu: Um Schnelligkeit, Kosteneffizienz und Skalierbarkeit zu gewährleisten, setzt NOKERA für das Management von Transporten auf eine Kooperation mit dem Fourth Party Logistics Provider 4PL Central Station (4PL CS).[8]

4PL Central Station mit Sitz in Basel wurde im Jahr 2000 von Alexander und Olivier Bauer gegründet und befindet sich im Jahr 2023 weiterhin zu 100 % in Familienbesitz. Als unabhängiger Berater mit interdisziplinärer Expertise, mehr als 350 Logistikexperten und Niederlassungen in Europa und einem globalen Partnernetzwerk steuert 4PL CS alle logistischen Prozesse und Partner seiner Kunden. Das Unternehmen versteht sich dabei als IT und Service Integrator, der Supply Chains mit seiner eigenen Plattform vernetzt. Als 4PL Anbieter ist 4PL CS Generalunternehmer für Carrier, Spediteure und Kontraktlogistiker. 4PL CS greift unabhängig von eigenen Ressourcen auf externe Lösungen am Markt zurück, die auf Kundenbedürfnisse und Lösungskonzepte abgestimmt und erarbeitet werden. Somit sind Kundenbeziehungen im Unterschied zu herkömmlichen Logistikdienstleistern unabhängig von eigenen Ressourcen. Das Geschäftsmodell von 4PL CS basiert dabei erstens auf der logistischen Beratung, zweitens auf Coaching sowie drittens dem operativen Betrieb. Das 4PL-Konzept von 4PL CS ist darauf ausgerichtet, für NOKERA eine effiziente und effektive Logistik zu etablieren, wobei durch die Zusammenarbeit ein Mehrwert gegenüber derer mit einem 3PL realisiert werden soll. Folgende Eigenschaften zeichnen die Beziehung mit dem Kunden NOKERA aus:

1. Neutralität und Unabhängigkeit: *Asset Free* und keine Abhängigkeiten von anderen Logistikdienstleistern ermöglicht objektives Agieren mit dem Ziel, die beste Lösung für den Kunden zu finden.
2. Transparenz: Arbeiten nach dem *open book Prinzip*
3. Abbildung der kompletten Supply Chain als Digital Twin

Als Kunde strebt NOKERA mit der Partnerschaft folgende Zielsetzungen an:
- Frachtkosten senken durch professionelle Beschaffung, Skalen- und Volumeneffekte
- Reduzierung der Prozesskosten durch hohe Automatisierung, weniger Redundanzen und Zentralisierung
- Reduzierung der FTEs durch Pooling-Effekte
- Bestandsreduzierung durch schnellere Durchlaufzeiten
- IT-Investitionen vermeiden
- Fixkosten variabilisieren

Rolle von 4PL CS

Grundsätzlich sind 4PL-Geschäftsbeziehungen sehr tiefgreifend und umfassend. Während das Anbahnen von Geschäftsbeziehungen im Vergleich zum Frachteneinkauf bei einem

---

8 Als Autorenteam bedanken wir uns herzlich bei Herrn Srecko Mühling, Director bei 4PL Central Station Deutschland GmbH, für seine wertvolle Unterstützung und die Bereitstellung von Informationen, welche diese Case-Ausarbeitung ermöglicht haben.

reinen Transportdienstleister meist länger dauert, sind die Ausstiegsbarrieren deutlich höher. Durch eine umfassende Auslagerung von Prozessen an den 4PL-Provider übernimmt dieser substanzielle Anteile des Wertschöpfungsnetzwerks. Partnerschaften werden daher in aller Regel mit dem Ziel einer langfristigen Zusammenarbeit eingegangen. Diese Parallele lässt sich auch in der Geschäftsbeziehung zwischen NOKERA und 4PL CS erkennen. Von Anfang an auf eine langfristige Kooperation ausgelegt, beginnt die Zusammenarbeit in einer ersten Phase mit einem klassischen 3PL-Konzept, bei dem mehrere Experten von 4PL CS den Einkauf von Logistikdienstleistungen am Transportmarkt für NOKERA übernehmen und 4PL CS eine fixe Managementgebühr als Aufschlag zur vereinbarten Frachtrate vergütet bekommt. In einer zweiten Phase wird die Zusammenarbeit vertieft und in das 4PL-Modell überführt, wobei der Control Tower und das TMS von 4PL CS zur Anwendung kommen. Die Tiefe der Integration wird in Abbildung 2.2.2 anhand der übernommenen Tätigkeiten durch 4PL CS verdeutlicht. 4PL CS tritt anstelle von NOKERA an die Schnittstelle zu Werken, Lieferanten, Logistikzentren sowie Transportunternehmen, von der Beschaffung bis hin zur Distribution bei der Montage. 4PL CS operiert in diesem Prozess als single point of entry für die Planung, Steuerung, Überwachung, Kontrolle und Optimierung des logistischen Netzwerks von NOKERA. Das stufenweise Vorgehen bei der Etablierung der Zusammenarbeit ist durch die Besonderheiten der Baustellenlogistik zu erklären. Da es vor Ort bei der Montage nur wenig Abstellflächen gibt, sind just-in-time-Lieferungen erforderlich. Zeitliche Abweichungen können kaum kompensiert werden, weshalb höchste Servicequalität beim Transport noch wichtiger als in anderen Branchen. Die ansonsten entstehenden Folgekosten eines drohenden Montagestillstands auf der Baustelle (NOKERA spricht selbst von Montageplätzen statt Baustellen) sind unbedingt zu vermeiden.

Da über das logistische Netzwerk hinweg viele unvorhersehbare Ereignisse auftreten können wie z. B. Unfälle, Staus oder Wetterextreme, kommt dem Event bzw. Disruption Management in der Geschäftsbeziehung eine wesentliche Bedeutung zu, um im Fall von Lieferverzögerungen frühzeitig reagieren zu können. Hier setzt 4PL CS auf eine Kombination aus Real Time Visibility mit einem Deviation Management, welches den Kunden frühzeitig über eine mögliche Störung informiert. Durch den Einsatz von GPS-Trackern gepaart mit der Real Time Visibility-Lösung von Shippeo ist es 4PL CS möglich, über den Control Tower für jede Sendung die *Estimated Time of Arrival* anzuzeigen und auf zu erwartende Abweichungen hinzuweisen. Sogenannte *Alerts* schaffen die Grundlage, schnell mit allen am Transportprozess beteiligten Akteuren zusammenarbeiten und nach Lösungen zu suchen. Wie weiterer Vorteil, der sich durch die Visibilität aller Transportprozesse über den Control Tower ergibt, ist die Reduktion manueller Prozesse. Indem sämtliche Sendungen zentral auf einer Plattform verfügbar und transparent sind, entfallen Rückfragen per Mail oder Telefon.

Der Control Tower gilt als Herzstück der Zusammenarbeit. Der 4PL CS Control Tower bringt alle Beteiligten im logistischen Netzwerk operativ zusammen und steuert die Prozesse. Der 4PL Control Tower kann nahezu alle operativen Logistikaktivitäten ausführen (siehe Abbildung 2.2.3). Dazu gehören Aktivitäten an der Schnittstelle zu allen beteiligten Akteuren: Externe Partner und Dienstleister werden beispiels-

nokera

Central Transport Desk (CTD) 4PL Operation

4PL **CENTRAL STATION**

Kommunikation / Information

- Transportabrechnung
- Claim Management
- Vertragsmanagement
- Reporting / KPI
- Performance

Kommunikation / Information

- Transport – Order
- Planung
- Steuerung
- Umsetzung
- Ladehilfsmittel Mgmt.
- Trailer -Yard

- Werk A
- Werk B
- Werk C
- Außenlager 1
- Direkt-Lieferant

Kommunikation / Information

- Transport – Order
- Planung
- Steuerung
- Umsetzung
- Abrechnung
- Dokumentation
- Trailer-Yard

- Transport Firma A
- Transport Firma B
- Transport Firma C

Kommunikation/ Information

Onsite Logistics

Kommunikation / Information

- Time Slot Mgmt.
- Trailer-Yard
- Dokumentation
- Ladehilfsmittel Mgmt.
- Lager- u. Ladeplätze

Montage / Baustelle

Kommunikation / Information

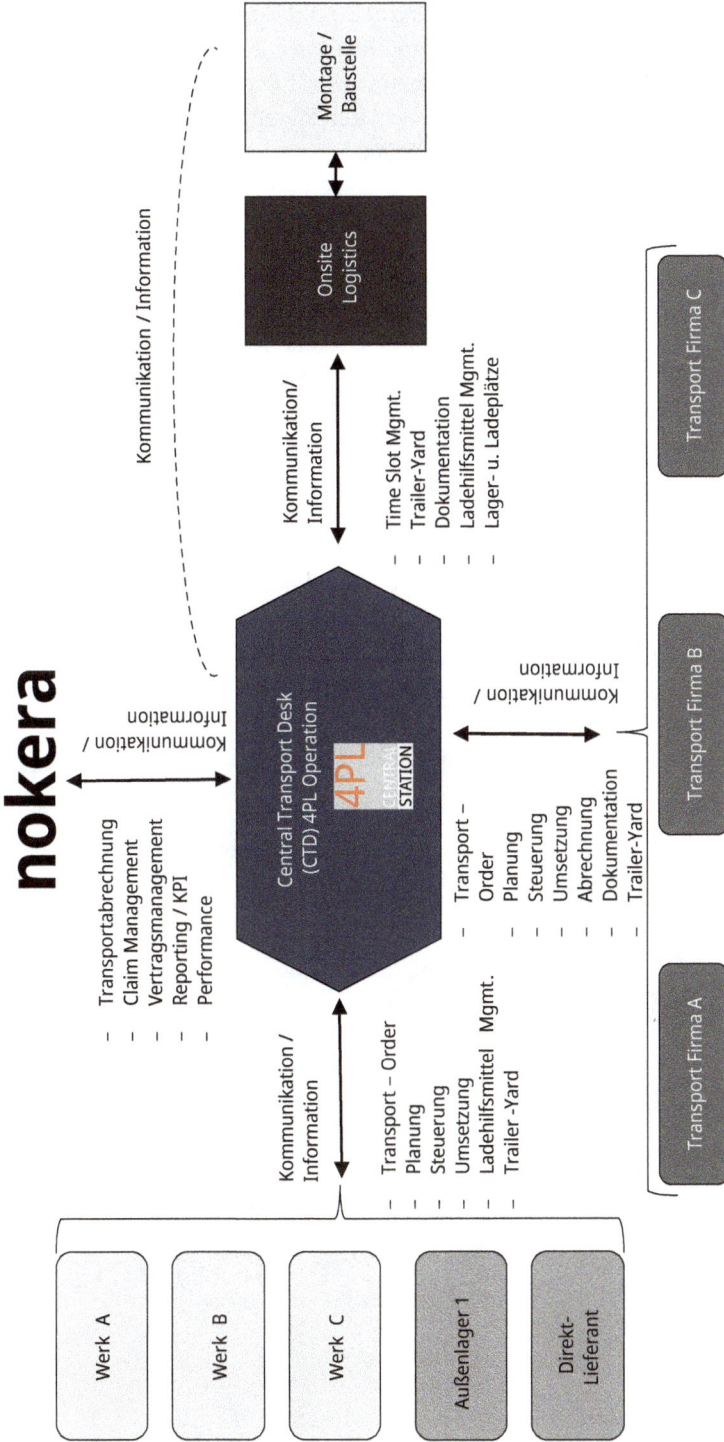

Abbildung 2.2.2: Prozesse und Koordinationsleistungen bei der Zusammenarbeit von 4PL Central Station und NOKERA.

weise im Rahmen des 3PL-Managements einbezogen, während permanente Kennzahlen über Business Intelligence Dashboards und Reports kundenseitig ausschließlich NOKERA bereitgestellt werden. Als Besonderheit gilt, dass Control Tower Services modular implementiert und an die Bedürfnisse des Kunden angepasst werden können. Dies bildet die Voraussetzung, Geschäftsbeziehungen dynamisch anzupassen.

Entwicklungsstufen der Geschäftsbeziehung
Die Implementierung einer solchen Partnerschaft nimmt Zeit in Anspruch und entwickelt sich Schritt für Schritt. Für Kunden ohne Vorerfahrungen ist es am Anfang entscheidend, Vertrauen zu gewinnen und Effizienzvorteile transparent aufgezeigt zu bekommen. Auch für NOKERA erfolgte zunächst eine Potenzialanalyse auf Basis der bisherigen Transportnetzwerke, ehe 4PL CS den Einkauf von Transportdienstleistungen übernahm. Nach ersten positiven Ergebnissen wurde die Implementierung des Control Towers mit allen operativen Verantwortlichkeiten angegangen. Hierbei steht das Heben von Potenzialen im Vordergrund, um das Transportmanagement fortlaufend zu optimieren. Abbildung 2.2.4 zeigt exemplarisch für die Geschäftsbeziehung zwischen 4PL CS und NOKERA die Entwicklung einer 4PL-Geschäftsbeziehung inklusive der jeweils übernommenen Aktivitäten auf. Die erfolgreiche Zusammenarbeit zu Beginn ebnet in der Folge den Weg für Ausbaustufen im logistischen Netzwerk: Zunächst fokussiert auf den Outbound-Bereich, also die Schnittstelle zu den sogenannten

Abbildung 2.2.3: Funktionalität des Control Towers von 4PL Central Station.

Montageplätzen (Baustellen), können künftig auch die Inbound-Transportprozesse, also zu den Fabriken, gemanagt und weitere Services wie die Durchführung des Ausschreibungsmanagements übernommen werden.

Wann und für wen ergibt die Beauftragung eines 4PL-Dienstleisters Sinn?
Die Entscheidung für den Einsatz von 4PL aus Kundensicht hängt von verschiedenen Faktoren ab. Ein entscheidender Aspekt ist die Komplexität der Logistikbedürfnisse. Wenn ein Unternehmen vielfältige und anspruchsvolle logistische Anforderungen hat, kann die Koordination durch einen 4PL-Provider erhebliche Vorteile bieten. Dies gilt insbesondere, wenn Flexibilität gefordert ist, um sich an veränderte Marktbedingungen anzupassen. Allerdings ist zu beachten, dass 4PL nicht für jedes Unternehmen geeignet sind. Die Implementierung erfordert erhebliche Ressourcen und eine Anpassung interner Prozesse. Dabei sind vergleichsweise hohe Einstiegsbarrieren zu überwinden. Unternehmen sollten 4PL-Dienstleister in ihre langfristigen strategischen Zielsetzungen integrieren können.

Nicht zu unterschätzen ist aus Kundensicht, dass durch die tiefe Integration des 4PL-Dienstleisters auch die Abhängigkeit von ihm zunimmt, insbesondere dann, wenn beim Kunden als Folge einer langjährigen Partnerschaft logistische Kompetenzen abgebaut werden, da diese vom 4PL-Dienstleister übernommen werden. Dies kann dazu führen, dass die Hürde für einen Ausstieg weiter steigt und eine kurzfristig anberaumte Kündigung der Geschäftsbeziehung nicht ohne Auswirkungen auf den operativen Betrieb bleiben kann.

Für Kunden wie NOKERA mag demgegenüber das Argument überwiegen, den Fokus auf das Kerngeschäft legen zu können, da man erheblich vom Management logistischer Prozesse entlastet wird. In der Zusammenarbeit sollte ein gewisses Mindestgeschäftsvolumen vorhanden sein, damit sich die Zusammenarbeit mit einem 4PL-Diensteister lohnt. In der Regel sind es Unternehmen mit einem großen Transportaufkommen, die am meisten von der Beauftragung von 4PL-Dienstleistern profitieren, da die Kostenersparnisse und Effizienzsteigerungen die anfänglichen Investitionen rechtfertigen. Potenzielle Kunden sollten die Implementierungskosten und die laufenden Kosten sorgfältig den Effizienzvorteilen gegenüberstellen, um zu beurteilen, ob ein 4PL-Dienstleister für die eigene Situation langfristig zielführend ist. Dies kann je nach finanzieller Situation und verfügbarer Ressourcen variieren. Die Entscheidung für eine Geschäftsbeziehung mit einem 4PL-Dienstleister sollte sorgfältig abgewogen werden, um sicherzustellen, dass die langfristigen Vorteile die Herausforderungen und Kosten überwiegen.

Consulting		Coaching	Operating		Controlling
Planung	Beschaffung	Transportation	Kosten Management		Verbesserung
Potential Analyse (Einsparungen von durchschnittlich 23 %)	Neutrales Vorgehen (Einsparungen von 8 – 10 %)	Operative Optimierung und Schaffung vollständiger Kosten- und Leistungstransparenz und -sichtbarkeit ermöglicht Einsparungen (bis zu 22 %)			KVP: Einsparungen durch perfekte Daten (bis zu 10 %)
– Netzwerkanalyse und -planung – Prozessoptimierung – Lagerprojekte – Cockpit-, SLA- und SOP- Definition – Logistics Health Check	– Strategischer Logistik-Einkauf – E-Sourcing – Dienstleister Management – Spot Quotation – Dynamischer Carrier Auswahl	– (Transport) Order Management – Transport-Planung, Optimierung und Durchführung – Abweichungs-Management – SCEM (Supply Chain Event Management) – Yard-Management – Dokumenten Management – Tarifverwaltung – Frachten Auditierung – Gutschriftsverfahren / Frachtzahlung – Zentrale Rechnungsstellung (eine Rechnung für alle Leistungen)			– Business Intelligence – LSP-Rating – KPI-Management und Reporting – Dashboards – Analysen und Konzepte – CI-Initiativen
Vertrauen Gewinnen		Potential Heben			Weiter Optimieren

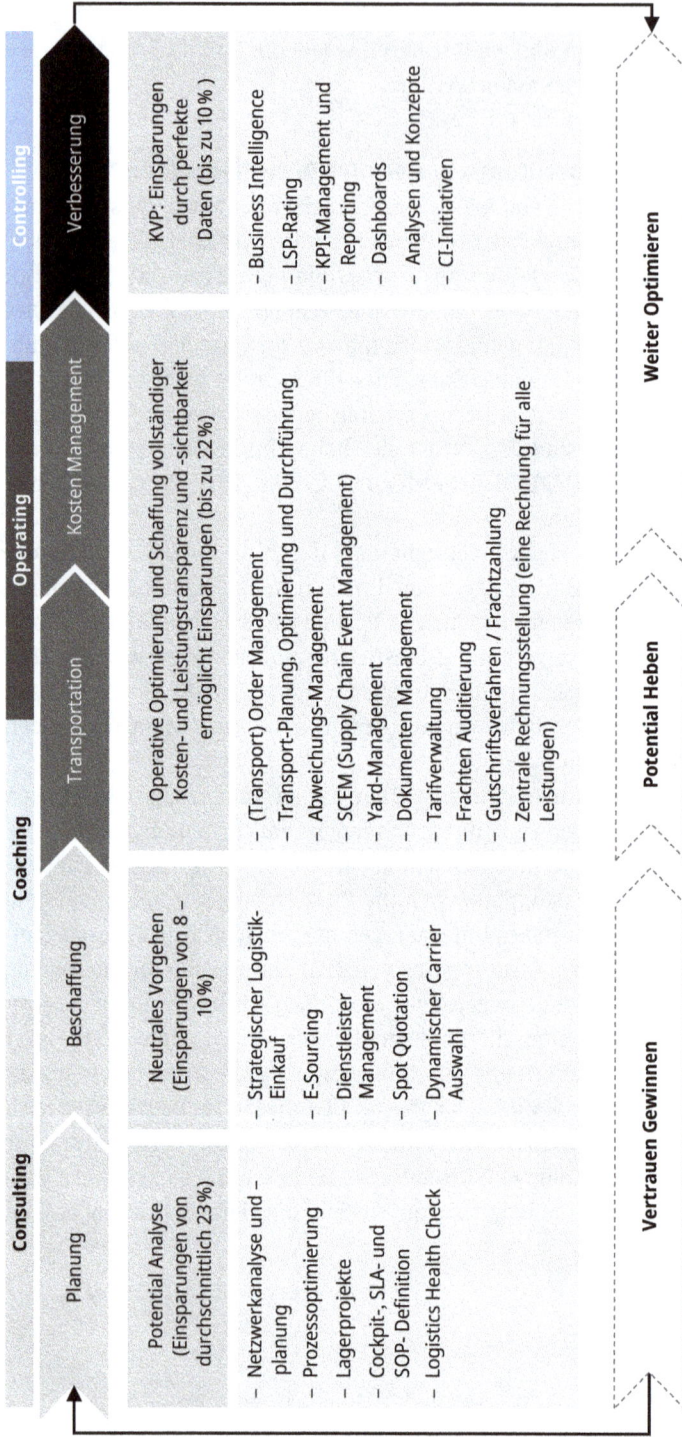

Abbildung 2.2.4: Phasenmodell 4PL-Partnerschaft – Entwicklung einer Geschäftsbeziehung am Beispiel 4PL Central Station und NOKERA.

Literaturverzeichnis

Air Partner (2023). *Luftfracht-Charter*. Abgerufen am 01.07.2023 unter https://www.airpartner.com/de/fracht/luftfracht-charter/

Bundesamt für Justiz (2023). *Handelsgesetzbuch*. Abgerufen am 24.08.2023 unter https://www.gesetze-im-internet.de/hgb/

Dietrich, A. & Fiege, F. (2017). Digitale Transformation des Speditionsgeschäfts umfasst mehr als Spedition 4.0. *Wirtschaftsinformatik & Management, 9*(3), 36–45. https://doi.org/10.1007/s35764-017-0058-6

Eisenbahn-Bundesamt (2021). *Schwerpunktthemen 2022 zur Überwachung von Eisenbahnverkehrs- und -infrastrukturunternehmen (EVU und EIU)*. Abgerufen am 02.07.2023 unter https://www.eba.bund.de/SharedDocs/Fachmitteilungen/DE/2021/32_2021_Ueberwachung_Schwerpunktthemen_2022.html

Gateway Basel Nord (2023). *Über uns*. Abgerufen am 01.07.2023 unter https://gateway-baselnord.com/ueber-uns/

Göpfert, I. (2022). Plattformen in Transport und Logistik – Empirische Studie und Experteninterview. In I. Göpfert (Hrsg.), *Logistik der Zukunft – Logistics ort he Future* (S. 185–200). Wiesbaden: Gabler.

Häberle, L. & Stölzle, W. (2020). *Luftfrachtlogistik-Studie Schweiz 2020: Fakten – Anforderungen – Trends*. Göttingen: Cuvillier Verlag.

HHLA Hamburger Hafen und Logistik AG (2023). *Faktencheck zur COSCO-Beteiligung*. Abgerufen am 03.07.2023 unter https://hhla.de/faktencheck-cosco-beteiligung

Holzki, L. (2021). Einhörner: Softbank steigt bei Forto ein – Berliner Logistik-Start-up übersteigt Milliarden-Bewertung. *Handelsblatt*. Abgerufen am 03.07.2023 unter https://www.handelsblatt.com/technik/it-internet/einhoerner-softbank-steigt-bei-forto-ein-berliner-logistik-start-up-uebersteigt-milliarden-bewertung/27304584.html

Hupac (2023). *Über uns*. Abgerufen am 22.08.2023 unter https://www.hupac.com/DE/Uber-Hupac-07435200

IATA (2023). *Ground Handling Partner Directory*. Abgerufen am 01.07.2023 unter https://www.iata.org/en/publications/directories/ghp-directory/-

Lasch, R. (2020). Telematik im Straßengüterverkehr. In R. Lasch (Hrsg.), *Strategisches und operatives Logistikmanagement: Distribution* (3. Aufl., S. 329–358). Wiesbaden: Gabler.

Preuß, O. (2021). Hamburger Hafen: Die Hansestadt wagt den heiklen China-Deal. *DIE WELT*. Abgerufen am 01.07.2023 unter https://www.welt.de/wirtschaft/article233222169/Hamburger-Hafen-Die-Hansestadt-wagt-den-heiklen-China-Deal.html

Ruiner, C. & Klumpp, M. (2022). Arbeitsbeziehungen bei plattformbasierten Dienstleistungen in der Logistik. In M. Bruhn & K. Hadwich (Hrsg.), *Smart Services: Band 3: Kundenperspektive–Mitarbeiterperspektive–Rechtsperspektive* (S. 291–316). Wiesbaden: Springer Fachmedien.

Schäfer, J. (2019). *Luftfracht: Akteure – Prozesse – Märkte – Entwicklungen*. Wiesbaden: Springer Fachmedien.

Schlautmann, C. (2022). MSC, Maersk und CMA CGM: Reedereien entern die Logistikbranche. *Handelsblatt*. Abgerufen am 01.07.2023 unter https://www.handelsblatt.com/unternehmen/handel-konsumgueter/msc-maersk-cma-cgm-reedereien-investieren-milliarden-in-zukaeufe-aus-der-logistikbranche/28322790.html

Schnieder, L. (2021). *Schutz kritischer Infrastrukturen im Verkehr: Security Engineering als ganzheitlicher Ansatz* (3. Aufl.). Wiesbaden: Springer Vieweg.

SkyCell (2023). Our company. Abgerufen am 01.07.2023 unter https://www.skycell.ch/company/

Tarkowski, J. (2023). Digitale Plattformen und ihr Potenzial, die Transportbranche zu revolutionieren. In P.H. Voß (Hrsg.), *Die Neuerfindung der Logistik*. (S. 211–224). Wiesbaden: Gabler.

TIP Group (2023). *Mietlösungen Nutzfahrzeuge*. Abgerufen am 03.07.2023 unter https://www.tip-group.com/de/miete

VTG AG (2020). *Beständig im Wandel VTG-Jahresrückblick 2020.* Abgerufen am 03.07.2023 unter https://www. vtg.de/fileadmin/VTG/Dokumente/Investor_Relations/Berichte/Bestaendig_im_Wandel_-_VTG-Jahres rueckblick_2020.pdf

2.3 Ausgewählte Güterverkehrsunternehmen im Profil

Dustin Schöder, Matthias Magnor

Die große Anzahl von Unternehmen, die Heterogenität der Akteure und die Komplexität der Geschäftsmodelle im Markt der Logistikdienstleistungen im Allgemeinen und der Güterverkehrsunternehmen im Speziellen machen eine umfassende Darstellung nach dem MECE-Prinzip (engl. „mutually exclusive, collectively exhaustive" – allumfassend und überschneidungsfrei) nahezu unmöglich. Zudem existiert eine Vielzahl exzellenter Publikationen, wie der seit 1995 jährlich erscheinenden Fraunhofer SCS-Studie „TOP 100 der Logistik". Sie geben einen umfassenden und aktuellen Blick auf den deutschen und europäischen Logistikmarkt sowie deren wichtigste Akteure.

Anliegen dieses Kapitels ist es, den Markt aus einer Metaebene zu betrachten, aus Sicht der Autoren wichtige Segmente von Marktteilnehmern herauszuarbeiten und anhand ausgewählter Beispiele von Unternehmen in den jeweiligen Segmenten diese exemplarisch zu beschreiben. Die heutige Form und jeweilige Marktstellung der Akteure ist stets das Ergebnis exogener Marktentwicklungen und unternehmerischer, interner Unternehmensentscheidungen. Mithin werden im Rahmen der Profile die geschichtliche Entwicklung der ausgewählten Unternehmen, die aktuelle Marktposition sowie mögliche zukünftige Entwicklungen skizziert.

Aus Sicht der Autoren lassen sich fünf wichtige Segmente im Markt der Güterverkehrsunternehmen identifizieren:

1. Die **globalen Riesen** – hierunter werden Unternehmen zusammengefasst, die häufig aus ehemals staatlichen Organisationen wie der Post und Bahn hervorgegangen sind. Durch oftmals ambitionierte Akquisitionsstrategien sind sie heute zu den globalen Akteuren der Logistikindustrie mit Vollsortimenten, d. h. globale Aktivitäten in allen relevanten Güterverkehrsmärkten und -segmenten, aufgestiegen. Exemplarisch für dieses Segment wird die historische Entwicklung und das aktuelle Profil des Unternehmens DHL skizziert.
2. Die **Platzhirsche** – hierunter werden mittelständisch geprägte Unternehmen mit klarem regionalem und/oder nationalem Schwerpunkt zusammengefasst. Diese Unternehmen befinden sich oftmals im Besitz von Unternehmern/-familien. Ihr Wachstum gründet auf lokaler Marktpenetration durch Verdrängung und/oder Aufkauf von Wettbewerbern sowie auf mittelständisch geprägten Kooperationen und Partnerschaftsmodellen für nicht zum Kerngebiet gehörende Regionen. Exemplarisch für dieses Segment wird die historische Entwicklung und das aktuelle Profil des Unternehmens Gebrüder Weiss skizziert.

3. Die **Asset Spezialisten** – hierunter werden Unternehmen zusammengefasst, die aufgrund starker und/oder monopolartiger Infrastrukturen („Assets") über einen schwer zu imitierenden Wettbewerbsvorteil sowie Skaleneffekte und in Konsequenz über eine natürliche, marktdominierende Positionierung im Wettbewerb verfügen. Beispielhaft wird dies anhand der DB Cargo AG skizziert.

4. Die **vertikalen Integratoren** – hierunter werden Marktteilnehmer zusammengefasst, die sich aus der Verlader-Position in die Position von Güterverkehrsunternehmen vertikal integrieren. Die eigentliche Kernkompetenz dieser Unternehmen lag ursprünglich auf einem anderen Feld, bspw. im Handel. Jedoch wurden Logistikkompetenzen aufgebaut die ursprünglich den Markterfolg des Kerngeschäfts stützen sollten und sich im Laufe der Zeit zu einem eigenständigen USP (unique selling proposition) weiterentwickelt haben. Am Beispiel von Amazon wird dargestellt, welchen Entwicklungen diesen Schritt ermöglicht haben und welchen Einfluss die vertikalen Integratoren auf die etablierten Marktteilnehmer haben könnten.

5. Die **digital Newcomer** – hierunter werden Marktteilnehmer zusammengefasst, die sich mithilfe von Millionen-Finanzierungen aus Risikokapital aber ohne eigene physische Assets mithilfe von Digitalisierung, KI und Technologien anschicken, den stark fragmentierten Güterverkehrsmarkt zu digitalisieren. Am Beispiel des Unternehmens Sennder wird nachfolgend die Entwicklung, das Geschäftsmodell und des möglichen Potenzials aufgezeigt.

Darüber hinaus gibt es im Güterverkehrsmarkt eine Vielzahl von Klein- und Kleinstunternehmen, welche i. d.R. als Subdienstleister und Fuhrunternehmer für größere Speditionen und Dienstleister tätig sind. Diese Unternehmen lassen sich nur schwer in die genannten Kategorien einordnen und mit einem aussagefähigen Profil beschreiben. Zumeist handelt es sich um mittelständische Unternehmen, welche eine gewisse Anzahl an Lkw und/oder anderen Assets sowie einige Läger besitzen und im Selbsteintritt agieren. Der Fokus der Aktivitäten ist i. d.R. regional oder auf bestimmte Nischen ausgerichtet. Aufgrund der Größe dieser Unternehmen existiert zumeist keine klar ausformulierte Strategie. Häufig verfügen diese Klein- und Kleinstunternehmen jedoch über ein Portfolio an „Stammkunden" (i. d.R. mittlere und größere Speditionen), welche die Grundauslastung des Geschäfts stellen und als „Anker-Kunden" zu betrachten sind. Die Klein- und Kleinstunternehmen werden im Folgenden nicht weitergehend betrachtet.

Nachfolgend wird für jede der fünf genannten Kategorien ein Unternehmen beispielhaft vorgestellt. Die Auswahl erfolgte nicht, weil die vorgestellten Unternehmen die besten auf ihrem Gebiet wären, sondern weil sie ein typisches Beispiel für die beschriebene Segmentierung darstellen.

2.3.1 Profil der DHL: Eine Erfolgsgeschichte globaler Logistik

Exemplarisch für das Segment globale Riesen wird nachfolgend die historische Entwicklung und das aktuelle Profil des Unternehmens DHL skizziert. Die Deutsche Post DHL Group, allgemein als DHL bekannt, ist eines der weltweit führenden Logistikunternehmen mit Hauptsitz in Bonn, Deutschland. Seit ihrer Gründung hat sich die DHL zu einem bedeutenden Akteur in der Logistikbranche entwickelt und hat einen USP für global verfügbare, zuverlässige und effiziente Dienstleistungen entwickelt. Dieses Profil beleuchtet die geschichtliche Entwicklung, das Portfolio der Geschäftsaktivitäten, die Positionierung am Markt sowie die strategische Ausrichtung des Unternehmens.

Geschichte: Die Anfänge und Expansion

Die Geschichte der DHL begann im Jahr 1969 in San Francisco, USA, als der Unternehmer Adrian Dalsey, der Luftfahrtingenieur Larry Hillblom und der Wirtschaftsstudent Robert Lynn die Initialen ihrer Nachnamen kombinierten, um das Unternehmen DHL zu gründen. Sie erkannten das Potenzial eines internationalen Expressdienstes und entwickelten ein innovatives System, das den schnellen Transport von Dokumenten und Fracht ermöglichte. Das Konzept basierte auf einem Netzwerk von Kurieren, welche Frachtsendungen direkt von der Abholstelle zum Zielort beförderten und so die traditionellen Wege der Luft- und Seefracht umgingen.

Das Unternehmen wuchs schnell und erweiterte sich in den 1970er und 1980er Jahren in neue Märkte, einschließlich Europas und Asiens. Es war das erste Unternehmen, das eine „Übernacht-Zustellung" von Dokumenten anbot, was einen Meilenstein in der Logistikbranche darstellte. In den folgenden Jahrzehnten baute DHL ihr internationales Netzwerk weiter aus, indem das Unternehmen zahlreiche Kooperationen einging und strategische Akquisitionen tätigte, um die globale Präsenz zu stärken. Im Jahr 2002 wurde das Unternehmen durch die Deutsche Post AG übernommen, welche in den Folgejahren ihr gesamtes Express- und Logistikgeschäft unter der Marke DHL bündelte (vgl. Deutsche Post DHL Group, 2023a).

Geschäftsaktivitäten: Breites Dienstleistungsportfolio

Heute bietet DHL ein breites Spektrum an Logistikdienstleistungen an, welche sich in verschiedene Geschäftsbereiche untergliedern lassen:

DHL Express: Das Kerngeschäft von DHL ist der internationale Expressdienst. Es umfasst die schnelle und zuverlässige Lieferung von Dokumenten, Paketen und Fracht in über 220 Länder und Regionen weltweit.

DHL Global Forwarding: Dieser Geschäftsbereich konzentriert sich auf Luft- und Seefracht, Spedition und Zollabfertigung. Angeboten werden maßgeschneiderte Transportlösungen für Unternehmen, die große oder ungewöhnlich geformte Fracht versenden.

DHL Supply Chain: Hier bietet DHL maßgeschneiderte Logistiklösungen für Unternehmen, um komplexe Lieferketten zu planen und zu steuern. Zu diesem Portfolio gehören im Besonderen die Kontraktlogistik, Distribution, Beschaffungslogistik sowie zahlreiche Mehrwertdienstleistungen.

DHL eCommerce Solutions: Dieser Bereich konzentriert sich auf die Abwicklung von E-Commerce-Sendungen und umfasst End-to-End-Lösungen für Online-Händler, einschließlich Lagerung, Lieferung und Retourenmanagement.

DHL Freight: DHL Freight fokussiert sich auf Straßengüterverkehrsdienstleistungen für den europäischen und internationalen Frachtverkehr. Im Fokus stehen Stückguttransporte sowie Teil- und Komplettladungen.

DHL Parcel: Dieser Geschäftsbereich ist auf die Lieferung von Paketen im Inland spezialisiert, insbesondere in Deutschland (vgl. Deutsche Post DHL Group, 2023b).

Marktpositionierung: Ein globaler Full-Service-Anbieter in der Logistikbranche

Die DHL hat sich als einer der weltweit führenden Anbieter mit Vollsortiment in der Logistikbranche etabliert. Die Marke DHL ist international bekannt und steht für Zuverlässigkeit, Effizienz und hohe Servicequalität. Das Unternehmen hat eine starke globale Präsenz mit einem dichten Netzwerk von Flughäfen, Depots und Vertriebszentren auf der ganzen Welt.

Ein wesentlicher Faktor für den Erfolg und die Marktpositionierung der DHL ist die Fähigkeit des Unternehmens, sich den sich schnell und teilweise antizipativ den ändernden Bedürfnissen der Kunden anzupassen und innovative Lösungen zu entwickeln. Die breite Einführung neuer Technologien, wie Elektromobilität, Echtzeit-Tracking, automatisierter Lagerhaltung und die Anwendung der Drohnentechnologie, hat der DHL geholfen, die eigenen Logistikprozesse dynamisch zu optimieren und resilient zu gestalten.

Strategische Ausrichtung: Nachhaltige Logistik und digitale Transformation

Als globaler Logistikdienstleister hat DHL frühzeitig erkannt, dass Nachhaltigkeit und Umweltbewusstsein in der Branche von entscheidender Bedeutung sind. Das Unternehmen hat sich verpflichtet, seine CO_2-Emissionen und Umweltauswirkungen zu reduzieren. DHL setzt vermehrt auf alternative Kraftstoffe, energieeffiziente Flugzeuge und Fahrzeuge sowie auf den Ausbau erneuerbarer Energien in seinen Einrichtungen.

Darüber hinaus hat DHL eine klare digitale Transformationsstrategie verfolgt. Es investiert in die Entwicklung von digitalen Plattformen und Technologien, um Prozesse zu automatisieren, die Effizienz zu steigern und die Kundeninteraktion zu verbessern. Echtzeit-Tracking, künstliche Intelligenz und Datenanalyse sind nur einige der Technologien, welche die DHL entwickelt und einsetzt, um die eigenen Logistikdienstleistungen kontinuierlich zu optimieren (vgl. Deutsche Post DHL Group, 2023c; vgl. Deutsche Post DHL Group, 2023d).

Fazit: Eine Erfolgsgeschichte

DHL hat sich seit seiner Gründung zu einem der führenden Logistikunternehmen weltweit entwickelt und ist als gelungenes Beispiel der Privatisierung eines Staatsunternehmens (der Deutschen Post) zu betrachten. Durch eine innovative Herangehensweise, ein breites Serviceangebot und die kontinuierliche Anpassungsfähigkeit an die Bedürfnisse des Markts, hat sich das Unternehmen eine starke Marktposition entwickelt. Mit einem klaren Fokus auf Nachhaltigkeit und digitale Transformation wird DHL zweifellos weiterhin eine bedeutende Rolle in der globalen Logistikbranche spielen und seine Erfolgsgeschichte fortsetzen.

2.3.2 Profil von Gebrüder Weiss: Ein Pionier in der Logistikbranche

Exemplarisch für das Segment Platzhirsche wird nachfolgend die historische Entwicklung und das aktuelle Profil des Unternehmens Gebrüder Weiss skizziert. Gebrüder Weiss ist ein international tätiges Logistikunternehmen mit Sitz in Lauterach, Österreich. Seit seiner Gründung im Jahr 1823 hat das Familienunternehmen eine beeindruckende Geschichte in der Logistikbranche geschrieben. Dieses Profil beleuchtet die historische Entwicklung des Unternehmens, seine verschiedenen Geschäftsaktivitäten, die aktuelle Marktpositionierung sowie die strategische Ausrichtung von Gebrüder Weiss.

Geschichte: Von den Anfängen bis zur Globalisierung

Die Geschichte von Gebrüder Weiss begann vor fast zwei Jahrhunderten in Vorarlberg, Österreich.[9] Das Unternehmen wurde ursprünglich als Fuhrunternehmen von den Brüdern Johann und Konrad Weiss gegründet. Zu Beginn lag der Schwerpunkt auf regionalen Transport- und Speditionsdienstleistungen, wobei Pferde und Kutschen als Transportmittel dienten. Im Laufe der Jahre wuchs Gebrüder Weiss stetig und entwickelte sich zu einem Pionier in der Logistikbranche. In den 1950er Jahren führte das Unternehmen den Lkw-Transport ein und erweiterte sein Geschäft über die Grenzen Österreichs hinaus in andere europäische Länder. Mit der zunehmenden Globalisierung in den 1980er und 1990er Jahren erweiterte Gebrüder Weiss sein internationales Netzwerk und bot nun auch Luft- und Seefrachtdienstleistungen an. Im 21. Jahrhundert etablierte sich Gebrüder Weiss als führender internationaler Logistik-

---

[9] Die frühe Geschichte der Familie Weiss reicht bis in das 15. Jahrhundert zurück, wodurch Gebrüder Weiss in einigen Publikationen als die älteste Spedition der Welt bezeichnet wird. Am Beginn stand der „Mailänder Bote". Im Auftrag der Stadt Lindau betrieben die Familen Spehler und Vis (Weiss) den Dienst von Lindau über Fussach und Chur über den Splügenpass und den Comersee nach Mailand. Im 16. Jahrhundert konnte der Botendienst gegen den Widerstand der Familie Thurn & Taxis (Reichspost) nach langjährigem Prozess weitergeführt werden. Johann Wolfgang von Goethe war wohl der prominenteste Kunde dieser Zeit.

dienstleister mit einem umfassenden Serviceangebot, welches weite Teile der globalen Lieferkette abdeckt (vgl. Gebrüder Weiss, 2023a).

Geschäftsaktivitäten: Umfassendes Serviceportfolio

Gebrüder Weiss bietet ein umfassendes Serviceportfolio, welches eine breite Palette logistischer Dienstleistungen abdeckt:

Landverkehr: Das Unternehmen ist auf den Straßentransport spezialisiert und bietet nationale und internationale Lkw-Transportlösungen für verschiedenste Güter an. Dies umfasst Stückgut, Teil- und Komplettladungen sowie intermodale Transporte.

Luft- und Seefracht: Gebrüder Weiss ist ein erfahrener Luft- und Seefrachtspediteur, der den sicheren und zuverlässigen Transport von Frachtgütern auf der ganzen Welt ermöglicht. Das Unternehmen bietet zudem Mehrwertdienste wie Zollabfertigung und Versicherungslösungen an.

Kontraktlogistik: Unter der Sparte Kontraktlogistik bietet Gebrüder Weiss maßgeschneiderte Lösungen für die Kontraktlogistik, Distribution und Kundenauftragsabwicklung an. Es betreibt Lagerflächen und Logistikzentren, um komplexe Lieferketten zu verwalten.

Sonstige Dienstleistungen: Darüber hinaus ist Gebrüder Weiss in weiteren Dienstleistungssegmenten aktiv. So ist der Geschäftsbereich Projektlogistik ist auf die Abwicklung von Großprojekten und Schwerlasttransporten spezialisiert, während der Bereich E-Commerce-Lösungen individuelle Logistiklösungen für Online-Händler anbietet. Darüber hinaus werden Beratungsleistungen angeboten (vgl. Gebrüder Weiss, 2023b).

Marktpositionierung: Kundenorientierung und regionale Präsenz

Gebrüder Weiss hat sich als mittelständisch geprägtes Logistikunternehmen mit einem Fokus auf Kundenzufriedenheit und Qualität etabliert. Die langjährige Erfahrung und das Know-how des lange Zeit familiengeführten Unternehmens machen es zu einem vertrauenswürdigen Partner für (mittelständische) Unternehmen weltweit.

Ein weiterer wichtiger Aspekt der Marktpositionierung von Gebrüder Weiss ist seine starke regionale Präsenz. Das Unternehmen verfügt über ein umfangreiches Netzwerk von Niederlassungen und Logistikzentren in Europa, Asien und Amerika. Diese regionale Nähe ermöglicht es Gebrüder Weiss, die spezifischen Anforderungen der Kunden vor Ort besser zu verstehen und maßgeschneiderte Lösungen anzubieten.

Strategische Ausrichtung: Innovation und Nachhaltigkeit

Die strategische Ausrichtung von Gebrüder Weiss fokussiert auf kontinuierliche Innovation und Nachhaltigkeit. Das Unternehmen investiert in moderne Technologien und digitale Lösungen, um seine Logistikprozesse zu optimieren und seinen Kunden einen

Wettbewerbsvorteil zu ermöglichen. Echtzeit-Tracking, digitale Plattformen und Datenanalyse sind wichtige Elemente dieser Innovationsstrategie.

Gleichzeitig setzt Gebrüder Weiss auf Nachhaltigkeit und Umweltbewusstsein. Das Unternehmen verfolgt das Ziel, seinen ökologischen Fußabdruck zu minimieren und arbeitet an umweltfreundlichen Transportlösungen. Die Förderung der Ressourceneffizienz, der Einsatz von umweltfreundlichen Fahrzeugen und die Reduzierung von Emissionen sind zentrale Bestandteile der nachhaltigen Unternehmensstrategie (vgl. Gebrüder Weiss, 2023c).

Fazit: Ein internationalisiertes Familienunternehmen in der Logistikbranche

Gebrüder Weiss hat sich seit seiner Gründung zu einem wichtigen Akteur in der Logistikbranche entwickelt. Das Unternehmen ist ein gutes Beispiel für die Internationalisierung eines mittelständisch geprägten Familienunternehmens, welches über eine hohe Innovationskraft, ausgeprägte Unternehmenskultur und ein modernes, stringentes Management verfügt.

2.3.3 Profil der DB Cargo: Ein führendes Güterbahnunternehmen

Exemplarisch für das Segment Asset Spezialisten wird nachfolgend die historische Entwicklung und das aktuelle Profil des Unternehmens DB Cargo AG skizziert. Die DB Cargo AG, eine Tochtergesellschaft der Deutschen Bahn AG, ist ein Unternehmen in Staatsbesitz. Mit einer langen Geschichte und einem breiten Spektrum von Geschäftsaktivitäten spielt DB Cargo eine zentrale Rolle im Güterverkehr auf der Schiene. Dieses Profil beleuchtet die historische Entwicklung, die vielfältigen Geschäftsaktivitäten, die aktuelle Marktpositionierung sowie die strategische Ausrichtung der DB Cargo.

Geschichte: Von den Anfängen bis zur Internationalisierung

Die Geschichte von DB Cargo reicht bis in das 19. Jahrhundert zurück, als die ersten deutschen Eisenbahnen gebaut wurden. Der Güterverkehr auf der Schiene spielte von Anfang an eine wichtige Rolle, und mit der Etablierung der Deutschen Bundesbahn in den 1950er Jahren entwickelte sich das Unternehmen zu einem bedeutenden Akteur im Gütertransport. In den folgenden Jahrzehnten expandierte die DB Cargo und baute ihre Aktivitäten über die deutschen Grenzen hinaus aus. Es etablierte internationale Verbindungen und entwickelte sich zu einem wichtigen Partner für den grenzüberschreitenden, schienengebundenen Güterverkehr in Europa. Im Jahr 2000 wurde die Bahnfrachtsparte der Deutschen Bahn unter dem Namen „Railion" zu einer eigenständigen Tochtergesellschaft, welche später in „DB Schenker Rail" und schließlich in „DB Cargo" umbenannt wurde (vgl. Deutsche Bahn AG, 2023).

Geschäftsaktivitäten: Effizienter Gütertransport auf der Schiene

DB Cargo bietet ein breites Spektrum an Güterbahnleistungen an, die sich in verschiedene Geschäftsbereiche unterteilen lassen:

Transportleistungen: Die DB Cargo ist auf den Transport von Gütern aller Art spezialisiert, einschließlich Containerverkehr, Schüttgut, Flüssigkeiten, Stückgut und Sondertransporten. Das Unternehmen betreibt ein dichtes Streckennetz in Deutschland und Europa und ist an vielen wichtigen Knotenpunkten präsent.

Logistiklösungen: Neben dem reinen Gütertransport bietet DB Cargo auch maßgeschneiderte Logistiklösungen an. Das umfasst unter anderem die Organisation von Logistikketten, Lagerhaltung und Vor- und Nachlaufdienstleistungen.

Intermodale Verkehre: Die DB Cargo setzt verstärkt auf intermodale Transportlösungen, bei denen verschiedene Verkehrsträger wie Schiene, Straße und Schiff kombiniert werden, um die Vorteile der einzelnen Modi zu nutzen und eine effiziente Lieferkette zu gewährleisten.

Internationale Verbindungen: Die DB Cargo ist ein wichtiger Anbieter im europäischen Güterverkehr und bietet internationale Verbindungen zwischen verschiedenen Ländern an. Das Unternehmen spielt eine bedeutende Rolle im grenzüberschreitenden Handel und den Logistikflüssen innerhalb Europas. Bereits heute sind ca. 60 % aller Transporte paneuropäisch (vgl. DB Cargo AG, 2023a; vgl. DB Cargo AG, 2023b).

Marktpositionierung: Ein ganzheitlicher Ansatz

Die DB Cargo ist ein Schlüsselakteur im europäischen Güterverkehr und nimmt eine zentrale Position in der Branche ein. Mit einem dichten Netzwerk von Strecken und Terminals in ganz Europa ist das Unternehmen in der Lage, effiziente und zuverlässige Gütertransportlösungen anzubieten. Zielkunden im Segment der Massengutlogistik sind die Baustoff-, Düngemittel- und Montanindustrie. Im Segment der Industrie- und Handelslogistik stehen Kunden aus der Automobil-, Chemie-, Mineralöl-, Konsumgüter-, Zellstoff- und Papierindustrie im Fokus. Im Segment des Kombinierten Verkehrs sind die Dienstleistungen auf Operateure, Spediteure und Reeder ausgerichtet. Grundsätzlich prägen Großkunden die Kundenstruktur. Die DB Cargo setzt verstärkt auf intermodale Lösungen und arbeitet an der Modernisierung ihrer Flotte, um den Güterverkehr auf der Schiene attraktiver zu gestalten.

Strategische Ausrichtung: Bahnlogistiker

Die strategische Ausrichtung der DB Cargo fokussiert eine Erhöhung der Wertschöpfungstiefe. Das Unternehmen hat sich in der 2021 gegebenen Strategie „Starke Cargo" einer Neuausrichtung verschrieben. Die DB Cargo setzt zukünftig verstärkt auf Bahnlogistik und will so neues Wachstum erzeugen. Ziel ist es, Anbieter kompletter Logistikketten zu werden und sich so vom Carrier zum Operateur und Logistikdienstleister zu entwickeln. Das Unternehmen ergänzt das bestehende Geschäftsmodell mit den Sparten Ganzzugverkehr, Einzelwagenverkehr und Kombinierter Verkehr um Dienstleistungen in der Bahnlogistik. Nach eigenen Angaben strebt die DB Cargo an, bis Mitte der 20er Jahre in Deutschland und Europa kontinuierlich zum Schienenlogistiker werden und nachhaltig profitabel sein (vgl. DB Cargo AG, 2023c). Das Unternehmen setzt dafür auf die digitale Transformation, um seine Logistikprozesse zu optimieren und die Effizienz zu steigern. Die DB Cargo investiert in moderne Technologien und digitale Plattformen, um den Güterverkehr zu automatisieren, Echtzeit-Tracking anzubieten und die Kundeninteraktion zu verbessern. Schlüsselressourcen sind die enge Kundenbindung, motivierte und gut ausgebildete Mitarbeiter sowie der effiziente Einsatz des Rollmaterials und eine leistungsfähige Infrastruktur. Die Produktion wird im Wesentlichen mit einer eigenen Flotte von Lokomotiven und Wagen durchgeführt. Darüber hinaus sind Nachhaltigkeit und Umweltschutz von strategischer Bedeutung. Das Unternehmen verfolgt das Ziel, den spezifischen Endenergieverbrauch bis 2030 um 30 % gegenüber 2006 zu senken und so den CO_2-Ausstoß signifikant zu reduzieren. Die DB Cargo investiert in umweltfreundliche Technologien, nutzt energieeffiziente Züge und arbeitet daran, die Verkehrsverlagerung auf die Schiene im Rahmen der verkehrs- und klimapolitischen Ziele der Bundesregierung zu erreichen (Vgl. DB Cargo AG, 2023d).

Fazit: Ein wichtiger Akteur im europäischen Schienengüterverkehr

Die DB Cargo gehört zu den führenden Schienenlogistikunternehmen in Europa. Mit einer langen Geschichte, einer breiten Palette von Geschäftsaktivitäten und einer zukunftsorientierten Strategie ist das Unternehmen gut positioniert, um weiterhin eine wichtige Rolle in der globalen Logistikbranche zu spielen.

2.3.4 Profil von Amazon: Ein Gigant der Logistikbranche

Exemplarisch für das Segment vertikale Integratoren wird nachfolgend die historische Entwicklung und das aktuelle Profil des Unternehmens Amazon skizziert. Amazon ist ein globaler E-Commerce-Riese und zählt zu den wertvollsten Unternehmen der Welt. Neben seinem bahnbrechenden Online-Marktplatz ist Amazon auch als führender Akteur in der Logistikbranche bekannt. Dieses Profil beleuchtet die historische Entwicklung, die umfangreichen Geschäftsaktivitäten, die starke Marktpositionierung und die strategische Ausrichtung von Amazon in Bezug auf die Logistik.

Geschichte: Von der Online-Buchhandlung zum globalen E-Commerce-Giganten

Amazon wurde im Jahr 1994 von Jeff Bezos in Seattle, USA, gegründet. Ursprünglich als Online-Buchhandlung gestartet, erweiterte Amazon sein Sortiment schnell und begann, eine breite Palette von Produkten anzubieten, darunter Elektronik, Kleidung, Haushaltswaren, Lebensmittel und vieles mehr. Das Unternehmen revolutionierte den E-Commerce mit innovativen Funktionen wie One-Click-Bestellungen, Empfehlungssystemen und schnellen Lieferungen. Amazon wuchs exponentiell und expandierte in verschiedene internationale Märkte. Das Unternehmen etablierte auch eigene Produktionslinien, wie die Kindle E-Reader und die Echo-Serie von Smart Speakern, die Amazon als Technologieunternehmen positionierten (vgl. Amazon, 2023a; vgl. Basic Thinking, 2019).

Geschäftsaktivitäten: Ein umfassendes Logistiknetzwerk

Das Herzstück der Logistikaktivitäten von Amazon ist das Fulfillment Center-Netzwerk. Diese Lagerhäuser sind strategisch in der Nähe wichtiger Ballungsgebiete platziert und dienen der Lagerung, Verpackung und dem Versand von Waren. Die fortschrittliche Robotik und Automatisierung in den Fulfillment Centern ermöglichen eine schnelle und effiziente Bearbeitung großer Mengen von Bestellungen.

Amazon hat auch sein eigenes Liefernetzwerk aufgebaut, um die Geschwindigkeit und Zuverlässigkeit der Lieferungen zu erhöhen. Dazu gehört die Amazon Air-Flotte, die aus Frachtflugzeugen besteht, sowie die Amazon Prime-Lieferwagen und Lieferpartnerprogramme, die in vielen Städten auf der ganzen Welt operieren.

Darüber hinaus hat Amazon innovative Liefermethoden wie Amazon Locker, bei dem Kunden ihre Bestellungen an speziellen Abholstationen abholen können, und Amazon Drone Delivery, das den Einsatz von Drohnen für die Zustellung von Paketen erforscht (vgl. Amazon, 2023b).

Marktpositionierung: Logistikinnovation und Kundenfokus

Amazon ist bekannt für seine Innovationskraft in der Logistikbranche. Das Unternehmen hat die Liefergeschwindigkeit und -effizienz revolutioniert und ist bestrebt, seine Kunden mit schnellen und bequemen Lieferungen zu beeindrucken. Die Einführung von Amazon Prime, einem Abonnementdienst, der kostenfreie und schnelle Lieferungen ermöglicht, war ein wichtiger Meilenstein, welcher die Kundenbindung erhöhte.

Das Logistiknetzwerk von Amazon ermöglicht es dem Unternehmen auch, mit externen Verkäufern zusammenzuarbeiten und ihre Produkte über den Amazon-Marktplatz zu vertreiben. Amazon bietet Fulfillment-Dienstleistungen an, bei denen das Unternehmen die Lagerung, Verpackung und Lieferung der Produkte für Drittanbieter übernimmt.

Die Marktpositionierung von Amazon basiert auch auf dem Einsatz von Technologie und Datenanalyse, um den Lieferprozess zu optimieren. Durch die Auswertung von Kundendaten und Bestellmustern kann Amazon seine Lagerbestände besser verwalten und eine höhere Liefergenauigkeit sicherstellen (vgl. Amazon, 2023c).

Strategische Ausrichtung: Logistik 4.0 und Nachhaltigkeit

Die strategische Ausrichtung von Amazon in Bezug auf die Logistik umfasst zwei wichtige Aspekte: Logistik 4.0 und Nachhaltigkeit. Amazon setzt auf die Logistik 4.0, die auf fortschrittlicher Technologie und Automatisierung basiert, um die Effizienz und Geschwindigkeit des Logistikprozesses zu steigern. Die Integration von künstlicher Intelligenz, Robotik und Datenanalyse ermöglicht es Amazon Kundenbestellungen zu antizipieren, den Warenfluss in Echtzeit zu überwachen, Lagerbestände zu optimieren sowie Engpässe im Lieferprozess frühzeitig zu identifizieren.

Darüber hinaus legt Amazon einen starken Fokus auf Nachhaltigkeit und Umweltbewusstsein. Das Unternehmen hat sich das Ziel gesetzt, bis 2040 klimaneutral zu sein und seine CO_2-Emissionen zu reduzieren. Amazon investiert in erneuerbare Energien, Elektromobilität und nachhaltige Verpackungslösungen, um seine Umweltauswirkungen zu minimieren (vgl. Amazon, 2023b).

Fazit: Die Logistikmacht hinter dem E-Commerce-Giganten
Amazon hat sich als eine der führenden Kräfte in der Logistikbranche etabliert. Mit einer außergewöhnlichen Geschichte, einem umfassenden Logistiknetzwerk und einer strategischen Ausrichtung auf Logistikinnovation und Nachhaltigkeit hat Amazon die Art und Weise, wie Waren transportiert und geliefert werden, grundlegend verändert. Als einer der zentralen Akteure im globalen E-Commerce wird Amazon weiterhin einen starken Einfluss auf die Trends in der Logistik haben und seine Position in der globalen Logistikbranche zu festigen.

2.3.5 Profil von sennder: Die digitale Zukunft der Spedition und Logistik

Exemplarisch für das Segment digital Newcomer wird nachfolgend die historische Entwicklung und das aktuelle Profil des Unternehmens sennder skizziert. Sennder ist ein innovatives Logistikunternehmen mit Hauptsitz in Berlin, das sich auf die Digitalisierung und Optimierung von Spedition und Logistik spezialisiert hat. Mit einem neuartigen Technologieansatz hat sennder traditionelle Logistikprozesse revolutioniert und sich als einer der führenden Anbieter in der Branche etabliert. Dieses Profil beleuchtet die Geschichte, die Geschäftsaktivitäten, die Marktpositionierung sowie die strategische Ausrichtung von sennder.

Geschichte: Die Entstehung eines digitalen Logistikpioniers
Sennder wurde im Jahr 2015 von David Nothacker, Julius Köhler und Nicolaus Schefenacker gegründet. Die Gründer hatten die Vision, den herkömmlichen und oft manuellen Prozessen in der Spedition und Logistik eine innovative Lösung entgegenzusetzen. Sie wollten den Frachtmarkt digitalisieren, um so die Effizienz zu steigern, die Transparenz zu erhöhen und den gesamten Logistikprozess zu optimieren. Mit der Gründung von sennder begann das Unternehmen, moderne Technologien, darunter künstliche Intelligenz und maschinelles Lernen, einzusetzen, um eine nahtlose und effiziente Speditionslösung zu schaffen. Das Ziel war es, die Lieferketten zu vereinfachen und eine

verbesserte Zusammenarbeit zwischen Versendern, Speditionen und Fahrern zu ermöglichen (vgl. Sennder, 2023a).

Geschäftsaktivitäten: Digitale Speditionslösungen
Sennder bietet eine Vielzahl von digitalen Speditionslösungen an, die sich in verschiedene Geschäftsbereiche unterteilen lassen:

Lkw-Frachtvermittlung: sennder betreibt eine digitale Frachtvermittlungsplatt-
form, auf der Unternehmen Ladungen für Lkw-Fahrten buchen können. Durch
den Einsatz von KI-basierten Algorithmen wird die passende Fahrzeugauslastung
erreicht und Leerfahrten reduziert.

Flottenmanagement: Mit einer innovativen Flottenmanagement-Software ermöglicht sennder Spediteuren und Fuhrunternehmen die effiziente Planung und Verwaltung ihrer Fahrzeuge und Routen.

Bei sennder findet die konsequente Umsetzung digitaler Lösungen Anwendung. Echtzeit-Tracking und eine automatisierte Dokumentenabwicklung sind keine zusätzlichen Dienstleistungsfragmente, sondern ganzheitlich konzipiert und stringent in das
Dienstleistungsportfolio eingebettet (vgl. Sennder, 2023b).

Marktpositionierung: Konsequente Technologieanwendung in der Logistikbranche
Das Unternehmen hat sich als Technologieführer in der Logistikbranche etabliert.
Sennder hat die traditionellen Logistikprozesse durch den Einsatz von modernen
Technologien und datengesteuerten Entscheidungen maßgeblich verändert. Das Un-
ternehmen nutzt fortschrittliche Algorithmen und maschinelles Lernen, um Fracht-
und Transportkapazitäten besser aufeinander abzustimmen, die Effizienz zu steigern
und Leerfahrten zu vermeiden. Der selbst formulierte Anspruch des Unternehmens
ist die Positionierung der Marke sennder als Innovations- und Effizienztreiber. Das
Unternehmen hat eine starke Präsenz in Europa aufgebaut und ist bestrebt, seine
Dienstleistungen auf globaler Ebene auszuweiten.

Strategische Ausrichtung: Digitalisierung und Nachhaltigkeit
Sennder ist bestrebt, den digitalen Wandel in der Logistikbranche voranzutreiben. Anders als klassische Logistikdienstleister kommt das Unternehmen aus einer digitalen
Perspektive und hat seine Aktivitäten (über Partner) in die physische Realität erweitert.
Das Unternehmen investiert in die Weiterentwicklung seiner Technologieplattform und
den Einsatz von KI, um die Effizienz weiter zu steigern und die Lieferketten transparen-
ter zu gestalten.

Darüber hinaus hat sennder ein starkes Engagement für Nachhaltigkeit und um-
weltbewusstes Handeln. Das Unternehmen arbeitet daran, seine CO_2-Emissionen zu reduzieren und eine umweltfreundlichere Logistik zu fördern. Durch die Optimierung

von Routen und die Reduzierung von Leerfahrten leistet sennder einen Beitrag zur Reduzierung der Umweltauswirkungen im Güterverkehr (vgl. Sennder, 2023b, vgl. Sennder, 2023c).

Fazit: Die Zukunft der Logistik ist digital

Sennder hat sich als führender Anbieter von digitalen Speditionslösungen etabliert und die Digitalisierung von Logistikprozessen maßgeblich beeinflusst. Mit diesem Fokus auf die Digitalisierung der Prozesse entlang der Logistikkette ist sennder gut positioniert, um zukünftig weiterhin erfolgreich in der Logistikbranche zu agieren.

Literaturverzeichnis

Amazon (2023a). Geschichte von Amazon. Abgerufen am 10.07.2023 unter https://www.aboutamazon.de/news/ueber-amazon/unsere-geschichte-was-aus-einer-garagen-idee-werden-kann

Amazon (2023b). Logistik und Zustellung. Abgerufen am 10.07.2023 unter https://www.aboutamazon.de/news/logistik-und-zustellung

Amazon (2023c). Logistik. Abgerufen am 10.07.2023 unter https://www.aboutamazon.de/was-wir-tun/logistik-und-zustellung

Basic Thinking (2019). 25 Jahre Amazon. Abgerufen am 22.01.2023 unter https://www.basicthinking.de/blog/2019/07/08/25-jahre-amazon-geschichte/

DB Cargo AG (2023a: Unternehmensaktivitäten. Abgerufen am 10.06.2023 unter https://www.dbcargo.com/rail-de-de/metanavi/unternehmen

DB Cargo AG (2023b). Unternehmensbroschüren. Abgerufen am 10.06.2023 unter https://www.dbcargo.com/resource/blob/5081484/1df487f2a731c019b7b091427f28f848/Unternehmensbroschuere-DB-Cargo-data.pdf

DB Cargo AG (2023c). Strategie Starke Cargo. Abgerufen am 12.06.2023 unter https://www.dbcargo.com/rail-de-de/logistik-news/neue-strategie-von-db-cargo-mit-bahnlogistik-auf-wachstumskurs-5591538

DB Cargo AG (2023d). Umweltbroschüre. Abgerufen am 12.06.2023 unter https://www.dbcargo.com/resource/blob/9099562/1f7ce36a497ea71a1e31acaaf0f54e5a/Umweltbroschuere-data.pdf

Deutsche Bahn AG (2023). Chronik. Abgerufen am 14.06.2023 unter https://www.deutschebahn.com/de/konzern/geschichte/Chronik-von-1835-bis-heute-6879062

Deutsche Post DHL Group (2023a). Geschichte. Abgerufen am 10.04.2023 unter https://www.dpdhl.com/de/ueber-uns/geschichte.html

Deutsche Post DHL Group (2023b). Unternehmensbereiche. Abgerufen am 11.04.2023 unter https://www.dpdhl.com/de/ueber-uns/unternehmensbereiche.html

Deutsche Post DHL Group (2023c). Strategie. Abgerufen am 11.04.2023 unter https://www.dpdhl.com/de/ueber-uns/strategie.html

Deutsche Post DHL Group (2023d). Studien zur Zukunft der Logistik. Abgerufen am 10.04.2023 unter https://www.dpdhl.com/de/zukunft-logistik/studien.html

Gebrüder Weiss (2023a). Geschichte des Unternehmens. Abgerufen am 14.06.2023 unter https://www.gw-world.com/de/unternehmen/ueber-uns/geschichte/

Gebrüder Weiss (2023b) Geschäftsbereiche. Abgerufen am 14.06.2023 unter https://www.gw-world.com/de/unternehmen/ueber-uns/geschaeft

Gebrüder Weiss (2023c). Strategie und Nachhaltigkeit. Abgerufen am 13.06.2023 unter https://www.gw-world.com/de/unternehmen/nachhaltigkeit/strategie

Sennder (2023a). Geschichte. Abgerufen am 10.12.2022 unter https://www.sennder.com/history

Sennder (2023b). Logistikportfolio. Abgerufen am 10.07.2023 unter https://www.sennder.com/de/shippers

Sennder (2023c). Über uns. Abgerufen am 10.12.2022 unter https://www.sennder.com/de/about-us

Sennder (2023d). Nachhaltigkeit. Abgerufen am 10.07.2023 unter https://www.sennder.com/de/green-business

3 Taxonomie der Güterverkehrsmärkte

3.1 Segmentierungskriterien

Christian Kille

Märkte werden segmentiert, um sie zu verstehen und messbar zu machen. Unternehmen nutzen eine Marktsegmentierung, um sich erfolgreich, also wettbewerbs- und zukunftsfähig positionieren zu können. Dabei geht es nicht nur um die Notwendigkeit der Messung, sondern insbesondere um das Verständnis der Zusammenarbeit bzw. der Interaktion von Akteuren.[1] Dies gilt selbstverständlich auch für Güterverkehrsmärkte, in denen eine Vielzahl an Akteuren dafür zuständig sind, dass Wertschöpfungs- und Transportketten funktionieren und die Schnittstellen zwischen Industrie, Handel und Endkunden überbrückt werden (siehe Kapitel 1.1).

Insbesondere in dynamischen Zeiten, die die seit Jahrzehnten voranschreitende und sich verändernde Globalisierung, sich wandelnde rechtliche Rahmenbedingungen und das Entstehen von unterschiedlichsten neuen Geschäftsmodellen umfassen, ist eine Abgrenzung von Segmenten entscheidend für die Marktteilnehmer. Weiterhin nutzen die kartellrechtlichen Behörden Segmentierungen zur Bewertung der potenziellen Marktdominanz, wenn eine Übernahme oder Fusion von Unternehmen geplant ist.

Somit ist eine Segmentierung nicht nur für Güterverkehrsunternehmen bzw. der Marktbeobachtungsinstitutionen relevant, um die Marktposition und die Möglichkeiten der Geschäftsentwicklung zu bewerten. Auch die Nachfrageseite von Güterverkehr benötigt das Verständnis über den Angebotsmarkt, um richtige Entscheidungen bei der Ausgestaltung der des Transports treffen zu können.

In diesem Zuge steht die Frage im Raum, ob die klassische Segmentierung von Güterverkehrsmärkten nach den Verkehrsträgern insbesondere aufgrund der wachsenden Bedeutung intermodaler Transportketten überhaupt noch Sinn macht (Klaus, Kille & Roth, 2009). In dem folgenden Unterkapitel werden Kriterien vorgestellt, nach denen eine Segmentierung von Güterverkehrsmärkten sinnvoll erscheint.

Ein Ansatz für die Segmentierung von Güterverkehrsmärkten

Die Segmentierung von Güterverkehrsmärkten jenseits der klassischen Verkehrsträger gestaltet sich aufwändiger, da sie unterschiedliche Ebenen berücksichtigen sollte. Dafür wurden bereits im Zuge einer Marktsegmentierung der Gesamtlogistik ein Raster entwickelt, welches folgende Ebenen berücksichtigt (Klaus, Kille & Roth, 2009):

---

[1] Vgl. die Ausführungen von Paul Zak für das Drucker Institute. Abgerufen am 26.04.2022 unter https://www.drucker.institute/thedx/measurement-myopia/.

https://doi.org/10.1515/9783110773040-003

1. Die Objektebene
2. Die Wertschöpfungsebene
3. Die Serviceebene
4. Die Beziehungsebene
5. Die geografische Ebene
6. Die zeitliche Ebene.

Bei Betrachtung dieser Ebenen im Detail wird ersichtlich, dass für eine Übertragung oder Konkretisierung auf den Güterverkehrsmarkt Anpassungen vorgenommen werden sollten, da

a) logistische Leistungen außerhalb des Transports ebenso berücksichtigt sind und
b) sinnvollerweise zwar das Ergebnis bzw. die Form der Leistungserbringung in den Mittelpunkt der Segmentierung genommen wurde, hierbei jedoch die Verkehrsträger als wichtigstes Differenzierungsmerkmal im Güterverkehr nur indirekt in Form ihrer Leistungsparameter einbezogen wurden.

Aus diesem Grund wird im Folgenden eine angepasste Kriteriensammlung zur Segmentierung des Güterverkehrs herangezogen, die das Objekt, den Verkehrsträger speziell, den Service, die Leistung, die Geografie sowie die Beziehung einschließt (siehe Tabelle 3.1.1). Die Kriterien sind in Form einer Morphologie mit den unterschiedlichen Ausprägungen idealtypisch und abstrahiert dargestellt. In der Praxis stellen sich die Marktsegmente weitaus differenzierter dar. Die Kombination aus mindestens einer Ausprägung pro Kriterium beschreibt konkret die Anforderungen an den Transport und damit das entsprechende Segment des Güterverkehrs.

Die Logik hinter dem Kriterienkatalog folgt der Querschnittsfunktion der Logistik allgemein (Bretzke, 2020) bzw. des Güterverkehrs im Speziellen:

1. Die Anforderungen an das notwendige Equipment sind durch das zu transportierende Objekt gekennzeichnet. Dies differenziert sich zunächst nach der Art der Sendung, aus der sich im Wesentlichen die zu transportierende Menge pro Auftrag ableiten lässt. Weiterhin hat das in der Sendung befindliche Objekt Auswirkung auf die spezifische Ausgestaltung des Equipments, das zum Transport der Sendung notwendig ist. Die Anforderungen, die sich durch das Transportobjekt ergeben, entstehen durch den Output des versendenden Unternehmens – oder allgemein gesprochen – was der Akteur des Versandknotens (Quelle) entlang des Kantens zum Empfangsknoten (Senke) transportieren (lassen) möchte.
2. Der Verkehrsträger beschreibt die Infrastruktur der Kanten zwischen der Quelle und der Senke und damit das konkrete Verkehrsmittel.
3. Der Service umfasst die Leistungen, die für die Erfüllung eines Transportauftrags notwendig sind. Dieser kann aus einem simplen Transport im Direktverkehr ad hoc bestehen. Er kann auch eine Kombination aus mehreren Ausprägungen sein. Dies ist insbesondere bei Transporten jenseits der Direktverkehre (siehe Kapitel 1.1.2) der Fall. In dieser Differenzierung sind damit auch die Akteure abgedeckt,

Tabelle 3.1.1: Kriterien und Ausprägungen zur Segmentierung des Güterverkehrsmarktes (Quelle: auf das Untersuchungsfeld eigene Darstellung nach Klaus, Kille & Roth, 2009).[2]

Kriterium						
Objekt	**Art der Sendung**	Paket	Stückgut	Teilladungsverkehr	Komplett-ladungsverkehr	Massengut
	Anforderungen des Objekts	Lose (gasförmig, flüssig ....)	Verpackt	Sensibel	Sperrig (Schwergut)	
Verkehrsträger		Straßenverkehr	Schienenverkehr	Seeschifffahrt	Luftverkehr	Binnenschifffahrt Rohrleitung*
Service		Transport	Umschlag bzw. Sortierung	Lagerung	Planung, Steuerung, Koordination	Mehrwertleistungen
Leistung	**Geschwindigkeit**	Regellaufzeit	Express			
	Zuverlässigkeit	Nicht spezifiziert	Garantiert			
Geografie		Nahverkehr	Regionalverkehr	Nationaler Fernverkehr	Internat. Fernverkehr	Interkont. Fernverkehr
Beziehung		Fremdleistung transaktionsbasiert	Fremdleistung kontraktgebunden	Eigenleistung oder Selbsteintritt		

*Rohrleitungen werden aufgrund der geringen praktischen Relevanz im Güterverkehrsmarkt im Weiteren nicht mehr berücksichtigt.

2 Siehe auch das folgende Lesebeispiel.

die sich im Güterverkehr auf Leistungen der Umschlagspunkte wie See- und Flughäfen oder Bahnhöfe sowie die Planung bzw. Vermittlung von Transportaufträgen (Spediteure oder digitale Angebote) spezialisiert haben.

4. Die Leistung differenziert sich nach der Geschwindigkeit der Durchführung des Kern-Services (im Regelfall Transport) und der Zuverlässigkeit. Dabei wird entsprechend zwischen Regellaufzeit und „beschleunigt" (Express) bzw. zwischen „nicht spezifiziert" (je nach Auftragslage und Auslastung) und „garantiert" (Zeitfensterlieferung) unterschieden.

5. Über die Geografie wird die Ausdehnung des entsprechenden Transportauftrags bzw. des Transportnetzwerks beschrieben.

6. Ein wichtiger Aspekt bildet die Beziehung zwischen Auftragnehmer und Auftraggeber (auch unter Einbezug von unternehmensinternen und -externen Beziehungen), insbesondere wenn es um die Geschäftsmodelle im Güterverkehr geht.

Mit diesem Konstrukt ist es möglich, jedes Marktsegment, aber auch jedes Unternehmen des Güterverkehrs zu charakterisieren. Aus dieser Logik abgeleitet sind auch die beispielhaften Marktsegmente entwickelt worden, die im folgenden Unterkapitel beispielhaft beschrieben werden.

Beispiel: Paketdienst

Die Segmentierung des klassischen Paketdiensts, der Pakete von einem Versender in Deutschland zu einem ebenfalls in Deutschland befindlichen Empfänger transportiert, zeigt

Tabelle 3.1.2 gemäß dem beschriebenen Raster. Der Paketdienst befördert als Objekte Pakete mit verpackter Ware, die damit keine besonderen Anforderungen an das Transportmittel oder das Equipment hat. Dabei kommt fast ausschließlich der Verkehrsträger Straße zum Einsatz. Als Service wird der Transport zwischen den Knotenpunkten Versender, Sortierzentren und Empfänger, entsprechend die Sortierung sowie die administrative Abwicklung, Planung und Steuerung der Paketnetzwerke angeboten. In manchen Fällen werden Mehrwertdienste wie Nachnahme bereitgestellt. Der Standard-Paketdienst bietet den Transport mit einer Regellaufzeit und nicht spezifizierten Anlieferzeiten an, was die angebotene Leistung in diesem Segment beschreibt. Geografisch konzentriert sich der Paketdienst auf die nationale Verteilung. Dafür kommen je nach Auslastung im Nah- und Fernverkehr unterschiedliche Größenklassen des Straßengüterverkehrs zum Einsatz. Die Beziehung zum auftraggebenden Akteur ist je nach Menge der Sendungen transaktions- oder kontraktbasiert (Schwemmer, Dürrbeck & Klaus, 2020).

Tabelle 3.1.2: Klassischer Standard-Paketdienst als Lesebeispiel zur Segmentierung des Güterverkehrsmarktes.

Objekt	Art der Sendung	Paket	Stückgut	Teilladungsverkehr	Komplett-ladungsverkehr	Massengut
	Anforderungen des Objekts	Lose	Verpackt	Sensibel	Sperrig	
Verkehrsträger		Straßenverkehr	Schienenverkehr	Seefahrt	Luftverkehr	Binnenschifffahrt
Service		Transport	Umschlag bzw. Sortierung	Administrative Tätigkeiten, Planung, Steuerung	Mehrwertleistungen	
Leistung	**Geschwindigkeit**	Regellaufzeit	Express			
	Zuverlässigkeit	Nicht spezifiziert	Garantiert			
Geografie		Nahverkehr	Regionalverkehr	Nationaler Fernverkehr	Internat. Fernverkehr	Interkont. Fernverkehr
Beziehung		Fremdleistung transaktionsbasiert	Fremdleistung kontraktgebunden	Eigenleistung oder Selbsteintritt		

Literaturverzeichnis

Bretzke, W.-R. (2020). *Logistische Netzwerke* (4. Aufl.). Wiesbaden: Springer Vieweg.
Klaus, P., Kille, C. & Roth, M. (2009). *The Intensity of Competition in European Logistics Service Markets.* Stuttgart: Fraunhofer IRB.
Schwemmer, M., Dürrbeck, K. & Klaus, P. (2020). *Top 100 der Logistik*. Hamburg: DVV Media Group.

3.2 Güterverkehrsmärkte im DACH-Raum

Christian Kille

Die in Kapitel 3.1 vorgestellte Kriteriensammlung ermöglicht es, den relevanten Markt für alle Arten von Güterverkehrsleistungen zu beschreiben. Der Detaillierungsgrad ist relativ hoch, die Segmente können entsprechend kleinteilig werden. Für die strategische Geschäftsentwicklung von Güterverkehrsunternehmen oder die konkrete Ausschreibung von Transportleistungen kann dies hilfreich sein (siehe Kapitel 5.5). Zur Beschreibung von Segmenten des Güterverkehrsmarktes ist eine aggregierte Form sinnvoll, in der sich die Mehrheit der Marktteilnehmer wiederfindet. Der generische Ansatz des vorherigen Abschnitts ermöglicht es, die Ausrichtung und die Granularität der Segmentierung an die jeweiligen Untersuchungsziele anzupassen. Beispielhaft werden im Folgenden ausgewählte Marktsegmente des Güterverkehrs vorgestellt, um das Verständnis des Güterverkehrs zu schärfen. Es wird hierbei darauf verzichtet, eine eigene Abgrenzung von Marktsegmenten vorzunehmen. Stattdessen wird ein bestehender, anerkannter Ansatz genutzt.[3]

3.2.1 Massengutverkehr

Das Marktsegment für Transporte von Massengut, die per Binnenschiff, in Pipelines, in Teil- und Ganzzügen oder auch durch Lkw-Flotten erfolgen, nimmt wertmäßig im Vergleich zu den zugehörigen Tonnagemengen einen kleinen Anteil ein. Der Produktionsprozess gestaltet sich im Allgemeinen in einem direkten Verkehr vom Versender zum Empfänger (siehe Tabelle 3.2.1).

Die wesentlichen Nachfragegruppen bilden die Grundstoffindustrien wie insbesondere Mineralöl- und Chemieprodukte, landwirtschaftliche Produkte, Eisen und Stahl, Bauerdbewegungen sowie die Energieversorger. Entsprechend ist das Aufkommen abhängig von den Industriestrukturen und der Energieversorgung. Der Anteil ist

---

[3] Entsprechend wird im Weiteren Schwemmer, Dürrbeck & Klaus, 2020, im Speziellen Klaus & Schwemmer, 2020, S. 77 ff. als Quelle genutzt. Aufgrund dieser Vereinfachung sind nur dann Quellenangaben zu finden, wenn diese notwendig erscheinen.

Tabelle 3.2.1: Beschreibung des Marktsegmentes „Massengut" nach den definierten Kriterien.

Objekt	Art der Sendung	Paket	Stückgut	Teilladungsverkehr	Komplett-ladungsverkehr	Massengut
	Anforderungen des Objekts	Lose	Verpackt	Sensibel	Sperrig	
Verkehrsträger		Straßenverkehr	Schienenverkehr	Seefahrt	Luftverkehr	Binnenschifffahrt
Service		Transport	Umschlag bzw. Sortierung	Administrative Tätigkeiten, Planung, Steuerung	Mehrwertleistungen	
Leistung	Geschwindig-keit	Regellaufzeit	Express			
	Zuverlässigkeit	Nicht spezifiziert	Garantiert			
Geografie		Nahverkehr	Regionalverkehr	Nationaler Fernverkehr	Internat. Fernverkehr	Interkont. Fernverkehr
Beziehung		Fremdleistung transaktionsbasiert	Fremdleistung kontraktgebunden	Eigenleistung oder Selbsteintritt		

seit zwanzig Jahren rückläufig und wird mit der Energiewende insbesondere in Deutschland einen weiter sinkenden Anteil verzeichnen.

Die Massentauglichkeit von Schiene, See- und Binnenschifffahrt führt dazu, dass ein großer Anteil der Transportmengen diesen Verkehrsträgern zugeordnet werden kann. Meist werden hierbei statische Quellen und Senken auch im Kombinierten Verkehr verbunden, beispielsweise Die Abraumhalden von Braunkohle mit den Kraftwerken oder Erdölfördergebiete mit Raffinerien.

Der Straßengüterverkehr kommt meist dann zum Einsatz, wenn

a) die Quellen bzw. Senken sich dynamisch verändern (Menge, Ort) bzw.
b) die Quellen bzw. Senken sich nicht an einem Knotenpunkt der anderen Verkehrsträger befinden und damit im Vor- bzw. Nachlauf über die Straße bedient werden müssen.

Beispiele für a) sind Großbaustellen, die nur über eine definierte Projektdauer bestehen, oder Wälder, in denen nur zu bestimmten Zeiten geerntet werden kann. Das letzte Beispiel kann auch zu b) zugeordnet werden, da Wälder meist in unwegsamen Gebieten zu finden sind und deshalb nur über den Straßengüterverkehr angebunden werden können.

Aufgrund der hohen Industriedichte und der Abhängigkeit von Rohstoffimporten der DACH-Länder wird ein erheblicher Teil der Mengen über den Seeverkehr interkontinental abgewickelt.

Ein Großteil der Massengutverkehre wird von Industrie- und Handelsunternehmen an externe Partner vergeben (Klaus & Schwemmer, 2020). Der Rest erfolgt durch bspw. Werkseisenbahnen, eigene Flotten der Bauunternehmen oder Rohrleistungstransport.

Insgesamt ist mit einem kontinuierlichen Rückgang der Mengen zu rechnen. Gründe dafür sind die erwähnte Energiewende sowie die rückläufige Nachfrage der Schwerindustrie.

3.2.2 Ladungsverkehr

Unter Ladungsverkehr finden sich alle die Gütertransporte, bei denen Transportprozess direkt von der Quelle zur Senke ohne Umschlagspunkt verläuft (siehe Tabelle 3.2.2). Dabei bleibt unberücksichtigt, dass ein Umschlag durch einen Verkehrsträgerwechsel stattfinden kann. Der Grund liegt in der Kundenperspektive, dessen Transportauftrag bzw. Sendung im Gesamten vom Versandort (der Quelle) zum Empfangsort (der Senke) transportiert wird. Die konkrete Abwicklung bzw. die Entscheidung über die Wahl des adäquaten Verkehrsträgers entlang der gesamten Transportstrecke bleibt dem verantwortlichen Akteur überlassen. Sonderformen sind der Teilladungsverkehr, bei dem zur besseren Kapazitätsauslastung Sendungen zu- bzw. abgeladen werden. Auch sogenannte Milkruns, also fahrplangestützte Rundläufe in einer Region, können den Teilladungsverkehren zugeordnet werden (siehe Kapitel 1.1).

Zur Eingrenzung hinsichtlich des Ladungsguts werden dem *allgemeinen* Ladungsverkehr Sendungen mit Trocken- und Stapelgütern mit Lkw und Bahn im Gewichtsbereich bis zu ca. 25 Tonnen zugeordnet. Bei diesen Transporten kommen nicht spezialisierte Planen- und Kofferfahrzeuge zum Einsatz. Der allgemeine Ladungsverkehr nimmt wertmäßig rund 2/3 des gesamten Marktsegmentes der Ladungsverkehre ein.

Das weitere Drittel des Marktsegments fällt auf Ladungsverkehre für flüssige und staubförmige Güter, Automobile und andere Fahrzeuge, Flachglas, lebende Tiere, temperierte Güter, voluminöse Güter zum Beispiel des Baugewerbes oder des Anlagenbaus, die Fahrzeuge bzw. Auflieger mit speziellem Equipment benötigen. Der Großteil der Transporte erfolgt auch hier über Straße und Schiene.

Durch die große Bandbreite der transportierten Güter in diesem Marktsegment werden diese in der Praxis stärker differenziert. So werden in Klaus & Schwemmer (2020) neben dem allgemeinen Ladungsverkehr die Ladungsverkehre mit speziellem Equipment in drei Teilsegmente (Schwertransporte, Tank- und Silotransporte sowie Transporte mit sonstigem speziellem Equipment) untergliedert. Je spezieller das Gut ist, umso breiter werden die Anforderungen für Mehrwertleistungen. Dazu gehören beispielsweise die Reinigung des Equipments oder die Sicherung des sperrigen Transportguts mit speziellem Equipment.

Ladungsverkehre finden in der Regel auf längeren Strecken statt, etwa auch zwischen den Umschlagszentren der Marktsegmente Stückgut und KEP. Regionale Ladungsverkehre umfassen meist Milkruns, Ladungsverkehre im Nahbereich dienen beispielsweise der Produktionsversorgung ausgehend von einem Konsolidierungspunkt. Beide nehmen einen kleinen Anteil an dem gesamten Marktsegment ein.

Der Outsourcing-Anteil unterscheidet sich stark zwischen den beiden Teilsegmenten. Nach Klaus & Schwemmer (2020) werden im allgemeinen Ladungsverkehr wertmäßig 3/4 der Verkehre an Logistikdienstleister vergeben, im Ladungsverkehre mit speziellem Equipment wird die Hälfte der Verkehre durch Industrie und Handel mit eigenen Ressourcen durchgeführt. Im allgemeinen Ladungsverkehr ist der Spotmarkt-Anteil besonders hoch.

Herausforderungen liegen hier insbesondere im Mangel an Fahrpersonal. Durch die große Zahl an eingesetzten Fahrzeugen und die langen Strecken kommen Forderungen zur CO_2-Reduzierung bzw. Klimaneutralität der Transporte hinzu (siehe Kapitel 1.4 und Kapitel 1.6).

3.2.3 Stückgutverkehr

Zu den Stückgutsendungen zählen Güter zwischen 30 und 2.500 kg, die nach deutschsprachigem Verständnis grundsätzlich auf einer Palette Platz finden. Der Unterschied zu den vorherigen Marktsegmenten besteht nicht nur in der Größe der Sendung, sondern auch im definitorisch integrierten Sortier- und Umschlagsprozess im Laufe des Transports (siehe Tabelle 3.2.3). Ähnlich wie im Ladungsverkehr kann zwischen dem Stückgutverkehr mit standardisiertem und spezialisiertem Equipment unterschieden werden. Die beiden Teilsegmente sind wertmäßig ähnlich groß.

Tabelle 3.2.2: Beschreibung des Marktsegmentes „Ladungsverkehr" nach den definierten Kriterien.

Objekt	Art der Sendung	Paket	Stückgut	Teilladungsverkehr	Komplett-ladungsverkehr	Massengut
	Anforderungen des Objekts	Lose	Verpackt	Sensibel	Sperrig	
Verkehrsträger		Straßenverkehr	Schienenverkehr	Seefahrt	Luftverkehr	Binnenschifffahrt
Service		Transport	Umschlag bzw. Sortierung	Administrative Tätigkeiten, Planung, Steuerung	Mehrwertleistungen	
Leistung	Geschwindig-keit	Regellaufzeit	Express			
	Zuverlässigkeit	Nicht spezifiziert	Garantiert			
Geografie		Nahverkehr	Regionalverkehr	Nationaler Fernverkehr	Internat. Fern-verkehr	Interkont. Fernverkehr
Beziehung		Fremdleistung transaktionsbasiert	Fremdleistung kontraktgebunden	Eigenleistung oder Selbsteintritt		

Der typische Produktionsprozess (siehe Abbildung 3.2.1) beinhaltet

a) den regionalen Vorlauf in Form der Abholung beim Versender (Sammelverkehr),

b) den Umschlag bzw. die Sortierung der Sendungen auf die Zielregion in einem Versanddepot (Konsolidierungspunkt),

c) den Transport im Hauptlauf (Fernverkehr) in die Zielregion zu einem Empfangsdepot (Dekonsolidierungspunkt), was dem Rastersystem entspricht (Bretzke, 2020), ggf. unterbrochen durch ein zusätzliches zentrales oder mehrere dezentrale Hubs, (Bretzke, 2020)

d) den entsprechenden Umschlag bzw. die tourenbezogene Sortierung auf die Empfangsadressen in der definierten Region sowie abschließend

e) den regionalen Nachlauf in Form der Auslieferung an den Empfänger (Verteilverkehr).

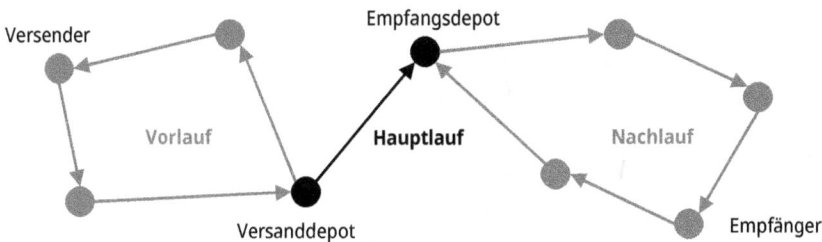

Abbildung 3.2.1: Produktionsprozess im Stückgutverkehr ohne Hub.

Auch wenn die Bestrebungen weiterhin hoch sind, Stückgut auf die Schiene zu bringen, wird schätzungsweise über 90 % auf der Straße transportiert – auch im internationalen Kontext, der wertmäßig einen relativ geringen Anteil einnimmt. Der Transportprozess ist weitgehend standardisiert und so eng zwischen den Akteuren abgestimmt, dass zwar grundsätzlich keine Garantie über eine Lieferung am nächsten Tag existiert, die Wahrscheinlichkeit dafür jedoch sehr hoch ist. Aus diesem Grund ist die Nachfrage von Express-Stückgutverkehren relativ gering. Nahezu alle Stückgutverkehre werden an externe Logistikdienstleister vergeben.

Mit der kontinuierlichen Verkleinerung der Sendungen wächst die Relevanz der Stückgutnetzwerke und damit auch deren Sendungsmenge. Das Wachstum im E-Commerce verstärkt diesen Effekt noch, da auch Waren größer als Pakete (siehe folgendes Marktsegment) mittlerweile über diesen Kanal an Endkunden verschickt werden. Dies führt dazu, dass zu den bereits lang existierenden Mehrwertleistungen im B2B-Bereich wie Displaybau und Installationen zusätzlich Aufbauservices bei Endkunden hinzukommen.

3.2.4 KEP-Verkehr

KEP-Verkehre (KEP steht für Kurier-Express-Paket) umfassten Transporte von Sendungen, die grundsätzlich in das Gewichtsspektrum unter 31,5 kg fallen. In vielen

Tabelle 3.2.3: Beschreibung des Marktsegmentes „Stückgut" nach den definierten Kriterien.

Objekt	Art der Sendung	Paket	Stückgut	Teilladungsverkehr	Komplett-ladungsverkehr	Massengut
	Anforderungen des Objekts	Lose	Verpackt	Sensibel	Sperrig	
Verkehrsträger		Straßenverkehr	Schienenverkehr	Seefahrt	Luftverkehr	Binnenschifffahrt
Service		Transport	Umschlag bzw. Sortierung	Administrative Tätigkeiten, Planung, Steuerung	Mehrwertleistungen	
Leistung	Geschwindig-keit	Regellaufzeit	Express			
	Zuverlässigkeit	Nicht spezifiziert	Garantiert			
Geografie		Nahverkehr	Regionalverkehr	Nationaler Fernverkehr	Internat. Fern-verkehr	Interkont. Fernverkehr
Beziehung		Fremdleistung transaktionsbasiert	Fremdleistung kontraktgebunden	Eigenleistung oder Selbsteintritt		

Fällen werden auch Volumenbegrenzungen und Formeinschränkungen durch die Paketdienstleister definiert, um eine automatisierte Sortierung zu gewährleisten. Im Zuge der E-Commerce-Entwicklung wurden diese kontinuierlich reduziert, sodass auch Sendungen in Tüten (insbesondere im Fashion-Bereich relevant) und Übergrößen (insbesondere bei Kleinmöbeln o. ä.) durch Paketdienste transportiert werden.

Das Marktsegment untergliedert sich entsprechend der Abkürzung in drei Teilsegmente Kurier, Express und Paket, bei denen aufgrund der relevanten Mengen auch zwischen national und international unterschieden werden. Der klassische Paketdienst transportiert Sendungen ohne garantierte Laufzeit oder definierten Zustellzeitpunkt in einem abstrakt gesprochen ähnlichen Prozess wie Stückgut (Vor-, Haupt- und Nachlauf mit Sortierprozessen in den Depots oder Sortierzentren dazwischen). Aufgrund des hohen Automatisierungsgrades und der engen Abstimmung im Transportprozess ist eine Lieferung am nächsten Tag die Regel. Mit der Digitalisierung des Informationsflusses besteht für Kunden nicht nur die Möglichkeit der Sendungsverfolgung, teilweise in Echtzeit und detailliert aufbereitet, sondern auch eine Anpassung des Liefertages sowie des Liefer- und des Ablageortes. (vgl. Tabelle 3.2.4)

Der Unterschied des Teilsegments Express zu Paket liegt in der Garantie der Laufzeit bzw. des Zustellzeitpunkts. Im Teilsegment Kurier wird zusätzlich die Sendung in der Regel über den gesamten Prozess persönlich begleitet und direkt vom Versand- zum Empfangsort transportiert. Damit können die industrialisierten Transportnetze für Pakete und Briefe hier nicht genutzt werden.

Rund die Hälfte des nahezu komplett outgesourcten KEP-Marktsegments fällt auf Paket, jeweils ca. 25 % auf Express und Kurier. Im Teilsegment Express gilt die Besonderheit, dass die internationalen Sendungen mit 2/3 hier den größeren Umsatzanteil einnehmen.

Weit über 90 % der Sendungen werden national über die Straße transportiert. Im internationalen und insbesondere interkontinentalen Bereich wird ein erheblicher Anteil auch per Luft transportiert. Insgesamt summieren sich die internationalen Pakete jedoch auf unter 10 % an den Gesamtsendungen dieses Marktsegments. Der Verkehrsträger Schiene kommt nicht zum Einsatz. Einzelne Piloten sind zwar bereits im Gange,[4] der Anteil wird jedoch klein bleiben.

E-Commerce hat dazu geführt, dass ein rasantes Wachstum zu erkennen ist. Die Corona-Krise und die politischen Maßnahmen haben zu einem jährlichen Wachstum der Paketsendungen von jeweils über 10 % in den beiden Jahren 2020 und 2021 geführt (BIEK, 2022). Dieses außerordentliche Wachstum sollte sich künftig auf einem moderateren Pfad bewegen. Der Grund liegt in der weiterhin fortschreitenden Abnahme des durchschnittlichen Sendungsgewichts generell, das zu einem Umschichten der Transportaufträge von den höhergewichtigen Marktsegmenten zugunsten des Paketmarktes führt (vom Ladungs- zum Stückgut- und von diesem zum KEP-Verkehr).

---

4 Bspw. hier nachzulesen: https://www.n-tv.de/wirtschaft/Auch-DPD-schickt-Pakete-auf-die-Schiene-article23367076.html.

Tabelle 3.2.4: Beschreibung des Marktsegmentes „KEP" nach den definierten Kriterien.

Kriterium						
Objekt	**Art der Sendung**	Paket	Stückgut	Teilladungsverkehr	Komplett-ladungsverkehr	Massengut
	Anforderungen des Objekts	Lose	Verpackt	Sensibel	Sperrig	
Verkehrsträger		Straßenverkehr	Schienenverkehr	Seefahrt	Luftverkehr	Binnenschifffahrt
Service		Transport	Umschlag bzw. Sortierung	Administrative Tätigkeiten, Planung, Steuerung	Mehrwertleistungen	
Leistung	**Geschwindig-keit**	Regellaufzeit	Express			
	Zuverlässigkeit	Nicht spezifiziert	Garantiert			
Geografie		Nahverkehr	Regionalverkehr	Nationaler Fernverkehr	Internat. Fernverkehr	Interkont. Fernverkehr
Beziehung		Fremdleistung transaktionsbasiert	Fremdleistung kontraktgebunden	Eigenleistung oder Selbsteintritt		

Diese Entwicklungen führen zu neuen Playern und Ausprägungen der Dienstleistung. So ist mit Amazon ein Händler als Paketdienst in das Marktsegment eingetreten (siehe Kapitel 4.3). Die Quick-Commerce-Anbieter verteilen ihre Sendungen vornehmlich mit Fahrradkurieren, die angestellt oder als Subunternehmer beauftragt sind.

3.2.5 Luftfracht

Im Marktsegment KEP-Verkehr kam bereits der Verkehrsträger Luft in Teilsegmenten (internationale Paket- und Expresssendungen) zur Sprache. In diesem Marktsegment sind alle die Sendungen zusammengefasst, die nicht dem KEP-Verkehr zugeordnet werden (vgl. Tabelle 3.2.5). Diese umfassen entsprechend alle die Sendungen, die nicht in den Netzen der internationalen Integratoren wie DHL, UPS oder Fedex abgewickelt werden. Entsprechend unterschiedlich sind die Objekte: Sie reichen von einem verpackten Paket über temperierte Lebensmittelsendungen, Blumen, Pharmazeutika, Schmuck bis hin zu Großraumtransporten von Maschinenteilen oder Luxus-Automobilen. Die in diesem Marktsegment transportierten Mengen sind sehr gering und liegen unter 1 % an der gesamten Tonnage. Die genannten Beispiele weisen jedoch darauf hin, dass der Wertanteil erheblich größer ist. Ein großer Teil der Luftfracht wird als Belly-Load oder Belly-Cargo in Passagierflugzeuge verladen.

Der Produktionsprozess der Luftfracht besteht nicht nur aus den Transporten im Luftverkehr. Es werden weitere Transporte zwischen Versender und Abgangsflughafen bzw. dem Ankunftsflughafen und Empfänger in der Regel auf der Straße durchgeführt. Eine Sonderform ist der Luftfrachtersatzverkehr (Road Feeder Service bzw. „Trucking"), der mit meist speziellem Equipment zur Aufnahme der speziellen Flugzeugcontainer Luftfracht auf der Straße zwischen Flughäfen verteilt (siehe Kapitel 4.3).

Die Luftfracht ist grundsätzlich Express zuzuordnen. Durch die Abhängigkeit von freien Kapazitäten u. a. bei Belly-Load sind trotzdem die Leistungsversprechen nicht garantiert. Mittlerweile wird Luftfracht fast nur noch international eingesetzt bzw. nachgefragt. Der Grund liegt nicht nur in der relativ hohen Klimabelastung auf Kurzstrecken, sondern auch in der fehlenden Notwendigkeit aufgrund der niedrigen Laufzeiten auf der Straße, die seit dem Schengen-Abkommen und damit entfallenden Zollabwicklungen konkurrenzfähig sind.

Der Bedarf nach Luftfracht erfuhr eine steil ansteigende Wachstumskurve. Die eng getakteten Produktionsprozesse der Industrie und das Aufkommen von Fast Fashion und anderen schnelldrehenden Gütern im Handel trieben die Sendungsmengen. Es kann davon ausgegangen werden, dass dieses Wachstum in den 2020er Jahren zu einem Höhepunkt gekommen ist. Die Diskussionen um die Nachhaltigkeit führte zur Nutzung alternativer Transportmittel und nähergelegener Lieferanten. Außerdem führten die zu der Zeit aufgetretenen Engpasssituationen tendenziell zu einem Bestandsaufbau, der eine kurzfristigere Reaktion in der Beschaffung seltener machte.

Tabelle 3.2.5: Beschreibung des Marktsegmentes „Luftfracht" nach den definierten Kriterien.

Objekt	Art der Sendung	Paket	Stückgut	Teilladungsverkehr	Komplett-ladungsverkehr	Massengut
	Anforderungen des Objekts	Lose	Verpackt	Sensibel	Sperrig	
Verkehrsträger		Straßenverkehr	Schienenverkehr	Seefahrt	Luftverkehr	Binnenschifffahrt
Service		Transport	Umschlag bzw. Sortierung	Administrative Tätigkeiten, Planung, Steuerung	Mehrwertleistungen	
Leistung	Geschwindig-keit	Regellaufzeit	Express			
	Zuverlässigkeit	Nicht spezifiziert	Garantiert			
Geografie		Nahverkehr	Regionalverkehr	Nationaler Fernverkehr	Internat. Fern-verkehr	Interkont. Fernverkehr
Beziehung		Fremdleistung transaktionsbasiert	Fremdleistung kontraktgebunden	Eigenleistung oder Selbsteintritt		

Tabelle 3.2.6: Beschreibung des Marktsegmentes „Seefracht" nach den definierten Kriterien.

Objekt					
Art der Sendung	Paket	Stückgut	Teilladungsverkehr	Komplett-ladungsverkehr	Massengut
Anforderungen des Objekts	Lose	Verpackt	Sensibel	Sperrig	
Verkehrsträger	Straßenverkehr	Schienenverkehr	Seefahrt	Luftverkehr	Binnenschifffahrt
Service	Transport	Umschlag bzw. Sortierung	Administrative Tätigkeiten, Planung, Steuerung	Mehrwertleistungen	
Leistung Geschwindig-keit	Regellaufzeit	Express			
Zuverlässigkeit	Nicht spezifiziert	Garantiert			
Geografie	Nahverkehr	Regionalverkehr	Nationaler Fernverkehr	Internat. Fernverkehr	Interkont. Fernverkehr
Beziehung	Fremdleistung transaktionsbasiert	Fremdleistung kontraktgebunden	Eigenleistung oder Selbsteintritt		

3.2.6 Seefracht

In der Seefracht werden großvolumige, nicht besonders zeitsensible Sendungen international und vor allem interkontinental befördert (siehe Tabelle 3.2.6). Ein Großteil der Mengen fällt auf das Teilsegment der Bulkschifffahrt für lose Ware wie Grundstoffe und landwirtschaftliche Produkte. Das bekannteste Teilsegment der Seefracht ist die Containerschifffahrt, wenngleich sie gemessen an der Tonnage nur 40 % ausmacht.

Durch diese zwei Teilsegmente gestaltet sich der Transportprozess jeweils unterschiedlich. Während in der Bulkschifffahrt direkte Transporte von der Quelle zur Senke überwiegen, ist die Transportkette der Containerschifffahrt durch Umschlagspunkte in Seehäfen geprägt, bei denen die Feeder-Schiffe im Vor- und Nachlauf Container zu den großen Seehäfen bringen, zwischen denen die interkontinental verkehrenden Containerschiffe fahren. Dieser Transportprozess ähnelt damit dem der Luftfracht, da auch hier Transporte landseitig notwendig sind.

Das Spektrum der Transportobjekte ist wie beschrieben recht breit. Eine Express- oder Garantieleistung ist nicht vorgesehen. Wie in der Luftfracht ist hier der Outsourcing-Grad nahezu 100 %.

Das massive Wachstum insbesondere in der Containerschifffahrt führte zu einem starken Wettbewerb (siehe Kapitel 4.3), der durch Überkapazitäten und volatile Mengenentwicklungen zu einer Konsolidierung bei den Carriern führte. Mit den wachsenden Raten auch aufgrund der Engpässe auf den interkontinentalen Strecken konnten die Carrier ihre Kompetenzbereiche durch Akquisitionen erweitern und bieten nun auch speditionelle Dienstleistungen an, womit sie in einen direkten Kundenkontakt treten. Inwieweit das Wachstum der letzten Jahrzehnte aufrechterhalten werden kann, bleibt abzuwarten.

Literaturverzeichnis

BIEK (2022). *KEP-Studie 2022 – Analyse des Marktes in Deutschland*. Berlin: Eigenverlag.
Bretzke, W.-R. (2020). *Logistische Netzwerke* (4. Aufl.). Wiesbaden: Springer Vieweg.
Klaus, P. (2003). *Top 100 der Logistik*. Hamburg: DVV Media Group.
Klaus, P. & Schwemmer, M. (2020). Im Detail: Die Logistiksegmente in Deutschland. In M. Schwemmer, K. Dürrbeck & P. Klaus. (Hrsg.), *Top 100 der Logistik* (S. 77–150). Hamburg: DVV Media Group.
Schwemmer, M., Dürrbeck, K. & Klaus, P. (2020). *Top 100 der Logistik*. Hamburg: DVV Media Group.

3.3 Marktsegmente mit besonderer Relevanz

Christian Kille, Michael Schüller

Zur Vertiefung werden vier beispielhafte besondere Marktsegmente ausgewählt, die eine besondere Relevanz genießen. Zunächst werden zwei Marktsegmente im Detail beschrieben, die in der Diskussion in Praxis und Wissenschaft aufgrund ihrer Komplexität und dynamischen Entwicklung einen besonderen Stellenwert einnehmen: Kontraktlogistik und Paket-/Stückgutverkehre. Beide haben durch das enorme Wachstum infolge des E-Commerce neue Potenziale für den Güterverkehr eröffnet. Während die Kontraktlogistik neue Services jenseits des Transports umfasst und damit eine Diversifizierung verspricht, profitiert der Paket- und Stückgutmarkt besonders durch die wachsenden Mengen. Diese bringen Herausforderungen in den Städten, weswegen die urbane Logistik das dritte Marktsegment mit einer Vertiefung darstellt. Aufgrund der geopolitischen Lage wird die Belt and Road Initiative, auch bekannt als New Silk Road, als viertes Marktsegment gewählt.

3.3.1 Kontraktlogistik – Umgang mit Komplexität

Das Segment der Kontraktlogistik wird grundsätzlich eher dem Bereich der Logistik jenseits des Güterverkehrs zugeordnet (siehe Klaus & Schwemmer, 2020). Dies ist grundsätzlich gemäß der Zielsetzung richtig, denn dort sind nach der Definition „komplexere Logistikaufgaben" zu finden, da es nicht nur um „die Fremdvergabe eng definierter Transport-[Aufgaben]" geht. Sie sind jedoch meist ein wichtiger Bestandteil von Leistungsbündeln der Kontraktlogistik. Nach Klaus & Schwemmer (2020) gehört ein Leistungsbündel zur Kontraktlogistik, das

1. mehrere logistische Leistungskategorien umfasst,
2. an unternehmensspezifische Anforderungen angepasst und umgesetzt wird,
3. längerfristig, mindestes ein-, in der Regel mehrjährig vertraglich abgesichert ist und
4. ein umfangreiches Geschäftsvolumen beinhaltet.

Diese breite Definition führt zu einer Beschreibung des Marktsegments gemäß Tabelle 3.3.1. Sie spiegelt wider, welche Leistungspakete sich prinzipiell kombinieren lassen. Diese werden selten komplett von einem beauftragten Kontraktlogistikdienstleister übernommen. In den meisten Fällen werden Subunternehmer in einzelnen Bereichen, insbesondere im Güterverkehr, eingebunden. Dies führt dazu, dass ein Kontraktlogistikdienstleister zwischen einer Spedition mit angebundenen Frachtführern und verladenden Unternehmen als weiterer Vermittler fungiert (siehe Abbildung 3.3.1 sowie Kapitel 2.2).

Auch zeigt das wertmäßige Volumen des Segments Kontraktlogistik, welches als einzelnes Teilsegment mit knapp 30 % Anteil am gesamten Wirtschaftsbereich Logistik das größte ist, welche Heterogenität und Verschiedenartigkeit sich dahinter verbirgt. Die einzelnen Nachfragebranchen für Kontraktlogistik sind entsprechend ihrer gesamtwirtschaftlichen Bedeutung repräsentiert (ebd.). Das Leistungsspektrum insbesondere hinsichtlich der Objekt- und Kundenanforderungen ist entsprechend breit und reicht von der Versendung kleiner E-Commerce-Pakete bis hin zu sperrigen Windkraftrotorblättern.

Tabelle 3.3.1: Beschreibung des Marktsegmentes „Kontraktlogistik" nach den definierten Kriterien.

Objekt	Art der Sendung	Paket	Stückgut	Teilladungsverkehr	Komplettladungsverkehr	Massengut
	Anforderungen des Objekts	Lose (gasförmig, flüssig...)	Verpackt	Sensibel	Sperrig (Schwergut)	
Verkehrsträger		Straßenverkehr	Schienenverkehr	Seeschifffahrt	Luftverkehr	Binnenschifffahrt	Rohrleitung*
Service		Transport	Umschlag bzw. Sortierung	Lagerung	Planung, Steuerung, Koordination	Mehrwertleistungen
Leistung	Geschwindigkeit	Regellaufzeit	Express			
	Zuverlässigkeit	Nicht spezifiziert	Garantiert			
Geografie		Nahverkehr	Regionalverkehr	Nationaler Fernverkehr	Internat. Fernverkehr	Interkont. Fernverkehr
Beziehung		Fremdleistung transaktionsbasiert	Fremdleistung kontraktgebunden	Eigenleistung oder Selbsteintritt		

Eine besondere Eigenschaft der Kontraktlogistik hängt mit der Komplexität und Individualität zusammen: Industrie und Handel haben oft einen relativ hohen Anteil an weiterhin selbst durchgeführten Leistungsanteilen. Nach Klaus & Schwemmer (2020) sind erst rund ein Viertel der Kontraktlogistikleistungen an externe Unternehmen vergeben. Dies bedeutet jedoch nicht, dass alle Bestandteile des Leistungspakets mit eigenen Ressourcen bewerkstelligt werden, sondern nur, dass der in Abbildung 3.3.1 dunkelgrau hervorgehobene Akteur im Unternehmen zu finden ist, die Verträge trotzdem mit Unternehmen des gewerblichen Güterverkehrs abgeschlossen werden. Es ist demnach prinzipiell möglich, einzig das Bündel an Logistikleistungen, an einen externen Partner zu vergeben. Dies unterstreicht einen Grund für den niedrigen Outsourcing-Anteil, da ein Bilden eines solchen Leistungsbündels oft eine Umstrukturierung im verladenden Unternehmen verbunden mit der Auslagerung von logistischen Leistungsbereichen nach sich zieht. Davor scheuen sich viele Unternehmen, da sie sich dann mit einer erfolgten Fremdvergabe einem Betriebsübergang nach § 613a Bürgerliches Gesetzbuch (BGB) und all seinen Anforderungen auch im Hinblick auf die Arbeitnehmenden der ausgelagerten Bereiche konfrontiert sehen.

Ein anderer Grund für den recht geringen Outsourcing-Anteil stellt die Relevanz dar, welche das logistische Leistungsbündel (oder Bestandteile davon) für das verladende Unternehmen einnimmt und entsprechend als Kernkompetenz definiert wird. Insbesondere Handelsunternehmen und speziell die Lebensmitteleinzelhändler bewirtschaften nicht nur Lagerstandorte, sondern betreiben auch eigene Flotten, da sie u. a. auf die Verfügbarkeit der Kapazitäten und die Gewährleistung einer ausreichenden Prozessqualität aufgrund der Sensibilität der Produkte und auch mit Blick auf den hohen Wettbewerbsdruck angewiesen sind.

3.3.2 Paket- und Stückguttransporte im Lichte des E-Commerce

Mit der Etablierung des E-Commerce in den 2000er Jahren und nach einem weiteren Schub während der Corona-Krise ab dem Jahr 2020 hat sich der Vertriebskanal des E-Commerce von einem Nischendasein mit knapp 2 % im Jahre 2007 zu einer Gefahr für zumindest einige der traditionellen stationären Einzelhändler etabliert. Mit mittlerweile rund 13 % Marktanteil insgesamt gilt der E-Commerce in einzelnen Produktkategorien wie Bekleidung (rund 40 %) und Elektronikprodukte (knapp 40 %) als wichtiger Konkurrent des stationären Handels (HDE & IFH Köln, 2021).

Insbesondere die Verteilung von Paketsendungen hat in der Folge einen enormen Boom erlebt. Deren Wachstumsraten pro Jahr belaufen sich über mehrere Jahre auf über 5 % per anno (BIEK, 2022). Auch der Stückgutmarkt profitiert hiervon indirekt. Waren B2C-Sendungen in den 2000er Jahren noch eine Seltenheit, nehmen sie für nicht-paketfähige Güter mittlerweile einen Anteil von 5 bis 15 % ein (Klaus & Schwemmer, 2020). Diese Entwicklung hat auch Konsequenzen für die Systeme des Güterverkehrs. So erhöhen sich nicht nur die Kosten aufgrund des höheren Stopp- (Anzahl der

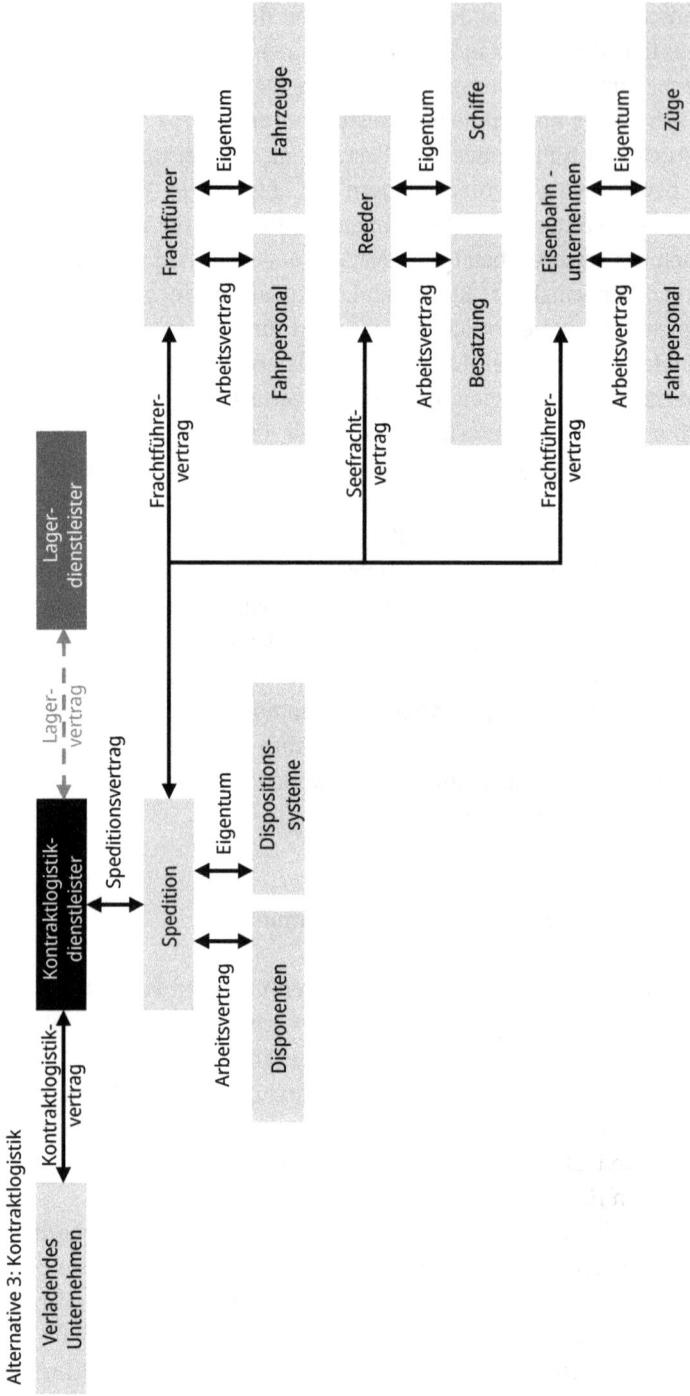

Abbildung 3.3.1: Erweiterung der Rollen der Güterverkehrsunternehmen in der Wertschöpfungskette durch den Kontraktlogistiker.

Haltepunkte auf einer Tour) und des damit zusammenhängenden niedrigeren Drop-Faktors (Anzahl der Sendungen pro Stopp), die zusammengenommen die Stoppkosten definieren (Klaus, Krieger & Krupp,). Zusätzlich ergeben sich größere Herausforderungen bei der Übergabe von Sendungen im B2C-Bereich. Während in den meisten Fällen eines B2B-Transports mit Anwesenheit des Empfängers zu den Geschäftszeiten gerechnet werden kann, ist dies bei B2C nicht immer der Fall:

- Die Paketdienste versuchen, dieser Herausforderung durch das Angebot eines Zustellwunschtags, einer Ablagegenehmigung oder der Abgabe in Paketboxen oder Filialen zu begegnen.
- Stückgut-Dienstleister behelfen sich mit einer Abstimmung mit dem jeweiligen Empfänger, wann eine Belieferung möglich ist, da die Größe der Sendung keine vergleichbaren Alternativen wie bei Paketen zulässt. Dies führt dazu, dass eine Sendung im laufenden Umschlagsprozess für den Verteilverkehr zurückgestellt werden muss, bis eine Vereinbarung mit dem Empfänger getroffen werden kann. Im Idealfall erfolgt dies digital über einen schriftlichen Austausch.

Für beide Segmente bedeuten dies Mehrkosten, die sich durch die genannten beispielhaften Lösungen reduzieren lassen. Die Unternehmen sind dabei unterschiedlich aufgestellt. Grundsätzlich versuchen alle Paketdienste den Boom im B2C-Versand mitzunehmen, so dass auch solche mit Schwerpunkt B2B sich den Herausforderungen stellen und Angebote für B2C-Kunden entwickeln. Zudem sehen Unternehmen außerhalb der Logistik Potenziale für einen Markteintritt. Dies sind

- Startups, die bspw. im Nah- und Regionalbereich Distributionsprozesse für spezielle Produkte (zubereitete Speisen, Produkte des täglichen Bedarfs) oder für lokal tätige Unternehmen (Händler oder Handwerksunternehmen wie Bäckereien oder Metzgereien) übernehmen, oder
- E-Commerce-Unternehmen, die aufgrund der Menge und/oder der Qualitäts-/Serviceanforderungen eine eigene Infrastruktur aufbauen.

Im Ergebnis erhöhen sich die Vielfalt der Anbieter und die Wettbewerbsintensität, insbesondere auf der letzten Meile, also im Bereich urbane Logistik. Oft steigt infolge der beschriebenen Entwicklungen das Fahrzeugaufkommen in den Ballungszentren, wodurch der Bedarf an neuen Konzepten der urbanen Logistik sichtbar wird (siehe auch Kapitel 1.4 und 4.5).

3.3.3 Urbane Logistik

In der urbanen Logistik, die stark an Bedeutung gewonnen hat, spielen Paket- und Stückguttransporte eine besondere Rolle. Dies lässt sich vor allem durch die zunehmende, weltweite Landflucht ebenso wie durch geänderte Lebenswelten erklären. Insbesondere durch die verstärkte Nutzung von E-Commerce treten urbane Ballungsräume weltweit in den Fokus logistischer Optimierungen. Deutlich wird dies beispielsweise durch die Anzahl der Sendungen, die durch KEP-Dienstleister befördert werden. Abbildung 3.3.2 zeigt die Prognose für die Entwicklung des deutschlandweiten Sendungsvolumens (BIEK, 2022).

Zunächst gilt es, das Verständnis der urbanen Logistik zu schärfen und begrifflich gegenüber der Citylogistik abzugrenzen. Im Rahmen der Citylogistik werden vor allem die Belieferungen des stationären Handels in Innenstädten zusammengefasst. Die operative Versorgungsaufgabe wird meist durch unabhängig voneinander agierende Logistikdienstleister bewerkstelligt. Hierbei kommt es zunehmend zu Herausforderungen, die sich aus geänderten Sendungsstrukturen ergeben. Es fallen immer höherfrequente Lieferungen bei sinkenden Sendungsvolumina an, so dass Lieferfahrzeuge nur unzureichend ausgelastet sind, aber aufgrund der gestiegenen Zeitkritizität der Sendungen häufiger fahren. Gleichzeitig kommt es zu Verkehrsüberlastungen, CO_2- und Lärmemissionen sowie gegenseitigen Behinderungen zwischen den eingesetzten Logistikdienstleistern und den Anwohnern, die ihrerseits ebenfalls den knappen Verkehrsraum beanspruchen. Insbesondere die durch Anwohner verursachten Verkehre in Innenstädten werden im klassischen Verständnis der Citylogistik nicht beachtet ebenso wenig wie die durch online bestellte Waren und deren Retournierung verursachten Transporte. Die urbane Logistik umfasst hingegen alle Warenströme innerhalb von Städten und erweitert somit die Citylogistik (Rock, 2022).

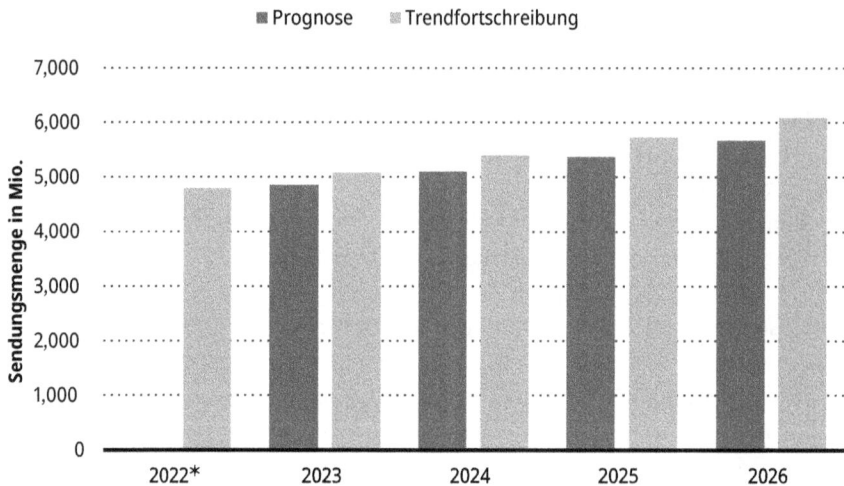

Abbildung 3.3.2: Prognose zur Anzahl der Sendungen von Kurier-, Express- und Paketdiensten (KEP) in Deutschland in den Jahren 2022 bis 2026 in Millionen.

Daraus leiten sich zahlreiche logistische Funktionen ab, die durch unterschiedliche Akteure durchgeführt werden. Der Themenkreis Urbane Logistik der Bundesvereinigung Logistik e.V. (BVL, 2021) benennt folgende Stakeholder und ihre Interessen bzw. Aufgaben:

Operative Stakeholder

Logistikdienstleister: Den Logistikdienstleistern obliegt die zuverlässige Zustellung an private und gewerbliche Kunden. Häufig, aber nicht ausschließlich, werden hierzu KEP-Dienstleister eingesetzt. Eine besondere Herausforderung liegt in der sogenannten letzten Meile-Thematik, also in der Feinzustellung zum letzten Empfangspunkt (z. B. in eine Privatwohnung). Hierzu werden zunehmend Mikro-Depots (kleine Läger zur Feinverteilung) und City-Hubs (mittelgroße Umschlagsläger) in Verbindung mit innovativen Fahrzeugen (z. B. Lastenräder und E-Fahrzeuge) genutzt.

Wirtschaft, Handel, Handwerk: Zu dieser Gruppe zählen alle gewerblichen Akteure in urbanen Ballungszentren (Einzelhandel, Industrie, Handwerksbetriebe usw.). Herausfordernd ist die parallele und konfliktfreie Interessensverwirklichung der unterschiedlichen gewerblichen Akteure untereinander sowie die gleichzeitige Harmonisierung der Interessen privater Bewohner in Innenstädten. Optimiert werden kann dies durch leistungsstarke dienstleisterübergreifende Bündelungsalgorithmen und ein intelligentes Anlieferzeitmanagement in der Zustellung.

Kommunen: Kommunen spielen in der urbanen Logistik eine zentrale Rolle. Schließlich findet urbane Logistik auf kommunalem Gelände statt. Insofern gilt es, potenzielle Standorte und Flächen zur Umsetzung von Vorhaben urbaner Logistik zu identifizieren und deren Nutzung zu ermöglichen. Auch Aspekte der innerstädtischen Verkehrsplanung werden seitens der Kommunen behandelt. Hervorzuheben sind in diesem Kontext vor allem Wirtschaftsförderungen, die sich bei der Gestaltung innovativer urbaner Logistikkonzepte einbringen.

Unterstützende Stakeholder

Interessens- und Branchenvertreter und ihre Berater: Als unterstützende Akteure können Wirtschaftsberatungen, Nichtregierungsorganisationen, wissenschaftliche Institute sowie Fachverbände auftreten, eine neutrale Koordination und Moderation zwischen den unterschiedlichen Anspruchsgruppen übernehmen sowie inhaltliche Impulse setzen.

Kammern: Industrie- und Handels- sowie Handwerkskammern können als Treiber und Impulsgeber auftreten. Außerdem bilden Sie Schnittstellen zwischen Unternehmen und lokalen Verwaltungen, Politik und der Öffentlichkeit.

Immobilieneigner: Immobilieneigner sind gefordert, neuartige Objektkonzepte, die Büro-, Gewerbe-, Logistik- oder auch Wohnnutzung kombinieren, zu entwickeln. Insofern kann bzw. soll die urbane Logistik für Immobilieneigner ein Impulsgeber für neue Geschäftsmodelle sein.

Land, Bund und EU: Land, Bund und EU schaffen im Rahmen der Gesetzgebung und der Mittelzuweisung infrastrukturelle Elemente zur Optimierung der urbanen Logistik, um emissionsarme Innenstädte und Regionen zu entwickeln sowie strukturschwache Regionen zu stärken. Im Rahmen der Wirtschafts- und Verkehrspolitik gilt es, auf Bedarfe und Anforderungen der Kommunen und der Stakeholder einzugehen.

Deutlich wird, dass aus dem oben beschriebenen erweiterten Verständnis der urbanen Logistik, wonach alle Verkehre und Transporte in Innenstädten berücksichtigt werden sollen, komplexe Abstimmungs- und Koordinationsmaßnahmen zwischen den Stakeholdern erforderlich sind. Im Fokus stehen die folgenden vier Bausteine (BVL, 2021):

- *Fahren und Fahrzeuge:* In diesem Baustein geht es vor allem um innovative Fahrzeugkonzepte, wie alternative Antriebsformen und Autonomie, aber auch um Fahrradlogistik und ganzheitliche Mobilitätskonzepte anstelle der üblichen Pkw-Nutzung.
- *Liefern, Lagern und Infrastruktur:* Der Baustein Liefern, Lagern und Infrastruktur behandelt die zu optimierende, knappe räumliche Ressource in der geographischen Dimension. Themen wie Parkraummanagement, Liefer- und Ladezonen sind ebenso wie Klein- und Zwischenläger und Verteilzentren Gegenstand der Betrachtung.
- *Stadtgestaltung:* In der Stadtgestaltung werden langfristige Entscheidungen zum Auf-, Aus- und Umbau urbaner Gebiete getroffen. Insbesondere das Mischen von Wohn- und Gewerberäumen wird thematisiert, um die unterschiedlichen Stakeholder-Interessen zu berücksichtigen. So zählt auch die Stärkung des ÖPNV zu einem der relevanten Themenfelder.
- *Zusammenarbeit:* Die Zusammenarbeit bildet eine umschließende Klammer um die unterschiedlichen Stakeholder in Form zentraler Anlauf- und Koordinationsstellen. Auch ein transparentes Wissensmanagement und Kommunikationsplattformen zählen zu diesem Baustein.

Die dargelegten vier Bausteine verdeutlichen die Vielschichtigkeiten der Handlungsoptionen sowie die Notwendigkeit einer möglichst umfassenden Betrachtung technischer, prozessualer, ökonomischer und soziokultureller Aspekte zur Optimierung einer zukunftsfähigen urbanen Logistik (Preindl, 2022). Hervorzuheben ist die Berücksichtigung nachhaltiger, insbesondere ökologischer Anforderungen.

Beispiel: Mikrodepot am Ostwall

In dem innerstädtischen Umschlagplatz für KEP-Dienstleister beteiligen sich DPD, GLS, UPS und Amazon Logistics. Gemeinsam nutzen sie das Mikrodepot am Ostwall. Die dort zentral angelieferten Pakete werden mithilfe kleiner, emissionsfreier Fahrzeuge wie Lastenrädern oder anderen Kleinstfahrzeugen feinverteilt. Während des Pilotprojektes von Januar 2021 bis Februar 2022 wurden rund 25.000 Pakete pro Monat in der Dortmunder Innenstadt mit emissionsfreien Lastenrädern statt mit Zustellfahrzeugen mit Verbrennungsmotor zugestellt.

Neben einer verbesserten Ökobilanz in Form eines geringeren CO_2-Austoßes, weniger Lärm, besserer Luft sowie mehr Platz in einer beruhigten City erhöht sich auch die Zustellqualität. Lieferungen werden schneller und effizienter zugestellt. Hiervon profitiert auch der ortsansässige Handel. Durch die Zusammenführung von stationärem Einzelhandel und Onlinehandel wird für alle Akteure eine höhere Servicequalität erreicht. So können in Dortmunder Geschäften ausgesuchte Produkte mit dem Lastenrad durch einen KEP-Dienstleister abgeholt und zugestellt werden.

In der 13-monatigen Pilotprojektphase wurde die Kapazitätsgrenze des Mikrodepots sehr schnell erreicht, so dass einzelne KEP-Dienstleister inzwischen eigene Kapazitätserweiterungsmaßnahmen umsetzen. Perspektivisch ist nach Möglichkeit allerdings ein Multi-User-Depot geplant, welches von mehreren Dienstleistern gleichzeitig genutzt werden kann. Das Mikrodepot am Ostwall ist inzwischen mehrfach ausgezeichnet worden. (Dortmund.de, 2022; Umsteigern, o. D.)

3.3.4 Die Belt and Road Initiative als Beispiel für eine Anwendung des Kombinierten Verkehrs

Im grenzüberschreitenden Güteraustausch nimmt der Kombinierte Verkehr eine wichtige Rolle ein. Als geopolitisch bedeutsam gilt die Belt and Road Initiative. Am 7. September 2013 kündigte der chinesische Staats- und Parteichef XI Jinping an der Nazarbaev-Universität in Astana den Aufbau eines gigantische Infrastrukturprojektes an. An der Belt and Road-Initiative (BRI) beteiligen sich inzwischen mehr als 70 Länder, die ca. 2/3 der Weltbevölkerung repräsentieren. Zunächst standen der Seidenstraßen-Wirtschaftsgürtel („Belt"), also der Landweg von China über Zentralasien und den Nahen Osten bis nach Europa sowie die maritime Seidenstraße des 21. Jahrhunderts („Road"), nämlich der Seeweg von Südchina über Südostasien, Indien, Sri Lanka und vorbei an Ostafrika ebenfalls bis nach Europa im Fokus. Heute existieren bereits zahlreiche Erweiterungen und Abwandlungen des ursprünglichen geostrategischen Projektes. Es gibt sowohl funktionale Erweiterungen wie beispielsweise die „digitale Seidenstraße" oder die „Seidenstraße der Gesundheit" sowie geographische Varianten, wie etwa die „Polare Seidenstraße". Die Finanzierung ist undurchsichtig. Es wird von weltweit mehreren hundert Milliarden Euro ausgegangen, die von China in zahlreiche Infrastrukturmaßnahmen für den Güterverkehr investiert werden (Kuhn, 2019).

Bis vor wenigen Jahren war die BRI vielen Entscheidern in der deutschen Logistik noch nicht bekannt. Im Jahr 2018 gaben noch 75 % der durch die Hochschule Osnabrück befragten Unternehmen an, sich noch nicht mit der Seidenstraßeninitiative beschäftigt zu haben. Gleichwohl schätzten knapp 88 % der befragten Unternehmen in China und Deutschland die Initiative als grundsätzlich positiv ein (Kisser & Schüller, 2018).

Eine besondere Rolle nimmt die sogenannte „Eiserne Seidenstraße" ein. Hierbei handelt es sich um ein Netz von Eisenbahnverbindungen zwischen China bzw. Ostasien und Europa. Die maßgeblichen Verbindungen werden in Korridore zusammengefasst. Der „Nördliche Korridor", der sich stark an die die transsibirische Eisenbahn anlehnt, sowie der „Zentrale Korridor" der „Neuen Eurasischen Kontinentalbrücke". Der Nördliche Korridor führt von China über Grenzübergänge in Nordostchina oder über die Mongolei nach Russland und über die Transsibirische Eisenbahn nach Westen bis zur EU. Der Zentrale Korridor verläuft von China über Kasachstan und Russland ebenso nach Europa. Die Zugstrecken verlaufen überwiegend südlich der transsibirischen Eisenbahn nach Westen. Der zentrale Schienenverkehrskorridor bildet den Kern der Neuen Eurasischen Kontinentalbrücke („New Eurasian Landbridge"). Die „New Eurasian Landbridge" ist einer der sechs zentralen Wirtschaftskorridore der Seidenstraßeninitiative und dient somit der Intensivierung der wirtschaftlichen Zusammenarbeit zwischen China, Europa sowie den Transit- und Anrainerstaaten (IHK Bayern, 2019).

Seitens der Politik wird der Schienengüterverkehr durch verschiedene zentralchinesische Regionalregierungen stark subventioniert. Darüber hinaus trägt die Abschaffung der Zollgrenzen zwischen Kasachstan, Russland und Weißrussland im Rahmen der Eurasischen Wirtschaftsunion (zuvor Eurasische Wirtschaftsgemeinschaft) sowie die Einführung des einheitlichen CIM/SMGS-Frachtbriefes zu Verbesserungen im Schienengüterverkehr bei. Auch lokale Optimierungen bei der Grenzabfertigung führen zur Senkung von Transportkosten und -zeiten (IHK Bayern, 2019).

Eine technische Herausforderung stellen die unterschiedlichen Spurweiten in den betroffenen Ländern dar. Während die Schienen in China und Europa eine Weite 1.435 mm aufweisen, beträgt diese in Finnland und den Ländern der der ehemaligen Sowjetunion 1.520 mm. Demzufolge müssen an Grenzstationen Container per Kran auf andere Waggons umgeladen werden. Diesen technisch bedingten Engpässen wird durch Kapazitätserweiterungsprojekte sowie durch den Bau neuer Übergänge begegnet. Zusätzlich ergeben sich in den zu durchfahrenden Ländern unterschiedliche Anforderungen an die Zuglängen. Auf der europäischen 1.435 mm Spurweite können Züge von 600 bis 740 Meter betrieben werden, wohingegen auf der weiteren Spur der Länder der ehemaligen Sowjetunion Züge bis zu einer Länge von 1.050 Metern fahren können. In China beträgt die Zuglänge 600 bis 700 Meter. Insofern können die Container dreier Züge aus China oder Europa für die Überfahrt auf der breiteren 1.520er Spur in zwei Züge zusammengefasst werden. Es handelt sich demnach eher um virtuelle Ganzzüge, die auf ihrem langen Weg zwischen Europa und Asien physisch unterschiedlich konsolidiert werden (Raymond, 2021).

Aus transportlogistischer Sicht ist die Eisenbahnverbindung auf dem eurasischen Kontinent insbesondere deshalb attraktiv, weil die Transportdauer deutlich unter der des Seeverkehrs liegt, während die Transportkosten geringer als im Luftfrachtmarkt sind. Die Eisenbahn nimmt demzufolge eine Zwischenposition zwischen See- und Luftfracht ein. Im direkten Vergleich liegt die Transportdauer per Bahn bei etwa 14 Tagen, während das Flugzeug inklusive vor- und nachgelagerter Prozesse circa fünf bis sechs Tage benötigt. Ein Transport per Seeschiff schlägt je nach Relation mit ungefähr 40 Tagen zu Buche und die wenigen Transporte per Lkw, die inzwischen auch angeboten werden, benötigen etwa acht bis zwölf Tage. Grundsätzlich ist der Güterzug auch ökologisch vorteilhaft. Er verursacht in etwa 95 % weniger CO_2-Emissionen im Vergleich zum Flugzeug und nahezu 70 % weniger als der Lkw. Hinsichtlich des

CO_2-Ausstoßes liegt die Eisenbahn etwa gleichauf mit der Containerschifffahrt (Verkehrsrundschau, 2021; Schuhmacher, 2021).

Hinsichtlich der Frachtvolumina liegt auch im Eisenbahnverkehr auf der Eisernen Seidenstraße die übliche Unpaarigkeit zwischen Asien und Europa vor. Ähnlich dem Seeverkehr werden bislang deutlich mehr Güter von Ost nach West als umgekehrt transportiert. Laut dem Eurasian Rail Alliance Index (ERAI) der United Transport and Logistics Company (UTLC) bewegten sich im Jahr 2020 die beförderten Frachtmengen in östlicher Richtung auf mehr als dem doppelten Niveau wie westwärts (eastbound: 171.919 FEU; westbound: 78.169 FEU, siehe Abbildung 3.3.3).

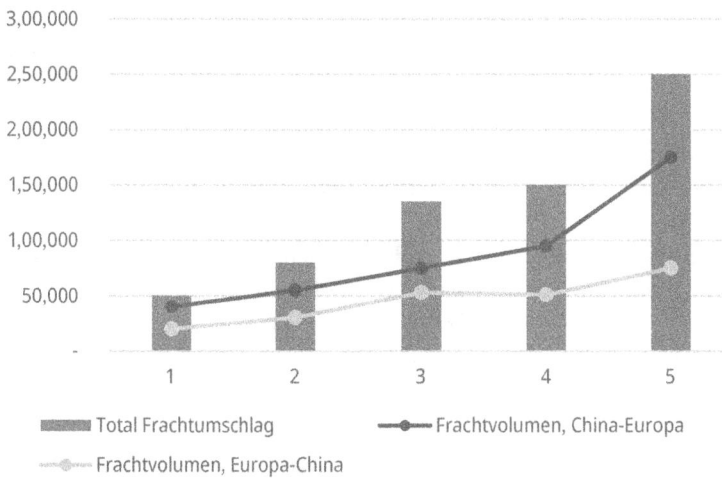

Abbildung 3.3.3: Entwicklung Frachtvolumina (In Anlehnung an ERAI, o. D.).

Laut chinesischer Staatsbahn stieg in den Monaten Januar bis Oktober 2022 sowohl die Anzahl der Zugfahrten als auch die der transportierten Container um jeweils rund 9 % gegenüber der Vorjahresperiode an. Allerdings entspricht das gesamte Transportvolumen der Bahn in etwa lediglich dem Warenumschlag von zwei Wochen des Hafens Shanghai.

Aufgrund der Eisenbahnspezifika bieten sich für den Transport auf der Eisernen Seidenstraße insbesondere Produkte an, deren Wert ausreichend hoch und deren Zeitsensibilität ausreichend gering ist. Für besonders geringwertige Güter eignet sich aufgrund der niedrigen Frachtraten weiterhin das Seeschiff, für besonders eilige Güter die Luftfracht. Insofern verwundert es nicht, dass laut Eurasian Rail Alliance Index der UTLC insbesondere elektrische Maschinen, Produkte aus dem Segment der Unterhaltungselektronik aber auch beispielsweise Autos per Bahn transportiert werden. Spitzenreiter der Statistik der transportierten Waren sind folgende HS-Codes (HS = „Harmonisiertes System zur Bezeichnung und Codierung der Waren") (ERAI, o. D.; Statistisches Bundesamt, 2022):

HS-Code 85: Elektrische Maschinen, Apparate, Geräte und andere elektrotechnische Waren, Teile davon; Tonaufnahme- oder Tonwiedergabegeräte, Bild- und Tonaufzeichnungs- oder Wiedergabegeräte, für das Fernsehen, Teile und Zubehör für diese Geräte.

HS-Code 84: Kernreaktoren, Kessel, Maschinen, Apparate und mechanische Geräte; Teile davon.

HS-Code 99: Zusammenstellungen verschiedener Waren.

HS-Code 87: Zugmaschinen, Kraftwagen, Krafträder, Fahrräder und andere nicht schienengebundene Landfahrzeuge, Teile davon und Zubehör.

HS-Code 39: Kunststoffe und Waren daraus.

Naturgemäß ist die Eiserne Seidenstraße anfällig für geopolitische Krisensituationen, dies erschwert Prognosen zu den künftigen Frachtmengen erheblich. Die International Union of Railways (UIC) weist etwa in einer im Jahr 2021 von der Unternehmensberatung Roland Berger durchgeführten Studie im Zeitraum 2020 bis 2025 eine Verdopplung und bis 2030 möglicherweise eine Verdreifachung der Frachtmengen-Entwicklung auf dann 2,6 Millionen TEU (Reimann, 2021; UIC, 2021) aus. Möglicherweise wird es eine Verlagerung der Transporte vom nördlichen Korridor auf den mittleren Korridor (Trans-Caspian International Transport Route) geben. Hierbei handelt es sich um eine multimodale Route per Schiff über das Kaspische sowie über das Schwarze Meer und auf dem Landweg per Schiene. Testläufe zeigen, dass die Laufzeit mehr als 55 Tage und die Kosten mehr als 12.000 US-Dollar pro Container betragen. Dies erscheint im Lichte langjähriger Laufzeit- und Kostenprofile nicht rentabel (Flatten, 2022).

Neben der unklaren quantitativen Weiterentwicklung ist auch die infrastrukturell-qualitative Entwicklung ungewiss. Angesichts der ursprünglich stark steigenden Frachtvolumina steht die Idee im Raum, dass die bislang primär genutzten Stadt-zu-Stadt-Verbindungen langfristig durch Knotenpunktsysteme (Hub-and-Spoke-Systeme) ersetzt werden. Hub-and-Spoke-Systeme zeichnen sich durch eine höhere Netzdichte und eine größere Flexibilität aus, so dass beispielsweise ein Container aus China unabhängig von seinem europäischen Ziel mit dem nächsten verfügbaren Zug befördert werden könnte. Die Feinverteilung zum Bestimmungsort würde erst in Europa, zum Beispiel an einem der Umspurungsstationen, stattfinden. Demzufolge könnten durch die Nutzung von Knotenpunktsystemen die Abfahrtfrequenzen erhöht und die durchschnittliche Fahrtzeiten der Container verringert werden (Raymond, 2021).

Beispiel: Porsche und Hellmann Worldwide Logistics
Der Sportwagenbauer Porsche produziert nicht vor Ort in China und ist daher gezwungen, Fahrzeuge ins Reich der Mitte zu exportieren. Seit 2019 nutzt Porsche hierzu auch die Eiserne Seidenstraße. Zweimal pro Woche werden Autos per Güterzug in die Millionenstadt Chongqing im Südwesten Chinas transportiert. Maximal 88 Fahrzeuge werden in höchstens 44 Containern pro Zug transportiert. Die Route führt von Bremerhaven über Polen, Weißrussland, Russland und Kasachstan nach China und dauert etwa 18 Tage. Den weitaus größten Teil allerdings transportiert Porsche nach wie vor auf dem Seeweg nach China (Automobilwoche, 2021).

Literaturverzeichnis

Automobilwoche (2021, 04. Mai). *Porsche setzt auf die „Neue Seidenstraße".* Abgerufen am 12.09.2023 unter https://www.automobilwoche.de/agenturmeldungen/porsche-setzt-auf-die-neue-seidenstrasse

BIEK (Hrsg.). (2022). *KEP-Studie 2022 – Analyse des Marktes in Deutschland.* Berlin: Eigenverlag.

BVL (Hrsg.). (2021). *Manual für den Austausch zwischen Kommunen und Logistik – Urbane Logistik.* Bremen: Eigenverlag.

Dortmund.de (2022). *Das Mikrodepot am Ostwall zieht Bilanz: Fortsetzung gewünscht für Deutschlands Super-Mikrodepot.* Abgerufen am 12.09.2023 unter https://www.oststadt-aktiv.de/das-mikrodepot-am-ostwall-zieht-bilanz-fortsetzung-gewuenscht-fuer-deutschlands-super-mikrodepot/

ERAI (o. D.). *Eurasian Rail Alliance Index.* Abgerufen am 07.12.2022 unter https://index1520.com/en/

Flatten, L. (2022). Weichenstellungen. *Markets International*, 04/22, S. 18–19. Abgerufen am 02.10 unter https://www.gtai.de/resource/blob/869746/76e14ec1d73aebfb8d652674a3bed3a4/MI_4_22_RZ_abu_end.pdf

HDE & IFH Köln (Hrsg.) (2021). *Online-Monitor 2021.* Berlin/Köln: Eigenverlag.

IHK Bayern (Hrsg.) (2019). *Megatrends im Welthandel: Die neue Seidenstraße.* München: Eigenverlag.

Kisser, C. & Schüller, M. (2018). *Empirische Studie zu den Auswirkungen der Neuen Seidenstraße auf deutsche und chinesische Unternehmen – Eine Untersuchung der Hochschule Osnabrück, Praxisworkshop China – „Neue Seidenstraße" an der Industrie- und Handelskammer Osnabrück – Emsland – Grafschaft Bentheim.* Osnabrück: Eigenverlag.

Klaus, P., Krieger, W. & Krupp, M. (Hrsg.) (2012). *Gabler Lexikon Logistik.* Wiesbaden: Gabler.

Klaus, P. & Schwemmer, M. (2020). Im Detail: Die Logistiksegmente in Deutschland. In M. Schwemmer, K. Dürrbeck, P. Klaus. (2020), *Top 100 der Logistik* (S. 77–150). Hamburg: DVV Media Group.

Kuhn, B. (2019). Chinas Neue Seidenstraße. *Wirtschaftsdienst, 99*(12), 880–882.

Preindl, R. (2022). *Implementation of Urban Logistics Systems.* Wiesbaden: Springer Fachmedien.

Raymond, G. (2021). *Schienenverkehr China-Europa-China: Bremsen und Potenzial.* Binningen/Basel: Railweb GmbH.

Reimann, S. (2021). *Neue Wege auf der Seidenstraße.* DVZ Deutsche Verkehrs-Zeitung, Nr. 17/2021.

Rock, S. (2022). Onlinehandel, Urbane Logistik und Nachhaltigkeit – Eine empirische Studie. In M. Knoppe, S. Rock, M. Wild (Hrsg.), *Der zukunftsfähige Handel* (S. 335–372). Wiesbaden: Gabler.

Schuhmacher, S. (2021). *Landwege als Alternative zur Containerschifffahrt?* Verkehrsrundschau. Abgerufen am 18.12.2023 unter https://www.verkehrsrundschau.de/nachrichten/transport-logistik/landwege-als-alternative-zur-containerschifffahrt-2969451

Statistisches Bundesamt (Hrsg.). (2022). *Warenverzeichnis für die Außenhandelsstatistik 2022.* Wiesbaden: Eigenverlag.

UIC (2021). *EURASIAN RAIL TRAFFIC DEVELOPMENT: UIC PRESENTS OPPORTUNITIES AND CHALLENGES FOR THE SOUTHERN AND MIDDLE CORRIDORS.* Abgerufen am 07.12.2022 unter https://uic.org/events/eurasian-rail-traffic-development-uic-presents-opportunities-and-challenges-for

Umsteigern (o. D.). *Mikrodepot am Ostwall eröffnet.* Abgerufen am 12.09.2023 unter https://www.umsteigern.de/mikrodepot-am-ostwall.html

Verkehrsrundschau (2021). Die Zukunft der Seidenstraße. Abgerufen am 02.10.2023 unter https://www.verkehrsrundschau.de/advertorials/artikel/die-zukunft-der-seidenstrasse-3063597

3.4 Güterverkehrsmärkte im Lichte von Veränderungstreibern

Verena Ehrler, Dustin Schöder, Christian Kille

Dieses Kapitel stellt die zukünftig wahrscheinlichen Veränderungen im Güterverkehrsmarkt in den Fokus und geht dabei auf sich zukünftig ändernde Marktanforderungen, auf zu erwartende Veränderungen im Technologieeinsatz sowie auf mögliche Veränderungen in den Marktstrukturen ein.

3.4.1 Ausblick auf veränderte Marktanforderungen

Die politische Agenda in der EU

Bereits im Vertrag von Rom, der am 1. Januar 1958 in Kraft trat, einigten sich die sechs Gründungsländer der Europäischen Wirtschaftsgemeinschaft (EWG) – Belgien, Deutschland, Frankreich, Italien, Luxemburg und die Niederlande – darauf, einen gemeinsamen Markt auf der Grundlage des freien Verkehrs von Dienstleistungen, Gütern, Kapital und Personen zu schaffen. Dementsprechend ist im Abkommen dem Verkehr ein eigenes Kapitel gewidmet, in dem eine gemeinsame Verkehrspolitik als Ziel formuliert wird. Diese soll bewirken, dass die abgestimmten Regeln für den Verkehr aus oder in das Hoheitsgebiet eines EWG-Mitgliedstaates sowie für den Durchgangsverkehr gelten. Weiterhin soll diese gemeinsame Verkehrspolitik Bedingungen festlegen, mit denen Verkehrsunternehmern zum Verkehr innerhalb eines EWG-Mitgliedstaates zugelassen sind, in dem sie nicht ansässig sind, und sie soll alle weiteren, notwendigen Regeln etablieren, die für eine gemeinsame Verkehrspolitik notwendig und zielführend sind (Europäische Union (EU), 1957, § 74 ff.). Die Umsetzung dieser Ziele wurde im Wesentlichen durch die Einheitliche Europäische Akte vorangetrieben, die am 1. Juli 1987 in Kraft trat. Diese Akte deklarierte die Schaffung eines Europäischen Binnenmarktes als Ziel und legte damit die Basis für die Liberalisierung des Verkehrs.

Der Europäische Binnenmarkt tritt sechs Jahre später, am 1. Januar 1993 offiziell in Kraft. Er umfasst die vier Grundprinzipien des freien Warenverkehrs, der Personenfreizügigkeit, der Dienstleistungsfreiheit und des freien Kapital- und Zahlungsverkehrs. Gleichzeitig mit der Liberalisierung wird durch diese Stärkung der Gemeinschaft in Europa auch die Einführung gemeinsamer Ziele, Initiativen und Gesetze möglich. In der Konsequenz dieser Entwicklung umfasst die Verkehrspolitik der EU folgende Felder (Europäische Union, o. D.):

– Verkehrsbedingte Emissionen (mit dem Ziel einer Verringerung der Treibhausgase)
– Verkehrsträger (betreffend alle Transportarten: Straße, Schiene, Binnenverkehr, Luftverkehr, Seeverkehr)
– Verkehrsinfrastruktur (mit dem Ziel, die Verkehrsnetze über ganz Europa zu verbinden und durchgängige Korridore zu schaffen)
– Verkehrsthemen wie beispielsweise Passagierrechte, Verkehrssicherheit, intelligente Verkehrssysteme oder Digitalisierung im Verkehr

Die Einführung des „Single Market" hat wesentliche Folgen sowohl auf der Angebots- als auch der Ressourcenseite des Verkehrsmarktes. Transporte innerhalb des EU-Raums können damit nach Binnenmarktprinzipien organisiert und durchgeführt werden.

Auf der Angebotsseite des Güterverkehrs bedeutet dies, dass Güterverkehrsunternehmen in jedem Land der EU Leistungen offerieren und Unteraufträge frei vergeben können. Auf der Ressourcenseite haben die Unternehmen infolge der freien Standortwahl die Möglichkeit, Mitarbeitende in allen Ländern, in denen eine Niederlassung des Unternehmens vorhanden ist, angestellt werden können. Mit diesen Veränderungen hat der Wettbewerb im Güterverkehrsmarkt an Dynamik gewonnen und der Preisdruck auf Transportdienstleistungen ist folglich gestiegen (siehe Kapitel 4.3). Dennoch sind beispielsweise die Anbieter in nahezu allen europäischen Ländern einem strukturellen Mangel an Fahrpersonal ausgesetzt.

Weiterhin eröffnet die Liberalisierung und Deregulierung den Transportmarkt für neue Akteure. Am deutlichsten wird dies im Bereich des vormals streng regulierten Luftfrachtmarktes: So konnte die Umsetzung der „9 Freedoms of the Air" (International Civil Aviation Organization (ICAO), 2004) nach der Erklärung des Binnenmarkts innerhalb von 10 Jahre realisiert werden. Sie machte es möglich, dass in einem Markt, der vorher ausschließlich den nationalen Fluggesellschaften vorbehalten war, und in dem selbst die Preise reglementiert waren, neue Gesellschaften und neue Anbieterformate entstehen konnten. Luftfracht-Leistungen war damit nicht mehr allein den Luftfahrtgesellschaften vorbehalten, sondern auch anderen Unternehmen, wie zum Beispiel Integratoren und Kurierdiensten, wurde es ermöglicht, Flugzeuge zu betreiben oder zu chartern, und so Luftfracht-Leistungen selbst zu erbringen (Ehrler, 2011).

Neben den EU-Raum internen Regelungen, wird der Bereich Verkehr und Transport der EU durch bilaterale Abkommen mit Nicht-EU-Ländern wie der Schweiz oder auch Großbritannien ergänzt. Diese betreffen die einzelnen Transportmodi sowie den Güterverkehr insgesamt. So beinhaltet zum Beispiel das Landverkehrsabkommen von 1999 unter anderem die EU-seitige Anerkennung der Leistungsabhängigen Schwerverkehrsabgabe, das Nacht- und Sonntagsfahrverbot, sichert aber auch die Anerkennung des 40-Tonnen-Lkw durch die Schweiz (BAV, 1999). Weitere bilaterale Abkommen zwischen der EU und der Schweiz von zentraler Bedeutung für den Güterverkehr sind das Abkommen vom 21. Juni 1999 zwischen der Schweizerischen Eidgenossenschaft und der Europäischen Gemeinschaft über den Luftverkehr und das Abkommen zwischen der Schweizerischen Eidgenossenschaft und der Europäischen Gemeinschaft über die Erleichterung der Kontrollen und Formalitäten im Güterverkehr und über zollrechtliche Sicherheitsmaßnahmen.

Bedeutung der Nachhaltigkeit und verändertes Konsumverhalten

Im Rahmen der EU-Verkehrspolitik wird in zunehmenden Masse Aufmerksamkeit der Umweltpolitik gewidmet. Mit dem 2011 veröffentlichten Weißbuch zum Verkehr hat die Europäische Kommission die zwei Hauptziele ihrer Verkehrspolitik markiert: Wettbewerbsfähigkeit und Nachhaltigkeit (Europäische Kommission, Directorate-General for Mobilty and Transport, 2011). Ein nächster, wesentlicher Meilenstein, der die zunehmende Bedeutung von Nachhaltigkeits- und Klimazielen auf internationalem Niveau belegt, war das Pariser Abkommen von 2015. Dieses Abkommen ist ein rechtlich verbindliches, internationales Abkommen, in dem sich die unterschreibenden 175 Länder verpflichtet haben, alles ihnen Mögliche zu unternehmen, die globale Erwärmung auf deutlich unter 2°C – am besten auf 1,5 °C im Vergleich zum vorindustriellen Niveau – zu begrenzen (United Nations, 2015; United Nations, 2016). Dieser internationalen Verpflichtung folgte der European Green Deal 2019, der zur Operationalisierung der Klimaziele eine Senkung der Netto-Treibhausgasemissionen um mindestens 55 % gegenüber 1990 bis 2030 zum Ziel hat. Dazu hat die EU-Kommission konkrete Vorschläge für eine neue Klima-, Energie-, Verkehrs- und Steuerpolitik entwickelt. Weiterhin sollen auch die verkehrsbedingten Emissionen bis 2050 um 60 % gegenüber dem Stand von 1990 bis 2050 reduziert werden (vgl. EU, o. D.).

Neben diesen steigenden Anforderungen an die Nachhaltigkeit von Transport und Verkehr und der Reduktion von Transport-bedingten Emissionen auf politischer Seite, steigt in der Bevölkerung das Umweltbewusstsein, und damit die Forderung nach Nachhaltigkeit bei Produkten und deren Transport. Laut einer Studie des Umweltbundesamtes ist allein in Deutschland im Zeitraum 2016 bis 2020 der Anteil der Bevölkerung, der die Themen „Umwelt- und Klimaschutz" für „sehr wichtig" einstuft von 53 % auf 65 % angestiegen (Gellrich, Burger, Tews, Simon& Seider, 2021).

In diesem Spannungsfeld von einer stetig steigenden Nachfrage nach Transportleistungen, steigenden Umweltherausforderungen, Kostendruck und Knappheit an Arbeitskräften, wird eine Entkopplung des Transportleistungswachstums und einem dafür notwendigen, steigenden Ressourcenbedarf durch Digitalisierung gesucht.

3.4.2 Veränderungen des Technologieeinsatzes

Der Güterverkehr wird auch in Zukunft eine entscheidende Rolle in der globalisierten Wirtschaft spielen und an Bedeutung und Intensität zunehmen. In den kommenden Jahren werden neue Technologien die Verkehrsträger Straße, Schiene, Wasser und Luft verändern. Diese Entwicklungen versprechen nicht nur nachhaltigere, effektivere und zunehmend Verkehrsträger-übergreifende Güterverkehre, sondern auch einen bedeutenden technischen, ökonomischen und ökologischen Fortschritt in der Gesamtwirtschaft.

Technologische Veränderungen im Straßengüterverkehr

Der Straßengüterverkehr steht vor einer historischen Veränderung. Dabei werden Elektromobilität und alternative Antriebstechnologien im Güterverkehr als Schlüsseltechnologie gesehen. Nachdem die Hersteller elektromobiler Fahrzeuge in der Vergangenheit einen verstärkten Fokus auf den Individualverkehr legten, ist die Batterietechnologie spätestens seit 2020 so weit entwickelt, dass auch größere Nutzfahrzeuge zukünftig zunehmend am Markt verfügbar werden. Speziell urbane Regionen bieten sich aktuell und in der näheren Zukunft als prioritäres Einsatzfeld für die elektromobile Distribution im Landverkehr an, da die elektrisch angetriebenen Nutzfahrzeuge in diesem Umfeld mit Blick auf Reichweite und Nutzlast für Frachtführer ökonomisch sinnvolle Alternativen darstellen. Für den *use case* der urbanen Distribution spielt der technologische Unterschied zwischen Batterieelektrik und Wasserstoffelektrik eine untergeordnete Rolle. Mit Blick auf beide Technologien ist zukünftig davon auszugehen, dass die batterieelektrischen Antriebskonzepte im Landverkehr auf Kurz- und Mittelstrecken und bei Fahrzeugen mittlerer Größe eine breite Anwendung finden werden (siehe Abbildung 3.4.1). Auf den Langstrecken und im Segment der schweren Lkw wird wasserstoffelektrischen Antrieben ein großes Potenzial zugesprochen.

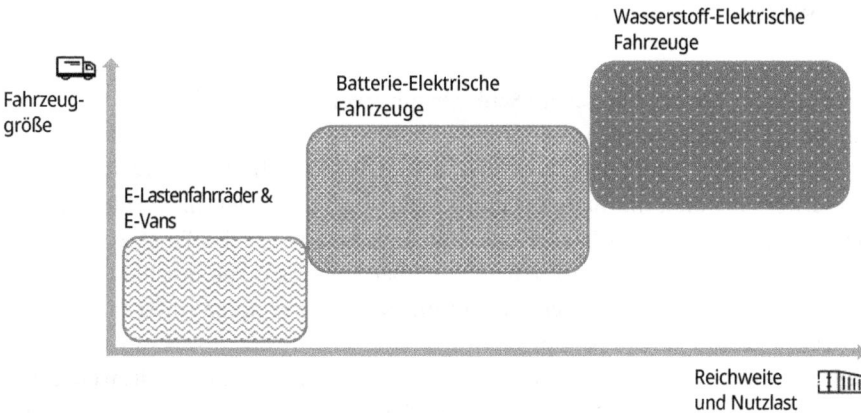

Abbildung 3.4.1: Elektromobile Antriebstechnologien nach Einsatzbereichen.

Während bereits beim Landverkehr das Thema Elektromobilität im Fokus steht, darf nicht vergessen werden, dass diese Technologie auch auf der Schiene und der Binnen- und Küstenschifffahrt zunehmende Verbreitung findet. Neben der Elektromobilität gibt es – mit signifikant geringerer Verbreitung – jedoch auch Initiativen, welche den Einsatz von LNG, Biogas oder e-Fuels fördern. Da diese Konzepte bisher nur in sehr geringem Umfang von den Flottenbetreibern aufgegriffen wurden und in der Logistik- und Transportbranche die Elektromobilität (in seinen verschiedensten Variationen) das zentrale Thema mit Blick auf alternative Antriebe ist, soll an dieser Stelle nicht vertiefend auf die genannten weiteren alternativen Antriebsformen eingegangen werden.

Zusätzlich wird das Konzept des autonomen Fahrens den Straßengüterverkehr verändern. Selbstfahrende Lkws werden längerfristig nicht nur den Fahrermangel mildern, sondern auch die Effizienz erhöhen und den Verkehr sicherer gestalten. Diese technische Neuerung wird zukünftig besonders in den Prozessschritten eingesetzt werden, welche einen kritischen Prozesspfad des Transports – oft ein sogenanntes Bottleneck – darstellen. Im Güterverkehr betrifft dies vor allem die Umschlagprozesse. Der automatisierte und in Teilen schon autonomisierte Umschlag ist bereits im Jahr 2023 in

Seehäfen (insbesondere im Containerumschlag) und KV-Terminals in Piloten umgesetzt. Die Vorteile liegen hier in einer Verstetigung der Prozesse und einer Glättung von Lastspitzen im Umschlag. Darüber hinaus erfahren auf der Strecke Automatisierung und Autonomisierung auch im eigentlichen Transport, der raum-zeitlichen Transformation der Sendungen, starke Beachtung und zunehmenden Einsatz. Aufgrund juristischer Rahmenbedingungen wird der autonome Transport jedoch auf den jeweiligen Verkehrsträgern eine unterschiedliche Adaptionsgeschwindigkeit aufzeigen. Während ein (teil-)autonomes Transportmittel in der Hochseeschifffahrt oder Luftfahrt vergleichsweise einfach umzusetzen ist, stellt das autonome Fahren auf der Straße und Schiene aufgrund der Vielzahl an möglichen Interaktionen mit der Umgebung und anderen Verkehrsteilnehmenden eine nicht nur technisch anspruchsvolle, sondern auch juristisch herausfordernde Veränderung dar.

Technologische Veränderungen im Schienengüterverkehr

Auch auf der Schiene werden zukünftig vermehrt alternative Antriebe eine breitere Anwendung finden. Hierbei wird es sich um sog. Mehrkraft-Lokomotiven handeln, welche Diesel-Traktion mit Batterieelektrik oder Wasserstoffelektrik verbinden, und welche bereits in Teilen im Einsatz sind. Darüber hinaus soll der Einsatz von High-Speed-Güterzügen den Transport von Waren über lange Strecken beschleunigen, um so Volumen vom Straßengüterverkehr auf die Bahn zu verlagern (International Energy Agency, 2019).

Die Automatisierung im Schienengüterverkehr wird zukünftig ebenfalls weiter voranschreiten. Automatische Kupplungen und Entladungssysteme ermöglichen schnellere Be- und Entladungsprozesse und reduzieren den Arbeitsaufwand, insbesondere im Einzelwagenverkehr. Intelligente Planungs- und Steuerungssysteme optimieren zukünftig den Einsatz von Waggons und Trassenkapazitäten, um Engpässe zu vermeiden und den Verkehrsfluss zu verbessern (Wright, Schaefer, Thopali, Telford & Urbaniak, 2021).

Das Schweizer Projekt Cargo Sous Terrain, das eine voll digitalisierte, Schienengebundene und autonome Transportlösung für Stückgut unter der Erde vorsieht, wird als innovativer, neuer Verkehrsträger eingeordnet (siehe Kapitel 4.5). Ein erster Pilot-Abschnitt von 70 km Länge zwischen Härkingen-Niederbipp nach Zürich soll im Zeitraum 2031–2033 eröffnet werden. Ziel des Vorhabens ist es auch, eine direkte Anbindung an urbane Zentren zu schaffen, um die letzte Meile mit alternativen Antrieben bewältigen zu können (Cargo Sous Terrain (CST), o. D.).

Technologische Veränderungen in der Schifffahrt

Die maritime Branche rückt ebenfalls zunehmend in den Fokus, im Besonderen mit Blick auf die Umweltauswirkungen dieses Verkehrsträgers. Der Einsatz von emissionsärmeren Treibstoffen wie Flüssigerdgas (LNG) und Wasserstoff für Schiffe, wird zukünftig an Bedeutung gewinnen. Ergänzt werden diese durch neue Segeltechnologien, welche mittels Windkraft den Antrieb unterstützen. Diese sauberen Alternativen zu herkömmlichen Schiffstreibstoffen werden die CO_2-Emissionen erheblich senken. Darüber hinaus werden auch eine weitere Automatisierung und Autonomisierung – sowohl im Bereich der Hochseeschifffahrt als auch den Umschlagsanlagen in den Häfen – eine bedeutende Rolle spielen. Auf diese Weise wird es zukünftig möglich sein, den Personalbedarf an Bord und in den Häfen noch weiter zu reduzieren. Autonom fahrende Schiffe, ausgestattet mit fortschrittlichen KI-Systemen, können menschliche Fehler minimieren und so die Sicherheit erhöhen, sowie die Effizienz der Routenplanung optimieren. Einen weiteren Beitrag zur Auslastungsoptimierung in den Häfen werden zukünftig KI-unterstützte IT-Tools zur Slot-Steuerung leisten.

Eine weitere Technologie, die bereits heute in der Schifffahrt eingesetzt wird, ist der 3D-Druck. Es ist davon auszugehen, das mit zunehmender technologischer Reife dieser Technologie die Verbreitung deutlich zunehmen wird. Die dezentrale Produktion von (zeitkritischen) Ersatzteilen besitzt in der Seefahrt zukünftig große Potenziale wartungsbedingte Werftzeiten zu minimieren und damit die Einsatzzeiten von Schiffen weiter zu maximieren, und deren Kosten zu senken.

Technologische Veränderungen in der Luftfahrt

Die Elektrifizierung von Frachtflugzeugen ermöglicht es, den Luftfrachtverkehr umweltfreundlicher zu gestalten und die Abhängigkeit von fossilen Brennstoffen zu verringern. Kleine bis mittelgroße Frachtflugzeuge könnten jedoch aufgrund der umfangreichen technologischen Herausforderungen erst in einer mittleren bis fernen Zukunft vermehrt elektrisch betrieben werden, was dann zu einer Verringerung der CO_2-Emissionen beitragen kann. Deutlich zeitnäher hingegen ist der Einsatz von alternativen Kraftstoffen in der Luftfahrt zu erwarten. Der Einsatz von Lieferdrohnen wird zukünftig in Nischen Anwendung finden. Kurzstreckenlieferungen können so schneller durchgeführt werden, insbesondere in schwer zugänglichen Gebieten.

Zu den bekannten Transportmitteln und Verkehrsträgern werden sich zukünftig neue Alternativen gesellen, welche dem Güterverkehr bisher ungeahnte Möglichkeiten eröffnen werden. Dies betrifft die bereits angesprochenen Lieferdrohnen, welche längerfristig ebenfalls größere Sendungen und Nutzlasten befördern könnten. Mit zunehmendem technischem Fortschritt wird nicht nur die Beförderung von Personen mittels Drohne, sondern auch die Zustellung von Sendungen – im Rahmen enger gesetzlicher Vorgaben – möglich sein. Ob dicht besiedelte Gegenden oder urbane Anwendungsfälle zukünftig ein Einsatzgebiet für Distributionsdrohnen sein werden, wird maßgeblich von den regulativen Vorgaben abhängen. Der technische Fortschritt wird hier nicht der bestimmende Parameter sein. Lärmauflagen, gesetzliche Regelungen für den Luftverkehr – unter welchen auch bodennah operierende Drohen fallen – sowie Anforderungen an den Schutz der Privatsphäre, legen die Vermutung nahe, dass die Zustellung von Palletten in urbanen Gebieten mittels Drohne kurz- und mittelfristig Fiktion bleiben wird. In besonderen Anwendungsfällen, bspw. im Offshorebereich sind jedoch auch kurzfristig sinnhafte Anwendungsfälle denkbar.

Innovationen im Bereich der Rohrleitungssysteme

Ein weiterer Ansatz mit hohem Veränderungspotenzial für den Güterverkehr ist der Hochgeschwindigkeits-Rohrleitungsverkehr, welcher in der Literatur mitunter bereits als fünfter Verkehrsträger bezeichnet wird. Dieser ist jedoch abzugrenzen von klassischen Rohrleitungen, welche für flüssige und gasförmige Güter konzipiert sind. Hier ist geplant, zukünftig Güter in speziellen Ladeeinheiten oder Kapseln in hoher Geschwindigkeit zu befördern. Prominentester Ansatz ist der Hyperloop, eines Systems bei dem, ähnlich der Rohrpost, Fracht in Röhren mit Vakuum aufgrund der reduzierten Reibung mit Höchstgeschwindigkeit transportiert werden kann (HyperloopTT, 2023). Andere Ansätze verzichten auf das technisch und energetisch aufwändig zu erzeugende Vakuum, folgen aber dem gleichen Grundgedanken. Ein solch ähnlicher, von italienischen Hochschulen maßgeblich entwickelter Ansatz ist das PipeNet, welches im Zuge der Energiewende ausgediente Pipelines für den Gütertransport nutzbar machen möchte (Biggi et.al., 2018). In kleinerem Maßstab gibt es darüber hinaus den Ansatz, urbane Gebiete über Röhren zu versorgen, um die Verkehrs- und Emissionsbelastung in Ballungsgebieten zu verringern (Cargo Sous Terrain, o. D.). Allen Ansätzen ist jedoch gemein, dass sie sehr hohe Infrastrukturinvestitionen erfordern und die Schnittstellen zu den etablierten Verkehrsträgern, Ladeeinheiten und Prozessen des Güterverkehrs erst aufgebaut werden müssen.

Digitalisierung und Künstliche Intelligenz

Digitalisierung und Künstliche Intelligenz (KI) sind die beiden zentralen Treiber, welche auf einen veränderten Technologieeinsatz bei allen Verkehrsträgern im Güterverkehr wirken. Die Bedeutung von Track & Trace (T&T) für die Steuerung der (transport-)logistischen Abläufe hat zu einer Effizienzsteigerung im Güterverkehr geführt und ermöglicht der produzierenden Industrie und dem Handel anspruchsvolle Just-in-Time und Just-in-Sequence Versorgungskonzepte. Zur Erhöhung der Transparenz über den konkreten Standort einer Sendung werden die Ladeeinheiten (bspw. Container, Trailer, Wechselbrücken) zunehmend mit einer vom Transportmittel unabhängigen Ortungstechnologie ausgerüstet. Dies erlaubt den Logistikdienstleistern und Verladern die vollständige Nachverfolgung ihrer Sendungen während des Umschlags, bspw. in Hafenarealen oder in Terminals.

Auch die Verkehrspolitik wird sich mit der Digitalisierung ändern und neue Felder bearbeiten müssen. Dazu gehört der Schutz digitaler Lösungen wie Verkehrsleitsystemen oder Systemen zur automatischen Fahrzeugerkennung vor Piraterie, Missbrauch und Sabotage Bei der Regulierung können beispielsweise Fahrspurzuweisungen, Zufahrtbeschränkungen für bestimmte Gebiete (bspw. City-Maut für Innenstädte), Vorgaben hinsichtlich des CO_2-Ausstoßes oder Bonus-Malus Regelungen für die Nutzung bestimmter Alternativen des Güterverkehrs mit digitalen Lösungen unterstützt werden (siehe Kapitel 4.3).

3.4.3 Veränderte Marktstrukturen im Güterverkehr

Die künftige Entwicklung des Güterverkehrs richtet sich auch nach den veränderten Anforderungen der versendenden bzw. der empfangenden Akteure (Unternehmen wie auch Haushalte). Deshalb ist davon auszugehen, dass Transportnetzwerke künftig noch stärker empfänger- bzw. (end-) kundengetrieben funktionieren werden. Auch wenn weiterhin dem Güterverkehr die Rolle als abgeleitete Funktion zugesprochen werden kann, tritt er immer mehr als Enabler auf, der die Wettbewerbsfähigkeit der Unternehmen aus Industrie und Handel beeinflusst (Kille & Meißner, 2021).

Diese Tatsache ist bereits heute insbesondere im Handel, vorwiegend in der Lebensmittelbranche (beispielsweise bei Discountern) und in der Bekleidungsbranche (etwa Fashion-Anbieter im Online- und im stationären Handel), sichtbar. Hier gehören die Strukturen und Prozesse zur Versorgung der Filialen und Endkunden zur Kernkompetenz der Händler. Das Verlangen nach immer schnelleren Lieferungen kleinerer Sendungen bei gleichzeitiger Individualisierung von Produkten und Services in hart umkämpften Märkten mit geringen Margen für die Akteure führt dazu, dass aus dem Wirtschaftszweig Logistik heraus zwei (neue) treibende Kräfte Veränderungen provozieren:

Im *Handel* sind mit Plattformen wie Amazon, Alibaba oder ebay nicht nur neue und mittlerweile mächtige Akteure im E-Commerce aufgetreten. Diese Anbieter haben sich auch zu Logistikdienstleister entwickelt, der neben den eigenen Distributionszentren Straßen-, See- und Lufttransporte durchführt bzw. über eigene Tochtergesellschaften speditionell organisiert (siehe Kapitel 4.3). Diese Neuausrichtungen der Plattformen begründen sich zum einen durch die eigenen großen Sendungsmengen (Greene, 2020), zum anderen durch Unzufriedenheit über das Serviceniveau insbesondere in den USA und auf den Luft- und Seestrecken (Bowles, 2019).

Dass Lebensmittelhändler in Deutschland eher mit dem eigenen Fuhrpark und dem eigenen Personal ihre Filialen versorgen, erklärt sich insbesondere durch die Absicherung verfügbarer Frachtkapazität. Die meisten anderen Handelsunternehmen haben ihren Transport bislang an externe Unternehmen ausgelagert. Viele Händler fragen sich nun, ob Amazon als Vorbild für ein Insourcing von Logistik- und insbesondere Transportleistungen dienen kann. Auch wenn die Beantwortung der Frage von Fall zu Fall unterschiedlich ausfällt, kann mit Bezug auf den Güterverkehr festgehalten werden, dass es sich auch bei weiterhin hohen oder gar steigenden Raten nur für die wenigsten Unternehmen lohnt, eigene Flotten aufzubauen. Denn der treibende Faktor für die Fremdvergabe ist die Möglichkeit der Bündelung von Transporten und dadurch die Erhöhung der Auslastung von Transportmitteln, wenn Dienstleister eingesetzt werden.[5] Beispielsweise haben die in 2022 verkündeten Pläne von Lidl,

---

5 Bei einer alternativen Abwicklung, die zu niedrigeren Kosten aufgrund von bspw. größeren Transportmitteln führt, können Alternativen selbstverständlich sinnvoll sein.

einen eigenen Containerdienst zu gründen, bislang wenig Resonanz gezeigt (Hollmann, 2022).

Viele Impulse für Veränderungen im Güterverkehr kommen aus der Start-up-Szene, die Innovationen oft mit einem Schwerpunkt im Bereich der Digitalisierung präsentiert. Nach dem KPMG-Future-Readiness-Index wurden im Bereich des Güterverkehrs mehr als zwei Drittel der Start-up-Transaktionen von Q1-2016 bis Q2-2020 in Europa getätigt (KPMG, 2020). Untersuchungen zu Gründungsaktivitäten zeigen, dass rund zwei Drittel der Neugründungen dem Güterverkehr zugeordnet werden (Schwemmer, 2021), die wiederum in unterschiedliche Segmente eingeordnet werden können (Schwemmer, 2019; Göpfert & Seeßle, 2018).

Trotz der vielen Startups ist bislang eine gewisse Zurückhaltung bei Unternehmen im Güterverkehrsbereich zu spüren, in größerem Umfang mit Start-ups zu kooperieren. Dies wird oft mit der Skepsis der Akteure in diesem Wirtschaftssegment gegenüber Innovationen begründet. So hat eine Umfrage ergeben, dass nur 10 % der Logistikunternehmen mit Start-ups zusammenarbeiten (Bitkom, 2019). Zur Initiierung einer Zusammenarbeit bieten sich vier Schritte an (siehe Abbildung 3.4.2).

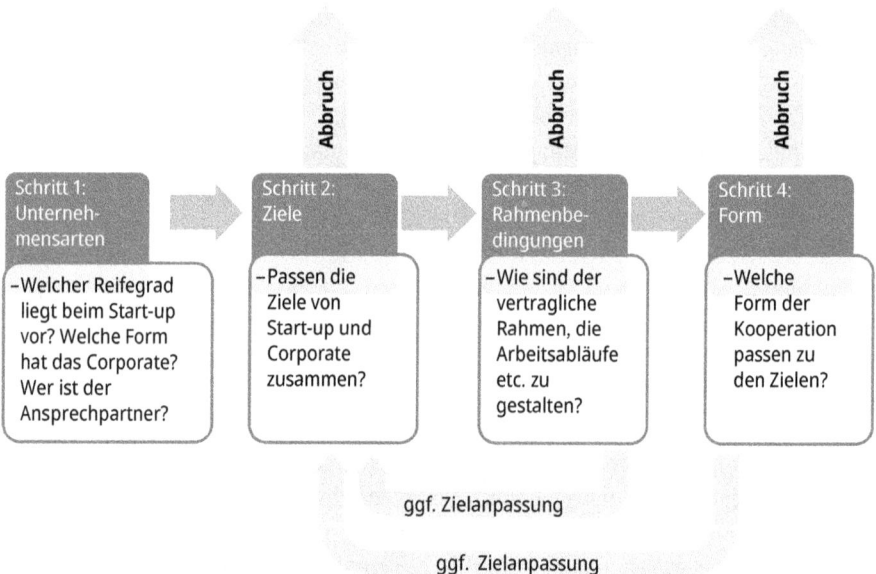

Abbildung 3.4.2: Schrittfolge zur Realisierung einer erfolgreichen Kooperation (Quelle: Kille, Stölzle, Schmidt & Wildhaber, 2021).

Mit dieser Schrittfolge unter Berücksichtigung der zugehörigen Dos und Don'ts (Kille 2021) kann die Innovationsbasis im Güterverkehrsbereich verbreitert werden.

Exkurs: City-Logistik

Der urbane Raum, als hochverdichtete Agglomeration, ist durch besondere Rahmenbedingungen gekennzeichnet, die spezielle Herausforderungen an logistische Abläufe stellen. Innenstädte und andere urbane Räume sind i. d. R. Orte des Konsums, sowohl mit Blick auf den Online-Handel als auch den (filialisierten) Einzelhandel. Die Stadtentwicklung insbesondere in Großstädte hat den Anteil des produzierenden Gewerbes zugunsten des Dienstleistungssektors und des Handels in weiten Teilen nahezu vollständig verdrängt. Konsumgüter aller Art sind daher die in der City-Logistik dominierende Güterart. Hinsichtlich der Gutstruktur dominiert palettierte Ware (bspw. im Rahmen der Filialversorgung des Handels) und Kartonage (B2B und B2C) sowie Rollcollis und standardisierte Kleinladungsträger. Kürzere Produktlebenszyklen, Veränderungen im Konsumverhaltens der Endkunden und die zunehmende Bedeutung des e-Commerce haben in den vergangenen 20 Jahren eine Entwicklung hin zu höheren Lieferfrequenzen bei gleichzeitig sinkender Sendungsgröße getrieben. Zusätzliche Charakteristika urbaner Distribution sind – aufgrund der räumlichen Strukturen des Versorgungs- bzw. Distributionsgebiets – geringe Tourenlängen und hohe Stoppdichten. Im Bereich der B2C Sendungen im KEP-Segment ist darüber hinaus die hohe Zahl an Zustellversuchen pro Sendung ein zu berücksichtigendes Phänomen, was auf die Gestaltung von Distributionskonzepten wirkt. Die letzte Meile ist bei der Masse der Akteure für über 50 % der Logistikkosten verantwortlich, besonders im urbanen Raum ist daher das Erreichen einer kritischen Auslastung auf den Nahverkehrs- bzw. Zustelltouren von zentraler Bedeutung für eine tragfähige Kostenbilanz der letzten Meile. In der Realität werden diese kritischen Massen insb. im Bereich des Stückguts in urbanen Gebieten nicht immer erreicht, was in Konsequenz einen gewissen Veränderungs- und Innovationsdruck auf die handelnden Akteure erzeugt. Ähnliches gilt für das KEP-Segment, wobei der Treiber hier die über den Jahres- und Saisonverlauf stark fluktuierenden Sendungsmengen (im Bereich des e-Commerce oftmals in Kombination mit hohen Retour-Quoten) sind, welche die Produktionskapazitäten – besonders vor gesellschaftlichen Hochfeiertagen – signifikant übersteigen und überauslasten (siehe Kapitel 5.6).

Die skizzierten speziellen Rahmenbedingungen der urbanen Distribution werden dabei um spezielle Elemente der Regulierung erweitert. Städtische Gebiete werden zunehmend mit einer Regulierung zur Reduktion von Treibhausgas- und Lärmemissionen belegt, um die Luftqualität des städtischen Raums zu sichern, die Lärmemissionen zu begrenzen, und die Lebensqualität zu erhalten und zu verbessern. Eine Betrachtung der Entwicklung der regulativen Vorgaben in zahlreichen urbanen Gebieten in Europa und der Welt zeigt, dass die Regulierung zwar unterschiedlich gestaltet werden kann, jedoch in allen Fällen auf eine Reduktion der Verkehrs- und Emissionsbelastung im urbanen Raum ausgerichtet ist. Der methodische Werkzeugkasten der regulierenden Institutionen reicht dabei von Fahrverboten, teilweise auch begrenzt auf bestimmte Antriebstechnologien oder Fahrzeugtypen, über monetäre Mehrbelastungen bei einer Innenstadteinfahrt („Innenstadtmaut"), Tempolimits, bis hin zu Zeitfensterregelungen. Die Definition von Umweltzonen für deutsche Städte ist im internationalen Vergleich eine verhältnismäßig sanfte Maßnahme. In einer qualifizierten Abschätzung der regulativen Entwicklungen im urbanen Raum ist davon auszugehen, dass eine europaweite Mautbepreisung in Abhängigkeit vom CO_2-Ausstoß umgesetzt und zunehmend strengere Zufahrtsbeschränkungen für Innenstadtgebiete – gekoppelt an den CO_2-Ausstoß der Lieferfahrzeuge – implementiert werden.

Zur Begegnung der dargestellten, komplexen logistischen Herausforderungen in der City-Logistik, entwickeln etablierte Unternehmen und Start-ups in großer Zahl technologische und konzeptionelle Lösungen. Da auch die Städte ein gesteigertes Interesse an einer modernen und nachhaltigen urbanen Logistik haben, existieren weltweit zahlreiche Projektvorhaben, Reallabore und Technologieerprobungsgebiete in städtischen Gebieten. Mit Blick auf die Technologie finden alternativ angetriebene (insb. elektromobile) Zustellfahrzeuge zunehmend Verbreitung. Der aktuelle Entwicklungsstand dieser Technologien – speziell mit Blick auf Nutzlast und Reichweite – erweist sich für urbane Anwendungsfälle häufig als ausreichend und zweckdienlich. Darüber hinaus finden auch zunehmend Kleinstfahrzeuge und Lastenräder Anwendung in der urbanen Logistik, speziell in den logistischen Nischen von

Geschäftsmodellen, welche auf die Hochverfügbarkeit von Waren bei gleichzeitig geringen Sendungsgrößen und hohen Lieferfrequenzen setzen. Darüber hinaus werden auch Automatisierungs- und Autonomisierungslösungen erprobt. Zustellroboter und autonome Zustellfahrzeuge stehen dabei im Blickpunkt der medialen Aufmerksamkeit. In Ergänzung zu technologischen Neuerungen für eine nachhaltigere und effizientere City-Logistik werden auch neue Konzeptansätze auf der letzten Meile erprobt. Besonders dem zusätzlichen Brechen der Distribution und die Unterscheidung in eine *letzte* und eine *vorletzte Meile* werden positive Effekte bescheinigt. Die Implementation und Nutzung von City-Hubs – also innerstädtischen Umschlags- und Lagerflächen – wird dabei in zahlreichen Variationen erprobt. Die Versuche reichen von stationären zu ortsvariablen City-Hubs, von im Untergrund oder in Parkhäusern befindlichen bis hin zu schwimmenden Umschlags- und Lagerorten, von multimodal angebundenen innerstädtischen Güterverkehrszentren bis zu einem Netzwerk an Micro-Hubs mit minimaler Dimensionierung. Die Branche erprobt Ansätze der Verkehrsverlagerung in der Stadtversorgung über die Integration von Schienentransporten (Bahn, U-Bahn und Straßenbahn) und Binnenschifffahrt (einschließlich der Wiederöffnung von Kanälen), und auch infrastrukturell aufwändige Ansätze wie eine unterirdische Stadtversorgung über Tunnel und Röhren.

Literaturverzeichnis

BAV (1999). *Landverkehrsabkommen.* Bundesamt für Verkehr. Abgerufen am 24.09.2023 unter https://www.bav.admin.ch/bav/de/home/rechtliches/gesetze-verordnungen-staatsvertraege/internationale-vertraege/landverkehrsabkommen.html

Biggi, D., Cotana, F., Durach, Ch. F., Gatta, V., La Pira, M., Marcucci, E., Nitsche, B., Reipert, J. & Treiblmaier, H. (2018). Pipe§Net: The Fifth Mode of Transport for a Sustainable Future. Proceedings of 7th Transport Research Arena TRA 2018, April 16–19, 2018, Vienna, Austria

Bitkom (Hrsg.) (2019, 21. August). *Viele Logistik-Unternehmen ignorieren Startups.* [Pressemeldung.] Abgerufen am 17.05.2022 unter https://www.bitkom.org/Presse/Presseinformation/Viele-Logistik-Unternehmen-ignorieren-Startups

Bowles, R. (2019). *Taking a Look at Why Amazon Is Bringing Logistics In-House.* Robotics247. Abgerufen am 17.05.2022 unter https://www.supplychain247.com/article/taking_a_look_at_why_amazon_is_bringing_logistics_in_house

Cargo Sous Terrain [CST]. (o. D.). *Homepage.* Abgerufen am 16.08.2023 unter https://www.cst.ch/en/

Ehrler, V. (2011). *Taking Off – Does Electronic Documentation Make Air Cargo Fly High Again?.* München: Huss Verlag.

Europäische Kommission, Directorate-General for Mobility and Transport. (2011). *Weißbuch zum Verkehr: Fahrplan zu einem einheitlichen europäischen Verkehrsraum: hin zu einem wettbewerbsorientierten und ressourcenschonenden Verkehrssystem.* Publications Office. Abgerufen unter am 16.08.2023 unter https://data.europa.eu/doi/10.2832/30771

Europäische Union [EU]. (1957). *Treaty establishing the European Economic Community.* Abgerufen am 01.06.2022 unter https://eur-lex.europa.eu/eli/treaty/teec/sign

Europäische Union [EU]. (o.D.). *Verkehr: Sicherer, nachhaltiger und vernetzter Verkehr.* Abgerufen am 08.06.2022 unter https://european-union.europa.eu/priorities-and-actions/actions-topic/transport_de

Gellrich, A., Burger, A., Tews, K., Simon, C. & Seider, S. (2021). *25 Jahre Umweltbewusstseinsforschung im Umweltressort – Langfristige Entwicklungen und aktuelle Ergebnisse.* Umweltbundesamt.

Göpfert, I. & Seeße, P. (2018). Startup-Unternehmen in der Logistikbranche. In I. Göpfert (Hrsg.), *Discussion Papers on Logistics and Supply Chain Management – Marktübersicht und aktuelle Entwicklungen junger innovativer Logistik-Unternehmen.* 6. Aufl. Marburg.

Greene, J. (2020, 27. November). *Amazon's big holiday shopping advantage: An in-house shipping network swollen by pandemic-fueled growth.* The Washington Post. Abgerufen am 17.05.2022 unter https://www.washingtonpost.com/technology/2020/11/27/amazon-shipping-competitive-threat/

Hollmann, M. (2022). *Branche blickt skeptisch auf Lidl-Containerdienst.* DVZ. Abgerufen am 17.05.2022 unter https://www.dvz.de/rubriken/see/detail/news/branche-blickt-skeptisch-auf-lidl-containerdienst.html

HyperloopTT (2023). *Innovation.* Abgerufen am 04.10.2023 unter https://www.hyperlooptt.com/innovation/

International Civil Aviation Organization [ICAO]. (2004). *Manual on the Regulation of the International Air Transpor.;* Document 9626, second edition.

International Energy Agency (2019). *The Future of Rail – Opportunities for Energy and the Environment.*

Kille, C. & Meißner, M. (2021). „Gipfel der Logistikweisen" – eine Initiative zur Prognose der quantitativen und qualitativen Entwicklung der Logistik in Deutschland für das Jahr 2021. In C. Kille, M. Meißner (Hrsg.). *Logistik im Spannungsfeld der Politik.*

Kille, C., Stölzle, W., Schmidt, T. & Wildhaber, V. (2021). *Zusammenarbeit von Corporates mit Startups – Innovationen in der Logistik effizient einsetzen.* Digital Hub Logistics.

KPMG (Hrsg.) (2020). *Future Readiness Index 2020.* Abgerufen am 11.07.2023 unter https://hub.kpmg.de/future-readiness-index-2022/medien-und-telekommunikation

Schwemmer, M. (2019). *Startups und die neue Logistik – Innovationen, Technologien und Ideen für die Logistikwelt.* White Paper Nürnberg: Fraunhofer SCS.

Schwemmer, M. (2021). *Neue Logistik – Der Erfolg neuer Logistikunternehmen.* Stuttgart: Fraunhofer Verlag.

United Nations (2015). *The Paris Agreement.* Abgerufen am 08.06.2022 unter https://unfccc.int/process-and-meetings/the-paris-agreement/the-paris-agreement

United Nations (2016). *List of Parties that signed the Paris Agreement on 22. April.* Abgerufen am 08.06.2022 unter https://www.un.org/sustainabledevelopment/blog/2016/04/parisagreementsingatures/

Wright, D., Schaefer, G., Thopalli, K., Telford, T. & Urbaniak, T. (2021). *Intelligent Rail Automation: Using data to make better decisions in rail.* Deloitte. Abgerufen am 16.08.2023 unter https://www.deloitte.com/global/en/our-thinking/insights/topics/talent/technology-and-the-future-of-work/intelligent-automation-2022-survey-results1.html

4 Säulen der Güterverkehrspolitik in Europa

Dieses Kapitel konzentriert sich auf die Güterverkehrspolitik in Europa und geht dabei in den nachfolgenden Kapiteln auf die Verkehrsinfrastruktur, deren Finanzierung, den Wettbewerb sowie auf die Regulierung und auf verkehrspolitische Entwicklungsperspektiven ein.

4.1 Verkehrsinfrastruktur

Michael Schüller, Kurt Bodewig, Dustin Schöder

Die Verkehrsinfrastruktur in Deutschland, Österreich und der Schweiz ist seit jeher von zentraler Bedeutung für die wirtschaftliche Entwicklung der jeweiligen Volkswirtschaften. Sie umfasst Straßen-, Schienen- sowie Wasserwege und Flughäfen (sowie Pipelines, auf welche hier jedoch nicht vertiefend eingegangen wird).

In Deutschland bildet das Autobahnnetz das Rückgrat der Straßeninfrastruktur. Es ermöglicht den schnellen und effizienten Transport von Waren und Personen über weite Strecken. Das dichte, historisch gewachsene, deutsche Schienennetz gewährleistet eine effiziente Anbindung von Städten und Regionen, sowohl im Personen- als auch im Güterverkehr. Darüber hinaus spielen Binnenwasserstraßen wie der Rhein eine wichtige Rolle im Gütertransport. Österreich, als Alpenanrainer und Binnenland, hat eine im besonderen Maß durch die Topografie geprägte Straßen- und Schieneninfrastruktur. Alpenpässe und Tunnelverbindungen sind seit jeher von zentraler Bedeutung für den Verkehr im Land. Die gut ausgebauten Eisenbahnstrecken dienen nicht nur dem innerösterreichischen Verkehr, sondern sind auch wichtige Transitwege durch die Alpen. Die Schweiz, ebenfalls Alpenanrainer und Binnenstaat, hat eine ähnliche Verkehrsinfrastruktur entwickelt. Neben einem dichten, an die Topografie angepassten Straßennetz verfügt die Schweiz über eines der dichtesten und effizientesten Schienennetze weltweit. Dies ist entscheidend für den Güterverkehr und den Tourismus in den Bergregionen. Die Verkehrsinfrastruktur ist somit ein zentraler Faktor für die Wettbewerbsfähigkeit und das Wirtschaftswachstum dieser Länder.

4.1.1 Die Trans-European Networks der Europäischen Union

Die Trans-European Networks (TEN) sind Schlüsselinstrumente der Europäischen Union, welche dazu dienen, die Verkehrs-, Energie- und Telekommunikationsinfrastrukturen innerhalb Europas zu verbessern und zu integrieren. Die Idee hinter diesen Netzwerken zielt auf:

https://doi.org/10.1515/9783110773040-004

– eine transnationale, koordinierte Verkehrsplanung für ein gesamteuropäisches Verkehrsnetz,
– die Beseitigung von Engpässen im überstaatlichen Kontext,
– die starke Berücksichtigung von Umweltaspekten,
– die wirtschaftliche und verkehrliche Vernetzung Europas sowie
– die Stärkung des europäischen Binnenhandels.

Diese Netzwerke sind für eine Förderung der wirtschaftlichen Integration und des Wachstums in der EU von zentraler Bedeutung. Sie helfen, die Wettbewerbsfähigkeit der EU zu steigern und die Lebensqualität der EU-Bürger zu verbessern.

Die Trans-European Networks wurden in den 1990er Jahren als Teil des Vertrags von Maastricht eingeführt, um die Infrastrukturverbindungen EU-weit zu verbessern. Einen rechtlichen Rahmen gab es ab 1996 mit der Entscheidung Nr. 1692/96/EG des Europäischen Parlaments und des Rates über gemeinschaftliche Leitlinien für den Aufbau eines transeuropäischen Verkehrsnetzes (European Union, 1996). In den Folgejahren kam es zu einer mehrmaligen Überarbeitung dieser TEN-Leitlinien, bis die aktuelle Fassung als „Verordnung (EU) Nr. 1315/2013 über Leitlinien der Union für den Aufbau eines transeuropäischen Verkehrsnetzes" beschlossen wurde. Die Ziele des Transeuropäischen Netzwerks sind nachfolgend in Abbildung 4.1.1 zusammengefasst.

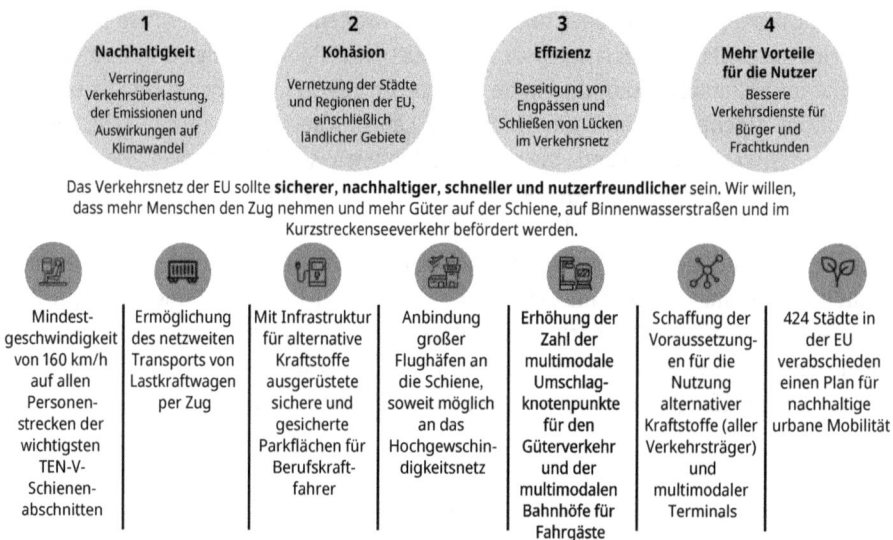

1 Nachhaltigkeit	**2** Kohäsion	**3** Effizienz	**4** Mehr Vorteile für die Nutzer
Verringerung Verkehrsüberlastung, der Emissionen und Auswirkungen auf Klimawandel	Vernetzung der Städte und Regionen der EU, einschließlich ländlicher Gebiete	Beseitigung von Engpässen und Schließen von Lücken im Verkehrsnetz	Bessere Verkehrsdienste für Bürger und Frachtkunden

Das Verkehrsnetz der EU sollte **sicherer, nachhaltiger, schneller und nutzerfreundlicher** sein. Wir wollen, dass mehr Menschen den Zug nehmen und mehr Güter auf der Schiene, auf Binnenwasserstraßen und im Kurzstreckenseeverkehr befördert werden.

Mindestgeschwindigkeit von 160 km/h auf allen Personenstrecken der wichtigsten TEN-V-Schienenabschnitten	Ermöglichung des netzweiten Transports von Lastkraftwagen per Zug	Mit Infrastruktur für alternative Kraftstoffe ausgerüstete sichere und gesicherte Parkflächen für Berufskraftfahrer	Anbindung großer Flughäfen an die Schiene, soweit möglich an das Hochgeschwindigkeitsnetz	Erhöhung der Zahl der multimodale Umschlagknotenpunkte für den Güterverkehr und der multimodalen Bahnhöfe für Fahrgäste	Schaffung der Voraussetzungen für die Nutzung alternativer Kraftstoffe (aller Verkehrsträger) und multimodaler Terminals	424 Städte in der EU verabschieden einen Plan für nachhaltige urbane Mobilität

Abbildung 4.1.1: Ziele der Trans European Networks im Bereich Verkehr (Europäische Kommission, 2021a).

Im Folgenden soll der Fokus auf den Verkehrssektor gelegt werden. Im Verkehrsbereich zielen die TEN-Netze darauf ab, ein effizientes, interoperables und nachhaltiges Verkehrssystem zu schaffen, das den Personen- und Güterverkehr in der gesamten

EU integriert. Das Schlüsselelement sind die definierten Verkehrskorridore, welche die verschiedenen Verkehrsträger miteinander verknüpfen.

Nachfolgend wird der Fokus auf die Korridore gelegt, welche im DACH-Raum von besonderer Relevanz sind.

4.1.2 Verkehrskorridore mit herausragender Bedeutung in Deutschland, Österreich und der Schweiz

Deutschland, Österreich und die Schweiz spielen aufgrund ihrer zentralen Lage und ihrer wirtschaftlichen Bedeutung eine entscheidende Rolle im europäischen Verkehrssystem. Mehrere TEN-Verkehrskorridore durchziehen diese Länder und tragen zur Integration innerhalb des DACH-Raums und hinsichtlich des europäischen Verkehrssystems bei.

Nordsee-Ostsee-Korridor (Northsea-Baltic-Corridor)
Der Nordsee-Ostsee-Korridor (rot hervorgehoben in Abbildung 4.1.2) erstreckt sich insgesamt über rund 9.000 Kilometer von den wichtigen Hafenstädten an der Nordsee (u. a. Rotterdam und Hamburg) über Deutschland, Polen, die Baltischen Staaten bis zu den Ostseehäfen Tallin und Riga. Dieser Korridor fokussiert die Ost-West-Verbindungen zwischen der Nordsee und der Ostsee, um den Transport von Gütern und Personen zu verbessern. Er durchquert Norddeutschland, wodurch eine effiziente Anbindung der deutschen Industrie an die Nordseehäfen und den nordosteuropäischen Markt ermöglicht wird.

Rhein-Alpen-Korridor (Rhine-Alpine-Corridor)
Der Rhein-Alpen-Korridor (orange hervorgehoben in Abbildung 4.1.2) hat eine Gesamtlänge von fast 3.500 Kilometer und verbindet bedeutende Industrie- und Handelszentren in Mitteleuropa. Er verläuft von den Nordseehäfen in den Niederlanden und Belgien über Luxemburg und Deutschland den Rhein entlang, über den Gotthard-Basistunnel in der Schweiz, bis zu den norditalienischen Häfen Genua und La Spezia. Dieser Korridor ist von großer Bedeutung für den Gütertransport und verbindet wichtige Industriezentren in Mitteleuropa. Besonders die Schweiz spielt hier eine Schlüsselrolle, da sie als Transitland den Korridor mit der alpenquerenden Schiene verbindet.

Skandinavien-Mittelmeer-Korridor (Scan-Med-Corridor)
Der Skandinavien-Mittelmeer-Korridor (magenta hervorgehoben in Abbildung 4.1.2) hat eine Gesamtlänge von rund 12.000 Kilometern und verbindet Skandinavien über Deutschland, Österreich und Italien mit dem Mittelmeerraum. Dieser Korridor erleichtert den Transport zwischen dem Norden und dem Süden Europas und fördert den Austausch von Waren und Dienstleistungen. Dabei spielen insbesondere die deut-

schen Häfen als Schnittstelle zwischen den skandinavischen Ländern und dem übrigen Europa eine wichtige Rolle.

Rhein-Donau-Korridor (Rhine-Danube-Corridor)

Der Rhein-Donau-Korridor (hellblau hervorgehoben in Abbildung 4.1.2) ist einer der neun Kernkorridore und erstreckt sich über eine Gesamtlänge von rund 5.900 Kilometern. Er verknüpft den Nordseehafen Rotterdam in den Niederlanden mit dem Hafen Constanza in Rumänien am Schwarzen Meer. Dieser Korridor durchquert u. a. Deutschland, Österreich, Tschechien, die Slowakei, Ungarn, Rumänien und Bulgarien. Er ist von besonderer Bedeutung für den Transport von Gütern zwischen den Nordseehäfen und den östlichen sowie südöstlichen Regionen Europas. Eines der Hauptziele besteht darin, die Verkehrsinfrastruktur entlang des Korridors zu modernisieren und auszubauen.

Orient-Ostmittelmeer-Korridor (Orient-Med-Corridor)

Der Orient-Ostmittelmeer-Korridor (braun hervorgehoben in Abbildung 4.1.2) hat eine Gesamtlänge von fast 6.500 Kilometer und verbindet die norddeutschen Häfen von Hamburg und Bremen mit dem bulgarischen Hafen von Burgas und den Mittelmeerhäfen in Griechenland und auf dem Zypern. Dieser Korridor zielt auf dem Transport zwischen dem Norden und dem Südosten Europas ab.

Die Schaffung der transeuropäischen Korridore verfolgt mehrere strategische Ziele. So müssen die Infrastrukturen in den beteiligten Ländern entlang der Korridore modernisiert und erweitert werden, um der zukünftig steigenden Nachfrage nach effizientem und nachhaltigem Verkehr zu begegnen. Dies erfordert beträchtliche Investitionen in Straßen, Schienen, Häfen und Flughäfen. Ein weiteres zentrales Ziel ist die Interoperabilität und Standardisierung. Die Verkehrskorridore erstrecken sich über mehrere Länder mit unterschiedlichen technischen Normen und Vorschriften. Über Interoperabilität und Standardisierung soll ein reibungsloser Verkehr zwischen den Ländern gewährleistet werden. Darüber hinaus steht die Nachhaltigkeit im Fokus des transeuropäischen Netzwerks. Die Verkehrskorridore haben Auswirkungen auf die Umwelt, insbesondere im Zusammenhang mit CO_2-Emissionen und Lärmbelastung. Ein zentrales Ziel ist es daher, den Verkehr zukunftsfähig und umweltfreundlicher zu gestalten, bei gleichzeitiger Sicherung der damit einhergehenden wirtschaftlichen Vorteile.

Die transeuropäischen Netzwerke sind ein zentrales Element der europäischen Integration und Entwicklung. Die Verkehrskorridore in Deutschland, Österreich und der Schweiz spielen eine Schlüsselrolle bei der Entwicklung des Handels und Stärkung des Binnenmarktes, der Verbesserung der Verkehrsinfrastruktur, der Förderung der wirtschaftlichen Entwicklung und der Schaffung nachhaltiger Mobilität. Die Umsetzung dieser Korridore ist mit Herausforderungen verbunden, aber sie bieten auch erhebliche Chancen für die Stärkung der regionalen Zusammenarbeit und die Gestaltung einer effizienten und umweltfreundlichen Verkehrszukunft.

Abbildung 4.1.2: Europäische Verkehrskorridore (Europäische Investitionsbank, 2016).

Die TEN-V-Verordnung spielt eine zentrale Rolle in der Umsetzung des europäischen „Green Deal" und der Strategie für nachhaltige und intelligente Mobilität. Am 14. Dezember 2021 hat die Europäische Kommission einen Vorschlag zur Änderung der TEN-V-Verordnung verabschiedet. Ziel ist der Aufbau eines wirksamen EU-weiten, multimodalen Netzwerks aus Eisenbahnstrecken, Binnenwasserstraßen, Kurzstreckenseeverkehrsrouten und Straßen, die mit städtischen Knoten, See- und Binnenhäfen, Flughäfen und Terminals in der gesamten EU verbunden sind. Im Rahmen eines Triloges mit dem Europäischen Parlament und dem Europäischen Rat wurden die sich nachteilig auf die Umwelt, insbesondere das Klima auswirkenden Probleme der unzureichenden bzw. unvollständigen TEN-V-Infrastrukturstandards angegangen. Vier Hauptziele wurden angestrebt:

> Erstens soll der Verkehr umweltfreundlicher gemacht werden, indem eine Infrastrukturbasis bereitgestellt wird, die geeignet ist, durch eine größere Effizienz aller Verkehrsträger und den verstärkten Einsatz nachhaltiger Verkehrsformen zur Verringerung von Überlastungen, Treibhausgasemissionen sowie der Luft- und Wasserverschmutzung beizutragen. Insbesondere sollen die Anteile von Schienenverkehr, Kurzstreckenseeverkehr und Binnenwasserstraßen mit Blick auf eine nachhaltigere Zusammensetzung der Verkehrsträger des Verkehrssystems erhöht und folglich dessen nachteilige externe Auswirkungen verringert werden (Europäische Kommission, 2021b).

> Zweitens soll sie einen nahtlosen und effizienten Verkehr erleichtern, indem Multimodalität und Interoperabilität zwischen den TEN-V-Verkehrsträgern gefördert und die städtischen Knoten besser ins Netz integriert werden. Die Beseitigung von Engpässen und die Schließung von Verbindungslücken sowie die Verbesserung der Multimodalität und Interoperabilität im europäischen Verkehrssystem sollen zur Vollendung des Binnenmarkts beitragen (Europäische Kommission, 2021b).

> Drittens wird angestrebt, die Resilienz des TEN-V gegenüber Klimaveränderungen und anderen Naturgefahren oder Katastrophen zu erhöhen. Das TEN-V muss resilient gegenüber den möglichen nachteiligen Auswirkungen des Klimawandels sein, damit öffentliche Investitionen geschützt werden und deren weitere Verwendbarkeit unter neuen Klimabedingungen sichergestellt ist. Zudem sollten die Projekte die Klimaneutralität fördern, indem die Kosten der Treibhausgasemissionen in die Kosten-Nutzen-Analyse einbezogen werden (Europäische Kommission, 2021b).

> Nicht zuletzt sollen die Wirksamkeit der TEN-V-Governance-Instrumente erhöht, die Instrumente für Berichterstattung und Überwachung gestrafft und die Gestaltung des TEN-V-Netzes überarbeitet werden. Ziel der überarbeiteten TEN-V-Politik ist es, bis 2050 ein zuverlässiges, nahtloses und hochwertiges transeuropäisches Verkehrsnetz aufzubauen, das eine nachhaltige Konnektivität in der gesamten Europäischen Union ermöglicht. Dieses Netz soll schrittweise mit Zwischenfristen in den Jahren 2030 und 2040 aufgebaut werden, um zu einem reibungslos funktionierenden Binnenmarkt, zum wirtschaftlichen, sozialen und territorialen Zusammenhalt des EU-Gebiets sowie zu den Zielen des europäischen Green Deal beizutragen (Europäische Kommission, 2021b).

Die aktuelle und zukünftige Nutzung und Belastung von Infrastrukturen sind wichtige Aspekte moderner Verkehrssysteme. Deutschland, Österreich und die Schweiz zeichnen sich durch eine starke Verkehrsnachfrage aus, die eine umfassende Nutzung ihrer Infrastrukturen zur Folge hat. Straßen, Schienen, Wasserstraßen und Flughäfen sind stark frequentiert und dienen als Lebensadern für die Wirtschafts- und Gesellschaftssysteme dieser Länder. In allen drei Ländern ist die Straße der Hauptverkehrsträger, über welchen der Großteil des Personen- und Güterverkehrs abgewickelt wird. Die Schiene spielt in allen drei Ländern ebenfalls eine wichtige Rolle, insbesondere im Güterverkehr. Deutschland besitzt durch seine zentrale Lage auf dem Kontinent und einem gut ausgebauten Schienennetz eine Schlüsselposition im europäischen Schienenverkehr. In Österreich und der Schweiz ermöglicht die geografische Lage entlang der Alpen eine effiziente Nutzung der Schiene als Alternative zum Straßentransport. Trotz dieser Gemeinsamkeiten gestalten sich die Herausforderungen in allen drei Ländern leicht unterschiedlich.

Deutschland

In Deutschland steht sowohl das Straßen- als auch das Schienennetz vor großen Herausforderungen. Autobahnen wie die A7, welche als Nord-Süd-Achse fungiert, sind oft überlastet und durch einen erheblichen Instandhaltungs- und Modernisierungsbedarf gekennzeichnet. Staus und Verzögerungen sind in vielen Regionen an der Tagesordnung. Die deutsche Bahninfrastruktur ist prinzipiell gut ausgebaut, jedoch gibt es hier einen massiven Investitionsstau, welchen die Politik seit 2023 bemüht ist, aufzulösen. Denn seit den 2000er Jahren sind Investitionen in die Schiene zugunsten anderer Infrastrukturvorhaben vernachlässigt worden, was im Zuge der durch den Klimaschutz getriebenen, stärkeren gesellschaftlichen Bedeutung des Verkehrsträgers Schiene sowie der angestrebten Verkehrsverlagerung auf die Schiene in ab dem Jahr 2024 geplanten Sanierungen ganzer Schienenkorridore mündet. Die Stellwerkstechnik und andere Schlüsselelemente der Infrastruktur sind in Deutschland überaltert, was auch die nationale Verkehrspolitik im Zuge unzureichender Pünktlichkeitswerte im Personen- und Güterverkehr in den Jahren 2022 und 2023 konstatiert. Die politische Diskussion konzentriert sich im Jahr 2023 auf die Instandhaltung und den Ausbau des Schienennetzes sowie auf die Förderung von Elektromobilität auf der Straße.

Österreich

Die österreichische Verkehrsinfrastruktur ist in hohem Maße von den alpinen Gegebenheiten beeinflusst. Die Straßen- und Schienenverbindungen durch die Alpen werden stark belastet, was in Engpässen und negativen Umweltauswirkungen resultiert. Die Verlagerung des Güterverkehrs auf die Schiene und der Ausbau des Schienennetzes sind zentrale Ziele der österreichischen Verkehrspolitik. Die Schiene in Österreich hat im EU-weiten Vergleich einen überdurchschnittlichen Anteil, insbesondere im Güterverkehr (Eurostat, 2014; Fahrzeugindustrie AT, 2023).

Schweiz

Die Schweiz ist bekannt für ihre gut entwickelte Verkehrsinfrastruktur und einen modernen, zukunftsfähig gestalteten und funktionierenden Alpen-Transit. Die Infrastruktur in der Schweiz umfasst Kreuzungen durch die Alpen, die durch schwierige topografische und klimatische Bedingungen gekennzeichnet sind. Die Schiene ist ein Eckpfeiler des Verkehrssystems, welcher durch eine umfangreiche Regulierung durch den Staat – bestehend aus Förderungen für die Nutzung der Schiene und Malus-Regelungen für die Nicht-Nutzung – gekennzeichnet ist. Die Herausforderungen in der Schweiz bestehen darin, die Infrastruktur instand zu halten und gleichzeitig die steigende Nachfrage zu bewältigen, ohne die Umweltbelastung zu erhöhen. Die Binnenschifffahrt hat zwar in der Schweiz nur einen geringen Anteil, aber Basel am oberen Ende der Binnenwasserstraße ist ein wichtiges Drehkreuz für den Güterverkehr mit drei Binnenhäfen und zahlreichen Trimodal- und Schienen-Straßen-Terminals.

Alle drei Länder sind infrastrukturell, trotz der skizzierten Unterschiede und Herausforderungen, im weltweiten Vergleich in der Spitzengruppe. Der „Logistics Performance Index" (LPI) vergleicht regelmäßig weltweit die logistische Leistungsfähigkeit von Staaten. Auch die Infrastruktur ist mit Blick auf Zustand und Leistungsfähigkeit eine Bewertungsdimension des LPI. Die nachfolgende Abbildung 4.1.3 zeigt den LPI-Score sowie die Bewertung der Infrastruktur von Deutschland, Österreich und der Schweiz für das Jahr 2023.

Economy	LPI score	Customs score	structure score	shipments Score	and quality Score	liness score	tracing score
Singapore	4.3	4.2	4.6	4.0	4.4	4.3	4.4
Finland	4.2	4.0	4.2	4.1	4.2	4.3	4.2
Denmark	4.1	4.1	4.1	3.6	4.1	4.1	4.3
Germany	4.1	3.9	4.3	3.7	4.2	4.1	4.2
Netherlands	4.1	3.9	4.2	3.7	4.2	4.0	4.2
Switzerland	4.1	4.1	4.4	3.6	4.3	4.2	4.2
Austria	4.0	3.7	3.9	3.8	4.0	4.3	4.2
Belgium	4.0	3.9	4.1	3.8	4.2	4.2	4.0
Canada	4.0	4.0	4.3	3.6	4.2	4.1	4.1
Hong Kong SAR, China	4.0	3.8	4.0	4.0	4.0	4.1	4.2
Sweden	4.0	4.0	4.2	3.4	4.2	4.2	4.1
United Arab Emirates	4.0	3.7	4.1	3.8	4.0	4.2	4.1
France	3.9	3.7	3.8	3.7	3.8	4.1	4.0

Abbildung 4.1.3: Die 20 führenden Logistikmärkte der Welt nach ihrem Logistics Performance Index im Jahr 2023 (World Bank, 2023).

Alle drei Länder stehen vor ähnlichen Herausforderungen hinsichtlich der Infrastrukturnutzung und -belastung. Deutschland, Österreich und die Schweiz setzen auf Investitionen in die Infrastruktur und auf eine gesteigerte Interoperabilität der Verkehrsträger, um die Effizienz ihrer Verkehrssysteme zu steigern und gleichzeitig die Nachhaltigkeit des Verkehrs zu steigern.

Die europäische Verkehrsinfrastruktur ist aufgrund historischer Gründe sehr vielfältig. Die Europäische Union steht derzeit vor der Herausforderung, die unterschiedlichen Verkehrsnetze zu integrieren und eine effiziente und nahtlose Mobilität zu gewährleisten. Die Heterogenität der Verkehrsinfrastrukturen kommt in Aspekten wie beispielsweise Bahnstrom, Spurweiten, rechtlichen Vorgaben und baulichen Besonderheiten zum Ausdruck. Angesichts dieser Vielfalt besteht ein vorrangiger Bedarf an Standardisierung, um die Interoperabilität zu gewährleisten und eine pan-europäische Mobilität zu ermöglichen.

Bahnstrom

Die Diversität der Bahnstromsysteme in Europa (siehe Abbildung 4.1.4) ist exemplarisch für die Heterogenität der Verkehrsinfrastrukturen. Während einige Länder 15-kV-Wechselstrom verwenden, nutzen andere 25-kV-Wechselstrom oder 1,5-kV-Gleichstrom. Diese Unterschiede in den Bahnstromsystemen erschweren den grenzüberschreitenden Schienenverkehr erheblich. Züge müssen oft an den Grenzen die Traktion (Antriebsart von Schienenfahrzeugen) wechseln, was zu Verzögerungen und Ineffizienzen führt, oder mit Lokomotiven ausgerüstet werden, die mit mehreren Stromsystemen kompatibel sind. Ein europaweiter Standard für Bahnstrom könnte die Interoperabilität verbessern, ist jedoch bis zum Jahr 2023 kein Gegenstand der verkehrspolitischen Diskussion.

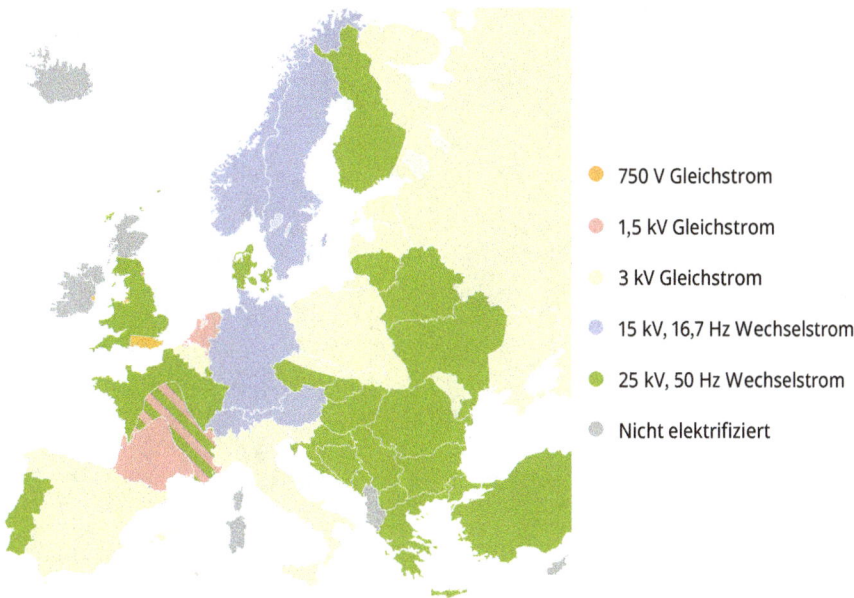

- 750 V Gleichstrom
- 1,5 kV Gleichstrom
- 3 kV Gleichstrom
- 15 kV, 16,7 Hz Wechselstrom
- 25 kV, 50 Hz Wechselstrom
- Nicht elektrifiziert

Abbildung 4.1.4: Bahnstromsysteme in Europa, ab 100 km Elektrifizierung (Ingenieure, 2022).

Spurweiten

Die verschiedenen Spurweiten auf den Schienennetzen Europas sind eine historische Herausforderung für die Standardisierung des Bahnverkehrs (siehe Abbildung 4.1.5). Die Mehrzahl der Länder verfügt über die Normalspur (1.435 mm), jedoch gibt es auch die russische Breitspur (1.520 mm), die finnische Breitspur (1.524 mm), die irische Breitspur (1.600 mm) und die iberische Breitspur (1.668 mm). Diese Heterogenität in der Infrastruktur erschwert den Verkehr zwischen Ländern mit unterschiedlichen Spurweiten, da i. d.R. das sogenannte rollende Material gewechselt werden muss. Um dieser Herausforderung entgegenzuwirken, wurde an Grenzübergangspunkten spezielle Spurwechseltechnologien oder Verladestationen errichtet. Auch gibt es wagenseitige Technologien, mit welchen die Breite der Achse variiert werden kann. Dennoch bleibt die Standardisierung der Spurweiten eine wichtige Zielsetzung für einen vollständig integrierten und interoperablen Schienenverkehr in Europa.

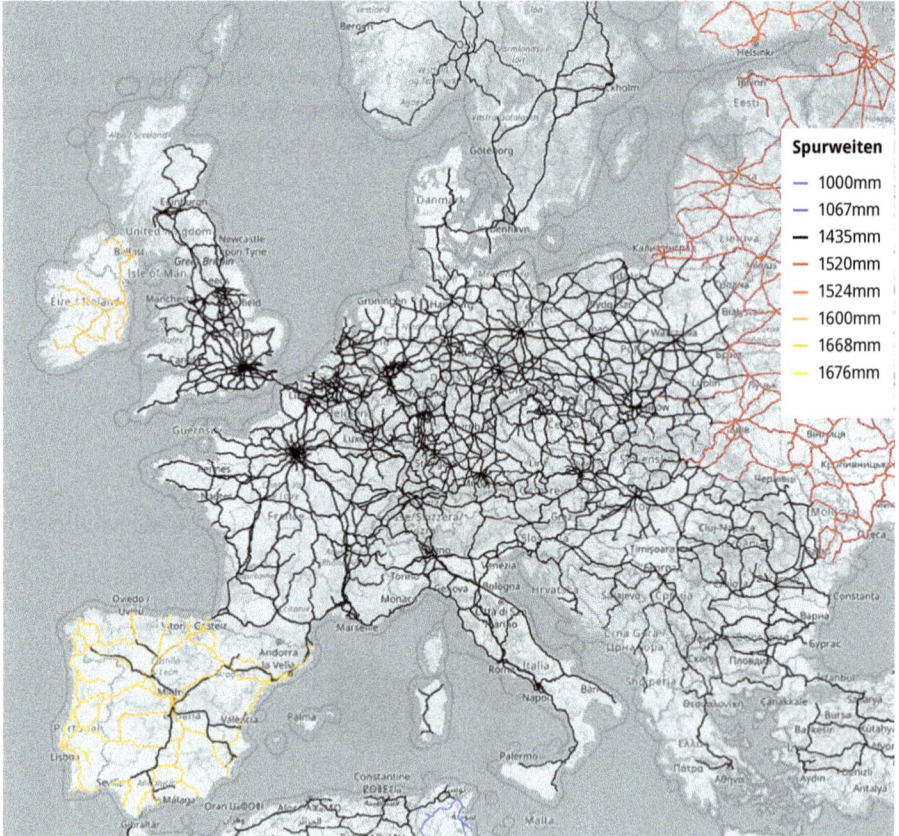

Abbildung 4.1.5: Spurweiten europäischer Eisenbahnen (OpenRailwayMap, 2023).

Rechtliche Vorgaben
Die Vielfalt der rechtlichen Vorgaben im Rahmen der nationalen Rechtsprechung stellt eine weitere Herausforderung dar. Unterschiedliche Sicherheitsvorschriften, Signalisierungssysteme und Betriebsregeln können den grenzüberschreitenden Verkehr behindern. Die Europäische Union hat mit der Einführung von TSI (Technische Spezifikationen für die Interoperabilität) versucht, einheitliche technische Standards für den Schienenverkehr zu etablieren. Dennoch bleiben nationale Vorgaben und Regelungen bestehen, was die Harmonisierung erschwert. Die Schaffung eines gemein-

samen Rechtsrahmens für den gesamten europäischen Verkehrssektor könnte die Interoperabilität erleichtern und den Standardisierungsbedarf verringern.

Bislang haben die Straßenverkehrs- und Straßenparameter im Wortlaut der TEN-V-Verordnung keine wichtige Rolle gespielt. Dies ist eine Art Paradox, da der Straßenverkehr unter den drei Landverkehrsarten nach wie vor den größten Anteil an der Güterverkehrsleistung der EU hat. Der Straßenverkehr in der EU macht rund 77 % des gesamten Binnengüterverkehrs aus (auf der Grundlage der geleisteten Tonnenkilometer) (Eurostat, 2021a). Darüber hinaus ist der Anteil des Straßengüterverkehrs in den letzten zehn Jahren kontinuierlich gestiegen. Im Personenbinnenverkehr entfallen rund 86 % des Marktes auf die Straße (Eurostat, 2021b).

In der TEN-V-Verordnung werden hochwertige Straßen definiert und in drei Kategorien unterteilt: entweder „Autobahnen", „Schnellstraßen" oder „herkömmliche Straßen mit strategischer Bedeutung." Es sei darauf hingewiesen, dass fast alle TEN-V-Straßen in Deutschland, Österreich und der Schweiz die Anforderungen an „Autobah-

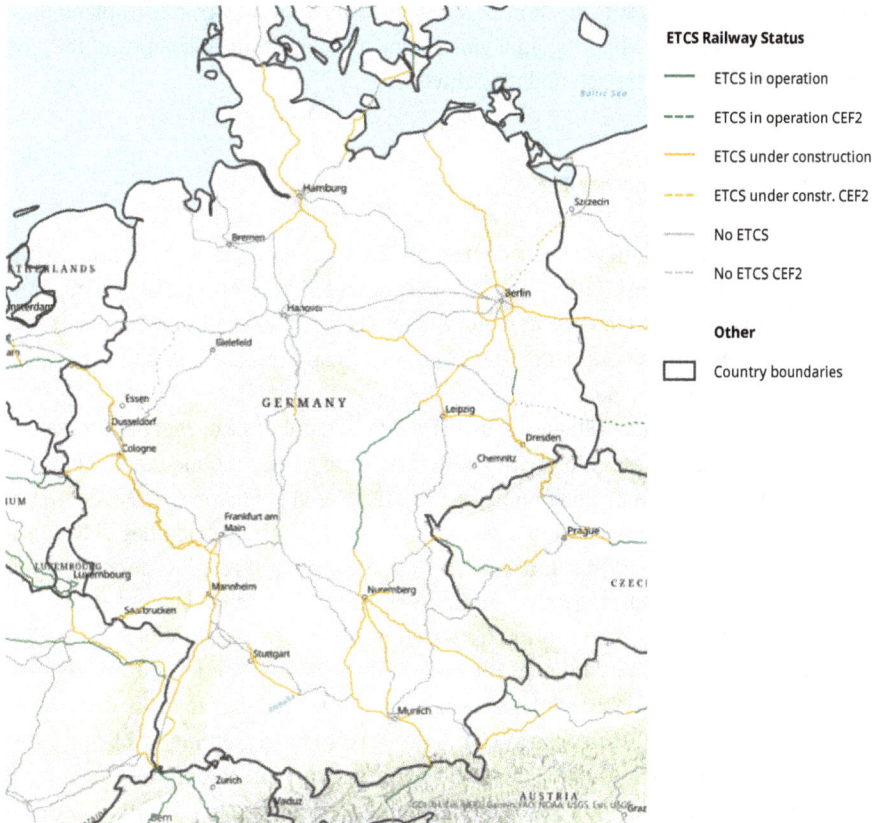

Abbildung 4.1.6: European Train Control System Rollout in 2023 (Europäische Kommission, 2023a).

nen" gemäß der Richtlinie 2008/96/EG (Richtlinie über ein Sicherheitsmanagement für die Straßenverkehrsinfrastruktur) in der durch die Richtlinie 2019/1936 geänderten Fassung erfüllen, in der wiederum die Definition des Wiener Übereinkommens über Straßenverkehrszeichen verwendet wird.

Insgesamt ist die Heterogenität der Verkehrsinfrastrukturen in Europa sehr facettenreich. Obwohl diese Vielfalt den europäischen Charakter widerspiegelt, sind Standardisierungen nötig, um die Interoperabilität zu erhöhen und die grenzüberschreitende Mobilität zu erleichtern. Die Maßnahmen der Europäischen Union, technische Spezifikationen für die Interoperabilität zu implementieren und insbesondere grenzüberschreitende Verkehrsprojekte zu fördern, sind konkrete Schritte, um ein effizientes und einheitliches Verkehrssystem in Europa zu schaffen. Die unterschiedlichen nationalen Interessen und Regulierungen sind ebenso wie die benötigten, hohen Investitionsmittel zentrale Herausforderungen, welchen sich die Staatengemeinschaft stellen muss. Beispielhaft für die Interoperabilität ist der Aufbau einer einheitlichen europäischen Lösung für die Zugbeeinflussung, das European Train Control System (kurz: ETCS). Das europäische Zugbeeinflussungssystem befindet sich im Jahr 2023 in der Implementierung. Die nachfolgende Abbildung 4.1.6 gibt einen Überblick zum Ausbaustand im Jahr 2023 für Deutschland, Österreich und die Schweiz.

4.1.3 Maritime Dimension der TEN-V

Nicht zuletzt die wirtschaftsstarken deutschen Nordsee- und Ostseehäfen, die ARA-Häfen (ARA = Amsterdam, Rotterdam, Antwerpen) von Antwerpen bis Amsterdam und die italienischen Mittelmeerhäfen von Genua bis Triest wirken sich auf die Transportleistungen im Güterverkehr des DACH-Raumes insbesondere aus und lösen u. a. Alpenquerende Verkehre aus.

Bisher war die maritime Dimension der TEN-V-Politik auf das Konzept der Meeresautobahnen ausgerichtet. Diese „Motorways of the Sea" sind in erster Linie Punkt zu Punkt-Verbindungen. Sie wurden zu einem integrierten Europäischen Meeresraums („European Maritime Space") weiterentwickelt, der die gesamte maritime Dimension des TEN-V umfasst (siehe Abbildung 4.1.7). Der Europäische Meeresraum enthält alle Anforderungen an die Hafen-bezogene Infrastruktur im Rahmen der TEN-V und der Förderung von Kurzstreckenseeverkehrsverbindungen zwischen den europäischen Häfen, im Inlandsverkehr oder mit Drittländern. Dies stärkt den Seeverkehr als entscheidender Teil der interkontinentalen Transportketten. Die Verlagerung vom Straßengüter- auf den Schiffsverkehr („Shift from Road to Sea") soll u. a. durch ein Wachstum des Kurzstreckenseeverkehrs um 25 % bis 2030 erreicht werden. Neben der Förderung der multimodalen Entwicklung der Hafenstrukturen ist angesichts der Herausforderungen des Klimawandels die Entwicklung der europäischen Häfen zu sogenannten „Energyhubs", nachhaltiger Energieerzeugung und der Versorgung der Schifffahrt ebenso wie der Hinterlandverkehre durch alternative emissionsreduzierte bzw. bis

2050 emissionsfreie Antriebsstoffe vorgesehen. Der Seetransport zwischen den rund 300 im TEN-V-Netz enthaltenen Häfen wird sich nach folgenden Kriterien entwickeln:

- Nachhaltigkeit und Ökologisierung der Flotte, der Häfen und des Aufbaus der Infrastruktur für alternative Kraftstoffe,
- Digitalisierung, insbesondere dem Datenaustausch und der Verkehrsüberwachung auch mit dem Ziel der Emissionsreduktion,
- Konnektivität und Integration der Häfen in die Verkehrsnetze und die Korridore, auch zur Verkehrsverlagerung zu nachhaltigen Verkehrsträgern und nicht zuletzt der
- Resilienz, unter Berücksichtigung der Auswirkungen des Klimawandels

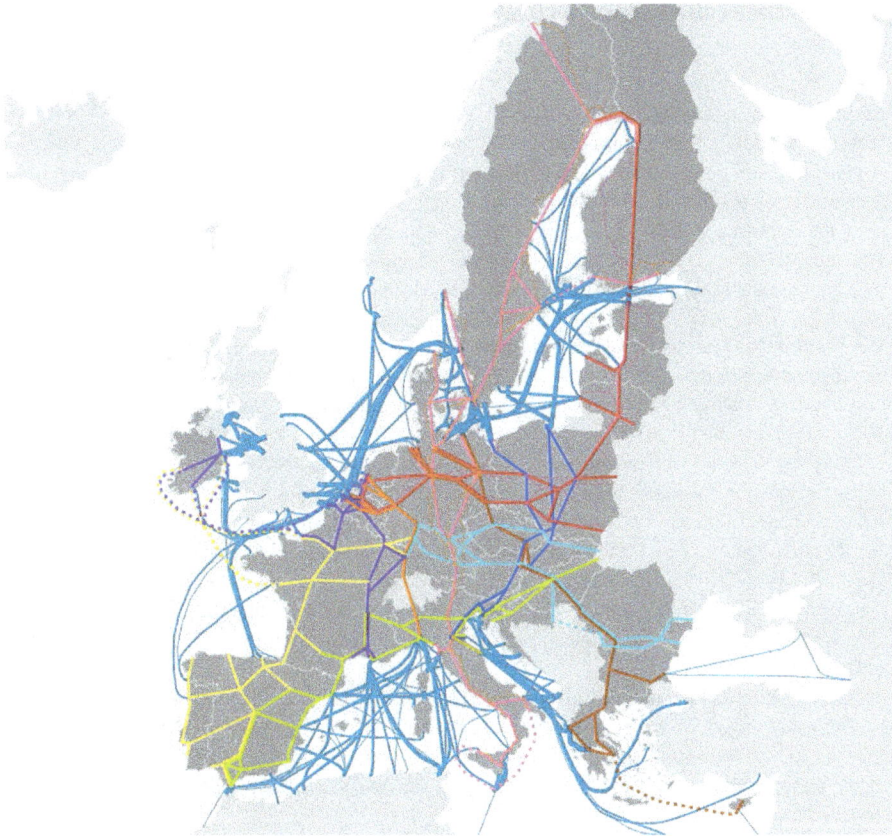

Abbildung 4.1.7: European Maritime Space (Europäische Kommission), 2023b.

4.1.4 Zusammenfassung

Die Verkehrsinfrastruktur in Deutschland, Österreich und der Schweiz zeigt unterschiedliche Entwicklungen und Herausforderungen. In Deutschland besteht ein erheblicher Modernisierungsbedarf, insbesondere im Bereich der Schieneninfrastruktur. Dennoch zählt Deutschland zu den Ländern mit einer der besten Verkehrsinfrastruktur weltweit. Auch Österreich verfügt über ein hervorragend entwickeltes Verkehrsnetz, wobei die Investitionen in diese Infrastruktur anhalten. Ebenso besitzt die Schweiz eine im weltweiten Vergleich herausragende Verkehrsinfrastruktur mit gut ausgebauten Autobahnen und einem leistungsfähigen Schienennetz. Insgesamt stehen diese Länder vor der Herausforderung, ihre Verkehrsinfrastruktur den aktuellen Bedürfnissen anzupassen und gleichzeitig umweltfreundlichere Lösungen zu fördern, um den Verkehr effizienter und nachhaltiger zu gestalten.

Exkurs: Alpenquerende Tunnel
Wesentliche Bestandteile im europaweiten, grenzüberschreitenden Gütertransport sind alpenquerende Tunnel. Bei den in diesem Werk im Fokus stehenden Ländern Deutschland, Österreich und der Schweiz ist dies ein Thema von besonderer Bedeutung. Eisenbahntunnel bieten eine schnelle, ökologische und langfristig wirtschaftliche Form, die topographischen Charakteristika des Hochgebirges effizient zu überwinden. Aus der Vielzahl der alpenquerenden Eisenbahntunnel seien an dieser Stelle die folgenden bereits bestehenden bzw. in Planung befindlichen Tunnel herausgegriffen:

Der Brenner-Basistunnel (Österreich/Italien): Der im Bau befindliche Brenner-Basistunnel verläuft zwischen Innsbruck (Österreich) und Franzensfeste (Italien). Seine Länge misst 55 Kilometer; gemeinsam mit der Umfahrung Innsbruck erreicht er eine Länge von 64 Kilometer. Somit wird es sich nach Fertigstellung um die längste unterirdische Eisenbahnverbindung der Welt handeln. Güterzüge sollen mit maximal 160 km/h, Personenzüge mit bis zu 250 km/h den Tunnel passieren können. Für Personenzüge lässt sich daher die Strecke von Innsbruck nach Franzensfeste in 25 Minuten zurücklegen; heute sind es 80 Minuten. Der Tunnel besteht aus zwei eingleisigen Haupttunnelröhren im Abstand von 40 bis 70 Metern. Für logistische Zwecke und aus Sicherheitsgründen existieren im Abstand von jeweils 333 Meter sogenannte Querschläge zwischen den beiden Haupttunnelröhren. Zusätzlich wird ein durchgehender Erkundungsstollen gebohrt, der mittig, zwölf Meter unterhalb der beiden Haupttunnelröhren verläuft. Insgesamt beläuft sich das komplette Tunnelsystem auf ca. 230 Tunnelkilometer (BBT, 2022).
Der Semmering-Basistunnel (Österreich): Der 27 Kilometer lange Semmering-Basistunnel, südlich von Wien, soll sowohl die Fahrzeit auf der Strecke Wien – Graz auf weniger als zwei Stunden verkürzen, als auch die Kapazitäten deutlich erweitern. Seine Fertigstellung ist für 2030 geplant. Der Tunnel entlastet die historische Semmeringbahn und stärkt als Teil der neuen Südstrecke den Baltisch-Adriatischen Korridor in Europa (ÖBB, 2022; ÖBB, o. D.; Diercke, 2023).

Der Gotthard-Basistunnel (Schweiz): Die Länge des Gotthard-Basistunnels beträgt rund 57 Kilometer. Seit seinem Betriebsstart im Dezember 2016 ist er der längste Eisenbahntunnel der Welt; länger als der Seikan-Tunnel in Japan, der zuvor mit 53,8 Kilometer Länge diese Spitzenposition einnahm. Mit bis zu 2.300 Metern Felsüberdeckung ist der Gotthard-Basistunnel auch der am tiefsten unter den Bergen liegende Tunnel der Welt. Er besteht aus zwei separaten Röhren und es können ihn pro Tag bis zu 260 Güterzüge durchfahren. Die Kosten für den Gotthard-Basistunnel belaufen sich auf 12,2 Milliarden CHF (BAV, o.D).

Der Lötschberg-Basistunnel (Schweiz): Der Lötschberg-Basistunnel ist ein zweiröhriger Einspur-Tunnel und wurde im Jahr 2007 eröffnet. Aus Kostengründen wurde bislang lediglich eine Röhre durchgehend bahntechnisch ausgebaut. Die Parallelröhre wurde größtenteils im Rohbau belassen. Ein Komplettausbau ist in Planung. Beide Röhren sind alle 333 Meter mit Querstollen verbunden, so dass im Notfall jede Röhre als Rettungstunnel für die jeweils andere Parallelröhre dienen kann. Die Länge des Basistunnels beträgt 34,6 Kilometer. Das Investitionsvolumen betrug 4,3 Milliarden CHF. Der Aufwand für Betrieb und Unterhalt beläuft sich auf rund 22 Millionen CHF pro Jahr. Züge können den Tunnel mit maximal 250 km/h durchfahren (BLS, 2018).

Der Ceneri-Basistunnel (Schweiz): Der 2020 in Betrieb genommene und 15,4 Kilometer lange Ceneri-Basistunnel im Tessin kostete 3,6 Milliarden CHF. Er besteht aus zwei vollausgebauten, separaten Röhren. In Kombination mit den Basistunnels durch Gotthard und Ceneri verkürzt sich die Fahrzeit von Zürich nach Lugano um bis zu 45 Minuten (BAV, o. D.).

Die Neuen Eisenbahn-Alpentransversale (Schweiz): Als Neue Eisenbahn-Alpentransversale (NEAT) wird das schweizerische Gesamtprojekt zur Querung der Alpen auf der Höhe des schweizerischen Mittellandes verstanden. Die NEAT besteht aus den drei oben genannten Basistunneln, nämlich dem Lötschberg-Basistunnel, dem Gotthard-Basistunnel sowie dem Ceneri-Basistunnel, und deren Zulaufstrecken. Sie umfasst zwei Nord-Süd-Achsen. Im Westen der Schweiz führt eine Achse durch den Lötschberg, die andere Achse östlich durch den Gotthard.

Mit der NEAT wird zum Schutz der Alpen Verkehr von der Straße auf die Schiene verlagert. Die Kapazität im Güterverkehr wird erhöht und gleichzeitig kann aufgrund der geringen Steigung auf der Gotthard-Achse dort auf eine zusätzliche Lokomotive pro Zug verzichtet werden. Außerdem können Zuglängen und -gesamtgewichte erhöht und Sattelauflieger mit 4 Metern Eckhöhe verladen werden. Finanziert wurde die NEAT mit rund 23 Mrd. CHF über einen zweckgebundenen Fonds, der unter anderem durch eine Lastwagen-Maut gespeist wird (BAV, o. D.; BAV, 2020)

Literaturverzeichnis

BAV (2020). *Flyer Die NEAT*. Abgerufen am 01.10.2023 unter https://www.bav.admin.ch/dam/bav/de/doku mente/verkehrstraeger/eisenbahn/ceneri/flyer-neat.pdf.download.pdf/Flyer%20Die%20NEAT.pdf

BAV (o. D.). *Elemente der Neat*. Abgerufen am 01.10.2023 unter https://www.bav.admin.ch/bav/de/home/ verkehrsmittel/eisenbahn/bahninfrastruktur/ausbauprogramme/abgeschlossene-ausbauprogramme /neat/die-elemente-der-neat.html

BBT (2022). *Der Brenner Basistunnel*. Abgerufen am 01.10.2023 unter https://www.bbt-se.com/fileadmin/bro schueren/2022/allgemeine-broschuere/index.html

BLS (2018). *Lötschberg-Basistunnel*. Abgerufen am 01.10.2023 unter https://www.alptransit-portal.ch/Stora ges/User//Meilensteine/Pin_072/Dokumente_072/Loetschberg-Basistunnel-BLS-Gesamtschau.pdf

Diercke (2023). *Alpentransit – Straßengütertransport*. Abgerufen am 07.10.2023 unter https://diercke.de/con tent/alpentransit-978-3-14-100381-9-54-2-1

Europäische Investitionsbank (2016). *A Route Map to a Connected Europe*. Abgerufen am 09.10.2023 unter https://www.eib.org/attachments/thematic/the_route_map_to_a_connected_europe_en.pdf

Europäische Kommission (2021a). *Trans-European Transport Network (TEN-T) – Schaffung eines umweltfreundlichen und effizienten transeuropäischen Verkehrsnetzes*. Broschüre, PDF ISBN 978-92-76-45621-6 doi:10.2775/321608

Europäische Kommission (2021b). *VERORDNUNG DES EUROPÄISCHEN PARLAMENTS UND DES RATES über Leitlinien der Union für den Aufbau eines transeuropäischen Verkehrsnetzes, zur Änderung der Verordnung (EU) 2021/1153 und der Verordnung (EU) Nr. 913/2010 und zur Aufhebung der Verordnung (EU) 1315/2013.* Abgerufen am 31.10. 2023 unter https://eur-lex.europa.eu/legal-content/DE/TXT/HTML/?uri=CE LEX:52021PC0812&from=SL

Europäische Kommission (2023a). ERTMS Deployment Data. Abgerufen am 29.09.2023 unter https://trans port.ec.europa.eu/system/files/2023-09/20230724_DE_ERTMS.pdf

Europäische Kommission (2023b). *Europäische Verkehrskorridore im Kommissionsvorschlag für die Überarbeitung der TEN-V Verordnung.*

European Union (1996). Council Decision No. 1692/96/EC of 23 July 1996 on Community guidelines for the development of the trans-European transport network. Official Journal of the European Union, 1996.

Eurostat (2014). *Modal Split of Inland Freight Transport 2014.* Abgerufen am 06.10.2023 unter https://ec.eu ropa.eu/eurostat/statistics-explained/index.php?title=File:Modal_split_of_inland_freight_transport,_2014_ (%25_of_total_inland_tkm)_YB17-de.png

Eurostat (2021a). *Modal split of Inland Freight Transport.* Abgerufen am 06.10.2023 unter https://ec.europa. eu/eurostat/databrowser/view/TRAN_HV_FRMOD/default/table?lang=en

Eurostat (2021b). *Modal Split of Inland Passenger Transport.* Abgerufen am 06.10.2023 unter https://ec.eu ropa.eu/eurostat/databrowser/view/TRAN_HV_PSMOD/default/bar?lang=en

Fahrzeugindustrie AT (2023). *Statistik Jahrbuch 2023 – Fachverband der Fahrzeugindustrie. Güterverkehr: Modal Split in der EU und in Österreich 2021.* Abgerufen am 06.10.2023 unter https://www.fahrzeugin dustrie.at/fileadmin/content/Zahlen___Fakten/Statistikjahrbuch/Seite5.20.pdf

Ingenieure22 (2022). *Bahnstrom-Systeme in Europa.* Abgerufen am 15.12.2023 unter https://ingenieure22. de/cms/index.php/projekte-studien/bahntechnik/308-bahnstrom-systeme-in-europa

ÖBB (2022). *Geologische Störzone führt zu späterer Fertigstellung des Semmering-Basistunnels.* Abgerufen am 07.10.2023 unter https://presse-oebb.at/News_Detail.aspx?id=155207

ÖBB (o. D.). *Semmering-Basistunnel.* Abgerufen am 01.10.2023 unter https://infrastruktur.oebb.at/de/pro jekte-fuer-oesterreich/bahnstrecken/suedstrecke-wien-villach/semmering-basistunnel

OpenRailwayMap (2023): Openrailwaymap – track gaug. Abgerufen am 19.12.2023 unter https://www. openrailwaymap.org/?style=standard&lat=48.121757251753735&lon=8.00130844116211&zoom=12

World Bank (2023). *Die 20 führenden Logistikmärkte der Welt nach ihrem Logistics Performance Index* im Jahr 2023* [Graph]. In *Statista*. Abgerufen am 07.10.2023 unter https://de.statista.com/statistik/daten/stu die/996483/umfrage/logistics-performance-index-der-fuehrenden-logistikmaerkte/

4.2 Finanzierung der Verkehrsinfrastruktur

Alexander Eisenkopf, Andreas Knorr

Das Leistungsbild des Verkehrssektors wird durch die verfügbaren Verkehrsträger, die ihnen zugeordnete Verkehrsinfrastruktur und die eingesetzten Verkehrsmittel bestimmt. Während die jeweiligen Verkehrsmittel im Regelfall von den Transportunternehmen bzw. den (privaten) Akteuren disponiert und aus eigenem Cashflow finanziert werden, ist die Finanzierung der Verkehrsinfrastruktur eng in die nationale und supranationale Verkehrsinfrastrukturpolitik eingebettet. Traditionell wird das Angebot an Verkehrsinfrastruktur in vielen Volkswirtschaften vom Staat bestimmt, geplant und bereitgestellt sowie zumeist aus den öffentlichen Haushalten finanziert. Häufig sind daher die Investitionen in die Verkehrsinfrastruktur hinter dem volkswirtschaftlich wünschenswerten Ersatz- und Ausbaubedarf zurückgeblieben, weil Verkehrsinfrastrukturinvestitionen der Politik weniger attraktiv erscheinen als Ausgabenprogramme, welche die Bürger und deren Konsummöglichkeiten direkt adressieren. Dies lässt sich zum Beispiel für Deutschland feststellen, wo sich die Leistungsfähigkeit der Verkehrsinfrastruktur in den letzten Jahrzehnten systematisch verschlechtert hat. Erhebliche Infrastrukturmängel lassen sich nicht nur für das Fernstraßennetz konstatieren, sondern auch bei den anderen Verkehrsträgern, insbesondere der Eisenbahn (Eisenkopf, 2018).

Seit vielen Jahren diskutiert man daher über alternative Finanzierungslösungen, welche die Infrastrukturinvestitionen unabhängiger von den öffentlichen Haushalten und deren jährlichen Schwankungen machen. Hier sind insbesondere der Übergang von der Haushalts- zur Nutzerfinanzierung, aber auch mehr privatwirtschaftliches Engagement z. B. in Form von Öffentlich-Privaten-Partnerschaften (ÖPP) zu erwähnen. Nachfolgend werden zunächst überblicksartig grundsätzliche Finanzierungsalternativen beschrieben; anschließend gibt es einen Überblick zu finanzierungsrelevanten Einnahmen und Ausgaben des Verkehrs, die z. B. in Wegekostenrechnungen dargestellt werden können. Abschließend werden aktuelle Finanzierungslösungen über Fondsmodelle angesprochen, die insbesondere in der Schweiz von hoher verkehrspolitischer Relevanz sind.

4.2.1 Finanzierungsinstrumente

Als Finanzierungsinstrumente für die Verkehrsinfrastruktur stehen grundsätzlich die Finanzierung aus öffentlichen Haushalten bzw. Steuern und die sogenannte Nutzerfinanzierung zur Verfügung. Zusätzlich können auch private Finanzierungspartner eingebunden werden (Aberle, 2009). Die traditionelle Haushaltsfinanzierung resultiert vor allem daraus, dass Verkehrsinfrastruktur gemeinhin als wesentlicher Teil der öffentlichen Daseinsvorsorge angesehen wird.

Die institutionelle Struktur der Finanzierung sollte sich aus ökonomischer Perspektive an dem Ziel orientieren, den quantitativen und qualitativen Bedarf der Gesellschaft an Infrastruktur mit dem geringsten Ressourcenaufwand zu befriedigen. Es ist daher nicht zwangsläufig so, dass dem Staat die alleinige Finanzierungsverantwortung aus öffentlichen Haushalten zukommen muss. Es bedarf vielmehr einer genaueren Untersuchung, welche Finanzierungsalternative das Bereitstellungsproblem am effizientesten löst. Hierbei ist auf den ökonomischen Gutscharakter der Verkehrsinfrastruktur abzustellen. Während landläufig die Verkehrsinfrastruktur als öffentliches Gut angesehen wird und diese daher über öffentliche Haushalte zu finanzieren sei, stellen institutionenökonomische Analysen heraus, dass Verkehrsinfrastrukturen zumeist den Charakter eines sogenannten Clubgutes aufweisen; eine zumindest teilweise Finanzierung über Nutzerentgelte kann daher sinnvoll sein (Hartwig, 2007).

Clubgüter sind institutionenökonomisch dadurch charakterisiert, dass das Ausschlussprinzip zu vertretbaren Kosten realisiert werden kann. Wer die Nutzerkosten nicht zu zahlen bereit ist, wird in diesem Fall von der Benutzung der Infrastruktur ausgeschlossen. Im Fall eines Clubgutes sollte es aber keine Überlastung (Rivalität) geben. Die Tatsache, dass es bei Verkehrsinfrastrukturen regelmäßig zu Überlastungserscheinungen kommt, stellt jedoch kein valides Argument gegen die Kategorisierung als Clubgut dar, da über eine geeignete Struktur der Nutzergebühren Überlastung in der Regel verhindert bzw. auch ein nachfrageorientierter Ausbau ermöglicht werden kann.

Bei der traditionellen Haushaltsfinanzierung werden Infrastrukturinvestitionen aus laufenden Haushaltsmitteln finanziert. Häufig existieren jedoch Steuern, die an der Nutzung der Infrastrukturen ansetzen, wie z. B. die Mineralöl- und die Kfz-Steuer in Deutschland, welche die Vorhaltung bzw. Nutzung von Kraftfahrzeugen (mit Verbrennungsmotor) einer Besteuerung unterwerfen. Die deutsche Mineralölsteuer (heute Energiesteuer) weist sogar eine Zweckbindung des Aufkommens für das Verkehrswesen und das Straßennetz im Speziellen auf (Kommission „Zukunft der Verkehrsinfrastrukturfinanzierung", 2012). Hiermit wird das generelle finanzwissenschaftliche Non-Affektationsprinzip durchbrochen und zumindest eine gruppenbezogene Äquivalenz hergestellt.

Voraussetzung für die Nutzerfinanzierung ist die Einrichtung eines entsprechenden Benutzungsabgabensystems. Das Ziel der Kostendeckung kann so über verschiedene Tariflösungen bzw. Tarifkombinationen erreicht werden. Praktiziert werden z. B. pauschale Vignettenlösungen (Autobahngebühren für Pkws in Österreich und der Schweiz) oder auch eine kilometerbezogene Bepreisung der Nutzer, die sich dann an Durchschnittskosten orientiert (Autobahnen in Frankreich oder Italien, LSVA in der Schweiz).

Immer wieder diskutiert werden auch Fonds-Lösungen, die als von öffentlichen Haushalten getrennte, selbständige Organisationsform sowohl aus Nutzergebühren als auch aus zweckgebundenen Zuweisungen öffentlicher Haushalte gespeist werden können.

Zu erwähnen sind auch private Finanzierungselemente im Zuge Öffentlich-Privater-Partnerschaften bei der Planung, Erstellung, Finanzierung und beim Betrieb von Verkehrsinfrastrukturprojekten. Zwar liegt deren Ziel eigentlich in einer effizienteren Erbringung bisher staatlich bereitgestellter Leistungen über geeignete Anreizsysteme bei Planung, Bau und Betrieb durch private Akteure, doch steht auch die Finanzierungsfunktion seit langer Zeit im Fokus der Diskussion um die Nutzung von ÖPP (Kommission „Zukunft der Verkehrsinfrastrukturfinanzierung", 2012).

Finanzierungsbeiträge zu Verkehrsprojekten in den EU-Mitgliedsstaaten werden auch von der EU im Rahmen der Entwicklung eines transeuropäischen Verkehrsnetzes (TEN-T) geleistet. Diese Politik verfolgt den Aufbau eines EU-weiten, multimodalen Verkehrsnetzes im Rahmen von sogenannten Korridoren. Gefördert wird Verkehrsinfrastruktur in den Mitgliedsstaaten, die auf europäischer Ebene einen hohen Mehrwert hat und Teil des TEN-T-Netzes sein sollte. Die Finalisierung dieses Netzes ist in mehreren Schritten bis 2050 geplant. In der Vergangenheit verlief die Entwicklung der entsprechenden Projekte eher gebremst, da nationale und europäische Prioritäten beim Infrastrukturausbau nicht immer kompatibel waren (Eisenkopf, 2007). Ob mit einer überarbeiteten TEN-T-Verordnung und neuen, erweiterten Finanzierungsmöglichkeiten in Zukunft mehr Dynamik entfacht werden kann, bleibt eine offene Frage.

4.2.2 Einnahmen und Ausgaben des Verkehrs

Die verkehrspolitische Diskussion um Einnahmen und Ausgaben des Verkehrs bezieht sich zunächst auf die Frage, ob die über Verkehrsaktivitäten generierten Einnahmenströme der öffentlichen Haushalte ausreichend hoch sind, um in den relevanten Nutzungszeiträumen die korrespondierenden Haushaltbelastungen zu decken. Entsprechende Wegeausgabenrechnungen beruhen auf einer rein pagatorischen Betrachtungsweise von Zahlungsströmen, d. h. der jährlichen Erfassung von Ausgaben für eine spezifische Infrastruktur und der Einnahmen aus deren Nutzung. Darüber hinaus wird zunehmend diskutiert, ob die Nutzer einer Infrastruktur ausreichend Mittel generieren, um negative Externalitäten des Verkehrs zu kompensieren. Zu diesem Zweck werden sogenannte externe Kosten des Verkehrs berechnet und zusammen mit den internen Kosten den Einnahmen gegenübergestellt. Wegen zahlreicher methodischer Probleme und damit verbundener Unsicherheiten wird dieser Aspekt an dieser Stelle nicht weiter vertieft.

Eine systematische Darstellung der Einnahmen und Ausgaben, d. h. der Finanzflüsse des Verkehrs, stellt eine nichttriviale Aufgabe dar. Es fehlen teilweise sogar die konzeptionellen Grundlagen, um Daten verkehrsträgerübergreifend zu erfassen und zuzuordnen. Einschlägige Untersuchungen liegen für die Bundesrepublik Deutschland und die Schweiz vor. In einer Studie zum Thema „Staatliche Einnahmen und Ausgaben im Verkehrssektor" für das Umweltbundesamt dokumentieren Link, Kunert, Linnemann, von Mettenheim & Mischon (2017) Einnahmen und Ausgaben der öffentlichen Hand und der öffentlichen Verkehrsunternehmen für das Jahr 2013.[1] In diesem Jahr wurden insgesamt 38 Mrd. für die Verkehrsträger ausgegeben. Rund die Hälfte davon betraf das Straßenwesen (19,2 Mrd. Euro); die nächstgrößeren Ausgabenblöcke waren die Deutsche Bahn AG (8,7 Mrd. Euro) und der Öffentliche Straßenpersonenverkehr (ÖSPV) mit 3,7 Mrd. Euro. Der Anteil des Bundes an den Gesamtausgaben liegt bei knapp 60 %. Von den Straßenausgaben betreffen 11,7 Mrd. (61 %) investive Maßnahmen, während die Ausgaben für die Deutsche Bahn zu gleichen Teilen auf investive und konsumtive Zwecke entfallen. Quantitativ relevant sind außerdem die Ausgaben für die Wasserstraßen (1,8 Mrd. Euro), bei denen nicht-investive Zwecke überwiegen. Sowohl bei den internationalen Verkehrsflughäfen wie auch bei den Regionalflughäfen sind staatliche Finanzierungselemente weitgehend zu vernachlässigen (Link et al., 2017).

---

[1] Dies ist die zeitnaheste, aktuell verfügbare Untersuchung zu diesem Themenkomplex.

Im Jahr 2013 wurden aus den Verkehrsträgern fast 60 Mrd. Euro an staatlichen Einnahmen erzielt. Der Großteil entfiel auf die Straße, der Steuern in Höhe von 43,5 Mrd. Euro und 4,29 Mrd. Euro Benutzungsabgaben (Lkw-Maut) zugerechnet wurden.[2] Deren Gesamteinnahmen in Höhe von fast 48 Mrd. Euro waren deutlich höher als die korrespondierenden Ausgaben; allerdings profitierte allein der Bund von diesen Einnahmen, während die nachgeordneten Gebietskörperschaften keine Einnahmen aus verkehrsspezifischen Steuern realisieren konnten. Ohne die Finanzflüsse der privaten Einheiten und Verkehrsunternehmen stellt dies allerdings kein vollständiges Bild zur Finanzierung der Verkehrsträger dar. Hierzu fehlen in Deutschland derzeit aber noch zahlreiche methodische Grundlagen.

Für die Schweiz hat das Bundesamt für Statistik zuletzt Erhebungen zu Kosten und Finanzierung des Verkehrs für das Jahr 2018 vorgelegt (Bundesamt für Statistik, 2021). Im Rahmen der Finanzflussrechnung werden Einnahmen auf der Ebene des Bundes, der Kantone und der Gemeinden betrachtet. Insgesamt werden für die Straßeninfrastruktur 10 Mrd. CHF ausgegeben (Bau, Unterhalt und Betrieb). Während beim Bund bei Einnahmen von knapp 6 Mrd. CHF ein Überschuss von 3,2 Mrd. CHF entstand, lag das Defizit auf der Ebene der Gemeinden bei 2,6 Mrd. CHF. Auf Ebene der Kantone kam es zu einem Überschuss von gut 900 Mio. CHF. Die Überschüsse auf Ebene des Bundes erklären sich dadurch, dass hier relativ hohe Summen aus der Mineralölsteuer, der Nationalstraßenabgabe (Vignette), der Schwerverkehrsabgabe und der Automobilsteuer entstehen. Auf Ebene der Kantone wird eine kantonale Motorfahrzeugsteuer erhoben und es werden vom Bund Beiträge geleistet, während das Einnahmenpotenzial der Gemeinden sehr begrenzt ist.

Der Schienenverkehr verursacht in der Schweiz auf allen staatlichen Ebenen hohe Defizite (insgesamt fast 7,7 Mrd. CHF). Die Ausgaben in Höhe von 5,5 Mrd. CHF auf Bundesebene, 2,7 Mrd. auf Ebene der Kantone und rund 1 Mrd. auf Gemeindeebene betreffen Infrastrukturinvestitionen und Zahlungen an Transportunternehmen, z. B. als Abgeltung für bestellte Versorgungsleistungen im Regionalverkehr. Infrastrukturen werden auch über spezielle Fonds finanziert; hierauf ist im Folgenden noch einzugehen.

Festzuhalten ist, dass in beiden betrachteten Ländern der Straßenverkehrssektor insgesamt ausreichende Mittel generiert, um die Finanzierung von Bau, Unterhalt und Betrieb der Verkehrsinfrastruktur sicherzustellen. Trotzdem wird vor allem in Deutschland immer wieder der mangelnde Erhaltungs- und Ausbauzustand der Straßeninfrastruktur beklagt. Sehr viel schwieriger gestaltet sich die Finanzierung der Schieneninfrastruktur. Hier müssen regelmäßig öffentliche Mittel für die Erstellung und Erhaltung von Infrastrukturen eingesetzt werden, die am Markt nicht verdient

---

2 Streng genommen wäre auch die Umsatzsteuer (19 %) auf die Energiesteuer als Einnahme zu berücksichtigen, da beim Verkauf von Mineralölprodukten die Energiesteuer ebenfalls der Umsatzbesteuerung unterliegt. Bei Steuereinnahmen von 34,5 Mrd. Euro geht es hier um einen Betrag von 6,5 Mrd. Euro.

werden können. Damit ist das Problem der unzureichenden Wegekostendeckung angesprochen, die sich z. B. in den Ergebnissen einschlägiger Wegekostenrechnungen zeigt.

4.2.3 Finanzierung und Wegekostenrechnungen

Die Bereitstellung von Verkehrsinfrastrukturen sollte sich aus ökonomischer Sicht an
den Nutzen und Kosten des Verkehrs auf gesellschaftlicher Ebene orientieren. Zwar
werden bei der Erstellung neuer Verkehrsinfrastrukturen auf der Projektebene solche
Nutzen/Kostenrechnungen in der Regel durchgeführt, doch mangelt es an Gegenüber-
stellungen gesellschaftlicher Kosten und Nutzen auf der Ebene der Verkehrsträger
insgesamt. Eine solche umfassende Betrachtung scheitert regelmäßig aufgrund der
Schwierigkeiten der Erfassung und Bestimmung insbesondere des Nutzens und seiner
Allokation auf die Verkehrsträger.

Akzeptiert man, dass umfassende Nutzen-Kosten-Vergleiche für den Verkehr insgesamt und für einzelne Sektoren wegen zahlreicher Imponderabilien nicht umsetzbar
sind, kann zumindest die Gegenüberstellung von Kosten und Finanzierungsbeiträgen
der Nutzer eine erste Indikation für die gesellschaftliche Validität von Verkehrsaktivitäten liefern. Belastbare Informationen über die Kosten von spezifischen Infrastrukturen
und entsprechende Finanzierungsbeiträge sind hochrelevant für die Diskussion von
Benutzungsabgabensystemen. Eine Refinanzierung der Kosten der (staatlichen) Investi-
tionsprojekte erfolgt dann durch Benutzungsabgaben oder auch verkehrsspezifische
Steuern (Wegeeinnahmen/-entgelte). Finanzwissenschaftlich ist anzustreben, dass die
Ressourcenbindung in der Verkehrsinfrastruktur durch entsprechende Zahlungen der
Verkehrsnutzer kompensiert wird.

Noch in den neunziger Jahren wurde in der Verkehrswissenschaft darüber diskutiert, ob Wegerechnungen als Wegeausgaben- oder als Wegekostenrechnungen durchzuführen seien. Während Wegeausgabenrechnungen auf einer rein pagatorischen
Betrachtungsweise von Zahlungsströmen beruhen, d. h. der jährlichen Erfassung von
Einnahmen und Ausgaben für eine spezifische Infrastruktur, basiert die Wegekostenrechnung auf der Fiktion einer unternehmerischen Vorhaltung / Betreiberschaft der
Verkehrsinfrastruktur. Insofern wird, im Unterschied zu Ausgabenrechnungen, mit
kalkulatorischen Abschreibungen, vor allem aber kalkulatorischen Zinsen gerechnet.
Andere Kostenpositionen sind mit denen der Wegeausgabenrechnung identisch: Die
laufenden Betriebs- und Unterhaltungskosten/-ausgaben der Verkehrsinfrastruktur,
die Kosten / Ausgaben für die Verkehrspolizei u. ä. Heute wird im wissenschaftlichen
Diskurs fast ausschließlich im Sinne einer Wegekostenrechnung argumentiert, auch
wenn bei diesem Ansatz erhebliche zusätzliche Schlüsselungsprobleme anfallen.
Diese betreffen nicht nur die Kapazitätskosten einer Infrastruktur (z. B. Abschreibun-
gen und kalkulatorische Zinsen), sondern auch die Grenzkosten der Nutzung, z. B. die
Verteilung der Kosten des Straßenverschleißes auf verschiedene Fahrzeugkategorien
(Aberle, 2009).

Eine verkehrsträgerübergreifende Wegekostenrechnung für Straße und Schiene wurden in Deutschland zuletzt für das Bezugsjahr 2007 vom Deutschen Institut für Wirtschaftsforschung (DIW) vorgelegt (Link, Kalinowska, Kunert & Radke, 2009). Zwar wurden in der Zwischenzeit mehrere Wegekostengutachten für das Bundesfernstraßennetz erarbeitet (zuletzt für das Bezugsjahr 2021), doch folgen diese Rechenwerke einer anderen Methodik der Kostenermittlung und beziehen sich nur auf die Straßeninfrastruktur (Korn, Leupold, Schneider, Hartwig & Daniels, 2021). Sie sind daher mit den älteren verkehrsträgerübergreifenden Rechnungen nicht unmittelbar vergleichbar.

Ein Blick in die Wegekostenrechnung für 2007 zeigt, dass der Straßenverkehr im Wesentlichen für seine Wegekosten aufkommt bzw. sogar einzelne Nutzergruppen eine Wegekostenüberdeckung verzeichnen. Ungünstiger sieht die Situation bei der Schiene aus. Flughäfen werden in der Rechnung nicht adressiert, da sie keine Infrastrukturen in unmittelbarer Bundesverantwortung sind. Auch für die Binnenschifffahrt erfolgt keine Berechnung der Wegekosten (zuletzt für 1987 mit einem Wegekostendeckungsgrad von unter 10 % (Aberle, 2009).

Im Jahre 2007 erreichten deutsche Pkws auf allen Straßen einen Wegekostendeckungsgrad von 208 %, d. h. die dieser Fahrzeugkategorie zugerechneten Wegeeinnahmen machten etwa das Doppelte der Wegekosten aus. Lkws erreichten eine Kostendeckungsgrad von 99 %. Auf Autobahnen lag dieser allerdings bei 210 % (für mautpflichtige Nutzfahrzeuge ab 12 t). Demgegenüber erzielte die Deutsche Bahn nur einen Wegekostendeckungsgrad von 47 %. Hier sind die markanten Unterschiede zwischen den einzelnen Sparten zu beachten: So verzeichnete der hochsubventionierte Schienenpersonennahverkehr ein Kostendeckungsniveau von 117 %, während die Wegeeinnahmen des Fernverkehrs nur 56 % der Kosten abdeckten. Sehr niedrig – insbesondere im Vergleich zum Straßengütergüterverkehr – ist mit 11 % die Wegekostendeckung des Schienengüterverkehrs (Link et al., 2009).

In der Gesamtschau ist von einem stabilen Grad der Wegekostendeckung des Straßenverkehrs auszugehen, insbesondere wegen der Erweiterung der Bemautung des Straßengüterverkehrs auf weitere Netzteile und leichtere Fahrzeuge. Im Zuge einer Fortführung der Finanzierung der Investitionen in die Schieneninfrastruktur über nicht rückzahlbare öffentliche Zuschüsse (sogenannte Baukostenzuschüsse) und die haushaltswirksame Absenkung von Trassengebühren ist davon auszugehen, dass die Kostendeckungsgrade der Schiene heute noch deutlich unterhalb der Werte für das Jahr 2007 liegen. Belastbare empirische Berechnungen hierzu liegen jedoch nicht vor.

Den vergleichsweise hohen Kostendeckungsgraden des Straßenverkehrs mag man entgegenhalten, dass die Berechnung nicht die ungedeckten externen Kosten des Verkehrs umfasst (Kosten des Klimawandels, Kosten von Schadstoffemissionen, Unfallkosten, Lärmkosten usw.). Dies ist – ungeachtet der erheblichen methodischen Probleme – in der schweizerischen Kostenrechnung für den Verkehr anders (vgl. Bundesamt für Statistik, 2021). In der aktuellen Rechnung für das Bezugsjahr 2018 werden als Gesamtkosten des Verkehrs 94,9 Mrd. CHF ausgewiesen. Darin enthalten sind Kosten der Infrastruktur und der Verkehrsmittel sowie Unfallkosten sowie Umwelt- und Gesundheitskosten. In dieser umfassenden Kostenbetrachtung dominieren die Kosten der Verkehrsmittelnutzung, welche in der deutschen Wegekostenrechnung naturgemäß keine Rolle spielen. Ihnen sollten jedoch entsprechende Zahlungen der Kunden gegenüberstehen, falls nicht der Staat mit entsprechenden Finanzmitteln auch die Leistungserstellung bezuschusst. Da dies regelmäßig im öffentlichen Verkehr und vor allem beim Schienenverkehr erfolgt, sieht die Gesamtkostendeckung des Straßenverkehrs im Vergleich zur Schiene einschließlich der externen Kosten deutlich besser aus, als vielfach unterstellt wird.

So wurden vom Staat im Jahre 2018 48 % der Kosten des Schienenpersonenverkehrs und 49 % der Kosten des öffentlichen Straßenverkehrs übernommen. Auf die Allgemeinheit entfielen zusätzlich noch einmal 7 %, während der private Straßenverkehr 86 % seiner Kosten selbst trägt. Auch der Schienengüterverkehr erreicht nur eine Deckung der volkswirtschaftlich relevanten Kosten von rund 50 % (der Rest verteilt sich auf Zahlungen der öffentlichen Hand bzw. belastet die Allgemeinheit), während die Verkehrsnutzer des Straßengüterverkehrs final für rund 90 % der verursachten Kosten einschließlich externer Kosten selbst aufkommen.

4.2.4 Fonds als Finanzierungsalternative

Auf die nachhaltigen Finanzierungsprobleme der Verkehrsinfrastruktur insbesondere in Deutschland, aber auch in anderen europäischen Ländern wurde bereits hingewiesen. Während in der Schweiz, aber auch in Österreich und anderen europäischen Ländern bereits eine Finanzierung des hochrangigen Straßennetzes über Benutzungsabgabensysteme installiert ist, existiert in Deutschland derzeit nur eine Nutzerfinanzierung mit der fahrleistungsabhängigen Maut für den Straßengüterverkehr ab 7,5 t auf Bundesfernstraßen.[3] Das Projekt der deutschen Pkw-Maut, die, wenn überhaupt, nur von ausländischen Verkehrsteilnehmern Finanzierungsbeiträge generiert hätte, ist dagegen aus europarechtlichen Gründen im Jahre 2019 gescheitert. Öffentlich-Private-Partnerschaften mit entsprechenden Finanzierungselementen werden aktuell nicht mehr forciert.

Vor diesem Hintergrund werden immer wieder auch Fonds als Lösung der Finanzierungsproblematik der Verkehrsinfrastruktur angesprochen. Von jährlichen Haushaltsentscheidungen unabhängige Fonds zur Finanzierung des Ausbaus, Erhalts oder auch Betriebs bestimmter Verkehrsinfrastrukturen können grundsätzlich aus der Zuweisung von Haushaltsmitteln und Benutzungsabgaben gespeist werden. Von entscheidender Bedeutung ist die flexible Verfügbarkeit von Finanzmitteln über einen mehrjährigen Zeitraum, die nicht von den Restriktionen des Haushaltsrechts einge-

---

3 Eine neue Mautregelung für Fahrzeuge ab 3,5t gilt ab dem Jahr 2024 (siehe Kapitel 4.3)

schränkt wird und damit Effizienzsteigerungspotenziale in der Planung und Mittelverwendung bei den Infrastrukturbetreibern ermöglichen kann. Eine solche Lösung ist in Deutschland über die Leistungs- und Finanzierungsvereinbarung bei der Schiene bereits in Ansätzen vorhanden, betrifft allerdings dort nur den Erhalt. Für den Bereich der Straßeninfrastruktur wurden mit der Einrichtung einer Autobahngesellschaft (Autobahn GmbH) zwar neue institutionelle Strukturen für Planung, Bau und Betrieb geschaffen; hinsichtlich der Finanzierung bleibt es aber bei den bestehenden Finanzierungskreisläufen.

Demgegenüber setzt die schweizerische Verkehrsinfrastrukturpolitik schon seit längerem auf verschiedene Fonds zur Finanzierung von Verkehrsinfrastrukturen (Bernecker, Bramme, Fichert, Burg & Röhling, (2021). So werden Betrieb, Substanzerhalt sowie Ausbau der Eisenbahninfrastruktur seit 2016 über den Bahninfrastrukturfonds (BIF) finanziert, dessen Mittel aus verschiedenen Quellen stammen. Dies sind neben Einnahmen aus der leistungsabhängigen Schwerverkehrsabgabe (LSVA) allgemeine Haushaltsmittel, sonstige Steuern (auch Mineralölsteuer) und Kantonsbeiträge. Festzuhalten ist, dass für eine auskömmliche Finanzierung auch verkehrsbezogene Einnahmen aus dem Straßenverkehr verwendet werden (Querfinanzierung). Vorläufer des BIF bis 2015 war der befristet eingerichtete FinÖV-Fonds, mit dem große Bahninfrastrukturvorhaben wie die Neue Eisenbahn-Alpentransversale (NEAT) finanziert wurden.

Für den Straßensektor gibt es in der Schweiz seit 2018 den Nationalstraßen- und Agglomerationsverkehrsfonds (NAF), über den Nationalstraßen sowie der Ausbau des öffentlichen Verkehrs in Agglomerationen finanziert werden. Dieser stellt eine Weiterentwicklung des bisherigen Infrastrukturfonds (IF) dar und umfasst auch die laufenden Kosten des Nationalstraßennetzes. Er ist als Spezialfonds mit unbefristeter Laufzeit implementiert worden. Zur Finanzierung stehen wiederum Mittel aus verschiedenen Quellen bereit (insbesondere Mineralölsteuer und Mineralölsteuerzuschlag, Automobilsteuer). Neben dem NAF gibt es die Neue Spezialfinanzierung Straßenverkehr (SFSVneu), über die Einnahmentransfers sowie dort angesiedelte intermodale Finanzierungsaufgaben erledigt werden.

Mit derartigen Fondslösungen geht eine erhöhte politische Selbstbindung einher, die angemessene und sachgerechte Finanzierungslösungen für komplexe Verkehrsinfrastrukturprojekte ermöglicht. Relevant ist insbesondere die Überjährigkeit der Finanzmittelbereitstellung in Kontrast zu periodischen Finanzierungsentscheidungen, die einer gewissen politischen Willkür unterliegen und die durch den Infrastrukturfonds ermöglichte Zweckbindung. Die positiven Erfahrungen mit der Finanzierung von Verkehrsinfrastrukturen über Fondslösungen in der Schweiz sollte Anstoß geben, auch in Deutschland über derartige Modelle nachzudenken. Allerdings ist auch das Zusammenwirken von Fonds und spezifischen institutionellen Rahmenbedingungen bei der Infrastrukturbereitstellung zu beachten.

Literaturverzeichnis

Aberle, G. (2009). *Transportwirtschaft. Einzelwirtschaftliche und gesamtwirtschaftliche Grundlagen* (5. Aufl.). München: Oldenbourg.

Bernecker, T., Bramme, M., Fichert, F., Burg, R. & Röhling, W. (2021). *Gesamtkonzept für eine umweltorientierte Organisation und Institutionalisierung einer verkehrsträgerübergreifenden Infrastrukturfinanzierung in Deutschland (GUIDE)*. Dessau-Roßlau: Umweltbundesamt.

Bundesamt für Statistik (2021). *Kosten und Finanzierung des Verkehrs 2018*. Strassen-, Schienen- und Luftverkehr. BfS aktuell 11 Mobilität. Neuchâtel. Abgerufen am 24.10.2023 unter https://dam-api.bfs.admin.ch/hub/api/dam/assets/18224159/master

Eisenkopf, A. (2007). Verkehrswegeplanung und EU-Verkehrspolitik – Das Dilemma einer gemeinsamen Verkehrsinfrastrukturpolitik in der EU. In S. Kummer, G. Gürtlich & B. Riebesmeier (Hrsg.), *Gesamtverkehrsplanung und Verkehrsinfrastrukturplanung. Grundfragen – Methoden – Umsetzung* (S. 17–32). Wien: Linde.

Eisenkopf, A. (2018). Verkehrsinfrastruktur: *Politikversagen trotz des Investitionshochlaufs*. In G. Schulz. (Hrsg.), *ifo Schnelldienst. 71*(22) (S. 19–22). München: Institut für Wirtschaftsforschung.

Hartwig, K.-H. (2007). *Der ordnungspolitische Rahmen für die Bereitstellung von Infrastruktur. Öffentliche versus private (Straßen-)Verkehrsinfrastrukturfinanzierung.* ifmo-Experten-Workshop, 7–15. Berlin: Institut für Mobilitätsforschung.

Kommission „Zukunft der Verkehrsinfrastrukturfinanzierung" (2012). *Zukunft der Verkehrsinfrastrukturfinanzierung*. Berlin.

Korn, M., Leupold, A., Schneider, C., Hartwig, K.-H. & Daniels, H. (2021). *Berechnung der Wegekosten für das Bundesfernstraßennetz sowie der externen Kosten nach Maßgabe der Richtlinie 1999/62/EG für die Jahre 2023 bis 2027.* [Endbericht]. Berlin: Bundesministerium für Digitales und Verkehr.

Link, H., Kalinowska, D., Kunert, U. & Radke, S. (2009). Wegekosten und Wegekostendeckung des Straßen- und Schienenverkehrs in Deutschland im Jahre 2007. *Politikberatung kompakt 53*. Berlin: Deutsches Institut für Wirtschaftsforschung.

Link, H., Kunert, D., Linnemann, E.C., von Mettenheim, M. & Mischon, P. (2017). *Staatliche Einnahmen und Ausgaben im Verkehrssektor: Analyse der Datensituation und konzeptionelle Erfordernisse für eine Finanzierungsrechnung.* Teilbericht des Projekts „Ökonomischer Vergleich der Verkehrsträger" im Auftrag des Umweltbundesamtes. Dessau-Roßlau: Umweltbundesamt.

4.3 Wettbewerb

Ludwig Häberle, Wolfgang Stölzle

Der Wettbewerb im Güterverkehr findet sowohl auf verschiedenen Ebenen als auch in verschiedenen Dimensionen statt. Dabei wird unterschieden zwischen dem verkehrsträgerinternen Wettbewerb von Unternehmen mit ähnlichem Geschäftsmodell, welche auf denselben Verkehrsträger setzen, sowie dem verkehrsträgerübergreifenden Wettbewerb, bei welchem unterschiedliche Verkehrsträger in Konkurrenz zueinander treten. So stehen sich – wie in Abbildung 4.3.1 an einer Transportkette des Kombinierten Verkehrs verdeutlicht – bei der Auswahl des Verkehrsträgers für den Hauptlauf zum Beispiel der Schienengüterverkehr und die Binnenschifffahrt kompetitiv gegenüber. Der Wettbewerb ist allerdings nicht allein auf einzelne Abschnitte einer Transportkette beschränkt. Aus Kundensicht bemisst sich die Attraktivität einer

Transportkette aus dem Zusammenspiel aller beteiligten Glieder. Im Vordergrund steht hier der Fokus auf die *end2end* Verbindung zwischen Verlader und Empfänger bzw. Abgangs- und Empfangsort eines Transportes. Da in der Praxis Verkehrsträger auf unterschiedliche Weise und über verschiedene Routen kombiniert werden können, stehen im Güterverkehr ganze Transportketten im Wettbewerb zueinander.

Im Hinblick auf das Wettbewerbsgeschehen im Güterverkehrsmarkt gilt es, auf das Spannungsfeld zwischen Markt, Politik und Unternehmen zu achten. Der Wettbewerb als Teil des Marktes ist stark durch den politischen Rahmen und die zugrundeliegenden Regularien geprägt (siehe Kapitel 4.4), welche sich auf die operierenden Unternehmen auswirken. Das Ausmaß der Wettbewerbsintensität drückt sich unmittelbar in der Preisgestaltung aus (siehe dazu Kapitel 5.5).

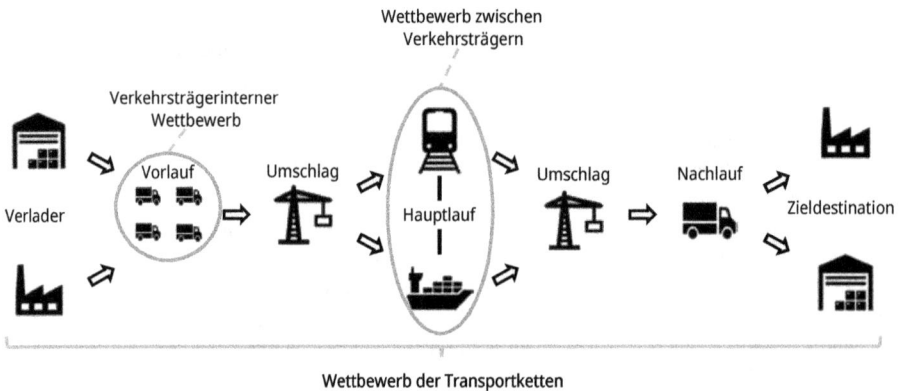

Abbildung 4.3.1: Wettbewerbsdimensionen im Güterverkehr am Beispiel einer Transportkette im Kombinierten Verkehr.

Im Folgenden wird zuerst auf den verkehrsträgerinternen Wettbewerb eingegangen, woraufhin die verkehrsträgerübergreifende Wettbewerbssituation zwischen unterschiedlichen Verkehrsträgern betrachtet wird. Das Kapitel schließt mit einem Blick auf den Einfluss seitens der Politik, durch Regulierung und Liberalisierung Einfluss auf den Wettbewerb im Güterverkehr zu nehmen.

4.3.1 Verkehrsträgerinterner Wettbewerb

Das folgende Kapitel widmet sich dem Wettbewerb innerhalb der Verkehrsträger und wirft exemplarisch einen Blick auf die Wettbewerbssituation im Straßengüterverkehr, in der Luftfracht sowie im Schifffahrtssystem.

Wettbewerb am Beispiel des Straßengüterverkehrs

Die Güterkraftverkehrsbranche in Europa ist durch eine große Anzahl von Marktteilnehmern gekennzeichnet. Die hohe Wettbewerbsintensität kann neben den geringen Markteintritts- und Austrittsbarrieren auch auf die regulatorische Rahmenordnung des europäischen Parlaments zurückgeführt werden. Die gesetzlichen Markteintrittsbarrieren für Güterverkehrsunternehmen sind sehr niedrig, wie an der Verordnung (EG) Nr. 1071/2009 des Europäischen Parlaments (2009) erkennbar ist. Die Anforderungen für den Markteintritt umfassen lediglich eine tatsächliche und dauerhafte Niederlassung in einem Mitgliedstaat, das Vorhandensein einer natürlichen Person, welche die geforderte Zuverlässigkeit und fachliche Eignung besitzen und bei den zuständigen Behörden als „Verkehrsleiter" benannt wird. Der Verkehrsleiter mit gutem Leumund und eine angemessene finanzielle Leistungsfähigkeit des Unternehmens runden den regulatorischen Rahmen für Kraftverkehrsunternehmen ab. Durch den im Vergleich zu anderen Branchen einfachen Einstieg in den Kraftverkehr treten Jahr für Jahr neue Akteure ein und es kommt zu hohem Preisdruck. Viele Akteure agieren fokussiert in Nischen oder spezialisieren sich auf bestimmte Marktsegmente wie z. B. Expresslieferungen, Gefahrguttransporte oder auf Branchen mit hohen Anforderungen, um die eigene Wettbewerbsfähigkeit zu verbessern (siehe auch Kapitel 5.1).

Charakteristisch ist der Wettbewerb über Grenzen hinweg, welcher seit der einsetzenden Marktliberalisierung in den 1990er Jahren dazu geführt hat, dass osteuropäische Marktakteure im grenzüberschreitenden Verkehr zunehmend Marktanteile gewinnen. Dies zeigt ein Blick auf die Entwicklung der Fahrleistung im internationalen Güterver-

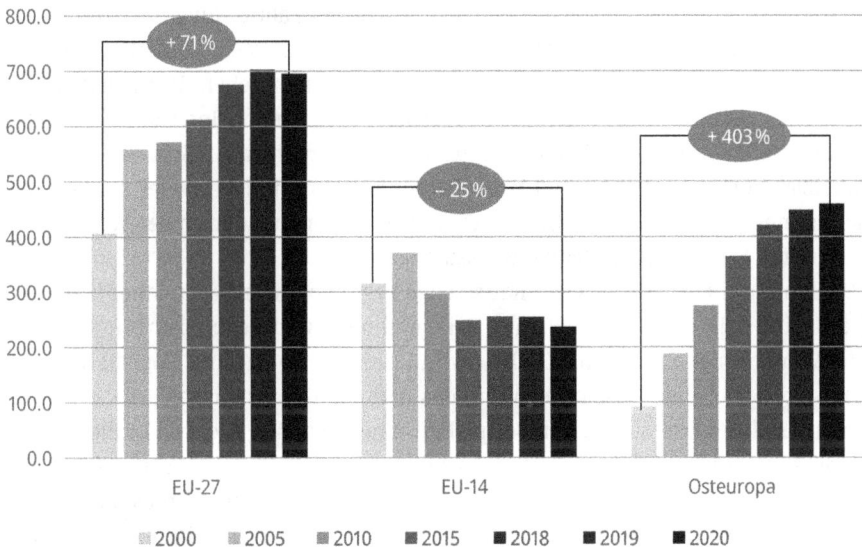

Abbildung 4.3.2: Entwicklung der Fahrleistung im internationalen Güterkraftverkehr auf der Straße in Milliarden Tonnenkilometern (Eurostat, 2022).

kehr (siehe Abbildung 4.3.2). Seit 2000 hat sich der Anteil der Fahrleistung von westeuropäischen Carriern zugunsten von osteuropäischen Carriern verschoben. Während osteuropäische Marktakteure ihren Marktanteil von 2000 bis 2020 mehr als vervierfachen konnten, nahm die Fahrleistung westeuropäischer Carrier (EU-14) um 25 % ab. Ein ähnliches Bild zeigt sich bei der Verteilung der mautpflichtigen Fahrleistung auf deutschen Autobahnen nach Herkunft der Fahrzeuge. Noch im Jahr 2007 lag die mautpflichtige Fahrleistung durch ausländische Lkws bei 34,2 %. Nahezu ununterbrochen angestiegen, erhöhte sich der Anteil auf 42,6 % im Jahr 2022 (Bundesamt für Logistik und Mobilität, 2023).

Aufgrund vorteilhafter Kostenstrukturen durch geringere Personalkosten haben westeuropäische Marktakteure oft das Nachsehen gegenüber Frachtführern aus Osteuropa wie beispielsweise Polen oder Litauen. Noch herausfordernder ist die Lage für Schweizer Unternehmen, die im internationalen Verkehr praktisch kaum im Selbsteintritt aktiv sind. Im Gegensatz zu Verkehren innerhalb der EU unterliegen Verkehre ex/nach Schweiz restriktiven Kabotageregeln. Da Kabotage gemäß dem Landverkehrsabkommen zwischen der Schweiz und der EU verboten ist (ASTAG, 2020), ist die Erbringung von Transporten innerhalb eines anderen EU-Staates durch Schweizer Straßengüterverkehrsunternehmen ebenso verboten wie die Erbringung eines Straßengüterverkehrsunternehmen der EU innerhalb der Schweiz. Aufgrund des hohen Lohnniveaus in der Schweiz entfaltet das Abkommen faktisch nur in eine in eine Richtung seine Wirkung und sichert Schweizer Akteure im Innerschweizer Transport Schutz vor preisgünstigeren ausländischen Marktakteuren. Der Wettbewerb im Straßengüterverkehr findet zwischen international, national und regional operierenden Transportunternehmen statt, wobei die Kabotageregelung und die Verteilung der mautpflichtigen Fahrleistung nur zwei Faktoren darstellen, die den Wettbewerb beeinflussen. Die Praxis zeigt, dass Marktakteure Wege suchen, um Regularien zu flankieren bzw. damit umzugehen. Das Kabotageverbot in der Schweiz führt beispielsweise zu folgender Erscheinung. Internationale Logistikdienstleister operieren mit Standorten für den Güterumschlag auf Schweizer Terrain unmittelbar an der Grenze. Um auf legale Weise Binnentransporte in der Schweiz mit Zuladungsmöglichkeit abzuwickeln, erfolgt an diesen Grenzstandorten der Wechsel auf Fahrzeuge mit Schweizer Straßenverkehrszulassung.

Doch nicht allein die Schweiz hat strenge regulatorische Rahmenbedingungen (siehe Kapitel 4.4). Da die gesetzlichen Bestimmungen und Regulierungen entscheidende Auswirkungen auf den Wettbewerb in der Transport- und Logistikbranche haben, sind Regierungen darum bemüht, das nationale Transportgewerbe zu einem gewissen Grad zu unterstützen. Ein Beispiel für eine solche Regulierung ist die EU Entsenderichtlinie, die besagt, dass ausländische Berufskraftfahrer im Straßengüterverkehr in jedem durchfahrenen Land für den dort zurückgelegten Streckenabschnitt entsprechend dem landesüblichen Lohn bezahlt werden müssen (Eisenkopf & Knorr, 2020). So soll verhindert werden, dass sich Frachtführer aus dem Ausland im internationalen Fernverkehr durch unlauteres Vorgehen und zu Lasten von Angestellten Wettbewerbsvorteile gegenüber anderen Unternehmen verschaffen.

Löhne sind ein wichtiger Treiber der Wettbewerbsfähigkeit. Unternehmen stehen in verschiedenen Bereichen im Wettbewerb, um ihre Position auf dem Markt zu stärken und ihre Rentabilität zu erhöhen. Wettbewerbsrelevant sind die Preisgestaltung und Servicequalität. Unternehmen konkurrieren um Kunden, indem sie wettbewerbsfähige Preise und hochwertige Dienstleistungen anbieten. Für Dienstleistungen gilt prinzipiell, dass Wettbewerb zwischen Unternehmen zu niedrigeren Preisen, höherer Qualität der Dienstleistung sowie größerer Vielfalt und mehr Innovationsfreude führt (Corsten & Gössinger, 2015).

Als weiterer wichtiger Bereich gilt der Wettbewerb um Fachkräfte, insbesondere um qualifiziertes Fahrpersonal. Unternehmen konkurrieren um die besten Talente, um ihre Qualität zu verbessern, Kapazitäten aufrecht zu erhalten oder auszubauen und damit ihre Wettbewerbsfähigkeit zu sichern. Getrieben durch den demografischen Wandel dürfte sich der vorherrschende Berufskraftfahrermangel in vielen europäischen Ländern ohne flankierende Maßnahmen verschärfen (Kille, Schmidt, Stölzle, Häberle & Rank, 2023).

Zudem konkurrieren Unternehmen um Frachtvolumina und die Beziehung zum Kunden. Sie bemühen sich, ihre Kundenbeziehungen zu festigen, um so die Planbarkeit des Sendungsaufkommens zu erhöhen. Zudem kann es einen Wettbewerb um den Zugang zu knapper Infrastruktur geben, zum Beispiel zu Verladerampen, Umschlagterminals, Trassen oder Slots in der Luftfracht. Da diese Einrichtungen der Infrastruktur wichtig für den reibungslosen Ablauf des Güterverkehrs und das Operieren der Unternehmen sind, wird durch uneingeschränkte Zugänglichkeit ohne Wartezeiten die Prozesseffizienz erhöht.

Auch Umwelt- und Nachhaltigkeitsaspekte haben Einfluss auf den Wettbewerb im Straßengüterverkehr. Vorreiter in der Branche mit niedrigen CO_2-Emissionen und einem geringen Verzehr ökologischer Ressourcen können Vorteile bei Ausschreibungen von Verladern erlangen und so Anpassungen bei den Wettbewerbern auslösen. Ein Beispiel dafür ist der Umstieg auf alternative Antriebe, der langfristig vor allem dann Kostenvorteile bieten kann, wenn Unternehmen in der Lage sind, günstigere Kraftstoffe bzw. Strom aus eigener Produktion zu verwenden.

Zudem bilden technologische Innovationen und die Digitalisierung einen wichtigen Wettbewerbsfaktor in der Güterverkehrsbranche. Durch neue Marktteilnehmer, Start-ups und digitale Plattformen verändert sich das Wettbewerbsumfeld. Zentrale Treiber dahinter sind häufig technologische Innovationen, die einen Wettbewerbsvorteil gegenüber dem Status Quo im Markt versprechen. So setzen sich der Einsatz von Telematiksystemen, Tracking in Echtzeit und Traceability immer weiter im Markt durch. Diese Technologien ermöglichen es Unternehmen, Prozesse zu optimieren und ihre Effizienz zu steigern, wodurch sie wettbewerbsfähiger werden und ihre Position auf dem Markt stärken.

Wettbewerb am Beispiel der Luftfracht

Beim Blick auf die Luftfracht fällt auf, dass der Markt sowohl von reinen Luftfrachtak-
teuren ebenso wie von Akteuren bearbeitet wird, die im Fracht- und im Passagierbe-
reich gleichzeitig tätig sind und diese kombinieren. Gemessen am Volumen findet der
Wettbewerb zunehmend zwischen klassischen Carriern und Integratoren statt. Dabei
handelt es sich um Unternehmen mit integrierter Koordination und Abwicklung von
Transportleistungen von Tür zu Tür. Integratoren sind auf das Segment Kurier, Express
und Paket spezialisiert, wobei sie einen hohen Automatisierungsgrad aufweisen. Durch
die „Orchestrierung" aller Leistungen werden Kunden im Sinne eines One stop shops
aus einer Hand bedient. Zu den größten Frachtfluggesellschaften zählen FedEx Express,
UPS Airlines und DHL Aviation. Passagier-Fluglinien sowie reine Frachtfluglinien spielen gemessen am Frachtumsatz nur eine untergeordnete Rolle (siehe Abbildung 4.3.3).

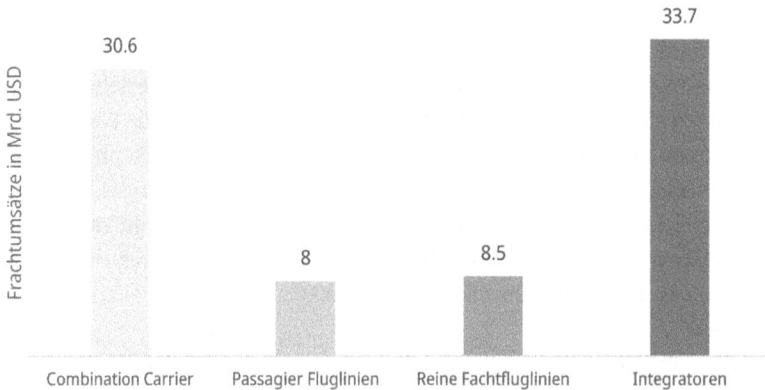

Abbildung 4.3.3: Frachtumsätze in der Luftfracht nach Geschäftsmodellen im Jahr 2016 (Schäfer, 2020).

Combination Carrier wie die Lufthansa bedienen den Markt mit einem umfassenden
Dienstleistungsangebot und sind durch ihren Netzwerkcharakter mit geographisch verteilten Hubs weit gefächert aufgestellt (Schäfer, 2020). Neben dem Personentransport hat
sich dieses Geschäftsmodell auf den Transport von Fracht ausgeweitet. Dabei sind asiati-
sche Carrier im Gegensatz zu US-amerikanischen Carriern weiterhin stark im Frachtge-
schäft engagiert. Im US-Markt wird dieses Frachtvolumen zunehmend von Integratoren
bereitgestellt.

Für reine Passagier-Fluglinien bietet sich der Transport von Fracht unter Deck zusammen mit dem Gepäck der Passagiere an. Die im Unterdeck von Passagierflugzeugen
transportierte Fracht wird als Bellyfracht bezeichnet. Diese Art des Frachttransports ist
im Volumen und von der Tonnage gegenüber reinen Frachtflügen limitiert und wird
häufig durch eine Mischkalkulation mit der Passage getragen. Bellyfrachtraten können
nahe an den Grenzkosten kalkuliert werden, während Vollfrachter die gesamten Kosten
für Flugzeug und Crew decken müssen. Die Regulatorik spielt eine weiter Rolle bei der
Bellyfracht. Beispielsweise verbleibt Fracht von Asien nach Europa oft in den gleichen

Maschinen, um nach einigen Stunden weitergeflogen zu werden (Schäfer, 2020). Die Umfirmierung der Maschinen unter einer neuen Flugnummer erlaubt es, Restriktionen durch die Luftverkehrsrechte (siehe Exkurs) zu umgehen. Die Tonnagen tauchen in den Statistiken als umgeschlagene Mengen auf, verlassen aber oft den Flugzeugrumpf nicht.

Exkurs: Freiheiten der Lüfte
Zur Regelung des internationalen Luftverkehrs zwischen Staaten kommen die von der Internationalen Zivilluft Fahrtorganisation ICAO erarbeiteten Freiheiten der Lüfte zur Anwendung. Diese lassen sich in neun verschiedene Freiheitsgrade unterteilen und müssen, um Anwendung zu finden, gegenseitig von Staaten eingeräumt werden. Innerhalb der EU gilt der europäische Luftraum durch die Gewährung aller neun Freiheiten als liberalisiert. Durch den Abschluss des Luftverkehrsabkommens als Teil der Bilateralen 1 im Jahr 2002 ist auch die Schweiz eingeschlossen. Während die EU damit de facto als Binnenmarkt gilt, ist dies mit anderen Staaten nicht im gleichen Umfang der Fall. Mit den meisten Industrienationen sind aber dennoch umfassende Luftverkehrsrechte gewährt, die den effizienten internationalen Luftverkehr mit der EU sicherstellen.

Im Jahr 2019 lag das Verhältnis von Passagierfluggesellschaften zu reinen Frachtfluggesellschaften in Bezug auf die angebotene Luftfrachtkapazität (verfügbare Frachttonnenkilometer, ACTK) weltweit bei 59 % zu 41 %, was die Dominanz des Passagierflugbetriebs widerspiegelt. Aufgrund des Einbruchs des Passagierflugbetriebs während der Corona-Krise sank die internationale Luftfrachtkapazität (ACTKs) weltweit um 23 % (International Air Transport Association, 2023). Um den zwischenzeitlichen Kapazitätsengpass auszugleichen, wurde der Betrieb von reinen Frachtflugzeugen massiv ausgeweitet, sodass sich deren relativer und absoluter Anteil im Jahr 2020 und 2021 deutlich erhöhten (Schäfer, 2020).

Luftfrachtersatzverkehr (Road Feeder)
Luftfracht wird nicht ausschließlich im Flugzeug transportiert. Ein beträchtlicher Teil der Luftfracht nutzt Lkw-Transporte auf Straßen, um Flughäfen innerhalb von Regionen miteinander zu verbinden. Diese Art des Transports wird als Luftfrachtersatzverkehr oder Road Feeder Services bezeichnet. Der Luftfrachtersatzverkehr, auch bekannt als Road Feeder, ist eine Alternative zum Transport von Luftfracht per Flugzeug. In den Anfängen wurde der Road Feeder nur ausnahmsweise auf Strecken eingesetzt, auf denen die Luftverkehrsrechte vorhanden waren. Mittlerweile wird Luftfracht regelmäßig auf ausgewählten Strecken per Lkw transportiert. Road Feeder-Verkehre werden sowohl von Fluggesellschaften als auch von Luftfrachtspediteuren angeboten. Die Vorteile des Road Feeder-Verkehrs sind unter anderem niedrigere Kosten, fehlende Kapazitäten von Regionalflugzeugen, geltende Sicherheitsbestimmungen und attraktivere Zeitfenster für Fluggesellschaften. Aus haftungsrechtlicher Sicht unterscheidet sich der Transport per Lkw kaum von dem per Flugzeug, da sowohl der Luftfrachtbrief als auch die Luftfrachtrate ähnlich sind.

Vertikale Kooperationen und horizontale Kooperationen

In der Luftfracht gibt es sowohl vertikale als auch horizontale Kooperationen. Vertikale Kooperationen sind Partnerschaften zwischen Unternehmen, die auf verschiedenen Stufen der Wertschöpfungskette tätig sind. Ein Beispiel für eine solche Kooperation ist die Last Mile Delivery, bei welcher Carrier und Speditionen mit nationalen Paketdienstleistern zusammenarbeiten, um die letzte Meile der Transportkette abzudecken, die nicht durch den Luftverkehr bedient werden kann. Horizontale Kooperationen hingegen sind Partnerschaften zwischen Unternehmen derselben Stufe der Wertschöpfungskette. Ein Beispiel für eine solche Kooperation ist SkyTeam Cargo, eine globale Cargo-Allianz, in der alle Mitglieder auch Mitglieder der SkyTeam Fluggesellschaftsallianz sind. SkyTeam Cargo ist die größte Cargo-Allianz in der Luftfracht. Stand November 2021 umfasste SkyTeam Cargo 12 Mitgliedsfluggesellschaften, von denen einige keine speziellen Frachtflugzeuge betreiben, sondern einen Fokus auf den Transport von Bellyfracht in Passagierflugzeugen legen.

Neben Airlines spielen Flughäfen eine zentrale bedeutende Rolle im System der Luftfracht. Bei deren Geschäftsmodellen wird zwischen internationalen Drehkreuzen und reinen Frachtflughäfen unterschieden. Hinzu kommen internationale Drehkreuze, die sowohl Passagier- als auch Frachtverkehr abwickeln. Je nach angestrebter Leistungserbringung orientieren sich die Frachtfluggesellschaften an Lage und Infrastruktur sowie Charakteristik der Flughäfen.

Wettbewerb im System Schifffahrt

Im System der Schifffahrt gibt es verschiedene Ebenen des Wettbewerbs (siehe Abbildung 4.3.4). Auf der ersten Wettbewerbsebene im System der Schifffahrt, dem sogenannten Inter-Range-Wettbewerb, konkurrieren verschiedene Hafenranges miteinander. Eine Hafenrange ist eine Gruppe von Häfen, die geographisch nahe beieinander liegen und ähnliche Verkehrsströme bedienen. Die Häfen Antwerpen, Rotterdam und Amsterdam werden häufig als ARA-Range bezeichnet und stehen beispielsweise in Konkurrenz zu den deutschen Nordseehäfen Hamburg, Bremerhaven und Wilhelmshaven. Der Inter-Range-Wettbewerb kann sich auf verschiedene Faktoren beziehen, wie zum Beispiel die Qualität der Infrastruktur, die Effizienz der Dienstleistungen, die Anbindung von Hinterlandverkehren sowie die Preise für das Liegen und die Abfertigung der Schiffe sowie der Terminalleistungen. Durch die Verbesserung der Konnektivität über die Alpen infolge des Infrastrukturausbaus im nördlichen Hinterland der ligurischen Häfen erhöht sich für Standorte in der Schweiz und in Süddeutschland die Attraktivität der dortigen Häfen – nicht allein aus geografischer Sicht. Auch die Laufzeiten aus Fernost verkürzen sich gegenüber den deutschen Nordseehäfen um mehrere Tage. Dies befeuert den Inter-Range-Wettbewerb, obwohl diese Häfen deutlich über 1.000 Kilometer voneinander entfernt liegen.

Auf zweiter Ebene, dem Intra-Range-Wettbewerb, konkurrieren Seehäfen innerhalb einer Hafenrange unmittelbar miteinander. Hierbei geht es darum, welche

Häfen innerhalb einer Range für Reedereien und Verlader attraktiver sind, beispielsweise Rotterdam oder Antwerpen. Faktoren wie die geographische Lage rücken hier etwas in den Hintergrund, während die Anbindung an das Hinterland, die Qualität der Dienstleistungen, geeignete Hafeninfrastruktur sowie die Preise als entscheidungsrelevante Kriterien in den Vordergrund rücken.

Auf der dritten Ebene, dem Intra-Cluster-Wettbewerb, findet der Wettbewerb innerhalb eines Hafenclusters statt. Ein Hafencluster ist eine Gruppe von Unternehmen und Institutionen, die in einem bestimmten geographischen Gebiet angesiedelt sind, so beispielsweise in und um den Hamburger Hafen. Der Intra-Cluster-Wettbewerb kann sich auf verschiedene Aspekte beziehen, wie zum Beispiel die Qualität der Dienstleistungen, die Innovationsfähigkeit und die Kosten.

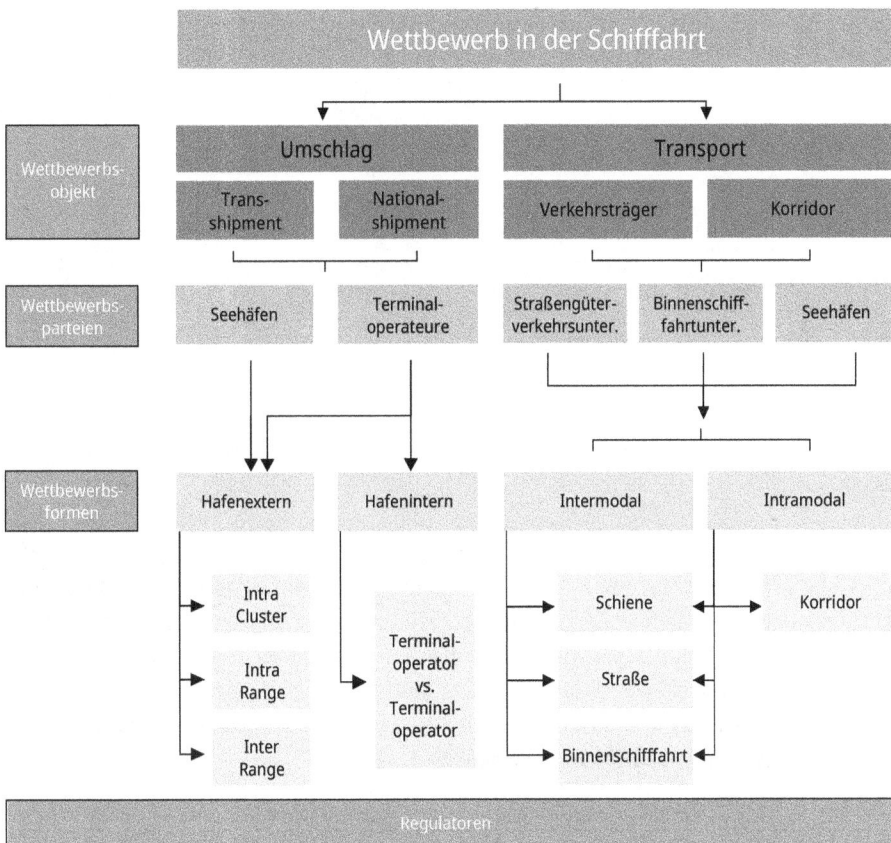

Abbildung 4.3.4: Wettbewerbslandschaft im System Schifffahrt (In Anlehnung an Deutsch, 2013).

Schließlich gibt es auf der vierten Ebene den hafeninternen Wettbewerb. Hierbei konkurrieren verschiedene Unternehmen und Dienstleister innerhalb eines Hafens miteinander. Dies kann sich auf verschiedene Bereiche beziehen, wie zum Beispiel die Abfertigung von Schiffen, die Lagerung von Gütern oder die Bereitstellung von Dienstleistungen. So stehen insbesondere in großen Häfen meist mehrere Dienstleister zur Auswahl, sowohl in Bezug auf den Umschlag von Containern und auch bei Vor- und Nachlaufverkehren auf Schiene oder Straße.

In der Hochseeschifffahrt zeigt sich im Vergleich zur Binnenschifffahrt eine andere Wettbewerbsstruktur. Durch die Bildung weniger großer Schifffahrtsallianzen (siehe Abbildung 4.3.5) herrscht in der Hochseeschifffahrt nur bedingte Konkurrenz zwischen den Reedereien, die jeweils Schwerpunkte in einzelnen Fahrtgebieten haben.

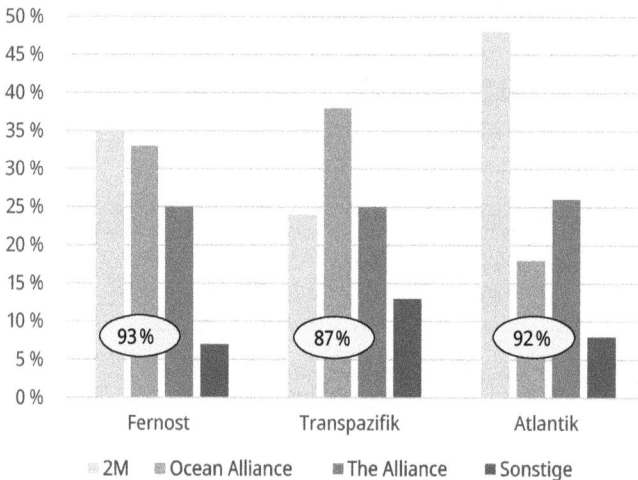

Abbildung 4.3.5: Kapazitätsanteile der Schifffahrts-Allianzen nach Fahrtgebiet 2022 (in Anlehnung an Hapag-Lloyd, 2023).

Abbildung 4.3.5 verdeutlicht die hohe Marktmacht der Allianzen in der Hochseeschifffahrt, die über verschiedene Fahrtgebiete hinweg im Schnitt rund 90 % des Gesamtmarktes abdecken. Auch ist der Wettbewerb durch Straße und Schiene – mit wenigen Ausnahmen, wie das Beispiel der neuen Seidenstraße zwischen Europa und Asien zeigt – kaum gegeben (siehe Kapitel 3.3). Die Luftfracht, welche prinzipiell als Alternative für die Seefracht im interkontinentalen Bereich eingesetzt werden könnte, ist de facto nur selten ein Substitut der Seefracht.

> **Exkurs: Vertikale Integration am Beispiel Maersk und MSC**
> Die dänische Reederei Maersk gilt als ein Beispiel für ein Unternehmen, das die vertikale Integration seiner Transportprozesse vorantreibt. Dies bedeutet, dass das Unternehmen versucht, alle Abschnitte einer Transportkette aus einer Hand abzudecken, um eine umfassende Kontrollspanne aufzubauen. Ein Schritt in diese Richtung war die Einführung von Maersk Air Cargo, ehemals Star Air, als Marktangebot im Bereich der Luftfracht. Die eigenen Luftfracht-Aktivitäten von Maersk werden sukzessive ausgebaut, was die Inbetriebnahme von sechs B767-300-Frachtflugzeugen in den Jahren 2022 und 2023

sowie von zwei ergänzenden Boeing B777F Frachtflugzeugen bis 2024 deutlich macht (Maersk, 2023). Durch die im Sommer 2022 abgeschlossene Akquisition von Senator International konnte Maersk die eigenen globalen Kapazitäten verdoppeln und die Luftfracht weiter integrieren. Zur Luftfracht kommen Aktivitäten im Straßengüterverkehr, weltweite Terminalbeteiligungen bis hin zu E-Commerce Fulfilment Lösungen.

Die in Genf ansässige Reederei MSC verfolgt eine ähnliche Strategie der vertikalen Integration. Öffentliches Aufsehen erregte im September 2023 die Bekanntgabe der Absicht von MSC, eine strategische Beteiligung an der Hamburger Hafen und Logistik AG (HHLA) erwerben zu wollen (Olk, Schütze & Schlautmann, 2023). Diese Absicht wurde insbesondere als Affront gegen Hapag Lloyd gesehen, größter Nutzer und Kunde des Hamburger Hafens.

Die vorangestellten Einblicke in die Wettbewerbssituation im Straßengüterverkehr, in der Luftfracht und in der Schifffahrt zeigen, dass der Wettbewerb zwischen Verkehrsträgern – wenn auch mit Unterschieden – teilweise intensiv geführt wird. Wettbewerb findet jedoch nicht allein innerhalb von Verkehrsträgern statt, wobei der verkehrsträgerübergreifende Wettbewerb eine weitere Wettbewerbsdimension darstellt.

4.3.2 Verkehrsträgerübergreifender Wettbewerb

Aus der häufig gegebenen Wahlmöglichkeit zwischen unterschiedlichen Verkehrsträgern auf einer spezifischen Transportrelation resultiert verkehrsträgerübergreifender Wettbewerb. Dieser findet zwischen verschiedenen Arten von Transportmitteln statt, wie zum Beispiel zwischen Frachtführern, die Güter per Lkw, Bahn, Schiff oder Flugzeug transportieren. Jeder dieser Verkehrsträger hat spezifische Vor- und Nachteile bezüglich Transportzeit, Kapazität, Kosten, Flexibilität und Umweltauswirkungen. Kunden können somit die Option wählen, die am besten ihren Anforderungen an Lieferzeit, Sendungsvolumen, Empfindlichkeit der Güter und Preise entspricht. Für verladende Kunden ist das primäre Ziel, eine aus ihrer individuellen Sicht optimale Transportlösung angeboten zu bekommen.

Der verkehrsträgerübergreifende Wettbewerb kann Fortschritt und Innovation in der Transportindustrie vorantreiben, da Marktakteure gefordert sind, ihre Dienstleistungen zu verbessern, um wettbewerbsfähig zu bleiben. Zugleich trägt er dazu bei, die Effizienz im Güterverkehr zu steigern und die Transportkosten zu reduzieren. Die Regulierung und Förderung dieses Wettbewerbs können von Regierungen und internationalen Organisationen beeinflusst werden, um faire Wettbewerbsbedingungen sicherzustellen, Umweltauswirkungen zu reduzieren und einen reibungslosen Ablauf des Güterverkehrs zu gewährleisten (siehe hierzu 5.2.3).

Ein Beispiel für den Wettbewerb zwischen Verkehrsträgern ist der alpenquerende Güterverkehr am Beispiel der Schweiz. Hierbei stehen der Schienen- und Straßengüterverkehr in direkter Konkurrenz zueinander. Seit der Einführung der leistungsabhängigen Schwerverkehrsabgabe (LSVA) im Jahr 2001 und weiteren begleitenden verkehrspolitischen Maßnahmen wird angestrebt, Güterverkehr von der Straße auf die Schiene zu verlagern und dadurch das Wachstum des Straßengüterverkehr über die Alpen zu begrenzen sowie die Umweltwirkungen zu reduzieren. Zugleich wird der Kombinierte Verkehr subventioniert. Durch die damit einhergehende Verteuerung des Straßengüterverkehrs einerseits und die Vergünstigung des Kombinierten Verkehrs andererseits hat sich die Attraktivität der Schiene gegenüber der Straße verbessert. Die Maßnahme zeigt bis heute Wirkungen: Mit einem Anteil von über 70 % am Modal Split, gemessen am Güterverkehrsaufkommen, dominiert die Schiene den alpenquerenden Güterverkehr durch die Schweiz. Ein weiteres Beispiel für eine Beeinflussung der Attraktivität einzelner Verkehrsträger im verkehrsträgerübergreifenden Wettbewerb sind die Auswirkungen des Einsatzes von Lang-Lkws auf der Straße. Im deutschen Feldversuch in den Jahren 2012 bis 2016 wurde deutlich, dass zwei Lang-Lkws vom Typ 2–5 drei herkömmliche Lkws ersetzen, einhergehend mit Effizienzgewinnen und Kraftstoffersparnissen von 15 bis 25 %. Durch das erhöhte Nutzvolumen von Lang-Lkws steigt deren relative Attraktivität gegenüber der Schiene. Dies ist insbesondere für schwere, großvolumige Sendungen mit Affinität zur Schiene relevant. Verfechter einer Güterverkehrsverlagerung führen an, dass eine flächendeckende Erlaubnis für den Einsatz von Lang-Lkws den Schienengüterverkehr im Wettbewerb benachteiligen könne. Dies offenbart das Spannungsfeld, in dem sich die Politik bei der Ausgestaltung regulatorischer Maßnahmen in Bezug auf die Verschiebung von Wettbewerbskräften bewegt. Denn regulatorische Anpassungen in Bezug auf einen Verkehrsträger haben direkt oder indirekt Einfluss auf die Wettbewerbsfähigkeit konkurrenzierender Verkehrsträger. Der Wettbewerb zwischen Verkehrsträgern entwickelt sich dabei dynamisch. Neben dem nachfolgend beschriebenen Einfluss durch Regulierungen entfalten auch neue Technologien oder der Eintritt neuer Marktakteure wettbewerbsverändernde Wirkung.

Beispiel: Verkehrsträgerübergreifender Wettbewerb durch Integratoren wie Amazon
Amazon hat seine Transporte weitgehend vertikal integriert, um ein möglichst hohes Maß an Kontrolle über die Lieferkette zu haben und die Abhängigkeit von externen Dienstleistern zu verringern. Das Unternehmen hat hierfür eine eigene Flotte von Flugzeugen, Lkws sowie Lieferwägen aufgebaut und kann dadurch eine End-to-End-Logistik gewährleisten. In den USA wird die Mehrzahl der Amazon-Sendungen bereits über das eigene Transportnetzwerk abgewickelt.

Für die Zustellung auf der letzten Meile hat Amazon über 3.000 Elektro-Lieferwagen im Einsatz und plant, die Flotte bis zum Jahr 2025 auf über 10.000 Fahrzeuge auszubauen (Reichel, 2022). Im Jahr 2022 wurden allein in Deutschland 20 vollelektrische Lkw von Volvo Trucks in Betrieb genommen. Das Unternehmen hat zudem Micro Hubs in über 20 europäischen Städten eingerichtet und plant, diese Zahl bis Ende 2025 zu verdoppeln. Diese Micro Hubs ermöglichen eine emissionsfreie Zustellung mit E-Lastenfahrräder oder Zu-Fuß-Lieferungen.

Amazon investiert auch erheblich in Sicherheitstechnologien, alternative Antriebe und die Nutzung von fortschrittlichen GPS- sowie Kamera-Systemen, um die Sicherheit und Effizienz seiner Liefernetzwerke zu garantieren und zu verbessern. Durch diese technologiegetriebenen Maßnahmen fördert das Unternehmen Sicherheit und Effizienz in seinen eigenen Liefernetzwerken. Die vertikale Integration bei Amazon verdeutlicht, dass neuer Wettbewerb im Güterverkehr auch durch vertikale Integration von Online-Händlern entstehen kann.

4.3.3 Einfluss von Regulierung und Liberalisierung auf den Wettbewerb zwischen Verkehrsträgern

Die politische Gestaltung des wirtschaftlichen Rahmens über regulatorische Maßnahmen hat maßgeblich Einfluss auf den Wettbewerb innerhalb und zwischen Verkehrsträgern (siehe Kapitel 4.4). Über regulierende und liberalisierende Maßnahmen, welche in einem Spannungsverhältnis zueinander stehen, werden Leitplanken für alle Marktteilnehmer geschaffen. Nicht selten stoßen regulatorische Maßnahmen an Grenzen, indem sie Grauzonen bieten oder legal umgangen werden, so dass die intendierte Wirkung verfehlt wird. Daher zielen staatliche Eingriff oftmals darauf ab, bestehende Lücken innerhalb dieses Rahmens zu vermeiden oder aufzulösen (Dorfmann, 2022).

Die Einführung der Lkw-Maut auf deutschen Autobahnen für Fahrzeuge ab 12 Tonnen zulässigem Gesamtgewicht im Jahr 2005 stellt eine Veränderung der regulatorischen Rahmenbedingungen dar, die erheblichen Einfluss auf den Wettbewerb innerhalb des Verkehrsträgers Straße nach sich zog. Ein mit Blick auf Autobahnen seit Jahren erkennbarer Umstand ist die Umgehung von Mautkosten durch den gewerblichen Einsatz von Kleintransportern im Güterkraftverkehr, primär zugelassen in mittel- und osteuropäischen Ländern. Diese Praktik nahm nach Einführung der Maut drastisch zu. Bis zu einem zulässigen Gesamtgewicht von 3,5 Tonnen unterliegen Kleintransporter kaum gesetzlichen Restriktionen wie einer generellen Geschwindigkeitsbegrenzung oder Vorschriften zu Lenk- und Ruhezeiten. Zudem sind mit der Führerschein-Klasse B fahrbar. Da sie somit nicht den gleichen gesetzlichen Bestimmungen wie Fahrzeuge über 3,5 Tonnen unterliegen, ergeben sich Wettbewerbsverzerrungen. Aber auch Kleintransporter bis zu einem zulässigen Gesamtgewicht von 7,5 t sind bis Ablauf des Jahres 2023 in Deutschland (noch) nicht der Mautpflicht unterzogen. In der Praxis ist zu beobachten, dass viele im Ausland registrierte Kleintransporter für den Straßengüterverkehr in Deutschland eingesetzt werden. Gegenüber dem Schwerlastverkehr weisen sie einen Kostenvorteil auf, da keine Maut fällig wird. Oftmals werden Sicherheitsbedenken laut, da diese Kleintransporter oft wochenlang ohne größere Pausen unterwegs sind und prinzipiell keinen Geschwindigkeitsbegrenzungen auf deutschen Autobahnen unterliegen. Der Güterschwerlastverkehr wird über den reinen Mautvorteil auch dadurch konkurrenziert, dass kein Fahrtenschreiber-Einsatz vorgeschrieben ist, auf eine Transportsicherung verzichtet wird und niedrigere Sozialstandards vorherrschen.

Subventionen und Steuern beeinflussen den Wettbewerb auch zwischen den Verkehrsträgern (Gail et al., 2023). Die in Deutschland eingeführte CO_2-Differenzierung der Lkw-Maut per Ende des Jahres 2023 basiert auf dem CO_2-Ausstoß der Fahrzeuge und führt zu unterschiedlichen Mautsätzen (Bundesministerium für Digitales und Verkehr, 2023). Die Maut wird zudem auf Fahrzeuge unter 7,5 t zulässigem Gesamtgewicht ausgeweitet, wobei Ausnahmen für Handwerker und handwerksähnliche Betriebe gelten. Zusätzlich wird die Maut ab Januar 2024 auch auf gasbetriebene Lkws ausgedehnt. Emissionsfreie Fahrzeuge bleiben vorerst von der Maut befreit, müssen jedoch ab dem 1. Januar 2026 einen reduzierten Mautsatz entrichten. Die mit der Mautreform einhergehende Verdopplung der Mautsätze für Fahrzeuge mit klassischen Verbrenner-Antrieben dürfte den Straßengüterverkehr deutlich verteuern. Schätzungen zufolge steigen die Mauteinnahmen des Bundes dadurch um fast 10 Milliarden Euro jährlich.

Infrastrukturinvestitionen und Subventionen als wichtige Wettbewerbselemente haben ebenfalls Auswirkungen auf den Wettbewerb zwischen den Verkehrsträgern, da beispielsweise eine CO_2-getriebene Regulatorik das Ziel eines Modal Shifts verfolgt (Leisinger & Runkel, 2023). So werden Beschränkungen für Lkws und den Flugverkehr zu Nachtzeiten verhängt, wohingegen private Eisenbahnunternehmen dauerhaften Netzzugang erhalten können. Im grenzüberschreitenden Güterverkehr sind es zumeist internationale Regelungen und Abkommen, welche den Wettbewerb tangieren, wie zum Beispiel die internationalen Luftverkehrsabkommen (Fritzsche, 2007) oder das für die Schifffahrt relevante, weltweit gültige Umweltabkommen zur Verhütung der Meeresverschmutzung durch Schiffe, kurz MARPOL.

Das politische Umfeld bewegt sich dabei im Spannungsfeld zwischen Regulierung und Liberalisierung, um Wettbewerb zu fördern oder einzuschränken. Liberalisierung und Deregulierung verfolgen häufig das Ziel, den Wettbewerb zu erhöhen, wodurch sich potenziell neue Marktchancen für Anbieter ergeben, die zu einer effizienteren Nutzung der Verkehrsinfrastruktur beitragen können, wie beispielsweise die Öffnung der Eisenbahnmärkte für private Anbieter zeigt.

Literaturverzeichnis

ASTAG (2020). *Kabotage (Binnentransporte): Gütertransport*. Abgerufen am 10.07.2023 unter https://www. astag.ch/politik/rahmenbedingungen/kabotage/200123-gd-kabotage-binnentransport/
Bundesamt für Logistik und Mobilität (2023). *Mautdaten Tabellenwerk für Dezember 2022*. Abgerufen am 10.07.2023 unter https://www.balm.bund.de/SharedDocs/Downloads/DE/Statistik/Lkw-Maut/22_Mo natstab_12.html?nn=3293910
Bundesministerium für Digitales und Verkehr (2023). *Änderung des Bundesfernstraßenmautgesetzes im Kabinett beschlossen*. Abgerufen am 10.07.2023 unter https://bmdv.bund.de/SharedDocs/DE/Presse mitteilungen/2023/054-wissing-aenderung-bundesfernstrassenmautgesetz.html
Corsten, H. & Gössinger, R. (2015). *Dienstleistungsmanagement*. München: De Gruyter Oldenbourg.
Deutsch, A. (2013). *Verlagerungseffekte im containerbasierten Hinterlandverkehr: Analyse, Bewertung, Strategieentwicklung*. Bamberg: University of Bamberg Press.
Dorfmann, H. (2022). Europäische Verkehrspolitik. In S. Laimer, C. Perathoner (Hrsg), *Mobilitäts- und Transportrecht in Europa* (S. 263–277). Bibliothek des Wirtschaftsrechts. Heidelberg, Berlin: Springer Nature.

Eisenkopf, A. & Knorr, A. (2020). Straßengüterverkehr: geplantes EU-Entsenderecht – ein protektionistischer Affront? *Wirtschaftsdienst, 100*(3), 201–207.

Europäisches Parlament (2009). *Verordnung (EG) Nr. 1071/2009 des Europäischen Parlaments und des Rates vom 21. Oktober 2009 zur Festlegung gemeinsamer Regeln für die Zulassung zum Beruf des Kraftverkehrsunternehmers und zur Aufhebung der Richtlinie 96/26/EG des Rates*. Abgerufen am 17.08.2023 unter https://eur-lex.europa.eu/legal-content/DE/ALL/?uri=CELEX%3A32009R1071

Eurostat (2022). *EU transport in figures. Statistical pocketbook 2022*. Abgerufen am 15.05.2023 unter https://op.europa.eu/en/publication-detail/-/publication/f656ef8e-3e0e-11ed-92ed-01aa75ed71a1

Fritzsche, S. (2007). *Open Skies EU-USA: an extraordinary achievement!?* In C. Tietje, G. Kraft & R. Sethe (Hrsg.), *Beiträge zum Transnationalen Wirtschaftsrecht, 68*.

Gail, M. M., Götz, G., Herold, D., Klotz, P., Lüke, D., Paha, J. & Schäfer, J. T. (Hrsg.) (2023). Staatliche Eingriffe durch Lenkungssteuern: Der Verkehrssektor. In *Staatliche Eingriffe in die Preisbildung* (S. 67–78). Wiesbaden: Gabler.

Hapag-Lloyd (2023). *Kapazitätsanteile der größten Schifffahrts-Allianzen weltweit nach Fahrtgebieten im Dezember 2022*. Abgerufen am 05.07.2023 unter https://de.statista.com/statistik/daten/studie/693205/umfrage/kapazitaetsanteile-der-groessten-schifffahrts-allianzen-weltweit-nach-fahrtgebieten/

International Air Transport Association (2023). *Global Outlook for Air Transport: Highly Resilient, Less Robust*.

Kille, C., Schmidt, T., Stölzle, W., Häberle, L. & Rank, S. (2023). *Begegnung von Kapazitätsengpässen im Straßengüterverkehr – Fokus Personal*. Göttingen: Cuvillier Verlag.

Leisinger, C. & Runkel, M. (2023). *Subventionen und staatlich induzierte Preisbestandteile im Güterverkehr auf Schiene und Strasse: Vergleich der Verkehrsträger*. Forum Ökologisch-Soziale Marktwirtschaft (FÖS).

Maersk (2023). *Introducing Maersk Air Freight services in Europe*. Abgerufen am 30.08.2023 unter https://www.maersk.com/air-freight-logistics-europe

Olk, J., Schütze, A. & Schlautmann, C. (2023, 14. September). Reederei MSC will beim Hamburger Hafen einsteigen. *Handelsblatt*. Abgerufen am 16.09.2023 unter https://www.handelsblatt.com/unternehmen/handel-konsumgueter/hhla-reederei-msc-will-beim-hamburger-hafen-einsteigen/29387914.html

Reichel, J. (2022, 10. Oktober). Amazon investiert über eine Milliarde Euro in Elektrifizierung. *Logistra*. Abgerufen am 09.07.2023 unter https://logistra.de/news/nfz-fuhrpark-lagerlogistik-intralogistik-amazon-investiert-ueber-eine-milliarde-euro-elektrifizierung-177360.html

Schäfer, J. (2020). *Luftfracht: Akteure – Prozesse – Märkte – Entwicklungen*. Wiesbaden: Springer Fachmedien.

4.4 Verkehrspolitik und Regulierung

Alexander Eisenkopf, Andreas Knorr

Verkehrspolitik beschäftigt sich mit den Voraussetzungen, Wirkungszusammenhängen und der politischen Gestaltung des Verkehrswesens sowie den Beziehungen zwischen einer Volkswirtschaft als Ganzes bzw. ihren Branchen und dem Verkehrssektor. In diesem Kontext adressiert die Verkehrspolitik einen spezifischen Teilbereich der Wirtschaftspolitik.

Wirtschaftspolitik wird grundsätzlich als Ziel- bzw. Ziel-Mittelsystem zur Förderung des gesellschaftlichen Wohlstandes und darüber hinaus des Gemeinwohls verstanden. In marktwirtschaftlich-ordnungspolitischer Tradition basieren wirtschaftspolitische Entscheidungen auf theoretischen und empirischen Erkenntnissen aus dem Feld der Wirtschaftswissenschaften und orientieren sich am Primat der marktwirtschaftlichen Koordination. Was bereits in der allgemeinen Wirtschaftspolitik an Grenzen stößt, zeigt sich in besonderer Weise bei der Verkehrspolitik. So lässt sich das Verkehrswesen als Objekt der Verkehrspolitik nicht allein auf der Grundlage wirtschaftswissenschaftlicher Erkenntnisse gestalten. Institutionen, Akteure und Maßnahmen, die mit der Beförderung von Gütern und Personen im Raum beschäftigt sind, unterliegen Einflüssen und Restriktionen aus Ingenieur-, Rechts- und Raumwissenschaften sowie generellen sozialwissenschaftlichen Einflussfaktoren. Die Logik von Regulierungsmaßnahmen folgt daher häufig nicht (allein) wirtschaftspolitischen Argumenten, sondern auch Paradigmen aus der Sozial- und Umweltpolitik oder branchenspezifischen Schutzerwägungen. Somit kann es zu regulatorischen Interventionen kommen, die durchaus im Widerspruch zu marktwirtschaftlichen Prinzipien stehen.

4.4.1 Ziele der Verkehrspolitik

Das Zielsystem der Verkehrspolitik kann in Anlehnung an Zielsysteme aus der (allgemeinen) Wirtschaftspolitik entwickelt werden. Letztere werden in der stark wohlfahrtsökonomisch geprägten Theorie der Wirtschaftspolitik formuliert. Im Mittelpunkt stehen dort die Allokationsziele (Effizienz durch optimale Ressourcenallokation, Internalisierung von externen Effekten). Daneben sind aber auch generelle Ziele in Bezug auf die Gestaltung der Wirtschafts- und Wettbewerbsordnung, Stabilisierungsziele (z. B. Preisniveaustabilität), Wachstumsziele, Verteilungsziele und strukturpolitische Ziele (z. B. sektorale oder regionale Wirtschaftsstruktur, Gleichwertigkeit der Lebensbedingungen im Raum) von Relevanz. Mehr und mehr werden heute auch Nachhaltigkeits- und Umweltziele thematisiert (Schmidt, 2019).

Aus allokativer (wohlfahrtsökonomischer) Sicht ist das zentrale verkehrspolitische Ziel ein optimaler Umfang von im Verkehrssektor gebundenen Ressourcen und deren effizienter Einsatz (Allokation). Es geht insbesondere um die volkswirtschaftlich sinnvolle Aufgabenteilung der Verkehrsträger sowie den Umgang mit sogenannten Marktversagenstatbeständen. Marktversagen tritt im Verkehrssektor im Wesentlichen in Form externer Effekte der Verkehrsinfrastruktur und der Erstellung von Transportleistungen sowie von natürlichen Monopolen auf. Die früher im Kontext der sogenannten *Besonderheitenlehre des Verkehrs* angeführten Argumente des ruinösen Wettbewerbs und der Kategorisierung von Transportleistungen als öffentliche Güter werden dagegen heute nicht mehr ernsthaft diskutiert (Aberle, 2009). Demgegenüber hat sich die Verkehrspolitik in den letzten Jahren sehr umfassend und intensiv der Problematik der Externalitäten gewidmet und das Ziel der im Wesentlichen ökologischen Nachhaltigkeit (Sustainability) des Verkehrs in den Vordergrund gerückt. Neben den Emissionen von klassischen Schadstoffen (Stickoxide, Partikel) sowie ungedeckten Lärm- und Unfallkosten werden insbesondere die CO_2-Emissionen des Verkehrs und deren Klimawirkungen thematisiert.

Auch Stabilisierungsziele sind traditionell Teil des verkehrspolitischen Zielkatalogs (z. B. die Beschäftigungssicherung bei in Staatseigentum stehenden Eisenbahnunterneh-

men). Neben Wachstumszielen – manifestiert in der Diskussion über die Wachstums-
und Produktivitätswirkungen von Verkehrsinfrastruktur – (Romp & de Haan, 2007)
spielen auch verteilungs-, raumordnungs-, struktur- und sozialpolitische Ziele eine
Rolle in der Verkehrspolitik. In diesem Zusammenhang wird häufig das Thema der sogenannten Daseinsvorsorge angesprochen. Verkehrspolitik als Mobilitätssicherungspoli-
tik soll Freiheitsspielräume und einen Beitrag zu Chancengleichheit und Lebensqualität
schaffen.

4.4.2 Handlungsfelder und Instrumente verkehrspolitischer Regulierung

Als Handlungsfelder der europäischen und nationalen Verkehrspolitiken und damit
der Regulierung lassen sich vor diesem Hintergrund nachfolgende Problemkomplexe
identifizieren:

- Mobilitätssicherung für Personen und Güter als Grundlage eines funktionsfähigen
  Binnenmarkts, was zum einen die Bereitstellung einer leistungsfähigen Verkehrs-
  wegeinfrastruktur sowie zum anderen eine wettbewerbsfähige Verkehrsdienst-
  leistungsbranche voraussetzt;
- Substanzielle Steigerung der Nachhaltigkeit des Verkehrssektors; aktuell stehen
  hier die Treibhausgasemissionen des Verkehrs im Fokus der Diskussion. Dies
  heißt jedoch nicht, dass sonstigen verkehrsspezifischen Emissionen und generell
  negativen Externalitäten weniger Relevanz zukommt. Auch der soziale Aspekt
  der Nachhaltigkeit wird thematisiert, z. B. hinsichtlich der Arbeitsbedingungen in
  der Transportwirtschaft und des Zugangs zu bezahlbarer Mobilität. Lösungen für
  das Nachhaltigkeitsproblem werden in verkehrsvermeidenden und verkehrsver-
  lagernden Maßnahmen sowie in einer Reduktion der ökologischen Umweltwirkungen durch technologische Innovationen gesehen. Häufig diskutiert wird die
  Verlagerung von Verkehrsströmen auf als umweltfreundlicher geltende Verkehrsträger (insbesondere die Bahn) bzw. multimodale Verkehrssysteme sowie,
  auf kommunaler Ebene, auf den ÖPNV oder den Radverkehr;
- Erhöhung der Verkehrssicherheit, insbesondere im Straßenverkehr. Obwohl diesbezüglich in der Vergangenheit große Fortschritte gemacht wurden, steht eine
  hohe Zahl von Verletzten und Toten durch Verkehrsunfälle in Konflikt mit der
  „Zero fatalities"-Vision der Verkehrspolitik.

Verkehrspolitische Maßnahmen in diesen Handlungsfeldern stützen sich auf einen In-
strumentenkasten mit regulierungspolitischen Handlungsoptionen. Deren Systematisierung kann anhand der für wirtschaftspolitisches Handeln generell verfolgten
Kategorisierung in die Bereiche Ordnungs-, Prozess- und Strukturpolitik vorgenommen werden (Donges & Freytag, 2009). In der Verkehrspolitik lassen sich die Aktivitäten allerdings nicht immer überschneidungsfrei diesen Politikfeldern zuordnen.

Zur Verkehrsordnungspolitik zählen üblicherweise alle Maßnahmen, die Rahmen-bedingungen oder generelle Regelungen definieren, innerhalb derer Anbieter und Nachfrager auf den Märkten agieren. Hierzu gehören z. B. Marktzugangsregelungen, Maßnahmen zur Koordinierung bzw. Steuerung der Preisbildung auf den Märkten und sonstige direkte oder indirekte Eingriffe mit Relevanz für den Wettbewerb. Traditionell war der Verkehrssektor in Deutschland und Europa durch restriktive (nationale) ordnungspolitische Regulierungen gekennzeichnet, die erst seit Mitte der 1980er Jahre schrittweise liberalisiert wurden (Knorr, 2005).

Strukturpolitisch relevant sind dagegen insbesondere alle staatlichen Aktivitäten, die als direkt investive oder investitionsfördernde Maßnahmen den Ausbau, die Erhaltung oder Nutzungsänderungen der Infrastruktur betreffen. Wie bereits in Kapitel 4.2 erläutert wurde, spielt der Staat traditionell eine zentrale Rolle bei Planung, Finanzierung und Ausbau der Verkehrsinfrastruktur. Nicht zu vernachlässigen sind auch staatliche Eingriffe mit direkter Relevanz für den Verkehrssektor und indirekter Relevanz für andere Wirtschaftszweige.

Prozesspolitik, d. h. die planmäßige operative Steuerung und laufende Einflussnahme auf die Mobilitätsaktivitäten der Wirtschaftssubjekte im Güter- und Personenverkehr, sollte in marktwirtschaftlichen Systemen in der Regel eine vergleichsweise geringere Bedeutung einnehmen. Nach den Deregulierungsinitiativen der 80er und 90er Jahre ist allerdings zu beobachten, dass kleinteilige Regelungseingriffe (Mikrosteuerung) wieder zugenommen haben, die zum Teil Auswirkungen bis in die operative Abwicklung der Transportaktivitäten haben. So spielen häufig in der Eisenbahnpolitik, die ohnehin durch eine starke Verquickung von ordnungs- sowie strukturpolitischen Zielen und Maßnahmen gekennzeichnet ist, auch tagesaktuelle, prozesspolitische Überlegungen z. B. zur Preispolitik im Personenverkehr eine Rolle. Als Beispiel lässt sich die Diskussion um das 9-Euro-Ticket bzw. eine Nachfolgeregelung dazu im Sommer 2022 in Deutschland anführen. Sehr stark in operative Abläufe greifen auch die Vorgaben für Lenk- und Ruhezeiten im Straßengüterverkehr ein. Zu erwähnen sind ebenfalls Ein- und Durchfahrtsverbote in Städten aufgrund von Umweltauflagen, Sonn- und Feiertagsfahrverbote für den Straßengüterverkehr oder Tempolimits.

4.4.3 Die EU als historischer Motor der Deregulierungspolitik

Traditionell wurde der Verkehrssektor in den meisten europäischen Ländern straff reguliert und unterlag nicht denselben Bedingungen wie der Wettbewerb in anderen Branchen (siehe Kapitel 4.2). In Deutschland war der Verkehr sogar explizit ein Ausnahmebereich im Gesetz gegen Wettbewerbsbeschränkungen. Diese so genannte Verkehrsmarktordnung umfasste drei Erscheinungsformen staatlicher Regulierung (Aberle, 2009):

– Das Angebot von Verkehrsleistungen durch öffentliche Unternehmen (z.B: Eisenbahnen, ÖPNV-Unternehmen);

- Regelung des Marktzugangs über objektive Marktzugangsbeschränkungen in Form
  von Kontingenten (z. B. Kontingentierung im gewerblichen Straßengüterverkehr);
- Eingriffe in die Preisbildung über eine Tarifbindung für Transportleistungen (obligatorische Preissysteme für den nationalen Straßengüterverkehr, Eisenbahngüterverkehr und die Binnenschifffahrt).

Diese interventionistische Verkehrsmarktordnung blieb nicht ohne Wirkung auf den
Verkehrssektor und die Volkswirtschaft insgesamt. Zu beobachten waren spürbare
Kostenbelastungen für die Nutzer und Kunden infolge der regulierungsbedingt überhöhten Preise. Auch die Umsetzung der Regulierungsauflagen durch die Unternehmen
verursachte zusätzliche Kosten (siehe Kapitel 5.5). Es kam auch zu den üblichen Erscheinungsformen der Regulierungsarbitrage, worunter die ebenfalls kostenträchtige
Nutzung von Umgehungstatbeständen verstanden wird (z. B. Durchführung von (inef-
fizienten) Transporten im Werkverkehr, um überhöhte Preise im durchregulierten
kapazitätsbeschränkten Straßengüterverkehrsmarkt zu vermeiden).

Da die objektiven Marktzugangsbeschränkungen die im Markt befindlichen Anbieter effektiv vor potenziellen Wettbewerbern abschirmten und deren wirtschaftliche Existenz in einem System obligatorischer Tarife weitgehend geschützt war, kam
es zudem zu unerwünschten Marktstruktureffekten. Anbieter, die bei freiem Wettbewerb aufgrund mangelnder Effizienz zum Ausscheiden gezwungen gewesen wären
(Submarginalisten), gelang es, im Markt zu verbleiben. Eigentlich nicht marktfähige
Betriebsgrößen wurden konserviert, etwa im Straßengüterverkehr. Außerdem litten
die Anpassungsflexibilität der Verkehrsunternehmen und das Innovationstempo, insbesondere bei den Eisenbahnen. Hier war in der Vergangenheit unter dem vermeint-
lichen Schutz der Marktordnung eine stetige Abnahme der Marktorientierung zu
beobachten. Hohe Verluste und zunehmende Verschuldung bewirkten eine Degenera-
tion der Eisenbahnunternehmen, wofür prototypisch die frühere Deutsche Bundesbahn stand (Kummer, 2010).

Obwohl bereits im Gründungsvertrag der Europäischen Wirtschaftsgemeinschaft
(EWG) aus dem Jahr 1957 eine gemeinsame Verkehrspolitik vorgesehen war, dauerte
es bis in die 80er Jahre des vorigen Jahrhunderts, bis von Europa aus eine Deregulierung der nationalen Verkehrsmärkte angestoßen wurde. Die Wende brachte das Aufsehen erregende Untätigkeitsurteil des Europäischen Gerichtshofs (EuGH) aus dem
Jahr 1985, welches den Ministerrat verpflichtete, die Dienstleistungsfreiheit auf den
europäischen Verkehrsmärkten herzustellen (siehe Kapitel 3.4). Dabei wurde explizit
festgestellt, dass es kein Junktim zwischen der Beseitigung von Wettbewerbsbeschränkungen und der Harmonisierung der Wettbewerbsbedingungen in den einzelnen Mitgliedsstaaten gibt.

Ausgelöst durch dieses bahnbrechende Urteil und die im Jahre 1986 gefassten
Beschlüsse der Staats- und Regierungschefs zur Vollendung des Europäischen Binnenmarktes zum 01.01.1993 kam es in der folgenden Dekade zu umfangreichen Dere-
gulierungsaktivitäten im Straßengüterverkehr, im Luftverkehr, der Binnenschifffahrt

und bei den Eisenbahnen, sowohl auf europäischer wie anschließend auch auf Ebene der Mitgliedsstaaten (Aberle, 2009).

So waren im Straßengüterverkehr die überkommenen Kontingentierungen und Preisregulierungen nicht mehr zu halten. In Deutschland resultierte dies in der Aufhebung des obligatorischen Tarifsystems zum 1. Januar 1994 und der sukzessiven Lockerung des Marktzugangs mit entsprechenden Kapazitätsausweitungen und sinkenden Preisen für Transportdienstleistungen. Sehr viel schwieriger gestaltete sich die Liberalisierung der zumeist im Staatseigentum stehenden Eisenbahnen. Startschuss der Marktöffnung war die historisch bedeutsame Richtlinie 91/440/EWG, mit der die Grundlagen für die Öffnung der nationalen Eisenbahnmärkte und mehr Wettbewerb im Schienenverkehr gelegt wurden.

Mit den nachfolgenden insgesamt vier Eisenbahnpaketen wurden schrittweise die internationalen und auch nationalen Schienengüter- und Schienenpersonenverkehrsmärkte in der EU liberalisiert. Damit sollten die ordnungspolitischen Voraussetzungen für ein Wachstum des Schienenverkehrs und die Verlagerung von Verkehren auf die Schiene geschaffen werden (Modal Shift). Trotz zahlreicher Maßnahmen und Initiativen ist es dem Eisenbahnsektor in der EU allerdings nicht gelungen, seine Marktstellung deutlich auszubauen. Der Regulierungsrahmen der Eisenbahnen in der EU wird daher nach wie vor kritisch hinterfragt, insbesondere weil die dominierenden Eisenbahnen weiterhin als Staatsunternehmen organisiert sind und beim Thema Interoperabilität nur sehr langsame Fortschritte erzielt werden. Trotz langjähriger Diskussionen ist es auch nicht gelungen, über eine obligatorische institutionelle Trennung der Infrastruktur- und Transportdienstleistungsebenen die wettbewerbliche Dynamik des Eisenbahnsektors zu stärken.

Im europäischen Luftverkehr kam es nach dem berühmten Urteil des EUGH vom 30. April 1986 (in der Rechtssache „Nouvelles Frontieres"), das die Anwendung der allgemeinen Wettbewerbsregeln des EG-Vertrages für den innergemeinschaftlichen Luftverkehr bestätigte, mit insgesamt drei Liberalisierungspaketen zu einer schrittweisen und umfassenden Liberalisierung. Dieser Prozess hat neue Anbieter in den Markt eintreten lassen und zu intensivem Wettbewerb mit deutlich gesunkenen Preisen für Flugreisen geführt (Kummer, 2010).

Seit Anfang der neunziger Jahre hat die Europäische Kommission ihre Verkehrspolitik in Form von sogenannten Gemeinschaftsstrategien weiterentwickelt. Den Startschuss bildete das 1992 vorgelegte Weißbuch zur gemeinsamen Verkehrspolitik, in dem erstmals auch die Nachhaltigkeitsthematik adressiert wurde (Sustainable mobility). Es folgten zahlreiche Grün- und Weißbücher zu Umweltfragen und Infrastrukturgebühren sowie das Weißbuch zur europäischen Verkehrspolitik von 2001, das im Jahr 2011 aktualisiert wurde (Europäische Kommission, 2001; 2011). In diesem Papier werden Leitlinien für den „Aufbruch in die neue Mobilitätswelt" formuliert. Als konkrete Ziele für den Verkehrssektor wurden in diesem Kontext erstmals eine Reduzierung der CO_2-Emissionen um 20 % bis 2030 (gegenüber dem Jahr 2008) und um 60 % bis 2050 (gegenüber 1990) formuliert (siehe Kapitel 3.4). Oberziel dieser Verkehrspolitik war es, bei Erreichung des Emissionsminderungsziels Verkehrswachstum zu gewährleisten und Mobilität für Personen und Güter zu unterstützen. Auch wenn keine konkreten Regulierungsmaßnahmen angesprochen werden, dürfte klar sein, dass die anspruchsvollen verkehrspolitischen Ziele nicht ohne entsprechende regulatorische Markteingriffe erreichbar sein dürften.

So bedarf eine Verlagerung von 30 % des Straßengüterverkehrs über 300 km auf den Eisenbahn- oder Schiffsverkehr bis 2030 zunächst einer geeigneten Infrastruktur, angesichts des Status Quo sicher aber auch entsprechender ordnungspolitischer Rahmenbedingungen. Ähnliches gilt für das Erreichen einer im wesentlichen CO_2-freien Stadtlogistik in größeren städtischen Zentren bis 2030 oder die umfassende Anwendung des Prinzips der Kostentragung durch die Nutzer und Verursacher (Europäische Kommission, 2011).

4.4.4 Ausgewählte Regulierungsprobleme der Verkehrspolitik in der EU: Umwelt- und klimapolitische Restriktionen

In der Verkehrspolitik nimmt die Relevanz des Themas „Umweltverträglichkeit des Verkehrssystems" kontinuierlich zu. Verkehr hat nicht nur positive Wirkungen auf Wohlstand und Wachstum, sondern beansprucht endliche Ressourcen und verursacht externe Kosten zu Lasten der Allgemeinheit und der Umwelt. Als externe Kosten bezeichnet man in der Verkehrsökonomie zusätzliche, nicht in den Preisen für die Verkehrsdienstleistungen kalkulierte Lasten für die Allgemeinheit, wie etwa Luftverschmutzung, CO_2-Emissionen, Lärmbeeinträchtigungen, Unfallfolgekosten sowie Versiegelungs- und Zerschneidungseffekte.

In der Vergangenheit spielten die vom Verkehr ausgehenden Emissionen von Luftschadstoffen eine wichtige Rolle. Diese wurden über die immer strengeren Emissionsvorschriften für Fahrzeuge (Euro-Normen) und umweltfreundlichere Kraftstoffe massiv reduziert. Dennoch bleibt der Verkehrssektor einer der größten Emittenten von Stickoxiden (NOX) und Feinstaubpartikeln. Aktuell steht der Verkehr im Fokus der klimapolitischen Debatte, da in diesem Bereich die CO_2-Minderungsziele bis 2023 krass verfehlt wurden. Der Verkehr ist der einzige Sektor, in dem in der EU-27 gegenüber dem Referenzjahr 1990 die Treibhausgasemissionen sogar gestiegen sind, während insgesamt bis 2019 eine Reduzierung um 24 % realisiert wurde. Im Ergebnis war der Straßenverkehr im Jahr 2020 mit 26 % Anteil der größte CO_2-Emittent in der EU; 1990 lag dieser Wert noch bei 16 % (siehe Kapitel 1.6).

Bekanntlich ist der Verkehrssektor in der EU-27 (mit Ausnahme des Luftverkehrs) derzeit nicht in das europäische Emissionshandelssystem EU-EHS integriert, sondern unterliegt individuellen Emissionsreduktionszielen im Rahmen der sogenannten Lastenteilung. Klimaziele im Landverkehr werden primär über Flottengrenzwerte, die Besteuerung von Kraftstoffen und Richtlinien zur Nutzung Erneuerbarer Energien (RED II) adressiert. Für den Straßengüterverkehr ist eine Orientierung der Lkw-Maut u. a. an den CO_2-Emissionen der Fahrzeuge vorgesehen (siehe Kapitel 4.3).

Ordnungsrechtliche Regulierungen wie Flottenstandards und das perspektivische Verbot von Verbrennerfahrzeugen gewährleisten aber weder eine sichere Zielerreichung noch Kosteneffizienz. Auch eine direkte oder über die Lkw-Maut eingeführte CO_2-Bepreisung geht mit dem Problem einher, dass die tatsächlich erreichten Emissionsminderungen ungewiss bleiben und niedrige Preiselastizitäten prohibitive Preiserhöhungen und ständige diskretionäre Nachsteuerung erfordern. Eine zusätzliche Orientierung der Lkw-Maut an CO_2-Emissionen wäre zudem systemfremd und wirtschaftspolitisch kontraproduktiv, da aus grundsätzlichen Überlegungen nicht zwei wirtschaftspolitische Ziele (Infrastrukturkostendeckung und Klimaschutz) mit einem Instrument erreicht werden können.

Daher sollte die klimapolitische Regulierung auch für den Verkehr den Emissionshandel als Leitinstrument etablieren, da er gegenüber einer direkten Bepreisung erhebliche Vorteile aufweist und die bisher praktizierten ordnungsrechtlichen Regulierungsansätze grundsätzlich zu verwerfen sind. Der Emissionshandel ermöglicht eine treffsichere Mengensteuerung zu minimalen Kosten und ist damit sozusagen der „Goldstandard" für die europäische Klimapolitik (Eisenkopf & Knorr, 2021).

In der Diskussion um die umweltpolitische Regulierung des Straßenverkehrs, insbesondere des Straßengüterverkehrs, wird immer wieder eine umfassende Anlastung sämtlicher möglicher Externalitäten gefordert. Neben den bereits angesprochenen lokalen Schadstoffemissionen wären dies vor allem verkehrsbedingte Lärmemissionen sowie externe Unfall- und Staukosten. Auch von den Verkehrsinfrastrukturen gehen externe Effekte aus (Zerstückelung von Siedlungsräumen und Ökosystemen, Bodenversiegelung und -verdichtung), die zu berücksichtigen sind.

Eine solche umfassende Anlastungsstrategie von Externalitäten über Straßenbenutzungsabgaben ist aus methodischen und empirischen Gründen aber mit Fragezeichen zu versehen. Zum einen findet in vielen Bereichen bereits eine weitgehende Internalisierung statt (z. B. bei den lokalen Schadstoffen), zum anderen sind die Berechnungsgrundlagen der Quantifizierung der externen Kosten zu problematisieren. Trotzdem stellt sich selbstverständlich die Frage, wie in Zukunft weiter zunehmende Transportleistungen möglichst umweltverträglich abgewickelt werden können und welche Regulierungsmaßnahmen hierzu ergriffen werden sollten. Wesentliches Ziel der Regulierung sollte die effiziente Verminderung bzw. Vermeidung von externen Schäden sein. Daher ist in jedem Fall zunächst zu prüfen, ob und wie die derzeit bereits eingesetzten Internalisierungsinstrumente wirken, bevor der Einsatz zusätzlicher Maßnahmen erwogen wird.

Da die für eine Internalisierung verfügbaren nachfrageorientierten Instrumente (Auflagen, Abgaben und Emissionshandel mittels Zertifikatslösungen) eine unterschiedliche Effizienz aufweisen, ist aus ökonomischer Sicht bei der Bewertung von Internalisierungsalternativen auf deren gesamtwirtschaftliche Kosten und Nutzen abzustellen. Darüber hinaus sind auch angebotsorientierte Ansatzpunkte zur Reduzierung von Externalitäten einer Prüfung und Bewertung zu unterziehen (z. B. Kapazitätserweiterungen, technologische Innovationen) (Eisenkopf, 2006).

Entsenderecht im Straßengüterverkehr

Der Straßengüterverkehr ist das Rückgrat des Warenaustauschs im Europäischen Binnenmarkt, denn der überwiegende Teil der in Europa gehandelten Waren wird allen politischen Bekenntnissen zur Verlagerung auf die Schiene zum Trotz nach wie vor per Lkw transportiert. In dieser Branche scheint es jedoch zunehmend zu Verwerfungen zu kommen. Hiervon betroffen sind nicht nur grenzüberschreitende und Transitverkehre, sondern zunehmend auch rein nationale Verkehre, weil eine aktuell kaum zu handhabende und zu kontrollierende europäische Kabotageregelung Grauzonen für ausländische Anbieter insbesondere auf dem deutschen Markt eröffnet hat. Mit einer umfassenden Reform des Entsenderechts in Gestalt eines sogenannten Mobilitätspakets hat die EU versucht, dieses Thema anzugehen.

Die Regulierung des Straßengüterverkehrs über Entsende- und Kabotagevorschriften ist ein zentraler Baustein des ordnungspolitischen Rahmens für Marktstruktur und Wettbewerb auf dem Straßengüterverkehrsmarkt. Im Rahmen des sogenannten Mobilitätspakets wurden Regelungen verabschiedet, die den Wettbewerb im Straßengüterverkehrsgewerbe unnötig beschränken, die Dienstleistungsfreiheit im Europäischen Binnenmarkt zum Teil effektiv aushebeln und zudem Vorschub für protektionistische Tendenzen leisten. Hinzuweisen ist z. B. auf die Beibehaltung der bestehenden „Drei in Sieben"-Kabotageregelung,[4] die durch eine viertägige Cooling-off-Phase zusätzlich verschärft wurde, die neu beschlossenen Rückkehrpflichten an den Heimatstandort und die Regelungen zu den Fahrerlöhnen.

Mit diesen Vorgaben zur Marktordnung verfehlt die EU-Verkehrspolitik das Ziel einer effizienzorientierten Regulierung des Güterkraftverkehrssektors; hinzuweisen ist auch auf die erheblichen bürokratischen Nachweis- und Dokumentationspflichten der jetzt gefundenen Regelungen mit einer Cooling-Off-Periode und periodischen Rückkehrpflichten der Lkw und der Fahrer (Eisenkopf & Knorr, 2020).

Mobilitätsinnovationen

Diskussionen über Innovationen in der Mobilitätslandschaft sind heute ein wichtiger Aspekt der Verkehrspolitik. Dies betrifft sowohl infrastruktur- und fahrzeugseitige Neuerungen (z. B. batteriebetriebene elektrische Fahrzeuge) als auch neue Nutzungs- und Geschäftsmodelle (z. B. Carsharing oder neue Angebote im Taximarkt). Sowohl die Fahrzeugtechnologie als auch die Nutzungsmöglichkeiten werden durch das autonome Fahren beeinflusst.

Im Bereich der Mobilitätsinnovationen sieht sich die verkehrspolitische Regulierung vor die Herausforderung gestellt, einen Balanceakt zu bewältigen. Einerseits soll sie die Einführung und Verbreitung wohlfahrtssteigernder Innovationen fördern, andererseits müssen Prinzipien wie Technologieneutralität und die Vermeidung von Sub-

---

4 Bei dieser Regelung sind innerhalb von sieben Tagen nach einem grenzüberschreitenden Transport drei nationale Kabotageverkehre zulässig.

ventionen für bestimmte Angebote berücksichtigt werden. Ein besonderes Problem bei Mobilitätsinnovationen besteht darin, dass der Regulierungsrahmen kontinuierlich an die Bedürfnisse der beteiligten Akteure angepasst werden muss, wobei legitime gesellschaftliche und wirtschaftliche Interessen berücksichtigt werden müssen.

Literaturverzeichnis

Aberle, G. (2009). *Transportwirtschaft. Einzelwirtschaftliche und gesamtwirtschaftliche Grundlagen* (5. Aufl.). München: Oldenbourg.

Donges, J. B. & Freytag, A. (2009). *Allgemeine Wirtschaftspolitik* (2., überarbeitete und erweiterte Aufl.). Stuttgart: UTB.

Eisenkopf, A. (2006). Ökonomische Instrumente für einen umweltverträglichen Verkehr – Machbarkeit und Wirksamkeit. *TATuP – Zeitschrift für Technikfolgenabschätzung in Theorie und Praxis, 15*(3), 21–30.

Eisenkopf, A. & Knorr, A. (2020). Das geplante EU-Entsenderecht im Straßengüterverkehr – ein protektionistischer Affront? *Wirtschaftsdienst, 100*, 201–207.

Eisenkopf, A. & Knorr, A. (2021). Emissionshandel als Leitinstrument für eine effektive und effiziente EU-Klimapolitik im Verkehr. *Wirtschaftsdienst, 101*, 795–803.

Europäische Kommission (2001). *Weißbuch der Europäischen Kommission vom 12. September 2001: „Die Europäische Verkehrspolitik bis 2010: Weichenstellungen für die Zukunft".* KOM(2001), 370 endgültig. Brüssel.

Europäische Kommission, Generaldirektion Directorate-General for Mobility and Transport Mobilität und Verkehr (2011). *Weißbuch zum Verkehr: Fahrplan zu einem einheitlichen europäischen Verkehrsraum: hin zu einem wettbewerbsorientierten und ressourcenschonenden Verkehrssystem.* Publications Office. Abgerufen am 10.07.2023 unter https://data.europa.eu/doi/10.2832/30771

Knorr, A. (2005). Verkehrspolitik. Die Entwicklung in (Nachkriegs-)Deutschland. In M. Leschke & I. Pies (Hrsg.), *Wissenschaftliche Politikberatung. Theorien, Konzepte, Institutionen* (S. 73–98). Stuttgart: Lucius & Lucius.

Kummer, S. (2010). *Einführung in die Verkehrswirtschaft* (2. Aufl). Stuttgart: UTB.

Romp, W. & de Haan, J. (2007). Public Capital and Economic Growth. A Critical Survey. *Perspektiven der Wirtschaftspolitik, 8*(1), 6–52.

Schmidt, A. (2019). Theorie der Wirtschaftspolitik. In T. Apolte, M. Erlei, M. Göcke, R. Menges, N. Ott & A. Schmidt (Hrsg.), *Kompendium der Wirtschaftstheorie und Wirtschaftspolitik III* (S. 1–114). Wiesbaden: Gabler.

4.5 Entwicklungsperspektiven der Güterverkehrspolitik

Verena Ehrler, Michael Schüller

Die größte Herausforderung für Güterverkehrspolitik ist sicherlich, dass sie bereits heute den Rahmen für eine Zukunft vorbereiten und gestalten muss, die wir nicht kennen. Güterverkehrsnachfrage entsteht aus wirtschaftlichen Verflechtungen und Entwicklungen, sie ist die Folge der Nachfrage nach Gütern durch Endkonsumentinnen und -konsumenten und der Nachfrage nach dem Transport von Materialien und Gütern durch Unternehmen, die diese Nachfrage befriedigen wollen. Wirtschaftliche, politische, technologische und gesamtgesellschaftliche Entwicklungen beeinflussen diese Nachfragen. Während es möglich ist, aus vergangenen Entwicklungen Trends für die Zukunft abzuleiten, sind Disruptionen oft nicht vorher erkenntlich, wie die Wirtschaftskrise 2009 gezeigt hat, oder die COVID 19 Pandemie.

Dieser Unsicherheit bewusst, muss Güterverkehrspolitik einen Rahmen gestalten, der eine zuverlässige künftige Versorgung der Bevölkerung sichert. Um so der Wirtschaft eine Infrastruktur zur Verfügung zu stellen, die eine optimale Entwicklung ermöglicht, bedarf es eines langfristigen Vorlaufs, da die Planungen eine hohe Komplexität aufweisen und oft hohe Investitionen nach sich ziehen. Dabei ist zu berücksichtigen, dass bereits heute insbesondere die Straßeninfrastruktur überlastet ist (ARE, 2021).

Die Bewältigung dieser Heraus- und Anforderungen werden auch in Zukunft die zentralen Aufgaben der Güterverkehrspolitik bleiben. Dabei ist die Datenlage zum Güterverkehr nach wie vor sehr begrenzt, was eine Unterstützung der Planung durch Modellierung und die Simulation von Szenarien erschwert (Meersmann et al. 2016).

Auf den verschiedenen Ebenen der Güterverkehrspolitik, der regionalen und urbanen, der nationalen, sowie der europäischen und internationalen Ebene lassen sich aber Trends und spezifische Anforderungen erkennen, die im Folgenden dargestellt werden.

Perspektiven für eine Güterverkehrspolitik auf urbaner und regionaler Ebene

Der Megatrend Urbanisierung führt zu immer weiter wachsenden Städten und einer Entvölkerung ländlicher Gegenden, auch in Europa. In Folge müssen die Anforderungen an Versorgung- und Entsorgung angepasst werden (OECD, 2020). Während große Städte unter steigenden Druck geraten, die Versorgung einer zunehmenden Anzahl Menschen im Rahmen der Luftqualitätsgrenzen sicherzustellen (European Environment Agency, 2022), sind Daten zum Wirtschaftsverkehr und Güterverkehr begrenzt. Es wird aber davon ausgegangen, dass Wirtschaftsverkehre insgesamt, d. h. der Transport von Personen zur Verrichtung von Dienstleistungen und der Transport von Gütern in Städten zusammen, einen Anteil von 25 bis 30 % am werktäglichen Verkehrsaufkommen ausmachen, wobei ein Drittel durch den Güterverkehr verursacht wird (vgl. LNC, 2020). Weiterhin sind städtische Verkehre durch eine zunehmende Nachfrage nach Lieferungen des online Handels gekennzeichnet. Bis 2030 wird eine Zunahme der Anzahl Lieferfahrzeuge, die für den e-Commerce im Einsatz sind, um 36 % erwartet (vgl. Hillyer, 2020). In Folge dazu wird mit vermehrten Staus in Innenstädten gerechnet, mit vermehrten Emissionen, und Raumnot für Verkehre und innerstädtische logistische Knoten und Hubs.

Zentrale Herausforderungen für die Güterverkehrspolitik auf städtischer Ebene sind deshalb (vgl. ARE, 2021):

- Überlastete Verkehrsinfrastrukturen
- Fehlende Flächen für Be-, Entladung und Parken

- Konflikte und Gefährdung auf Radwegen und Fußgängersteigen
- Verkehrsbedingter Lärm und Emissionen
- Attraktivitätsverlust des öffentlichen Raums

Bei den städtischen Güterverkehren sollen ein Wechsel zu alternativen Antrieben, insbesondere Elektroantrieben, sowie der vermehrte Einsatz von Fahrrädern eine Entlastung bewirken. Förderprogramme spiegeln diese Schwerpunkte für eine neue Ausrichtung der Güterverkehre wider (vgl. BMDV, 2022):

Gekoppelt mit nachhaltigeren Fahrzeugen und Transportmodi, steht im urbanen Raum die Smart City (siehe Kapitel 4.2.3) mit innovativen Liefer- und Entsorgungskonzepten, als Lösungsansatz im Vordergrund. Eine bessere Bündelung von Lieferungen, sowie die Verwendung von weiteren Transportmodi, gekoppelt mit Verordnungen zu Zufahrtsbegrenzungen soll zu einer Entlastung der Straßenverkehre führen. Diese Verordnungen reichen von der Einführung von Abgaben in Form einer Maut, über die Begrenzung von Zufahrtszeiten, die Beschränkung von Antriebsarten, die zur Zufahrt zugelassen sind, bis hin zu kompletten Zufahrtsverboten.

Städtische Güterverkehrspolitik stützt diese Umstellung zum einen durch Förderprogramme, zum anderen durch die Entwicklung und Implementierung von Strategien für städtische Fracht und Logistik, sogenannte Sustainable Urban Logistics Planning.

Beispiel: Rotterdam

Unter dem Titel „Roadmap ZECL – Moving towards Zero Emission City Logistics" hat die Stadt Rotterdam im Jahr 2019 ihren Plan für eine nachhaltige Verkehrsregelung bis 2030 und darüber hinaus vorgestellt. Der Plan deckt sämtliche Transporte ab, die auf Güter oder Dienstleistungen bezogen sind, und die in der Stadt beginnen oder dort enden. Vorgesehen ist eine Halbierung der CO_2 Emissionen bis 2030 gegenüber den Werten von 1990 (Rotterdam, 2019).

Eine anfänglich begrenzte Null-Emissionen-Zone wird im Laufe der Implementierung des Plans immer weiter ausgedehnt. Für die einzelnen Fahrzeugkategorien (u. a. Kurierdienste, Baustellenfahrzeuge, Müllabfuhr, Lieferdienste für verderbliche Güter und Lebensmittel etc.) sind konkrete Zeithorizonte für die Umstellungen vorgesehen. Die Flotten der stadteigenen Betriebe werden auf elektrische Fahrzeuge umgestellt, es wird eine umfangreiche Ladeinfrastruktur aufgebaut und eine Plattform zum Austausch von Informationen eingerichtet, damit eine Vermittlung von Erfahrungen und eine rasche Umstellung auf Elektromobilität und andere Fahrzeuge ohne lokale Emissionen ermöglicht wird.

Neben der Umstellung der Fahrzeuge, wird eine Optimierung der Nutzung des vorhandenen Transportraums durch eine bessere Kooperation und Koordination unter den Logistikern angestrebt. Wesentlich ist, dass dieser Plan für Rotterdam mit einem Umstellungsplan für den Personenverkehr verbunden ist und dass beide Elemente vollumfänglich in der nationalen Verkehrspolitik integriert und verankert sind. Diese Verankerung stellt sicher, dass Fahrzeuganschaffungen, Optimierungswerkzeuge und Transportlösungen nicht regionalspezifisch bleiben, sondern über die ganzen Niederlande zur Anwendung kommen. So wird den Logistikern und anderen Verkehrsteilnehmenden die Sicherheit gegeben, dass die angeschafften Fahrzeuge und Lösungen nicht für jede Stadt neu zu regeln sind.

4.5.1 Perspektiven für eine Güterverkehrspolitik auf nationaler Ebene

Die Einordung der Verantwortung für die Verkehrspolitik in den einzelnen Ländern spiegelt wider, wo die zentralen Anforderungen für die Verkehrspolitik, und hier insbesondere die Güterverkehrspolitik, gesehen werden.

So ist in Österreich die Güterverkehrspolitik im Bundesministerium für Klimaschutz, Umwelt, Energie, Mobilität, Innovation und Technologie verankert. In der Schweiz liegt die Verantwortung beim Bundesamt für Verkehr. Hier stehen für den Güterverkehr vor allen Dingen Lösungen zur Verlagerung des Verkehrs auf die Schiene im Vordergrund. Dieses Thema ist in der Schweizerischen Bundesverfassung seit einer Volksabstimmung 1994 mit dem Artikel 84 „Alpenquerender Transitverkehr" (siehe auch Kapitel 4.1) verankert. Gemäß diesem Artikel ist es Aufgabe des Bundes, „das Alpengebiet vor den negativen Auswirkungen des Transit-Verkehrs" zu schützen. Der Bund „begrenzt die Belastungen durch den Transitverkehr auf ein Maß, das für Menschen, Tiere und Pflanzen sowie ihre Lebensräume nicht schädlich ist." (CHBV, 2014).

Die Bundeszentrale für politische Bildung der Bundesrepublik Deutschland definiert Verkehrspolitik als einen "speziellen Bereich der Wirtschaftspolitik, der alle Maßnahmen des Staates beinhaltet, die in Verbindung mit der Überwindung von räumlichen Entfernungen stehen". (BPB, 2023) Damit gehören sowohl der Personen- als auch der Güterverkehr in Deutschland in den Bereich der Wirtschaftspolitik, und die Aufgabe, ein "funktionierendes und gut entwickeltes Verkehrssystem mit einer entsprechenden Verkehrsinfrastruktur, bestehend aus Verkehrswegen und Umschlagzentren wie Straßen, Schienenwegen, Wasserstraßen, Bahnhöfen, Flughäfen und Seehäfen" zu schaffen, um so einen reibungslosen Güter- und Informationsaustausch zu sichern. Im Sinne dieser Definition sind digitale Infrastruktur und Verkehr in Deutschland in einem Ministerium vereint, dem Bundesministerium für Verkehr und digitale Infrastruktur (BMDV, 2023). Der Bund ist dabei für die nationalen und überregionalen Verkehrswege zuständig, die Länder und Kommunen für die regionalen.

Der wirtschaftliche Bezug steht somit in Deutschland im Vordergrund, wobei die Erreichung der Ziele des Klimaschutzgesetz ebenfalls als Auftrag formuliert wird (BMDV, 2023).

Zentrale Problemfelder, die es gilt im Rahmen der nationalen Güterverkehrspolitik zu bewältigen, sind (vgl. ARE, 2021) deshalb

- die bereits heute bestehende Überlastung der Verkehrsinfrastruktur, die auf der einen Seite durch die Wirtschaftsverkehre entsteht, an denen die Wirtschaftsverkehre auf der anderen Seite durch die daraus resultieren Staus und Verzögerungen leidet; sowie
- die notwendige Reduzierung von Emissionen (Lärm, CO_2 und andere Treibhausgase, sowie Partikel und Schadstoffe).

Eine vermehrte Verlagerung der Güterverkehre auf nachhaltigere Transportmodi wie die Schiene und den Binnenverkehr ist deshalb angestrebt, nicht nur für die Alpentransitverkehre, sondern generell auf europäischer Ebene. Eine solche Verlagerung ist aber nicht unproblematisch, denn obwohl z. B. in Deutschland die inländische Güterverkehrsleistung im Zeitraum von 1991 bis 2019 um 75 % stieg, ist der Anteil dieser beiden Transportmodi im vergleichbaren Zeitraum von ca. 34,5 % auf rund 26 % zurückgegangen (Schienengüterverkehr 18,9 %, Binnenschifffahrt 7,2 %) (vgl. UBA, 2023).

Hinzu kommt, dass Klimaveränderungen der letzten Jahre eine Nutzung des Binnenverkehrs erschweren, da die Verkehrsleistung der Binnenschiffe auf Grund von Niedrigwasserereignissen schwankt, und somit der Verkehrsmodus an Zuverlässigkeit zu verlieren riskiert (UBA, 2023).

Um die angestrebte Umstellung auf Transportlösungen mit weniger Emissionen zu realisieren, sind neue Fahrzeuge, neue Energiequellen, neue Energieversorgungsnetze und Optimierungssysteme, die diesen innovativen Lösungen und ihren Anforderungen Rechnung tragen können, notwendig. Die mit diesen Umstellungen verbundenen hohen Investitionen können dabei oft durch die Unternehmen nicht erbracht werden. Dies liegt daran, dass besonders im Straßengüterverkehr, viele kleine und mittelständische Unternehmen tätig sind, und auch in der Binnenschifffahrt sind traditionsbedingt viele Einzelunternehmer tätig. Eine Umstellung auf Fahrzeuge mit alternativen Antrieben, für die zunächst kein Gebrauchtfahrzeugmarkt existiert, ist deshalb oft nicht realisierar. Förderprogramme können hier helfen. Dabei ist es wichtig, dass diese in eine nationalen Güterverkehrspolitik verankert sind, um möglichst effizient zur Lösung der Herausforderungen beizutragen (vgl. BMDV, 2023). Die Tatsache, dass in Deutschland z. B. diese Förderprogramme vom Wirtschaftsministerium in Zusammenarbeit mit dem Bundesministerium für Digitales und Verkehr entwickelt und veröffentlicht wurden, zeigt, wie eng diese beiden Thematiken – Verkehrspolitik und Wirtschaftspolitik – miteinander vernetzt sind.

Die ökonomische Relevanz der Umstellung der Güterverkehre auf nachhaltigere Lösungen ist durch volkswirtschaftliche Analysen belegt. Versicherungen und Wissenschaft haben Modelle zur Abschätzung der Folgekosten des Klimawandels entwickelt. Gemäß diesen Analysen ist davon auszugehen, dass die volkswirtschaftlichen Kosten im DACH-Raum bei 10 % und mehr des Bruttosozialprodukts liegen, falls das Klimaziel des Pariser Abkommens von einer maximalen Erwärmung um 1,5°C nicht eingehalten wird. (Swiss Re, 2021 und Guo, Kubli & Saner, 2021). Es ist deswegen davon auszugehen, dass die Zusammenarbeit der Wirtschaftspolitik und der Verkehrspolitik zur Gestaltung der Güterverkehrspolitik in Zukunft noch enger werden wird.

Beispiel: Cargo Sous Terrain

Um dem steigenden Frachtvolumen zu begegnen, wird in der Schweiz ein umfangreiches unterirdisches Frachttransportsystem geplant. Bei Cargo Sous Terrain handelt es sich um eine Aktiengesellschaft, die sich zum Ziel gesetzt hat, dieses unterirdische System inklusive eines eigenen Citylogistikkonzepts sowie ein korrespondierendes IT-System zu errichten. Das Gesamtsystem lässt sich folgendermaßen beschreiben:

Das Netzwerk: In Abbildung 4.5.1 ist das geplante Streckennetz dargestellt, welches bis 2045 in seiner Endausbaustufe 500 Kilometer umfassen wird. Das erste Teilstück von Härkingen-Niederbipp nach Zürich ist rund 70 Kilometer lang. Auf diesem Teilstück sind zehn Anschlussstellen, sogenannte Hubs geplant. Die Gesamtkosten für den Bau der ersten Teilstrecke, inklusive Software, Hubs sowie unter- und oberirdische Fahrzeuge (für die Citylogistik) sind auf drei Milliarden Schweizer Franken veranschlagt.

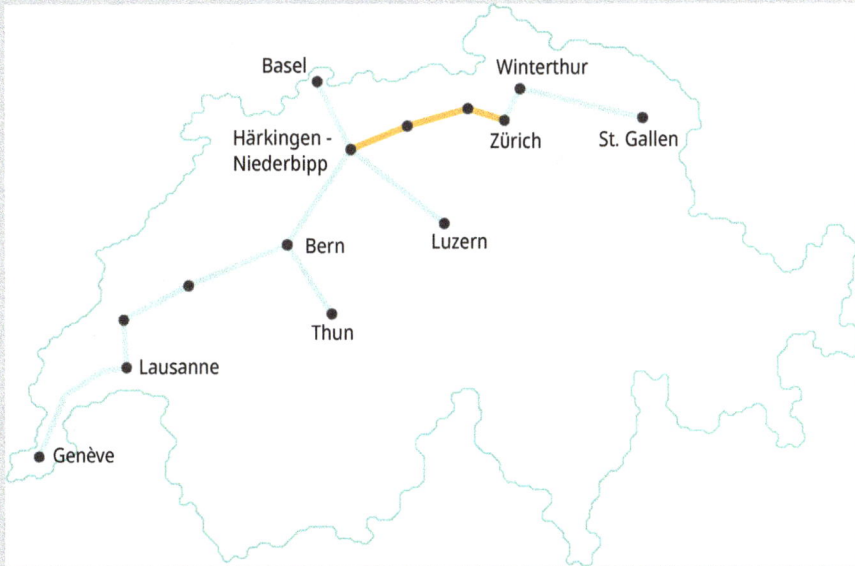

Abbildung 4.5.1: Cargo Sous Terrain-Netzwerk (Cargo Sous Terrain, o. D. c).

Die Citylogistik: Das Citylogistiksystem ergänzt das unterirdische Transportnetz zur umweltschonenden Feinverteilung der Waren in Ballungsräumen. Es sollen Städte um bis zu 30 % des Lieferverkehrs und 50 % der Lärmemissionen entlastet werden. Waren werden bereits im Tunnel gebündelt und für die anschließende Feinverteilung vorbereitet. Hierbei erfolgt die Verbindung zwischen Tunnel und Citylogistik über Hubs, die ein voll automatisiertes Be- und Entladen von Fahrzeuge ermöglichen (Cargo Sous Terrain, o. D. c). Über senkrechte Lifts werden Güter ins Tunnelsystem eingespeist bzw. aus dem Tunnel entnommen. Geplant ist, die Hubs in existierende Logistikzentren zu integrieren, so dass eine Anbindung an alle Verkehrssysteme sichergestellt werden kann (Schiene, Straße, Wasser, Luftfracht).

Die Fördertechnik: Die einzusetzende Fördertechnik ist aus intralogistischen automatischen Fördersystemen bekannt. Unterirdisch verkehren selbstfahrende, unbemannte Transportfahrzeuge, die an dafür vorgesehenen Rampen oder Lifts automatisch Ladungen aufnehmen und abgeben können. Die über Induktionsschienen elektrisch betriebenen Fahrzeuge fahren auf Rädern in dreispurigen Tunnels mit einer konstanten Geschwindigkeit von rund 30 Stundenkilometern. Güter werden auf Paletten oder in angepassten Behältern mit unterschiedlichen Temperaturen befördert (Frisch- und Kühlwaren). Die Transportfahrzeuge können bis zu vier Paletten aufnehmen. An der Decke des Tunnels wird eine schnelle Pakethängebahn für kleinere Güter angebracht (Cargo Sous Terrain, o. D. c; DVZ-Online, 2021)

Die Informationstechnologie: Zur kompletten Transportsteuerung soll ein intelligentes IT-System entwickelt werden, welches sich aus bekannten Industrie 4.0-Elementen, wie Big Data, Internet of

Things and Services, Analytics, Predictive Maintenance, Machine Learning und Artificial Intelligence zusammensetzt, so dass eine komplette Vernetzung mit allen internen und externen Akteuren und Institutionen ermöglicht werden kann (Cargo Sous Terrain, o. D. b)

Da das Projekt noch am Anfang steht, lassen sich bislang keine Erfahrungswerte ermitteln. Festgestellt werden kann allerdings, dass es sich bei Cargo Sous Terrain um ein nicht unumstrittenes Vorhaben handelt. Zur allgemeinen Einordnung lassen sich folgende Argumente gegenüberstellen:

PRO:
- Kleine Ladungs- und Sendungseinheiten lassen sich kontinuierlich von der Quelle zur Senke befördern.
- Cargo Sous Terrain entlastet die konventionelle Verkehrs- und Transportinfrastruktur und bildet einen komplementären Service.
- Das Projekt nutzt übliche Fördertechniken für den unterirdischen Hauptlauf und integriert umweltschonende Transporte zur Bewältigung der letzten Meile. Insofern handelt es sich um ein komplettes und integriertes Logistiksystem.
- Cargo Sous Terrain wird vollständig mit Strom aus erneuerbaren Energien betrieben. Im Vergleich zu herkömmlichen Transportsystemen sollen positive Effekte hinsichtlich Luftqualität, Lärmemissionen, Raumnutzung sowie Gesundheitskosten realisiert werden können. (Cargo Sous Terrain, o. D. a)

CONTRA:
- Unklar ist bislang die Dimensionierung der Hubs. Diese Schnittstellen zwischen unter- und oberirdischer Logistik müssen große Mengen an Frachtumschlag bewältigen. Hierfür ist ausreichend Fläche in urbanen Gebieten einzuplanen, die nicht überall zur Verfügung steht (Daum, 2021; Rau, 2022).
- Aktuelle Transportprobleme lassen sich auch durch ökologische Antriebe (Elektro-/Wasserstoff-Lkw) sowie intelligente Verkehrssteuerungskonzepte, wie Mobility Pricing-Systeme lösen. Hierbei werden je nach Verkehrsbelastungssituationen unterschiedliche Nutzungsgebühren erhoben.

4.5.2 Perspektiven für eine Güterverkehrspolitik auf europäischer und internationaler Ebene

Bedingt durch die zunehmende Internationalisierung von Wertschöpfungsnetzwerken sind viele Güterverkehre international dimensioniert. Die Entwicklung des Welthandelsvolumens verdeutlicht dies: Während sich die Bevölkerung im Zeitraum von 1950 bis 2020 etwas mehr als verdreifacht hat, hat sich das Welthandelsvolumen im gleichen Zeitraum mehr als vervierzigfacht (World Trade Organization, 2022). Es ist deshalb für eine erfolgreiche nationale Güterverkehrspolitik wichtig, dass sie den internationalen Wirtschaftsanliegen eines Landes entspricht. Wenn eine dynamische Beteiligung am internationalen Welthandel erreicht werden soll, müssen die Schnittstellen internationaler Güterverkehre optimiert werden. Dies betrifft alle Parameter des internationalen Güterverkehrs: Von einer Kompatibilität der Infrastruktur, der Fahrzeuge und Verpackungen, bis hin zu einer Vereinheitlichung der Frachtdokumente und Clearingprozesse. Erfolgt eine solche Absprache nicht, hat dies weitreichende Folgen, wie sich immer wieder gezeigt hat; z. B.:
- Die fehlende Absprache hinsichtlich der Schieneninfrastruktur sorgt seit dem Beginn des Eisenbahnbaus für Probleme an den Übergängen, da in unterschiedlichen Län-

dern und teilweise auch Regionen unterschiedliche Schienenbreiten verlegt wurden. Als Konsequenz daraus können Züge nicht durchgängig fahren, sondern müssen umgekoppelt werden oder können nur mit begrenzter Geschwindigkeit fahren, was Lieferungen unnötig verzögert und damit Kosten verursacht (vgl. Reischke, 2022).

– Bei der Umstellung auf innovative Antriebssysteme ist es für internationale Transporte wichtig, dass ein einheitliches Energieversorgungsnetz mit genormten Zapf- bzw. Lade- und Abrechnungssystemen entwickelt wird, damit Teilnehmende des Straßenverkehrs länderübergreifende Fahrten durchführen können. Ohne eine solche Regelung ist es internationalen Transportunternehmen nicht möglich, ihre Flotten umzustellen (vgl. NPE, 2014).

– Während der Covid 19 Pandemie sorgten die verschiedenen Auflagen in den verschiedenen Ländern innerhalb der EU immer wieder dafür, dass es insbesondere im Straßengüterverkehr zu Unterbrechungen im Warenfluss kam, da Fahrerinnen und Fahrer an den Grenzen mit jeweils wechselnden Auflagen konfrontiert waren (vgl. DVZ, 2020)

Basis aller logistischen Tätigkeiten ist eine gut ausgebaute Infrastruktur. Insbesondere der Transportsektor greift auf Infrastrukturelemente zu, die von einzelnen Ländern bereitgestellt werden. Handelte es sich in der Vergangenheit um zumeist nationale Projekte, die zum Infrastrukturauf- und -ausbau aufgesetzt wurden, so existieren heute vermehrt internationale Programme. Zu nennen sind (Germany Trade & Invest, o. D.):

– Blue Dot Network
– G7: Partnership for Global Infrastructure and Investment (PGII)
– Drei-Meere-Initiative
– EU: Global Gateway
– Indiens Konnektivitätsvisionen
– Master Plan on ASEAN Connectivity 2025
– Neue Seidenstraße (Belt and Road-Initiative)

Gegenstand dieser internationalen Programme ist eine überregionale, teils sogar globale Verbesserung der Infrastruktur. Diese umfasst neben verkehrsbezogener Infrastruktur, wie Autobahnen, Häfen, Eisenbahnlinien und Pipelines auch weitere Infrastrukturelemente, wie beispielsweise Stromnetze oder Unterseekabel. Aufgrund des internationalen Charakters solcher Programme treten zunehmend Aspekte der internationalen Standardisierung und Normung in den Fokus.

Exemplarisch werden die Konnektivitätsstrategie der Europäischen Union „Global Gateway" sowie das Programm der G7 „Partnership for Global Infrastructure and Investment" vorgestellt. Die Neue Seidenstraßeninitiative („Belt and Road-Initiative") wird im Kapitel 3.3 behandelt.

Beispiel: Globale Konnektivität und Infrastruktur
EU: Global Gateway

Ziel von Global Gateway ist die Förderung von nachhaltigen und hochwertigen Projekten, die dem Bedarf der Partnerländer nachkommen sowie dauerhafte Vorteile für die Menschen vor Ort gewährleisten. Basis hierzu ist eine Zusage der G7 aus dem Juni 2021, eine wertebasierte, hochwertige und transparente Infrastrukturpartnerschaft ins Leben zu rufen, um den globalen Infrastrukturentwicklungsbedarf zu decken. Berücksichtigt wurden auch die Ziele der Agenda 2030 der Vereinten Nationen sowie des Pariser Klimaabkommens (Germany Trade & Invest, 2023; Europäische Kommission, o. D.)

Global Gateway beinhaltet folgende sechs Grundsätze:

- Demokratische Werte und hohe Standards
- Verantwortung und Transparenz
- Partnerschaften auf Augenhöhe
- Umweltfreundlichkeit und Sauberkeit
- Auf Sicherheit ausgelegt
- Investitionen des Privatsektors

Zentrale Partnerschaftsbereiche sind (Europäische Kommission, o. D.):

- Digitales:
  Global Gateway hat zum Ziel, Europa und die Welt stärker zu vernetzen. Partnerländern sollen Teil eines globalen digitalen Ökosystems werden.
- Klimaschutz und Energie:
  Vor dem Hintergrund des Pariser Klimaabkommens sollen Investitionen in Klimaschutz, Klimaresilienz und saubere Energie für ärmere Länder getätigt werden. Im Fokus stehen umweltfreundliche Technologien und stärkere Energieversorgungssicherheit.
- Verkehr:
  Durch Global Gateway sollen nachhaltige, intelligente, krisentaugliche und sichere Netze für alle Verkehrsträger geschaffen werden. Hierzu zählt auch der Ausbau von Netzen wie der des transeuropäischen Verkehrsnetzes (siehe hierzu auch Kapitel 4.1).
- Gesundheit:
  Im Rahmen von Global Gateway sollen verlässliche Lieferketten mit einem hohen Anteil an lokaler Fertigung entstehen, so dass Engpässe in internationalen Lieferketten beseitigt werden.
- Bildung und Forschung:
  Hochwertige Bildung, auch in digitaler Form, soll Mädchen, Frauen und bedürftige Gruppen besonders berücksichtigen. Partnerländer sollen bei der Umgestaltung ihrer Bildungssysteme sowie Studierende, Personal, Lehrkräfte und Praktikanten hinsichtlich ihrer Mobilität unterstützt werden. Darüber hinaus ist die Zusammenarbeit im Bereich Forschung und Innovation intensiver auszugestalten.

Insgesamt werden Investitionen in Höhe von ca. 300 Mrd. Euro bis zum Jahr 2027 durch das Team Europa getätigt. Hierbei handelt es sich um einen Verbund aus EU-Mitgliedstaaten und ihren Finanz- und Entwicklungsinstituten, also der Europäischen Investitionsbank (EIB) und der Europäischen Bank für Wiederaufbau und Entwicklung (EBWE). Zusätzlich soll auch der Privatsektor mobilisiert werden.

Den Partnern werden seitens der EU solide finanzielle Bedingungen sowie höchste Standards in den Bereichen Umweltschutz, Soziales und strategisches Management sowie technische Hilfe bei der Entwicklung von Infrastrukturprojekten geboten.

G7: Partnership for Global Infrastructure and Investment

Die im Jahr 2021 durch das Weiße Haus angekündigte Build Back Better World-Initiative (B3W) wurde im Jahr 2022 in Form der Partnerschaft für globale Infrastruktur und Investition (Partnership for Global Infrastructure and Investment, PGII) durch die sieben großen Industrienationen (G7-Staaten: Kanada, Frankreich, Deutschland, Italien, Japan, das Vereinigte Königreich und die Vereinigten Staaten) konkretisiert (G7 Deutschland, 2022a). Im Fokus der langfristigen Fördermaßnahmen stehen ambitionierte Partnerländer, welche die Werte der G7-Demokratien teilen, indem sie die weltweit besten Praktiken in Bezug auf Transparenz, Partnerschaft sowie Arbeits- und Umweltschutz befolgen (G7 Deutschland, 2022b; U. S. Botschaft & Konsulate in Deutschland, 2022). Die Initiative ist vor allem für Länder mit geringem oder mittlerem Einkommen gedacht und wird häufig als eine Alternative zur Neuen Seidenstraßen-Initiative, die maßgeblich durch die chinesische Regierung getrieben wird, interpretiert. Ziel der G7 seien daher Infrastrukturinvestitionen, die die Länder vor einer Schuldenfallen bewahren (RND, 2022).

Dafür beabsichtigen die G7-Partner in den Jahren 2022 bis 2027 bis zu 600 Milliarden US-Dollar an öffentlichen und privaten Investitionen zu mobilisieren. Hierzu zählen auch 300 Milliarden Euro, die die Europäische Union bereits für ihre Konnektivitätsstrategie Global Gateway (siehe oben) vorgesehen hat. Die USA bringen insgesamt 200 Milliarden US-Dollar ein. Aus Japan sollen 65 Milliarden US-Dollar und aus Kanada 5,3 Milliarden US-Dollar investiert werden. Beabsichtigt ist, Entwicklungsinstitutionen der G7 mit multilateralen Banken und dem Privatsektor zusammenzubringen sowie Länderplattformen einzurichten und die weltweite Zusammenarbeit zu verstärken. Hierzu zählen auch Maßnahmen zur gerechten Energiewende (Just Energy Transition Partnerships) mit Indonesien, Indien, Senegal und Vietnam und Südafrika.

Investitionen sind in folgenden vier Schwerpunktbereichen vorgesehen (Germany Trade & Invest, 2022):
1. Klima & Energie:
   Hierzu zählen der Aufbau klimaschonender Infrastruktur, transformierender Energietechnologien sowie die Entwicklung sauberer Energieversorgungsketten.
2. Digitales:
   Aufgebaut werden sollen sichere Netzwerke und Infrastruktur im Bereich Informations- und Telekommunikationstechnologie.
3. Gleichberechtigung & Geschlechtergerechtigkeit:
   Eine stärkere Partizipation von Frauen durch Verbesserung der Pflegeinfrastruktur sowie Wasser- und Sanitärinfrastruktur soll gefördert werden.
4. Gesundheit:
   Infrastrukturen im Gesundheitswesen, patientenzentrierte Dienste und Personal, Herstellung von Impfstoffen und andere wichtigen medizinische Produkte sollen aufgebaut werden.

Im Folgenden finden sich konkrete Vorhaben (G7 Deutschland, 2022a):
- Deutschland bietet Südafrika einen KfW-Förderkredit über 300 Millionen Euro zur Finanzierung der Energiewende an. Dieses Vorhaben ist Teil des „Just Energy Transition Partnerships".
- Deutschland kündigt 30 Millionen Euro für den „Emerging Markets Climate Action Fund" (EMCAF) an. Hierdurch sollen private Investitionen für nachhaltige Infrastruktur mobilisiert werden.

4.5.3 Zusammenfassung

Die Entwicklungsperspektiven für die Güterverkehrspolitik erfordern auf allen Ebenen die Schaffung eines Rahmens und das Zurverfügungstellen der notwendigen Infrastruktur und Mittel für einen ökonomisch, ökologisch und sozial nachhaltigen Güterverkehr. Dabei ist die Harmonisierung dieser Maßnahmen über die verschiedenen Ebenen hinweg – städtisch, regional, national und international – wesentlich. Ziele und Motivationen sowie volkswirtschaftliche Key Performance Indikatoren über die verschiedenen Ebenen hinweg müssen harmonisiert werden, auch unter Berücksichtigung lokaler Anforderungen und Gegebenheiten sowie bei Beachtung internationaler Bestrebungen. Internationale Abkommen, Programme und Standardisierungsinitiativen sind dazu ein wichtiges Hilfsmittel. Hochinnovative, nationalen und internationalen Infrastrukturprojekte müssen diese Umstellungen begleiten.

Wie Entwicklungen der letzten Jahre gezeigt haben, verschmelzen die verschiedenen Sektoren der Politik immer weiter miteinander: Digitalisierung und Informationsübertragungen sind mit der Logistik direkt verknüpft, Energieversorgung muss bei Anforderungen an Umstellungen im Güterverkehr mitgeplant werden, Städtebau muss Güterversorgungs- und -entsorgungsfragen mitdenken, um nur ein paar Beispiele zu nennen. Als Fazit ist festzuhalten, dass die Verknüpfung der Güterverkehrspolitik mit anderen Bereichen der Politik weiter zunehmen wird, und in Zukunft eine Vertiefung des systemischen Denkens auch in der Güterverkehrspolitik weiter in den Vordergrund rücken wird.

Literaturverzeichnis

ARE (2021). *Grundlagenstudie Wirtschaftsverkehr in Urbanen Räumen – Schlussbericht*; Bundesamt für Raumentwicklung ARE. Schweizerische Eidgenossenschaft.

BMDV (2022). *Städtische Logistik*. Bundesministerium für Digitales und Verkehr BMDV. Abgerufen am 21.09.2023 unter https://bmdv.bund.de/DE/Themen/Mobilitaet/Gueterverkehr-Logistik/Staedtische-Logistik/staedtische-logistik.html

BMDV (2023). *Förderrichtlinien Elektromobilität des Bundesministeriums für Digitales und Verkehr (BMDV)*. Abgerufen am 21.09.2023 unter https://www.foerderdatenbank.de/FDB/Content/DE/Foerderpro gramm/Bund/BMVI/elektromobilitaet-bund.html

BPB (2023). *Bundeszentrale für Politische Bildung; kurz und knapp*: Lexikon der Wirtschaft. Abgerufen am 21.09.2023 unter https://www.bpb.de/kurz-knapp/lexika/lexikon-der-wirtschaft/20994/verkehrspolitik/

Cargo Sous Terrain (o. D. a). *FAQ*. Abgerufen am 21.09.2023 unter https://www.cst.ch/faq/

Cargo Sous Terrain (o. D. b). *Warum CST?* Abgerufen am 21.09.2023 unter https://www.cst.ch/warum-cst/

Cargo Sous Terrain (o. D. c). *Was ist CST?* Abgerufen am 21.09.2023 unter https://www.cst.ch/was-ist-cst/

CHBV (2014). *Bundesverfassung der Schweizerischen Eidgenossenschaft vom 18. April 1999* (Stand am 18. Mai 2014). Abgerufen am 21.09.203 unter https://fedlex.data.admin.ch/filestore/fedlex.data.admin.ch/eli/cc/1999/404/20140518/de/pdf-a/fedlex-data-admin-ch-eli-cc-1999-404-20140518-de-pdf-a.pdf

Daum, M. (2021). *Cargo Sous Terrain: Schweiz Logistik Güterverkehr Tunnel*. Abgerufen am 21.09.2023 unter https://www.zeit.de/2021/39/cargo-sous-terrain-schweiz-logistik-gueterverkehr-tunnel/komplettansicht

DVZ (2020, 20. März). *Überblick: Was Corona mit dem Straßengüterverkehr in Europa macht. DVZ*. Abgerufen am 21.09.2023 unter https://www.dvz.de/rubriken/land/detail/news/ueberblick-was-corona-mit-dem-strassengueterverkehr-in-europa-macht.html

DVZ-Online (2021). *CST-Chef: „Werden ein ergänzendes System sein"*. Abgerufen am 14.12.2021 unter https://www.dvz.de/rubriken/whatcitieswant/detail/news/werden-ein-ergaenzendes-system-sein.html

Europäische Kommission (o. D.). *Global Gateway.* Abgerufen am 21.09.2023 unter https://commission.eu ropa.eu/strategy-and-policy/priorities-2019-2024/stronger-europe-world/global-gateway_de#global-gateway-grundstze

European Environment Agency (2022). *Europe's air quality status 2022.* Abgerufen am 11.07.2022 unter https://www.eea.europa.eu/publications/status-of-air-quality-in-Europe-2022/europes-air-quality-status-2022

G7 Deutschland (2022a). *G7-Arbeitssitzungen.* Abgerufen am 21.09.2023 unter https://www.g7germany.de/ g7-de/suche/g7-arbeitssitzungen-2055094

G7 Deutschland (2022b). *Kommuniqué G7-Zusammenfassung.* Abgerufen am 21.09.2023 unter https://www. g7germany.de/resource/blob/974430/2057942/9a53b78596a343132101870daa868f34/2022-06-28-kommunique-g7-zusammenfassung-data.pdf?download=1

Germany Trade & Invest (2023). *Europas Konnektivitätsstrategie heißt Global Gateway.* Abgerufen am 21.09.2023 unter https://www.gtai.de/de/trade/eu/specials/europas-konnektivitaetsstrategie-heisst-global-gateway-599692

Germany Trade & Invest (o. D.). *Globale Konnektivität.* Abgerufen am 21.09.2023 unter https://www.gtai.de/ de/trade/specials/globale-konnektivitaet

Germany Trade & Invest (2022). *G7 startet Partnerschaft für globale Infrastruktur.* Abgerufen am 21.09.2023 unter https://www.gtai.de/de/trade/welt/specials/g7-startet-partnerschaft-fuer-globale-infrastruktur-860400

Guo, J., Kubli, D. & Saner, P. (2021). *The economics of climate change: no action not an option.* Zürich: Swiss Re Institute.

Hillyer, M. (2020). *Urban Deliveries Expected to Add 11 Minutes to Daily Commute and Increase Carbon Emissions by 30 % until 2030 without Effective Intervention.* World Economic Forum. Abgerufen am 21.09.2023 https://www.weforum.org/press/2020/01/urban-deliveries-expected-to-add-11-minutes-to-daily-commute-and-increase-carbon-emissions-by-30-until-2030-without-effective-intervention-e3141b32fa/

LNC (2020). *Die Veränderungen des gewerblichen Lieferverkehrs und dessen Auswirkungen auf die städtische Logistik*; Abschlussbericht von LNC und Fraunhofer IML. Abgerufen am 21.09.2023 https://bmdv.bund. de/SharedDocs/DE/Anlage/G/staedtische-logistik-bericht-veraenderungen-lieferverkehr.pdf?__blob= publicationFile

Meersmann, H., Ehrler, V. C., Bruckmann, D., Chen, M., Francke, J., Hill, P., Jackson, C., Klauenberg, J., Kurowski, M., Seidel, S. & Vierth, I. (2016). Challenges and future research needs towards international freight transport modelling. *Case Studies on Transport Policy, 4*(1), 3–8.

NPE (2014). *Die Deutsche Normungs-Roadmap Elektromobilität – Version 3.0;* Nationale Platform Elektromobilität NPE. Berlin. Abgerufen am 21.09.2023 https://www.bmuv.de/fileadmin/Daten_BMU/ Download_PDF/Verkehr/emob_normungs_roadmap_3.0_bf.pdf

OECD (2020). *Cities in the World: A New Perspective on Urbanisation.* OECD Urban Studies. Paris: OECD Publishing.

Rau, L. (2022). *Cargo Sous Terrain: Untergrundtunnel soll Lieferverkehr revolutionieren.* Abgerufen am 21.09.2023 unter https://utopia.de/news/cargo-sous-terrain-untergrundtunnel-soll-lieferverkehr-revolutionieren

Reischke, M. (2022). *Verwirrende Kleinstaaterei auf der Schiene; Deutschlandfunk.* Abgerufen am 20.08.2023 unter https://www.deutschlandfunk.de/schienen-gueterverkehr-100.html

RND (2022). *G7-Staaten präsentieren globalen Infrastrukturplan mit Milliardeninvestitionen.* Abgerufen am 21.09.2023 unter https://www.rnd.de/politik/g7-staaten-praesentieren-globalen-infrastrukturplan-mit-milliarden-investitionen-3RWYMBHYT5EQZOMEH6W75FYUFM.html

Rotterdam (2019). *Roadmap ZECL Moving towards Zero Emission City Logistics (ZECL) in Rotterdam in 2025.* City of Rotterdam.

Swiss Re (2021). *The economics of climate change: no action not an option*; Swiss Re Institute; Swiss Reinsurance Company, Zurich: Corporate Real Estate&Logistics / Media Production.

UBA (2023). *Fahrleistungen, Verkehrsleistung und Modal Split in Deutschland*; Umweltbundesamt UBA. Abgerufen am 15.03.2023 unter https://www.umweltbundesamt.de/daten/verkehr/fahrleistungen-verkehrsaufwand-modal-split#fahrleistung-im-personen-und-guterverkehr

U. S. Botschaft & Konsulate in Deutschland (2022). *G7-Demokratien planen Infrastrukturpartnerschaft.* Abgerufen am 21.09.2023 unter https://de.usembassy.gov/de/g7-demokratien-planen-infrastruktur-partnerschaft

World Trade Organization (2022). *Evolution of trade under the WTO: handy statistics; World Trade Organization.* Abgerufen am 21.09.2023 unter https://www.wto.org/english/res_e/statis_e/trade_evolution_e/evolution_trade_wto_e.html

5 Management von Güterverkehrsunternehmen

5.1 Strategische Positionierung

Dustin Schöder, Daniel Roy

Die strategische Positionierung von Güterverkehrsunternehmen ist entscheidend, um in einem wettbewerbsintensiven Marktumfeld erfolgreich zu agieren. Eine ganzheitliche strategische Ausrichtung spielt eine wichtige Rolle für den Erfolg und die Resilienz von Güterverkehrsunternehmen.

5.1.1 Strategische Grundoptionen

In einer globalisierten Wirtschaft stehen Güterverkehrsunternehmen vor zahlreichen Herausforderungen und Chancen, um sich am Markt erfolgreich zu positionieren. Unternehmen müssen sich strategisch positionieren, um konkurrenzfähig zu bleiben und zukunftsfähige Lösungen zu entwickeln. In diesem Abschnitt werden verschiedene Möglichkeiten der strategischen Positionierung für Güterverkehrsunternehmen betrachtet, die den Erfolg in einem sich im Wandel befindlichen Markt sicherstellen können.

Die strategische Positionierung bildet sowohl den Ausgangspunkt als auch den inhaltlichen Rahmen sämtlicher unternehmerischer Folgeentscheidungen. Die strategische Positionierung ist hierbei als ein Bündel von langfristig ausgerichteten Grundsatzentscheidungen eines Güterverkehrsunternehmens zu verstehen (Stölzle & Fagagnini, 2010):
- Auf welchen geographischen Märkten (z. B. regional, national, international) ist das Unternehmen aktiv?
- Mit welchem Leistungsangebot (Breite des Leistungsangebots) ist das Unternehmen aktiv?
- Mit welcher Tiefe in der Leistungserstellung ist das Unternehmen aktiv?
- Wie findet die Leistungsintegration beim Kunden statt?

Güterverkehrsunternehmen erbringen logistische Dienstleistungen und produzieren somit immaterielle Güter. Für Güterverkehrsunternehmen bedeutet dies, dass sie sich als Transport- und Logistikdienstleister zwingend an den individuellen Anforderungen ihrer Kunden ausrichten müssen. Güterverkehrsunternehmen agieren grundsätzlich als dritte Partei („Third Party") in der Funktion eines Mittlers im Güter- und Informationsfluss zwischen Versender und Empfänger.

Die Frage der „geografischen Fokussierung" beschreibt die räumlichen Optionen der strategischen Positionierung von Güterverkehrsunternehmen. Hier wird definiert, auf welchen geographischen Märkten ein Güterverkehrsunternehmen geschäftlich

https://doi.org/10.1515/9783110773040-005

aktiv ist. Die Möglichkeiten reichen von einer lokal/regionalen (bspw. Süddeutschland, Ostschweiz) Ausrichtung über eine nationale (bspw. Deutschland) oder multinationale (z. B. DACH-Staaten) Fokussierung bis hin zu einer kontinentalen/globalen Ausrichtung (Stölzle & Fagagnini, 2010).

Die Grundoption „Breite des Leistungsangebots" beschreibt den Umfang der unterschiedlichen Dienstleistungsprodukte, die ein Güterverkehrsunternehmen seinen Kunden als Leistungsportfolio anbietet. Zum Leistungsangebot können die logistischen Kernaktivitäten Transport, Umschlag oder Lagerung (TUL) sowie weitere logistiknahe Dienstleistungen beispielsweise des Verpackens, der Kommissionierung, der Produktauszeichnung /Signierung oder der Palettierung gehören. Zusätzlich lassen sich auch komplementäre Zusatzleistungen wie z. B. Zollabwicklung, einfache Montage- oder Konfektionierungstätigkeiten dem Leistungsportfolio eines Güterverkehrsunternehmens zurechnen. Gleiches gilt für komplexe, auf den Güterfluss bezogene IT-Services oder Logistik-Beratungsleistungen. Die Breite des logistischen Leistungsangebots erlaubt somit die grundsätzliche Unterscheidung der strategischen Ausrichtung von Güterverkehrsunternehmen als Vollsortimenter mit breitem, auf einen umfassenden Markt abzielendem Angebotsportfolio und als Spezialanbieter mit eher engem, auf bestimmte Nischen fokussiertem Dienstleistungsangebot (Stölzle & Fagagnini, 2010).

Güterverkehrsunternehmen können im Rahmen von strategischen „Make-or-Buy"-Entscheidungen über die von ihnen selbst ausgeführten oder fremd bezogenen Leistungsbestandteile zur Erstellung ihres logistischen Leistungsangebots entscheiden. Mit der „Tiefe der Leistungserstellung" wird der Umfang der durch das Güterverkehrsunternehmen in Eigenregie erbrachten oder von Subunternehmen bzw. Kooperationspartnern bezogenen Leistungsbestandteile beschrieben. In diesem Zusammenhang haben sich zwei Extremformen der strategischen Positionierung herausgebildet. Zum einen kann das Güterverkehrsunternehmen „Assed Based" aufgestellt sein und im Sinne einer vertikalen Integration sämtliche Leistungsbestandteile aus eigener Kraft erbringen. Die dazu erforderlichen physischen Ressourcen (Assets), wie beispielsweise Logistikimmobilien oder Transportmittel, besitzt das Unternehmen selbst. Dem gegenüber steht der Ansatz des „Asset Free", welcher bedeutet, dass das Güterverkehrsunternehmen ohne eigene physische Ressourcen agiert und sämtliche operativen Transport-, Lager- und Umschlagsleistungen (ggf. auch Zusatzleistungen) von spezialisierten Subunternehmern fremd bezieht. In diesem Fall liegt der Schwerpunkt der eigenen Leistungserbringung auf den Organisations- und Koordinationsleistung des Asset Free-Güterverkehrsunternehmens. Dem Asset-Free Güterverkehrsunternehmen kommt dabei die Rolle eines hauptverantwortlichen Orchestrators im logistischen Leistungserstellungsprozess zu (Klaas-Wissing, 2010).

Die Intensität der „Leistungsintegration beim Kunden" resultiert wesentlich aus der zuvor kurz skizzierten Rolle von Güterverkehrsunternehmen als Mittler im Güter- und Informationsfluss zwischen Versender und Empfänger. Die Leistungsintegration beschreibt, in welchem Umfang die logistische Leistungserstellung des Güterverkehrsunternehmens mit den Wertschöpfungsaktivitäten des Versenders und/oder Empfängers verknüpft sind und wie weit der Verantwortungsbereich des Güterverkehrsunternehmens in die Administration und Ausführung der Prozesse beim Versender und / oder Empfänger hineinreicht. Hier gibt es zwei Extremformen bzw. -ausprägungen: Im Falle eines niedrigen Integrationsgrades erfolgt die Leistungserstellung des Güterverkehrsunternehmens weitgehend entkoppelt von den Anforderungen der Wertschöpfungsaktivtäten von Versender oder Empfänger. Die Leistungserbringung des Güterverkehrsunternehmens ist in diesem Fall i. d.R. hoch standardisiert. Im Falle eines hohen Integrationsgrades erfolgt die Leistungserstellung des Güterverkehrsunternehmens hingegen integriert, d h. in enger Kopplung an die individuellen Erfordernisse der Wertschöpfungsaktivitäten von Versender oder Empfänger. Hier kann der Verantwortungsbereich des Güterverkehrsunternehmens bspw. bis in die Distributionslogistik oder die Beschaffungslogistik des Kunden hineinreichen (Klaas-Wissing, 2010).

Zusammenfassend ist festzuhalten, dass die strategische Positionierung von Güterverkehrsunternehmen am Markt eine ganzheitliche Herangehensweise erfordert. In der Praxis bedeuten die dargestellten Zusammenhänge häufig, dass Güterverkehrsunternehmen Technologieintegration, Kundenorientierung, Nachhaltigkeit und Netzwerkgestaltung miteinander verknüpfen müssen. Durch die effiziente Nutzung moderner Technologien, die Fokussierung auf die Kundenbedürfnisse, die Berücksichtigung ökologischer Aspekte und den Aufbau stabiler Partnerschaften können Güterverkehrsunternehmen langfristig erfolgreich am Markt agieren.

Für die strategische Positionierung ist es unerlässlich, Chancen und Risiken innerhalb und außerhalb des Unternehmens zu verstehen und damit umzugehen. In diesem Zusammenhang revolutionierte Michael Porter (1979) die Strategiewissenschaft mit seinem ersten Artikel "How Competitive Forces Shape Strategy", der in der Harvard Business Review veröffentlicht wurde. Sukzessive erweiterte er seine Studien zur Wettbewerbsstrategie auf Unternehmen, Regionen, Nationen, das Gesundheitswesen und die Philanthropie. Sein Modell der "Five Forces", das Kunden, Lieferanten, neue potenzielle Marktteilnehmer, Substitute und die Rivalität innerhalb einer Branche umfasst (siehe Abbildung 5.1.1), definiert die Struktur einer Branche und ist für die Art der Wettbewerbsinteraktion innerhalb der Branche verantwortlich.

Das Modell legt nahe, dass Unternehmen eine strategische Position einnehmen sollten, um Wettbewerbsvorteile zu erzielen. Strategische Positionen sollten langfristige Perspektiven berücksichtigen und können auf Kundenbedürfnissen, Kundenerreichbarkeit sowie Produkt- und Dienstleistungsvielfalt eines Unternehmens basieren. Wenn sich strukturelle Veränderungen ergeben, muss das Unternehmen auf neue strategische Positionen achten, die sich aus Veränderungen in der Branche und neuen Marktteilnehmern ergeben. Die Quellen von Wettbewerbsvorteilen bilden den Kern des Bezugsrahmens für die Five Forces, in dem die Wettbewerbsintensität der Branchenstruktur mit der realisierbaren Rentabilität kombiniert wird (vgl. Porter, 1980; Porter, 2008; Grant & Nippa, 2006).

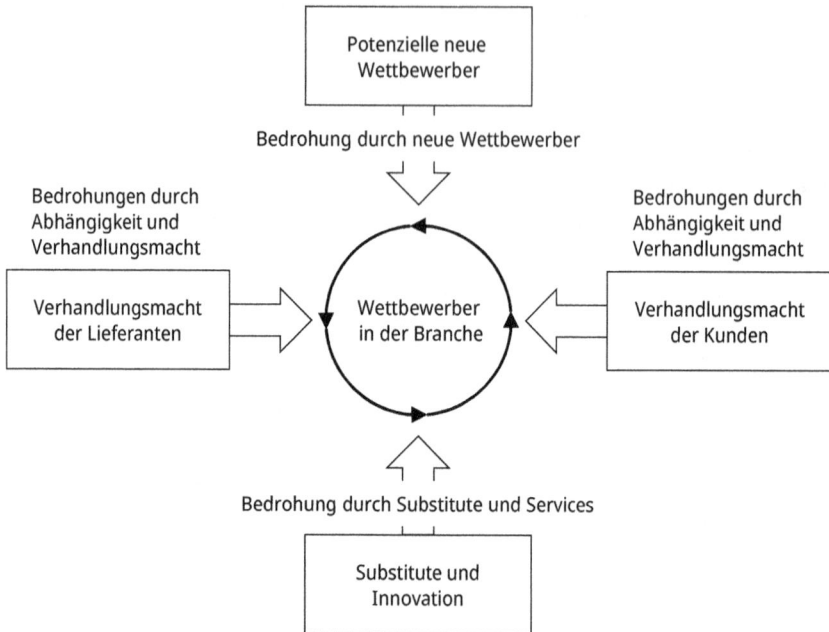

Abbildung 5.1.1: Porter's Five Forces (vgl. Porter, 2008).

5.1.2 Wettbewerbsstrategien

Güterverkehrsunternehmen stehen in einem dynamischen und herausfordernden Marktumfeld, in welchem die geeignete Wettbewerbsstrategie über den Erfolg und die langfristige Wettbewerbsfähigkeit entscheidet.

Die Wettbewerbsstrategie (siehe Abbildung 5.1.2) umfasst den Einsatz unterschiedlicher Aktivitäten zur Generierung eines einzigartigen Wertbündels, um sich von den Konkurrenten differenzieren. Eine Wettbewerbsstrategie sollte interne und externe Faktoren berücksichtigen, die das Unternehmen, die Entscheidungsträger, Chancen und Risiken sowie die Gesellschaft und die Umwelt betreffen. Darüber hinaus können Bedrohungen für die Strategie durch externe Faktoren wie technologische Veränderungen oder Veränderungen im Verhalten der Konkurrenten sowie der Kunden verursacht werden. Bedrohungen vermögen jedoch gleichermaßen in unternehmensinternen Gegebenheiten zu liegen. Die Branchenstruktur passt sich ständig an und kann sich abrupt ändern. Die Veränderungen können von außen oder von innen ausgelöst werden. Daher ist eine kontinuierliche Anpassung der unternehmerischen Tätigkeiten unter Einbeziehung aller Beteiligten geboten. Grundlegende Fragen in Bezug auf die Wettbewerbsstrategie über den aktuellen Status des Unternehmens (Identifikation, Annahmen), den aktuellen Status des Umfelds (Analyse in Bezug auf Industrie, Gesellschaft

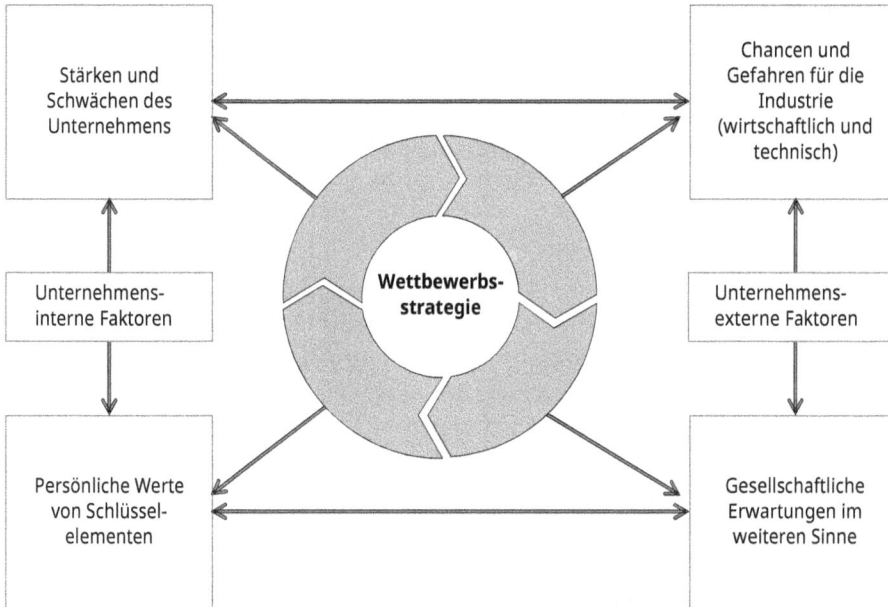

Abbildung 5.1.2: Formulierung der Wettbewerbsstrategie (vgl. Porter, 1980; Porter, 1992).

und Wettbewerber) und mögliche Aktivitäten (strategische Alternativen und Entscheidungen) sollten beantwortet werden (vgl. Porter, 1992; Roy, 2009).

Der nachfolgende Abschnitt zeigt die drei grundlegenden Wettbewerbsstrategien für Güterverkehrsunternehmen – Kostenführerschaft, Qualitätsführerschaft und Fokussierung – auf und beleuchtet Vor- und Nachteile jeder Strategie.

Güterverkehrsunternehmen stehen in einem intensiven Wettbewerbsumfeld, geprägt von oft steigenden Kundenanforderungen, technologischem Fortschritt und globalen Herausforderungen. Die richtige Wettbewerbsstrategie ist dabei entscheidend, um sich von der Konkurrenz abzuheben, kosteneffizient zu wirtschaften und Kundenbedürfnisse zu erfüllen.

Die *Kostenführerschaft* ist eine Wettbewerbsstrategie, bei der das Unternehmen sich durch niedrige Kosten von seinen Konkurrenten abhebt und dadurch preislich attraktive Angebote unterbreiten kann. Diese Strategie zielt darauf ab, Effizienz in den Prozessen zu erhöhen, Skaleneffekte zu nutzen und die Kostenstruktur zu optimieren. Ein Kostenführer im Güterverkehr kann beispielsweise durch einen effizienten Fuhrpark, eine ausgeklügelte Routenplanung, ein optimiertes Lagermanagement und den Einsatz von Technologien wie Telematik und Automatisierung Kosten einsparen.

Vorteile der Kostenführerschaft:
– Wettbewerbsvorteil durch niedrigere Preise: Kunden werden durch attraktive Preise angelockt, was zu höheren Sendungsmengen führen kann.

- Bessere Verhandlungsposition: Ein Kostenführer kann aufgrund seiner Kostenvorteile in Verhandlungen mit Lieferanten und Partnern bessere Konditionen aushandeln.
- Finanzielle Stabilität: Die Kostenführerschaft ermöglicht es einem Unternehmen, auch bei niedrigeren Margen profitabel zu bleiben und finanzielle Stabilität zu gewährleisten.

Nachteile der Kostenführerschaft:
- Gefahr des Preiskampfs: Der Wettbewerb auf Preisebene kann zu einem Preiskampf führen, der die Gewinnmargen der Unternehmen erheblich reduziert.
- Innovationshemmung: Fokussiert sich ein Unternehmen ausschließlich auf Kostensenkung, besteht die Gefahr, dass die Investitionen in Innovationen und Qualitätsverbesserungen vernachlässigt werden.
- Abhängigkeit von externen Faktoren: Ein Kostenführer ist anfällig für Änderungen in der Kostenstruktur, wie zum Beispiel steigende Treibstoffpreise oder erhöhte Lohnkosten.

Die *Qualitätsführerschaft* ist eine Wettbewerbsstrategie, bei der ein Unternehmen durch herausragende Qualität seiner Dienstleistungen und Produkte einen Wettbewerbsvorteil erzielt. Im Güterverkehr bedeutet dies, dass das Unternehmen seinen Kunden ein Höchstmaß an Zuverlässigkeit, Sicherheit und Servicequalität bieten muss. Eine Qualitätsführerschaft kann durch Investitionen in modernes Equipment, gut ausgebildetes Personal, strenge Qualitätskontrollen und kundenorientierte Serviceleistungen erreicht werden.

Vorteile der Qualitätsführerschaft:
- Kundenbindung und -loyalität: Kunden schätzen die hohe Qualität der Dienstleistungen und bleiben dem Unternehmen treu.
- Premium-Preisgestaltung: Ein Qualitätsführer kann in der Regel höhere Preise verlangen, sofern Kunden bereit sind, für die gebotene Qualität mehr zu bezahlen.
- Positive Unternehmensreputation: Eine hohe Servicequalität und eine ausgeprägte Kundenzufriedenheit führen zu einer positiven Reputation, die sich positiv auf das Image des Unternehmens auswirkt.

Nachteile der Qualitätsführerschaft:
- Hohe Investitionskosten: Die Umsetzung einer Qualitätsführerschaft erfordert oft beträchtliche Investitionen in Technologie, Personal und Prozesse.
- Wettbewerb durch Imitation: Hohe Qualitätsstandards können von Wettbewerbern kopiert werden, was zu einem intensiveren Wettbewerb führen kann.
- Eingeschränkte Zielgruppe: Eine Qualitätsführerschaft richtet sich oft an eine bestimmte Zielgruppe, die bereit ist, für die hohe Qualität zu zahlen, was die Marktgröße einschränken kann.

Die *Fokussierungsstrategie* konzentriert sich darauf, eine bestimmte Nische oder Zielgruppe im Güterverkehrsmarkt zu bedienen. Das Unternehmen konzentriert seine Ressourcen und Anstrengungen auf die Erfüllung der spezifischen Bedürfnisse dieser Zielgruppe und kann so eine starke Position in dieser Nische aufbauen. Die Fokussierung basiert entweder auf Kostenführerschaft oder Qualitätsführerschaft, sie ist geografisch oder branchenspezifisch ausgerichtet.

Vorteile der Fokussierung:
- Weniger Wettbewerb: Durch die Ausrichtung auf eine spezifische Nische konkurriert das Unternehmen mit wenigen Wettbewerbern, was die Chancen auf Erfolg erhöhen kann.
- Expertenstatus: Ein Unternehmen, das sich auf eine bestimmte Nische spezialisiert, kann sich als Experte in diesem Bereich positionieren und das Vertrauen der Kunden gewinnen.
- Kundenbindung: Kunden in einer spezifischen Nische haben oft spezielle Bedürfnisse, die von einem fokussierten Unternehmen besser erfüllt werden können, was zu einer hohen Kundenbindung führen kann.

Nachteile der Fokussierung:
- Abhängigkeit von der Nische: Wenn die Zielgruppe oder Nische sich verändert oder verschwindet, kann dies für das Unternehmen eine große Herausforderung darstellen.
- Begrenzte Marktdurchdringung: Die Fokussierung kann dazu führen, dass das Unternehmen einen kleineren Marktanteil hat und somit das Wachstumspotenzial begrenzt ist.
- Risiko der Imitation: Fokussierte Strategien sind oft leichter zu imitieren, was dazu führen kann, dass Wettbewerber in die Nische eindringen und den Wettbewerb verschärfen.

Die Wahl der richtigen Wettbewerbsstrategie ist für Güterverkehrsunternehmen von entscheidender Bedeutung, um im Markt erfolgreich agieren zu können. Kostenführerschaft, Qualitätsführerschaft und Fokussierung sind drei grundlegende Ansätze, die unterschiedliche Vor- und Nachteile bieten. Eine gründliche Analyse der eigenen Stärken und Schwächen sowie der Marktchancen und -risiken ist unerlässlich, um die passende Wettbewerbsstrategie zu identifizieren und erfolgreich umzusetzen.

5.1.3 Implementierung von Strategien im Güterverkehr

Dieser Abschnitt betrachtet die Implementierungsmöglichkeiten jeder der drei vorgestellten Strategien, um eine erfolgreiche und nachhaltige Positionierung am Markt zu erreichen.

Die Implementierung der Wettbewerbsstrategien im Güterverkehr ist eine komplexe Aufgabe. Unternehmen sollten ihre Stärken, Schwächen, Chancen und Risiken sorgfältig analysieren, um die passende Strategie zu wählen. Eine erfolgreiche Implementierung erfordert ein klares Verständnis der Kundennachfrage, der Marktbedingungen und der eigenen Kernkompetenzen. Der erste Schritt der Implementierung sollte jedoch in der Entwicklung eines Leitbildes liegen. Ein Leitbild besteht z. B. aus einer Vision, einer Mission und Kernwerten des Unternehmens. Die Vision umfasst Leitfragen wie z. B. *„Wo sieht die Unternehmensführung das Unternehmen in fünf bis zehn Jahren?"* oder *„Wo sollen die Schwerpunkte liegen?"*. Eine Mission fokussiert Leitfragen, wie z. B. *„Woher kommt das Unternehmen, wo sind die Wurzeln?"*, *„Welche Traditionen hat das Unternehmen?"* oder *„Was ist die Aufgabe des Unternehmens?"*. Kernwerte beziehen sich z. B. auf *„Welche Wertvorstellungen vertritt das Unternehmen?"* oder *„Was sind die zentralen Unternehmenswerte?"* (Kerth, Asum & Stich, 2015).

Als einen etablierten Implementierungsansatz für Strategien lässt sich die Balanced Scorecard (BSC) von Kaplan und Norton (1996) nennen. Die BSC ist ein ganzheitliches Kennzahlensystem zur Umsetzung von Unternehmensstrategien. Für die ganzheitliche Abbildung wird die BSC nach den Dimensionen (flexibel) Finanzen, Kunden, Prozesse und Mitarbeiter dargestellt und auf jeder Führungsebene entscheidungsrelevante Kennzahlen definiert. Damit ist sie ebenfalls für die Anwendung von Güterverkehrsunternehmen geeignet. Ziele der BSC sind u.a, Unternehmenssteuerung, Erfolgskontrolle, Entscheidungsgrundlage, Vergleichbarkeit sowie die Verknüpfung der strategischen Ziele mit den operativen Zielen.

Integraler Bestandteil sind die oben angesprochen vier Dimensionen der BSC
- Finanzperspektive
- Kundenperspektive
- Interne Prozessperspektive
- Lern- und Entwicklungsperspektive

Diese werden zunächst genutzt, um aus dem Leitbild heraus die einzelnen Perspektiven zu diskutieren:
- Finanzperspektive: „Wenn wir erfolgreich sind, woran sehen dies unsere Aktionäre?"
- Kundenperspektive: „Wie muss ich den Kunden sehen, um die Vision zu erreichen?"
- Lern- und Entwicklungsperspektive: „Wie muss sich meine Organisation weiterentwickeln, um die Vision zu erreichen?"
- Interne Prozessperspektive: „Welche Prozesse muss ich optimieren, um die Kunden zufrieden zu stellen?"

Die Aspekte aus den vier Perspektiven werden in der BSC konsolidiert und in strategische Ziele, der Maßgröße, dem operativen Zielen sowie damit verbunden Aktionen übersetzt (siehe Abbildung 5.1.3).

BSC betrachtet das Unternehmen aus 4 Perspektiven:

Der Prozess der Erstellung einer BSC ist wichtiger als die Resultate

Finanzielle Perspektive

Strat. Ziel	Maßgröße	Operat. Ziel	Aktionen
Wie sollen wir gegenüber Teilhabern auftreten, um finanziellen Erfolg zu haben			

Prozessperspektive

Strat. Ziel	Maßgröße	Oper. Ziel	Akt.
In welchen Geschäftsprozessen müssen wir die besten sein, um unsere Teilhaber und Kunden zu befriedigen?			

Vision & Strategie

Kundenperspektive

Strat. Ziel	Maßgröße	Operat. Ziel	Aktionen
Wie sollen wir gegenüber unseren Kunden auftreten, um unsere Vision zu verwirklichen?			

Mitarbeiter-/Lernperspektive

Strat. Ziel	Maßgröße	Oper. Ziel	Akt.
Wie können wir unsere Veränderungs- und Wachstumspotentiale fördern, um unsere Visionen zu verwirklichen?			

BSC verbindet finanzielle und nicht finanzielle Steuerungsgrößen.

BSC unterstützt die Umsetzung von Strategien in Aktionen

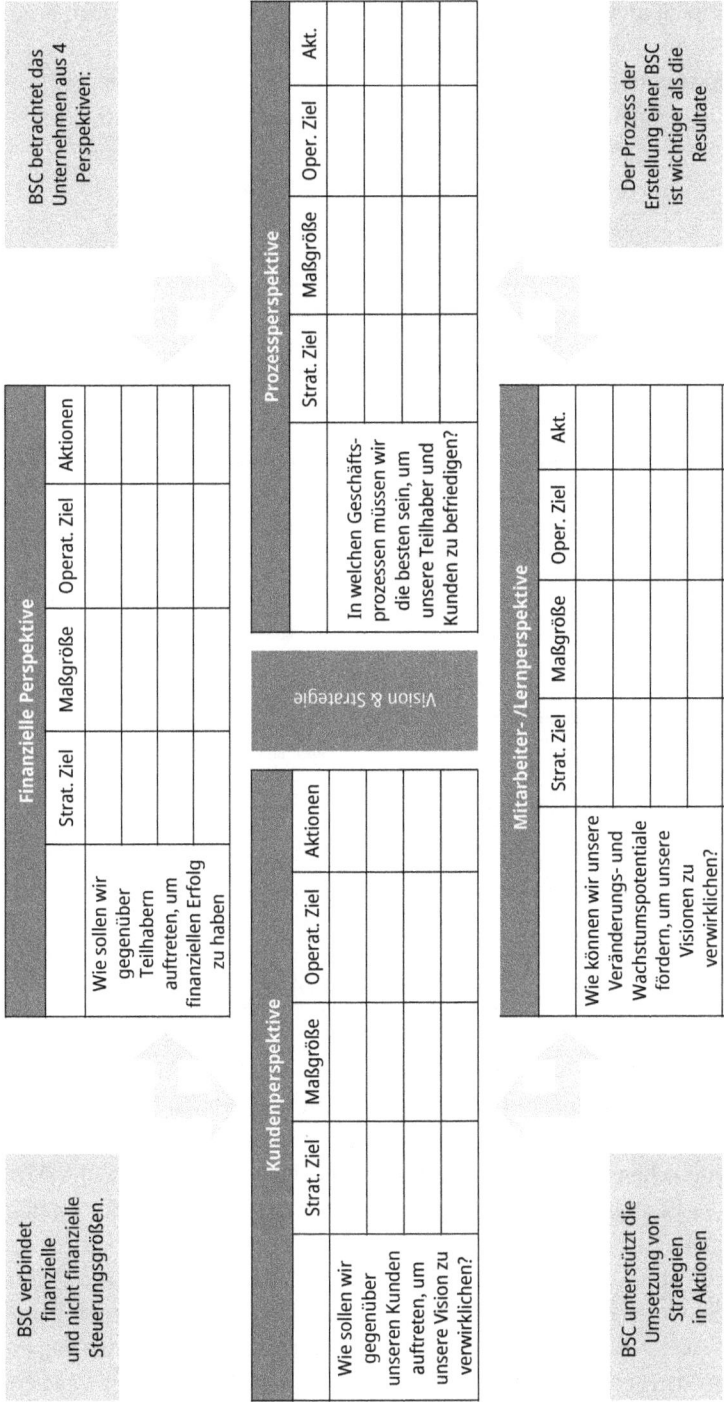

Abbildung 5.1.3: Balanced Scorecard (vgl. Kaplan & Norton, 1996).

Ist die BSC nach Kaplan und Norton (1996) primär auf das einzelne Unternehmen bezogen, gibt es zahlreiche Ansätze mit der Übertragung auf die Supply Chain und somit auch auf Güterverkehrsunternehmen. Weber und Wallenburg (2010) kombinieren beispielsweise das Logistiknetzwerk mit der unternehmensinternen Perspektive (siehe Abbildung 5.1.4).

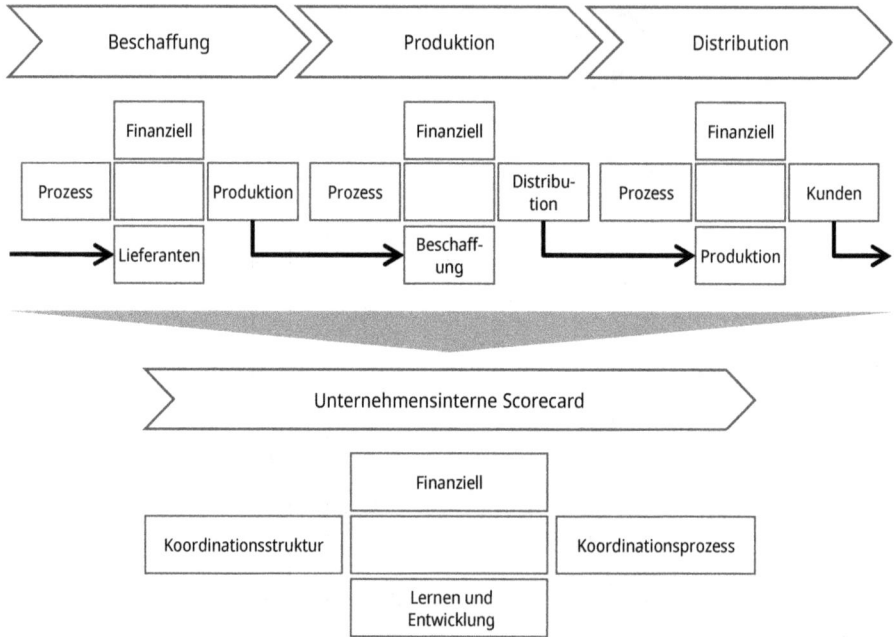

Abbildung 5.1.4: Supply Chain Balanced Scorecard (vgl. Weber & Wallenburg, 2010).

5.1.4 Zusammenfassung

An strategischen Ansätzen zu Positionierung und zum Nachhalten der Strategie mangelt es nicht. Für die strategische Positionierung von Unternehmen, so auch im Güterverkehr, gibt es keine Blaupause. Das Umfeld, die eigene Situation sowie die eigenen Möglichkeiten, Fähigkeiten und Grenzen sind in jedem Unternehmen hoch individuell. Die strategische Positionierung hängt daher immer vom Einzelfall ab und sollte für jedes Unternehmen individuell erarbeitet werden.

Die strategische Positionierung eines Unternehmens im Markt ist ein komplexer Prozess, der sowohl die internen Stärken und Schwächen als auch die externen Chancen und Risiken berücksichtigen muss. Eine klare und differenzierte Positionierung ermöglicht es einem Unternehmen, einen nachhaltigen Wettbewerbsvorteil zu erreichen. Dies erfordert eine kontinuierliche Anpassung und Ausrichtung der Unternehmensstrategie an die sich kontinuierlich verändernden Marktbedingungen. Eine erfolgreiche strategische Positionierung basiert – wie in diesem Kapitel gezeigt – u. a. auf einer detaillierten Markt- und Marktumfeld-Analyse sowie einer klaren Zielgruppendefinition und einem tragfähigen Produktportfolio. Sie sollte auch die langfristigen Ziele des Unternehmens und die Unternehmenskultur berücksichtigen. "Culture eats strategy for breakfast" ist ein berühmtes Zitat von Peter Drucker, einem der etabliertesten Strategieberater. Diese vereinfachte und provokante Aussage zeigt anschaulich, dass es neben den Rahmenbedingungen hinsichtlich der strategischen Positionierung im Besonderen auf die Kultur im Unternehmen ankommt, um mit der gewählten Strategie erfolgreich zu sein. Ohne eine lernende Organisation und ohne eine etablierte Kaizen-Kultur, welche ständig nach Verbesserungen strebt, wird eine nachhaltige, erfolgreiche Umsetzung der Unternehmensstrategie an Grenzen stoßen.

Literaturverzeichnis

Grant, R. & Nippa, M. (2006). *Strategisches Management – Analyse, Entwicklung und Implementierung von Unternehmensstrategien* (5. Aufl.). München: Pearson Studium.

Kaplan, R. S. & Norton, D. P. (1996). *The Balanced Scorecard: Translating Strategy into Action*. Boston: Harvard Business Review Press.

Kerth, K., Asum, H. & Stich, V. (2015). *Die besten Strategietools in der Praxis: Welche Werkzeuge brauche ich wann? Wie wende ich sie an? Wo liegen die Grenzen?* (6. Aufl.). München: Carl Hanser.

Klaas-Wissing, T. (2010). Strategische Positionierung. In W. Stölzle & H. P. Fagagnini (Hrsg), *Güterverkehr Kompakt* (S. 125–138). München: Oldenbourg.

Porter, M. (1979). How Competitive Forces Shape Strategy. *Harvard Business Review 57*(2), 137–145.

Porter, M. (1980). *Competitive Strategy – Techniques for Analyzing Industries and Competitors.* New York: Free Press.

Porter, M. (1992). *Wettbewerbsstrategie (Competitive Strategy) – Methoden zur Analyse von Branchen und Konkurrenten* (7. Aufl.). Frankfurt: Campus Verlag.

Porter, M. (1996). What is Strategy? *Harvard Business Review, 76*, 61–78.

Porter, M. (2008). The Five Competitive Forces that Shape Strategy. *Harvard Business Review, 86*(1), 78–93.

Roy, D.T. (2009). *Strategic Foresight and Porter's Five Forces: Towards a Synthesis*. München: Grin Verlag.

Stölzle, W. & Fagagnini, H. P. (2010). *Güterverkehr kompakt. München*: Oldenbourg.

Weber, J. & Wallenburg, C. M. (2010). *Logistik- und Supply Chain Controlling* (6. Aufl.). Stuttgart: Schäffer-Poeschel.

5.2 Value Chain-Segmentierung

Daniel Roy, Matthias Magnor

Güterverkehrsunternehmen nehmen in logistischen Netzwerken unterschiedliche Rollen ein: Einerseits optimieren Sie im Sinne des wirtschaftlichen Handelns permanent ihrer eigenen Handlungen anhand ihrer unternehmenseigenen, dynamischen Zielsysteme. Zudem sind Güterverkehrsunternehmen auch stets Akteure, in denen ihre Auftraggeber ihr logistisches Netzwerk auf Basis ihres eigenen Zielsystems konfigurieren und dynamisch optimieren. Ansätze zum Management von Zielkonflikten in logistischen Systemen spielen daher für Güterverkehrsunternehmen in doppelter Hinsicht eine wichtige Rolle – im Rahmen der aktiven Gestaltung sowie in der passiven Anpassung an Anforderungen von Auftraggebern und Kunden.

5.2.1 Koordinatensystem der Zielkonflikte

"Es gibt keine Lösungen, nur Kompromisse" (orig.-engl.: „There are no solutions, just trade-offs"). Der US-amerikanische Ökonom Thomas Sowell (2007) formuliert mit dieser kurzen Sentenz das Dilemma jeder (nicht nur logistischen) Optimierung und fasst damit ins Wort, was jeder praxiserfahrene Logistiker weiß: Es gibt nicht *das* Optimum; vielmehr gibt es eine Vielzahl von Optima, die jeweils anwendungs- und fallspezifisch sind und in der Praxis oft mühsam errungen werden müssen. Es gilt, unter den gegebenen Voraussetzungen und Zielsetzungen, das „richtige" Optimum bzw. den noch vertretbaren „Trade-Off" zu finden und auszugestalten.

Logistische Zielsysteme helfen, Klarheit über die Dimensionen und die Ausgestaltung des konkreten logistischen Systems zu erlangen. Darin eingebettet ist der Güterverkehr. Abbildung 5.2.1 stellt das herausfordernde Umfeld dar, in dem Ziele mehr werden, in der Priorisierung schwanken, komplex und im Konflikt zueinanderstehen.

Dabei unterliegen logistische Zielsysteme in zweierlei Hinsicht einer Dynamik:

Erstens sind endogene und exogene Einflussfaktoren der Zieldimensionen per se als dynamisch anzusehen: so beeinflussen u. a. die konkreten Finanzierungskosten der Bestände die Gesamtkosten eines Logistiksystems (siehe Kapitel 5.5). Ändern sich die Finanzierungskosten, hat dies direkten Einfluss auf den optimalen „Trade-Off" zwischen Bestandshöhen und Lieferfähigkeit – ein neues Optimum muss gesucht, gefunden und eingenommen werden. Über die Neukonfiguration des Liefernetzwerks mit Knoten und Kanten ändern sich entsprechend auch die Anforderungen an die beteiligten Güterverkehrsunternehmen.

Zweitens sind die Zieldimensionen selbst als zunehmend dynamisch anzusehen. Neben die bestehenden Dimensionen treten weitere, neue oder geänderte Dimensionen hinzu. Genügte in der Vergangenheit eine Optimierung anhand eines überschaubaren Zielsystems z. B. entlang der Dimensionen Qualität, Kosten und Zeit, so gewinnen in Phasen gestörter oder unterbrochener Lieferketten zunehmend Dimensionen wie Robustheit, Resilienz und Flexibilität an Gewicht.

Werden in Phase stabiler Lieferketten Logistik-Paradigmen wie „Just in Time" mit „Zero Inventory" und „One Piece Flow" verfolgt, so gewinnt bei Versorgungsengpässen und -unterbrechungen die Lagerhaltung wiederum an Bedeutung – die logistischen Knoten wachsen als Reaktion auf weniger verlässliche Kanten in Logistiknetzwerken in Anzahl und Größe an. Das Pendel schwingt vom Paradigma der „Just-in-Time" zur „Just-in-Case"-Logistik, also der Konfiguration eines resilienten und robusten Logistik-

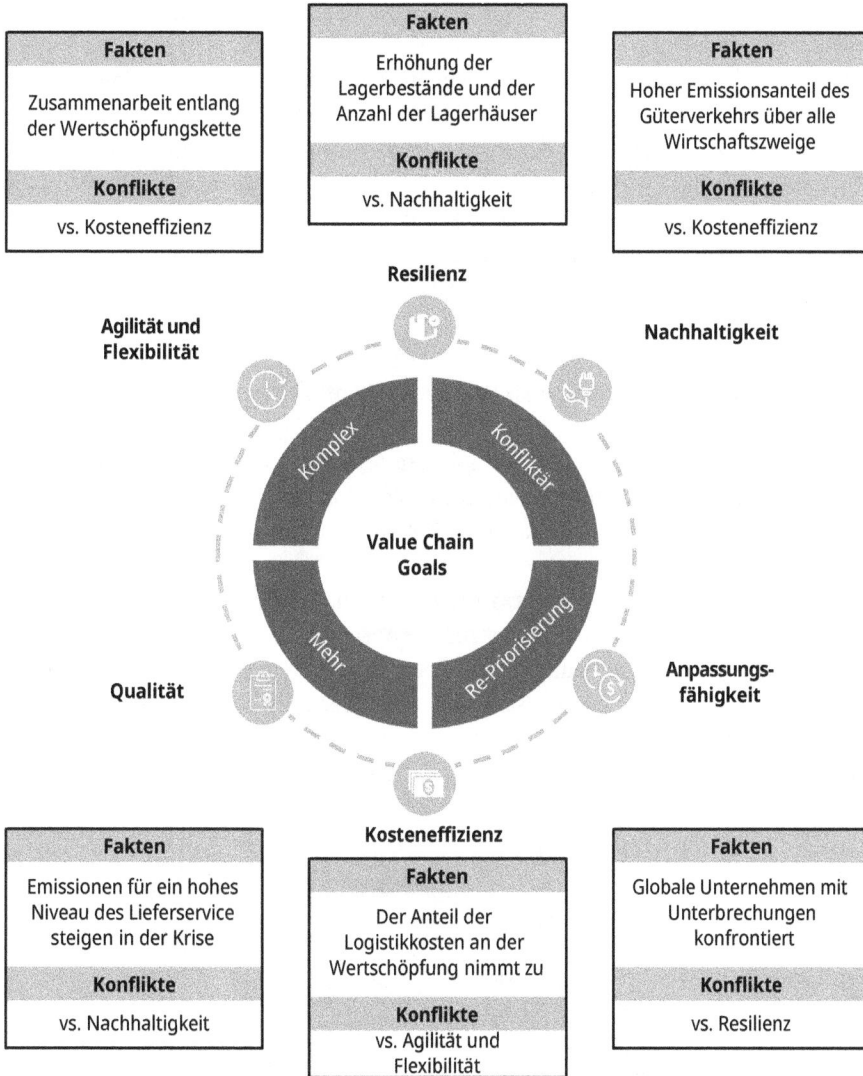

Fakten

Zusammenarbeit entlang der Wertschöpfungskette

Konflikte

vs. Kosteneffizienz

Fakten

Erhöhung der Lagerbestände und der Anzahl der Lagerhäuser

Konflikte

vs. Nachhaltigkeit

Fakten

Hoher Emissionsanteil des Güterverkehrs über alle Wirtschaftszweige

Konflikte

vs. Kosteneffizienz

Resilienz

Agilität und Flexibilität

Nachhaltigkeit

Komplex

Konfliktär

Value Chain Goals

Mehr

Re-Priorisierung

Qualität

Anpassungs-fähigkeit

Kosteneffizienz

Fakten

Emissionen für ein hohes Niveau des Lieferservice steigen in der Krise

Konflikte

vs. Nachhaltigkeit

Fakten

Der Anteil der Logistikkosten an der Wertschöpfung nimmt zu

Konflikte

vs. Agilität und Flexibilität

Fakten

Globale Unternehmen mit Unterbrechungen konfrontiert

Konflikte

vs. Resilienz

Abbildung 5.2.1: Value Chain-Ziele.

systems, das auch in Extremsituationen leistungsstabil und ausfallsicher funktioniert und eine verlässliche Versorgung gewährleistet.

Völlig neu treten zudem ESG-Dimensionen (Environmental, Social, Governance) in logistischen Zielsystemen hinzu (siehe Kapitel 1.4). Waren diese Dimensionen lange Zeit primär von Relevanz für Marketingbereiche, so gewinnen sie zunehmend durch politische, soziale und legislative Initiativen an praktischer Bedeutung – exemplarisch seien die EU-Taxonomie sowie das Lieferkettengesetz genannt.

Das Design und die Ausgestaltung logistischer Zielsysteme müssen darauf reagieren und tun dies im Sinne eines multidimensional dynamischen Anpassungsprozesses.

5.2.2 Value Chain-Segmentierung als Ansatz, Zielkonflikte zu managen

Ein Ansatz dem Spannungsfeld vom komplementären bzw. konfliktären Zielen zu begegnen, bildet die Value Chain-Segmentierung. Diese hat zum Ziel, für spezifische Kundenanforderungen eine geeignete Value Chain-Konfiguration zu wählen, die möglichst viele Ziele berücksichtigt.

Unternehmen fällt es oft schwer, zwischen ihren Kunden zu differenzieren. Die gängige ABC-Kundenpriorisierung findet für die Ausgestaltung geeigneter Value Chain-Konfigurationen selten Anwendung. Dabei bietet die Segmentierung als *Value Chain-as-a-Service* die Möglichkeit, neue logistische Geschäftsmodelle zu erschließen und Zielkonflikte durch transparente Leistungsangebote zu entschärfen. Abbildung 5.2.2 zeigt den prinzipiellen Ansatz der Kundenindividualisierung in der Logistik.

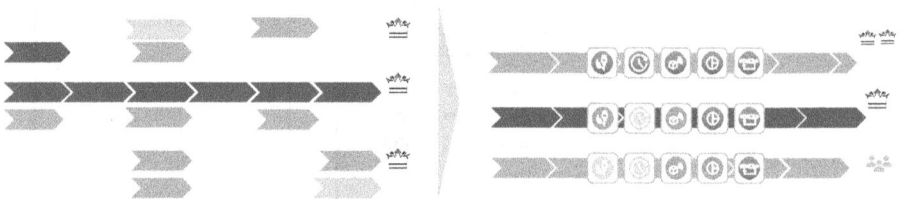

Abbildung 5.2.2: Prinzip der Value Chain-Segmentierung.

Die Entscheidungslogik der Value Chain-Segmentierung lässt sich in vier Hauptschritte unterteilen, die in Abbildung 5.2.3 dargestellt sind. Das SCOR-Modell (Supply Chain Operations Reference) dient aufgrund des praktischen Reifegrades, der Akzeptanz des SCOR-Netzwerkes sowie der darin vorhandenen Kausalität zwischen Ansätzen, KPI und „Practices" als nützliche Basis.

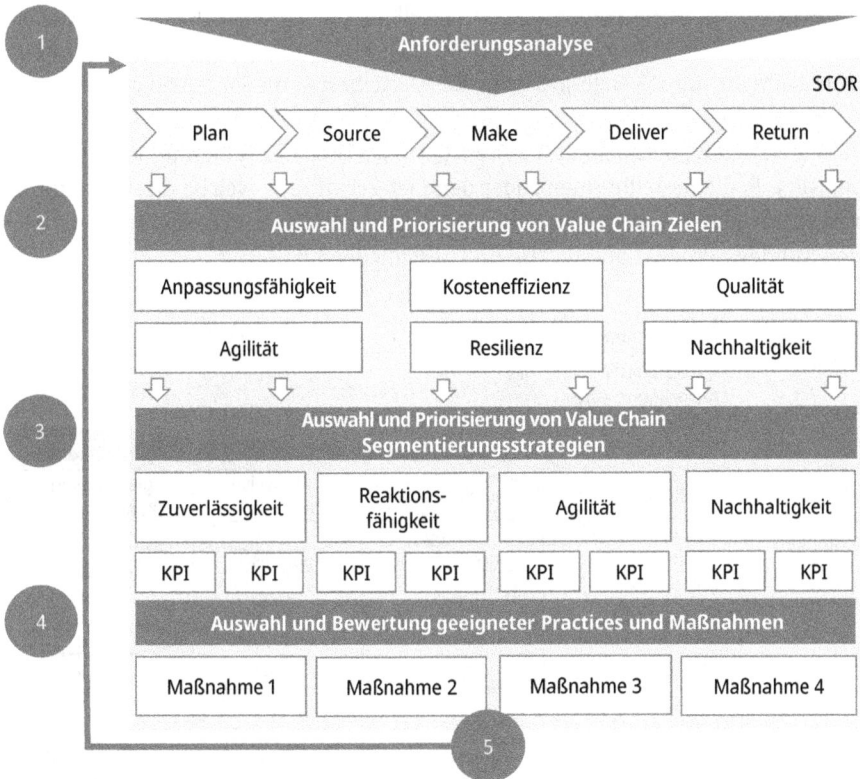

Abbildung 5.2.3: Entscheidungslogik der Value Chain-Segmentierung.

Anforderungsanalyse

1. Definition des Prozessmodells: Das SCOR-Modell liefert durch die prozessuale Einteilung in PLAN-SOURCE-MAKE-DELIVER-RETURN (SMDR) einen zielführenden Ansatz, ganzheitlich Anforderungen aus der E2E-Perspektive aufzunehmen. Planungsaspekte werden für den weiteren Verlauf integriert, werden aber nicht als gesonderte Anforderungsebene definiert. Anforderungsebenen sind somit SMDR.

2. Auswahl geeigneter Segmentierungskriterien je Anforderungsebene: Auswahl von Kriterien, die eine Relevanz zur Erfüllung der Kundenanforderungen besitzen.

3. Aufnahme von Ausprägungen: Die Kriterien müssen operationalisiert werden. Analog einem morphologischen Kasten ist jedes Kriterium mit entsprechenden Ausprägungen zu beschreiben. Bewährt haben sich i. d.R. 3-5 Ausprägungen, die einer logischen Rangfolge entsprechend abgebildet werden können.

4. Auswahl der Ausprägungen: Aus der Perspektive der Kundenanforderungen bzw. der spezifischen Produktfamilie werden die heutigen (mehrheitlichen, wenn nicht alle Produkte abgebildet werden können) Ausprägungen ausgewählt.

5. Bewertung der Ausprägungen: Zur Feststellung der wesentlichen Anforderungen entlang der Value Chain-Ebenen SMDR muss eine sinnvolle Bewertung erfolgen. Hier kann die unter 3 angesprochene Rangfolge bereits diesen Schritt adressieren.

Abbildung 5.2.4 zeigt beispielhaft die Anforderungsebene DELIVER mit möglichen Kriterien, wie z. B. die Bestellfrequenz oder den Lieferrhythmus, welche direkte Anforderungen an den Güterverkehr darstellen. Ausprägungen dieser Kriterien werden dann für den Kunden / Produkt ausgewählt und anschließend bewertet.

Anforderungs-ebene	Kriterium	Ausprägung		
	Bezug der **Ausprägung eines Kriteriums** zum Segment	SCHWACHER Bezug		STARKER Bezug
DELIVER (Kunden- und Distributions-bezogen)	Bestellfrequenz	einmalig / volatil	blockweise (sporadisch)	gleichmäßig (kontinuierlich)
	Bestellvolumen	gering	mittel	hoch
	Lieferrhythmus	unregelmäßig	sporadisch	regelmäßig
	Lieferflexibilität je Auftrag	gering	mittel	hoch
	Vertriebskanäle	indirekt	gemischt	direkt
	Verbrauchsrisiko	hoch	mittel	niedrig
	Kundensegmen-tierung (ABC)	C	B	A
	Vertragsverhältnis	kurzfristige Verträge	mittelfristig (z.B. projektbasiert)	langfristig (z.B. Rahmenverträge)
	Kundenarten	intern	extern	intern und extern
	Kunden-anforderungen	gering	mittel	hoch
	Regionalität (Distribution)	lokal	regional	global
	Distributionsstufen	1	2	3	4

Abbildung 5.2.4: Morphologischer Kasten zur Erstellung von Anforderungsprofilen.

Im Ergebnis wird ein Anforderungsprofil je Anforderungsebene SMDR entlang der Value Chain eines spezifischen Kunden bzw. Produktes entwickelt. Die Anforderungsanalyse unterstützt die Entscheidungsfindung der geeigneten Auswahl von zu verfolgenden Value Chain-Zielen zur Erreichung der Kundenzufriedenheit in Abhängigkeit davon, welche Ebene am höchsten priorisiert wird.

Auswahl und Priorisierung von Value Chain-Zielen und Key Performance Indicators
1. Aufnahme von relevanten Value Chain-Zielen: Ziele sind z.B. Anpassungsfähigkeit, Kosteneffizienz, Servicequalität, Nachhaltigkeit, Resilienz oder Flexibilität.

2. Auswahl der Key Performance Indicators (KPIs) bzw. Kennzahlen zur Operationalisierung der Value Chain-Ziele: In diesem Schritt sollten je Ziel nicht mehr als fünf KPIs ausgewählt werden. Im Sinne der Praxistauglichkeit gilt es, die Komplexität eines Kennzahlensystems gering zu halten (siehe Abbildung 5.2.5).
3. Beschreibung von KPIs: Für eine gemeinsame Projektsprache sowie die Möglichkeit der tatsächlichen Beeinflussbarkeit sind gemeinsam abgestimmte Beschreibungen unerlässlich.
4. Priorisierung der Value Chain-Ziele: Da i. d.R. für Anforderungsebenen SMDR mehrere Ziele in Frage kommen und diese nicht selten im Konflikt zueinanderstehen, ist die Priorisierung der Value Chain Ziele in der jeweiligen Anforderungsebene SMDR notwendig (linke Seite der Abbildung 5.2.6).

Im Ergebnis liefert der zweite Schritt operationalisierte, zugeordnete und priorisierte Value Chain Ziele, beschrieben durch ausgewählte KPIs.

Value Chain Ziel	Beschreibung		Kennzahlen
Verbesserung der ANPASSUNGS-FÄHIGKEIT	Für komplexere Lieferketten Ist es essentiell, durch geeignete Strukturen und vorbereitete Maßnahmen schnellstmöglich auf Störungen entlang der Supply Chain und sich bietende Chancen des Marktes reagieren zu können. Ziel ist es, dadurch die Anforderungen des Kunden stets im bestmöglichen Umfang erfüllen zu können. Zentrale Anforderung dabei ist es, die Anpassungsfähigkeit der Supply Chain auf verschiedenen zeitlichen Horizonten zu gewährleisten.	1	Kennzahlen
		2	Auslastungsgrad
		3	Bestandsreichweite (DOH)
		4	Gesamt Value at Risk
		5	Kundenreklamationen
		6	Lieferbereitschaft
		7	Servicelevel (DSL)
		8	Perfekte Auftragserfüllung
		9	Steigerungsfähigkeit der Lieferkette
		10	Verringerungsfähigkeit der Lieferkette

Abbildung 5.2.5: Beispielhafte Beschreibung von Zielen und Kennzahlen.

Auswahl und Priorisierung von Value Chain-Segmentierungsstrategien

1. Auswahl von Value Chain-Strategien zur Adressierung der Value Chain-Ziele: Bewährt hat sich in diesem Zusammenhang das SCOR-Modell, indem z. B. Agilität, Kosten, Asset Management Efficiency, Zuverlässigkeit und Reaktionsfähigkeit als Value Chain-Strategien beschrieben werden können.
2. Mögliche Ergänzung von weiteren Strategien: So liefert bspw. das SCOR-Modell noch keine Beschreibungen zur Zero Emission oder Lean Value Chain.
3. Beschreibungen der Segmentierungsstrategien: Für eine gemeinsame Projektsprache sowie die Möglichkeit der tatsächlichen Beeinflussbarkeit sind gemeinsam abgestimmte Beschreibungen unerlässlich.
4. Priorisierung Segmentierungsstrategien: Analog den Zielkonflikten sind mehrere Strategien für unterschiedliche Ziele denkbar. Daher ist eine Priorisierung von Value Chain-Segmentierungsstrategien zu jedem Value Chain-Ziel notwendig (Abbildung 5.2.6).

Mit der Auswahl und Priorisierung von Value Chain-Segmentierungsstrategien sowie deren Zuordnung zu dem jeweiligen Value Chain Ziel kann ein Wirkzusammenhang erarbeitet werden. Um adäquat eine darauf aufbauende Value Chain-Optimierung bzw. die Befriedigung von Kundenanforderungen zu realisieren, ist eine geeignete Erarbeitung von Maßnahmen und darüber hinaus geschäftsmodelltauglichen Services der letzte und vierte Schritt.

Auswahl und Bewertung geeigneter Practices und Maßnahmen

1. Entwicklung bzw. Auswahl von Practices / Maßnahmen / Services zur Unterstützung der Strategien: Das SCOR-Modell bietet eine Zuteilung von Maßnahmen (emerging, standard, best practices) zu den Value Chain-Strategien.
2. Maßnahmensystematisierung: Neben der Zuteilung zu Value Chain-Strategien, kann ebenfalls eine Zuteilung zu den Anforderungsebenen erfolgen. Dieser Schritt unterstützt die Analyse des Wirkungsgrades möglicher Maßnahme (siehe Abbildung 5.2.7).
3. Neben dem Wirkungsgrad können Practices / Maßnahmen / Services mit weiteren Dimensionen, wie z. B. Kosten/Nutzen oder Umsetzungsaufwand, bewertet werden.

Die Notationen unter der Spalte BP (= Best Practice), SP (Standard Practice) und EP (Emerging Practice) sind dem SCOR-Modell entnommen und stehen für den Reifegrad der jeweiligen Maßnahme, wobei SP standardisiert ist, BP sich branchenweit als der Benchmark durchgesetzt haben und EP neuere noch zu bestätigende Maßnahmen darstellen. Diese Practices lassen sich systematisieren. Dies dient insbesondere der eine Kosten-Nutzen-Betrachtung.

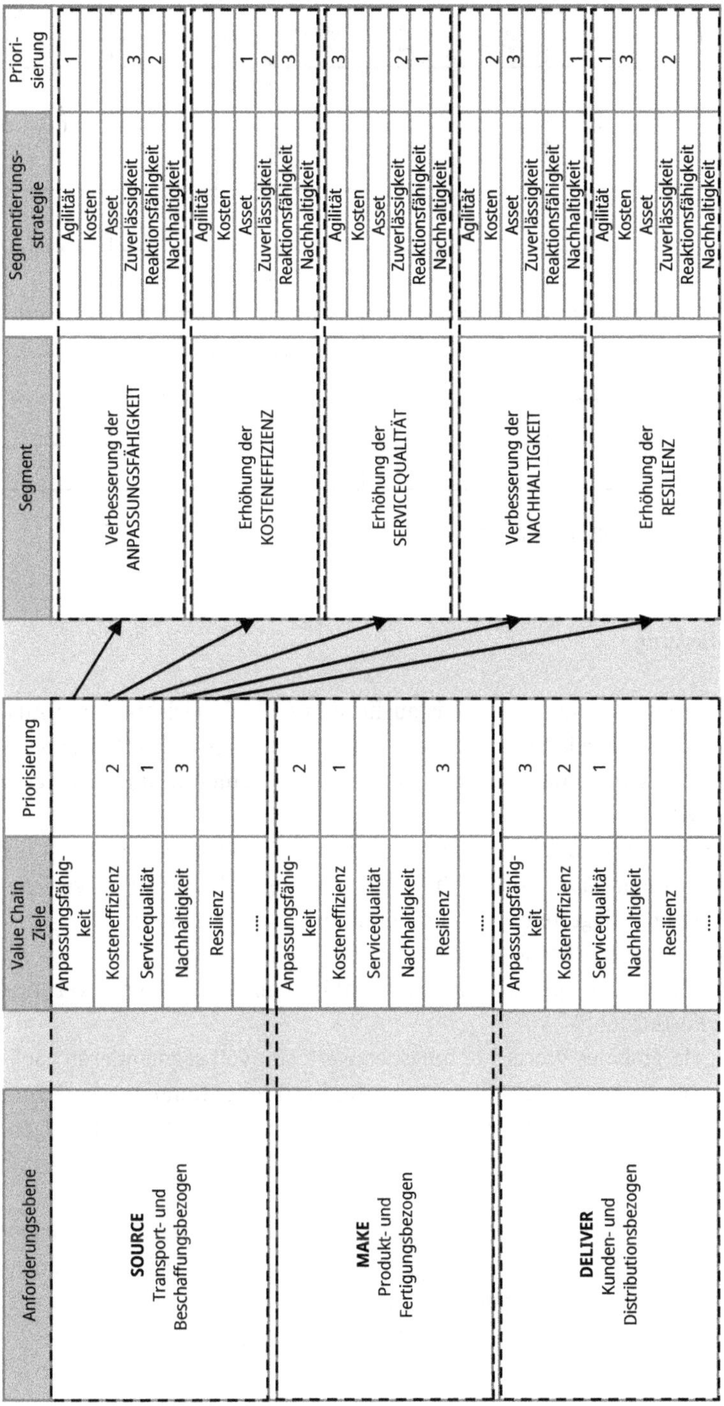

Anforderungsebene	Value Chain Ziele	Priorisierung
SOURCE Transport- und Beschaffungsbezogen	Anpassungsfähigkeit	
	Kosteneffizienz	2
	Servicequalität	1
	Nachhaltigkeit	3
	Resilienz	
	…	
MAKE Produkt- und Fertigungsbezogen	Anpassungsfähigkeit	2
	Kosteneffizienz	1
	Servicequalität	
	Nachhaltigkeit	
	Resilienz	3
	…	
DELIVER Kunden- und Distributionsbezogen	Anpassungsfähigkeit	3
	Kosteneffizienz	2
	Servicequalität	1
	Nachhaltigkeit	
	Resilienz	

Segment	Segmentierungsstrategie	Priorisierung
Verbesserung der ANPASSUNGSFÄHIGKEIT	Agilität	1
	Kosten	
	Asset	3
	Zuverlässigkeit	
	Reaktionsfähigkeit	2
	Nachhaltigkeit	
Erhöhung der KOSTENEFFIZIENZ	Agilität	
	Kosten	1
	Asset	2
	Zuverlässigkeit	
	Reaktionsfähigkeit	
	Nachhaltigkeit	3
Erhöhung der SERVICEQUALITÄT	Agilität	3
	Kosten	
	Asset	
	Zuverlässigkeit	2
	Reaktionsfähigkeit	1
	Nachhaltigkeit	
Verbesserung der NACHHALTIGKEIT	Agilität	
	Kosten	2
	Asset	3
	Zuverlässigkeit	
	Reaktionsfähigkeit	1
	Nachhaltigkeit	
Erhöhung der RESILIENZ	Agilität	1
	Kosten	
	Asset	3
	Zuverlässigkeit	
	Reaktionsfähigkeit	2
	Nachhaltigkeit	

Abbildung 5.2.6: Wirkzusammenhang Anforderungsebene – Value Chain-Ziele und Value Chain-Strategien.

Practices / Maßnahmen	Agilität	Kosten	Asset Management	Zuverlässig-keit	Reaktions-fähigkeit	Source	Make	Deliver	Return	End-to-End
SP.001 Supply Chain Risk Management (SCRM)	x	x				x	x	x	x	x
BP.002 Risk Management Strategies	x	x				x	x	x	x	x
BP.003 Single Minute Exchange of Die (SMED)					x	x	x	x		
SP.004 Network Priorization of Risk Identification	x	x				x	x	x	x	x
SP.005 Self-Invoicing			x			x		x		
BP.006 Consignment Inventory			x			x				
SP.007 Baseline Inventory Monitoring			x			x	x	x		
SP.008 Slow-moving Inventory Monitoring			x			x	x	x		

Abbildung 5.2.7: Practices und Maßnahmenkatalog.

5.2.3 Zusammenfassung

Der Segmentierungsansatz bietet eine praxistaugliche Entscheidungslogik durch Auswahl, Priorisierung und Erarbeitung von Wirkzusammenhängen zwischen 1. (Kunden-)Anforderungsebene, 2. Value Chain-Zielen, 3. Value Chain-Segmentierungsstrategien sowie 4. Practices / Maßnahmen / Services.

Durch die Übersetzung der Value Chain-Strategien in konkrete Maßnahmen für das jeweilige Unternehmen lassen sich nicht nur dezidierte Verbesserungen generieren, sondern strategische Fragestellungen für den Güterverkehr ermitteln:

– Was kostet einem Logistikdienstleister 1 % mehr Agilität?
– Welche Value Chain-Strategien sind komplementär zueinander, welche verursachen höhere „Rüstkosten"?
– Wie lässt sich ein globales Wertschöpfungsnetzwerk sinnvoll segmentieren? Sollten reine agile bzw. zuverlässige Value Chains für bestimmte Kundenanforderungen aufgebaut werden oder sind sollten Value Chains aus agilen, zuverlässigen, etc. Segmenten zusammengesetzt werden?

Auf strategischer Ebene wird so ein Portfoliomanagement nach Kundenanforderungen mit jeweiligen für das gesamte Logistiknetzwerk möglich, indem das Logistikequipment die Realisierung der einzelnen Strategien ermöglicht. Die so entwickelte Anforderungslandkarte ermöglicht die Differenzierung der Value Chain-Ziele je Kunde.

Literaturverzeichnis

Association for Supply Chain Management [APICS] (2017). Supply Chain Operations Reference Model (Version 12.0). Abgerufen am 02.10.2023 unter https://www.apics.org/docs/default-source/scor-training/scor-v12-0-framework-introduction.pdf?sfvrsn=2

Sowell, T. (2007). *A Conflict of Visions: Ideological Origins of Political Struggles.* New York: Basic Books.

5.3 Geschäftsmodelle

Christian Kille

Über Geschäftsmodelle im Güterverkehr und insbesondere in der Logistik wird in der Theorie ebenso wie in der Praxis intensiv diskutiert. Dabei geht es in den meisten Fällen um Abgrenzungen, Bezeichnungen und Ausrichtungen. Unterschieden werden kann dabei zwischen verschiedenen Ebenen der Detaillierung. In der Logistik wie auch im Güterverkehr finden sich entsprechend Geschäftsmodelle
- für den operativen Betrieb,
- für die Steuerung sowie
- für die Planung des operativen Betriebs.

Eine dafür geeignete Darstellung findet sich in Abbildung 5.3.1 entlang einer generischen Supply Chain bzw. in Abbildung 5.3.2 nach den grundsätzlichen Aufgaben von Logistikdienstleistern. Hierbei zeigen sich die drei genannten Ebenen und ihre jeweiligen Ausrichtungen nach der Einordnung in die Supply Chain bzw. zwischen den Knoten eines Netzwerks und der Aufgabenebene.

Die Erläuterung der Geschäftsmodelle erfolgt von oben, beginnend beim *Fourth Party Logistics Provider*. Nach einer Untersuchung von Kille und Reuter (2018) unter Einbezug von Praxisunternehmen kann zwischen „Muss"-, „Soll"- und „Kann"-4PL-Eigenschaften unterschieden werden (siehe Tabelle 5.3.1).

Kurz zusammengefasst: Das 4PL-Geschäftsmodell umfasst primär das zentrale Management idealerweise aller Logistikprozesse auf der Beschaffungs- und Distributionsseite und der damit zusammenhängenden administrativen Aufgaben eines verladenden Unternehmens in einer Supply Chain. Dies erfolgt über einen Ansprechpartner mit der Zielsetzung der kontinuierlichen Optimierung der gesamten Logistik, um diese und das Supply Chain Management des Kunden mittels ergänzender Kompetenzen, Fähigkeiten und Know-how des Dienstleisters so weiterzuentwickeln, dass sie wettbewerbsfähiger werden. Das Aufsetzen bzw. Überprüfen des bestehenden Netzwerkes ist dieser Leistung vorangeschaltet.

Dabei ist es wichtig, zwischen dem Akteur (4PL-Provider) und dem Leistungsangebot (4PL-Services) zu unterscheiden. Der Anbieter von 4PL-Leistungen (4PL-Provider) agiert entsprechend übergeordnet. Aus diesem Grund wird einem 4PL-Provider neben der „asset-free"-Strategie die Kompetenz der Abwicklung von Supply Chain-Services (SC-

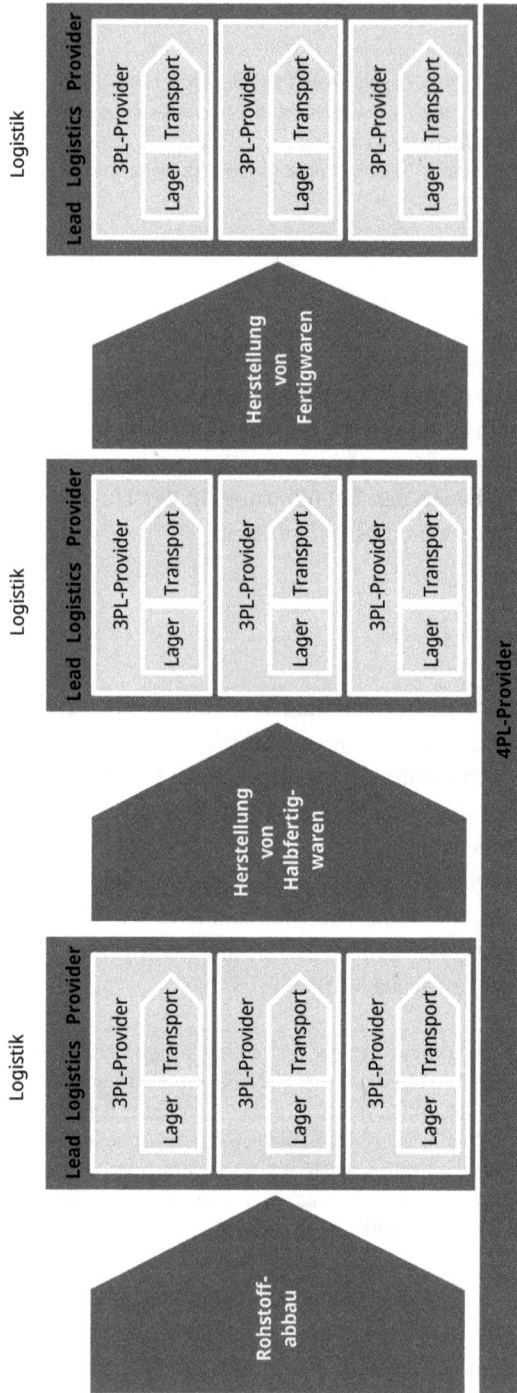

Abbildung 5.3.1: Supply-Chain-orientierte Darstellung von Geschäftsmodellen (Kille & Reuter, 2018).

Fourth Party Logistics Provider
Zentrales Management der Logistikprozesse auf der Beschaffungs- und Distributionsseite und der damit zusammenhängenden administrativen Aufgaben über mehrere Partner einer SC hinweg auf Basis von vertraglich geregelten Partnerschaften mit der Zielsetzung der Optimierung der gesamten Logistik

SC-Services (strategisch)

Lead Logistics Provider
Übergeordnete Koordination von Logistikflüssen mit eigenen und/oder fremden Ressourcen auf Basis eines Vertrags

Kundenspezifisches Management von Logistik- und Mehrwertleistungen (taktisch)

Kontraktlogistiker, Third Party Logistics Provider
Erweiterte Mehrwertleistungen mit eigenen und/oder fremden Ressourcen auf Basis eines Vertrags für einen eng abgegrenzten Verantwortungsbereich

Erweiterte operative Logistik- und Mehrwertleistungen inkl. Administration (operativ)

Ausführung logistischer Kernleistungen (exekutiv)

Spediteur, Lagerist, Frachtführer
Transaktionsbasierte Abwicklung von logistischen Kernleistungen mit eigenen und/oder fremden Ressourcen

See

Binnenschiff

Luft

Rohrleitung

Schiene

Straße

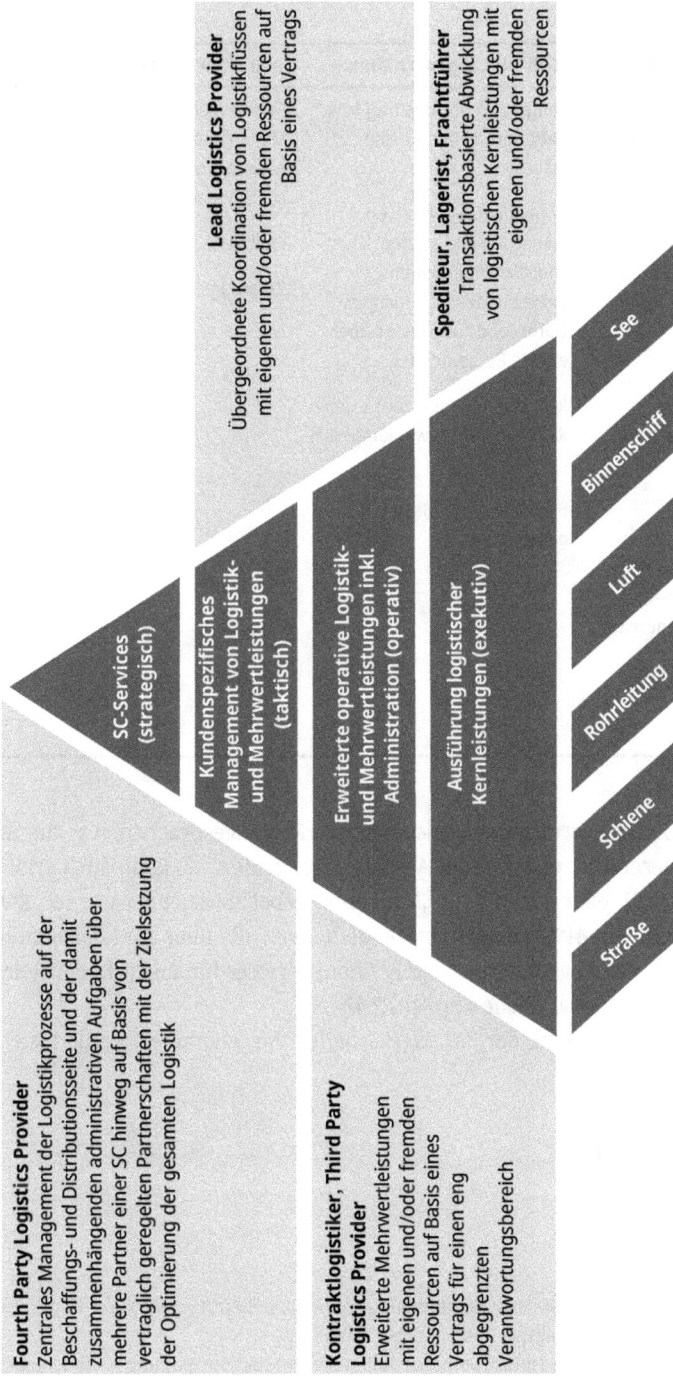

Abbildung 5.3.2: Aufgabenorientierte Darstellung von Geschäftsmodellen (Kille & Reuter, 2018).

Tabelle 5.3.1: 4PL-Eigenschaften.

„Muss"-4PL-Eigenschaften	„Soll"-4PL-Eigenschaften	„Kann"-4PL-Eigenschaften
Prozess-Knowhow bei Bereitstellung und Management von Logistikkapazitäten bzw. -ressourcen	Steigerung der Leistung bzw. Reduzierung von Kosten insgesamt	Partnermanagement/Change Management zur strategischen Ausrichtung der einzelnen Logistikakteure in der Supply Chain
Einbindung bzw. Integration von Logistikpartnern entlang der Supply Chain insbesondere über IT-Systeme	Angebot von operativen, taktischen und strategischen Logistikleistungen unter Einbezug des Informations-, Güter- und Geldflusses über eigene Ressourcen	Weltweite Angebote
Kompetenzen in der Effizienzsteigerung und der Optimierung von Prozessen zur Steigerung des Wertbeitrags	Risk Management zur flexiblen Reaktion auf Schwankungen in der Supply Chain	Beratungskompetenz
Abwicklung der güterflussorientierten Services über einen Ansprechpartner bzw. vertraglich gebundene Spediteure, Frachtführer und/oder Lageristen.	Branchen- und Markt-Knowhow	
Überwachung der Abläufe und Prozesse inkl. proaktivem Eingreifen		

Services)[1] inkl. Der Orchestrierung von Logistiknetzwerken zugesprochen, was die Abgrenzung zu den anderen hier diskutierten Anbietern erleichtert[2] So kann auch erklärt werden, warum 5PL, 6PL oder gar 7PL als „Marketing-Label" bezeichnet werden können. Eine weitere über dem 4PL-Provider agierende Instanz, die über die Koordination der Supply Chain bzw. des Angebots von Supply Chain-Services hinaus installiert wird, erscheint wenig nachvollziehbar (siehe Kapitel 2.2.4).

Ähnlich kann die Abgrenzung der *3PL-Eigenschaften* vorgenommen werden (siehe Tabelle 5.3.2).

---

1 Siehe Abbildung 5.3.2. Dort sind SC-Services dem 4PL-Provider dediziert zugeordnet und haben keine Überschneidung zu dem Leistungsportfolio anderer Anbieter.
2 In vielen Fällen werden seitens der Industrieunternehmen die Produktionsplanung zu den Services im Rahmen der Supply Chain zugeordnet. Dies liegt außerhalb der Logistikdefinition und wird entsprechend an dieser Stelle ausgeklammert.

Tabelle 5.3.2: 3PL-Eigenschaften.

„Muss"-3PL-Eigenschaften	„Soll"-3PL-Eigenschaften	„Kann"-3PL-Eigenschaften
Management von mehreren operativen Logistikleistungen Angebot von einem auf den Kunden abgestimmtem Bündel an Logistikleistungen Zugriff auf eigene oder von Partnern vertraglich fixierte gesicherte Ressourcen und Kapazitäten im Bereich Lager und Transport	Durchführung von Mehrwertleistung außerhalb der Kernlogistik	Übernahme des Managements und der logistischen Leistungserbringung in Teilen einer Supply Chain

Kurz zusammengefasst: Das *3PL-Geschäftsmodell* umfasst das Management und die gebündelte Durchführung von mehreren primär operativen Logistikleistungen auf der Beschaffungs- oder Distributionsseite eines verladenden Unternehmens über eigene Assets und Subunternehmen mit der Zielsetzung der kontinuierlichen Optimierung des jeweiligen Verantwortungsbereiches zuvorderst auf der operativen, nachrangig auf der taktischen Ebene.

Hier wird deutlich, dass der Kern bei erweiterten operativen Logistik- und Mehrwertleistungen inklusive Administration liegt, welcher oft auch als Kontraktlogistik bezeichnet wird. In den USA wird 3PL nicht nur für Kontraktlogistik, sondern auch als Synonym für den in Deutschland gebräuchlichen Begriff des Spediteurs verwendet. In Deutschland bzw. dem deutschsprachigen Raum wird unter 3PL eher ein Kontraktlogistiker gemäß Kapitel 3.3.1 verstanden.

In diesem Zusammenhang sind in vielen Veröffentlichungen Begriffe wie 1PL oder 2PL zu finden. Ähnlich wie bei den erwähnten 5PL und darüber werden diese Bezeichnungen in dieser Studie nicht verwendet. Ein Logistikunternehmen agiert generell als dritte Partei zwischen dem Versender und dem Empfänger logistischer Objekte. Aus diesem Grund erscheint die Bezeichnung eines Logistikakteurs als 2PL (Second Party Logistics) oder 1PL (First Party Logistics) wenig zielführend. Auch wenn die interne Logistik ausschließlich für das eigene Unternehmen tätig ist, der Versender und Empfänger ein und derselbe ist, ist eine Übersetzung in diese Logik schwer nachzuvollziehen.

Eine Sonderstellung nimmt der *Lead Logistics Provider (LLP)* ein, der im Leistungsangebot Überschneidungen eines 3PL- und 4PL-Providers aufweist. Entsprechend lässt sich eine Unterscheidung besser treffen, wenn der Akteur und nicht die Services im Mittelpunkt stehen.

So kann der *4PL-Provider* als „verantwortliches Generalunternehmen für die Logistik" bezeichnet werden, das sich für die Informations-, Güter- und Geldflüsse im Sinne des Auftragsabwicklungsprozesses verantwortlich zeigt und entsprechend als neutrale Instanz ohne Interessenskonflikt die Finanzierung, das Management, die Durchführung, die kontinuierliche Verbesserung und die Verantwortung für die Realisierung entlang der gesamten Supply Chain übernimmt. Ein 4PL-Provider umfasst damit ein von einem 3PL-Provider auch hinsichtlich der Wurzeln generell komplett unabhängiges Geschäftsmodell, da nur so eine Neutralität gewährleistet werden kann. Diese Neutralität trifft jedoch an seine Grenzen, wenn es um die grundsätzliche Ausrichtung der Zusammenarbeit mit externen Logistikpartnern geht. Ein 4PL-Provider wird eher nicht die Empfehlung aussprechen, ein anderes Anbietermodell wie bspw. einen LLP oder eine direkte Zusammenarbeit mit einem 3PL-Provider zu wählen. Dies kann nur ein traditionelles Beratungsunternehmen, welches kein direktes Interesse an der Verantwortung für Logistikprozesse hat.

Der *3PL-Provider* bzw. Kontraktlogistiker wiederum bietet ein klar abgegrenztes Serviceangebot an, welches sich an den eigenen Ressourcen und Kapazitäten orientiert und durch Mehrwertleistungen erweitert sein kann. So ist er als „Logistikservice-Anbieter mit definiertem Leistungsbündel" zu bezeichnen.

Ein LLP vereint ausgewählte Leistungen und Kompetenzen eines 3PL- und 4PL-Providers und gilt damit als „Logistiksystemanbieter mit abgegrenztem Verantwortungsbereich".

> **Kurz zusammengefasst:** Grundsätzlich ist ein *Lead Logistics Provider (LLP)* in der Praxis eine selbstständig agierende Tochter eines 3PL-Providers, die Systemleistungen gepaart mit dedizierten 4PL-Services für seinen Kunden anbietet, über eine kritische Größe verfügt und in der Regel auf die Ressourcen und Kapazitäten der Muttergesellschaft wie auch anderer Geschäftspartner zurückgreift bzw. zurückgreifen kann.

LLP ist damit keine Evolutionsstufe vom 3- zum 4PL-Provider, sondern ein weiteres Geschäftsmodell, welches Leistungskomponenten aus beiden Anbietermodellen beinhaltet. In Abbildung 5.3.2 ist dies grafisch dargestellt. Basis dafür war die Struktur von Langley, Allen & Dale (2004). Da diese Publikation in den USA entwickelt wurde, ist sie an das deutsche und in vielen Teilen auch europäische Verständnis übertragen worden.

Die Geschäftsmodelle der Spedition und des Frachtführers (relevant für den Güterverkehr) sowie des Lagereiunternehmens konzentrieren sich auf operative Prozesse. Dabei ist die Spedition definitorisch damit betraut, Transportaufträge an Frachtführer zu vermitteln, die den operativen Transport übernehmen. Die Spedition plant und steuert den Güterverkehr, während der Frachtführer ihn operativ durchführt. In der Praxis finden sich viele Spediteure, die auch einen eigenen Fuhrpark betreiben und entsprechend operativ tätig sind.

Eine weitere Differenzierung mit Relevanz für den Güterverkehr ist die nach den Verkehrsträgern, wie es Abbildung 5.3.2 mit der daruntergelegten Ebene andeutet (siehe Kapitel 2.1.1). Die Darstellung in Form einer Pyramide weist auch darauf hin, dass je ferner der operative Betrieb vom Geschäftsmodell zu finden ist, umso weniger Einfluss dem Verkehrsträger obliegt. Grundsätzlich hat diese Verkehrsträgerorientierung eine stärkere Auswirkung auf das Tätigkeitsfeld, das recht stark operativ ausgerichtet ist. Der Grund ist naheliegend: Es werden Asset-basierte Ressourcen wie Transportmittel und Immobilien für Transport-, Umschlag-, Sortier- und Lagerprozesse benötigt, die von den Verkehrsträgern abhängen. Je weiter sich das Geschäftsmodell von der operativen Tätigkeit entfernt (in Abbildung 5.3.2 in Richtung der Spitze nach oben), umso mehr sind Ressourcen wie Personal und IT-Systeme ausreichend, um die Tätigkeiten hinter dem Geschäftsmodell zu erfüllen.

Diese grobe Rasterung reicht selbstverständlich nicht aus, die Komplexität und Breite der existierenden Geschäftsmodelle im Güterverkehr abzubilden. Sie sollte jedoch für ein grundlegendes Verständnis und die Einführung in die Thematik genügen. Beispielhaft sei das Marktsegment Ladungsverkehr illustriert, dies mit einem Bezug auf die USA, da dort die Geschäftsmodelldiskussion für ein Marktsegment strukturiert aufgebaut ist und eine hohe Detaillierungstiefe vorliegt (Klaus, 2010):

– Das Geschäftsmodell mit der höchsten Assetlast bildet die *„Private Fleet"*, im Deutschen der Werkverkehr. Hierbei betreiben und besitzen Industrie und Handel die Assets selbst. Die Assetlast ist aufgrund der geringeren Möglichkeit der Auslastung größer als bei dem gewerblichen Güterverkehr, der unterschiedliche Kunden bedienen kann.

– Unternehmen mit dem Geschäftsmodell der *„Dedicated Contract Carriage"* besitzen ebenso zu einem großen Teil die Fahrzeuge und betreiben diese auch mit eigenem Personal. Das Geschäftsmodell basiert entsprechend auf der Verfügbarkeit von Assets. Meist sind dabei die Kundenbeziehungen kontrakt- und nicht transaktionsbasiert.

– *„Specialized Truckload"* umfassen Unternehmen, die besonderes Equipment besitzen und diese am Markt anbieten. Aufgrund der Spezifität sind die Unternehmen meist selbst im Besitz der Ressourcen und betrieben diese auch mit eigenem Personal. Der Anteil an transaktionsbasierter Beziehung mit den Kundenunternehmen ist vergleichsweise höher als bei den o. g. Geschäftsmodellen.

– Eine Differenzierung des vorherigen Geschäftsmodells stellt *„Asset Based Dry Van Truckload"* dar. Der Unterschied besteht im Equipment, welches eher standardisiert ist und nur für verpackte Ware, die meist auch auf Standardladungsträgern ausgerichtet sind.

– *„Asset Light General Truckload"* deutet durch den Namen bereits darauf hin, dass nicht alle Ressourcen dem Unternehmen mit diesem Geschäftsmodell gehören. Anders ausgedrückt werden Kapazitäten bei Subunternehmen akquiriert. Der Vorteil dieses Geschäftsmodells bildet die größere Flexibilität, der Nachteil die höhere Abhängigkeit von der Verfügbarkeit der Kapazitäten auf dem freien Markt.

– Mit *„Brokerage"* wird als letztes das rein vermittelnde Geschäftsmodell aufgeführt, das ohne eigene Assets auskommt.

In dieser Aufstellung mit Fokus USA von (Klaus, 2010) fehlt das Geschäftsmodell des Einzelunternehmers im Ladungsverkehr (Frachtführer), der insbesondere in Europa weit verbreitet ist. Dieser agiert meist als Auftragnehmer für die Vermittler von Transportaufträgen oder als Subauftraggeber von anderen Unternehmen des Ladungsverkehrs.

Die beispielhafte Aufstellung spiegelt die Vielfältigkeit der Geschäftsmodelle wider, die im Güterverkehr existieren. In Summe kann sie auf knapp 100 geschätzt werden. Dies ergibt sich daraus, dass grundsätzlich für jeden Verkehrsträger (sofern die Rohrleitungen vernachlässigt werden) folgende Geschäftsmodelle auf der untersten Ebene der aufgabenorientierten Differenzierung existieren:[3]

1. Der Werkverkehr
2. Der operative Betrieb von eigenen standardisierten Transportmitteln
3. Der operative Betrieb von eigenen spezialisierten Transportmitteln
4. Die Steuerung und der Betrieb von eigenen standardisierten Transportmitteln
5. Die Steuerung und der Betrieb von eigenen spezialisierten Transportmitteln
6. Die Steuerung und der Betrieb von eigenen und fremden, standardisierten Transportmitteln
7. Die Steuerung und der Betrieb von eigenen und fremden, spezialisierten Transportmitteln
8. Die Steuerung von fremden Transportmitteln
9. Die Planung und Steuerung von Transportnetzen
10. Die Planung von Transportnetzen

Auch diese zehn Arten reichen für die in der Praxis existierenden Geschäftsmodelle nicht aus, da dazu noch Kombinationen untereinander und mit Verkehrsträgern zu finden sind.

Zu den Differenzierungen nach Logistikebenen und Verkehrsträgern kommen mit den Potenzialen aus der Digitalisierung weitere hinzu, die durch die sich eröffnenden neuen Möglichkeiten eine neue Dimension eröffnen (Stölzle, Schmidt, Kille, Schulze & Wildhaber, 2018).

Ein solches Geschäftsmodell bildet bspw. die Digitale Spedition, die wie das klassische Geschäftsmodell die Koordination und Planung des Güterverkehrs vereint, dabei jedoch auf Personal so weit wie möglich verzichtet und die Transportauftragsvermittlung über Algorithmen organisiert (Stölzle et al., 2018).

Ein anderes neues Geschäftsmodell in diesem Zuge repräsentieren die Matching-Plattformen, bei der die Verbindung von Angebot und Nachfrage von Kapazitäten im Mittelpunkt steht. Darunter zählen die bekannten Frachtenbörsen für den Spotmarkt, aber auch zur Abwicklung von Kontraktbeziehungen zwischen verladendem Unternehmen und Transportdienstleister (Stölzle et al., 2018).

Ein eher neues Geschäftsmodell, das aus dem B2C-Markt kommt, ist das Angebot von Shared Logistics Resources. Dabei werden freie, auch kleine Kapazitäten auf

---

3 Abgeleitet und erweitert wurde diese Liste aus den Ausführungen von Klaus, 2010 sowie den vorhergehenden Diskussionen.

einer digitalen Plattform platziert, die mit der Transportnachfrage abgeglichen und verknüpft wird. Sie ist damit nur ein Vermittler. Das Ziel ist, dass mit geringen Hürden Transportkapazitäten vermittelt werden, um der „breiten" Gemeinschaft diese zur Verfügung stellen zu können und damit den Nutzerkreis zu erweitern. Darin liegt auch hauptsächlich der Unterschied zu den bereits genannten Matching-Plattformen (Stölzle et al., 2018). Diese und weitere neue Geschäftsmodelle werden in Kapitel 2.2.3 näher erläutert.

Literaturverzeichnis

Kille, C. & Reuter, C. (2018). *Erfolgsfaktoren von 4PL, LLP und 3PL in der Chemielogistik*. Würzburg: Eigenverlag. Abgerufen am 15.09.2023 unter https://www.bvl.de/files/1951/2142/2330/Studie_-_Erfolgsfaktoren_von_4PL,_LLP_und_3PL_in_der_Chemielogistik.pdf

Klaus, P. (2010). Mächtig, unbeliebt, unprofitabel – und wenig verstanden? Der LKW-Ladungsverkehr in Europa und seine Zukunft. In R. Schönberger & R. & Elbert (Hrsg.), *Dimensionen der Logistik. Funktionen, Institutionen und Handlungsebenen* (S. 191–210). Wiesbaden: Gabler.

Langley, J. C., Allen, G. R. & Dale, T. A. (2004). *Third-Party Logistics – Results and Findings of the 2004 Ninth Annual Study*. Atlanta: Eigenverlag. Abgerufen am 15.09.2023 unter https://www.3plstudy.com/ntt3pl/nttds_3pl.nttds_df?i_filename=3PL_2004_Study.pdf.

Stölzle, W., Schmidt, T., Kille, C., Schulze, F. & Wildhaber, V. (2018). *Digitalisierungswerkzeuge in der Logistik: Einsatzpotenziale, Reifegrad und Wertbeitrag*. Göttingen: Cuvillier Verlag.

5.4 Organisation

Christian Schneider

5.4.1 Verständnis von Organisation

Die Organisation der Leistungserstellung gehört zu den Kernaufgaben des Managements von Güterverkehrsunternehmen. Sie hat entscheidenden Einfluss auf die Wettbewerbsfähigkeit eines Unternehmens und beeinflusst Produktivität, Kosten und Qualität sowie Motivation der Mitarbeitenden. Die Frage, wie eine Organisation zu gestalten ist, stellt sich dabei nicht nur bei der Unternehmensgründung. Vielmehr müssen Strukturen und Prozesse permanent überdacht und angepasst werden, um als Unternehmen dauerhaft erfolgreich sein zu können. Reorganisationsprozesse in Unternehmen sind der lebendige Beweis dafür (Berner, 2022; Nicolai, 2023). Die Gestaltung der Organisation ist insofern eine strategische Managementaufgabe. Als Erfolgsfaktor zum Erreichen der Unternehmensziele ist sie zentraler Baustein einer erfolgreichen Unternehmensführung (Nicolai, 2023) wie Abbildung 5.4.1 zeigt.

...Strategie- und Wachstumsorientierung	...Anpassungsfähigkeit in turbulenten Umwelten
	Organisation als Treiber für...
...stetig steigendes Effizienzniveau	...qualifizierte und motivierte Mitarbeiter

Abbildung 5.4.1: Organisation als strategischer Erfolgsfaktor (Wieselhuber & Partner GmbH Unternehmensberatung, o. D.).

Unter Organisation ist die zielgerichtete Gestaltung von Strukturen (Aufbauorganisation) und Prozessen (Ablauforganisation) innerhalb und zwischen (kooperierenden) Güterverkehrsunternehmen zu verstehen (Vahs, 2023; Schreyögg, 2016; Pfohl, 1980). Dabei werden beispielsweise im Rahmen der Aufbauorganisation Hierarchieebenen bzw. Einheiten definiert, in die das Unternehmen gegliedert ist, wohingegen die Ablauforganisation sämtliche Arbeitsprozesse räumlich und zeitlich strukturiert. Damit regelt die Aufbauorganisation, wer etwas in einem Unternehmen zu tun hat, die Ablauforganisation hingegen, wie etwas getan wird. In der Aufbauorganisation wird das Unternehmen in einzelne Bereiche, Abteilungen, Teams sowie Arbeitsplätze untergliedert. Es werden Verantwortlichkeiten, Befugnisse und Entscheidungskompetenzen und damit Hierarchien im Unternehmen festgelegt. Hierbei geht es auch um die Beziehungen der Organisationseinheiten und ihrer Kommunikationswege zueinander. Je größer ein Unternehmen ist, desto komplexer und wichtiger wird die organisatorische Gestaltungsaufgabe.

Der Begriff *Organisation* bezeichnet ferner das Unternehmen als institutionelle Einheit, welches sich durch seine Rechtsform (z. B. Personengesellschaft oder Kapitalgesellschaft), den Firmennamen, seine wirtschaftliche Selbständigkeit oder durch seine Unternehmenskultur von anderen Unternehmen abgrenzt. Auch Kooperationen zwischen Güterverkehrsunternehmen können als institutionelle Einheiten und somit als Güterverkehrsunternehmen im weiteren Sinne verstanden werden. Entsprechend kann aus organisatorisch-institutioneller Sicht zwischen dem Güterverkehrsunternehmen (Güterverkehrsunternehmen i. e. S.) einerseits und der Güterverkehrskooperation als Verbund unabhängiger Güterverkehrsunternehmen (Güterverkehrsunternehmen i. w. S.) andererseits unterschieden werden (Klaas-Wissing, 2010). Bei Kooperationen ist insbesondere zu regeln, wie mehrere im Regelfall wirtschaftlich und rechtlich selbstständige Unternehmen zusammenarbeiten. Es geht also um die Gestaltung des Beziehungsgeflechts zwischen Unternehmen im Unterschied zur Gestaltung der Prozesse und Strukturen innerhalb eines Unternehmens (Breisig, 2021).

Besonderheiten bei der Gestaltung der Organisation resultieren für Güterverkehrsunternehmen vor allem aus der Immaterialität der Dienstleistungen, der Zeitgleichheit von Produktion und Konsum, da Dienstleistungen nicht lagerfähig sind, sowie der Einbindung des Kunden in den Prozess der Leistungserstellung. Im Rahmen der Erbringung der Dienstleistung kommt es zwangsläufig zu einer Interaktion zwischen Dienstleister und Kunde (Pepels, 2020). Eine weitere Besonderheit resultiert daraus, dass es sich bei Logistikdienstleistungen um eine abgeleitete, derivative Nachfrage handelt. Die Nachfrage nach logistischen Dienstleistungen hängt von den Produktions- und Absatzmengen der verladenden Wirtschaft ab und diese wiederum von der wirtschaftlichen Situation einer Volkswirtschaft. Entsprechend kann sie durch die Güterverkehrsunternehmen kurzfristig kaum beeinflusst werden.

Das Marktumfeld und die Rahmenbedingungen der Unternehmensführung sind zusehends geprägt von Unbeständigkeit, Unsicherheit, Komplexität und Mehrdeutigkeit (Mack, Khare, Krämer & Burgartz, 2016). Folglich müssen Organisationen widerstandsfähiger werden und sich schneller an wechselnde Bedürfnisse und Anforderungen anpassen. Eine dauerhaft geeignete Organisationsform gibt es insofern nicht. Wie schnell und zumindest für Außenstehende oftmals widersprüchlich organisatorische Veränderungen ausfallen können, zeigt das Beispiel des in der Schweiz beheimateten Logistikkonzerns Kühne + Nagel International AG. Im Jahr 2016 verkündete dessen Vorstandsvorsitzender die Trennung der europäischen Geschäftsaktivitäten in zwei separate Divisionen, und zwar Mittel- und Osteuropa (Williams, 2016). Knapp zwei Jahre später revidierte er diese Entscheidung und führte beide Divisionen wieder zusammen. Er begründete diesen Schritt mit dem Hinweis, das Geschäft damit noch effizienter und kundenorientierter steuern zu können (Hassa, 2018).[4]

5.4.2 Organisation als Managementaufgabe

Bei der Gestaltung der Unternehmensorganisation spielen neben der Unternehmensgröße insbesondere die Unternehmensziele und daraus abgeleitet die Unternehmensstrategie eine wesentliche Rolle. Aufbau- und Ablauforganisation sollten so konzipiert sein, dass sie so effizient wie möglich sind, die Umsetzung der Unternehmensstrategie sowie das Erreichen der Unternehmensziele befördern und die Spezifika der Branche berücksichtigen.

In einem Güterverkehrsunternehmen fällt ein breites Spektrum an Tätigkeiten an. Diese reichen von der strategischen Führung bis zur operativen Abwicklung. Beispielsweise müssen das Leistungsangebot entwickelt und vermarktet werden, Kundenkontakte müssen gepflegt, Kundenaufträge entgegengenommen und verarbeitet, Transporte disponiert und durchgeführt, Equipment gewartet und Rechnungen erstellt werden. Eine Übersicht über Art und Charakter dieser Aufgaben gibt Abbildung 5.4.2.

---

4 Hinweis: Das vorliegende Kapitel greift auf Inhalte des Kapitels 6.2 Organisation von Thorsten Klaas-Wissing der ersten Auflage des Buches zurück.

Aufgabenbereich	Charakter
Strategische Führung, z. B. – Unternehmensziele, Wettbewerbsstrategie und strategische Positionierung ableiten – Innen- und Außenbeziehungen (z.B. Kooperationen) pflegen und entwickeln	Innovativ und kreativ - fachliches Spezial-wissen in hohem Maße erforderlich
Business Development und Systemgestaltung, z. B. – Markt-, Lieferanten- und Kundenentwicklung – Neue Logistikkonzepte und Leistungssortimente entwickeln – Standorte bestimmen – Kapazitäten dimensionieren – Güter- und Informationsflüsse gestalten – Aufbauorganisation bestimmen, Ablaufregeln und Standards festlegen	Innovativ und komplex - fachliches Spezial-wissen in hohem Maße erforderlich
Abwicklungsvorbereitende und -begleitende Planung, Steuerung und Kontrolle, z. B. – Programm- und Mengenplanung – Kapazitätsdisposition – Auftragssteuerung und -überwachung	Routine, einfach bis komplex - fachliches Spezialwissen eingeschränkt erforderlich
Operative Abwicklung und Abwicklungsbegleitung, z. B. – Transportieren – Ein- /Auslagern, Umschlagen – Kommissionieren, Verpacken – Aufträge abwickeln und verfolgen – Infrastruktur Instandhalten und warten	Routine, einfach - fachliches Spezial-wissen in geringerem Maße oder gar nicht erforderlich

Abbildung 5.4.2: Typische Aufgabenbereiche eines Güterverkehrsunternehmens (Klaas-Wissing, 2010).

Abgesehen vom Ein-Personen-Unternehmen werden diese oder ähnliche Aufgabenbereiche im Regelfall durch verschiedene Personen in arbeitsteiliger Weise erbracht. Dies ist erforderlich, weil die Erfüllung bestimmter Aufgaben häufig in ihrem Umfang die Leistungsfähigkeit einer Einzelperson überschreitet bzw. für deren Erfüllung ein fachlich spezialisiertes Wissen erforderlich ist. Das Ausmaß der Arbeitsteilung einerseits und die Gestaltung der Koordinationsmechanismen andererseits sind durch das Management in geeigneter Weise zu regeln. Grundsätzlich sind Entscheidungen über folgende Gestaltungsdimensionen der Organisation zu treffen (Klaas-Wissing, 2010; Vahs, 2023; Schreyögg, 2016):

Spezialisierung: Bestimmung der zur Leistungserstellung erforderlichen Aufgaben- und Funktionen. Es sind sowohl inhaltliche (fachliche) als auch formale Merkmale (Entscheidungskompetenzen) festzulegen. Im Kern geht es bei der Spezialisierung um die Festlegung des Ausmaßes der Arbeitsteilung.

Zentralisierung: Festlegung der zur Erfüllung der Leistungserstellung geeigneten (zentralen versus dezentralen) Aufteilung von Entscheidungskompetenzen. Insbesondere geht es um die Frage, wie stark hierarchisch Organisationen aufgebaut sind.

Formalisierung: Abwägung, inwieweit die Abläufe im Unternehmen durch spezifische Vorgaben vordefiniert werden, z. B. durch Stellenbeschreibungen, Kommunikations- und Verhaltensrichtlinien oder situativen Verfahrensregeln. Je höher der Grad an Formalisierung, desto mehr (oftmals sehr detaillierte) Regeln und Anweisungen müssen bei der Aufgabenbearbeitung eingehalten werden.

Konfiguration: Festlegung und Dimensionierung der zur Leistungserstellung notwendigen Stellen, Abteilungen und Bereiche sowie Bestimmung der hierarchischen Ordnungsbeziehungen in Form einer Funktional-, Sparten- oder Matrixorganisation. Die Abbildung erfolgt in Organigrammen. Darin spiegelt sich insbesondere die Zahl der hierarchischen Ebenen wider.

Koordination: Festlegung der zur Erledigung von arbeitsteiligen Aufgaben geeigneten Koordinationsmechanismen in Form von Anweisungen, Arbeitsregeln, Prozessstandards, Programmen oder Plänen. Je höher der Grad an Arbeitsteilung, desto mehr Koordination ist erforderlich.

Das Ergebnis dieses Gestaltungsprozesses ist die formale Aufbauorganisation. Diese umfasst Stellen, Bereiche, Funktionen, Hierarchiebeziehungen mit Weisungskompetenzen sowie Verantwortlichkeiten und Zuständigkeiten. Sie wird in Form eines Organigramms beschrieben.

Wie die Aufbauorganisation zu gestalten ist, hängt von mehreren Parametern ab, wie Abbildung 5.4.3 aufzeigt. Zwei Faktoren, nämlich die strategische Ausrichtung (z. B. Spezialdienstleister versus Komplettanbieter) sowie die Unternehmensgröße, sind dabei von besonderer Relevanz. Beide Dimensionen sind in der Praxis oftmals eng miteinander verknüpft.

Parameter	Anforderung an die Organisation, z.B.
Anzahl der Mitarbeiter und Umsatz	– Spezialisierung von Aufgaben/Funktionen – Formalisierung der Koordination – Erfolgsorientierung von Organisationseinheiten
Anzahl von Niederlassungen / Betriebs- standorte	– Regelung des gegenseitigen Leistungsaustausches – Festlegung von zentralen und dezentralen Entscheidungskompetenzen
Anzahl und Unterschiedlichkeit der bearbeiteten Logistik-Teilmärkte	– Einrichtung von marktorientieren Sparten – Integration oder Separierung der Sparten
Art und Breite des Leistungsangebots	– Einrichtung von angebotsorientierten Sparten – Funktionale Spezialisierung nach Leistungsbereichen – Standardisierung vs. Individualisierung von Prozessen
Geographische Ausdehnung	– Einrichtung von geographisch spezialisierten Sparten – Unabhängigkeit von dezentralen Landesgesellschaften

Abbildung 5.4.3: Parameter mit Einfluss auf die Gestaltung der Organisation von Güterverkehrsunternehmen (Klass-Wissing, 2010).

Komplettanbieter, die das vollständige Leistungsspektrum (z. B. Land-, Luft- & Seever-kehre, Lagerlogistik, Value Added Services und ggf. bestimmte spezialisierte Dienstleis-tungen) anbieten, sind meist größer und weisen höhere Mitarbeitendenzahlen und ein höheres Umsatzvolumen aus als spezialisierte Dienstleister, die nur eine Leis-tung (z. B. Landverkehre) abdecken. Dabei ist es ein Charakteristikum großer Unter-nehmen, dass viele z. T. hoch spezialisierte Fachleute in unterschiedlichsten Abteilungen (z. B. Öffentlichkeitsarbeit, Controlling, Business Development) in mitunter sehr komple-xen Stellengefügen organisiert sind. Kleine Unternehmen dagegen weisen eher einfache Organisationsstrukturen auf, in der die Mitarbeitenden als Generalisten („Mädchen für alles") verschiedene Aufgabenbereiche (z. B. Disposition und Buchhaltung, Lkws fahren und warten) in Personalunion übernehmen. Das Organisationsproblem wächst damit mit der Größe des Güterverkehrsunternehmens. Neben Umsatz und Anzahl der Mitarbeiten-den sowie Art und Breite des Leistungsangebotes sind es die Anzahl der Niederlassungen und Betriebsstandorte, die geographische Ausdehnung, die Anzahl und Unterschiedlich-keit der bearbeiteten Märkte, die Einfluss auf die Gestaltung der Aufbau- und Ablauforga-nisation ausüben.

Alle Organisationsformen lassen sich auf allgemein gültige Strukturierungsprinzi-pien zurückführen. Diese unterscheiden sich in punkto Stellenbildung, Leitungsprin-zip und der Aufteilung der Entscheidungskompetenzen (siehe Abbildung 5.4.4).

Strukturierungsprinzip	Organisationsform	Funktionale Organisation	Sparten-organisation	Matrix-organisation
Stellenbildung	Objekt		x	x
	Verrichtung	x		x
	Region		x	x
Leistungsprinzip	Einliniensystem	x	x	
	Mehrliniensystem			x
Entscheidungskompetenzen	Zentralisierung	x		
	Dezentralisierung		x	x

Abbildung 5.4.4: Organisationsform nach Strukturierungsprinzip (Thomsen, Achleitner & Gilbert, 2023).

Mit dem Prinzip der Stellenbildung soll die zweckmäßige Verteilung der Aufgaben nach Stellen erreicht werden. Diese erfolgt üblicherweise nach Funktion oder Objekt, wobei Letzteres ein Produkt bzw. eine Dienstleistung, eine Region oder Kundengruppe bzw. ein Projekt sein kann.

Beim Leitungsprinzip geht es um die Beziehungen zwischen leitenden und aus-führenden Stellen. Das Einliniensystem besteht aus einer einzigen Verbindung zwi-schen ausführender und vorgesetzter Instanz. Als Sonderform des Einliniensystems ist das so genannte Stabliniensystem zu nennen. Dabei werden Stabstellen ergänzend zur Unterstützung übergeordneten Hierarchieebenen (oftmals Vorstand oder Geschäftsführung) zugeordnet. Die Aufgabe der Stäbe besteht darin, ihr spezielles Fachwissen in Entscheidungsprozesse einzubringen, ohne dass sie selbst weisungsbefugt sind. Beim Mehrliniensystem ist jede Stelle hingegen einer Mehrzahl (mindestens zwei) übergeordneten Stellen unterstellt (Vahs, 2023; Schreyögg, 2016).

Die Aufteilung von Entscheidungskompetenzen zielt schließlich darauf ab, wie stark Aufgaben, Kompetenzen und Verantwortlichkeiten delegiert werden. Während eine zentralisierte Organisation eher in hierarchisch organisierten Unternehmen mit einem hohen Streben nach Effizienz durch Standardisierung von Prozessen und Entscheidungen vorherrscht, steht bei dezentral geführten Organisationen die Flexibilität der Geschäftsbereiche, Ländergesellschaften bzw. Regionen im Fokus, eigenständig Entscheidungen treffen zu können (Vahs, 2023; Schreyögg, 2016).

In der Praxis lassen sich danach drei Grundformen der Aufbauorganisation unterscheiden: die Funktional-, die Sparten- bzw. Divisional- sowie die Matrixorganisation (Vahs, 2023; Achleitner & Gilbert, 2023; Schreyögg 2016).

Bei der funktionalen Organisationsform untergliedert man das Unternehmen nach Verrichtungen wie beispielsweise Vertrieb, Finanzen und Personal. Bei der Divisional- bzw. Spartenorganisation erfolgt durch Anwendung des Objektprinzips eine Gestaltung und Spezialisierung der Organisation nach Produkten, Regionen oder Kundengruppen. Wie bei der funktionalen Organisation handelt es sich um eine eindimensionale Organisationsform mit einem Spezialisierungsmerkmal. Oftmals werden die einzelnen Sparten bzw. Divisionen als Profit-Center mit eigener Ergebnisverantwortung geführt. Im Unterschied zu funktionalen und divisionalen Organisationsformen ist die Matrixorganisation zweidimensional aufgebaut. Zwei voneinander unabhängige Dimensionen überlagern sich (z. B. Funktion und Region, Verrichtung und Produkte). Beide Dimensionen können gleichberechtigt (balancierte Matrix) bzw. mit unterschiedlichen Einflussmöglichkeiten ausgestattet sein (Vahs, 2023; Breisig, 2021; Schreyögg, 2016).

Bezogen auf Güterverkehrsunternehmen findet sich eine funktionale Organisation eher bei kleinen Unternehmen, die nur einen oder wenige Teilmärkte bedienen (z. B. Ladungsverkehre) und sich dabei auf einen oder wenige Betriebsstandorte (z. B. Gebietsspedition) beschränken. Je nach Größe des Geschäfts und Anzahl der Mitarbeitenden reicht es aus, die Aufbauorganisation nach Verrichtungen wie Fuhrpark, Disposition bzw. Buchhaltung zu gliedern. Vorteilhaft an der funktionalen Organisation ist, dass es sich um eine einfache und überschaubare Struktur handelt. Die Funktionsbereiche sind in sich geschlossen, klar abgegrenzt und somit gut kontrollierbar. Allerdings existieren zwischen den Bereichen (viele) Schnittstellen mit entsprechendem Koordinationsaufwand und der Gefahr von Bereichsegoismen. Mit zunehmender Unternehmensgröße und bei einem umfangreichen Leistungsangebot gerät diese Organisationsform an ihre Grenzen. Entsprechend sind ausdifferenziertere Organisationsformen erforderlich, sobald das Leistungsangebot umfangreicher wird oder eine Vielzahl von Niederlassungen mit einer großen geografischen Abdeckung existieren. So können Sparten nach Ländern (z. B. Ost-, Mittel, Südeuropa), nach Teilmärkten (z. B. Kontraktlogistik, Stückgut, Luftfracht) oder nach Leistungsangeboten (z. B. Straßen-, Schienen-, See-, KV-Transport, Warehousing und Value Added Services) gebildet werden. Je mehr Funktionen in die Sparten verlagert werden, desto eigenständiger können die Geschäftsbereiche agieren. Deshalb sind von der Unternehmensleitung Rahmenziele vorzugeben. In der Praxis werden oftmals Bereiche wie Finanz- und Rechnungswesen, Controlling, Unternehmensentwicklung oder Personalwesen zentral organisiert. Diese Zentralbereiche (Corporate Services) nehmen eine Beratungs- und Steuerungsfunktion in der divisionalen Organisation wahr und koordinieren die Sparten, um Abweichungen von den allgemeinen Unternehmenszielen zu vermeiden.

Die einzelnen Sparten bzw. Geschäftsbereiche werden oftmals als Profit-Center mit eigener Ergebnisverantwortung geführt. Demzufolge sind sie für das operative Geschäft selbst verantwortlich. Vorstand bzw. Geschäftsführung kümmern sich um strategische Entscheidungen sowie die Koordination der einzelnen Divisionen. Vorteile dieser Organisationsform sind die größere Marktnähe und Spezialisierung (siehe Abbildung 5.4.5).[5] Das Top Management wird entlastet, Marktnähe und eigene Ergebnisverantwortung sorgen für höhere Motivation bei den Führungskräften. Negativ an dieser Organisationsform ist, dass sie sich als deutlich aufwendiger und kostenintensiver erweist als eine Organisation nach Funktionen, auch weil ein höherer Bedarf an qualifizierten Führungskräften besteht.

Insbesondere große (Konzern-) Unternehmen müssen angesichts ihres breiten Leistungsangebotes regelmäßig mehreren Anforderungsdimensionen gleichzeitig gerecht werden. Aufbauorganisatorisch eignet sich dazu die Form der Matrixorganisation. Dabei werden die funktionale und die divisionale Aufbauorganisation kombiniert. Ziel dieser Organisationsform ist es, die Vorteile der Sparten- und Funktionalorganisation zu kombinieren. Stellen werden dabei sowohl einer Sparte, genauer gesagt einem Geschäftsbereich, als auch einem Funktionsbereich zugeordnet. Dies soll die Zusammenarbeit und den Kommunikationsfluss begünstigen. Nachteilig wirken sich mitunter langwierige Entscheidungsprozesse aufgrund eines erhöhten Abstimmungsaufwandes, innerbetriebliche Konflikte bei Meinungsverschiedenheiten zwischen den beiden weisungsbefugten Stellen sowie Kompetenzüberschneidungen aus.

Ergänzt werden die beschriebenen Organisationsformen im Regelfall durch mehr oder minder ausgeprägte Stabsfunktionen. Stabsstellen besitzen „Expertenstatus" und sollen das Management mit wichtigen Informationen versorgen und Ratschläge für die richtigen Entscheidungen geben. (Formale) Entscheidungsmacht haben sie nicht, sie sollen nur unterstützen. Typische Beispiele für Stabstellen sind Unternehmensentwicklung, Unternehmenskommunikation oder Rechtsabteilung.

---

5 zu Details der Vor- und Nachteile unterschiedlicher Organisationsformen siehe auch Vahs, 2023, Breisig, 2021 und Schreyögg, 2016.

	Funktionale Organisation (auch „Linien-Organisation")	**Produktlinien-Organisation** (auch „divisionale Organisation")	**Matrix-Organisation**
Eigenschaft	– Gliedert sich unabhängig von Produkten nach Funktionen auf (z.B. Finanzen, Vertrieb, Marketing etc.)	– Ist nach Geschäftsbereichen oder Produktgruppen geordnet (z.B. Leitung Produkt A, Leitung Produkt B etc.)	– Kombiniert Linien- oder Produktlinienstrukturen (z.B. Produkte und Märkte, Produkte und Kunden etc.)
Vorteile	Einfach/Übersichtlich; klare Verantwortungsbereiche; zentralisierte Org. Steuerung; Prozessstandardisierung	Einfach/Übersichtlich; klare Verantwortungsbereiche; Fokussierung und Expertise in Bereichen auf Kerngeschäft	Zusammenarbeit verschiedener Bereiche; Expertenwissen; Flexibilität; Aufbau funktionaler und produktbezogener Expertise
Nachteile	Lange Dienstwege für Themen, die über eine Funktion hinausgehen (z.B. innerhalb einer Produktlinie)	Duplizierung von funktionalen Aufgaben (keine Skaleneffekte); Silodenken im Business (v.a. bei großen Umsatzbeiträgen); heterogene Prozesslandschaft	Uneinheitliche Leitung; Kompetenzkreuzung; Komplexität

Abbildung 5.4.5: Wesentliche Vor- und Nachteile der verschiedenen Organisationsformen (in Anlehnung an Vahs, 2023; Schreyögg, 2016; Breisig, 2021).

5.4.3 Ausgewählte Organisationsformen von Güterverkehrsunternehmen in der Praxis

Die gewählte Organisationsform hängt von verschiedenen Faktoren ab. Ein wesentliches Kriterium bildet die Unternehmensgröße, die im Regelfall mit der Komplexität der angebotenen Leistungen und der Gebietsabdeckung korreliert. Im Folgenden werden Organisationsstrukturen von Güterverkehrsunternehmen in Abhängigkeit von der Unternehmensgröße beleuchtet, wohlwissend, dass eine exakte Einteilung in Kleinstunternehmen, kleine, mittlere und große Unternehmen mehr oder minder willkürlich ist.[6]

Kleine Güterverkehrsunternehmen

Insbesondere im Straßengüterverkehr dominieren Kleinstunternehmen bzw. kleinere, inhabergeführte Güterverkehrsunternehmen,[7] wobei oftmals angrenzende Leistungen z. B. aus dem Bereich Lagerlogistik angeboten werden. In ihrem Kerngeschäft als Transporteur sind sie häufig als Frachtführer tätig. Typisch für diese Unternehmen ist, dass Leistungen meist nur an einem oder wenigen Standorten durchgeführt werden. Darüber

---

6 Es existieren verschiedene Ansätze zur Abgrenzung von Unternehmensgrößen. Eine ist beispielsweise die der Europäischen Kommission (Investitionsbank des Landes Brandenburg, 2022).

7 Strukturen des Logistikmarktes in Europa werden in der Studie von Pflaum beschrieben (Pflaum, 2022). Dominant sind kleine, mittelständische Unternehmen. So führt der DLSV auf, dass rund 50 % der Betriebe über bis zu 50 und nur 15 % über mehr als 200 Mitarbeitende verfügen (DSLV Bundesverband Spedition und Logistik e.V., 2023).

hinaus gehende Leistungen werden in der Regel in Zusammenarbeit mit Partnerunternehmen bzw. als Teil einer Kooperation erbracht. Dabei werden im Regelfall nur bestimmte Regionen (z. B. Südwestdeutschland) oder Relationen (z. B. tägliche Linienfahrten nach Frankreich) mit eigenen Transportleistungen bedient. Zu den Kunden zählen verladende Unternehmen aus Industrie und Handel sowie Speditionsunternehmen, wobei sich oftmals auf einzelne Branchen (z. B. Papierindustrie) spezialisiert wird.

Abbildung 5.4.6 zeigt (anonymisiert) die Organisationsstruktur eines Kleinstunternehmens, zu denen gemäß Definition der Europäischen Union Unternehmen mit weniger als 10 Mitarbeitenden und zwei Millionen Euro Jahresumsatz gezählt werden (Investitionsbank des Landes Brandenburg, 2022). Es ist auf Kunden aus der Chemiebranche spezialisiert und weist für die Unternehmensgröße eine stark arbeitsteilige Struktur nach Verrichtungen gegliedert auf. Bestimmte Funktionen werden dabei in Personalunion (z. B. Controlling und Buchhaltung) ausgeführt bzw. extern erbracht (Gefahrgutbeauftragter, Lohnbuchhaltung).

Die Organisationsstruktur eines kleinen mittelständischen Güterverkehrsunternehmens, der Ludwig Häberle Logistik GmbH mit Sitz in Schwäbisch Gmünd (DE), zeigt Abbildung 5.4.7. Das 1956 gegründete Familienunternehmen mit knapp 250 Mitarbeitenden ist in der Transport- und Lagerlogistik tätig (Häberle Logistik GmbH, 2023). Die Organisationsstruktur ist im Kern funktional aufgebaut (Geschäftsentwicklung, Spedition, Logistik). Aus fachlichen Gründen werden typischerweise die zum operativen Geschäft gehörenden Kernaufgaben (z. B. Disposition) von den zwingend notwendigen Unterstützungsaufgaben (FIBU / Buchhaltung) getrennt. Die Koordination funktioniert vorwiegend über direkte Weisungsbeziehungen zwischen Vorgesetzten und Mitarbeitenden, wobei die Geschäftsführung bzw. Inhaber oftmals stark in operative Entscheidungen involviert sind. Strategisch-gestalterische Aufgabenbereiche wie Business Development werden von der Geschäftsführung ausgeübt. Für bestimmte Aufgaben, wie z. B. Qualitätsmanagement, existieren aufgrund der überschaubaren Größe keine eigenständigen Funktionsbereiche. Solche oder ähnliche Aufgaben werden von „Fachbeauftragten" nebenbei übernommen oder sind „Chefsache".

Mittelgroße Güterverkehrsunternehmen

Wenngleich keine allgemeingültige Abgrenzung zwischen kleinen und mittelgroßen Güterverkehrsunternehmen existiert, unterscheiden sich letztere von kleinen Unternehmen insbesondere in der Anzahl der Mitarbeitenden, Umsatzgröße, dem Leistungsportfolio und der Gebietsabdeckung. Beispielhaft sei im Folgenden die Organisationsstruktur der Seifert Logistics Group in Abbildung 5.4.8 dargestellt. Die Gruppe mit Hauptsitz in Ulm (DE), die sich in Familienbesitz befindet, beschäftigt etwa 4.000 Mitarbeitende (2023) und erzielte 2022 einen Umsatz von circa 260 Mio. € (Seifert Logistics GmbH, 2023). Sie zählt damit zur Gruppe der großen Mittelständler.

Die Organisationsstruktur spiegelt das auf Transport und Kontraktlogistik in Europa ausgerichtete Leistungsspektrum wider. Unterhalb der beiden Business Units finden sich

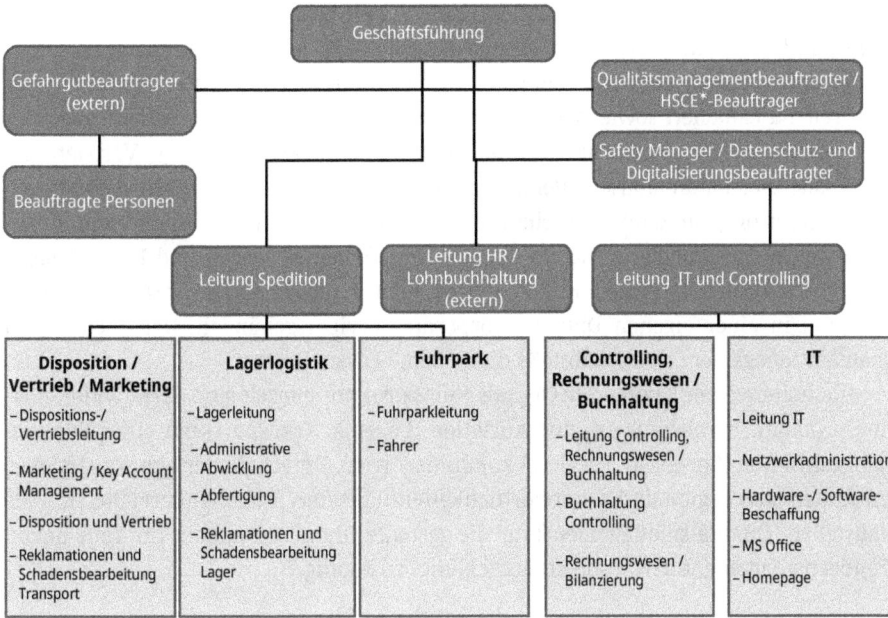

*HSCE = Health-Security-Compliance-Environment

Abbildung 5.4.6: Organigramm eines Kleinstunternehmens.

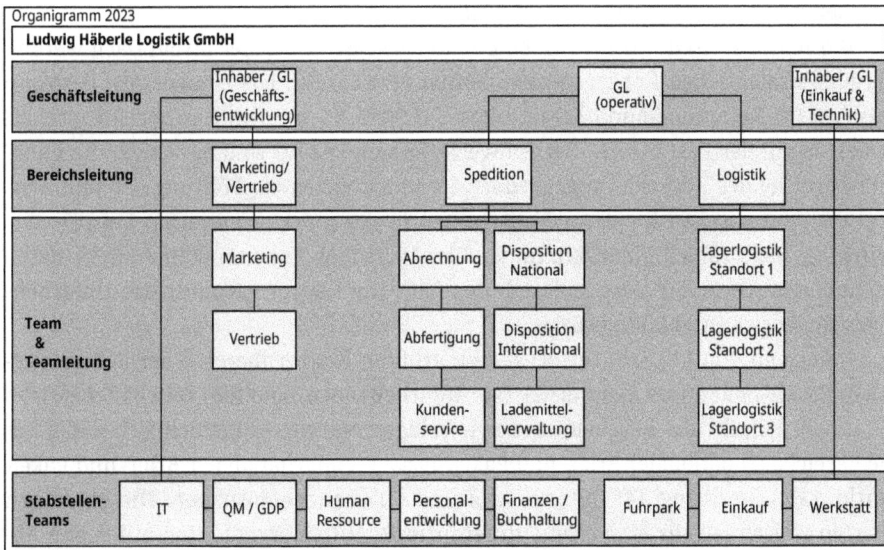

Abbildung 5.4.7: Organigramm eines kleinen mittelständischen Unternehmens am Beispiel der Ludwig Häberle Logistik GmbH (Häberle Logistik GmbH, 2023).

Verantwortlichkeiten nach Region und Standort. Als für beide Divisionen zuständige Stabstelle befindet sich der Bereich Tendermanagement & Projektentwicklung. Damit soll sichergestellt werden, dass Angebote für vordefinierte Key Accounts einheitlich und übergreifend kalkuliert sowie größere (Kunden-) Projekte zentral gesteuert werden. Der CEO verantwortet die Bereiche Personal, IT, Unternehmensentwicklung, Vertrieb und Real Estate. Der Kaufmännische Bereich wird vom CFO geleitet. Neben den Verantwortlichkeiten für originär kaufmännische Themen obliegt ihm auch die Zuständigkeit für die Fachbereiche Sustainability, Facility Management, Arbeitssicherheit und Fleet Management. Die zentralen Bereiche und Abteilungen, die von CEO und CFO direkt geführt werden, sind in einer eigenen Division Corporate Services gebündelt. Der Fachbereich Qualitätsmanagement ist als Stabstelle direkt dem CEO zugeordnet.

Die höhere Komplexität der Organisationsstruktur spiegelt sich darin wider, dass eine produktorientierte Spartenorganisation (Logistik, Transport) mit einer Funktionalorganisation (Corporate Services) kombiniert wird. Unterhalb der operativen Sparten finden sich regionale Verantwortlichkeiten. Einzelne Aufgabenbereiche sind als Stabstellen (Qualitätsmanagement) für die gesamte Organisation oder für Teile davon (Tendermanagement bzw. Projektentwicklung) zuständig.

Große Güterverkehrsunternehmen

Zur Illustration der Aufbauorganisation eines großen Güterverkehrsunternehmens wird die übergreifende Konzernstruktur der Schweizerischen Post vorgestellt. Das Unternehmen erwirtschaftete 2022 einen Umsatz in Höhe von 6,9 Mrd. Schweizer Franken und beschäftigt rund 34 Tsd. Mitarbeitende.

Die Schweizerische Post AG ist eine Aktiengesellschaft. Unter ihrem Dach werden die fünf strategischen Konzerngesellschaften Post CH AG, PostFinance AG, PostAuto AG, Post CH Kommunikation AG und Post CH Netz AG geführt. Das Logistikgeschäft findet sich in der Post CH AG. Der Schweizerischen Post AG sind zusätzlich die Funktionsbereiche des Konzerns angegliedert. Sie unterstützen die Führung des Konzerns und die strategischen Konzerngesellschaften in der marktorientierten Leistungserbringung. Dazu zählen Finanzen, Immobilien, Personal, Kommunikation, Informatik/ Technologie sowie der Vorstandsstab des CEO. Die Konzernstruktur des Unternehmens findet sich in Abbildung 5.4.9.

Innerhalb von Logistik-Services, dem größten Konzernbereich der Schweizerischen Post AG mit etwas mehr als 21 Tsd. Mitarbeitenden, sind fünf Geschäftsbereiche verantwortlich für die Bearbeitung der jeweiligen Märkte. Es handelt sich dabei um die Bereiche (1) nationaler Brief- und Paketmarkt, (2) internationaler Brief- und Paketmarkt, (3) Advertising, (4) Güterlogistik und (5) Branchenlösungen. Die einzelnen Sparten weisen jeweils eine eigene differenzierte Aufbauorganisation auf (siehe Abbildung 5.4.10). Neben den fünf Geschäftsbereichen existieren als separat geführte Einheiten die Bereiche Operations sowie digitale Plattformen. Unterstützende Stabsfunktionen wie Bereichsentwicklung sind direkt der Konzernbereichsleitung zugeord-

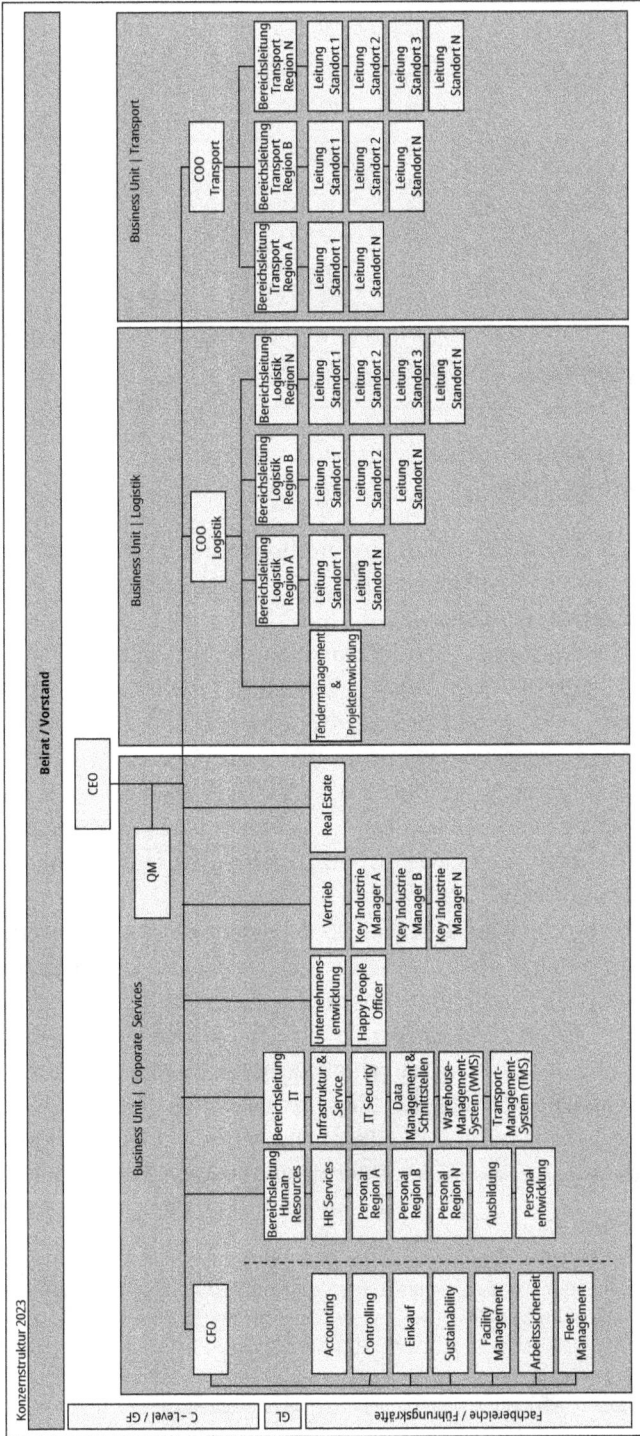

Abbildung 5.4.8: Organigramm eines großen mittelständischen Güterverkehrsunternehmens am Beispiel der Seifert Logistics Group (Seifert Logistics GmbH, 2023).

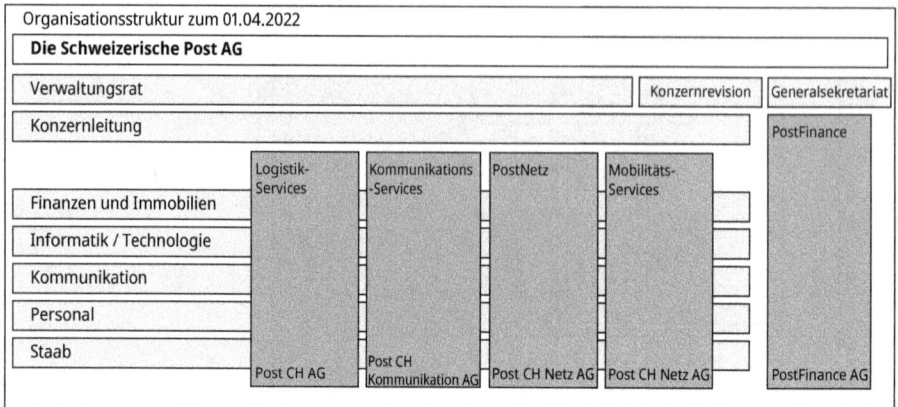

Abbildung 5.4.9: Organisationsstruktur eines großen Güterverkehrsunternehmens am Beispiel der Schweizerische Post AG (Schweizerische Post AG, 2023).

net. Innerhalb der Einheiten findet sich mitunter eine Organisationsstruktur nach Verrichtungen und Produkten (z. B. Geschäftsbereich Branchenlösungen) bzw. Produkten und Regionen (z. B. Bereich Operations).

Ein weiteres Beispiel für ein großes Güterverkehrsunternehmen stellt die Deutsche Bahn AG dar. Der Konzern beschäftigt weltweit rund 340 Tsd. Mitarbeitende und erzielte 2022 einen Umsatz in Höhe von 56,3 Mrd. Euro. Er ist in den Segmenten Personenverkehr, Güterverkehr und Logistik sowie Infrastruktur tätig (Deutsche Bahn AG, 2023a). Den Segmenten sind, wie Abbildung 5.4.11 zeigt, acht Geschäftsfelder zugeordnet, und zwar DB Regio, DB Fernverkehr und DB Arriva[8] im Personenverkehr, DB Schenker und DB Cargo im Güterverkehr sowie DB Netze Fahrweg, Personenbahnhöfe und Energie im Segment Infrastruktur.

Größtes Konzernunternehmen ist die Schenker AG mit den drei Geschäftsfeldern europäischer Landverkehr, See- und Luftfracht sowie Kontraktlogistik. Der Logistikdienstleister mit Sitz in Essen (DE) beschäftigt weltweit über 75 Tsd. Mitarbeitende an rund 1.850 Standorten in 130 Ländern. 2022 erwirtschaftete der Teilkonzern einen Umsatz von rund 27,5 Milliarden Euro. Neben drei verantwortlichen Vorständen für die Geschäftsfelder und dem Vorstandsvorsitzenden (CEO) verantworten drei Vorstände die Corporate Services Bereiche Finanzen (CFO), Personal (People and Organisation) sowie IT (CIO/CDO) (Deutsche Bahn AG, 2023a) (siehe dazu Abbildung 5.4.12). Inner-

---

8 Am 19.10.2023 gab die Deutsche Bahn den Verkauf der Arriva Group an den Infrastruktur-Investor I Squared Capital bekannt und stellte in Aussicht, dass die Transkation im Jahr 2024 abgeschlossen sein dürfte. Link: https://www.deutschebahn.com/de/presse/pressestart_zentrales_uebersicht/I-Squared-und-Deutsche-Bahn-unterzeichnen-Kaufvertrag-fuer-Arriva-12354062 Zugleich wurde im September 2023 bekannt gegeben, dass die beiden Infrastrukturgesellschaften DB Station & Service AG (Bahnhöfe) und DB Netz AG (Fahrweg) mit Wirkung zum 1. Januar 2024 verschmolzen werden und daraus die neue Infrastrukturgesellschaft InfraGo AG entsteht (Deutscher Bundestag, 2023).

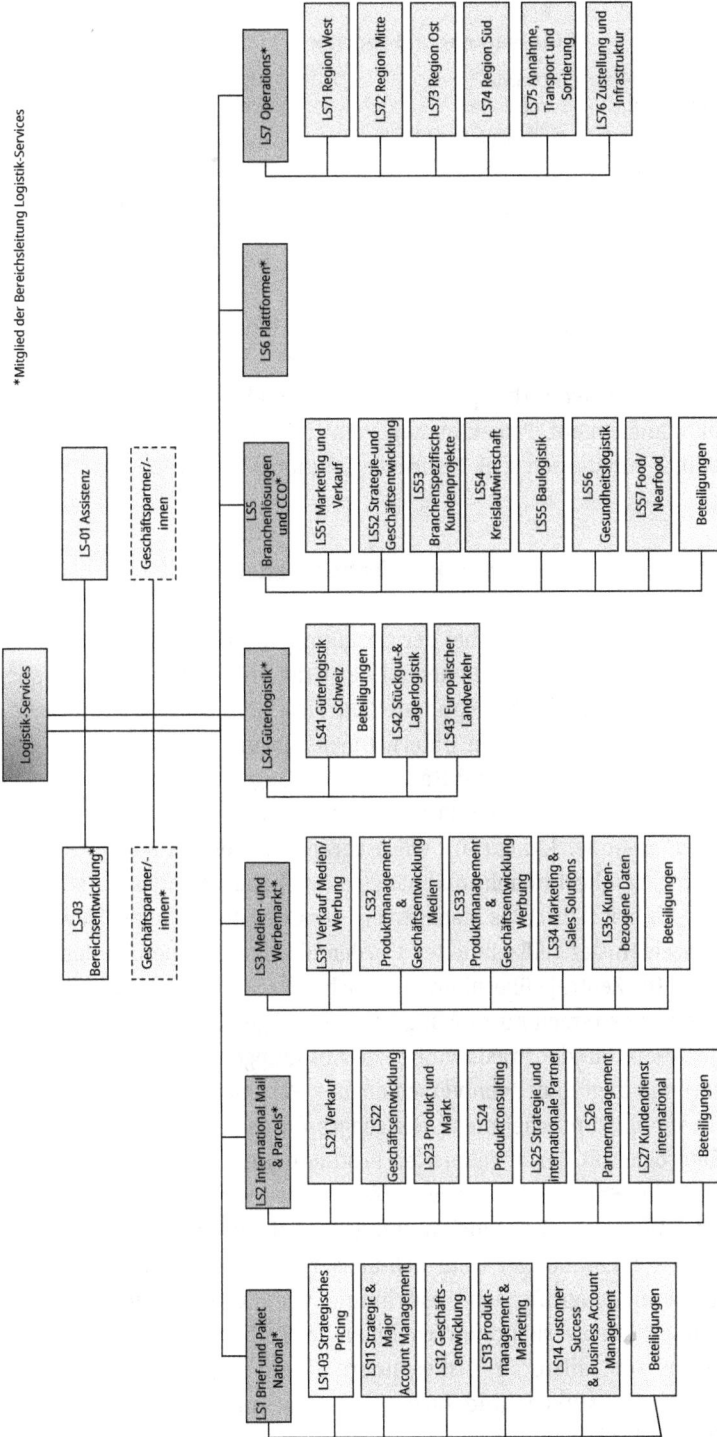

Abbildung 5.4.10: Organisationsstruktur des Konzernbereich Logistik-Services der Schweizerischen Post AG (Schweizerische Post AG, 2023).

Personenverkehr	Güterverkehr und Logistik	Infrastruktur
– **DB Fernverkehr** Schienenpersonenfernverkehr	– **DB Cargo** Europäischer Schienengüterverkehr	– **DB Netze Fahrweg** Schienennetz
– **DB Regio** Deutscher Personennahverkehr	– **DB Schenker** Globale Speditions- und Logistikdienstleistungen	– **DB Netze Personenbahnhöfe** Verkehrsstationen
– **DB Arriva** Europäischer Personennahverkehr		– **DB Netze Energie** Traktions- und stationäre Energien

Abbildung 5.4.11: Segmente und Geschäftsfelder der Deutsche Bahn AG (Deutsche Bahn AG, 2023).

halb der einzelnen Geschäftsfelder (beispielhaft für Luft- und Seeverkehre dargestellt) finden sich Produktmanagement, Projektmanagement und weitere für das jeweilige Geschäftsfeld relevante Funktionen (z. B. Insurance Solutions) wieder.

5.4.4 Besondere Herausforderungen der Organisationsgestaltung

Eine der wesentlichen Fragestellungen bei der Gestaltung der Organisationsstruktur insbesondere für Güterverkehrsunternehmen ist der Grad an Zentralisierung (Vahs, 2023, Schreyögg 2016). Bei einem hohen Grad an Zentralisierung werden alle strategischen Entscheidungen von der zentralen Unternehmensführung getroffen. Diese gibt die Unternehmenspolitik, die Prozesse und Handlungsrichtungen vor. Die für Produkte bzw. Regionen verantwortlichen Führungskräfte sind in ihrer Einflussnahme auf Strategien und Unternehmensentwicklung stark eingeschränkt. Bei einem hohen Grad an Dezentralisierung hingegen bestimmen unabhängige Geschäftseinheiten die strategische Ausrichtung der Einheit selbst. Das Management der Geschäftseinheiten ist weitgehend autark. Die einzelnen Geschäftseinheiten werden als eine Gruppe unabhängiger Unternehmen geführt. Die Zentrale übernimmt lediglich Koordinationsaufgaben.

Zwischen den beiden extremen Ausprägungen (vollständige) Zentralisierung versus Dezentralisierung existieren in der Praxis zahlreiche Abstufungen. Das (sinnvolle) Ausmaß an Zentralisierung hängt dabei von verschiedenen Parametern ab. Dazu zählen vornehmlich die Größe des Unternehmens, die geographische Ausdehnung, die Homogenität bzw. Heterogenität der angebotenen Produkte und Leistungen sowie die Geschwindigkeit, mit der Entscheidungen getroffen werden müssen. Letztere hängt insbesondere mit der Wettbewerbsintensität und der Geschwindigkeit von Veränderungen zusammen. Mit zunehmender Unternehmensgröße, heterogenem Leistungsportfolio, einer stärkeren geografischen Ausdehnung, wie dies bei vielen größeren und selbst mittelgroßen Güterverkehrsunternehmen der Fall ist, kann es vorteilhaft sein, nicht zu stark zu zentralisieren. Insbesondere die im Regelfall hohe Wettbewerbsintensität in der Transport- und Logistikbranche mit der Notwendigkeit, schnell Entscheidungen treffen und rasch auf Änderungen reagieren zu müssen, er-

DB Schenker- Organigramm

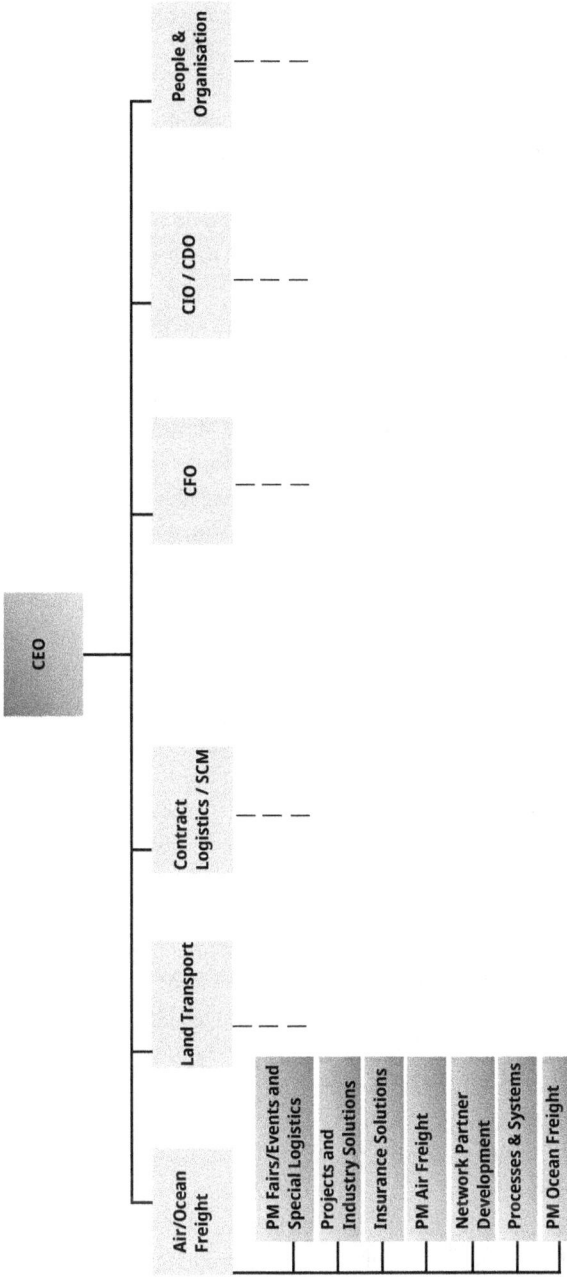

Abbildung 5.4.12: Organigramm der DB Schenker Holding (Deutsche Bahn AG, 2023).

fordert dezentrale Strukturen. Hingegen erlauben moderne Informationssysteme einen zunehmenden Grad an Zentralisierung und helfen dabei, deren. Nachteile zu vermeiden. Die Frage, welcher Grad der Zentralisierung im Einzelfall geeignet ist, lässt sich nicht per se beantworten. Vielmehr ist es notwendig, die Vor- und Nachteile (siehe Abbildung 5.4.13) einzelner Strukturen unter Beachtung der dargestellten Einflussfaktoren unternehmensspezifisch abzuwägen. Die Maxime sollte lauten „so viel Dezentralisation wie möglich, so viel Zentralisation wie nötig".

Um bei großen und mittelgroßen Güterverkehrsunternehmen ein notwendiges Maß an Dezentralisierung einhalten und dennoch ein Mindestmaß an Standardisierung gewährleisten zu können, bedient man sich neben dem Konstrukt der Corporate Center, in dem gruppenweit bestimmte Funktionen wie Unternehmensentwicklung, Finanzierung, Personalentwicklung oder Rechtsberatung zentral gebündelt sind, insbesondere Funktionen wie dem Produktmanagement, dem Key Account Management, dem Tender Management bzw. dem Projektmanagement. Alle vier Funktionen können als Matrixorganisation, Stabsstelle oder Linienorganisation organisiert werden. Bei der Ausgestaltung als Matrix ist die jeweilige Funktion, z. B. der Produkt Manager oder Key Account Manager, mit Weisungsbefugnissen ausgestattet. Bei der Ausgestaltung als Stabsstelle gibt es anstatt von Weisungsbefugnissen lediglich beratende, informatorische oder vorbereitende Funktionen. Bei der Eingliederung in ein Einliniensystem, ist die jeweilige Funktion gleichberechtigt neben klassischen Funktionen wie Vertrieb oder Disposition.

Das Produktmanagement trägt die unternehmerische Verantwortung für Produkte und Dienstleistungen, z. B. für Luft- oder Seeverkehre. Es benötigt also Produkt- und Marktkenntnis. Die Aufgaben des Produktmanagements sind es, Markt- und Wettbewerbsanalysen durchzuführen, Produkt- und Dienstleistungsverbesserungen anstoßen, Ideen für neue Produkte bzw. Dienstleistungen zu generieren, Markteinführungskonzepte zu erstellen oder den Vertrieb zum Beispiel bei Kundenbesuchen zu begleiten (Vahs, 2023; Nicolai, 2023).

Das Key-Account-Management sieht die Betreuung von Schlüsselkunden mit hohem Kundenwert (Umsatz, Deckungsbeitrag) durch spezielle Account Manager vor. Zielsetzung ist es, langfristige und stabile Geschäftsbeziehungen mit bestimmten Kunden oder Kundengruppen auf- und auszubauen. Der Key Account-Manager kümmert sich dabei umfassend um die spezifischen Belange und Interessen einzelner, strategisch bedeutender Kunden bzw. Kundengruppen und vertritt diese und deren Anforderungen im Unternehmen. Er bildet damit die Schnittstelle dieses Kunden bzw. dieser Kundengruppe zum Unternehmen. In der Praxis ist das Key Account-Management meist global organisiert (Vahs, 2023; Nicolai, 2023; Breisig, 2021).

Als Tendermanagement bezeichnet man ein für Ausschreibungen verantwortliches Management. Aufgabe ist es, Ausschreibungsunterlagen bzw. Offerten zu erstellen. Damit ist es an allen administrativen Schritten von der Sichtung der Ausschreibungen bis zur Erstellung von Angeboten und der Unterzeichnung von Verträgen beteiligt (ibau GmbH, 2023). Da sowohl in der Transport- als auch in der Lagerlogistik der Anteil von (meist größeren) Kunden zunimmt, die Leistungen ausschreiben, kommen größere Gü-

Zentralisierung

Vorteile:
- Konsistenz in der Unternehmensstrategie für alle Geschäftseinheiten
- Einfachere Koordination der einzelnen Aktivitäten und ihrer gegenseitigen Wechselwirkungen
- Einfachere Kontrolle
- Veränderungen in der strategischen Grundausrichtung können besser umgesetzt werden

Nachteile
- Zu langsame Reaktion auf Veränderungen
- Gefahr der Entwicklung einer übergroßen Unternehmenszentrale die
  - von Management-Informationssystemen abhängt
  - zu wenig Kundennähe hat
  - komplexen Zusammenhängen und vielfältigen Interessen gegenübersteht
- Das Unternehmen entwickelt keine Manager, stattdessen agieren Experten für verschiedenen Funktionen

Dezentralisierung

Vorteile:
- Schnelle Änderung von Wettbewerbsstrategien und geschäftsbezogenen Strategien
- Höhere Motivation durch mehr Eigenverantwortlichkeit
- Einfachere strategische Steuerung von sehr komplexen Unternehmensgruppen

Nachteile
- Probleme bei der Zuordnung von Kompetenzen zur Zentrale und den einzelnen Geschäftseinheiten
- Effizienzverluste durch Duplikation verschiedener Funktionen

Abbildung 5.4.13: Vor- und Nachteile von Zentralisierung versus Dezentralisierung (Vahs, 2023; Schreyögg, 2016).

terverkehrsunternehmen um diese Funktion nicht umhin. Die Vorteile liegen insbesondere in einer standardisierten und professionellen Bearbeitung von Ausschreibungen und Offerten. Neben Know-how werden damit erforderliche Kapazitäten für den im Regelfall sehr zeit- und arbeitsintensiven Ausschreibungsprozess vorgehalten.

Kennzeichnend für die Transport- und Logistikbranche ist die hohe Anzahl an Projekten. Diese reicht von der Planung, dem Bau und der Inbetriebnahme neuer Logistikanlagen, der Auswahl und Implementierung von neuen Technologien oder IT-Systemen bis hin zur Anpassung bestehender Prozesse oder Verfahren, sei es aus wirtschaftlichen oder regulatorischen Anforderungen. Konsequenterweise setzten größere Unternehmen zusehends auf ein professionelles Projektmanagement als (permanenter) Bestandteil ihrer Aufbauorganisation. Das Projektmanagement ist dabei für das Initiieren, Planen, Steuern, Kontrollieren und Abschließen von Projekten verantwortlich. Ausschlaggebend für den Erfolg ist dabei, ob die organisatorische Verankerung des Projektmanagements im Unternehmen eindeutig geklärt und klare Rollen, Kompetenzen und Verantwortlichkeiten, vor Allem im Hinblick auf das Zusammenspiel Linienorganisation und Projektmanagement zugeteilt wurden. Wird dies eingehalten, erhöht ein professionelles Projektmanagement die Wahrscheinlichkeit des Projekterfolgs spürbar (Hartel, 2019).

5.4.5 Organisation von Güterverkehrskooperationen

Kooperationen zwischen Güterverkehrsunternehmen sind in der Transport- und Logistikbranche gängige Praxis. Dabei existieren vielfältige Kooperationsformen, wozu Arbeitsgemeinschaften, Netzwerke, strategische Allianzen oder Joint Ventures genauso gehören wie Kartelle. Sie lassen sich durch verschiedene Merkmale wie die Anzahl der Kooperationspartner (zwei oder viele), der Dauer (projektbezogen und kurzfristig bzw. langfristig und dauerhaft) oder Fixierung der Absprachen (mündlich, Spielregeln, Verträge) beschreiben (Breisig, 2021). Insofern ist bei jeglicher Form der Kooperation die Ausgestaltung der Zusammenarbeit zwischen den Kooperationspartnern zu regeln.

Die Motive zur Gründung oder Teilnahme an Kooperationen sind primär die Nutzung von Bündelungs- und Synergiepotenzialen zur Kosteneinsparung bzw. zur Verbesserung des Leistungsangebots und damit der Markt- und Wettbewerbsposition. Bei Güterverkehrskooperationen handelt es sich im Regelfall um eine horizontale Form der Kooperation. Charakteristisch hierfür ist die Zusammenarbeit auf der gleichen Ebene der Wertschöpfungskette bzw. zwischen Unternehmen der gleichen Wirtschaftsstufe.

Auch wenn Kooperationen Vorteile bieten, darf nicht übersehen werden, dass sie auch Nachteile und Risiken mit sich bringen können. Je nachdem, welche Form der Kooperation gewählt wird, kann ein Teil der Selbständigkeit verloren gehen, sowohl in rechtlicher als auch in wirtschaftlicher Hinsicht. Entscheidungen sind dann häufig nicht mehr alleine zu treffen, sondern müssen abgestimmt werden.

Beispiele für Kooperationen im Güterverkehr sind die International Air Transport Association (IATA) im Luftverkehr (IATA, 2023), Konferenzen in der Schifffahrt, bei denen es sich um Kartelle (Aberle, 2009) handelt sowie Kooperationen im Bereich des Landverkehrs. Dabei sind Stückgut- und Ladungsverkehrskooperationen zu unterscheiden. Kooperationen im Stückgutbereich gelten dabei als die häufigste Form der Kooperation. Die großen deutschen Player Cargoline, IDS, 24 plus, CTL oder VTL erzielen dabei Umsätze und Sendungsvolumina von Großunternehmen (Lauenroth, 2023). Der größte Marktteilnehmer in Deutschland im Bereich Teil- und Komplettladungsverkehre ist die 2006 gegründete ELVIS AG mit Sitz in Alzenau. ELVIS verfügt nach eigenen Angaben über 250 Partner mit zusammen mehr als 350 Standorten (ELVIS, 2023). Im April 2021 hat ELVIS zusammen mit weiteren Logistiknetzwerken offiziell das paneuropäische Transportnetzwerk Paneco gegründet. Gemeinsam deckt dieses „Netzwerk der Netzwerke" in den Bereichen Stückgut und Teilladungen alle großen Wirtschaftszonen Europas ab (Paneco Pan European Cooperation AG, 2023).

Kooperationen haben einen formalen Charakter, denn sie bestehen i. d. R. aus einer Vielzahl von Partnerunternehmen und fußen auf vertraglich fixierten Kooperationsvereinbarungen. Oft sind die Partnerunternehmen durch ihre Rolle als Gesellschafter oder einfache Systempartner sowie durch den Einsatz von sogenannten Fachausschüssen in die gemeinsamen Kooperationsaktivitäten einbezogen und an Entscheidungen beteiligt. Die Fachausschüsse haben die Aufgabe, wichtige Entscheidungen, deren Umsetzung von einem allgemeinen Konsens abhängen, z. B. Fragen zur gegenseitigen Leistungsverrechnung, zu IT- oder Prozessstandards bzw. Vermarktungsstrategien, gemeinsam mit Vertretern der jeweiligen Partnerunternehmen auszuarbeiten. Da formalisierte Kooperationen zwangläufig immer mit der Beschneidung der Entscheidungsmacht der Partner in bestimmten Bereichen einhergehen, soll mit dieser partizipativen Organisationslösung eine hohe Akzeptanz bei Entscheidungen erreicht werden. Ein in der Praxis hoher Abstimmbedarf zwischen den Beteiligten wirkt sich dabei insofern auch nachteilig aus, als er zwangsläufig Zeit und Ressourcen in Anspruch nimmt und ggf. nur Kompromisslösungen („kleinster gemeinsamer Nenner") hervorbringt.

Darüber hinaus sind in der Branche auch informelle Kooperationen bilateraler Art zu finden, die sich beispielsweise in partnerschaftlichen Beziehungen zwischen Versand- und Empfangsspediteuren äußern. Diese Kooperationsformen beschränken sich in der Regel auf wenige Partner und basieren auf persönlichen und vertrauensvollen Beziehungen der Partner untereinander (Klaas-Wissing, 2010; Klaas-Wissing, 2018). Damit bringen sie vergleichsweise wenig Regelungsbedarf mit sich.

5.4.6 Zusammenfassung

Die Organisationsstruktur eines Güterverkehrsunternehmens hängt von verschiedenen Faktoren ab. Es gibt entsprechend kein Patentrezept für eine passende Organisationsform, vielmehr wird die jeweils am besten geeignete Organisationsform von der individuellen Situation, dem Marktumfeld, der Unternehmensgröße sowie insbesondere der Unternehmensstrategie beeinflusst. In der Praxis führt dies dazu, dass verschiedene Organisationsformen untereinander kombiniert und an die Bedürfnisse des Unternehmens angepasst werden.

Zugleich existieren enge Schnittstellen zwischen Organisation und Führung (Bauer, 2011). Führung ist dazu da, durch direkte oder indirekte Verhaltensbeeinflussung zur Realisierung von Zielen beizutragen, die sich aus übergeordneten Zielen der Organisation und den Erwartungen der Stakeholder ableiten. Führung kann nur gelingen, wenn eine zweckmäßige Organisation existiert. Fehlt diese, etwa weil es Unstimmigkeiten bei Zuständigkeiten bzw. Verantwortlichkeiten gibt, wird Führung nicht zum Erfolg führen.

Ein Umfeld mit hoher Volatilität (volatility), Unsicherheit (uncertainty), Komplexität (complexity) und Mehrdeutigkeit (ambiguity), auch VUCA genannt, hat zur Folge, dass Flexibilität und die Fähigkeit zur schnellen Anpassung noch wichtiger für den Erfolg einer Organisation werden als noch vor 20 Jahren (Mack et. al. 2016). Zudem gibt es mehr als früher Veränderungsdruck von innen, weil Mitarbeitende nach mehr

Selbstverwirklichung streben und sich ganzheitlichere Aufgaben sowie mehr Verantwortung wünschen (Wieselhuber & Partner GmbH Unternehmensberatung, 2018).

Die Veränderung bzw. Optimierung der Unternehmensorganisation hat aber immer auch Auswirkungen auf Mitarbeitende und Führungskräfte, die sich als Gewinnern und Verlierer sehen können. Entsprechend bringen Organisationsveränderungen meist Widerstände hervor, die so weit gehen können, dass Strukturänderungen scheitern, weil sich nicht angenommen werden und damit nicht zum gewünschten Erfolg führen.

Eine der zentralen Herausforderungen der Organisationsgestaltung, insbesondere bei Güterverkehrsunternehmen, ist die Frage nach dem richtigen Ausmaß an Zentralisierung bzw. Dezentralisierung. Dabei wird der geeignete Zentralisierungsgrad von einer Vielzahl von Faktoren beeinflusst und ist unternehmensindividuell zu bestimmen. Faktoren wie Markt- und Kundenorientierung, hohe Veränderungsgeschwindigkeit oder die Erbringung heterogener und komplexer Leistungen sprechen eher für ein dezentrales Organisationsmodell.

Literaturverzeichnis

Aberle, G. (2009). *Transportwirtschaft* (5. Aufl.). München: Oldenburg.

Bauer, G. (2011). Organisationsentwicklung und Führung: Zwei Seiten derselben Medaille? In: R. Grossmann & K. Mayer (Hrsg.), *Organisationsentwicklung konkret* (S. 35–55). Wiesbaden: VS Verlag für Sozialwissenschaften.

Berner, W. (2022). *Reorganisation und Restrukturierung: Strukturen weiterentwickeln, ohne die Unternehmenskultur zu ruinieren.* Stuttgart: Schäffer-Poeschel.

Breisig, T. (2021). *Betriebliche Organisation: Organisatorische Grundlagen und Managementkonzepte* (3. Aufl.). Herne: NWB Verlag.

Deutsche Bahn AG (2023a). *Deutsche Bahn Integrierter Bericht 2022* [Jahresbericht]. Abgerufen am 14.08.2023 unter https://ibir.deutschebahn.com/2022/fileadmin/pdf/db_ib22_de_web.pdf

Deutsche Bahn AG (2023b, 19. Oktober). *I Squared und Deutsche Bahn unterzeichnen Kaufvertrag für Arriva.* Abgerufen am 12.12.2023 unter https://www.deutschebahn.com/de/presse/pressestart_zentrales_ue bersicht/I-Squared-und-Deutsche-Bahn-unterzeichnen-Kaufvertrag-fuer-Arriva

Deutscher Bundestag (2023). *InfraGo soll im vollständigen Eigentum der DB AG verbleiben.* Verkehr — Antwort — hib 663/2023 vom 19.09.2023. Abgerufen am 12.12.2023 unter https://www.bundestag. de/presse/hib/kurzmeldungen

DSLV Bundesverband Spedition und Logistik e.V. (2023). *Umsatz und Beschäftigte.* Abgerufen am 04.09.2023 unter https://www.dslv.org/de/die-branche/umsatz-und-beschaeftigte

ELVIS Europäischer Ladungs-Verbund Internationaler Spediteure Aktiengesellschaft (2023). *Der Verbund.* Abgerufen am 14.08.2023 unter https://www.elvis-ag.com/der-verbund

Häberle Logistik GmbH (2023). *Das Unternehmen.* Abgerufen am 14.08.2023 unter https://www.haeberle-logistik.de/unternehmen/

Hartel, D. H. (2019). *Projektmanagement in Logistik und Supply Chain Management: Praxisleitfaden mit Beispielen aus Industrie, Handel und Dienstleistung* (2. Aufl.). Wiesbaden: Gabler.

Hassa, E. (2018). Kühne + Nagel stellt sich in Europa neu auf. *Verkehrsrundschau.* Abgerufen am 14.08.2023 unter https://www.verkehrsrundschau.de/nachrichten/transport-logistik/kuehne-nagel-stellt-sich-in-europa-neu-auf-2984761 ibau GmbH (2023). *Ausschreibungsmanagement.* Abgerufen am 04.09.2023 unter https://www.ibau.de/aka demie/glossar/ausschreibungsmanagement/

International Air Transport Association [IATA] (2023). *About us.* Abgerufen am 14.08.2023 unter https://www.iata.org/en/about/

Investitionsbank des Landes Brandenburg [ILB] (Hrsg.) (2022). *Merkblatt KMU-Definition der EU: Allgemeine Erläuterungen zur Definition der Kleinstunternehmen sowie der kleinen und mittleren Unternehmen (KMU)*, Potsdam.

Klaas-Wissing, T. (2010). Organisation. In: W. Stölzle, & H. P. Fagagnini, (Hrsg.), *Güterverkehr kompakt* (S. 139–150). München: Oldenburg.

Klaas-Wissing, T. (2018). Gestaltung der Logistikorganisation. In: K. Furmans, C. Kilger, (Hrsg.), *Gestaltung der Struktur von Logistiksystemen* (S.77–95). Berlin, Heidelberg: Springer Vieweg.

Lauenroth, L. (2023). Der Druck auf die Stückgutnetze nimmt zu. *DVZ.* Abgerufen am 14.08 unter https://www.dvz.de/rubriken/logistik/detail/news/der-druck-auf-die-stueckgutnetze-steigt.html

Mack, T., Khare, A., Krämer, A., & Burgartz, T. (Hrsg.) (2016). *Managing in a VUCA World.* Berlin: Springer International Publishing.

Nicolai, C. (2023). *Betriebliche Organisation.* München: UVK Verlag.

Paneco Pan European Cooperation AG (2023). *Wer sind wir?.* Abgerufen am 14.08.2023 unter https://paneco.eu/de/die-organisation/

Pepels, W. (2020). *Handbuch Dienstleistungen Teilband 1 + 2.* Berlin: Duncker & Humblot.

Pflaum, A. (Hrsg.) (2022). *Top 100 der Logistik – Marktgrößen und Marktsegmente Update 2022.* Hamburg: DVV Media.

Pfohl, H.C. (1980). Aufbauorganisation der betriebswirtschaftlichen Logistik. *Zeitschrift für Betriebswirtschaft, 50*(11–12), 1201–1228.

Schreyögg, G. (2016). *Grundlagen der Organisation: Basiswissen für Studium und Praxis (2. Aufl.).* Wiesbaden: Gabler.

Schweizerische Post AG (Hrsg.) (2023). *Finanzbericht 2022,* Bern.

Seifert Logistics GmbH (Hrsg.) (2023). *Seifert Logistics Group: In Deutschland & Europaweit.* Abgerufen am 14.08.2023 unter https://www.seifert-logistics.com/de/unternehmen/

Thomsen, J-P., Achleitner, A-K. & Gilbert, D. U. (2023). *Allgemeine Betriebswirtschaftslehre: Umfassende Einführung aus managementorientierter Sicht* (10. Aufl.). Wiesbaden: Gabler.

Vahs, D. (2023). *Organisation: Ein Lehr- und Managementbuch* (11. Aufl.). Stuttgart: Schäffer-Poeschel.

Williams, M. (2016). *Kuehne + Nagel reorganises European business* . Abgerufen am 14.08.2023 unter https://www.automotivelogistics.media/kuehne–nagel-reorganises-europe-business/15809.article

Wieselhuber & Partner GmbH Unternehmensberatung (Hrsg.) (o. D.). *Organisation.* München.

Wieselhuber & Partner GmbH Unternehmensberatung (Hrsg.) (2018). *Unternehmensorganisation 2020 +.* München.

5.5 Kosten- und Preismanagement

Wolfgang Stölzle, Ludwig Häberle

Der europäische Güterverkehrsmarkt gilt als weitgehend liberalisiert und stellt damit eine wesentliche Säule für die wirtschaftliche Vernetzung, Arbeitsteilung und den ungehinderten Warenfluss im europäischen Binnenmarkt dar. Auf dem europäischen Transportmarkt agiert eine Vielzahl an Akteuren, die unterschiedlichste logistische Dienstleistungen erbringen, wobei insbesondere der Straßengüterverkehr mit allein über 550.000 Unternehmen und 3,3 Millionen Beschäftigten (Europäische Kommission, 2022) als fragmentierter Markt gilt. Über alle Verkehrsträger hinweg sind Güterverkehrsunternehmen gewöhnlich mit einer hohen Wettbewerbsintensität konfrontiert, die sich auf die Gewinnmargen in der Branche auswirkt. Zudem gilt es, auf rasche und oft kaum vorhersehbare Veränderungen auf den Absatz- und Beschaffungsmärkten zu reagieren.

Die meisten Güterverkehrsunternehmen weisen eine hohe Kapitalkostenintensität sowie einen großen Anteil an fixen Kosten auf. Diese sind im Zusammenhang mit der Herstellung von Leistungsbereitschaft zu sehen, also um Güterverkehrsleistungen überhaupt erst am Markt anbieten zu können. Erhebliche Ressourcen, etwa in Form von spezieller Infrastruktur oder einem Fuhrpark, sind für den operativen Betrieb erforderlich. Folglich sind Güterverkehrsunternehmen besonders auf die Ausschöpfung von Leistungssteigerungs- sowie Kostensenkungspotenzialen bei der Erbringung ihrer Leistungen angewiesen. Als Konsequenz ergibt sich ein dauerhafter Kostendruck, der ein umfassendes, proaktives Kostenmanagement erfordert. Wie in anderen Wirtschaftsbereichen gilt auch für den Güterverkehr: Kosten sind nur eine Determinante des Erfolgs, die zweite sind die am Markt realisierten Preise. Kosten und Preise hängen untrennbar zusammen und bedingen sich gegenseitig. Daher wird der Blick auf das Management von Kosten und Preisen im Güterverkehr in einem Kapitel zusammengefasst.[9]

5.5.1 Besonderheiten des Kosten- und Preismanagements im Güterverkehr

Dienstleistungscharakter von Güterverkehrsleistungen

Logistische Leistungen wie Transport, Umschlag und Lagerhaltung gelten als immaterielle Dienstleistungen. Hinsichtlich ihrer Leistungsstruktur weisen sie folgende Merkmale im Hinblick auf das Kosten- und Preismanagement auf: Güterverkehrsleistungen sind in der Regel in gewissem Umfang individuell zu erbringen und durch ihren immateriellen Charakter zeichnen sie sich durch eine vergleichsweise geringere Preiselastizität aus. Die Preiswürdigkeit einer logistischen Leistung kann oft nur ex-post beurteilt werden. Dies gilt vor allem für eine hoch kundenspezifische Leistungserstellung. Aufgrund des Individualitätscharakters einer Leistung ist es oft schwierig, Kostenträger vergleichbar zu definieren und die Kostenzurechnung zu standardisieren.

Die Eigenschaft der Immaterialität und infolgedessen der Nicht-Lagerbarkeit von Güterverkehrsleistungen, bedeutet, dass die Leistung mit den dann verfügbaren Personal- und Anlagenressourcen zu erbringen ist. Aufgrund der nicht vorhandenen Materialität der Leistungen eignen sich in der Industrie bewährte Kostenrechnungsverfahren oft nicht für die Kalkulation von Güterverkehrsleistungen. Infolge der

---

9 Hinweis: Das vorliegende Kapitel greift auf Inhalte der Kapitel 6.6 Controlling und Kostenmanagement von Annette Hoffmann sowie 6.7 Preismanagement von Bettina Resch der ersten Auflage des Buches zurück.

fehlenden Lagerfähigkeit entsteht bei der Auslegung der Kapazitäten die Notwendigkeit für eine Grundsatzentscheidung: Legt man die Kapazitäten auf den Spitzenbedarf aus, ist in auslastungsschwachen Zeiten mit Leerkapazitäten und hohen Bereitschaftskosten zu rechnen. Dies kann starke Preisnachlässe erfordern, welche die Marktposition schwächen. Wird die Kapazität auf den Durchschnittsbedarf zugeschnitten, sind bei hoher Nachfrage Kapazitäten am Markt einzukaufen, ohne dass deren Preis im Vorhinein bekannt ist. Dies kann zu kurzfristigen Kostensteigerungen führen.

Hoher Anteil an Bereitschaftskosten

Bereitschaftskosten im Güterverkehr fallen unabhängig von der tatsächlichen Nachfrage an und entstehen infolge der Vorhaltung von Ressourcen zur Erbringung von Güterverkehrsleistungen. Sie umfassen zum Beispiel Kosten für das Vorhalten von Personal, Fahrzeugen, Soft- und Hardware oder Umschlagspunkten und Assets (Freye, 2014).

Ein Beispiel für einen besonders kostenintensiven Bereich mit hohem Anteil an Bereitschaftskosten ist die Schifffahrt. Durch die Bereitstellung bzw. Instandhaltung von Containern, teilweise eigenen Terminals, Schiffen und Personal unterliegen die Reeder hohen Fixkosten. Gleichzeitig ist die Nachfrage in der Schifffahrt jedoch Schwankungen unterworfen. Dynamische Veränderungen auf den weltweiten Absatz- und Beschaffungsmärkten sowie eine hohe Wettbewerbsintensität konfrontieren die Branche traditionell mit einem starken Kostendruck. Ursächlich hierfür ist primär die ausgeprägte Kapitalintensität verbunden mit dem hohen Anteil an Bereitschaftskosten. Um dem Kostendruck sowie den Nachfrageschwankungen begegnen zu können, gilt es, eine möglichst hohe Auslastung sicherzustellen. Der Auslastungsgrad ist somit im Güterverkehr eine wesentliche Determinante für den betriebswirtschaftlichen Erfolg (Gleißner & Femerling, 2016). Ansätze zur Steuerung des Auslastungsgrads bieten ein aktives Kapazitätsmanagement (vgl. Kapitel 5.6) sowie die in diesem Kapitel später beschriebene Preisdifferenzierung. In der Schifffahrt wird beispielsweise bei schwacher Auslastung besonders langsam gefahren (Slow Steaming), um damit u. a. künstlich Kapazitäten zu binden und einem Verfall der Raten entgegenzuwirken.

Bezug zu verfügbaren Kapazitäten

Die verfügbaren Kapazitäten und somit die Auslastung sind für alle Verkehrsträger im Güterverkehr von besonderer Bedeutung. Sie stellen den Zusammenhang des Frachtraumangebots zur volatilen Frachtraumnachfrage her. Gerade wegen des hohen Anteils an Fixkosten beeinflusst der Anteil freier Kapazitäten am Markt den Preis für Güterverkehrsleistungen erheblich. Aus ökonomischen, aber auch ökologischen Gründen streben die Transporteure an, dass nicht genutzte Frachträume, die keine Abnehmer finden und somit zu Leerkosten führen, vermieden werden. Der maßgebliche Treiber für die Nachfrageentwicklung auf den Märkten ist indessen die gesamtwirtschaftliche Entwicklung, denn die Nachfrage nach Güterverkehrsleistungen ist derivativer Natur.

Dazu kommen Saisonalitäten unterschiedlichster Art. Schließlich nicht prognostizierbare externe Faktoren, wie beispielsweise die Corona-Krise, auf die Nachfrage nach Güterverkehr: Als Folge politisch verhängter Maßnahmen zur Eindämmung von COVID-19 ging beispielsweise der Konsum ab März 2020 ebenso wie die Industrieproduktion sprunghaft zurück und damit einhergehend auch die Güterverkehrsleistung, im DACH-Raum insbesondere in den Monaten März bis Mai 2020.

Der tägliche Lkw-Maut-Fahrleistungsindex gibt die Fahrleistung der mautpflichtigen Lastkraftwagen mit mindestens vier Achsen auf deutschen Bundesautobahnen an (Statistisches Bundesamt, 2023). Er liefert frühzeitig Anhaltspunkte zur Entwicklung der Industrieproduktion in Deutschland und gilt als Frühindikator für die konjunkturelle Entwicklung. Abbildung 5.5.1 bildet die Entwicklung des kalender- und saisonbereinigten Lkw-Maut-Fahrleistungsindex zwischen Januar 2019 und Mai 2023 ab (Basiswert im Jahr 2015: 100). Nachfrageschwankungen können daraus im Zeitverlauf abgelesen werden. Beispielsweise ist der Erlass von Maßnahmen zur Eindämmung von COVID-19 und der damit einhergehende Rückgang der Fahrleistung im März 2023 gut erkennbar. Solche Entwicklungen stehen exemplarisch für den Einfluss des externen Faktors, in diesem Fall Maßnahmen gegen COVID-19.

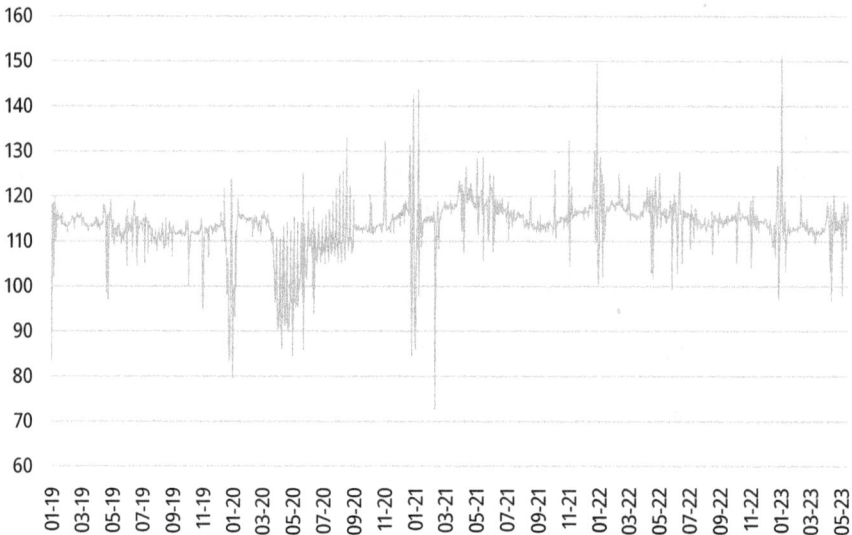

Abbildung 5.5.1: Kalender- und saisonbereinigter täglicher Lkw-Maut-Fahrleistungsindex in Deutschland (Statistisches Bundesamt, 2023).

Abbildung 5.5.2 verdeutlicht exemplarisch eine konsumbedingte Nachfrageschwankung bei der Marktbelieferung einer deutschen Baumarkt-Handelskette im Jahresverlauf mit der für sie typischen Saisonalität. Mit Beginn des Frühlings ist von Privatpersonen die Nachfrage nach Garten- und Heimwerkbedarf am höchsten, der Hochsommer und die Wintermonate gelten typischerweise als Nebensaison. Dies spiegelt sich unmittelbar in den Transporten (hier: Straße) vom regionalen Logistikzentrum zu den Filialen wider: Je höher die Nachfrage nach den angebotenen Produkten, desto höher ist (in der Regel wenige Wochen vorgelagert) das Transportvolumen in die Baumärkte.

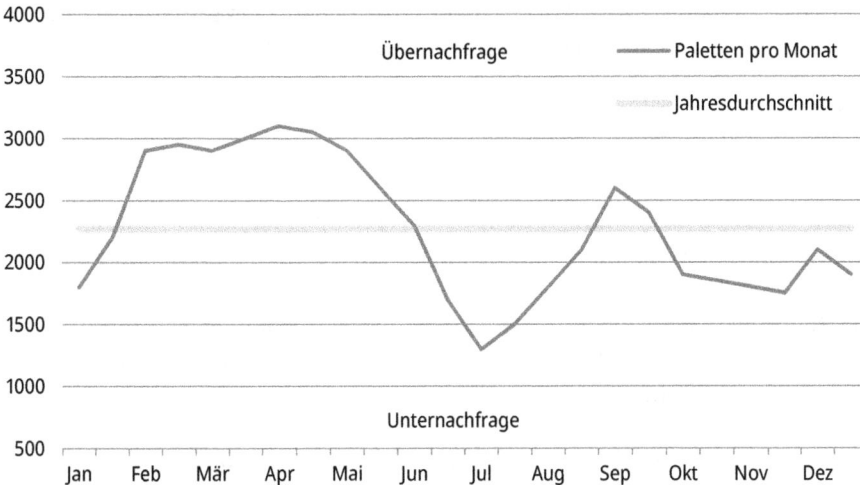

Abbildung 5.5.2: Schwankungen der Transportvolumina am Beispiel der regionalen Marktbelieferung einer deutschen Baumarkt-Handelskette im Jahresverlauf.

(Nicht-)Berücksichtigung externer Kosten

Ein Kostenbestandteil von logistischen Leistungen, welcher üblicherweise nicht oder nur in Teilen in die Kostenrechnung von Güterverkehrsunternehmen einfließt, sind externe Kosten. Darunter versteht man grundsätzlich Kosten, welche von einem Verursacher stammen, nicht aber von diesem getragen werden. Stattdessen werden externe Kosten (meist) von der Gesellschaft, Dritten oder zukünftigen Generationen getragen. Zu den externen Kosten zählen im Güterverkehr die Verschmutzung von Luft, Natur und Landschaft, Lärmbelästigungen sowie Verkehrsunfälle (Bieler & Sutter, 2019; Bundesamt für Raumentwicklung, 2023). Infolge der Forderungen nach einem möglichst umweltfreundlichen Güterverkehr spielen die externen Kosten eine immer wichtigere Rolle. Ihre Berechnung liefert die Voraussetzung für eine möglichst verursachergerechte Internalisierung, sprich die Überführung der externen Kosten in die Erfolgsrechnungen der Transportunternehmen. Beispielsweise werden externe Kosten infolge von CO_2-Emissionen durch den Einbezug in die Dieselpreise internalisiert und so zum Bestandteil klassischer Treibstoffkosten gemacht, die in die Kalkulationen von Flottenbetreibern Eingang finden (Thaller, 2013). Ein alternativer Ansatz besteht darin, die Mautsätze für besonders emissionsarme Lkws abzusenken und für Fahrzeuge mit emissionsintensiven Antrieben zu erhöhen. Mit einer solchen Mautspreizung werden nicht nur externe Kosten internalisiert, sondern auch Anreize für die Verminderung von Emissionen geschaffen.

Eine nachhaltig ausgerichtete Verkehrspolitik trägt demnach dafür Sorge, dass über die Schaffung geeigneter Rahmenbedingungen ein möglichst großer Teil der externen Kosten internalisiert wird. Der Abbau externer Kosten kann sowohl über Regulierungen und Verbote als auch über Anreize gelingen (siehe dazu Kapitel 4.4 und 4.5).

5.5.2 Kostenmanagement im Güterverkehr

Die oben beschriebene Nachfragevolatilität in Verbindung mit dem hohen Anteil von Bereitschaftskosten gepaart mit verbreitet niedrigen Margen führt bei Logistikdienstleistern generell und bei Transportunternehmen speziell zu permanentem Kostendruck. Daher kommt dem Kostenmanagement eine zentrale Bedeutung zu. Es umfasst die Erfassung, Messung, Planung, Steuerung und Kontrolle der Kosten sowie damit zusammenhängender Maßnahmen. Dazu gehört auch die Kenntnis der Kostenstrukturen, des Kostenniveaus und der Kostentreiber. Prozessual kann das Kostenmanagement phasenorientiert als Kostenplanung, Kostensteuerung und Kostenkontrolle verstanden werden (siehe Abbildung 5.5.3). Eine Planungsperiode schließt mit der Kontrolle und Evaluation des Prozesses ab und bildet die Grundlage für den nächsten Prozessdurchlauf. Infolge eines sich verändernden Kostenniveaus und je nach Zieledefinition ist eine reflexive Gestaltung der Kostenplanung und Kostensteuerung notwendig.

Kostenmanagement stellt darauf ab, zielorientiert, frühzeitig und antizipativ Maßnahmen zur Kostenbeeinflussung zu ergreifen. Auf der Kostenrechnung aufbauend, und unter Nutzung eines methodischen Vorgehens, sollen Kostenniveaus, Kostenstrukturen und Kostenverläufe identifiziert und verändert werden. Dieser ganzheitliche Ansatz umfasst die Gestaltung der Produkte (inkl. Dienstleistungen, somit auch Güterverkehrsleistungen), Prozesse und Ressourcen. Die Steuerungsmaßnahmen des Kostenmanagements werden dabei durch eine detaillierte Leistungsbeschreibung sowie die Identifikation von Kosteneinflussfaktoren und -treibern unterstützt. Mit der Herstellung von Kosten- und Leistungstransparenz wird bei Entscheidungsträgern das Kostenbewusstsein gestärkt (Hoffmann & Stölzle, 2009).

Das Kostenmanagement bei Güterverkehrsunternehmen beginnt mit der Identifikation von Kostentreibern (Diller, 2008). Auf Basis bestehender Kostenniveaus können entsprechende Zielniveaus gesetzt werden. Daraufhin werden gezielte Maßnahmen zur Beeinflussung der Kosten über die Kostentreiber geplant. Diese Maßnahmen gilt es in die ermittelte Kostenstruktur zu „übersetzen" und zeitversetzt die Implementierungserfolge zu analysieren. Im Sinne eines iterativen Kostenmanagement-Ansatzes können je nach Zieldefinition Kostenplanung und Kostenbeeinflussung reflexiv angepasst oder unter einer sich verändernden Umwelt neu ausgerichtet werden.

Kostenniveaus im Güterverkehr beziehen sich in diesem Kontext auf die erforderlichen Kosten für Ressourcen inklusive Assets, die für die Erstellung von Güterver-

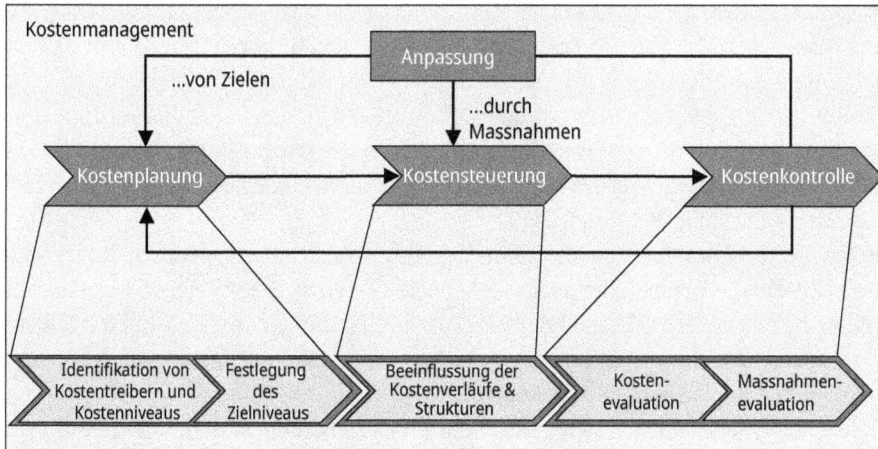

Abbildung 5.5.3: Schematischer Ablauf von Kostenmanagementprozessen für Güterverkehrsunternehmen.

kehrsleistungen erforderlich sind. Um auf das Kostenniveau Einfluss nehmen zu können, gilt es, die Höhe von beispielsweise Transportmittel-, Treibstoff-, Personal-, IT- oder Verwaltungskosten zu beeinflussen. Im Güterverkehr lassen sich die oft hohen Bereitschaftskosten durch einen Produktivitätsanstieg in Form höherer Auslastungsgrade gut beeinflussen. Die variablen Kosten wie beispielsweise Treibstoffkosten können durch gezielte Maßnahmen wie etwa ein Fahrertraining gesenkt werden (vgl. Kapitel 5.6).

Die Kostenstruktur baut auf zwei grundlegende Unterscheidungen der Kostenrechnung auf. Dazu wird eine Kategorisierung nach Einzel- und Gemeinkosten sowie variablen und fixen Kosten durchgeführt. Hierbei werden Einzel- und Gemeinkosten nach der Zurechenbarkeit zu Kostenträgern zugeschrieben, während fixe und variable Kosten häufig auf Basis der sogenannten Beschäftigungsabhängigkeit differenziert werden. Im Güterverkehrsbereich werden die fixen Kosten als Bereitschaftskosten und die variablen Kosten als leistungsabhängige Kosten bezeichnet. Um die Kostenstruktur zu beeinflussen, gibt es verschiedene Ansatzpunkte. Einerseits kann auf das Verhältnis von Einzel- und Gemeinkosten eingewirkt werden. Einzelkosten fallen beim Güterverkehr nur in sehr geringem Umfang an, sofern das Kalkulationsobjekt die Sendung ist. Bei den Gemeinkosten kann auf branchenunabhängige Programme zur Kostensenkung verwiesen werden. Andere Ansatzpunkte bieten Bereitschafts- und leistungsabhängige Kosten. Besonders durch die hohen Bereitschaftskosten in Güterverkehrsunternehmen entsteht ein Auslastungsrisiko, das sich im Leerkosten konkretisiert. Durch Fremdvergabe von Güterverkehrsleistungen an Subunternehmer lassen sich die Bereitschaftskosten in leistungsabhängige Kosten wandeln, dies bewirkt eine Anpassung der Kostenstruktur.

Die Beeinflussung der Kostenverläufe umfasst die kostenseitige Elastizitätserhöhung. Diese hat zum Ziel, die Kostenreagibilität zu flexibilisieren und so eine rasche Kostenniveauanpassung zu ermöglichen. Das Kostenverhalten (Reagibilität) wird dabei in Abhängigkeit der Beschäftigung (Outputmenge, hier: Transportleistung) gesetzt, um so die Kosten dem Nachfrageverhalten nach Frachträumen anzupassen. Je nach Preis- und Nachfrageverhalten können progressive oder degressive Kostenverläufe auftreten (Möller & Stirzel, 2008).

Am Beispiel des Transportkostenindex (vgl. Abbildung 5.5.4) für die konzessionierte Güterbeförderung Österreichs (WKO) lassen sich so die jeweiligen Kostenarten in einer Kostenstruktur darstellen. Die relative Aufstellung der jeweiligen Kostenträger zu den Nettoselbstkosten und dem jeweiligen Veränderungsfaktor zum Ausgangsmonat, bilden die Basis zur Kostenkontrolle.

Um die Kostenkontrolle sicherzustellen, gilt es, neben der Kosten- und Leistungstransparenz die Kostenverläufe (siehe Abbildung 5.5.4) im Lichte der kostenbezogenen Zielsetzungen zu evaluieren. Da die Erstellung von Güterverkehrsleistungen auch mit dynamischen Kostentreibern (bspw. Treibstoffkosten) verbunden ist, gilt es, in der Phase der Kostenplanung allenfalls Ziele neu zu definieren (Beispiel: Einführung einer Maut) oder mit geeigneten Maßnahmen in der Phase der Kostensteuerung eine kontinuierliche Anpassung an die sich ändernden Kostenniveaus (Beispiel: Erhöhung der Treibstoffkosten) durchzuführen.

5.5.3 Gestaltung des Preismanagements im Güterverkehr

Grundlagen von Preissystemen

Wollen Unternehmen adäquate Preissysteme entwickeln, muss dies auf der Grundlage eines ganzheitlichen Preismanagements geschehen. Ein solches umfasst ein System von Regeln und Verfahren zur Festlegung und Umsetzung von differenzierten Preissystemen. Der Prozess des Preismanagements wird dabei in unterschiedliche Handlungsfelder unterteilt. Dazu gehört die Preisplanung, -kontrolle, -steuerung und -setzung (siehe Abbildung 5.5.5). So kann das Preissystem antizipativ unter der Berücksichtigung von leistungs-, kosten- und mengenbezogener Einflussfaktoren im Güterverkehr gestaltet und evaluiert werden (Resch, 2009; Simon & Fassnacht, 2019).

Preismanagement

Das Preismanagement bildet übergeordnet den Rahmen des Preisprozesses. Dabei konzentriert sich das Managementverständnis in diesem Zusammenhang auf alle Arbeits- und Prozessabläufe. Dazu gehören die organisatorischen sowie führungsbezogenen Abstimmungen im Hinblick auf Regelungen, Ressourcenverteilungen und Prozessdefinitionen für das Preissystem. Ziel des Preismanagements ist es, mit der dynamischen Gestaltung des Rahmens den Aufbau und Ablauf der Preisprozesse im Unternehmen systematisch zu lenken. Es ge-

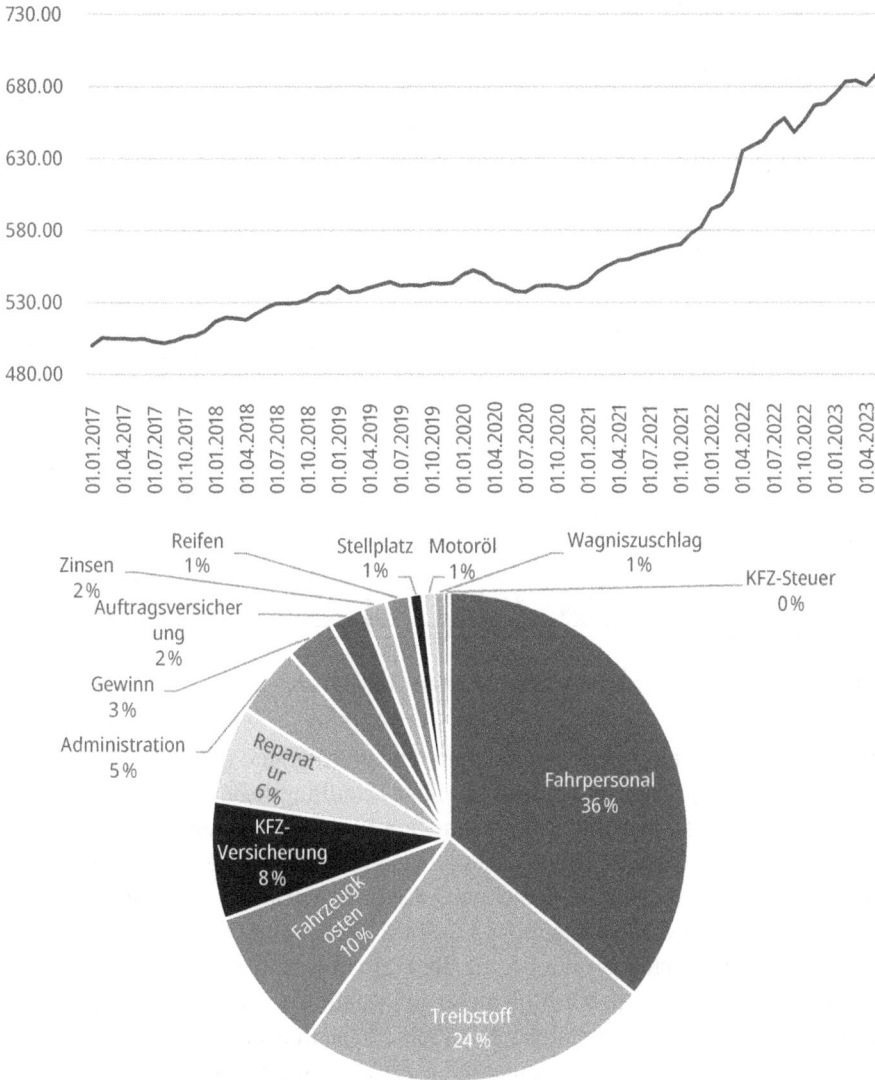

Abbildung 5.5.4: Entwicklung des Transportkostenindices und Aufteilung der Kostenarten für die konzessionierte Güterbeförderung in Österreich im Jahr 2023 (WKO, 2023).

währleistet damit nicht nur die konsequente Ausrichtung auf die Anforderungen der Verlader, sondern auch das enge Wechselspiel mit dem Kostenmanagement. So bleibt es die Aufgabe des Preismanagements, ein vorgegebenes Kostenniveau durch das Setzen von vordefinierten Preisuntergrenzen zu decken. Auf dieser Basis können anreizwirksame Bonussysteme für Verlader aufgestellt werden. Unternehmensintern lassen sich auf Basis des Preismanagements Anreize (wie z. B. Deckungsbeitrags-Beteiligung der Disponenten an Touren) für das Verhalten von Mitarbeitenden setzen. Dadurch kon-

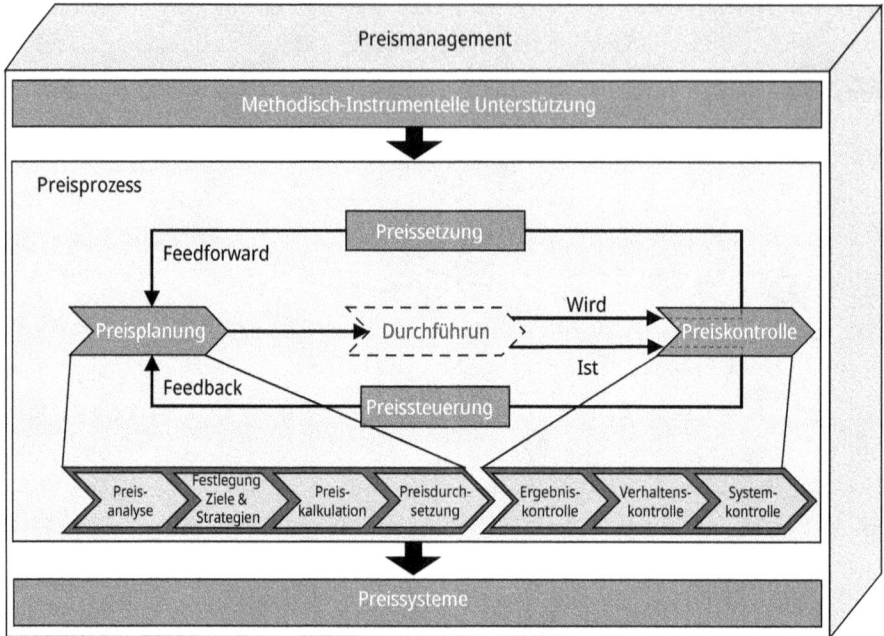

Abbildung 5.5.5: Preismanagement-Framework (in Anlehnung an Resch, 2009).

stituiert das Preismanagement den Rahmen der internen und externen Einflussfaktoren auf den Preisprozess und dessen jeweilige Handlungsfelder.

Der Preisprozess wird im Hintergrund methodisch-instrumentell unterstützt. Diese Unterstützung äußert sich in Form geeigneter Instrumente für das Preiscontrolling. Als Beispiele seien hier die Berechnung der Kapazitätsauslastung, die Deckungsbeitragsrechnung für Stellplatzkapazitäten, Break-Even-Analysen für Investitionen in Fahrzeuge und Abweichungsanalysen für die Preisentwicklung hinsichtlich der Kundenerwartungen zu nennen. Mit Hilfe dieser Informationen soll der Preisprozess fundiert und möglichst einfach gestaltbar sein (Bolte, 2008; Küpper, 2005).

Innerhalb des Preisprozesses umfasst das Preismanagement die Handlungsfelder Preisplanung, -steuerung, -kontrolle und -setzung. Diese ermöglichen im idealtypischen Phasenschema, die Ableitung eines oder mehrerer Preissysteme. Ergänzend sind Rückkopplungsmechanismen und branchenspezifische Einflussfaktoren zu berücksichtigen (siehe Abbildung 5.5.5 sowie Stölzle & Häberle, 2021).

Das Ziel des Handlungsfelds Preisplanung ist es, durch Selektion relevanter Informationen aus einer Vielzahl von Daten (Preisanalyse) die Komplexität der Umwelt für nachfolgende Preisprozesse zu vereinfachen. Hierbei gilt es insbesondere, die sich auf den Preis auswirkenden, internen und externen Faktoren zu identifizieren (Köhler, 2003). Dadurch kann gezielt auf preisorientierte Entscheidungen Einfluss genommen werden. Die Analyse basiert dabei sowohl auf der detaillierten Untersuchung der aktuellen Situation als auch von zukünftigen Entwicklungen. Auf diesen Erkenntnissen aufbauend wird untersucht, inwieweit Spielräume für Ergebnisverbesserungen im Vergleich zur aktuellen Preisbildung existieren, um einerseits die Sicherung der langfristigen Existenz eines Güterverkehrsunternehmens (Festlegung der Preisziele und -strategien) und andererseits kurzfristige Preisziele, z. B. die Verbesserung der Kapazitätsauslastung, abzuleiten. Im Rahmen der Preisplanung dient die Preiskalkulation auch dazu, die Vergütung der Verlader für spezifische Leistungsbündel festzusetzen (Pechtl, 2014). Kosten-, nachfrage- und wettbewerbsorientierte Berechnungsverfahren unterstützen die Preissetzung und die Preissteuerung. In der Phase der Preissetzung untermauern konkrete Maßnahmen wie beispielsweise eine Preisdifferenzierung gegenüber den Verladern die Ergebnisse der Preisplanung. Die Preissteuerung steht für kurzfristig notwendige Preisanpassungen, welche die Preisplanung aufgrund ihres längeren zeitlichen Vorlaufs nicht berücksichtigen kann (Diller, 2008).

Das Handlungsfeld der Preiskontrolle unterteilt sich in die Bereiche der Ergebnis-, Verhaltens- sowie Systemkontrolle und umfasst die kontinuierliche Überwachung sowie Bewertung des Preisprozesses. Die Ergebniskontrolle bezieht sich auf die Gegenüberstellung der Ergebnisse der Preisplanung mit den realisierten Preisen (Soll-Ist-Vergleich). Ein Beispiel wäre die Analyse der Auswirkungen von Preisänderungen auf die Kapazitätsauslastung und letztlich das Unternehmensergebnis. Dabei werden Abweichungen analysiert und gegebenenfalls Korrekturmaßnahmen eingeleitet. Der Aspekt der Verhaltenskontrolle spiegelt sich in der Überwachung der Reaktionen von Wettbewerbern sowie Verladern auf Markt- und Preisveränderungen wider. Hierbei wird beispielsweise die Kreuzpreiselastizität berücksichtigt, also der Einfluss von Preisänderungen bei einem Verkehrsträger (z. B. Binnenschifffahrt) auf die Nachfrage nach einem anderen Verkehrsträger (z. B. Straßengüterverkehr). Die Systemkontrolle richtet sich auf eine permanente Überwachung des gesamten Preisprozesses. Dabei sind beispielsweise die eingesetzten Preisstrategien, -methoden und -systeme Gegenstand einer Wirksamkeitsprüfung (Küpper et al., 2013).

Handlungsfelder Preissteuerung und Preissetzung
Zwischen der Preisplanung und Preiskontrolle fungieren die Handlungsfelder Preissetzung und Preissteuerung als Bindeglied. Die Preissetzung legt den aktuellen Preis einer Güterverkehrsleistung fest und soll im Sinne eines Feedforwards bereits mögliche zukünftige Preisveränderungen antizipieren, wohingegen sich die Preissteuerung mittels Feedback-Mechanismen auf die Initiierung von Gegenmaßnahmen bei Abweichungen von vordefinierten Grenzen fixiert. So wird nach der Preiskontrolle ein Ausgangspunkt für die Preisplanung einer neuen Planungsperiode geschaffen.

Beispiel: Preissetzung anhand des ASTAG-Straßentransport-Kostenindexes
Der ASTAG-Index erfasst die durchschnittliche jährliche Veränderung der Selbstkosten im schweizerischen Straßengütertransport (siehe Abbildung 5.5.6). Er basiert auf den Selbstkosten wichtiger Fahrzeugtypen im Nahverkehr, gemessen mittels Vollkostenrechnung. Der ASTAG-Index ist ein Kosten- und kein

Marktpreisindex, er spiegelt also nicht die Veränderung der auf dem Markt realisierten oder erzielbaren Transportpreise wider. Daher eignet er sich im Sinne einer kostenbasierten Preiskalkulation insbesondere für die Indexierung langfristiger Verträge und als Informationsgrundlage für Preisverhandlungen.

Potentiale des Preismanagements im Güterverkehr

Durch gezieltes Preismanagement können Unternehmen im Güterverkehr ihre Marktakzeptanz erhöhen und ihre Ertragslage verbessern. Ein fundiertes Preismanagement ermöglicht es Unternehmen im Güterverkehr, ihre Wettbewerbsfähigkeit zu steigern. Durch die aufeinander abgestimmte Gestaltung der Handlungsfelder des Preisprozesses können Unternehmen die Preisbereitschaft der Verlader im Vergleich zu ihren Wettbewerbern besser abschöpfen und sich so am Markt positionieren. Zudem kann das Preismanagement durch eine kurzfristige Anpassung der Preise an die Nachfrage die Kapazitätsauslastung verbessern und zur Reduzierung von Leerfahrten beitragen.[10] Preisstrategien wie differenzierte Preissysteme oder gezielte Rabattaktionen vermögen ebenfalls dazu zu führen, die Kundenbedürfnisse besser zu erfüllen und eine höhere Kundenzufriedenheit bei den Verladern zu erreichen. Dies ist oft mit einer Verbesserung des Markenimages und der Kundentreue von Güterverkehrsunternehmen verbunden.

5.5.4 Preissysteme im Güterverkehr

Das Preismanagement im Güterverkehr unterscheidet verschiedene Preissysteme, die zur Preisbildung angewendet werden. Diese Preissysteme lassen sich anhand von zwei Dimensionen, der *zeitlichen* und *sachlichen Preissegmentierung*, klassifizieren (vgl. Abbildung 5.5.7).

Zeitliche Segmentierung

Die zeitliche Segmentierung kategorisiert die Schwankungen der Preise im Zeitverlauf. Hierbei unterscheidet sie zwischen statischen und dynamischen Preismodellen. Entsprechend wird der Preis bei statischen Preissystemen für die jeweilige Planungsperiode ex-ante festgelegt. In der Praxis wird dieses System in Form einer einheitlichen Preisliste vom Frachtführer umgesetzt. Diese wird einem Verlader oder einer Spedition vor der Planungsperiode angeboten und führt zur Akzeptanz oder Ablehnung des Preises mit entsprechender Inanspruchnahme der Leistung. So können im Vorhinein lang-

---

10 Die angebotsorientierte Kapazitätssteuerung eignet sich im Gegensatz dazu im Güterverkehr nur bedingt. Da hohe Bereitschaftskosten innerhalb der Güterverkehrsbranche bestehen und eine Anpassung des Angebots daher mit hohen Mehrkosten für Frachtführer verbunden wären, kann nicht kurzfristig auf Nachfrageschwankungen reagiert werden (siehe auch Kapitel 5.6).

Jahr der Fakturierung	Preisbasis Stichdatum 01. Januar des Jahres																				
	2003	2004	2005	2006	2007	2008	2009	2010	2011	2012	2013	2014	2015	2016	2017	2018	2019	2020	2021	2022	2023
2003	100.00																				
2004	100.91	100.00																			
2005	108.46	107.49	100.00																		
2006	110.85	109.86	102.21	100.00																	
2007	113.44	112.43	104.60	102.34	100.00																
2008	116.05	115.01	107.00	104.69	102.30	100.00															
2009	121.50	120.41	112.03	109.61	107.10	104.70	100.00														
2010	120.39	119.31	111.00	108.60	106.12	103.74	99.08	100.00													
2011	121.70	120.61	112.21	109.78	107.27	104.87	100.16	101.09	100.00												
2012	122.86	121.76	113.28	110.82	108.29	105.87	101.11	102.05	100.95	100.00											
2013	124.09	122.98	114.41	111.94	109.38	106.93	102.13	103.07	101.96	101.00	100.00										
2014	124.30	123.19	114.61	112.13	109.56	107.11	102.30	103.25	102.14	101.18	100.17	100.00									
2015	124.14	123.03	114.46	111.98	109.42	106.97	102.17	103.12	102.00	101.04	100.04	99.87	100.00								
2016	121.39	120.31	111.93	109.50	107.00	104.61	99.91	100.84	99.75	98.81	97.83	97.66	97.79	100.00							
2017	121.80	120.70	112.30	109.87	107.35	104.95	100.24	101.17	100.08	99.14	98.15	97.99	98.11	100.33	100.00						
2018	122.94	121.84	113.35	110.90	108.36	105.94	101.18	102.12	101.02	100.07	99.07	98.91	99.03	101.27	100.94	100.00					
2019	125.41	124.29	115.63	113.13	110.54	108.07	103.21	104.17	103.05	102.08	101.07	100.89	101.03	103.31	102.97	102.01	100.00				
2020	126.70	125.57	116.82	114.29	111.68	109.18	104.28	105.25	104.11	103.13	102.11	101.93	102.07	104.37	104.03	103.06	101.03	100.00			
2021	126.83	125.69	116.94	114.41	111.79	109.29	104.38	105.35	104.22	103.23	102.21	102.04	102.17	104.48	104.13	103.16	101.13	100.10	100.00		
2022	128.36	127.21	118.35	115.79	113.14	110.61	105.65	106.63	105.48	104.48	103.45	103.27	103.40	105.74	105.39	104.41	102.35	101.31	101.21	100.00	
2023	134.73	133.52	124.23	121.54	118.76	116.10	110.88	111.91	110.71	109.67	108.58	108.39	108.53	110.99	110.62	109.59	107.43	106.34	106.23	104.96	100.00

Abbildung 5.5.6: ASTAG-Straßentransport-Kostenindex (ASTAG, 2023).

fristige Frachtraten vereinbart und geplant werden. Dynamische Preissysteme finden im Gegensatz zu statischen innerhalb der Planungsperiode Anwendung. Durch Integration der explizit relevanten Marktveränderungen in die Preisgestaltung werden Faktoren wie beispielsweise Kostensteigerungen, Schwankungen der Kapazitätsauslastung sowie schwankende Nachfrageverläufe bei der flexiblen Preisdifferenzierung berücksichtigt. Ein Beispiel für die erfolgreiche Anpassung an die Rahmenbedingungen des Güterverkehrs ist das Dynamic Pricing, welches es ermöglicht, Preise mengen- und segmentspezifisch auf den Wettbewerb sowie die Nachfragesituation anzupassen (Vogelsang, 2020).

Sachliche Segmentierung

Die sachliche Segmentierung konzentriert sich auf eine Unterscheidung der Preissysteme hinsichtlich des Grads der Differenzierung der Preise. Zu einem bestimmten Zeitpunkt kann zwischen einem undifferenzierten Preissystem und differenzierten Preissystemen unterschieden werden, je nachdem, ob für dieselbe Güterverkehrsleistung ein Einheitspreis festgelegt wurde oder ob Verladern verschiedene Preise für dieselbe Leistung angeboten werden (Aberle, 2009). Frachtführer offerieren beispielsweise in Abhängigkeit des Wochentags und der transportierten Menge zu unterschiedlichen Preisen. Hierdurch sollen die Auslastungen erhöht und die individuelle Zahlungsbereitschaft der Verlader im Güterverkehr besser abgeschöpft werden. Durch die Einführung differenzierter Preissysteme können die Gesamterträge optimiert werden, beispielsweise durch Quersubventionierung kleinerer Verlader. Wesentliche Voraussetzung ist dafür, dass sich die Dienstleistungen der einzelnen Verlader hinreichend voneinander unterscheiden und sich Preise differenzieren lassen (Holderied, 2005). Die Preisdifferenzierung erfolgt dabei anhand von quantitativen, qualitativen, räumlichen, zeitlichen und nachfrageorientierten Merkmalen.

Der Pauschalpreis bietet als undifferenzierte Form einen Einheitspreis je Gütervolumen. Die Vorteile der Einfachheit und Nachvollziehbarkeit in der Preisgestaltung bieten eine hohe Transparenz und Planbarkeit für Verlader und Frachtführer. Um flexibel auf die Marktentwicklung regieren zu können und sich durch Anreize zu differenzieren, lassen sich Preissysteme ausgehend von einem Pauschalpreis in fünf Arten von preislichen Differenzierungen im Güterverkehr unterscheiden (siehe Abbildung 5.5.7).

Auf den beiden Dimensionen lassen sich verschiedene Arten der Preisdifferenzierung im Güterverkehr einordnen. Diese werden nachfolgend beschrieben und tabellarisch in Tabelle 5.5.1 am Ende des Abschnitts kompakt charakterisiert.

1. Quantitative Preisdifferenzierung

Bei der quantitativen Preisdifferenzierung erfolgt die Preissetzung über das nachgefragte Transportvolumen. So können die Preise in einer bestimmten Planungsperiode hinsichtlich Menge, Umsatz bzw. Auftragshäufigkeit differenziert und Verlader mit Preisnachlässen belohnt werden. Hierdurch entstehen Anreize zur Erhöhung des

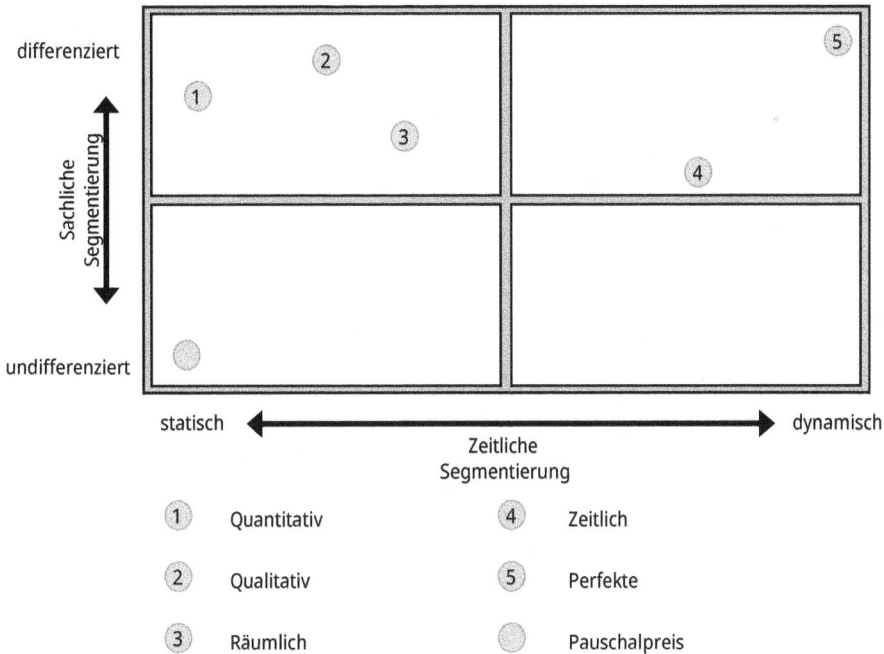

differenziert

Sachliche Segmentierung

undifferenziert

statisch ⟷ dynamisch

Zeitliche Segmentierung

①	Quantitativ	④	Zeitlich
②	Qualitativ	⑤	Perfekte
③	Räumlich	◯	Pauschalpreis

Abbildung 5.5.7: Preissysteme im Güterverkehr (vgl. Pechtl, 2014; Stölzle & Resch, 2007).

Transportvolumens und zur Etablierung einer langfristigen Kundenbeziehung. Vor allem bei fixkostenintensiven Güterverkehrsleistungsangeboten kann durch Transparenz und daraus resultierender kapazitätsseitiger Planbarkeit eine frühzeitige Sicherung der Grundauslastung entstehen.

Zwei Arten von Mengenrabatten lassen sich hierbei unterscheiden: Retroaktiver (durchgerechneter) Rabatt und inkrementeller (angestoßener) Rabatt. Der retroaktive Rabatt bezieht sich auf das gesamte Mengenvolumen innerhalb einer bestimmten Planungsperiode. So gilt bei Überschreitung einer gewissen Transportmenge die nächsthöhere Rabattstufe für die gesamte Menge. Dabei wird dem Verlader der Anreiz geboten, kontinuierlich die nächste höhere Rabattstufe zu erreichen. Demgegenüber sinkt beim inkrementellen Rabatt der Preis pro Einheit konstant. Somit gilt der nächsthöhere Rabatt immer nur für einen bestimmten Mengenbereich.

Zudem kann eine quantitative Differenzierung durch das Gewähren eines Umsatzrabattes erreicht werden, der Verladern in Form von Rabattsätzen und -staffeln nachträglich gewährt wird. Der Umsatzrabatt stellt eine besondere Form des Anreizes mit dem Ziel der aktiven Förderung des Transportvolumens dar. In diesem Zusammenhang kommen in der Praxis auch häufig sogenannte Steigerungsboni zum Tragen (Wirtz, 2016). Diese werden basierend auf Mehrumsätzen durch Verlader periodisch ermittelt und resultieren in rückführenden Zuwendungen, um so ein kontinuierliches Wachstum zu fördern. In der Praxis ist bei der Preisdifferenzierung auf das Volumen-

Gewicht-Verhältnis zu achten. Durch die Verrechnung eines Mindestgewichtes pro Volumeneinheit kann der steigenden Beanspruchung von Kapazitäten und dem tendenziell größeren Umschlagsaufwand bei höherem Volumen entsprochen werden.

Die Form der quantitativen Preisdifferenzierung setzt die Definition einer Planungsperiode mit den jeweiligen Auftragshäufigkeiten voraus, da je nach Auftragshäufigkeit unterschiedliche Kosten für Frachtführer entstehen. Zudem können aus Nachfrageschwankungen in den Planungsperioden ungleiche Kapazitätsbelastungen resultieren, weshalb eine regelmäßige Nachjustierung der Rabatthöhe erforderlich ist.

2. Qualitative Preisdifferenzierung

Eine qualitative Preisdifferenzierung ergibt sich aus Anpassungen der Leistungsqualität (z. B. Zuverlässigkeit) oder eine Leistungsvariation (z. B. Laufzeiten). So werden an unterschiedliche Güterarten wie Gefahr-, Flüssig- oder Kühlgüter variierende Anforderungen gestellt. Für den Transport von Flüssiggütern werden beispielsweise Tankcontainer benötigt und Kühlgüter erfordern die Installation und den laufenden Betrieb von Kühlaggregaten, sodass allein durch erforderliches Equipment je nach Güterart Kostenunterschiede resultieren. Diese werden wiederum in Form von Preisunterschieden von Frachtführern an ihre Kunden weitergegeben.

Typische Qualitätseigenschaften wie Zuverlässigkeit, Schadenfreiheit oder auch Flexibilität gelten im Wesentlichen als Branchenstandard, wodurch hierbei kaum eine preisliche Differenzierung möglich ist. Dagegen wird in der Praxis insbesondere hinsichtlich der Transportdistanz einer Sendung und nach Laufzeiten differenziert. Ob auf der Straße, dem Binnenschiff, in der Luftfracht oder auf der Schiene – längere Transportdistanzen gehen in der Regel mit höheren Transportkosten einher. Die KEP-Branche bildet hierbei mit nationalen, distanzunabhängigen Einheitstarifen eher die Ausnahme als die Regel. Dagegen gilt auch für die KEP-Branche, dass Laufzeitenunterschiede mit differierenden Tarifen versehen sind. Dies betrifft sowohl Geschäfts- als auch Privatkunden. Auch in Stückgut-Systemverkehren im Straßengüterverkehr sind Laufzeitenunterschiede fest etabliert, je nach garantierter Laufzeit (24h, 48h, 72h) teils mit erheblichen Preisunterschieden. Die Laufzeit der Gütertransporte spielt eine zentrale Rolle, da gerade kürzere Laufzeiten mehr Flexibilität für Verlader bieten. In der Praxis lassen sich Frachtführer diese Spontanität und Dringlichkeit mit höheren Preisen vergüten. Denn längere Vorlaufzeiten bei der Planung von Touren ermöglichen es auf Seiten der Disposition, Sendungen zu bündeln und damit Kapazitäten besser auszulasten. Umgekehrt können sich Kunden eine Expresslieferung für einen höheren Transportpreis einkaufen.

Längerfristig begrenzt die Laufzeit auf Seiten der Frachtführer jedoch die Kapazität in einer Planungsperiode. Hierbei wird primär zwischen der Regellaufzeit und der Garantielaufzeit unterschieden. Die Garantielaufzeit versteht sich als feste zeitliche Zusage einer Lieferung, wohingegen die Regellaufzeit die Transportsendungen in einem definierten Zeitfenster vorsieht. So kann die Zustellung bei Regellaufzeit innerhalb des zugesicherten Zeitraumes bei einem Laufzeitrabatt in ein weniger ausgelastetes Zeitfenster geschoben werden (Fassnacht, 2003), was dem Frachtführer bezüglich des Kapazitätsmanagements eine höhere Flexibilität ermöglicht. Im Zuge erheblicher Kapazitätsengpässe auf dem europäischen Transportmarkt insbesondere im Jahr 2022 stand beispielsweise für viele Transportnetzwerke die Frage im Raum, ob sich standardmäßige Laufzeiten langfristig verändern werden bzw. ob Frachtführer für kurze Laufzeiten aufgrund der eingeschränkten Flexibilität Zuschläge erheben sollen.

3. Räumliche Preisdifferenzierung

Auch der räumlichen Preisdifferenzierung wird in der Praxis aufgrund der geographischen Struktur in Transportnetzwerken ein besonderer Stellenwert zugeschrieben. Eine Variation der eingehenden und ausgehenden Transportmenge kann zu einer starken Unpaarigkeit in den Güterverkehrsströmen führen, wodurch Rückfahrten innerhalb von Transportnetzwerken deutlich besser oder schlechter ausgelastet sein können. Systemisch bedingt ist der Schienengüterverkehr aufgrund der im Vergleich zur Straße geringeren Netzdichte im größeren Ausmaß mit der Herausforderung der Paarigkeit von Güterströmen in Transportnetzwerken befasst, da Lkws, beispielsweise im grenzüberschreitenden europäischen Verkehr, nicht zwingend Punkt-zu-Punkt-Verbindungen bedienen, sondern je nach Sendungsaufkommen auch Dreiecksverkehre erbringen können.

Um einer geringen Auslastung entgegenzuwirken, kann zum einen ein Zonenpreis angewendet werden, bei welchem das gesamte Netzwerk in Zonen unterteilt und unterschiedlich bepreist wird. Zum anderen kann ein Verlader bei unpaariger Auslastung mit anteiligen Kosten der Rückfahrt belastet werden. Bei Zonenpreisen fällt der Preis eines Transportes je nach Auslastung von A nach B oft höher aus als von B nach A. Bei der Erstellung dieses Preissystems kann zudem, neben der Auslastung, über die zurückgelegte Distanz des Transportmittels oder auch über die Laufzeit differenziert werden. Die Definition fester Zonen geht bei der praktischen Umsetzung von Zonenpreisen mit einem geringeren Organisationsaufwand und einer effizienteren Nutzung der Transportkapazitäten in Netzwerk einher, jedoch spielen weder die speziellen Kundenbedürfnisse noch die Wettbewerbspreise eine Rolle bei der Preisgestaltung.

4. Zeitliche Preisdifferenzierung

Bei der zeitlichen Preisdifferenzierung werden die Preise nach dem Zeitpunkt der Inanspruchnahme und der Zeitspanne bis zur Inanspruchnahme der Leistung differenziert. Die zeitliche Preisdifferenzierung hat gerade durch die anhaltenden Herausforderungen eines effizienten Kapazitätsmanagements in den letzten Jahren an Bedeutung gewonnen. Bei der Differenzierung nach dem Verkaufszeitpunkt entstehen Vorteile durch frühe Buchungen auf Seiten des Frachtführers. Die mit der Inanspruchnahme einhergehende Zusicherung von Kapazitäten ermöglicht eine frühzeitige Planung und dadurch idealerweise eine bessere Auslastung der eingesetzten Kapazitäten. Ein solches Vorgehen kann sich in Form von Frühbucherrabatten für Verlader widerspiegeln (Ansätze zur Steuerung von Kapazitäten über eine zeitliche Preisdifferenzierung wie das Peak-Load-Pricing und das Yield Management werden in Kapitel 5.6 vertieft). Neben dem

Verkaufszeitpunkt dient der Zeitpunkt der Leistungsinanspruchnahme als weiteres Preisdifferenzierungsmerkmal. So erfolgt häufig eine zeitliche Differenzierung zwischen Tages- und Nachtzeit, einzelnen Wochentagen (z. B. Wochenendpreis), je nach Saison oder auch je nach Uhrzeit. Beispielsweise erheben Schweizer Transporteure für Transporte auf besonders stauträchtigen Relationen in bekannten Stauzeiten sogenannte Staukostenzuschläge in Gestalt von Preiszuschlägen. Aufgrund von konjunkturellen Nachfrageschwankungen wird im Rahmen des Kapazitätsmanagements eine gezielte Umverteilung der Nachfrage hin zu einer besser verteilten Kapazitätsauslastung angestrebt (siehe dazu Kapitel 5.6). Gerade durch einen zunehmenden Grad an Digitalisierungs- und Big Data Anwendungen finden automatisierte Systeme zur zeitlichen Preisdifferenzierung immer mehr Verbreitung. Eine Flexibilisierung der Disposition der Transportkapazitäten kann niedrige Auslastungsgrade verhindern und dadurch einen positiven finanziellen Beitrag für Frachtführer zur Folge haben.

5. Perfekte Preisdifferenzierung

Perfekte Preisdifferenzierung, auch Preisindividualisierung genannt, ist im Vergleich zu den zuvor beschriebenen Arten der Preisdifferenzierung ein theoretisches Konzept, bei dem ein Unternehmen den maximalen Preis verlangt, den jeder Kunde in einer bestimmten Nachfragesituation zu zahlen bereit ist, was zum höchstmöglichen Ertrag für das Transportunternehmen führt. Dafür gilt es, für den individuellen Preis die genaue Zahlungsbereitschaft des Verladers zu identifizieren und zudem über eine große Preisintransparenz im Markt zu verfügen. Bei der individuellen Preisverhandlung können eine hohe Flexibilität hinsichtlich der Anforderungen von Verlader und Markt, sowie eine persönliche und enge Geschäftsbeziehung zwischen Frachtführer und Verlader gesichert werden. In der Praxis sind Preisverhandlungen jedoch auch von den Machtpositionen der Akteure geprägt, so dass das Ergebnis oft nicht der „optimale Preis" ist.

Durch den hohen Individualisierungsgrad entstehen, sofern keine automatisierten Prozesse umgesetzt sind, hohe Transaktions- und Organisationskosten, weshalb dieses Preissystem für gewöhnlich bei individuellen Transaktionen Anwendung findet, wie dies primär bei maßgeschneiderten Individualleistungen der Fall ist. Erst sobald sich eine Einzellösung wiederholt, können vergangene Daten für eine Neuverhandlung des sogenannten perfekten Preises herangezogen werden. Bei Dienstleistungen mit hoher Homogenität und Häufigkeit liegt oft bereits ein standardisierter Marktpreis vor, weshalb keine individuellen Verhandlungen zur Preisfindung durchgeführt und daher auch keine perfekte Differenzierung erreicht werden kann.

Eine Form der individuellen Preisdifferenzierung findet man in der Praxis bei Auktionen. Auf Frachtenbörsen können so spezialisierte Aufträge zu individuell vereinbarten Preisen bei geringen Transaktionskosten bedient werden. Da bei Auktionen die persönliche Preisverhandlung wegfällt und wenig Interaktion zwischen Verlader und Frachtführer erfolgt, findet auch diese Form der Differenzierung nur im Einzelfall Anwendung. Über die beschriebenen Preissysteme in Reinform hinaus werden in

Tabelle 5.5.1: Charakterisierung von Preissystemen.

Preissysteme	Ausgestaltungs möglichkeiten	Voraussetzung	Vorteile	Nachteile
Pauschal- preis		– Kalkulation einer Grundgebühr – Akzeptanz des Pauschalpreises	– Nachvollziehbare Preisgestaltung – Transparenz und Planbarkeit der Kosten des Verladers bzw. der Erlöse des Anbieters	– Ineffiziente Preisgestaltung – Fehlende Flexibilität gegenüber Marktumfeld bzw. der Kosteneinflussfaktoren z. B. Treibstofferhöhung
Quantitative Preisdif- ferenzierung	**Umsatz- und Mengen- rabatt**	– Auf Mengen (retroaktiv oder inkrementell) – Auf Umsatz (nachträgliche Boni) – Pro Auftrag oder Planungsperiode	– Festlegung der Rahmenbedingungen	– Transparenz und Planbarkeit der Kosten bzw. Erlöse – Langfristige Kundenbindung – Anreize zur Erhöhung des Transportvolumens	– Ungleichmäßige Kapazitätsbelastung: keine nachfrageorientierte Steuerung möglich – Abhängigkeit von der Marktmacht des Kunden – Regelmäßige Nachjustierung erforderlich

(fortgesetzt)

Tabelle 5.5.1 (fortgesetzt)

Preissysteme		Ausgestaltungs möglichkeiten	Voraussetzung	Vorteile	Nachteile
Qualitative Preisdifferenzierung	Zuschlagsvarianten	– Nach Güterart – Nach Serviceleistungen (Value-added Services) – Zeitversprechen (Lieferfenster / Laufzeit)	– Identifikation der güterspezifischen Anforderungen z. B. Gefahrgut – Fixierung individueller Serviceleistungen z. B. Abladestellen	– Erweiterung des Leistungsversprechens – Finanzieller Ausgleich für die Anforderung des Gutes oder der Zusatzleistung – Hohe Angebotstransparenz	– Differenzierte Anforderungen je Güterart – Kostenintensive Zusatzleistungen – Komplexe Kostenberechnung – Geringe Preistransparenz gegenüber Verlader
Räumliche Preisdifferenzierung	Zonenpreis	– Relationen	– Kenntnisse über Auslastung in Quell- und Zielgebieten	– Geringer Organisationsaufwand – Vermeidung von freien Kapazitäten	– Vernachlässigung der Kundenbedürfnisse (Preisbereitschaft) – Vernachlässigung des Wettbewerbspreises

Zeitliche Preisdifferenzierung	**Peak-Load-Pricing**	– Tageszeit – Wochentage – Saisonalitäten	– Spitzenlastzeiten und individuelle Auslastung müssen bekannt sein – Auslastungsmuster	– Steuerung der Kapazitätsauslastung – Preisbestimmte Nachfragesteuerung	– Erhöhung der Preise zu Spitzenlastzeiten führt zur Intransparenz gegenüber dem Kunden
	Yield Management	– Vorausbuchung – Zeitfenster – Ausschlusszeit	– Segmentabgrenzung – Vordefinition der fixen Kapazitäten – Nichtbedarf von Kapazitäten – Unsichere Nachfrageplanung	– Erhöhung der Kapazitätsauslastung – Dynamische Berücksichtigung der Kundenbedürfnisse – Gezielte Nachfragesteuerung verbunden mit besserer Kapazitätsauslastung	– Unsicherheit von Kapazitäten – Fördert opportunistisches Verhalten – Ständiges Analyseverfahren der Kapazitätsauslastung notwendig
Perfekte Preisdifferenzierung	**Individueller Preis**	– Kombination verschiedener Strategien	– Identifikation der Zahlungsbereitschaft – Preisintransparenz am Markt – Technologie zur Erfassung und Umsetzung	– Preisindividualisierung auf Leistungspaket – Hohe Flexibilität auf Marktanforderung – persönliche und teilweise enge Geschäftsbeziehung – Abschöpfung der Zahlungsbereitschaft – Möglichkeit zur Quersubventionierung	– Hohe Transaktions- und Organisationskosten durch hohen Individualisierungsgrad – Marktmacht = Verhandlungsmacht – häufig nur Einzelfall-Lösung
	Auktion	– Angebotsauktion – Ausschreibung eines Nachfragers	– Auktionsplattform	– Nachfrage- bzw. angebotsbezogene Preisgestaltung – Geringe Transaktionskosten	– Wegfall der (persönlichen) Preisverhandlungen zwischen Anbieter und Nachfrager

der Praxis meist Mischformen der Differenzierungsstrategien angewandt, um so auf individuellere Angebote einzugehen und die Preisbereitschaft besser abzuschöpfen.

5.5.5 Preisbildung in der Praxis: Transparenz und (digitale) Plattformen

Weit verbreitete Preis(in)transparenz am Markt

Logistikdienstleister müssen verladende Kunden nicht über die mit der Leistungserstellung einhergehenden Kosten und auch nicht über den tatsächlichen Marktwert der Dienstleistung aufklären. Häufig sind im Güterverkehr die aufgerufenen Preise daher für viele Marktteilnehmer intransparent. Davon profitieren oder verlieren eine oder beide Seiten gleichermaßen, da die zwischen zwei Akteuren vereinbarten Preise über oder unter Marktpreisen liegen können. Dies gilt auch uneingeschränkt vor dem Hintergrund einzuhaltender länderspezifischer rechtlicher Grundsätze in der Preisgestaltung. Im DACH-Raum fallen darunter beispielswiese das Diskriminierungsverbot, das Gebot der Fairness, Datenschutzrichtlinien und das Verbot zum Missbrauch einer marktbeherrschenden Stellung, wobei letztere weniger in fragmentierten Märkten wie dem Straßengüterverkehr als in der anbieterseitig konsolidierten Schifffahrtsbranche relevant ist.

Zunehmende Marktdurchdringung von Plattformen auf dem Spot- und Kontraktmarkt

An der weit verbreiteten Preisintransparenz für Gütertransporte rütteln zunehmend digitale Plattformen, welche analog zu Reisebranche auch auf den Güterverkehrsmärkten Einzug gehalten haben. Digitale Plattformen haben seit etwa dem Jahr 2010 kontinuierliches Wachstum erzielt und tragen zur Erhöhung der Preistransparenz bei. Verlader profitieren bei der Suche nach einem passenden Transportangebot von Vergleichsmöglichkeiten, aber auch Logistikdienstleister verfügen über eine bessere Übersicht über Marktpreise, da digitale Plattformen als Tool für ein unternehmensinternes Benchmarking genutzt werden können (siehe auch Kapitel 5.7). Bei Plattformen für den Güterverkehr sind verschiedene Arten abzugrenzen. Erstens gibt es die eigentlichen Plattformen, welche die Verbindung von Dienstleistern und Verladern ermöglichen. Diese Art von Plattform bringt nicht nur Angebot und Nachfrage zusammen, sie zielt häufig auch auf die Senkung von Transaktionskosten, indem der Organisationsaufwand vereinfacht wird. Zweitens gibt es eine Vielzahl an Plattformen, welche primär Marktinformationen und Daten bereitstellen und damit aktiv zu einer höheren Preistransparenz beitragen. Darunter fallen auch Preisindizes. Drittens umfasst der Begriff Plattform auch digitale Speditionen (siehe dazu Kapitel 2.1 und 2.2). Typischerweise bieten digitale Speditionen eine Vielzahl von Dienstleistungen aus einer Hand an, die Teil der speditionellen Wertschöpfungskette sind. Nachfolgend werden diese unterschiedlichen Plattform-Ausprägungen im Güterverkehr näher betrachtet (Stölzle & Häberle, 2021).

Digitale Marktplätze: Abgrenzung von Spot- und Kontraktmarkt am Beispiel des Straßengüterverkehrs

Spotmarkt: Auch wenn der Begriff Spotmarkt ursprünglich der Ölbranche entstammt, wo er den Handelsplatz für Mineralprodukte und Rohöle darstellt, ist der Spotmarkt heute auch im Güterverkehr ein fester Bestandteil des Marktgeschehens. Er beschreibt den tagesaktuellen Markt, an dem Angebot und Nachfrage von Spotgeschäften aufeinandertreffen. Die abgeschlossenen Geschäfte bestehen aus Lieferung, Abnahme und Bezahlung und werden zum aktuellen Preis in der Regel innerhalb weniger Tage abgewickelt. Geschäfte mit einer Fälligkeit von mehr drei Tagen sind dagegen bereits dem Kontraktmarkt zuzuordnen. Ein signifikanter Anteil von Gütertransporten wird durch Fracht- und Laderaumbörsen abgewickelt. Diese dienen der effizienten Vermittlung von Transportdienstleistungen, wobei Transportaufträge offen ausgeschrieben und direkt an geeignete Frachtführer vermittelt werden können. So können Auslastungen gesteuert und kurzfristige Über- oder Unterkapazitäten ausgeglichen werden. Schätzungen gehen davon aus, dass im Straßengüterverkehr etwa ein Fünftel aller Transporte über den Spotmarkt abgewickelt werden und vier Fünftel auf den Kontraktmarkt entfallen.

> **Beispiel: Spotmarkt**
> Egeplast International GmbH ist ein Hersteller für Kunststoffrohre und hat Kunden in mehr als 30 Ländern. Die zu transportierenden Rohre sind bis zu 30 Meter lang, wobei die Relationen und Anzahl je nach Auftrag variieren. Für die Vergabe der Transportaufträge über den Spotmarkt nutzt das Unternehmen die Frachtenbörse des Freight-Tech Unternehmens TIMOCOM GmbH, sodass keine eigenen Fahrzeuge unterhalten werden müssen. So kann Egeplast täglich 30 bis 50 Lkws beladen und an die unterschiedlichen Geschäftspartner entsenden. Die Vorteile für das Unternehmen sind: Keine Kapitelbindung in Transportmittel, Flexibilität und keine Leerfahrten auf dem Rückweg der eigenen Flottenfahrzeuge (Timocom, 2021).

Kontraktmarkt: Am Kontraktmarkt werden längerfristige Verträge zwischen Verladern und Spediteuren oder Frachtführern abgeschlossen, meist über komplexe Logistikdienstleistungen. Verträge auf dem Kontraktmarkt haben typischerweise eine Laufzeit von mehreren Monaten (Transporte) oder Jahren (Kontraktlogistik). Verlader sichern sich durch den Abschluss langfristiger Verträge frühzeitig Kapazitäten am Markt. Frachtführern bietet dies im Umkehrschluss Planungssicherheit für das Management der eigenen Kapazitäten. Häufig umfassen Kontrakte ein gewisses Mindestgeschäftsvolumen, welche beiden Vertragsparteien Sicherheit bieten soll, sodass aus Verlader-Sicht genügend Kapazitäten vorgehalten werden, welche aus Frachtführer-Sicht unabhängig von der Inanspruchnahme vergütet werden.

In der Praxis werden langfristige Verträge heute verbreitet über auf die Vergabe von Logistikleistungen spezialisierte Plattformen abgewickelt. Für das sogenannte Tender Management, die umfassende Bearbeitung und Abwicklung von Ausschreibungen, hat sich die Plattform von Transporeon als europäischer Marktführer etabliert. Bei der Auftragsvergabe über den Spotmarkt dominieren je nach Verkehrsträger unterschiedliche Anbieter. Für die Vergabe von Aufträgen im Straßengüterverkehr ist beispielsweise die Frachtenbörse von TIMOCOM mit über 50.000 angeschlossenen Transportunternehmen verantwortlich, hinter denen sich deutlich mehr Nutzer befinden, da insbesondere bei großen Spediteuren in der Regel mehrere Disponenten den Service beziehen. Durch die Vielzahl an tagesaktuellen Frachtgesuchen und -angeboten auf den Marktplätzen erfahren Nutzer ohne Verzögerung den Marktpreis, wodurch sich insgesamt die Preistransparenz für alle Akteure erhöht.

> **Beispiel: Kontraktmarkt**
> Das Pharmaunternehmen Boehringer Ingelheim AG & Co. KG hat im Jahr 2020 beschlossen, das operative Ausschreibungsmanagement für Transporte vollständig an das Logistiksoftware-Unternehmen Transporeon GmbH auszulagern. Durch die Nutzung dieser Plattform hat Boehringer Ingelheim die Anzahl der Logistikausschreibungen stark erhöht. Das Unternehmen behält so die volle Kontrolle über alle strategischen Entscheidungen wie Zeitplan und Umfang der Ausschreibung sowie den Dienstleisterpool. Durch die Sicherung von Kapazitäten soll die Robustheit der eigenen Logistikprozesse auch in angespannten Marktsituationen mit wenig verfügbarem Frachtraum gewährleistet bleiben (Lehmann, 2021).

Preisindizes als Tool für mehr Preistransparenz

Neben dem Vergleich mit aktuellen Preisen für Frachtangebote haben sich einige Preisindizes als Möglichkeit zum Monitoring von Marktpreisentwicklungen erwiesen. Ein Preisindex ist eine volkswirtschaftliche Kennzahl für die Entwicklung von Preisen in aufeinanderfolgenden zeitlichen Perioden. Er gilt als Indikator für die wirtschaftliche Entwicklung, mit dem die Preisentwicklung auf einem bestimmten Markt statistisch ausgewertet wird. Wird über mehrere Perioden ein Preisindex ermittelt, lässt sich die Preissteigerungsrate in einem Bereich bestimmen. Preisindizes werden von den Akteuren im Güterverkehrsmarkt herangezogen, um den Preis einer Dienstleistung an Marktpreisen zu spiegeln und somit beurteilen zu können. Eine Reihe verschiedene Arten von Indizes hat sich für Güterverkehrsmärkte etabliert. Dazu zählen beispielsweise:

- Internationale Containerschifffahrt: China Shanghai Containerized Freight Index (SCFI), Baltic Dry Index (BDI)
- Nationaler Straßengüterverkehr Deutschland: LAE-Transportpreisindex, VR-Index, Transporeon Market Monitor
- Internationale Luftfracht: TAC-Indizes

Wenn die Preise einzelner Produkte bzw. Services und deren Leistungsbestandteile bekannt und miteinander vergleichbar sind, liegt Preistransparenz vor. Diese zeigt, inwieweit die Preise eines Produktes bzw. Services zwischen den Anbietern verglichen werden können. Bei hoher Preistransparenz ist es folglich für Anbieter vergleichsweise schwierig, die Preise individuell zu gestalten bzw. von Marktpreisen abzuweichen. Sofern die Angebote auf dem Markt im Hinblick auf den Umfang wenig variieren, profitiert der Anbieter mit dem niedrigsten Preis. Das Ausmaß der Preistransparenz hat somit einen erheblichen Einfluss auf die Preispolitik im Güterverkehr.

Beispiel: Shanghai Containerized Freight Index
Der Shanghai Containerized Freight Index (SCFI) gilt weltweit als der am häufigsten verwendete Index für Seefrachten bei der Einfuhr aus China. Dieser Index wird seit 2009 (Basis 16.10.2009 = 1000) werktäglich berechnet und zeigt die aktuellen Frachtpreisveränderungen für den 20 Foot-Containertransport aus den wichtigsten chinesischen Häfen, wozu auch Shanghai zählt (zum Kurvenverlauf siehe Abbildung 5.5.8). Da sich in der Volksrepublik China vier der fünf weltweit größten Containerhäfen befinden, ist dieser Index maßgebend für internationale Containerpreise in der Schifffahrt. Der SCFI setzt sich aus den 13 wichtigsten Frachtrouten aus China und einem Index zusammen (Shanghai Shipping Exchange, 2023).

Beispiel: LAE-Transportpreisindex
Auf Basis einer Forschungsarbeit des Instituts für Supply Chain Management an der Universität St. Gallen und von Partnern aus der Praxis bietet die Logistik-Advisory-Experts ein innovatives Tool für die Transportbranche an: den LAE-Transportpreisindex. Er zeigt mit übersichtlichen Grafiken und dazugehörigem Interpretationsangeboten monatlich die aktuellen Transportpreisentwicklungen im deutschen Transportmarkt auf. Die Datenbasis umfasst reale Preise, welche Monat für Monat von einer Vielzahl von Logistikdienstleistern und Verladern bereitgestellt werden. Unterteilt in Teil- und Komplettladung (LTL/FTL) sowie Kurier-Express-Pakete (KEP) werden die Transportpreisveränderungen zum Basisjahr 2019 = 100 angegeben (vgl. Abbildungen 5.5.9 und 5.5.10) (Logistics Advisory Experts, 2023).

Digitale Speditionen als neue Akteure auf dem Güterverkehrsmarkt

Spediteure organisieren den gewerblichen Transport von Gütern und übernehmen für Verlader die gesamte Auftragsbearbeitung von Vertrieb über Planung, Umschlag, Transport und Statusmeldungen bis hin zur Abrechnung. Neue, in den Speditionsmarkt eintretende Akteure, die sich stark auf digitale Geschäftsprozesse konzentrieren, werden oft als *Digitale Speditionen* bezeichnet. Digitale Speditionen vereinen für gewöhnlich Prozesse mit smarter Vernetzung, digitalen Dokumenten und automatisierten Prozessen, ohne dabei eigene Assets für den Transport einzusetzen. Obwohl herkömmliche Speditionen per se nicht über eigene Assets verfügen müssen, liegt darin häufig ein Unterscheidungsmerkmal zu vielen etablierten Speditionen. Digitale Speditionen versprechen Verladern Vorteile wie Kosteneinsparungen, Zeitersparnis, ein einfacheres Management und erhöhte Planungssicherheit entlang der Lieferkette.

Shanghai Containerized Freight Index

Abbildung 5.5.8: Kurvenverlauf des Shanghai Containerized Freight Index von 2013 bis 2023 (Shanghai Shipping Exchange, 2023).

LAE-Transportpreisindex
FTL/LTL Spotmarkt Deutschland inkl. Kurzfristprognose (KI: 95 %)

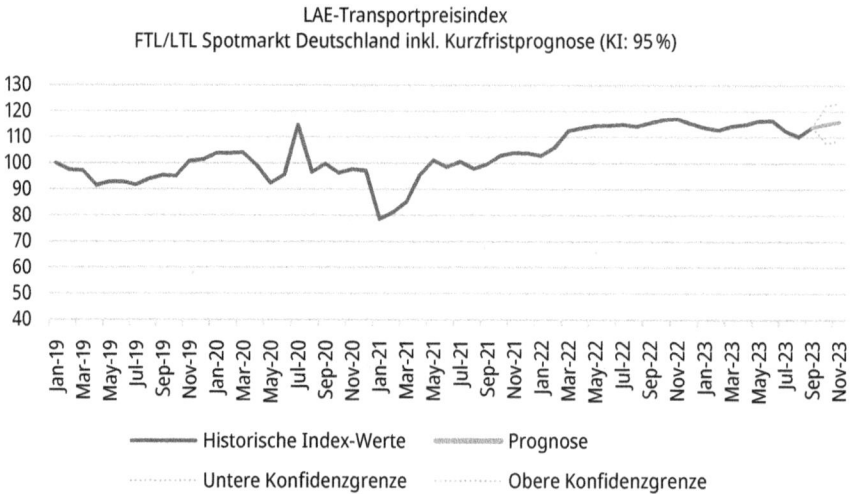

Abbildung 5.5.9: LAE-Transportpreisindex, FTL/LTL Spotmarkt Deutschland (Logistics Advisory Experts, 2023).

Dynamic Pricing: Potenziale des Preismanagements im Güterverkehr

Fällt der Auslastungsgrad eines Transportunternehmens aufgrund einer wirtschaftlich schwachen Periode ab, müssen Entscheidungsträger sehr stark auf den Deckungsbeitrag achten. Bedingt durch die hohe Fixkostenlast im Güterverkehr kann es aus Kostensicht kurzfristig Sinn machen, Aufträge anzunehmen, welche wirtschaftlich unter dem Deckungsbeitrag liegen, um so die Fixkosten wenigstens teilweise decken zu können. Falls diese wirtschaftlich schwache Zeit von längerer Dauer ist, erweist sich ein solches Vorgehen jedoch als nicht wirtschaftlich und kann zur Insolvenz führen (Europäische Kommission, 2022).

LAE-Transportpreisindex
KEP Deutschland inkl. Kurzfristprognose (KI: 95 %)

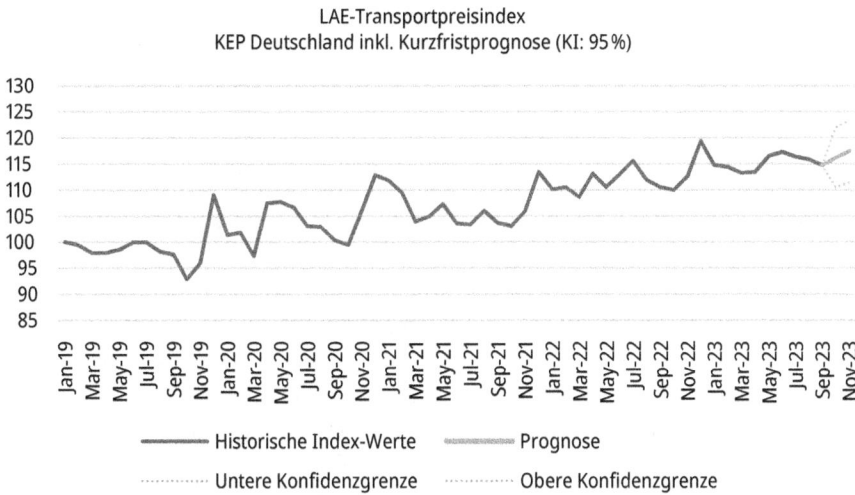

Abbildung 5.5.10: LAE-Transportpreisindex, KEP Deutschland (Logistics Advisory Experts, 2023).

Um auf Kostensprünge nach oben oder unten zu reagieren und beiden Vertragspartnern bei langfristigen Transportverträgen mehr Sicherheit zu geben, werden verbreitet dynamische Parameter mit aufgenommen. Solche Parameter werden bei Kraftstoffkosten bereits angewendet, um die Volatilität der Kraftstoffpreise marktgerecht zwischen den Vertragsparteien aufzuteilen, wobei sich Frachtraten auf Basis eines sogenannten Dieselfloaters automatisch an die Kraftstoffpreisentwicklung anpassen. In der Regel wird diese individuell zwischen Verlader und Güterverkehrsunternehmen verhandelt und auf der Transportrechnung als separater Posten aufgeführt. In einigen Ländern wie der Schweiz sind auch Staukostenzuschläge üblich, um die staubedingten Wartezeiten preislich abzubilden.

Ein weiterführender Ansatz mit Fokus auf die Marktnachfrage ist die Dynamisierung von Frachtraten. Dynamic Pricing bietet mit Blick auf die Steuerung von Kapazitäten erhebliches Potenzial für das Preismanagement im Güterverkehr (vgl. Kapitel 5.6). Durch die Verwendung von Datenanalysen und maschinellem Lernen kann ein dynamisches Preissystem erstellt werden, das sich an veränderte Marktbedingungen anpassen kann. Das bedeutet, dass Unternehmen im Güterverkehr in der Lage sind, ihre Preise tagesaktuell an die Auslastungssituation anzupassen, um ihre Profitabilität zu erhöhen und gleichzeitig die Kundenzufriedenheit zu steigern. Dynamische Preisgestaltung kann auch dazu beitragen, die Auslastung von Transportmitteln zu verbessern, was wiederum Kosteneinsparungen bewirkt. Indem Kunden verschiedene Lieferoptionen und -zeiten zu unterschiedlichen Preisen angeboten bekommen, können Kunden flexibel auf diejenige Option zugreifen, die am besten zu ihren Bedürfnissen passt. Insbesondere in Zeiten, in denen sich die Marksituation schnell verändert und Unternehmen zeitnah reagieren müssen, um wettbewerbsfähig zu bleiben, bietet der Einsatz von Dynamic Pricing ein hohes wirtschaftliches Potenzial für beide Marktseiten.

5.5.6 Zusammenfassung

Damit Güterverkehrsunternehmen eine robuste Wettbewerbsfähigkeit vorweisen können, ist ein umfassender Kostenmanagementansatz notwendig. Transparenz über die Entstehung von Kosten sowie die Identifikation von Kostentreibern bilden die Voraussetzung für eine zielgerichtete Kostenbeeinflussung, die sich an den Marktanforderungen, den Wettbewerbern und den Kunden auszurichten hat. Dabei ist insbesondere dem Dienstleistungscharakter von Güterverkehrsleistungen Rechnung zu tragen.

Zusammenfassend lässt sich festhalten, dass Güterverkehrsunternehmen spezifische Anforderungen an die Ausgestaltung ihrer Preissysteme stellen. Insbesondere bei Angeboten für physische Netzwerkleistungen müssen räumliche Leistungsmerkmale in Form von Zonenpreisen berücksichtigt werden. Darüber hinaus erfordern langfristige und individualisierte Geschäftsbeziehungen oft persönliche Preisverhandlungen, während standardisierte Leistungen für eine Vielzahl von Verladern eine einheitliche Preisliste erfordern. Es ist daher entscheidend, diese leistungsspezifischen Charakteristika im Rahmen eines Preismanagements zu identifizieren und den Preisprozess entsprechend anzupassen, um die gezielte Entwicklung von Preissystemen sicherzustellen.

Literaturverzeichnis

Aberle, G. (2009). *Transportwirtschaft: Einzelwirtschaftliche und gesamtwirtschaftliche Grundlagen* (5. Aufl.). München: Oldenburg.

ASTAG (2023). ASTAG-Strassentransport-Kostenindex per 01.01.2023. Abgerufen am 18.10.2023 unter https://www.astag.ch/upload/docs/docs/div/ASTAG-Index-2023-inkl.Merkblatt1.pdf

Bieler, C. & Sutter, D. (2019). Externe Kosten des Verkehrs in Deutschland. Straßen-, Schienen-, Luft- und Binnenschiffverkehr 2017. Zürich: Infras. Abgerufen am 10.06.2023 unter https://www.allianz-pro-schiene.de/wp-content/uploads/2019/08/190826-infras-studie-externe-kosten-verkehr.pdf

Bolte, D. (2008). *Instrumente des Preiscontrollings: Instrumentelle Unterstützung des Preismanagements unter Berücksichtigung der Marktgegebenheiten im heterogenen Oligopol*. Hamburg: Verlag Dr. Kovac.

Bundesamt für Raumentwicklung (2023). Externe Kosten und Nutzen des Verkehrs in der Schweiz. Straßen-, Schienen-, Luft- und Schiffsverkehr 2020. Abgerufen am 07.10.2023 unter https://www.are.admin.ch/are/de/home/medien-und-publikationen/publikationen/verkehr/externe-kosten-und-nutzen-des-verkehrs-in-der-schweiz.html

Diller, H. (2008). *Preispolitik* (4. Aufl.). Stuttgart: W. Kohlhammer.

Europäische Kommission (2022). *EU transport in figures – Statistical pocketbook 2022*. Abgerufen am 06.03.2023 unter https://data.europa.eu/doi/10.2832/216553

Fassnacht, M. (2003). Preisdifferenzierung. In H. Diller & A. Herrmann (Hrsg.), *Handbuch Preispolitik. Strategie – Planung – Organisation – Umsetzung* (S. 483–502). Wiesbaden: Gabler.

Freye, D. (2014). Nachhaltigkeitsorientierte Logistikpolitik. In K.M. Griese (Hrsg.), *Nachhaltigkeitsmarketing* (S. 335–372). Wiesbaden: Gabler. https://doi.org/10.1007/978-3-658-05851-7_13

Gleißner, H. & Femerling, J.C. (2016). *Kompakt Edition: Transport. Elemente – Management – Märkte.* Wiesbaden: Gabler.

Hoffmann, A. & Stölzle, W. (2009). Kostenmanagement im Schienengüterverkehr. *Die Volkswirtschaft.* Abgerufen am 03.06.2023 unter https://dievolkswirtschaft.ch/content/uploads/2009/01/08D_Hoff mann.pdf

Holderied, C. (2005). *Güterverkehr, Spedition und Logistik: Managementkonzepte für Güterverkehrsbetriebe, Speditionsunternehmen und logistische Dienstleister.* München: Oldenbourg.

Köhler, R. (2003). Preisplanung. In H. Diller & A. Herrmann (Hrsg.), *Handbuch Preispolitik. Strategie – Planung – Organisation – Umsetzung* (S. 357–386). Wiesbaden: Gabler.

Küpper, H.-U. (2005). *Controlling: Konzeption, Aufgaben, Instrumente* (4. Aufl.). Stuttgart: Schäffer Poeschel

Küpper, H. U., Friedl, G., Hofmann, C., Hofmann, Y. E. & Pedell, B. (2013). *Controlling: Konzeption, Aufgaben, Instrumente* (6. Aufl.). Stuttgart: Schäffer-Poeschel.

Lehmann, S. (2021, 13. November). Logistik-IT: Boehringer Ingelheim nutzt Transporeon-Plattform. *Logistik Heute.* Abgerufen am 15.08.2023 unter https://logistik-heute.de/news/logistik-it-boehringer-ingelheim-nutzt-transporeon-plattform-35250.html

Logistics Advisory Experts (2023). LAE-Transportpreisindex. Abgerufen am 17.10.2023 unter https://www. logistics-advisory-experts.ch/lae-transportpreisindex

Möller, K. & Stirzel, M. (2008). Kostenmanagement im Anlauf – Aufgaben und Instrumente. In: G. Schuh, W. Stölzle & F. Straube (Hrsg), *Anlaufmanagement in der Automobilindustrie erfolgreich umsetzen* (S. 243–262). Berlin, Heidelberg: Springer. https://doi.org/10.1007/978-3-540-78407-4_21

Pechtl, H. (2014). *Preispolitik: Behavioral Pricing und Preissysteme* (2. Aufl.) Konstanz: UVK Lucius.

Resch, B. (2009). *Preismanagement im Kombinierten Verkehr.* München: Dr. Hut Verlag.

Shanghai Shipping Exchange (2023). Shanghai Containerized Freight Index. Abgerufen am 17.10.2023 unter https://en.sse.net.cn/indices/scfinew.jsp

Simon, H. & Fassnacht, M. (2019). *Price* Management: Strategy, Analysis, Decision, Implementation. Cham: Springer Nature.

Statistisches Bundesamt (2023). Lkw-Maut-Fahrleistungsindex. Abgerufen am 02.10.2023 unter https://www.destatis.de/DE/Themen/Wirtschaft/Konjunkturindikatoren/Lkw-Maut-Fahrleistungsindex/kmau110.html#355018

Stölzle, W. & Häberle, L. (2021). Digitale Logistikplattformen – Erste Ansätze zur Marktsegmentierung im Lichte traditioneller und neuer Anbieter. In: R. Fritzsche, S. Winter & J. Lohmer (Hrsg.), *Logistik in Wissenschaft und Praxis* (S. 241–264). Wiesbaden: Gabler. https://doi.org/10.1007/978-3-658-33480-2_10

Stölzle, W. & Resch, B. (2007). Preismanagement im Kombinierten Verkehr. *Industrie Management, 23*(5), 57–60.

Thaller, C. (2013). Verkehrspolitik. In: U. Clausen & C. Geiger (Hrsg.), *Verkehrs- und Transportlogistik* (2. Aufl., S. 33–51). Berlin, Heidelberg: Springer Vieweg.

Timocom (2021). Eine Erfolgsgeschichte: Egeplast und TIMOCOM. Abgerufen am 15.08.2023 unter https://www.timocom.de/blog/egeplast-erfolgreich-mit-der-frachtenb%C3%B6rse-231238

Vogelsang, M. (2020). *Designing Smart Prices: Kundenwahrnehmung von Dynamic und Personalized Pricing.* Wiesbaden: Gabler.

Wirtz, B.W. (2016). *Direktmarketing: Grundlagen – Instrumente – Prozesse.* Wiesbaden: Gabler.

WKO (2023). Transportkostenindex. Abgerufen am 09.10.2023 unter https://www.wko.at/branchen/trans port-verkehr/gueterbefoerderungsgewerbe/transportkostenindex.html#gueterbefoerderung

5.6 Kapazitätsmanagement

Wolfgang Stölzle, Ludwig Häberle

5.6.1 Relevanz des Kapazitätsmanagements im Güterverkehr

Im Güterverkehr spielt das Kapazitätsmanagement eine entscheidende Rolle. Kunden haben spezifische Anforderungen und rufen ein bestimmtes Volumen an Transportkapazitäten ab. Güterverkehrsunternehmen müssen angesichts der fehlenden Lagerfähigkeit ihrer Transportdienstleistung flexibel agieren und ihr Kapazitätsaufgebot an die jeweilige Nachfrage anpassen. Das Ziel ist dabei die Vermeidung von Über- und Unterkapazitäten. Denn Überkapazitäten führen zu Leerkosten, während Unterkapazitäten die Serviceleistung und die Kundenzufriedenheit negativ beeinträchtigen können, sollte es zu Verspätungen oder Transportschäden kommen. Zudem verursachen Unterkapazitäten oft entgangene Margen. Daher ist es von großer Bedeutung, die verfügbaren Ressourcen effizient zu nutzen, um die Margen möglichst groß und gleichzeitig die Servicequalität hochzuhalten. Im Lichte kurzfristig nur eingeschränkt anpassbarer Transportkapazitäten sind Güterverkehrsunternehmen insbesondere vor dem Hintergrund oft starker saisonaler und konjunktureller Schwankungen der Nachfrage besonders gefordert.[11]

Ein effektives Kapazitätsmanagement dient nicht allein der Wirtschaftlichkeit, sondern trägt auch zu einem ökologisch nachhaltigen Güterverkehr bei. Eine optimale Nutzung der Kapazitäten kann die Umweltauswirkungen des Güterverkehrs reduzieren, indem Leerfahrten reduziert und alternative Verkehrsträger, wie z. B. die Bahn, besser integriert werden. Insgesamt gilt das Kapazitätsmanagement im Güterverkehr als Schlüsselfaktor für die Wettbewerbsfähigkeit der Unternehmen und leistet einen Beitrag zur Nachhaltigkeit in der Logistik.

Kapazitätsmanagement im Lichte güterverkehrsspezifischer Eigenschaften

Güterverkehrsleistungen zeichnen sich durch eine hohe Fixkostenlast aus, die auf Faktoren wie Transportmittel, Laderaum, Hubs, Personal und IT-Ausstattung zurückzuführen ist. Diese Fixkosten müssen von den Güterverkehrsunternehmen im Rahmen der sogenannten Vorproduktion getragen werden, unabhängig von der Entwicklung der aktuellen Nachfrage. So stehen Anbieter vor der Herausforderung, Kapazitäten vorhalten zu müssen, ohne dass bereits konkrete Kunden-Aufträge vorliegen. Erst mit der Nachfrage nach Transportdienstleistungen löst ein Kunde deren Erstellung aus, eine Produktion auf Vorrat ist nicht möglich (Stuhlmann, 2000). Sobald also ein Kundenauftrag eingeht, müssen die entsprechenden Kapazitäten unmittelbar bereitgestellt werden. Dieser sogenannte derivative Charakter von Güterverkehren bedeutet, dass die Nach-

---

11 Hinweis: Das vorliegende Kapitel greift auf Inhalte des Kapitels 6.4 Kapazitätsmanagement von Julia Bendul der ersten Auflage des Buches zurück.

frage nicht nur von der Attraktivität des Angebots abhängt, sondern als abgeleitetes Bedürfnis aus dem von Kunden initiierten Warenaustausch resultiert. Abbildung 5.6.1 zeigt schematisch auf, dass die Erstellung einer Güterverkehrsleistung nur im Fall einer kundenseitigen Transportnachfrage erfolgt.

Ohne eine entsprechende Kapazitätsvorhaltung könnte der Fall eintreten, dass Aufträge aufgrund fehlender Kapazitäten abgelehnt werden müssen. Die fehlende Lagerfähigkeit der Güterverkehrsleistungen führt dazu, dass Akteure weniger Möglichkeiten zur Kapazitätsanpassung im Vergleich zum industriellen Bereich haben, wo eine Vorratsproduktion einhergehend mit dem Aufbau von Beständen üblich ist.

Als weiteres erschwerendes Merkmal kommt im Güterverkehr hinzu, dass es sich in der Regel um differenziertes Leistungsangebote handelt, welche spezifisch an die Bedürfnisse einzelner Kunden angepasst sind. Jeder Transportauftrag kann einzigartige Anforderungen hinsichtlich der Route, der Art der Güter und der Lieferzeit haben. Das Ausmaß der Individualisierung von Transportdienstleistungen vermag dabei sehr unterschiedlich auszufallen: beispielsweise beschränkt es sich beim Versand von Standard-Paketen auf die Zustellung die korrekte Adresse, während beim Transport von Schwergut – etwa die Flügel von Windrädern – die Art des eingesetzten Fahrzeugs, die Befestigung des Transportobjekts, die Einholung von Durchfahrtsgenehmigungen, die Begleitung des Transports durch die Verkehrspolizei und teilweise sogar die partielle Anpassung der Infrastruktur (Demontage von Leitplanken und Verkehrsschildern bei engen Kurvenradien) individuell mit dem Kunden abzustimmen sind.

Herausforderungen des Kapazitätsmanagements in Güterverkehrsunternehmen
Der beschränkte Spielraum zur Kapazitätsanpassung bei schwankender Nachfrage stellt den größten Druckpunkt für Güterverkehrsunternehmen dar. Durch die limitierte Planbarkeit der Kapazitäten aufgrund kurzfristig eingehender Transportaufträge stehen Güterverkehrsunternehmen oft vor dem Dilemma, Kapazitäten „auf Verdacht" vorhalten oder eine kundenseitige Nachfrage bei ausgelasteten Kapazitäten ablehnen zu müssen.

Dass saisonale und konjunkturelle Nachfrageschwankungen Einfluss auf die Transportnachfrage haben und sich diese sehr volatil zeigen kann, verdeutlichen die Schwankungen der Transportvolumina am Beispiel der regionalen Marktbelieferung einer deutschen Baumarkt-Handelskette im Jahresverlauf (siehe Kapitel 5.5, Abbildung 5.5.2). Eine schwankende Nachfrage führt situativ zu Unter- oder Überkapazitäten, insbesondere dann, wenn keine Handlungsoptionen gegeben sind, Kapazitäten weitgehend flexibel zu steuern. Daraus ergibt sich für Unternehmen die Frage der Bemessung der Transportkapazität: Soll sich diese an der Spitzenbelastung oder an der durchschnittlichen Kapazitätsauslastung in der Vergangenheit orientieren? Die Ausrichtung der Kapazitätsbereitstellung am Durchschnittsbedarf kann dazu führen, dass eine kurzfristige Nachfragesteigerung nicht zu befriedigen ist und Ertragsausfälle die Folge sind (siehe Abbildung 5.6.2). In diesem Fall besteht nur die Option, fehlende Kapazitäten

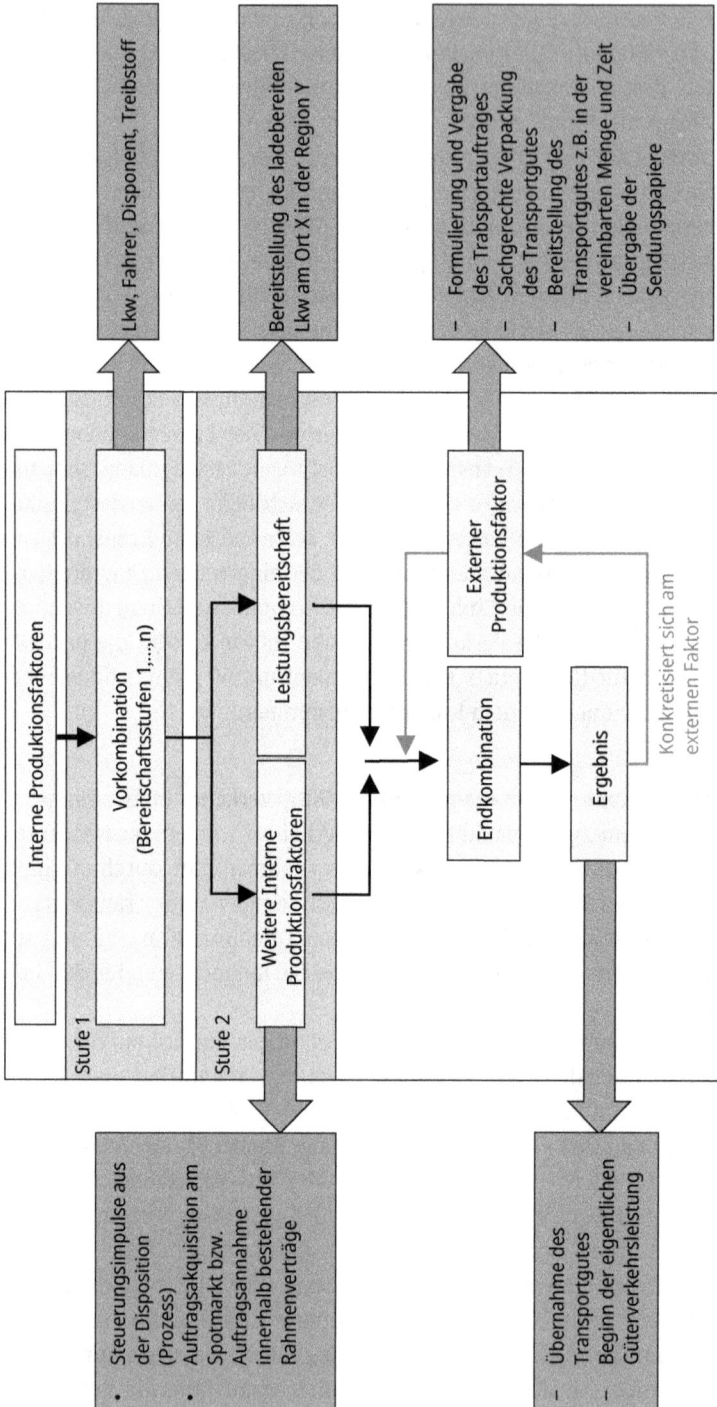

Abbildung 5.6.1: Vor- und Endkombination interner und externer Produktionsfaktoren am Beispiel des Straßengüterverkehrs (in Anlehnung an Corsten, 2001).

situativ am Markt einzukaufen, um eine Ablehnung von Kundenaufträgen zu vermeiden. Die Beauftragung von Subunternehmern am sogenannten Spotmarkt über
Frachtenbörsen gilt als verbreitete Maßnahme zur kurzfristigen Kapazitätserweite-
rung im Güterverkehr.

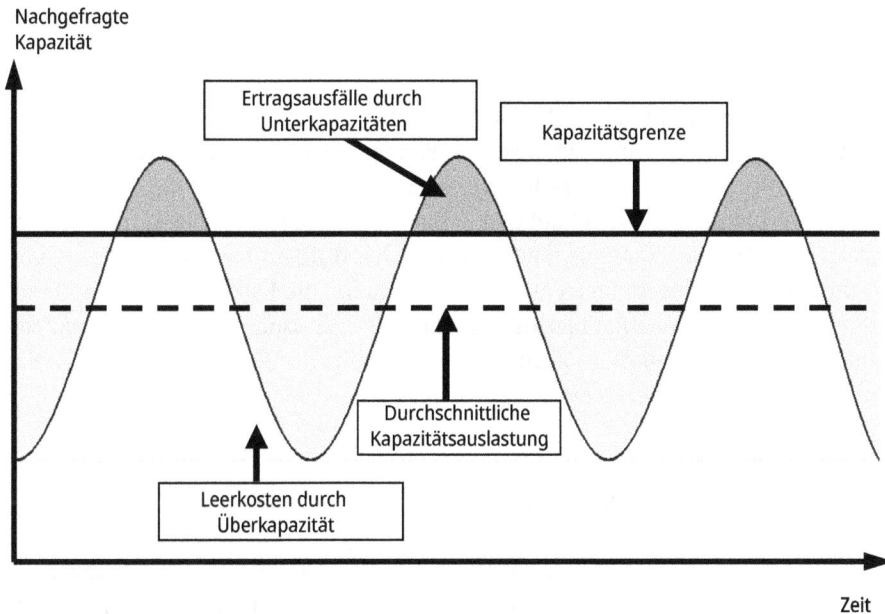

Abbildung 5.6.2: Schematische Darstellung der Auswirkungen von Schwankungen der Nachfrage nach
Güterverkehrsleistungen im Zeitablauf.

Ansatzpunkte des Kapazitätsmanagements

Im Rahmen des Kapazitätsmanagements wird angestrebt, die Kundenaufträge auch bei
schwankender Nachfrage zu bedienen und dabei gleichzeitig die Kapazitäten möglichst
nachfrageorientiert einzusetzen, um Unter- und Überkapazitäten zu vermeiden. Es
stellt somit den Ausgleich von Bedarf und Angebot sicher. Hierbei gilt es zu beachten,
dass sich Transportkapazitäten im Zeitverlauf ändern können. Dazu zählen etwa tempo-
räre Gewichtsbeschränkungen für Fracht im Luftverkehr beim Einsatz von sogenannter
Belly-Kapazität ebenso wie eine gezielte Reduzierung der Durchschnittsgeschwindigkeit
in der Container-Seeschifffahrt (siehe hierzu den Exkurs zum Slow Steaming).

Exkurs: Slow Steaming
Nach der Weltfinanz- und Wirtschaftskrise im Jahr 2007 stiegen die Ölpreise auf Rekordhöhe an, wodurch sich die variablen Kosten für Gütertransporte drastisch erhöhten. Die Treibstoffkosten eines
10.000-TEU-Schiffes lagen 2012 bei 45 % der Gesamtkosten. Um diesem Kostenanstieg bei gleichzeitig
erheblichem Nachfragerückgang zu begegnen, entwickelten Reedereien neue Leistungsprofile. Die hin-

ter MSC zweitgrößte Reederei Maersk konnte 2009 durch eine Reduzierung der Standardgeschwindigkeit von 24 auf 12 Knoten eine Treibstoffeinsparung von 20 % erreichen. Durch längere Fahrzeiten sind die Transportkapazitäten der Reedereien zudem länger gebunden, wodurch sich Überkapazitäten am Markt reduzieren. So führte Slow Steaming für Maersk im darauffolgenden Jahr zwar wieder zu einem positiven Ergebnis, erforderte jedoch beispielsweise auch eine Umstrukturierung der Fahrpläne und eine Anpassung der Feeder-Verkehre an den Seehäfen. Slow Steaming konnte sich so weit durchsetzen, dass viele Reedereien in sogenannten Vessel Sharing Agreements mit anderen Reedereien Slow Steaming als Vertragsbestandteil führen (Maersk, 2015; Ferrari, Tei & Parola, 2012).

Während die am Markt zur Verfügung stehenden Transportkapazitäten kurzfristig nur sehr eingeschränkt angepasst werden können, existieren mittel- bis langfristig mehr Spielräume. Denn dann stehen verschiedene Stellhebel zur Kapazitätsanpassung zur Verfügung: Über den Kauf und Verkauf von Fahrzeugen, die Aufnahme oder Abgabe von Charter-Fahrzeugen oder auch durch Aufbau oder die Auflösung von Standorten können Maßnahmen ergriffen werden, um die Kapazitäten an die Marktbedürfnisse anzupassen. Dies betrifft sowohl die Beeinflussung des zur Verfügung stehenden Kapazitätsangebots als auch die Beeinflussung der Nachfrage, beispielsweise über ein aktives Preismanagement (siehe Kapitel 5.5).

5.6.2 Charakteristika und Bedeutung von Kapazität im Güterverkehr

Als (maximale) Kapazität wird im Güterverkehr zeitpunkt- oder zeitraumbezogen die maximal zu produzierende Güterverkehrsleistung eines Güterverkehrsunternehmens bezeichnet. Um diese Kennzahl zu ermitteln, gilt es eine Reihe von Einflussfaktoren zu berücksichtigen. So hat die Anzahl des zur Verfügung stehenden Personals ebenso einen Einfluss wie Anzahl, Volumen und Fläche der zur Verfügung stehenden Transportmittel in einem definierten Zeitraum.

Als Kennwert zur Bestimmung, welcher Kapazitätsanteil in einem bestimmten Zeitraum genutzt wird, dient der Kapazitätsauslastungsgrad. Durch eine Verfolgung des Kapazitätsauslastungsgrads kann die Effizienz des Kapazitätseinsatzes eines Unternehmens festgestellt werden. Erhöhen lässt sich dieser Wert entweder durch eine Steigerung der Inputfaktoren im Zähler (z. B. mehr Transportgewicht bzw. -volumen) oder eine Absenkung der Inputfaktoren in Nenner (z. B. weniger eingesetzte Fahrzeuge). Wenn die Zahl eingesetzter Fahrzeuge und deren Fahrleistung konstant bleiben, aber die Zahl der Relationen ohne Fracht steigt, erhöhen sich die sogenannten Leerkilometer.[12] Deren Anteil lag im deutschen Straßengüterverkehr gemäß Bundesamt für Logistik und Mobilität im ersten Halbjahr 2021 bei 22,3 % und zeigt damit eine seit Jahren hohe Konstanz (BALM, 2021). Obwohl es gegen die Interessen von Güterverkehrsunternehmen steht, lassen

---

12 Definition: Auf Fahrten ohne Ladung zurückgelegte Entfernung in Kilometern (Definition nach Kraftfahrtbundesamt, 2023)

sich Leerfahrten oder auch einzelne freie Stellplätze in Lkws – dies gilt auch für alle anderen Verkehrsträger – nicht immer vermeiden. Leerfahrten sind unter anderem die Folge unpaariger Güterverkehrsströme: Waren werden zu Lager- oder Umschlagpunkten geliefert, an welchen keine Rückbefrachtungsmöglichkeit vorliegt. Um dem entgegenzuwirken, setzen Güterverkehrsunternehmen unter anderem auf Kooperationen mit anderen Unternehmen sowie den Einsatz von digitalen Plattformen für Frachträume und Sendungen, um kurzfristig die Auslastung eigener Kapazitäten zu erhöhen und damit Leerkilometer abzubauen.

Neben dem quantitativen Verständnis von Kapazität kann diese auch in qualitativer Hinsicht betrachtet werden. Qualitative Qualität bemisst sich nach der Spezifität und Flexibilität einer Güterverkehrsleistung, wobei sich die qualitative und quantitative Qualität gegenseitig beeinflussen können. Dies veranschaulicht das Beispiel eines Transports von Glasscheiben auf einem Lkw: Um die maximale (quantitative) Transportkapazität zu bestimmen, kann nicht allein der zur Verfügung stehende Laderaum im Verhältnis zur Größe des Transportguts betrachtet werden. Um Glasscheiben unversehrt zu transportieren, ist spezifisches Zusatzequipment wie beispielsweise Schockabsorbierende Stoßdämpfer oder Halterungen für Glasscheiben erforderlich, um die Qualität des empfindlichen Transportgutes zu sichern. So kann ein mit Glasscheiben beladener Lkw erhebliche nicht belegte Kubikmeter Laderaum aufweisen, obwohl keine weiteren Glasscheiben mehr aufgenommen werden können. Ähnliche Beispiele finden sich bei Wert-, Tiefkühl- oder Gefahrguttransporten, wo zudem regulative Vorschriften die Kapazität limitieren. Da die Einhaltung von Qualitätsanforderungen für spezifische Transportgüter unabdingbar ist, muss die quantitative mit der qualitativen Kapazität in Verbindung gebracht werden.

5.6.3 Ansätze zur Kapazitätssteuerung

Um Kapazitäten unter Betrachtung qualitativer und quantitativer Gesichtspunkte im Hinblick auf ein angestrebtes Gleichgewicht zwischen Angebot und Nachfrage nach Güterverkehrsleistungen zu steuern, stehen grundsätzlich zwei Stoßrichtungen zur Verfügung: Entweder kann man das Kapazitätsangebot eines Güterverkehrsunternehmens an der bestehenden Nachfrage ausrichten oder man beeinflusst die Nachfrage. So kann im Lichte von Nachfrageschwankungen situativ angestrebt werden, Transportaufträge in einen anderen Zeitraum zu schieben, um Phasen der Über- oder Unterlast abzufedern. Abbildung 5.6.3 umfasst mehrere Ansätze zur Steuerung von Kapazitäten über die Beeinflussung von Angebot und Nachfrage.

Steigt als Folge einer positiven Konjunkturentwicklung der Transportbedarf im Güterverkehrsmarkt an, kann es zu Kapazitätsengpässen am Markt kommen. Da diese von saisonalen und zudem unsystematischen Nachfrageschwankungen überlagert werden, ergeben sich oftmals Kapazitätsengpässe in unterschiedlichem Ausmaß und von unterschiedlicher Dauer. Eine längerfristige Phase erheblicher Kapazitätsengpässe im

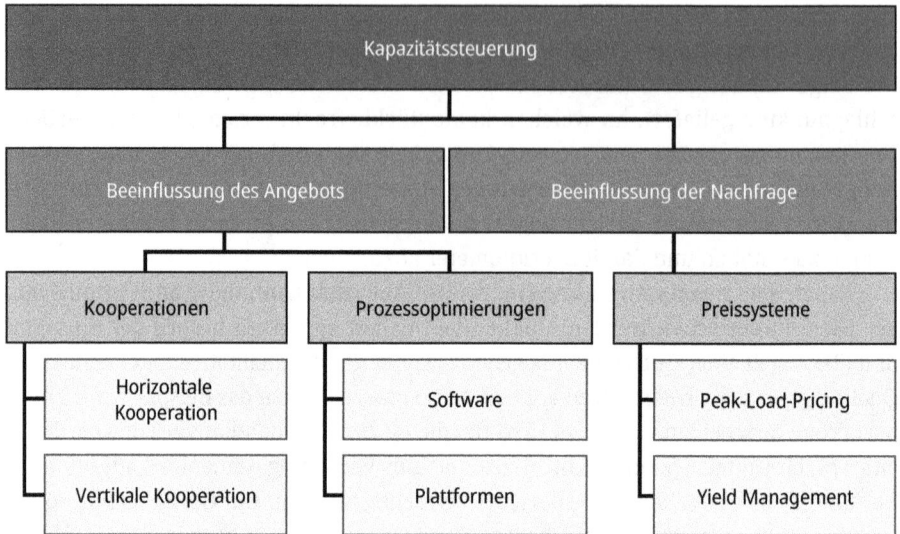

Abbildung 5.6.3: Ansätze zur Steuerung von Kapazitäten im Güterverkehr.

europäischen Güterverkehr war ab dem Frühjahr 2021 bis in den Sommer 2022 hinein am Markt zu beobachten. Nachdem sich die Güterverkehrsnachfrage nach Ende der Corona-Krise schneller erholte als marktseitig antizipiert, vermochte das Angebot die Nachfrage monatelang nicht zu decken. Folglich stiegen die Transportpreise insbesondere auf dem Spotmarkt massiv an. Unabhängig von der Entwicklung der Nachfragesituation können kurz- wie langfristig Maßnahmen getroffen werden, um das Angebot zu beeinflussen.

Die (eingeschränkten) kurzfristigen Maßnahmen umfassen Aktionen zur Flexibilisierung des Angebots sowie der Kosten. So kann darauf hingewirkt werden, die Nutzungsintensität von Transportmitteln auszuweiten. Die Ausreizung von Lenkzeiten oder der Aufbau von Überstunden beim Fahrpersonal bieten einen gewissen Puffer, Überlasten abzudecken. Darüber hinaus können neue Mitarbeitende in Voll- oder Teilzeit eingestellt oder ein Teil der Aufträge an Subunternehmer ausgelagert werden. Im Vergleich zur Wirksamkeit kurzfristiger Maßnahmen ist der Handlungsspielraum langfristig umfassender. Darunter fallen primär die Anschaffung zusätzlicher oder der Abbau von Produktionsmitteln – seien es Fahrzeuge, personelle Ressourcen, Flächen oder ganze Standorte.

Die nachfolgend beleuchteten Ansätze zur Kapazitätssteuerung konzentrieren sich auf Kooperationen, Prozessoptimierungen sowie Preissysteme.

5.6.4 Kapazitätssteuerung über Kooperationen

Kooperative Ansätze von Güterverkehrsunternehmen sind im Güterverkehrsmarkt weit verbreitet. In der Praxis haben sich viele unterschiedliche Formen von Kooperationen ausdifferenziert. Mit Blick auf das Kapazitätsmanagement zielen diese in der Regel darauf ab, vorhandene Kapazitäten besser auszulasten, sodass das Angebot indirekt beeinflusst wird. Kooperative Ansätze finden sich im Güterverkehr auf verschiedenen Ebenen, sowohl zwischen Transportunternehmen, welche auf derselben Stufe von Wertschöpfungsnetzwerken aktiv sind, als auch zwischen Unternehmen unterschiedlicher Wertschöpfungsstufen. Diese Formen der unternehmensübergreifenden Zusammenarbeit werden als horizontale bzw. vertikale Kooperationen bezeichnet (siehe Abbildung 5.6.4).

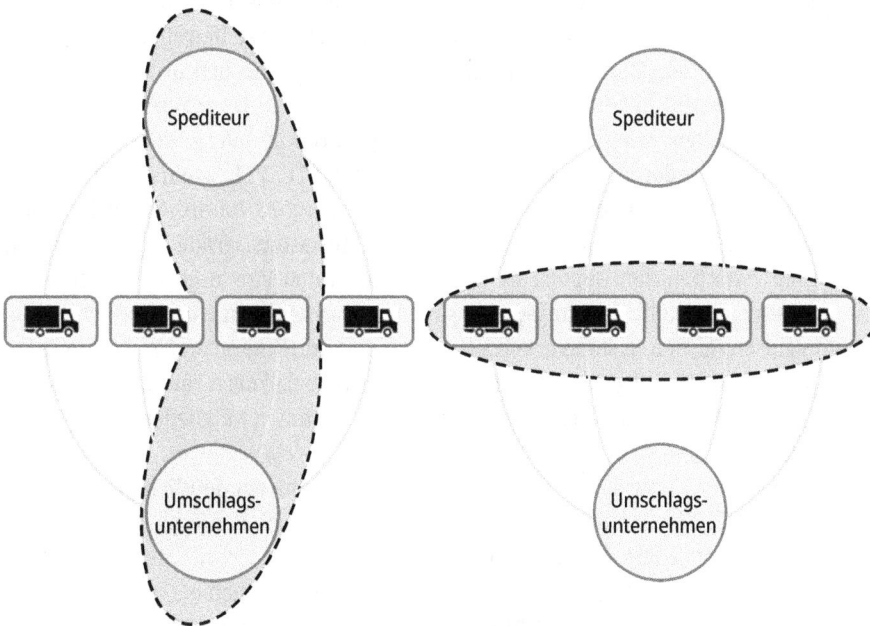

Abbildung 5.6.4: Schematische Darstellung horizontaler (links) und vertikaler (rechts) Kooperationen im Güterverkehr.

Im Gegensatz zu vertikalen Kooperationen weisen horizontale Kooperationen häufig die Besonderheit auf, dass Kooperationspartner zugleich auch im Wettbewerb zueinanderstehen (Coopetition). Die Konkurrenzierung kann sich beispielsweise auf regionale Aspekte, spezifische Marksegmente oder das ganze angebotene Leistungsspektrum beziehen. Eine sorgfältige Abwägung muss zeigen, ob der in Aussicht stehende Nutzen die potenziellen Risiken einer solchen Kooperationsbeziehung überwiegt. Ob vertikal oder horizontal – eine Kooperation kann bilateral zwischen einzelnen Unternehmen bestehen oder auf ein Netzwerk von Unternehmen ausgeweitet werden. Als Beispiel für eine bilaterale Kooperation sei auf den klassischen Begegnungsverkehr verwiesen, die zu einer hohen Auslastung von Fahrzeugen beider Partner in beide Richtungen führen. Aus der Sicht von Transportnetzwerken kann eine Konkurrenzierung der Akteure außerhalb des Netzwerks bestehen, während im Netzwerk kooperative Geschäftsbeziehungen gelten. Generell sind solche Kooperationen auf einen mittel- bis langfristigen Zeitraum ausgelegt. Nachfolgend werden ausgewählte horizontale und vertikale Kooperationen aus dem Güterverkehrsbereich beschrieben, welche sich in der Praxis etaliert haben.

Ausdifferenzierungen horizontaler Kooperationen in der Praxis

Stückgut hat sich mit der Marktliberalisierung in den 1990er Jahren in Europa im Straßengüterverkehr als ein Segment entwickelt, in welchem sich zahlreiche Kooperationen am Markt etabliert haben. Während wenige große Speditionskonzerne wie Dachser, DHL oder auch DB Schenker eigene, flächendeckende Netzwerke betreiben, sind es vor allem die vielen mittelständischen Logistikdienstleister, welche sich in Kooperationen zusammengeschlossen haben, um durch den Zusammenschluss regional agierender Partner einen Flächenverbund darzustellen. Dazu gehören im Jahr 2023 auf dem deutschen Markt unter anderem IDS, Online Systemlogistik, CTL, VTL, 24plus, in Österreich systempo und als einzige Kooperation in der Schweiz Cargo24. Da die Abwicklung von Stückgutsendungen als kostenintensiv gilt, sind hohe Auslastungsgrade nicht nur in den Hauptläufen zwischen den Depots, sondern primär in den Vor- und Nachläufen und damit dort auch eine hohe Sendungsdichte ganz entscheidend, um wirtschaftlich erfolgreich zu agieren. In den Systemverkehren ist vor diesem Hintergrund zu beobachten, dass die Gebietsabgrenzungen zwischen den Kooperationspartnern räumlich eng abgesteckt sind und entsprechend teils weit über 100 Unternehmen Mitglieder einer Kooperation sind.

Auch wenn der Kontraktmarkt im Straßengüterverkehr ein deutlich größeres Volumen umfasst als der Spotmarkt, werden täglich erhebliche Sendungsmengen über den Spotmarkt vermittelt – gerade auch, um die Auslastung von Touren einzelner Transportunternehmen zu optimieren. *Frachtenbörsen* haben sich als operatives Tool für Disponenten entwickelt, um Unter- und Überkapazitäten kurzfristig über den Spotmarkt auszugleichen, um geplante Touren voll zu auszulasten und niedrig ausgelastete Touren zu vermeiden. Sie unterstützen Güterverkehrsunternehmen bei der effizienten Allokation von Sendungen auf Transportkapazitäten. Im Gegensatz zu fest etablierten und hoch standardisierten Systemverkehren wie in Stückgutkooperationen ist die Zusammenarbeit von Unternehmen über Frachtenbörsen wenig formalisiert, denn die Nutzung erfolgt situativ und auftragsbezogen.

Zukünftige Potenziale horizontaler Kooperationen

Darüber existieren weiterführende Kooperationsansätze, welche den bereits hohen Integrationsgrad von Stückgutkooperationen übersteigen. Im Forschungsprojekt *Loadspace*

Shipment Sharing untersuchte ein Konsortium von Schweizer Transportunternehmen und einem IT-Dienstleister unter Federführung der Universität St.Gallen das Potenzial, flottenübergreifend Sendungen über einen echtzeitbasierten Abgleich von Touren auf freie Laderäume zu disponieren, um Optimierungen von laufenden Touren vorzunehmen. Im Vergleich mit bestehenden Kooperations-Konzepten, die sich nur auf Sendungen beziehen, bietet der Ansatz ökonomische sowie ökologische Potenziale. Eine solche Zusammenarbeit setzt allerdings auch ein hohes Ausmaß an Vertrauen sowie eine hohe Datenqualität und echtzeitbasierte Transparenz über Laderäume voraus, um einen automatisierten Abgleich vorhandener Sendungen mit freien Laderäumen vorzunehmen (Häberle & Stölzle, 2023).

Während das Konzept Car Sharing in der Personenmobilität fest verankert ist und allein in Deutschland mehrere Millionen registrierte Car Sharing-Nutzer vorweisen kann, steckt die geteilte Nutzung von Lkws im Schwerlastverkehr (noch) in den Kinderschuhen. Vor dem Hintergrund der Antriebswende im Schwerlastverkehr hin zu Wasserstoff- und E-Lkws, kurzfristig einhergehend mit einer erheblichen Zunahme der Fixkosten für die Fahrzeuge, steigen die Opportunitätskosten für nicht genutzte Fahrzeuge, insbesondere bei einer temporären Überkapazität am Markt. Da für Vermietungsgesellschaften die Ultrakurzzeitmiete von Fahrzeugen für Stunden oder nur wenige Tage gegenüber der Langzeitmiete wenig attraktiv ist, ergeben sich im Bereich der horizontalen Kooperation neue Potenziale durch die Digitalisierung. Über den Aufbau von Plattformen lassen sich Angebot und Nachfrage von Lkws in Echtzeit vernetzen, sodass die Transaktionskosten für die Suche eines kompatiblen Partners gesenkt werden. Potenziale bieten sich für Transportunternehmen dadurch, dass temporär nicht genutzte Fahrzeuge für die Nutzung durch Dritte am Markt platziert werden können und damit Umsatz durch die Vermietung generieren und der Mietmarkt durch das *peer to peer sharing*, die geteilte Nutzung von Fahrzeugen durch mehr als ein Transportunternehmen (Truck Sharing), somit ausgeweitet wird.

Ausdifferenzierungen vertikaler Kooperationen in der Praxis
Neben horizontalen stellen vertikale Kooperationen eine weitere Handlungsoption für ein verbessertes Management von Kapazitäten dar. Oft an der Schnittstelle von Produktion und Logistik etabliert, können vertikale Kooperationen in Wertschöpfungsnetzwerken einen Mehrwert leisten, indem Informationen für Planung und Steuerung der Material- und Warenflüsse zwischen den beteiligten Unternehmen ausgetauscht werden.

Um die Abläufe in Produktion und Logistik aufeinander abzustimmen, kann ein Forecasting der Sendungsmengen für Güterverkehrsunternehmen die nachfrageangepasste Vorhaltung von Transportressourcen unterstützen. Umgekehrt gibt es auch Beispiele in der Praxis, in denen Produktionsabläufe auf antizipierte oder tatsächlich eintreffende Transportengpässe hin angepasst werden. Gerade bei langfristigen und engen Kooperationen zwischen Verladern und Dienstleistern machen solche Integrationsbemühungen Sinn.

Transportnetzwerke umfassen oftmals mehrere Akteure, da Spediteure mitunter Transportunternehmen und diese wiederum Subunternehmer mit der Durchführung von Transporten beauftragen. Sobald mehrere Akteure beteiligt sind, bietet die Schaffung von Echtzeittransparenz über Transportströme das Potenzial, auf auftretende Störungen frühzeitig(er) zu reagieren. Die Schaffung von *real time visibility* wird von einigen größeren Verladern und Logistikdienstleistern aktiv vorangetrieben, um die Transportströme ganzheitlich überblicken und bei Bedarf eingreifen zu können.

Neben Informationsflüssen bieten auch die physischen Transportprozesse Raum für Optimierung. Mitunter sind Be- und Entladeprozesse an Rampen zeitintensiv mit der Folge, dass ein Lkw samt Fahrpersonal längere Wartezeiten in Kauf nehmen muss. Der Einsatz von Vorladequipment ermöglicht es, bereits vor Ankunft eines Lkws Be- und Entladevorgänge durchzuführen, sodass sich der Stopp eines Lkws auf den An- und Abkupplungsprozess beschränkt (Kille et al., 2023). Denn es muss nur die angelieferte Ladeeinheit abgeliefert und eine vorkonfektionierte Einheit abgeholt werden. Durch das auch als Trailer Yard bezeichnete Konzept erhöht sich der Anteil der Fahrzeit an der gesamten Einsatzzeit eines Lkws und des zugehörigen Fahrpersonals. Wenn auch aus Platzgründen nicht immer umsetzbar, ist der Ansatz vor dem Hintergrund eines vorherrschenden und sich zukünftig verstärkenden Fahrpersonalmangels in Europa vielversprechend, Fahrpersonalressourcen effizienter einzusetzen, insbesondere in Kundenbeziehungen mit großen und regelmäßigen Transportvolumina.

5.6.5 Kapazitätssteuerung über Prozessoptimierungen

Prozessoptimierungen stellen einen weiteren Ansatzpunkt dar, Kapazitäten über die Beeinflussung des Angebots zu steuern. Darunter fallen der Einsatz von Softwarelösungen und digitalen Plattformen (siehe Kapitel 2.2). Im Fokus steht jeweils, Kapazitätspotenziale über eine effizientere Nutzung zu erhöhen.

Software und digitale Plattformen zur effizienten Kapazitätsauslastung

An das Forecasting von Sendungsmengen knüpfen Softwarelösungen für eine Optimierung der Tourenplanung an. Angesichts der hohen Komplexität ermöglicht der Einsatz von Tourenplanungssoftware eine umfassende Verknüpfung planungsrelevanter Ressourcen wie Personal, Sendungen und Fahrzeugen. Moderne Tourenplanungssoftware, mitunter unterstützt durch Anwendungen der Künstlichen Intelligenz (KI), können beispielsweise Daten zu Stauentwicklungen, Wetterbedingungen und andere Meta-Daten heranziehen, um Transportaufkommen und kostenoptimale Routen zu simulieren und zu planen. Vor diesem Hintergrund hat sich die softwaregestützte Disposition als standardmäßiges Tool für Disponenten fest etabliert. Aufgrund der hohen Datenvielfalt und wären die Prozesse rein manuell kaum effizient abzuwickeln.

In Kapitel 2.2 werden Transport- und Logistikplattformen sowie Frachtenbörsen als Marktakteure eingeführt. Das Kapitel bietet ebenso wie Kapitel 5.7 einen Einblick über die Einsatzzwecke digitaler Plattformen, auch im Sinne einer effizienten Kapazitätsauslastung. Wie digitale Plattformen in das operative Buchungssystem von Transportkapazitäten an der Schnittstelle zu verladenen Kunden intergiert werden kann, zeigt das Beispiel der Zusammenarbeit der Lufthansa mit der Buchungsplattform Cargo.one.

> **Beispiel: Kooperation von Lufthansa Cargo mit der Buchungsplattform Cargo.one**
> Im Jahr 2018 hat sich Lufthansa Cargo an der Buchungsplattform Cargo.one beteiligt. Seither besteht die Kooperation zwischen den beiden Unternehmen, wobei Cargo.one als digitaler Vertriebskanal für Luftfrachtkapazitäten eingesetzt wird (Cargo.one, o. D.). Im Jahr 2019 wurde der sogenannte Rapid Rate Response (RRR) Mechanismus implementiert, der automatisch und in Echtzeit direkt buchbare Spotpreise für Kapazitäten generiert. Dies bietet den Vorteil, dass Kapazitäten digital und in Echtzeit ohne Anfragen und Vertragsverhandlungen gebucht werden können. Zusätzlich ermöglicht Cargo.one die Anbindung von externen Verkaufsplattformen. Seit 2022 ist auch die Buchung ohne Air Waybills (AWBs) möglich, was die Effizienz im Luftfrachtbereich weiter steigert. Die Partnerschaft mit Cargo.one als digitalem Vertriebskanal verändert die Art und Weise, wie Luftfrachtkapazitäten gemanagt werden und trägt dazu bei, Prozesse zu vereinfachen und zu beschleunigen, wodurch auch die Kunden von Lufthansa Cargo profitieren.

5.6.6 Kapazitätssteuerung über Preissysteme

Neben der Beeinflussung des Kapazitätsangebots besteht eine weitere Stoßrichtung beim Kapazitätsmanagement darin, unmittelbar die Kapazitätsnachfrage zu beeinflussen. Dieser Ansatz gilt als weniger kundenfreundlich, da sich ein Dienstleister nicht an die Kundenbedürfnisse anpasst, sondern über Preisanpassungen versucht, Kunden dazu zu bringen, die Transportnachfrage an das Angebot anzupassen. Diesem Ansatz setzt generell schon die derivative Nachfrage nach Güterverkehrsleistungen enge Grenzen. Dennoch inspirieren erfolgreiche Umsetzungen von einer preisorientierten Kapazitätssteuerung im Personenverkehr immer wieder dazu, diese auf den Güterverkehr zu übertragen. In der Regel kommen dabei dynamische Preissysteme zum Einsatz (siehe dazu Kapitel 5.5) die in den letzten Jahren zunehmend an Bedeutung gewonnen haben, auch vor dem Hintergrund der zunehmenden Digitalisierung in der Logistik (siehe Beispiel Lufthansa Cargo). Mit dynamischen Preisstrategien verfolgen Güterverkehrsunternehmen das Ziel, die Preise für ihre Dienstleistungen auf Basis des aktuellen Marktbedarfs anzupassen.

Häufig müssen Transporte unmittelbar durchgeführt werden und können nicht einmal um wenige Stunden oder gar Tage aufgeschoben werden. Dafür werden dann auch entsprechend höhere Preise akzeptiert. Je preissensibler die Nachfrage, desto eher lässt sich der Preis als Stellhebel zur Steuerung der Nachfrage nutzen. In der Praxis zeigt sich in wirtschaftlich schwachen Zeiten immer wieder das Phänomen, dass angebotene Preise für Güterverkehrsleistungen so weit zurückgehen, dass diese an oder sogar unterhalb der Grenzkosten liegen. Ein solches Vorgehen zeigte sich insbesondere im hart umkämpften Straßengüterverkehr. Der Treiber für ein solches Verhalten sind hohe Bereitschaftskosten und damit verbundene Liquiditätsbelastungen. Preise unterhalb der Grenzkosten dienen allenfalls dazu, kurzfristig Liquidität zu sichern. Mittel- und langfristig führen solche Preise direkt in die roten Zahlen und gefährden die Existenzgrundlage der Unternehmen.

Beispiel: Wenn der Markt die Preise diktiert: Explodierende Frachtraten in der Schifffahrt während der Corona-Krise
Ursachen massiver Preissprünge im globalen Container-Seeschiffsverkehr während der Corona-Krise sind weniger auf die Knappheit der Transportmittel als vielmehr auf politisch verhängte Schutzmaßnahmen zurückzuführen, welche dazu führten, dass Engpässe bei der Bereitstellung der Güterverkehrsleistungen existierten. Mit dem Quarantäne-bedingten Ausfall vieler Logistikfachkräfte wurden beispielsweise große chinesische Häfen zeitweise geschlossen. Hinzu kam im März 2021 die tagelange Blockade des Suezkanals, welche die Haupthandelsroute zwischen Europa und China unpassierbar machte. Infolge der anhaltenden Güterverkehrsnachfrage stauten sich Container-Seeschiffe nicht nur vor dem Suezkanal, sondern weltweit vor den Frachthäfen. Die Wartezeiten für Be- und Entladung erhöhten sich durch den Personalmangel an den Häfen und Abfertigungsstellen. Diese Entwicklungen trugen dazu bei, dass die Frachtraten durch den fehlenden Ausgleich zwischen Angebot und Nachfrage massiv anstiegen, zeitweise auf das über Zehnfache der üblichen Frachtraten auf einzelnen Relationen. Abzulesen ist die Entwicklung einschließlich der anschließenden Normalisierung der Frachtraten auch am Shanghai Containerized Freight Index (siehe Kapitel 5.5, Abbildung 5.5.8).

Yield Management

Yield Management, auch als Revenue Management oder ertragsorientiertes Kapazitätsmanagement bezeichnet, ist ein Konzept zur Planung und Steuerung der Auslastung von Kapazitäten über Preise (Corsten & Stuhlmann, 1998). Es basiert auf dynamischem Preismanagement und der daraus resultierenden Kapazitätssteuerung. Dies bedeutet, dass Unternehmen aktiv Preise an die aktuelle Nachfrage anpassen, um Nachfragespitzen auszugleichen und die Kapazität zu maximieren. Ein praktisches Beispiel für die Umsetzung von Yield Management ist die Flugbranche (Passage). Fluggesellschaften passen ihre Ticketpreise in Echtzeit an, um in Verbindung mit einem Reservierungsmechanismus die Auslastung ihrer Flugzeuge zu optimieren. In Zeiten hoher Nachfrage steigen die Preise, während sie in Zeiten geringer Nachfrage niedriger sind. Dies ermöglicht es den Airlines, ihre begrenzten Sitzplatzkapazitäten effektiv zu nutzen und gleichzeitig ihre Ertragssituation zu verbessern.

Peak Load Pricing

Peak Load Pricing zielt darauf ab, eine volatile Nachfrage so zu beeinflussen, dass Über- und Unterkapazitäten weitgehend vermieden werden. Grundprinzipien sind die Preisdifferenzierung und Verlagerung der preissensiblen Nachfrage von einer Peak- in eine Off-Peak-Periode. Im Güterverkehr bezieht sich Peak-Load Pricing auf den Ansatz, die Transportpreise während Zeiten hoher Nachfrage zu erhöhen. Dies kann dazu beitragen, die Auslastung von Transportkapazitäten zu verbessern und Engpässe während Stoßzeiten abzufedern. Die Idee hinter Peak Load Pricing im Güterverkehr ist, dass Unternehmen, die ihre Lieferungen von Spitzenzeiten weg verlagern können, dazu mit niedrigeren Preisen incentiviert werden, während Unternehmen, die Transporte in Stoßzeiten durchführen lassen, dafür höhere Preise entrichten müssen. Grenzen setzt – wie oben erwähnt – der derivative Charakter der Nachfrage nach Güterverkehren.

Um dynamische Preissysteme gezielt anwenden zu können, gilt es die Schwächen im Kapazitätsmanagement von Dienstleistungen zu identifizieren. Anhand des GAP-Modells können die kundenseitigen Ansprüche und Erwartungen in Bezug zu den erbrachten Dienstleistungen der Güterverkehrsunternehmen dargestellt werden. Die Misfits, denen durch die Anwendung eines Yield Management-Konzepts zur Kapazitätssteuerung begegnet werden kann, werden als GAPs gekennzeichnet.

5.6.7 GAP-Modell für das Kapazitätsmanagement von Güterverkehrsleistungen

Zum Umgang und zur Veranschaulichung der Problemstellungen des Kapazitätsmanagements im Güterverkehr hat sich das GAP-Modell von Parasuraman, Zeithaml und Berry (1985) als besonders geeignet erwiesen. Von Schnittka (1996) wurde das Modell auf das Dienstleistungsmanagement übertragen. Es lässt sich im Folgenden über Plausibilitätsüberlegungen auf die Erbringung von Güterverkehrsleistungen beziehen. Charakteristisch für das Modell ist die Zweiteilung in Anbieter und Nachfrager bzw. Lieferant und Kunde sowie die Darstellung von Lücken in der Kommunikation zwischen den beiden Akteuren. Dass eine erwartete Leistung nicht der wahrgenommenen Leistung entspricht, kann vielfältige Gründe haben. Das GAP-Modell dient dazu, diese Ursachen zu systematisieren, indem es Defizite beim Güterverkehrsunternehmen oder Informationslücken beim Kunden lokalisiert (Bendul, 2010).

Das in Abbildung 5.6.5 illustrierte GAP-Modell für das Kapazitätsmanagement von Güterverkehrsleistungen wurde basierend auf dem GAP-Modell des Qualitätsmanagements entwickelt. Eine GAP („Misfit") kann hier in zwei Arten verstanden werden: erstens als Abweichung zwischen den Erwartungen des Nachfragers und dem tatsächlichen Angebot oder der erbrachten Leistung, und zweitens als Abweichung zwischen der Wahrnehmung des Anbieters hinsichtlich der Anforderungen der Nachfrageseite und den tatsächlichen Anforderungen. Die Grundlage für die Modellbildung bildet die Vorstellung des Nachfragers bezüglich der Leistungsfähigkeit des Güterverkehrsunternehmens. Diese Erwartungen entstehen aus der Kommunikation zwischen Anbieter und Nachfrager sowie den konkreten Leistungsversprechen des Anbieters, die im Vergleich zu den bestehenden Konkurrenzangeboten auf dem Markt stehen. Die Erwartungen werden durch den Informationsaustausch mit anderen Nachfragern oder Kunden, einschließlich Mund-zu-Mund-Kommunikation, geprägt, und sie beruhen auf individuellen Bedürfnissen, Erfahrungen und der allgemeinen Einstellung zur Leistung. Demgegenüber stehen die Vorstellungen des Anbieters über die Anforderungen des Nachfragers. Auf Grundlage dieser Erwartungen plant der Anbieter der Güterverkehrsleistung die Dimensionierung seiner Kapazitäten, wie beispielsweise Transportmittel, Rampen, Personal, Trassen, Slots oder Touren.

GAP 1

Der erste Konfliktbereich entsteht aufgrund einer falschen Einschätzung der Erwartungen des Kunden durch den Anbieter in Bezug auf die Leistungsfähigkeit des Güterverkehrsunternehmens (Bendul, 2010). Wenn die qualitativen und quantitativen Anforderungen des Kunden nicht korrekt erfasst werden und somit der Aufbau der Leistungsfähigkeit nicht den Kundenvorstellungen entspricht, entsteht eine Lücke. Im Schienengüterverkehr könnte GAP 1 bedeuten, dass der Kunde im Wagenladungsverkehr Lieferungen erwartet, die aufgrund des Bahn-Bedienungsrasters nicht realisierbar sind, beispielsweise den Transport von Stückgut. Es kann auch vorkommen, dass der Kunde fälschlicherweise annimmt, die Bahn verfüge über eine breite Palette spezieller Waggons für den Transport von Gefahrengütern. Des Weiteren können Unstimmigkeiten in Bezug auf die zeitlichen Erwartungen auftreten, beispielsweise wenn der Kunde eine hohe zeitliche Flexibilität erwartet, der Anbieter jedoch nach festen Fahrplänen arbeitet. Ein proaktives Informationsmanagement kann hier Abhilfe schaffen, um Missverständnissen vorzubeugen. Durch den Aufbau vertikaler Kooperation bspw. im Bereich von Forecasting können erforderliche Kapazitäten frühzeitig identifiziert und von Logistikdienstleistern entsprechend vorgehalten werden.

GAP 2

Die zweite Lücke entsteht bei der Umsetzung der Nachfrageerwartungen hinsichtlich qualitativer und quantitativer Leistungen. Im Rahmen der Kapazitätsdimensionierung erfolgt die Bereitstellung der Kapazität über den Aufbau von Transportmitteln und Personal. Gelingt die beabsichtigte Bereitstellung von Kapazitäten entsprechend der Erwartungen des Kunden nicht, kommt es zu einer GAP (Bendul, 2010). Beispiele für eine solche GAP sind die unzureichende Verfügbarkeit von Rollmaterial, zu lange Lieferfristen oder nicht hinreichend geschultes Personal. Die fehlende Verfügbarkeit einer ausreichend hohen Zahl an Assets kann durch Kooperationen auf horizontaler Ebene ausgeglichen werden, indem Kapazitäten flexibel bedarfsorientiert am Markt erworben oder platziert werden. Auch Truck Sharing-Ansätze können Abhilfe schaffen, eine passende Anzahl an Transportmitteln für die nachgefragte Güterverkehrsleistung bereitzustellen. Durch Yield Management kann zusätzlich die Nachfrage beeinflusst werden:

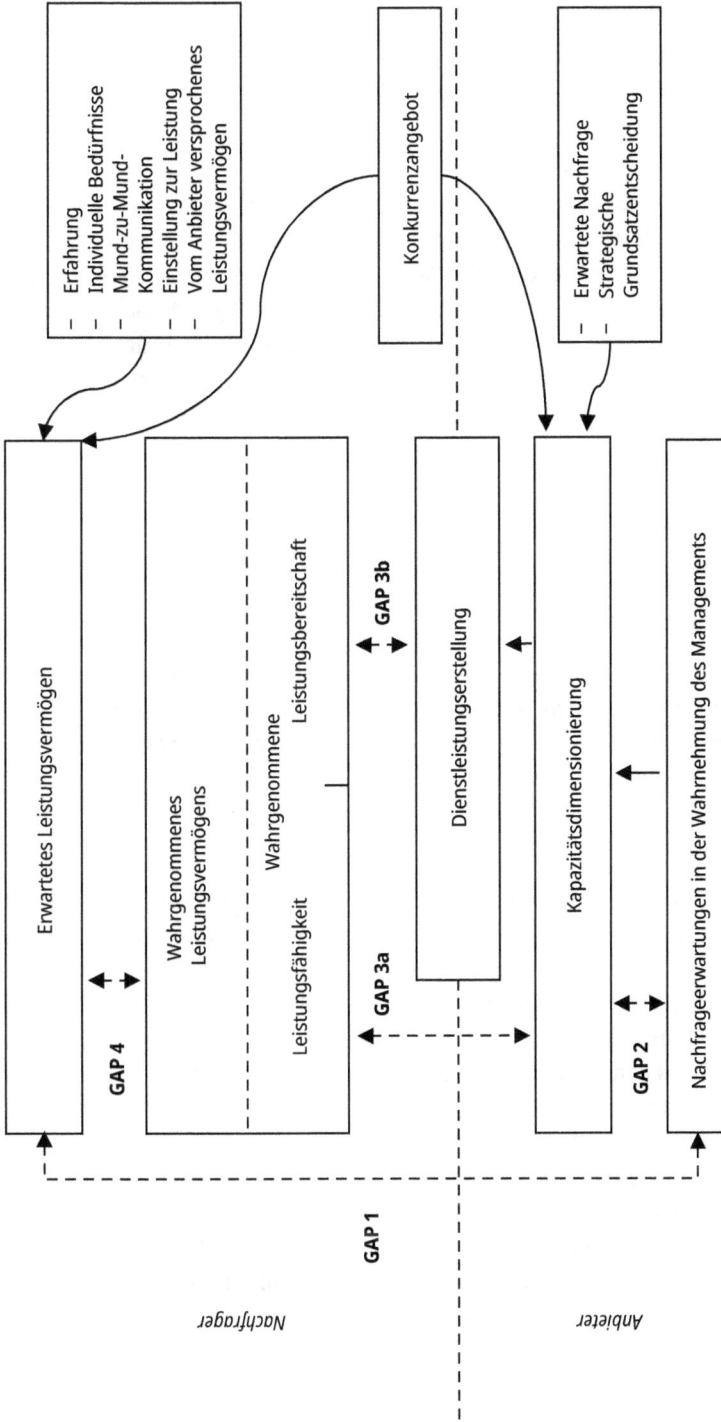

Abbildung 5.6.5: GAP-Modell für das Kapazitätsmanagement von Güterverkehrsleistungen (weiterentwickelt von Corsten, 2001).

Frühbucherrabatte mit Reservierungscharakter sichern eine Grundlast und individuelle Preisanpassungen, ausgerichtet an Auslastungsniveaus, und erhöhen die Wirtschaftlichkeit auf Seiten der Anbieter.

GAP 3

Die dritte Lücke in der Dienstleistungserstellung und im Kontakt zwischen dem Kunden und dem Anbieter von Güterverkehrsleistungen kann auf zwei Ebenen auftreten, nämlich bei der Kapazitätsdimensionierung (GAP 3a) und der Dienstleistungserstellung (GAP 3b). Bei Unstimmigkeiten in der Kapazitätsdimensionierung (GAP 3a) entspricht die Leistungsfähigkeit nicht den qualitativen und quantitativen Anforderungen des Kunden, was als "Nicht Können" bezeichnet wird. Zum Beispiel stehen dem Kunden ungeeignete Fahrzeuge zur Verfügung, oder es fehlt an ausreichendem Personal für die Kundenbetreuung und den Verkauf von Güterverkehrsleistungen.

GAP 3b

bezieht sich auf die Situation, in der die erbrachte Güterverkehrsleistung nicht mit der erwarteten Leistungsbereitschaft übereinstimmt, was als "Nicht Wollen" bezeichnet wird (Bendul, 2010). Das bedeutet, dass die Erbringung der spezifischen Dienstleistung auf operativer Ebene vom Verlader als nicht reibungslos empfunden wird und die Qualitätsanforderungen nicht erfüllt werden. Die mangelnde Leistungsbereitschaft kann sich beispielsweise in Form einer unvollständigen Nutzung der vorhandenen Leistungsfähigkeit zeigen.

GAP 4

Die vierte Lücke kann als die kumulierte Wirkung der vorherigen Lücken, nämlich GAP 1-3, verstanden werden. Aus diesem Grund werden GAP 1-3 als originäre Lücken bezeichnet (Bendul, 2010). In GAP 4 manifestieren sich sämtliche wahrgenommenen Defizite in den Erwartungen an den Dienstleister. GAP 4 bildet daher die Grundlage für die Kaufentscheidung und ist die entscheidende Komponente im Modell. Um GAP 4 zu beeinflussen, ist es daher notwendig, an den ursprünglichen GAPs 1-3 anzusetzen. Ein möglichst geringes GAP 4, das den Gesamteindruck bestimmt, kann die Kaufentscheidung des Kunden positiv beeinflussen. Als Beispiel aus der Praxis können vertikale Kooperationen angeführt werden, welche eine enge Zusammenarbeit zwischen Nachfrager und Anbieter von Güterverkehrsdienstleistungen versprechen. Durch den Austausch von Erwartungen und Anforderungen können Güterverkehrsunternehmen gezielt auf die Interessen der Kunden eingehen. Dadurch soll die Wahrnehmung der Dienstleistung den Erwartungen des Nachfragers entsprechen.

Zusammenfassend ist festzuhalten, dass das GAP-Modell

- „Ansätze aufzeigt, um das Leistungsvermögen eines Güterverkehrsunternehmens differenziert zu analysieren und mögliche Kapazitätsmängel zu identifizieren,
- die Zusammenhänge möglicher Diskrepanzen zwischen der bereitgestellten Kapazität und den Erwartungen der Kunden herstellt und so Wege aufzeigt, um diese zu beheben, und
- durch den gleichzeitigen Fokus auf Angebot und Nachfrage auch die Integration des externen Faktors im Rahmen des Kapazitätsmanagements erleichtert" (Bendul, 2010, S. 174).

5.6.8 Umgang mit knappen Ressourcen am Beispiel Fahrpersonal

Im Kontext der Zielsetzung eines effizienten Einsatzes von Kapazitäten zeigt sich nicht zuletzt aufgrund des demographischen Wandels das Fahrpersonal immer häufiger als Engpass. Dazu gesellt sich der Trend des sich weiter erhöhenden Güterverkehrswachstums. Gemäß der gleitenden Langfrist-Verkehrsprognose 2021–2022 des Bundesministeriums für Digitales und Verkehr aus dem Jahr 2023 dürfte sich die Verkehrsleistung des bei weitem dominierenden Verkehrsträgers Straße bis zum Jahr 2051 um weitere 46 % oder jährlich rund 1,2 % ausgehend vom Basisjahr 2019 erhöhen (BMDV, 2023). Aus unternehmerischer, wie auch aus volkswirtschaftlicher Sicht muss sichergestellt sein, dass die für die Erbringung von Güterverkehrsleistungen erforderlichen Kapazitäten vorhanden sind. Dies umfasst neben infrastrukturellen Rahmenbedingungen Assets wie Transportmittel. Darüber hinaus ist ein weiterer Faktor unerlässlich: Fachkräfte. Der Mangel an Fachkräften gilt in der Logistikbranche bereits heute als imitierender Faktor für Güterverkehrskapazitäten. Besonders ausgeprägt sind die Engpässe im Bereich des Fahrpersonals, wie eine Analyse von Kille, Schmidt, Stölzle, Häberle und Rank (2023) aufzeigt. Demnach liegt das Defizit im Bereich des Fahrpersonals allein in Deutschland im Jahr 2023 bei 70.000 fehlenden Arbeitskräften. Infolge des renteneinstiegsbedingten Wegfalls tausender Berufskraftfahrer bei gleichzeitig nur geringer Anzahl von Berufseinsteigern ist bis zum Jahr 2027 mit einem Anstieg des Defizits um jährlich 15.000 auf rund 160.000 auszugehen. Daraus folgt die Notwendigkeit für Unternehmen, Maßnahmen zu ergreifen, um neues Fahrpersonal in den Beruf zu bringen sowie darüber hinaus daran zu arbeiten, bestehende Kapazitäten effizienter einzusetzen.

Nach Kille et al. (2023) eröffnen sich im Hinblick auf ein verbessertes Management von Kapazitäten für beide Ansätze Potenziale. Um mehr Fahrpersonal rekrutieren zu können und sicherzustellen, dass bestehendes Fahrpersonal im eigenen Unternehmen oder zumindest innerhalb des Berufsfeldes bleibt, versprechen folgende etablierte Maßnahmen auch mit Blick auf den *war for talents* zwischen verschiedenen Branchen Abhilfe:

- *Fahrerzentrierte Einsatzplanung* zur verbesserten Work Life Balance: Vor dem Hintergrund zunehmend flexibler Arbeitszeitmodelle kann eine fahrpersonalzentrierte

Planung, welche die Bedürfnisse im Hinblick auf eine bessere Vereinbarkeit von Beruf und Privatleben berücksichtigt, dazu beitragen, die Attraktivität des Berufsbilds zu erhöhen.

- Einsatz eines *Driver Officers* als direkter Zugang für alle Anliegen des Fahrpersonals
- *Ausbildungsinitiative* und *Social-Media-Marketing*, auch um die digitale Präsenz der Logistik im Branchenvergleich zu erhöhen
- Fortführung der *Rekrutierung* von Fahrpersonal aus dem Ausland

Es ist davon auszugehen, dass im Spannungsfeld des demographischen Wandels und eines zunehmenden Güterverkehrsaufkommens die Bemühungen um neues Fahrpersonal an Grenzen stoßen, weshalb der effizienteren Auslastung bereits vorhandener Kapazitäten eine zentrale zukommt, den Bedarf an Transportkapazitäten im Markt in Zukunft bedienen zu können. Darauf ausgerichtet führen Kille et al. (2023) folgende Lösungsansätze ins Feld:

- Einsatz von *Vorladeequipment* für eine Reduktion von Wartezeiten an der Rampe, um die Lenkzeiten des Fahrpersonals optimal zu nutzen (siehe oben),
- Intensivierung der Einrichtung *unternehmensübergreifender Verkehrskonzepte* zwischen Transportunternehmen, bspw. in Form von *Begegnungsverkehren,*
- Einsatz von *Predictive Maintenance* zur Vorbeugung und kosteneffizienten Wartung von Fahrzeugausfällen und die
- Integration der Logistik in die Produktionsplanung im Lichte eines Paradigmenwechsels hin zu einer *holistischen Betrachtung* statt Fokussierung auf die produktionszentrierte Wertschöpfung.

Literaturverzeichnis

BALM (2021, 10. September). *Marktbeobachtung Güterverkehr – Bericht Herbst 2021*. Abgerufen am 20.10.2023 unter https://www.balm.bund.de/SharedDocs/Downloads/DE/Marktbeobachtung/Herbst berichte/Herbst_2021.pdf?__blob=publicationFile&v=1

Bendul, J. (2010). Kapazitätsmanagement. In W. Stölzle & H. P. Fagagnini (Hrsg), *Güterverkehr Kompakt* (S. 166–179). München: Oldenbourg.

BMDV (2023, 01. März). *Gleitende Langfrist-Verkehrsprognose 2021–2022*. Abgerufen am 24.10.2023 unter https://bmdv.bund.de/SharedDocs/DE/Anlage/K/prognose-berichtgleitende-langfrist-verkehrsprognose.pdf?__blob=publicationFile

Cargo.one (o. D.). *Lufthansa Cargo markets air cargo capacities on the spot market using the digital platform cargo.one*. Abgerufen am 22.10.2023 unter https://www.cargo.one/press/lufthansacargo

Corsten, H. (2001). *Dienstleistungsmanagement* (4. Aufl.). München: Oldenbourg.

Corsten, H. & Stuhlmann, S. (1998). *Yield Management – Ein Ansatz zur Kapazitätsplanung und -steuerung in Dienstleistungsunternehmen*. Schriften zur Produktionswirtschaft 18. Kaiserslautern.

Ferrari, C., Tei, A., & Parola, F. (2012). Facing the economic crisis by cutting costs: The impact of slow-steaming on container shipping networks. In *Proceedings of IAME conference, Taipei, Taiwan.*

Häberle, L. & Stölzle, W. (2023). *Loadspace Shipment Sharing im Strassengüterverkehr: Konzept – Umsetzung – Perspektiven.* Göttingen: Cuvillier Verlag.

Kille, C., Schmidt, T., Stölzle, W., Häberle, L. & Rank, S. (2023). *Begegnung von Kapazitätsengpässen im Straßengüterverkehr – Fokus Personal.* Göttingen: Cuvillier Verlag.

Maersk (2015, 9. September). Profitability and Growth – Maersk Group Capital Markets Day, 9 September 2015. Abgerufen am 20.10.2023 unter https://investor.maersk.com/static-files /7d89e664-c2bf-486d-9237-80447e198ca9

Parasuraman, A., Zeithaml, V. A. & Berry, L. L. (1985). A conceptual model of service quality and its implications for future research. *Journal of Marketing, 49*(4), 41–50.

Schnittka, M. (1996). *Dienstleistungskapazität als Gegenstand des Marketing: Überlegungen auf Basis eines subjektiven Kapazitätsbegriffes.* Institut für Unternehmungsführung und Unternehmensforschung der Ruhr-Universität Bochum. Bochum.

Stuhlmann, S. (2000). *Kapazitätsgestaltung in Dienstleistungsunternehmen: Eine Analyse aus Sicht des Externen Faktors.* Wiesbaden: Deutscher Universitätsverlag.

5.7 Digitalisierung im Güterverkehr

Daniel Roy, Sarah Bittner-Krautsack

Der Einfluss der Digitalisierung auf den Güterverkehr umspannt ein breites Themenfeld. Zunächst werden die Potenziale, Chancen und Risiken der Digitalisierung im Güterverkehr aufgezeigt, gefolgt von einer Einordnung, welche Optimierungen durch die Digitalisierung in Bezug auf das Infrastruktur- und Verkehrsmanagement sowie Liefer- und Transportketten möglich sind. Darüber hinaus wir der Wertbeitrag auf die Entscheidungsfähigkeit des Logistik- und Güterverkehrsmanagements dargelegt. Das Kapitel schließt mit einer Betrachtung der Auswirkungen der Digitalisierung auf Berufsbilder im Güterverkehr.

5.7.1 Potenziale, Chancen und Risiken der Digitalisierung im Güterverkehr

Auf Clive Humby geht die 2006 getätigte und vielzitierte Aussage *„Daten sind das neue Öl"* zurück (Arthur, 2013). Sie zeigt die hohen Erwartungen an das digitale Zeitalter. Um diese zu erreichen, kann ein strukturiertes Datenmanagement dienlich sein. Daten werden dafür erhoben, gespeichert, ausgewertet, in Geschäftsprozesse integriert und genutzt, um einen wirtschaftlichen Mehrwert für das Unternehmen zu generieren. Konzepte und Technologien für die Erschließung dieser Mehrwerte sind beispielsweise Big Data, Blockchain, Künstliche Intelligenz oder Digital Twin als Treiber für Dienstleistungs- und auch Geschäftsprozessinnovationen. Zum einen erlauben sie Güterverkehrsunternehmen, neuen bzw. verbesserten Kundennutzen sowie Kosteneinsparungen zu generieren und unterstützen damit ihre Wettbewerbsfähigkeit. Zum anderen dringen dadurch neue Akteure auf den Markt, welche die Plattform-

Ökonomie als Geschäftsmodell für sich nutzen und Güterverkehrsunternehmen komplementieren, integrieren oder bedrohen.

Nicht nur Güterverkehrsunternehmen, sondern auch die Mobilitäts- und Verkehrspolitik verspricht sich einen Mehrwert durch die Digitalisierung im Güterverkehr für ihre Zielsetzungen. So setzt in Österreich das BMK (2021b) in der Forschungs, Technologie und Innovationsagenda Mobilität 2026 mit einer transformationsorientierten Forschungs-, Technologie- und Innovationspolitik im Bereich Mobilität einen Fokus auf Digitalisierung. Ziel ist, die „Chancen des digitalen Wandels für mehr Effizienz und Effektivität im [...] Transportsystem zur Erreichung der Klimaneutralität [zu] nutzen". Konkret für „die Gestaltung sicherer und klimaverträglicher Verkehrsinfrastrukturen, -flächen und -systeme sowie für zuverlässige, attraktive und klimaneutrale [...] Logistikdienste" und zum „Informations- und Sicherheitsgewinn und nutzerorientierte Dienste für alle Stakeholder" (BMK, 2021b).

Digitalisierung und Automatisierung versuchen, die Verkehrsträger und ihre Akteure entlang der Transportketten in erster Linie zu integrieren. Die Einbindung umweltfreundlicher und energieeffizienter Verkehrsträger wie der Schiene und der Wasserstraße in multimodale Transportketten und -netzwerke wird dadurch möglich. Ein unterschiedlicher Grad der Automatisierung und Digitalisierung der Verkehrsträger birgt aber auch Gefahren in sich. Zudem wird der Wettbewerb zwischen den Verkehrsträgern im Güterverkehr berührt. Automatisierung und Digitalisierung schreiten im Straßengüterverkehr schneller voran als im Schienengüterverkehr. Der unterschiedliche Fortschritt erklärt sich u. a. einerseits durch die unterschiedliche Nutzungsdauer der Fahrzeuge und andererseits durch die unterschiedlichen Sicherheitsbestimmungen auf den beiden Verkehrsträgern (Markvica, Zajicek & Sedlacek, 2018). Diese Ungleichheiten können die Wettbewerbsfähigkeit der Schiene einschränken und politische Verlagerungsziele gefährden.

Des Weiteren müssen sogenannte Rebound-Effekte berücksichtigt werden. Die Effizienzzunahme der Transporte durch (digitale) Technologien im Güterverkehr kann gleichzeitig zu einer Steigerung der Transportleistung führen, was wiederum mit einem gesteigerten Energiebedarf im Güterverkehrssystem einhergeht. Um die Klimaziele zu erreichen, müsste eine Entkopplung des Güterverkehrswachstums vom Wirtschaftswachstum erfolgen. Kooperative Logistik bzw. das Konzept des Physical Internets, welche Güter digital vernetzt, könnte hierfür eine Lösung sein. Dieses theoretische Konzept wird in Europa u. a. in Österreich im Leitprojekt PhysICAL (Physical Internet through Cooperative Austrian Logistics) in vier Piloten bis zum Jahr 2024 erprobt.

Ein Beispiel für Rebound-Effekte ist Online-Shopping und dessen Auswirkungen auf das Gesamtverkehrssystem: Ob insgesamt Transportleistung eingespart wird, hängt davon ab, wie stark Sendungen von den KEP-Dienstleistern gebündelt werden. Lösungen wie Same Day Delivery oder individuelle Lieferzeitfenster für die Kundschaft erschweren dabei diese Bündelung und reduzieren damit das Potenzial, zusätzlich Transportleistungen einzusparen (Lengauer et al., 2015).

In Europa gilt zudem die Datenschutz-Verordnung (DSGVO), was den Schutz personenbezogener Daten durch private Unternehmen und öffentliche Stellen betrifft. Europa unterscheidet sich hier grundlegend von den USA und China. Anfang der 2020er Jahre erarbeitet die Europäische Kommission den European Data Act, der einen gültigen Rechtsrahmen für Datenaustausch schaffen soll, um die Potenziale aus den Daten bestmöglich nutzen zu können.

5.7.2 Optimierungen im Infrastruktur- und Verkehrsmanagement

Damit Bund, Länder und Städte wirkungsvolle verkehrspolitische Maßnahmen setzen können, brauchen diese valide Informationen zum Güterverkehr. Davon profitieren ebenfalls die Unternehmen aus dem Güterverkehr und der Transportwirtschaft, weil Infrastruktur und Verkehr auf ihre Anforderungen hin geplant und betrieben werden. In der Realität existieren jedoch Informationslücken. Der Güterverkehr wird von der öffentlichen Hand oftmals als sogenannte „Black Box" wahrgenommen. Folgende Beispiele der öffentlichen Hand verdeutlichen den Mehrwert für die Güterverkehrsunternehmen dies zu ändern:

- Die Autobahnen- und Schnellstraßen-Finanzierungs-Aktiengesellschaft (ASFINAG) in Österreich bietet über eine mobile Applikation ein Stellplatz-Informationssystem für Lkws für freie Parkplätze zum Einhalten der Ruhezeiten von Berufskraftfahrerinnen und -fahrern (ASFINAG, o. D.). Ähnliche Dienste bietet auch die Landesbaudirektion Bayern.
- Die Wirtschaftskammer Wien stellt über alle Ladezonen in Wien eine kostenlose Applikation zur Verfügung, um Unternehmen mit Liefer- und Ladetätigkeiten die Ladezonensuche zu vereinfachen (WKO, o. D.).
- In Österreich müssen gemäß § 15 Absatz 9 und 69 Absatz 10 des Abfallwirtschaftsgesetzes (2002) „Transporte von Abfällen mit einem Gesamtgewicht von mehr als zehn Tonnen mit einer Transportstrecke auf der Straße von über
  - 300 km in Österreich haben ab 1. Januar 2023
  - 200 km in Österreich haben ab 1. Januar 2024
  - 100 km in Österreich haben ab 1. Januar 2026

- per Bahn oder durch andere Verkehrsmittel mit gleichwertigem oder geringerem Schadstoff- oder Treibhausgaspotential (z. B. Antrieb mittels Brennstoffzelle oder Elektromotor) erfolgen". Dafür richtet das Bundesministerium für Klimaschutz in Österreich eine digitale Abfrageplattform für Bahntransporte ein.
- In Österreich wurde für die Ostregion im Jahr 2021 erstmals ein prognosefähiges Güterverkehrsmodell entwickelt. Es dient dazu, langfristige Verkehrsbelastungen einzuschätzen und Infrastrukturmaßnahmen zu bewerten. Die Herausforderungen derartiger Modelle sind die komplexen Entscheidungskriterien im und die fehlende

Datenlage zum Güterverkehr (BMK, 2021a). Verkehrsmodelle dienen als Grundlage für Infrastrukturmaßnahmen der öffentlichen Hand. Folglich haben Bund und Länder großes Interesse an ihrer Weiterentwicklung sowie einer Integration des Güterverkehrs für aussagekräftige Modelle.

– Die Digitalisierung birgt das Potenzial, auch die Qualität der amtlichen Statistiken zum Güterverkehr zu verbessern einhergehend mit einer gleichzeitigen Reduktion des Verwaltungsaufwands auf Seiten der Transportunternehmen, weil einerseits durch neue Technologien Daten automatisiert erfasst werden können und andererseits neue Datenquellen zur vollständigeren Erfassung des Güterverkehrs v. a. im intermodalen Bereich beitragen.

5.7.3 Optimierungen der Liefer- und Transportketten

Bei Entscheidungen darüber, welche Verkehrsträger in Transportketten eingebunden werden, spielen Kosten, Zeit und Zuverlässigkeit der Verkehrsträger eine große Rolle. Umweltfreundliche Verkehrsträger wie die Schiene oder teilweise die Binnenwasserstraße auf Langstrecken, Lastenräder, E-Fahrzeuge oder auch Anschlussbahnen auf der ersten und letzten Meile bieten großes Potenzial in Hinblick auf energieeffizienten Transport in einer postfossilen Zukunft. Um diese zu heben, eröffnet die Digitalisierung neue Möglichkeiten wie:

– *Elektronische Frachtbeförderungsinformation*: Die „Verordnung (EU) 2020/1056 des Europäischen Parlaments und des Rates vom 15. Juli 2020 über elektronische Frachtbeförderungsinformationen" (2020) verfolgt das Ziel, die „Digitalisierung der Frachtbeförderung und der Logistikdienste zu fördern, um die Verwaltungskosten zu senken [...] und die Effizienz und die Nachhaltigkeit des Verkehrs zu verbessern". Die Umsetzung wird für 2024 erwartet.

– *Synchromodalität*: Digitale Zwillinge von Transportnetzen werden Treiber von Synchromodalität sein. Darunter versteht man den Echtzeitwechsel zwischen verschiedenen Verkehrsträgern. Tritt auf einem Verkehrsträger ein unvorhersehbares Ereignis auf, so kann in Echtzeit auf einen anderen gewechselt werden.

– *Digitale automatische Kupplung im Schienengüterverkehr*: Initiiert von einem Konsortium im D-A-CH-Raum und unterstützt durch die Europäische Kommission über die Initiative *Europe's Rail Joint Undertaking* soll in Europa die digitale automatische Kupplung im Schienengüterverkehr bis 2030 für alle Güterwaggons mit einer durchgängigen Strom- und Datenleitung umgesetzt werden. Durch eine schnellere, kostengünstigere und belastbarere Zugbildung soll der Einzelwagenverkehr gestärkt werden. Sie wird Echtzeitinformationen und vorausschauende Wartung ermöglichen (BMK, 2022b).

– *Linking Services*: In Unternehmen gibt es oftmals Vorbehalte, Daten mit anderen Unternehmen oder Organisationen zu teilen, selbst wenn diese dem Unternehmen selbst keinen direkten Mehrwert bringen. Das Konzept „Linking Services"

kann hier Abhilfe schaffen für die Verknüpfung von Diensten entlang der Liefer-
und Transportketten. Daten zwischen Unternehmen werden nicht ausgetauscht,
sondern Dienste über standardisierte Schnittstellen (OpenAPIs) miteinander verknüpft (Heilmann, Markvica, Zajicek & Pell, 2018).

– *Kooperative urbane Logistik*: Um die Transportlogistik letztlich gesamtwirtschaftlich
ressourcenschonender und gleichzeitig für die Unternehmen kostenschonender zu
gestalten wird zukünftig verstärkt neben der vertikalen auch die horizontale Kooperation der Unternehmen an Notwendigkeit gewinnen. So verspricht die kooperative
Nutzung digitaler und physischer Infrastrukturen z. B. von urbanen Logistikflächen,
wie urbanen Logistik-Hubs, den städtischen Güterverkehr und damit seine Emissionen zu reduzieren. Urbane Logistik-Hubs werden Anfang der 2020er Jahre bereits in
vielen Städten im D-A-CH Raum in Piloten erprobt. Eine Analyse des Testbetriebs in
Wien, wo die Betriebsflächen des öffentlichen Verkehrs für den Umschlag von Gütern genutzt wurde, ergab, dass bis zu 80 % des Wiener KEP-Verkehrs auf emissionsfreie Zustellmodi verlagert werden könnte (BMK, 2022a). Für ihre langfristige
Etablierung werden auch städtische Zugangsbeschränkungen wie Zugangsregelun-
gen für Fahrzeuge (Urban Vehicle Access Regulations, UVAR) notwendig sein.

5.7.4 Digitale Lösungen im Güterverkehr zur Unterstützung der Entscheidungsfähigkeit des Logistikmanagements

Die Motivation von Unternehmen, sich der Digitalisierung anzunehmen, liegt primär
insbesondere an drei Unterstützungsbeiträgen:

1. Operative Optimierung: Unternehmen nutzen die Digitalisierung, um die klassischen Ziele hinsichtlich Effektivität und Effizienz zu optimieren. In diesem Rahmen stellt Digitalisierung „nur" ein weiteres Instrument dar, um die gängigen
Kennzahlen bzgl. Kosten, Servicelevel, Durchlauf- und Prozesszeiten weiter zu
verbessern.
2. Taktische Unterstützung bei Planung, Steuerung und Entscheidungsfähigkeit:
70 % der industriellen Katastrophenschäden lassen sich auf exogene Ereignisse
und darauf folgende Betriebsunterbrechungen zurückführen (Kleemann & Frühbeis, 2021). Der Konflikt besteht im Besonderen zwischen benötigter und verfügbarer Anpassungszeit. Die Digitalisierung kann unterstützen, die Komplexität zu
reduzieren und dadurch die Entscheidungsfähigkeit zu erhöhen. Abbildung 5.7.1
zeigt den Zusammenhang zwischen Dynamik, Komplexität und Anpassungszeit.
3. Strategische Geschäftsmodellentwicklung: Unternehmen nutzen die Digitalisierung
für die Entwicklung von datenbasierten Geschäftsmodellen. Nicht selten werden
entwickelte Lösungen, die sich als interne Optimierungen bewährt haben, auf ihr
Markpotenzial hin bewertet und potenziellen Kunden angeboten. Diese inkremen-

tellen werden durch radikale Innovationen ergänzt, die häufig durch neue Akteure in Form von neuen Produkten und Services auf den Markt drängen.

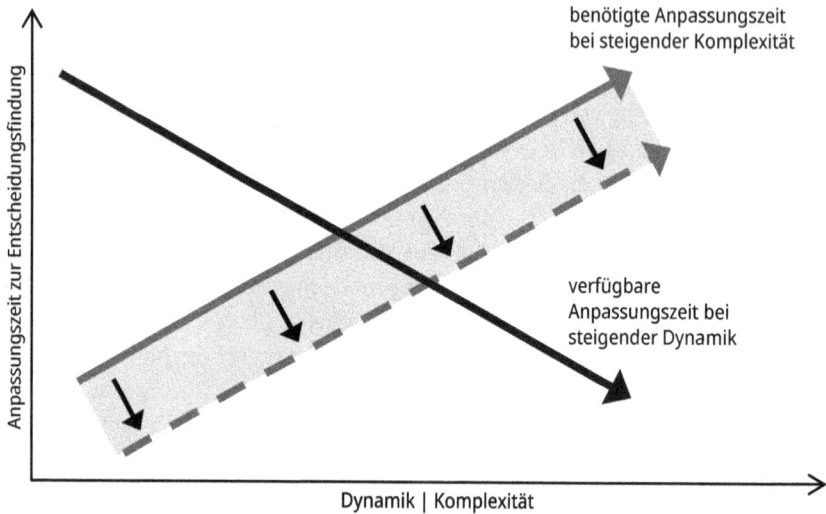

Abbildung 5.7.1: Spannungsfeld der Entscheidungsfähigkeit (Roy & Reipert, 2015).

5.7.5 Datenbasierte Geschäftsmodelle für die Erhöhung der Entscheidungsfähigkeit am Beispiel von Logistikplattformen

Eine wesentliche Optimierungsvoraussetzung für die Digitalisierung im Güterverkehr ist die Vernetzung und Integration von Supply Chain-Partnern. In diesem Rahmen bietet die Plattform-Ökonomie zahlreiche neue Ansätze. Plattformen vernetzen Prozesse, Dinge, Daten, Dienste und Menschen zu einem „Internet of Ecosystems" und lassen dadurch Wertschöpfungsnetzwerke entstehen und enger zusammenrücken (Roy, 2017). Den Partnern in der Transportkette bietet sich ein Zugang zu einer umfassenden Auswahl an Produkten und Services innerhalb und über mehrere Märkte hinweg. Abbildung 5.7.2 stellt eine Referenzarchitektur für Logistikplattformen mit unterschiedlichen Ebenen dar, die im Folgenden näher erläutert werden (Roy, 2020).

Logistik-Akteure und -Prozesse

Auf der operativen Feldebene, wo Logistikakteure und -prozesse die Leistungserstellung forcieren, bildet die Datenintegration durch die Aufnahme von z. B. Transportaufträgen, Sendungsdaten, Fahrer- und Fahrzeugdaten sowie IT-Systemen die Grundlage für logistische Planungs- und Steuerungsprinzipien. Die Vielzahl der Daten für die Integration stammen i. d. R. aus öffentlichen Quellen wie Verkehrs- und Wetterdaten sowie aus Unternehmensdaten der unterschiedlichen Akteure der Transportkette.

Neben der Datenintegration stehen die Identifikation und Sammlung geeigneter Daten im Fokus. Wenn die Daten aus der operativen Ebene kaskadiert und in Abstimmung mit dem Zielsystem des jeweiligen Transportakteurs in Form eines Services bzw. einer Aktion übersetzt werden, findet die Umsetzung wiederum in der operativen Ebene statt.

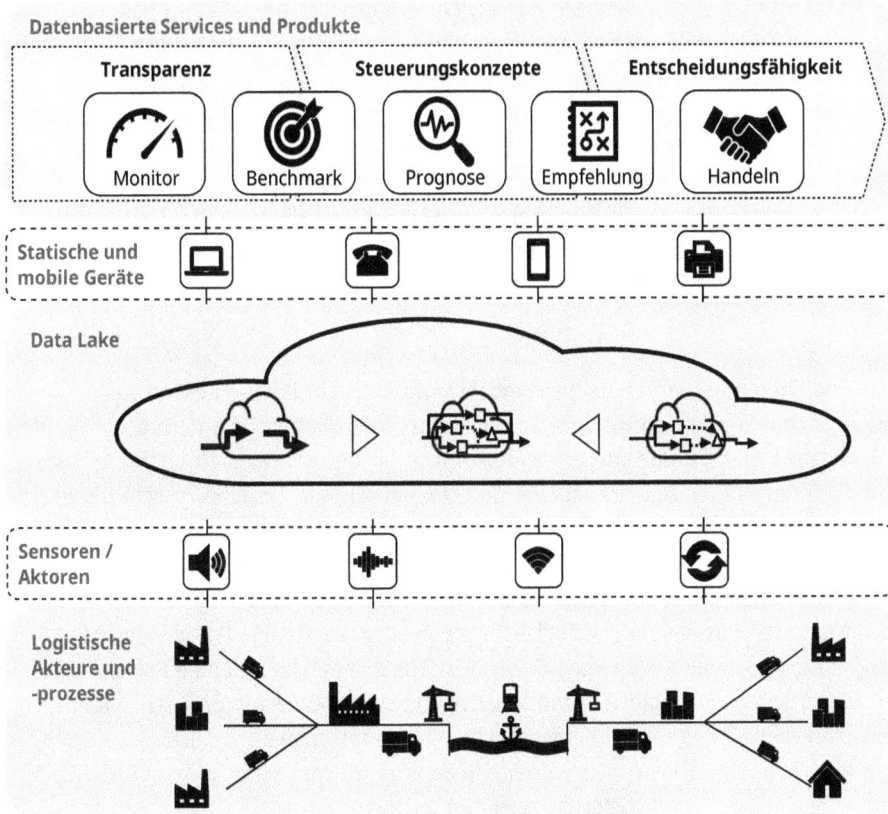

Abbildung 5.7.2: Referenzarchitektur für Logistikplattformen (Roy, 2020).

Digitale Infrastruktur auf Basis von Cloud-Ansätzen

Die zweite Ebene der Logistikplattform ist für Vernetzung zuständig. Die Vernetzung wird i. d. R. auf Basis von Cloud (zentrale Infrastruktur) oder Edge (dezentral) Computing realisiert. Dabei kann grundlegend zwischen drei verschiedenen Typen von Plattformen unterschieden werden:

1. Transaktionsplattformen: Zusammenführung von Angebot und Nachfrage. In der Logistik ermöglichen transaktionsbasierte Services den Austausch von Leistun-

gen. Frachtbörsen mit dem Angebot von Laderaumkapazitäten sind hier als Beispiel zu nennen.

2. Datenzentrierte Plattformen: Schaffung eines datenzentrierten Gesamtsystems mit dem Ziel, aus Daten Informationen zu machen. Die Visualisierung von Geschäftsprozessen, einzelnen Zuständen sowie deren Abweichungen stehen hier im Fokus.

3. Integrationsplattformen: Sie weisen Charakteristika der ersten beiden Plattformen auf und unterstützen z. B. den Güterverkehr durch Services für die Planung und Steuerung von Logistikketten.

Neben dem Vernetzungsaspekt sind die Datenanalyse, -speicherung und -evaluierung weitere elementare Aufgaben. Diese werden auf einer zentralen / öffentlichen Infrastruktur oder dezentral auf Unternehmens-Servern wahrgenommen. Neben dem Abgleich mit dem Zielsystem stehen Tests, Zertifizierungen der Plattformpartner sowie Qualitätssicherungsaspekte der Daten im Fokus.

Planung, Steuerung und Entscheidungsfähigkeit als Logistics-as-a-Service
Die Aggregation von Informationen durch Konvertierung von Daten ermöglicht mittels Übersetzung in Produkte und Dienstleistungen an der digitalen Kundenschnittstelle, Entscheidungsträger zu unterstützen und (teil-)autonome Systeme zu realisieren. Die oberste Ebene adressiert somit die strategischen und taktischen Zieldimensionen mit der direkten Verbindung zu Anwendern. Diese werden dadurch zu assistierten Entscheidern. Im Folgenden wird primär auf die „taktische Unterstützung bei Planung, Steuerung und Entscheidungsfähigkeit" eingegangen. Assistierte Entscheider benötigen zur Transparenz, die Möglichkeit des Soll-Ist-Abgleiches, um optimale Entscheidungen treffen zu können. Visibility, automatisierte Steuerungskonzepte und Echtzeitentscheidungsfähigkeit stellen somit übergeordnete Leistungsprinzipien aus Sicht der Anwender dar. Innerhalb dieser Prinzipien lassen sich Funktionen und Services den Bereichen Monitor, Benchmark, Forecast, Recommend und Act zuordnen.

Hier steht die Informationsaggregation und -visualisierung im Vordergrund. Ziel ist die Aufbereitung der Daten zu Informationen sowie die Verteilung von Informationen in Form von Services mit Hilfe einer digitalen Kundenschnittstelle, wie z. B. Dashboards. Nutzer der Informationen können Kunden im Güterverkehr, assistierte Entscheider oder autonome Systeme sein.

Die Studie „Logistikplattformen als Treiber für smarte Ökosysteme" (Roy & Fellenberg, 2020) liefert entlang der Funktionsbereiche Monitor, Benchmark, Forecast, Recommend und Act eine Reihe von Funktionen und Services, die nach dem Grad der „Smartness" im Transportsektor zum Einsatz kommen. In der Studie werden Services gesammelt und anhand ihrer „Smartness" bewertet. Zudem wurde sie einer Analyse, hinsichtlich der Logistikanforderungen gemäß der MoSCoW-Priorisierung aus der agilen Softwareentwicklung sowie des KANO-Modells, unterzogen:

Services, die in der Anforderungskategorie *„Must"* eingeordnet wurden, stellen Basisanforderungen dar, die ein Anwender im Transportsektor als vorausgesetzt ansieht. Services, die eine Basisanforderung darstellen, ermöglichen i.d.R. kein Differenzierungspotenzial gegenüber dem Wettbewerb. Sind sie nicht vorhanden, nimmt die Kundenzufriedenheit ab. *„Should"*-Services sind Leistungsanforderungen, die einen vorhandenen Service um bestimmte Attribute erweitern. Leistungsanforderungen bieten dadurch das Potenzial, die Kundenzufriedenheit zu erhöhen. Sie stellen also ein Differenzierungsmerkmal dar. Services, die den Begeisterungsanforderungen zugeordnet werden können, sind dem Anwender i. d. R. nicht bekannt. In diesem Bereich sind das Services mit einem Innovationspotenzial und somit besitzen sie Potenzial die Kundenzufriedenheit und die Wettbewerbsdifferenzierung zu erhöhen. Abbildung 5.7.3 fasst das Resultat im Service-Radar zusammen (Roy & Fellenberg, 2020).

Das Service-Radar ist in die fünf Funktionsbereiche Monitor, Benchmark, Forecast, Recommend und Act unterteilt. Während Funktionen und Services im Bereich

- *Monitor* auf die Visualisierung eines Status abzielen und somit die Transparenz ohne Bewertung im Fokus haben, ist der Funktionsbereich
- *Benchmark* für den Abgleich des Status mit einem Zielwert verantwortlich. Ziel ist die Bewertung einer Abweichung zum Zielzustand, um ggf. gegensteuern zu können.
- Services im Bereich *Prognose* erweitern die ersten beiden Bereiche, um die Dimension der Einflussanalyse, d. h. positive oder negative Trends vom Status bzw. der Abweichung sollen identifiziert und in mögliche Zukunftszustände fortgeschrieben werden. Ziel ist es, ein proaktives Gegensteuern zu ermöglichen auf Basis sich abbildender Trends.
- Bei *Empfehlung* lassen sich statische (festgelegte Ursache-Wirkungs-Maßnahmen-Ketten) Systeme von dynamischen (kontinuierliche Entwicklung von neuen Wirkungsketten auf KI-Basis) unterscheiden. Ziel ist hier die Ausgabe von reaktiven oder proaktiven Handlungsempfehlungen auf Basis eines ad hoc-Ereignisses oder eines sich abzeichnenden positiven oder negativen Trends. Im Funktionsbereich Recommend hat i. d.R. der Anwender die Entscheidungshoheit und das jeweilige IT-System bietet Entscheidungsempfehlungen an. Beispiele aus der Praxis sind u. a. Einsatz von Metaheuristik zur Lösung komplexer Probleme wie z. B. bei der Transport- und Tourenplanung oder der Einsatz digitaler Zwillinge von Fahrzeugen, Infrastruktur und intelligentem Kapazitätsmanagement für verbesserte Steuerung und Auslastung.
- Der Bereich *Handeln* hingegen erweitert den „manuellen" Entscheidungsprozess bei Recommend durch (teil-)autonome Entscheidungsprozesse, bei denen der Mensch reduziert in Entscheidungsprozesse involviert ist. Dies bedeutet, dass die Systeme bei jeweiliger Freigabe Aktionen selbstständig ausführen können. Beispiele aus der Praxis sind u. a. der Einsatz von Künstlicher Intelligenz bei der Res-

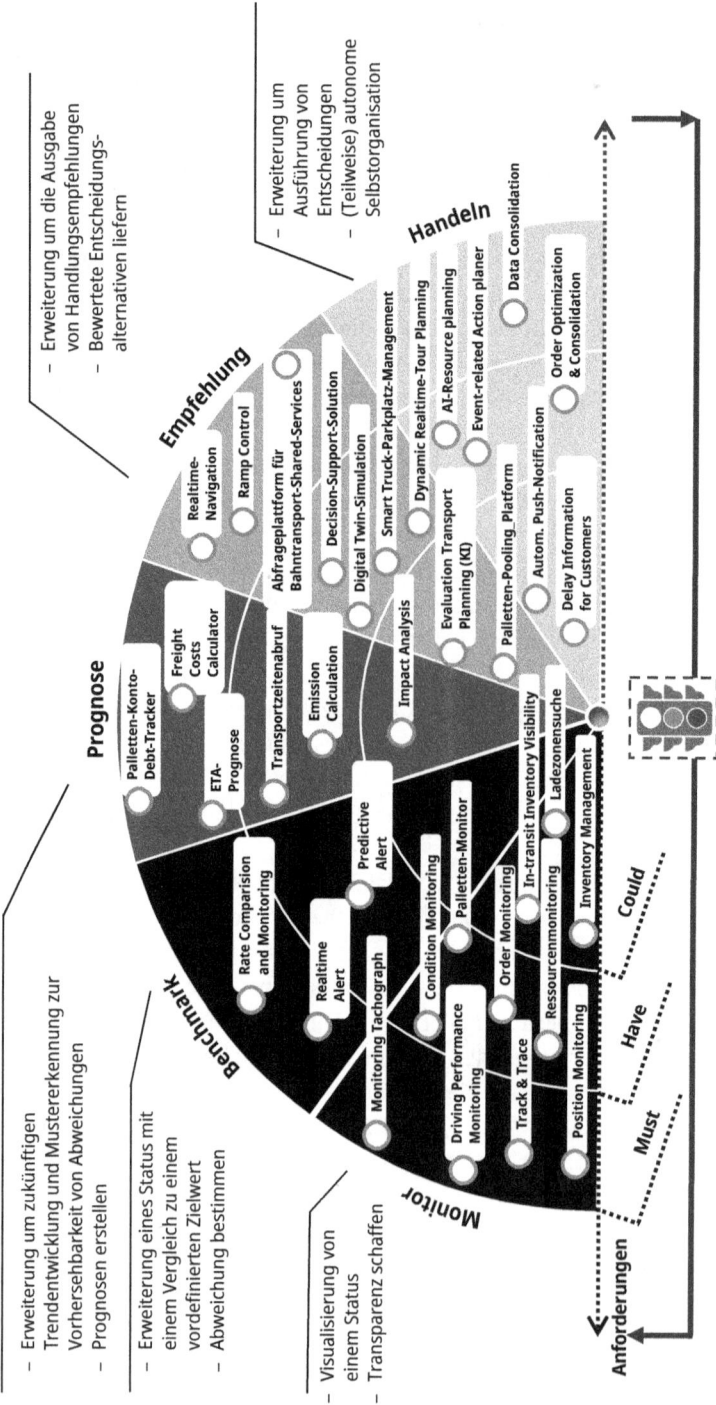

- Erweiterung um die Ausgabe von Handlungsempfehlungen
- Bewertete Entscheidungs-alternativen liefern

- Erweiterung um Ausführung von Entscheidungen
- (Teilweise) autonome Selbstorganisation

Handeln

Empfehlung

Prognose

Benchmark

Monitor

- Erweiterung um zukünftigen Trendentwicklung und Mustererkennung zur Vorhersehbarkeit von Abweichungen
- Prognosen erstellen

- Erweiterung eines Status mit einem Vergleich zu einem vordefinierten Zielwert
- Abweichung bestimmen

- Visualisierung von einem Status
- Transparenz schaffen

Realtime-Navigation
Ramp Control
Abfrageplattform für Bahntransport-Shared-Services
Decision-Support-Solution
Digital Twin-Simulation
Smart Truck-Parkplatz-Management
Dynamic Realtime-Tour Planning
AI-Resource planning
Event-related Action planer
Data Consolidation
Order Optimization & Consolidation
Autom. Push-Notification
Palletten-Pooling-Platform
Evaluation Transport Planning (KI)
Delay Information for Customers
Impact Analysis

Palletten-Konto-Debt-Tracker
Freight Costs Calculator
ETA-Prognose
Transportzeitenabruf
Emission Calculation
Predictive Alert

Rate Comparision and Monitoring
Realtime Alert
Monitoring Tachograph
Condition Monitoring
Palletten-Monitor
Order Monitoring
In-transit Inventory Visibility
Ladezonensuche
Inventory Management
Driving Performance Monitoring
Track & Trace
Ressourcenmonitoring
Position Monitoring

Could
Have
Must

Anforderungen

Abbildung 5.7.3: Service-Radar Logistikplattformen (in Anlehnung an Roy & Fellenberg, 2020).

sourceneinsatzplanung, der Einsatz (teil-)automatisierter und autonomer Fahrzeuge sowie das Platooning.

5.7.6 Auswirkungen der Digitalisierung auf Berufsbilder

Digitale Technologien werden den Mobilitätssektor und damit auch den Güterverkehrs- und die Transportwirtschaft für seine Nutzenden als auch seine Beschäftigten verändern. Der Mobilitätssektor weist aufgrund von vielen Routinetätigkeiten zwar ein hohes Automatisierungsrisiko auf, andererseits werden neue Berufsbilder entstehen und Inhalte bestehender Berufsbilder sich „hin zu anspruchsvollen Tätigkeiten mit einem höheren Bildungs- und Qualifikationsniveau und einem höheren Anteil an technischen (IKT) Fertigkeiten und transversalen Kompetenzen (weiterhin) verschieben" (Mannsberger-Nindl et al., 2021, S. 7; Markvica et al.,2018). Social Skills, Systemwissen, Systemkompetenz, digitale Kompetenz und lebenslanges Lernen werden unumgänglich. Automatisierung wird Arbeitsmodelle flexibilisieren, Schwerarbeit wird durch Tätigkeiten der Planung und Überwachung ersetzt, Berufe mit Dienstleistungscharakter werden aufgewertet und Chancen für flexible, gut ausgebildete und vor allem IT-affine Arbeitskräfte bergen (Leitner et al., 2018).

5.7.7 Zusammenfassung

ICT und Digitalisierung bieten auf unterschiedlichen Ebenen Potenziale, den Güterverkehr zu unterstützen. Neben der Optimierung der Geschäftsprozesse oder der Entwicklung datenbasierter Geschäftsmodelle in Güterverkehrsunternehmen können digitale Plattformen in ihrer Eigenschaft, Akteure zu vernetzen und in Prozesse zu integrieren, einen zentralen Befähiger für die Hebung von Erfolgspotenzialen auf operativer, taktischer und strategischer Ebene darstellen.

Literaturverzeichnis

Abfallwirtschaftsgesetz (2002). *Bundesrecht konsolidiert, Fassung vom 28.07.2022*. Rechtsinformationssystem des Bundes. Abgerufen am 28.07.2022 unter https://www.ris.bka.gv.at/GeltendeFassung.wxe?Abfrage=Bundesnormen&Gesetzesnummer=20002086

Arthur, C. (2013, 23. August). Tech giants may be huge, but nothing matches big data. *The Guardian*. Abgerufen am 30.10.2023 unter https://www.theguardian.com/technology/2013/aug/23/tech-giants-data

ASFINAG (o. D.). *Stellplatz-Infosystem für Lkw*. Abgerufen am 28.07.2022 unter https://www.asfinag.at/parken-rasten/lkw-stellplatze/

BMK (2021a, 9. August). *Güterverkehrsmodell Ostregion GÜMORE*. Abgerufen am 28.07.2022 unter https://mobilitaetderzukunft.at/de/artikel/erfolgsgeschichten/gueterverkehrsmodell_ostregion_gue more.php

BMK (2022a). *RemiHub – Nutzbarkeit von ÖV-Betriebsflächen für nachhaltige City-Logistik*. Abgerufen am 05.08.2022 unter https://mobilitaetderzukunft.at/de/projekte/guetermobilitaet/remihub.php

BMK (2021b). *FTI-Agenda Mobilität 2026*. Abgerufen am 08.07.2022 unter https://mobilitaetderzukunft.at/resources/pdf/FTI-Strategie/FTI-Agenda_Mobilitt_2026_20220426.pdf

BMK (2022b). *Digitale Automatische Kupplung (DAK): Gamechanger für die Schiene*. Abgerufen am 28.07.2022 unter https://mobilitaetderzukunft.at/de/news/2022/dak.php

Heilmann, B., Markvica, K., Zajicek, J. & Pell, A. (2018). *LiSeGMo – Linking Services for mobility of goods*. Mobilität der Zukunft. Abgerufen am 28.07.2022 unter https://mobilitaetderzukunft.at/resources/pdf/projektberichte/Ergebnisbericht_LiSeGMo_barrierefrei_final.pdf

Kleemann, F. C. & Frühbeis, R. (2021). *Resiliente Lieferketten in der VUCA-Welt – Supply Chain Management für Corona, Brexit & Co.* Wiesbaden: Springer Gabler.

Leitner, K.-H., Bacher, T., Humpl, S., Kasztler, A., Milloning, A. Rhomberg, W. & Wagner, P. (2018). *Berufsbilder und Chancen für die Beschäftigung in einem automatisierten und digitalisierten österreichischen Mobilitätssektor 2040*. Wien: Bundesministerium für Verkehr, Innovation und Technologie. Abgerufen am 29.07.2022 unter https://mobilitaetderzukunft.at/resources/pdf/projekt berichte/Mob_2040_Endbericht_2018_Septemberfinal.pdf

Lengauer, E., Gierlinger, D., Kellermayr-Scheucher, M., Koll, O., Kreuzer, M., Herry, M. & Sedlacek, N. (2015). *eComTraf – Auswirkungen von E-Commerce auf das Gesamtverkehrssystem*. Wien: Bundesministerium für Verkehr, Innovation und Technologie. Abgerufen am 08.07.2022 unter https://mobilitaetderzukunft.at/resources/pdf/projektberichte/ecomtraf-endbericht.pdf

Mannsberger-Nindl, S., Lehner, K., Humpl, S., Rhomberg, W., Markvica, K., Zajicek, J., Haller, A., & Borca, B. (2021). *Neue Berufsbilder in der Mobilität im Kontext von Automatisierung und Digitalisierung*. Wien: Bundesministerium für Verkehr, Innovation und Technologie. Abgerufen am 29. Juli 2022 unter https://mobilitaetderzukunft.at/resources/pdf/FFG_BMK_Berufe_Mobilitat_Endbericht_02082021_korr.pdf

Markvica, K., Zajicek, J. & Sedlacek, N. (2018*). SozA – Soziale und organisatorische Auswirkungen zunehmender Automatisierung im österreichischen Güterverkehrssystem*. Wien: Bundesministerium für Verkehr, Innovation und Technologie. Mobilität der Zukunft. Abgerufen am 08.07.2022 unter https://mobilitaetderzukunft.at/resources/pdf/projektberichte/SozA_Ergebnisbericht_barrierefrei_final.pdf

Roy, D. T. & Reipert, J. (2015). Developing a Cloud-Based Supply Chain Event Management Tool Through Integrated Logistics Planning and Controlling to Manage Cyber Physical Logistics Networks. *International Science and Technology Conference (ISTEC)*. September 2015. St. Petersburg.

Roy, D. T. (2017). Industrie 4.0 – Gestaltung cyber-physischer Logistiksysteme zur Unterstützung des Logistikmanagements in der Smart Factory. In F. Straube, R. Klinkner & H. Baumgartner (Hrsg.), *Schriftenreihe Logistik der Technischen Universität*. Band 38. Berlin: Universitätsverlag der TU Berlin.

Roy, D. T. & Fellenberg, M. (2020). Logistikplattformen als Treiber für smarte Ökosysteme – Supply Chain Visibility als initialer Schritt für Transparenz und Steuerung von integrierten Real-Time Supply Chains. *Industrie 4.0 Management, 36*, 63–66.

Roy, D. T. (2020). *Produktionslogistik in Wertschöpfungsnetzwerken*, Technische Universität Berlin

Verordnung (EU) 2020/1056 des Europäischen Parlaments und des Rates vom 15. Juli 2020 über elektronische Frachtbeförderungsinformationen (2020). Amtsblatt der Europäischen Union. Abgerufen am 28.07.2022 unter https://eur-lex.europa.eu/legal-content/DE/TXT/PDF/?uri=CE LEX:32020R1056&from=DE

WKO (o. D.). *Ladezonen in Wien: App der Wirtschaftskammer Wien*. Abgerufen am 27.08.2022 unter https://www.wko.at/service/w/verkehr-betriebsstandort/ladezone-wien-app.html

5.8 Digitale Transformation und Design-Prinzipien der Value Chain Excellence

Daniel Roy

Die Entwicklung von Produktions-, Logistik- und Wertschöpfungssystemen vollzog sich in den letzten Jahrhunderten im Rahmen von industriellen Revolutionen teils in inkrementellen, teils in radikalen Veränderungsschritten. Die Übergänge waren dabei fließend und nicht notwendigerweise aufeinander aufbauend. Grundlegend lässt sich eine zunehmende Technologie- und Plattformisierung erkennen, die in unterschiedlichen Ausprägungen den Menschen in den Mittelpunkt stellt (siehe Abbildung 5.8.1). Der Güterverkehr als Schnittstelle zwischen Lieferanten und Kunden sowie als eigenes System bildet in diesem Kontext eine integrierende Funktion innerhalb von (digitalen) Ökosystemen.

5.8.1 Lean Value Chain: Lean Six Sigma – Prozessoptimierung

Im Zentrum der Lean Value Chain steht die Erhöhung der Wertschöpfung durch verschwendungsarme Tätigkeiten mit Hilfe von Lean Six Sigma-Prozessoptimierungen.

Humanzentrierte Lean-Prinzipien

Für die Zielerreichung haben sich die fünf Lean-Prinzipien Kunde, Wertstrom, Fluss, Pull sowie das Streben nach Perfektion für geringe Verschwendung und erhöhte Wertschöpfung etabliert (Dennis, 2007; Roy, 2017; Womack & Jones 2003):

1. Kundenorientierung: Wer sind die (externen und internen) Kunden und wie generiert man einen Mehrwert, für den der Kunde bereit ist zu bezahlen?
2. Wertschöpfungsorientierung: Welche nicht -/ wertschöpfenden Schritte durchläuft ein Produkt von der Planung bis zur Auslieferung?
3. Fluss-Prinzip: Wie kann der Übergang zwischen wertschöpfenden Prozessschritten ohne Verzögerung oder Unterbrechung gestaltet werden?
4. Pull-Prinzip: Wie kann man es erreichen, nur nach Kundenbedarf zu produzieren, um Überproduktion zu vermeiden?
5. Perfektion: Wie stellt man eine nachhaltige Beseitigung jeglicher Defizite und Verschwendungen sicher?

Kaizen-Integration

Das Mittel zum Zweck und gleichzeitiger Nukleus verschwendungsarmer und somit wertschöpfender Abläufe ist die Standardisierung von Informations- und Materialflüssen. Standardisierung gewährleistet ein gleichbleibendes bzw. steigendes Qualitätsniveau. Ziel ist die Planbarkeit, Verlässlichkeit sowie Stabilität von Prozessabläufen. Dem

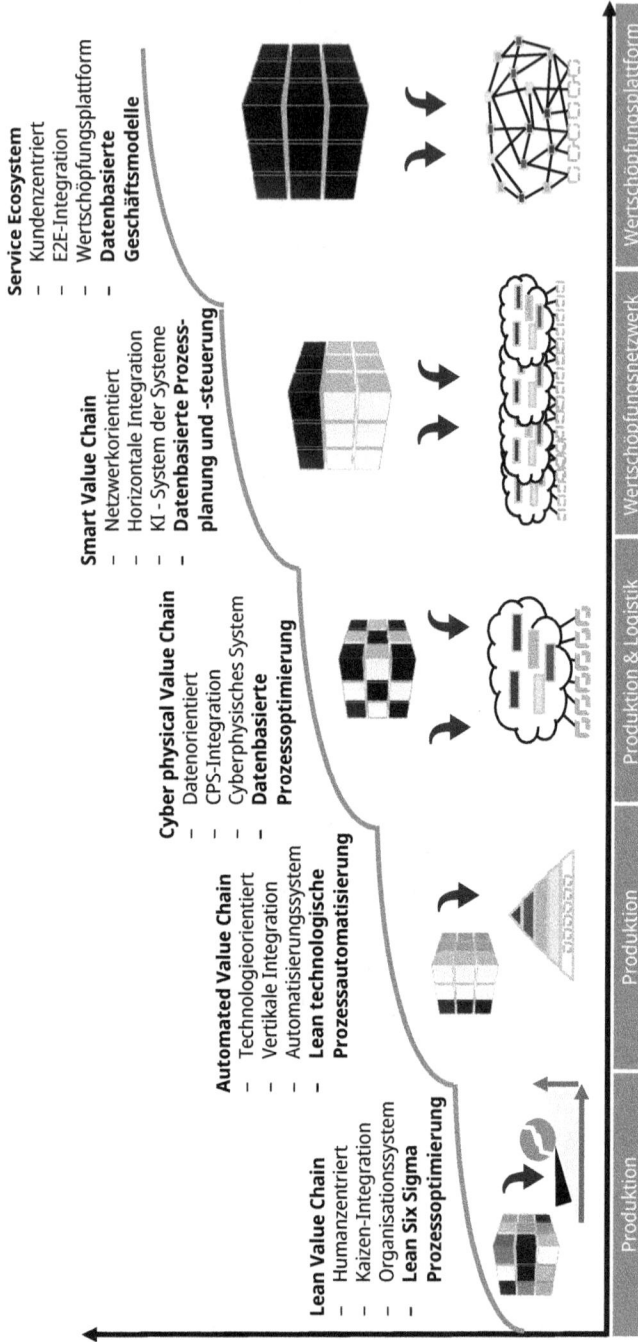

Lean Value Chain
  - Humanzentriert
  - Kaizen-Integration
  - Organisationssystem
  - **Lean Six Sigma Prozessoptimierung**

Automated Value Chain
  - Technologieorientiert
  - Vertikale Integration
  - Automatisierungssystem
  - **Lean technologische Prozessautomatisierung**

Cyber physical Value Chain
  - Datenorientiert
  - CPS-Integration
  - Cyberphysisches System
  - **Datenbasierte Prozessoptimierung**

Smart Value Chain
  - Netzwerkorientiert
  - Horizontale Integration
  - KI - System der Systeme
  - **Datenbasierte Prozess-planung und -steuerung**

Service Ecosystem
  - Kundenzentriert
  - E2E-Integration
  - Wertschöpfungsplattform
  - **Datenbasierte Geschäftsmodelle**

Produktion | Produktion | Produktion & Logistik | Wertschöpfungsnetzwerk | Wertschöpfungsplattform

Abbildung 5.8.1: Evolution von Wertschöpfungsansätzen.

Personal kommt in diesem Kontext eine wichtige Rolle zu, da es für die Einhaltung der Standards sowie deren kontinuierliche Verbesserung verantwortlich ist (Dennis, 2007; Roy, 2017; Womack & Jones, 2003). Für die Umsetzung der Prozessstandardisierung in einem systemischen Ansatz stehen eine Reihe von Methoden zur Verfügung. Abbildung 5.8.2 zeigt eine Auswahl im Rahmen der Kaizen-Integration.

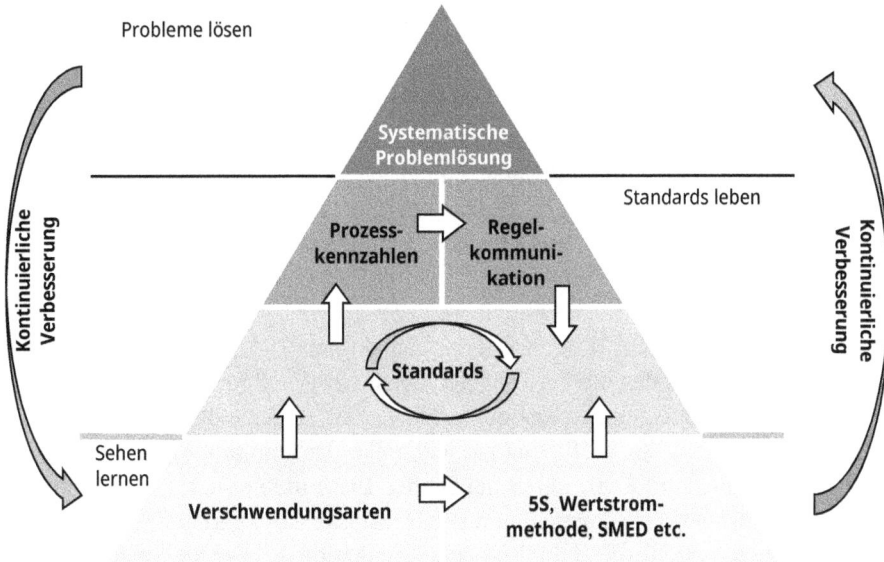

Abbildung 5.8.2: Kaizen-Pyramide (Roy, 2020).

Sehen lernen wird durch die Sensibilisierung von Führungskräften und dem Personal für Verschwendungsarten erzielt. Nur wenn alle an der Leistungserstellung Beteiligten verstehen, dass Überproduktion, Bestände, Bewegung, Transport, Warten, Übererfüllung oder Fehler und Nacharbeit den Wertschöpfungsgrad reduzieren, kann die Lean-Philosophie reüssieren.

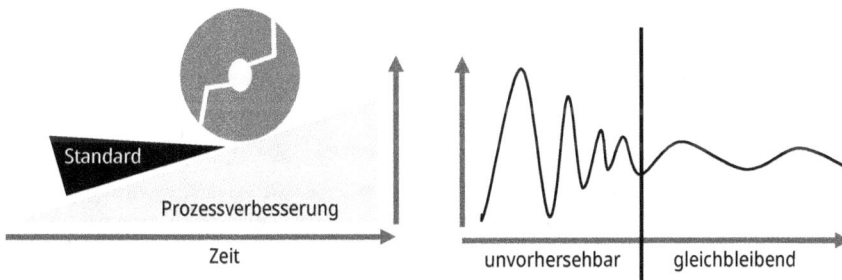

Abbildung 5.8.3: Standards als Voraussetzung für Lean Value Chains (Roy, 2020).

Ist das grundlegende *Sehen lernen* erfolgt, werden aus den identifizierten Missständen Standards formuliert. Standards bestehen in der Regel aus den W-Fragen: WER macht WAS, WIE, WOMIT und WIE LANGE. Dem Standard dient dazu ein Zielwert mit dazugehörigen oberen und unteren Toleranzgrenzen. Dies wird im Qualitätsmanagement und somit in der Lean Value Chain durch statistische Prozesskontrollen und Qualitätsregelkarten ermöglicht. Den unterschiedlichen Fabrikansätzen ist daher das Ziel der Standardisierung im Kern der Abläufe gemein (siehe Abbildung 5.8.3). Ziele der Standardisierung sind u. a.:

- das Erreichen, Absichern und Erhöhen eines bestimmten Qualitätsniveaus (vor allem relevant zum Kunden nach außen gerichtet),
- die Planbarkeit, Verlässlichkeit und Stabilität für Qualität und Prozessergebnis (vor allem relevant zum Kunden nach innen gerichtet) sowie
- die kontinuierliche Verbesserung, d. h. verschwendungsfrei und mit minimalem Ressourceneinsatz Qualität und Prozessergebnis fortwährend zu optimieren.

Der Standard ist gleichbedeutend mit einem Vertrag zwischen der Führungskraft und dem Personal. Beide Seiten vereinbaren das gemeinsame Ziel. Das Personal bestätigt die Zielverfolgung, an der die Leistung gemessen wird und die Führungskraft verpflichtet sich, die notwendigen Ressourcen (z. B. Zeit, Arbeitsmittel oder Personal) für die Zielerreichung zur Verfügung zu stellen. Für das kontinuierliche Nachhalten der Zielerreichung sind Kennzahlen notwendig. Diese unterstützen die Objektivierung von möglichen Abweichungen und eine professionelle Kommunikation zur Lösungsfindung. Die Plattform ist die Regelkommunikation, bei der das Team in einem vordefinierten Zeitraum den Status feststellt, bei Abweichung mögliche Ursachen identifiziert und geeignete Maßnahmen umsetzt. *„Standards leben"* ist Teil der täglichen Arbeit für die Erhöhung der Wertschöpfung bzw. der sukzessiven Eliminierung von Verschwendung zur Erreichung von Excellence.

Für Abweichungen, die im Rahmen der täglichen Arbeit nicht gelöst werden können, dient die Phase *Probleme lösen*. Hier werden KVP-Workshops angestoßen, die zusätzliche Ressourcen benötigen. Im Kontext der oben beschriebenen PDCA-Logik (Plan, Do, Check, Act) werden diese Schritte kontinuierlich wiederholt, der Status quo für Optimierungen also permanent in Frage stellt.

Humanzentriertes Organisationssystem

Wie Lean-Prinzipien und Kaizen-Integration kenntlich machen, ist der Faktor Mensch für die Lean Value Chain wesentlich. Dies bedeutet, dass die Optimierungen primär auf führungsbezogenen und organisatorischen sowie sekundär auf technologischen Lösungsansätzen. Um organisations- und prozessorientiert erfolgreich zu sein, entwickeln Unternehmen sogenannte Produktionssysteme. Damit soll die Optimierungskompetenz in einem Ansatz gebündelt werden. Logistikunternehmen adaptieren immer mehr diesen Ansatz und nutzen die Logik von Produktionssystemen primär für den Betrieb in Lagerhäusern (Knoten). Die Ansätze lassen sich sukzessive auf den Güterverkehr (Kanten) zur Harmonisierung der Schnittstellen ausdehnen. Abbildung 5.8.4 zeigt die gängigen Dimensionen von Produktionssystemen.

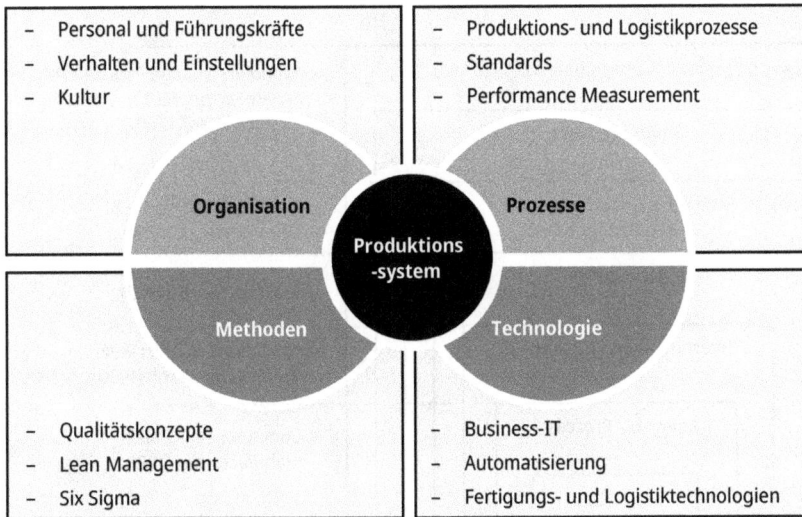

Abbildung 5.8.4: Dimensionen gängiger Produktionssysteme.

Dieser organisationsorientierte Systemansatz ist i. d.R. durch die Dimensionen Organisation, Prozesse, Technologie sowie Methoden definiert. In einer solchen funktionalen Organisation liegt der Fokus auf hierarchisch organisierte Abteilungen, deren lokalen Optimierungen häufig in Zielkonflikten und Schnittstellenkomplexität im Gesamtsystem münden.

Neben organisationsorientierten Ansätzen existieren in Wissenschaft und Praxis technologieorientierte Ansätze zur Erweiterung des Instrumentariums der Prozessoptimierung zu mehr Prozessautomatisierung.

5.8.2 Automated Value Chain: Lean technologische Prozessautomatisierung

Ziel der Automated Value Chain ist es durch Informations-, Identifikations- und Automatisierungstechnologien (IKT, IDT und AT) Regelprozesse zu technisieren und somit die Lean-Prozessoptimierung um die Technologiekomponente zu erweitern.

Technologieorientierte Fabrikansätze

In *automatisierten* Fabriken werden Automatisierungs- und Informationstechnologien als Instrument zur Erhöhung der Wertschöpfung genutzt. Die vollständige Automatisierung mit der „menschenleeren Fabrik wurde bereits in den 80er Jahren – erfolgslos – versucht umzusetzen (Roy, 2017). In den Folgejahren gab es mannigfaltig Ansätze, um den Fabrikbetrieb weiter zu optimieren. Die Automatisierung konnte dabei bis heute die an sie gestellten Erwartungen nicht halten (siehe Abbildung 5.8.5).

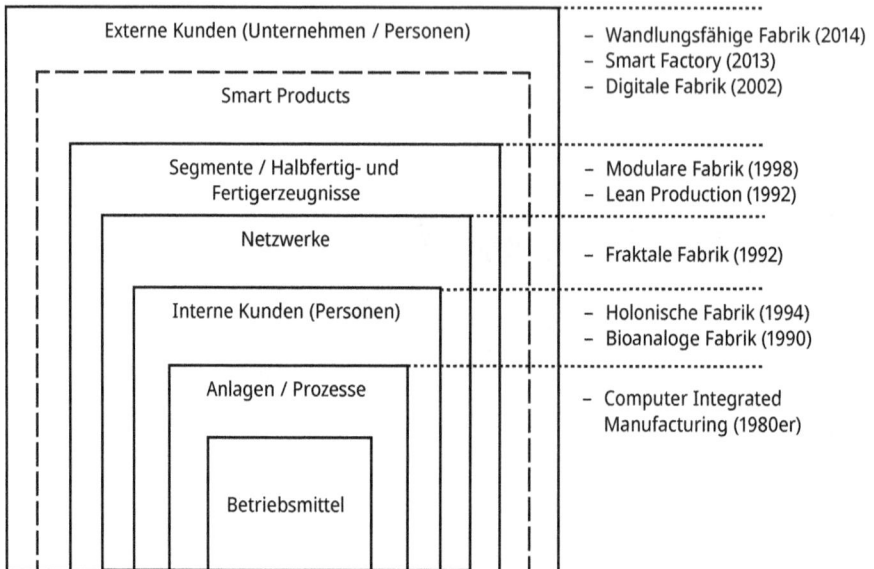

Abbildung 5.8.5: Fabrikansätze aus Wissenschaft und Praxis (Roy, 2022).

Die technologiebasierten Ansätze aus Wissenschaft und Praxis integrieren primär technische Objekte und Maschinen. Neuere Ansätze integrieren zunehmend nicht-technische Wertschöpfungspartner, stellen also den Menschen (Kunde, Führungskraft und Personal) wieder ins Zentrum der Leistungserstellung. Ziel ist dabei, Technologie primär zu nutzen, um z. B. im Güterverkehr komplexe Entscheidungssituationen greifbar zu machen, auf Abweichungen hinzuweisen sowie Handlungsempfehlungen und deren Auswirkungen auf Logistikleistung, -kosten und die Nachhaltigkeit transparent zu machen.

Vertikal-integrierte Automatisierungspyramide

Der Standard bzw. der Regelkreis bildet – nicht nur für Lean – die Voraussetzung für den Einsatz von Technologien, um die Vorhersagbarkeit eines Prozessergebnisses zu erhöhen. Die Standardisierung ist ebenfalls zwingende Voraussetzung und Eingangs-größe für die Automatisierung. Automatisierte bzw. digitale Prozesse werden ohne standardisierte (Lean-)Prozesse nicht zwangsläufig besser, sie werden in der Regel schneller schlechter.

Die vertikale (technische) Integration, die durch die Automatisierungspyramide in Abbildung 5.8.6 beschrieben ist, fokussiert primär die Integration innerhalb der Abteilungen in Anlehnung eines funktional organisierten Systems.

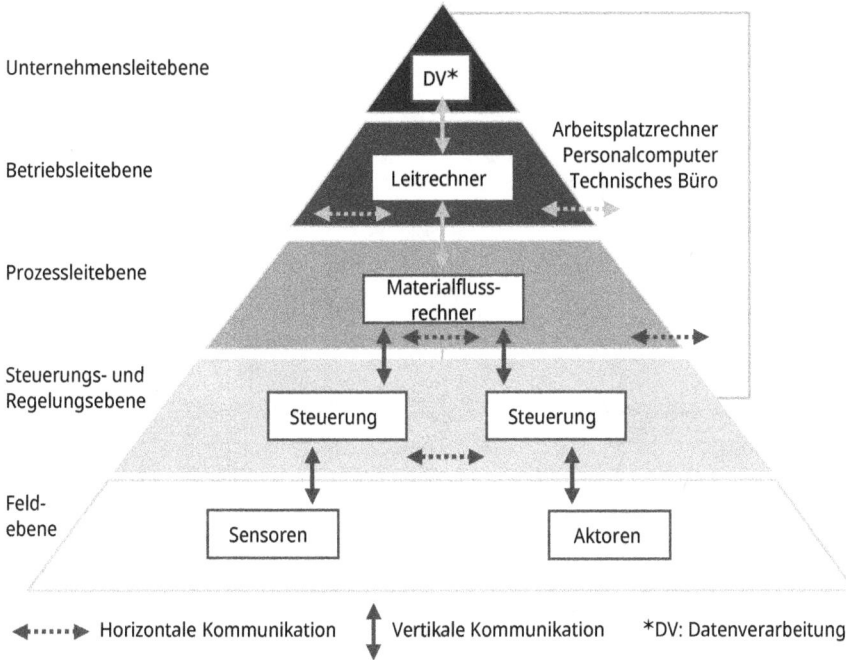

Abbildung 5.8.6: Automatisierungspyramide (Haehnel, 2010).

Die operative Ebene, die Feldebene inkludiert den Herstellungsprozess in dem automatisierungsseitig die Sensorik (Datenerfassung) und Aktorik (Datenausprägung) die Daten an die Steuerungs- und Regelungsebene weitergibt. Hier wird der Prozess manuell oder automatisch auf seine Abweichungen hin kontinuierlich überwacht. Materialflussrechner sind für die Informationsverteilung hin zu Unternehmens- oder Betriebsleitebene verantwortlich.

Voraussetzung für eine erfolgreiche Automatisierung bildet wie bei der Lean Value Chain die Standardisierung. Ein Standard bietet sich bei häufig wiederholenden Tätigkeiten an, also bei Routinetätigkeiten. Analog verhält es sich mit der Automatisierung. Routinetätigkeiten werden primär für die Automatisierung vorgesehen. Automatisierung bedeutet Einschränkung von Freiheitsgraden, d. h. mit Hilfe von technischen Regelkreisen werden Routinetätigkeiten innerhalb von Toleranzgrenzen gesteuert. Die Automatisierungspyramide folgt mit sequenziellen Arbeitsabläufen in der Logik der Kaizen-Pyramide, bei der in der Regelkommunikation ein Zielwert definiert und überwacht wird. Ein Beispiel sind Kanban-Karten, die bei Unterschreiten eines Mindestbestellwertes durch das Personal eine Bestellung auslösen. Die automatisierte Version sind eKanbans oder intelligente Behälter, die durch technische Regelkreise eine automatische Bestellauslösung bei Unterschreitung eines Mindestbestandes auslösen. Integriert ist hier ebenfalls der Güterverkehr, dem für die anschließende Warenversorgung vor allem bei Just-In-Time- oder Just-In-Sequence-Ansätzen eine systemrelevante Rolle beikommt. Zugrunde liegen diesen Mechanismen die Eigenschaften von Automatisierungssystemen (siehe Abbildung 5.8.7).

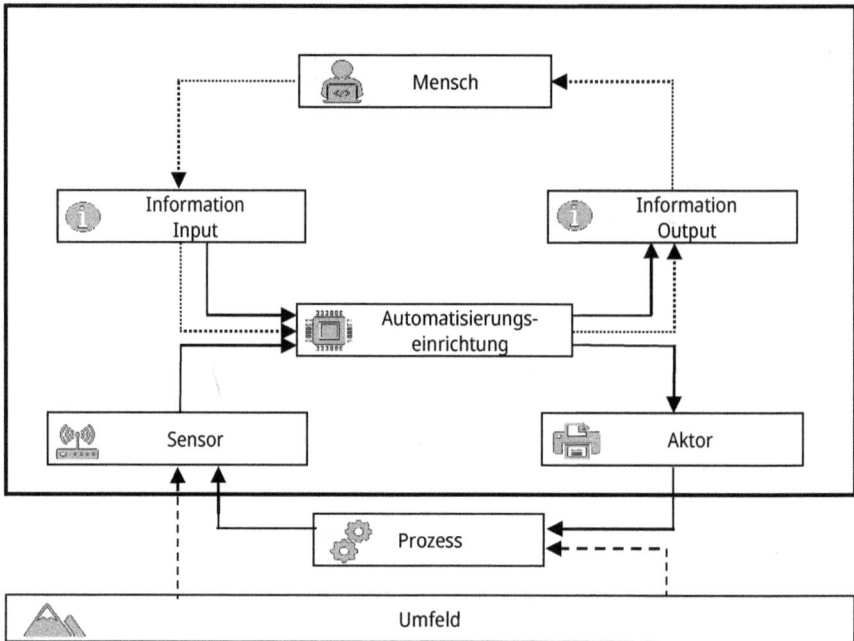

Abbildung 5.8.7: Referenzarchitektur Automatisierungssystem (In Anlehnung an Weller, 2008).

IT-basierte Automatisierungssysteme

Die Automatisierungseinrichtung stellt den Kern des technischen Regelkreises dar und ist wesentlicher Regler bzw. Steuereinrichtung, in der die aktuellen Prozessinformationen mit den zuvor definierten Zielwerten verarbeitet und auf ihre Zielabweichung hin überwacht werden. Bei Abweichung erfolgt eine Reaktion bzw. ein Stellsignal zur Aktorik bzw. visualisiert zum Personal. Automatisierungssysteme kommen an ihre Grenzen, wenn Nicht-Routinetätigkeiten zum Tragen kommen.

Im Rahmen von Automatisierungstechnologien mit mehr „Intelligenz" werden selbstoptimierende, -einstellende und -organisierende Systeme mit Fuzzy-Technologien diskutiert (Weller, 2008). Im Besonderen Künstliche Intelligenz-Lösungen für Nicht-Routinetätigkeiten erscheinen vielversprechend. Im Kontext der technischen Regelkreise bedeutet dies, das zukünftige KI-Automatisierungssysteme dazu befähigt werden sollen, sowohl die Zielwerte als auch die Toleranzgrenzen nach systemischen Optima selbst zu definieren und daraus Maßnahmen abzuleiten. Im Güterverkehr entspricht die Estimated Time Arrival (ETA)-Prognose mit Forecast und Empfehlung einer der gängigen Anwendungen. Lösungen z. B. für smarte Parkplatzsuche, event-bezogene Action-Planer sowie Dynamic Realtime-Tour Planning unterstützen den Transport durch lernende Systeme.

5.8.3 Cyber Physical Value Chain: Datenbasierte Prozessoptimierung

Eine *smarte* Fabrik macht aus Daten Informationen. Ziel ist es somit, die standardisierten und automatisierten Prozesse als Voraussetzung für die datenbasierte Prozessoptimierung zu nutzen.

Datenorientierte Digitalisierungsansätze

Im Kontext der Digitalisierung werden eine Reihe von Ansätzen, Konzepten und Paradigmen in Wissenschaft und Praxis diskutiert (siehe Abbildung 5.8.8).

Aus der Interaktion von assistierten Entscheidern (Personen), intelligenten Objekten sowie Produkten (Finde), Integrationsplattformen (Daten) und Diensten sollen Eigenschaften wie Dezentralisierung, Echtzeitfähigkeit, Selbstorganisation, Integrations- und Vernetzungsfähigkeit, Autonomie und Smartness resultieren, die als I.4.0 Design-Prinzipien bezeichnet werden können. Häufig wird von wissenschaftlicher Seite in den unterschiedlichen Prinzipien eine 100 %-Zielerreichung postuliert, während die Praxis in Abhängigkeit des jeweiligen Anwendungsfalles eine eher pragmatische und insbesondere kosteneffiziente Lösung sucht. Die 100 %-Zielerreichung erfordert teils erheblichen Ressourcenaufwand für den Infrastrukturaufbau sowie den Betrieb, was in der Gesamtsystemperspektive einer Wirtschaftlichkeit häufig entgegensteht.

Dennoch wird an Lösungen gearbeitet, die I4.0-Designprinzipien im Sinne der Miniaturisierung auf der kleinstmöglichen Realisierungsebene zum Erfolg zu führen. Ein Lösungsansatz stellen cyber-physische Systeme (CPS) dar.

Cyber-physische Systemintegration

CPS können eine Auflösung der Automatisierungspyramide und somit des Abteilungs- bzw. Bereichsdenkens zur Folge haben. Die aktuell eher sequenzielle Abarbeitung von Aufgaben mit einem bidirektionalen Informationsfluss entgegen dem Materialfluss könnte dadurch in Parallelität der Aufgabenbearbeitung und einer multidirektionalen, neuronale Datenverteilung aufgehen. Für das Management im Güterverkehr wird dadurch eine Orchestrierung von mehreren Logistiknetzwerken gleichzeitig möglich. Abbildung 5.8.9 zeigt schematisch die Auflösung der Automatisierungspyramide.

Vernetzung von Dingen, Diensten, Daten und Personen via Internet

– Mit IP-Adresse versehen werden kurz-, mittel oder langfristige virtuelle oder physische Netzwerke geformt

– In diesen Netzwerken tauschen Dinge und Personen dezentral und (teil-) autonom in Echtzeit Dienste und Daten domänenübergreifend aus

Industrielle Anwendung des Internet of Ecosystems

– Fokus auf den Ökosystemen Smart Value Network (Factory und Logistics)

– Assistierte Entscheider (Personen), intelligente Objekte und Produkte (Dinge) werden befähigt, dezentral und (teil-) autonom über Integrationsplattformen (Daten) zu planen, zu steuern, zu kontrollieren, zu organisieren und zu lernen (Dienste)

Cyber-physische Systeme

(CPS)

Internet of Ecosystems

Smart Ecosystems

Industrie 4.0

Smart Value Network

Technologische Basis für die unterschiedlichen Konzepte

– CPS sind dezentrale und (teil-) autonome Systeme, die via Internet direkt miteinander interagieren

– CPS können identifizieren & erfassen (smarte Sensoren), speichern, analysieren & entscheiden (Mikrocontroller und -prozessor), reagieren (smarte Aktoren) und darstellen (HMI)

Smarte Märkte auf Basis von CPS

– Kommerzielle Ökosysteme, deren Anwendungsdomänen interagieren

– Domänen
 … können sich auf unterschiedliche Märkte (z.B. Smart Home, Smart Factory) erstrecken
 … können dezentral und autonom in sich geschlossen wirken oder in anderen Domänen integriert sein

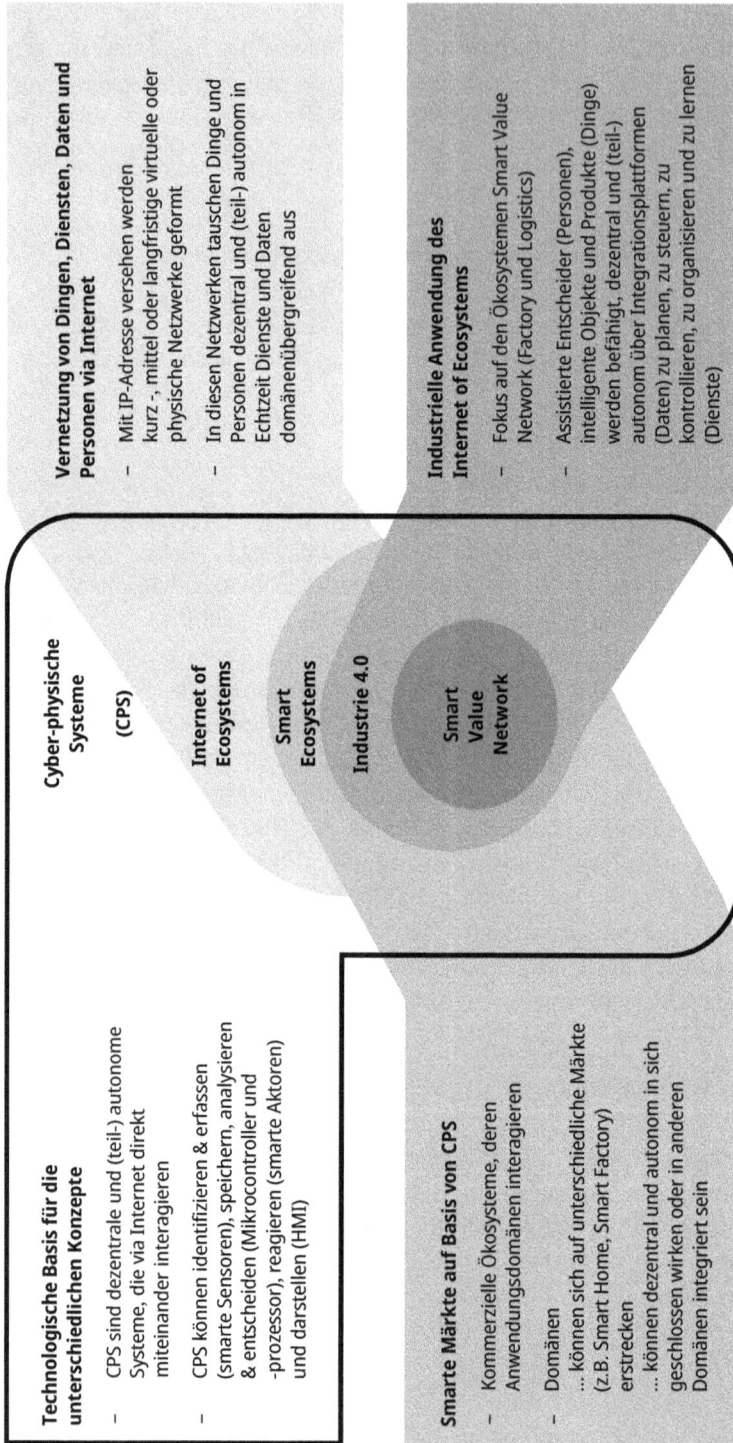

Abbildung 5.8.8: Konzepte der Digitalisierung im Value Chain-Kontext (Roy, 2017).

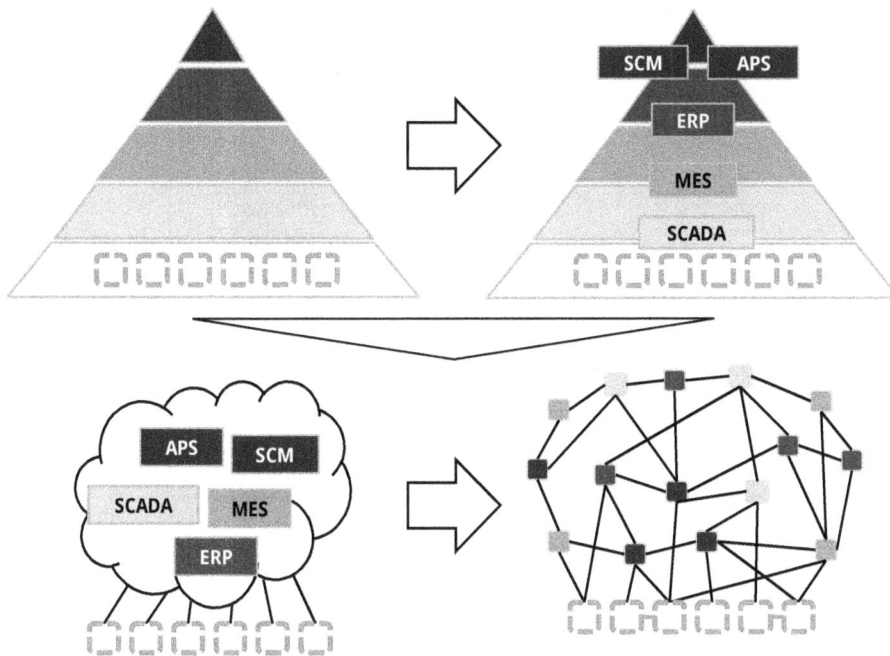

Abbildung 5.8.9: CPS-basierte Integration (Roy, 2017; VDI und VDE, 2013).

Cyber-physisches System

Cyber-physische Systeme „sind dezentrale, autonome eingebettete Systeme, die auf Basis von IKT, IDT und AT in physische Objekte integriert sind und via Internet direkt miteinander interagieren. Die Technologien gewährleisten die Kommunikations-, Netzwerk- und Internetfähigkeit, mit denen die physische mit der virtuellen Realität vernetzt wird. Materialisiert in technischen Komponenten besitzen CPS die Funktionen

- Daten zu identifizieren & zu erfassen (smarte Sensoren),
- zu speichern, zu analysieren & entscheiden (Mikrocontroller und -prozessor),
- zu reagieren (smarte Aktoren) sowie diese
- darzustellen (HMI)." (Roy, 2017, S. 51).

In Analogie zum Automatisierungssystem zeigt Abbildung 5.8.10 die Referenzarchitektur eines CPS. Die wesentlichen Unterschiede liegen in der Erweiterung des Menschen zum assistierten Entscheider sowie der smarten Objekte und Produkte (z. B. Maschinen oder Betriebsmittel), der Intelligenz-Entwicklung von Sensorik und Aktorik sowie den Austausch der einfachen durch den Menschen definierten Automatisierungseinrichtung durch Micro Controller und Prozessoren, in denen die Daten- und Informationsverarbeitung mehr oder minder autark erfolgen.

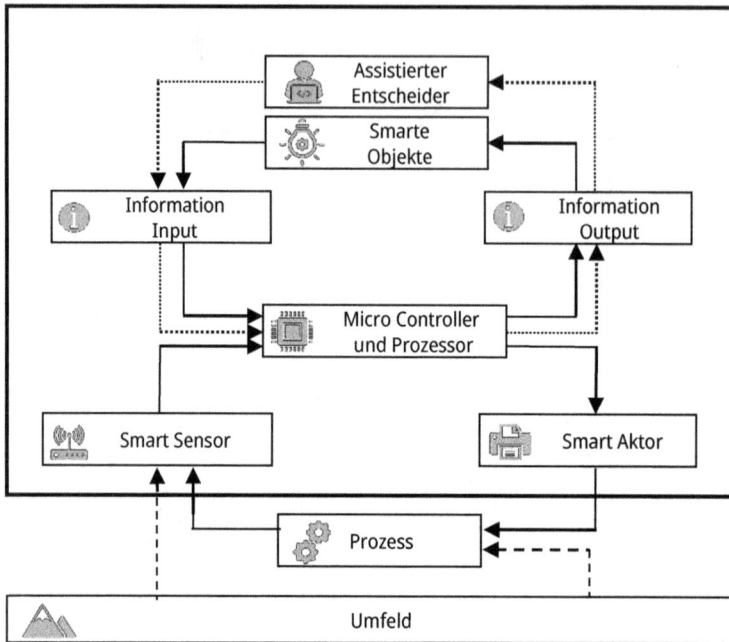

Abbildung 5.8.10: Referenzarchitektur cyber-physisches System (Roy, 2017).

Cyber-physischen Value Chains können sieben Design-Prinzipien zugeordnet werden (Roy, 2017):

1. Anpassungsfähigkeit und Reaktionsfähigkeit auf veränderte Kundenanforderungen oder auftretende Störungen
2. Echtzeit-Entscheidungsfähigkeit für statische und (autonome) dynamische Entscheidungen
3. Selbstmanagement und -optimierung für eigendefinierte Eingriffsmöglichkeiten in Prozesse
4. Integration und Vernetzung von internen / externen Kunden und Lieferanten sowie für die Analyse von Value Chain Daten
5. (Teil-)Autonomie zur dezentralen Planung und Optimierung für unabhängige Entscheidungsprozesse
6. Kognitive Fähigkeiten zum Erkennen und Bewerten von Zuständen
7. Künstliche Intelligenz zur eigenständigen Entwicklung von Zielwerten, Toleranzgrenzen und Maßnahmen

Im Besonderen die Vernetzung, Integration und Autonomie definieren den Grad der Dezentralität. Die Dezentralisierung des Informationsflusses durch Autonomie cyberphysischer Systeme bildet einen Mittelpunkt in der cyber-physischen Value Chain und hat weitgehende Veränderungen zur Folge. Für den Güterverkehr sind z. B. Zugmaschinen, Trailer sowie Ladungsträger und Lagereinheiten relevante Komponenten in solchen Systemen. Abbildung 5.8.11 zeigt die schematische Veränderung insbesondere für den Informationsfluss.

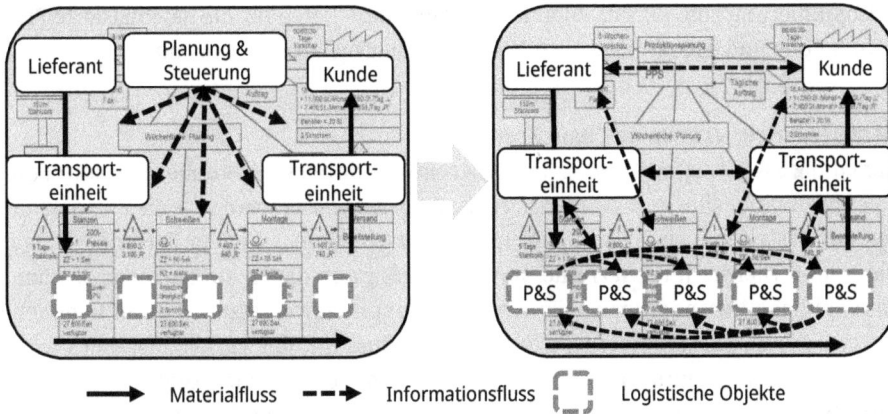

Abbildung 5.8.11: Veränderung von Informationsflüssen in Folge von Dezentralisierung und Autonomie (Roy, Mittag & Baumeister, 2015).

Am prägnantesten ist die Auflösung der zentralen Planung und Steuerung. Die Autonomie soll auf die Feldebene den intelligenten Objekten und Produkten, also etwa den Maschinen, Behältern, Staplern oder Paletten zukommen, so dass es möglich wird, dass alle an der Leistungserstellung beteiligter Akteure sich selbstständig organisieren. Wenn man die fünf Lean-Prinzipien als zu erreichende Zielzustände innerhalb von Systemen dahingehend überprüft, ob sich diese verändern oder sie redundant werden, lassen sich folgende cyber-physische Prinzipen ableiten:

1. Kundenorientierung: Smarte Produkte berücksichtigen die internen und externen Kundenwünsche unter Wirtschaftlichkeitsgesichtspunkten.
2. Wertschöpfungsorientierung: Die Echtzeitdatenanalyse des Wertstroms aller Akteure unterstützt die Reduzierung von Verschwendungen.
3. Fluss-Prinzip: Selbstlernende und sich selbstorganisierende Systeme orchestrieren die Prozesse gemäß der Kundenanforderungen kontinuierlich im Fluss.
4. Pull-Prinzip: Überproduktion wird auf ein Mindestmaß reduziert, da die direkte Vernetzung mit Kunden(-anforderungen) Bestände nur zur Störungsabsicherung benötigt.
5. Perfektion: Das Streben nach Perfektion wird durch die Vernetzung und Integration cyber-physischer Systeme in Produktion und Logistik sowie durch die kontinuierliche Erfolgskontrolle auf allen Unternehmensebenen ermöglicht.

Sind in einigen Bereichen lokale Systeme bereits bzgl. einzelner oder mehrerer Eigenschaften oder Prinzipen realisiert, kann ein nächster Schritt der Transfer dieser proprietären Lösungen auf Wertschöpfungsnetzwerke sein.

5.8.4 Smart Value Network: Datenbasierte Prozessplanung und -steuerung

Zu erwarten ist, dass all diese Abläufe in einem System der Systeme vor allem Daten produzieren werden. Wenn mehr Daten zur Verfügung stehen und diese für die Prozessoptimierung zum Einsatz kommen, werden diese Daten für die datenbasierte Prozessplanung und -steuerung ganzer Wertschöpfungsnetzwerke relevant.

Netzwerkorientierte Value Chain Xcellence
Abbildung 5.8.12 zeigt den heutigen Wertstrom, der durch sequenzielle und bidirektionale Informationsflüsse charakterisiert ist. Vergegenwärtigt man sich die Entwicklungen auf Basis der Digitalisierung im Internet of Ecosystems in dem Personen, Dinge, Daten und Dienste integriert und vernetzt sind, muss davon ausgegangen werden, dass ähnliche Veränderungen für Wertschöpfungsnetzwerke zum Tragen kommen. Ein zirkulärer, multidirektionaler Informationsfluss mit der Vernetzung eines jedes Wertschöpfungsakteurs kann einerseits zu einer höheren Komplexität führen, andererseits wird eine datenbasierte Optimierung von Wertschöpfungsnetzwerken hinsichtlich Planung und Steuerung erwartet.

Die humanzentrierten Lean Prinzipien mit dem Ziel der Operational Xcellence lassen sich dadurch auf die netzwerkorientierte Value Chain Xcellence erweitern.

Horizontale Integration
Gilt die vertikale technische Integration als Integration innerhalb einer Abteilung oder eines Maschinenparks, erklärt die horizontale technische Integration im Kontext der Digitalisierung die bereichsübergreifende Integration sowie die Integration der gesamten Lieferkette (siehe Abbildung 5.8.13).

Die Integration beider Dimensionen kann so ganze Wertschöpfungsnetzwerke und -systeme entstehen zu lassen. Im Güterverkehr bedeutet das nicht die isolierte Betrachtung z. B. einzelner Transportaufträge oder einzelner Routen, sondern eine Optimierung mehrerer Netzwerke aus der mulimodalen End-to-End (E2E)-Perspektive.

(Künstliche) intelligente Systeme der Systeme und kybernetisches Event Management
Eines der wesentlichen Konzepte zur vollständigen vertikalen und horizontalen Integration durch die Verschmelzung der physischen Objekte, wie Maschinen, Container, Werkzeuge, Behälter oder Lkws mit Automations-, Informations- und Identifikationstechnologien sind eingebettete intelligente Kleinstcomputer – die CPS. In einem dadurch entstehenden System der Systeme sind unterschiedliche Fragen noch vollständig ungeklärt:

Planning　　　　Planning　　　　Planning

Supplier　　　Production　　　Distribution　　　Customer

➡ Material flow
⇢ Information flow

Order &
Confirmation

Order &
Confirmation

Order &
Confirmation

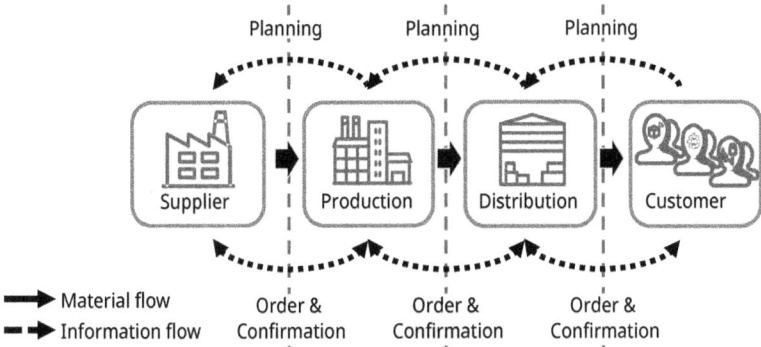

Operations Xcellence
Lean principles as enabler for efficiency and effectiveness

1. Kundenorientiert bedeutet produktorientiert
2. Wertstromorientiert bedeutet verschwendungsarm
3. Pull-orientiert bedeutet interne Kunden-Lieferanten-Beziehung
4. Fluss-orientiert fokussiert Materialflüsse
5. Perfektion mit Standardisierung und Prozesskosten

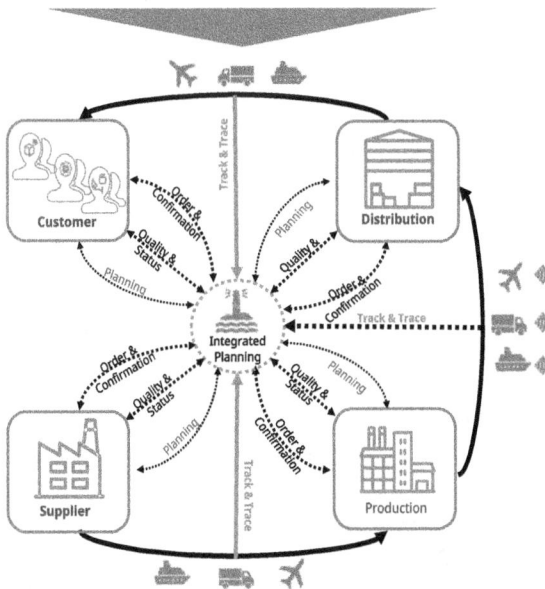

Customer

Track & Trace

Order & Confirmation

Quality & Status

Planning

Distribution

Planning

Quality & ...

Order & Confirmation

Track & Trace

Integrated Planning

Order & Confirmation

Quality & Status

Planning

Quality & Status

Planning

Order & Confirmation

Supplier

Track & Trace

Production

Value Chain Xcellence
E2E integration and Digitalization as enabler for customer satisfaction

1. Kundenorientiert bedeutet serviceorientiert
2. Value Chain-orientiert bedeutet agil, nachhaltig und resilient
3. E2E-Integration bedeutet interne und externe Kunden-Lieferanten-Beziehungen
4. Kollaboration fokussiert Informationsflüsse
5. Akzeptanz von Unvollkommenheit mit mit Digitalisierung und Total Costs of Ownership

Abbildung 5.8.12: Veränderung von Wertschöpfungsnetzwerken im Kontext der Digitalisierung.

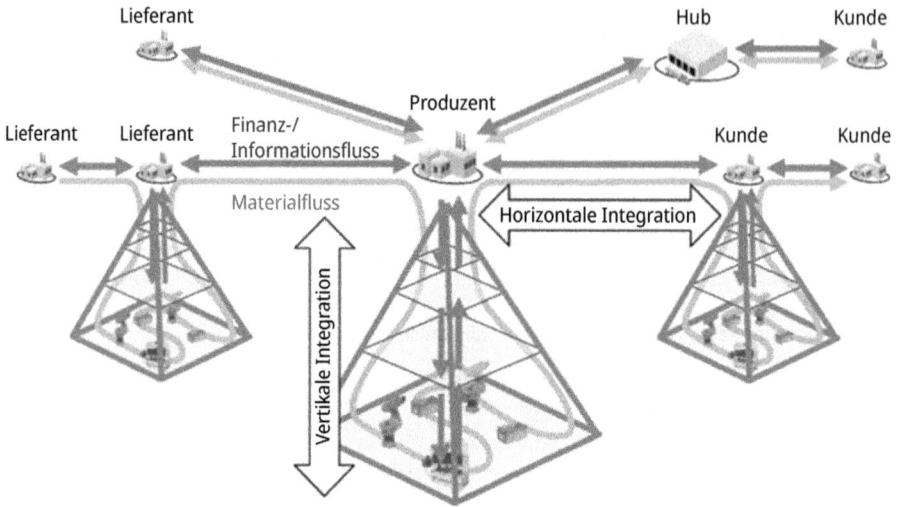

Abbildung 5.8.13: Horizontale Integration (Stich et al., 2020).

– Wie lässt sich das Systemoptimum bestimmen?
– Welche Ziele welcher Subsysteme (z. B. Behälter- oder Maschinensysteme) haben Vorrang?
– Wie ist die Entscheidungshierarchie aufgebaut?
– Wie werden Leistungen untereinander ausgetauscht, wie wird bezahlt und was wird die Währung sein?

Abbildung 5.8.14 zeigt eine Referenzarchitektur, wie ein System der Systeme mit unterschiedlichen Zielen, Diensten, Funktionen und Eigenschaften schematisch aussehen kann. Die vereinfachte Darstellung symbolisiert das Gesamtsystem: Smart Value Network (übergeordnetes System) sowie die Subsysteme Humansystem (assistierte Entscheider), Objektsystem (z. B. Behälter oder Maschinen) und Produktsystem (smarte Produkte). Diese Abstrahierung offenbart bereits die exponentielle Fraktalisierung und Komplexitätszunahme.

Durch die Vielzahl sich selbstregelnder CPS in einem Wertschöpfungsnetzwerk wird es grundlegend möglich sein, kontinuierlich den aktuellen Status, d. h. aktuelle Leistungskennzahlen transparent zu machen. Regelkreise auf Systemebene werden von der Theorie als Kybernetik bezeichnet. Während die allgemeine Systemtheorie im Besonderen die Lehre vom Aufbau und der Klassifikation von Systemen zum Gegenstand hat, adressiert die Kybernetik die Struktur und das Verhalten dynamischer Systeme, also die Gestaltung und Steuerung dynamischer Systeme (Stegbauer, 2010; Ulrich, 2001). Die Gestaltung und Lenkung von dynamischen Systemen sind eng mit unternehmensbezogenen Abläufen verknüpft (Roy, 2017).

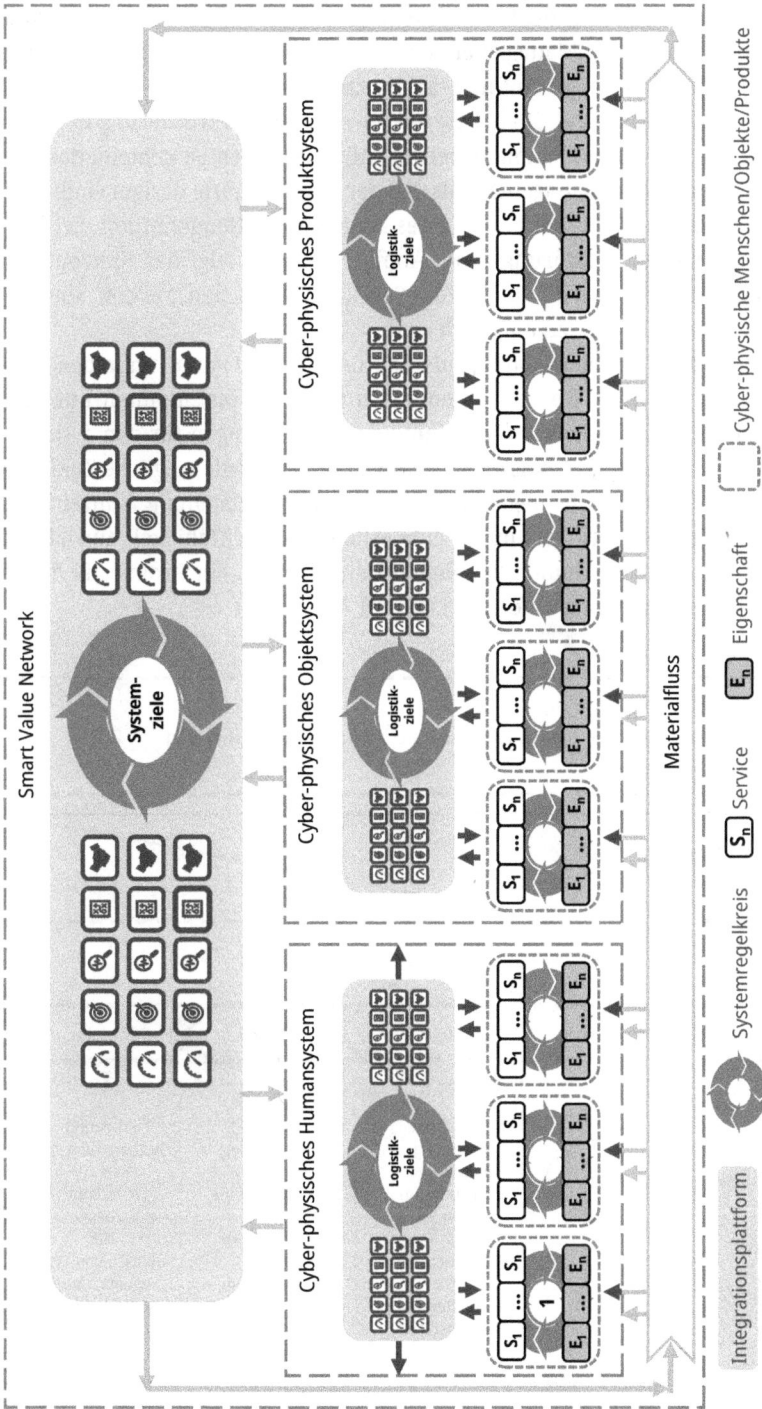

Abbildung 5.8.14: Referenzarchitektur Smart Value Network (Roy, 2017).

Ein Ansatz zur Realisierung digitaler Systemregelkreise für Smart Value Network bietet das Supply Chain Event Management (SCEM), welches als Planungs- und Steuerungsinstrument versucht, diese Anforderungen zu erfüllen. Von der Logik ist das SCEM identisch mit Prozess- und Qualitätsregelkreisen der Standardisierung bzw. der technischen Regelkreise in der Automatisierung. Allen Ansätzen ist gemein, dass sie gemäß dem kybernetischen Management als Teil der Systemtheorie designt sind: Eine Zielabweichung wird als Event definiert. Dieses kann positiv (Neudefinition Ziel / Toleranzgrenze) oder negativ (Störung) sein. Abbildung 5.8.15 zeigt das Konzept des SCEM, in dem die Grundfunktionen in die fünf Schritte Überwachen, Melden, Simulieren, Steuern und erneutes Messen aufgeteilt sind.

Der wesentliche Unterschied zu den anderen Ansätzen liegt vor allem in dem Prozessschritt Simulieren. Hier werden automatisch mögliche Maßnahmen auf ihre Wirksamkeit hin überprüft, um diese als Handlungsempfehlungen für den assistierten Entscheider aufzubereiten. In diesem Schritt werden ebenfalls mögliche Zukünfte prognostiziert, um positive oder negative Trends bei ihrer Entstehung frühzeitig zu adressieren. Die Planung wird also durch eine erhöhte Echtzeitfähigkeit zur ad hoc Planung (eKanbans ohne bestimmte Planungszyklen) sowie in der Prognostik durch datenbasierte Mustererkennung unterstützt (Digital Twin).

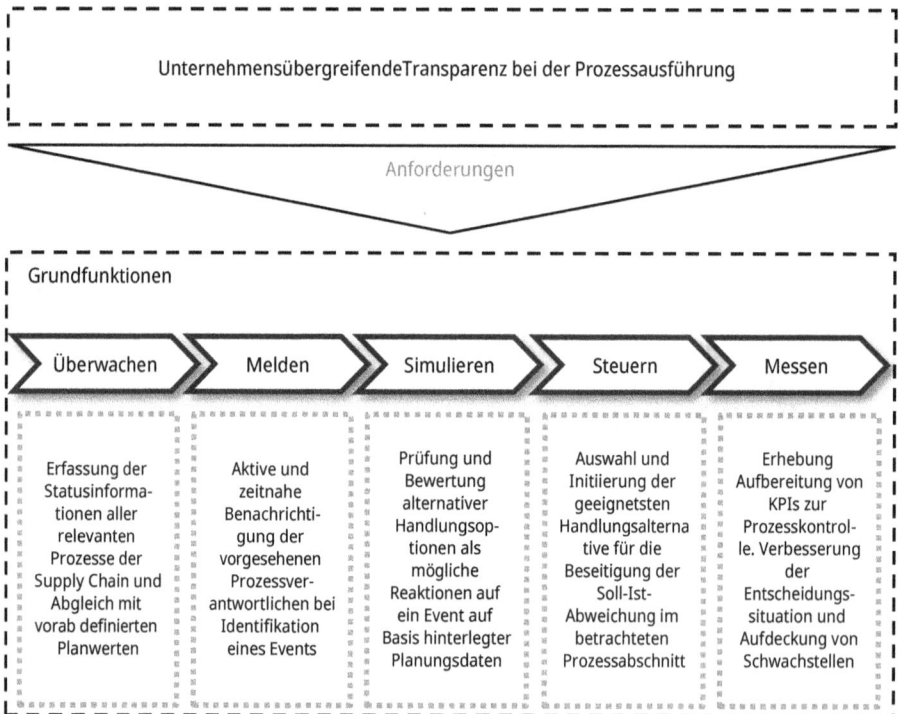

Abbildung 5.8.15: Value Chain Event Management (Roy & Reipert, 2015).

Die aktuellen Planungs- und Steuerungssysteme basieren primär auf statischen Syste-men, d. h. Ziele, Toleranzgrenzen, Maßnahmen sowie die Bewertung von Zielabwei-chung oder Maßnahmenumsetzung werden vorab vom Menschen definiert. Zukünftige dynamische Systeme werden mit Lösungen aus dem Bereich der künstlichen Intelligenz erweitert werden, in denen Ziele, Toleranzgrenzen oder Maßnahmen nicht vordefiniert sind, sondern im Prozess dynamisch entstehen. Dies kann Wertschöpfungsakteuren die Gestaltung von datenbasierten Geschäftsmodellen ermöglichen.

5.8.5 Service Ecosystem: Datenbasierte Geschäftsmodelle

Auf die zukünftige Entwicklung von Wertschöpfungssystemen wirken eine Vielzahl von Veränderungsdimensionen, die in Abbildung 5.8.16 zusammengefasst sind. Die Dimensio-nen lassen sich zwischen der System-, Netzwerk- oder Technologieebene unterscheiden.

Kundenzentrierte Optimierungsansätze
Digitalisierung in Logistik- und Produktionsunternehmen ist primär ein weiteres In-strument zur Optimierung von Leistungskennzahlen:
- Operative Optimierung von Prozesskennzahlen (Lean und Automated Value Chain)
- Taktische Unterstützung für Planung, Steuerung und Entscheidungsfähigkeit (cyber physical und Smart Value Network)

Nach Identifikation geeigneter Instrumente und Anwendungsfelder wird die Reprodu-zierbarkeit erfolgreicher Ansätze im operativen und taktischen unternehmensinter-nen Kontext geprüft. Eine Skalierung und damit ein mögliches Potenzial der externen Kommerzialisierung liefert die Grundlage zur Entwicklung von Geschäftsmodellen:
- Strategische Entwicklung von datenbasierten Geschäftsmodellen (Service Ecosystem)

Im Zentrum steht der Service-Gedanke. Dafür ist es unerlässlich, Kundenanforderun-gen nicht nur auf den Kundentakt zu reduzieren, sondern aus der Kundenperspektive heraus Services zu gestalten. Strategisch unterstützt die Segmentierung die Geschäfts-modellentwicklung für Logistics-as-a-Service-Ansätze. Grundlage ist die Prämisse, dass nicht eine Logistik- bzw. Transportkette für alle Kunden Verwendung findet, son-dern dass in Abhängigkeit der Kundenanforderungen unterschiedliche Value Chain-Designs berücksichtigt werden. Abbildung 5.8.17 zeigt die Logik der Segmentierung, indem jeder Kunde auf eine individuelle Logistik- bzw. Transportkette nach seinen individuellen Zielen zugreifen kann.

Auf taktischer Optimierungsebene entstehen Services, die mittels Datensammlung zur Komplexitätsreduzierung sowie zu Erhöhung der Entscheidungsfähigkeit beitra-gen. Für diese Anforderung existieren am Markt oder in Unternehmen verfügbare

Technologieebene

Dynamisierung und Automatisierung

- Echtzeitinformationen
- Entscheidungen gestützt durch Smart Data-Anwendungen
- Automatische Datenaufnahme via CPS
- Maßnahmenumsetzung via Assistenzsystem

Integration und Service-Orientierung

- Vollständige vertikale / horizontale Integration
- Daten und Dienste auf dezentraler / öffentlicher Infrastruktur (Cloud)
- Mustererkennung für un- / strukturierte Daten
- Apps und Service-Oriented Architecture

Intelligenz und Leistungsfähigkeit

- Automatisierungspyramide aufgelöst
- Informationsverarbeitung dezentral
- Kognition und Intelligenz für assistierte Entscheider und Objekte

Netzwerkebene

Arbeitsteilung

- Aufgabenbereiche verschmelzen
- Dezentrale Selbstplanung, -steuerung, -kontrolle von Personal und Objekten
- Ad hoc-Planung ohne Einwirken des Personals
- Objekte erledigen Nicht-Routinetätigkeiten

Vernetzung und Verantwortung

- Durchgehende Vernetzung intern/extern
- Abhängigkeiten über alle Ebenen
- Ergebnisverantwortung bei Personal / Objekten
- Entscheidungen von assistierte Entscheidern und (teil-) autonom Objekten / Produkten möglich

Kundenzentrierung

- Dynamische ad hoc-Vernetzung kundenzentriert
- Produkte mit Kunden via Inter- und Intranet in Prozesse integriert
- Losgröße 1 für alle Produkte

Systemebene

Systemdenken und Zielkonflikte

- Ganzheitliches Systemdenken
- Verknüpfung System- mit Operativzielen
- Dynamische Anpassung von Zielen und Aufgaben
- Aufträge werden durch Kunden zugewiesen

Virtualisierung und Entgrenzung

- Digitale Durchgängigkeit und -lässigkeit
- Virtuelles Abbild über Informationen und Prozesse in Echtzeit
- Anzahl involvierter Akteure unbegrenzt
- Einflussnahme externer Akteure

Dezentralisierung und Individualisierung

- Ziele de-/zentral festgelegt
- Dezentrale heterarchische Aufbauorganisation
- Entscheidungen zunehmend im operativen Bereich durch assistierte Entscheider und intelligente Objekte

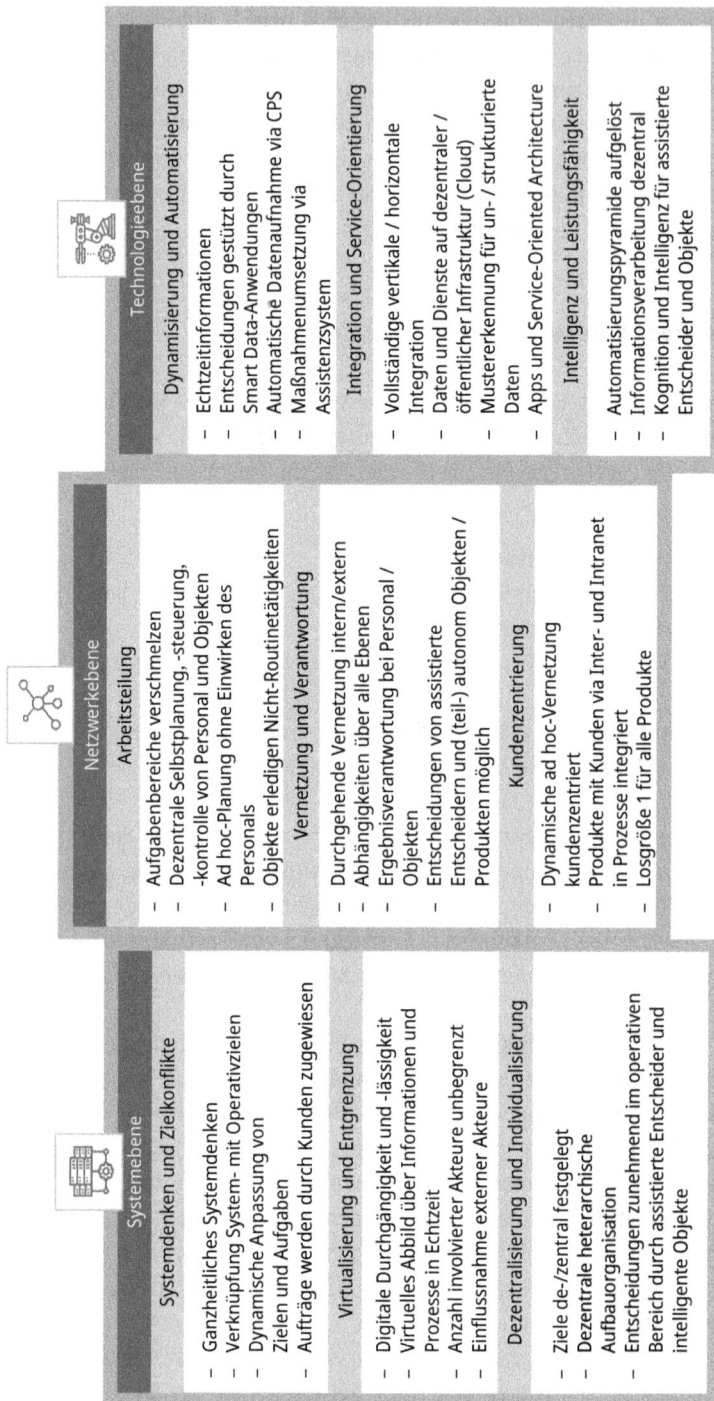

Abbildung 5.8.16: Veränderungsdimensionen Smart Value Network (Roy, 2017).

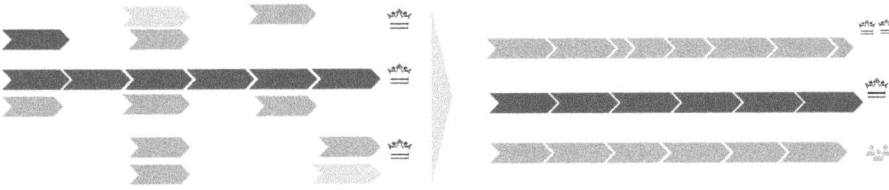

Abbildung 5.8.17: Segmentierungsansatz in Value Chains.

Services, die das Logistikmanagement bei der Planung und Steuerung von logistischen Abläufen unterstützen. Abbildung 5.8.18 zeigt eine Auswahl an Services, die nach dem Grad der Smartness bzw. Autonomie systematisiert sind. Grob unterscheiden sich die Servicebereiche Monitor, Benchmark, Forecast, Recommend und Act nach der Fähigkeit technischer Systeme, selbstständig zu entscheiden. Kunden können so die für sie relevanten Services z. B. als Pay-per-Use-Modelle nutzen.

Für die Performance und Nutzbarkeit solcher Services für ein Wertschöpfungsnetzwerk oder eine Mehrzahl von Netzwerken, ist eine lückenlose Vernetzung und Integration unterstützend. Ein Ansatz liegt in der Plattformisierung.

E2E-Integration und Plattformisierung

Wertschöpfungsplattformen vernetzen Prozesse, Dinge, Daten, Dienste und Menschen und bieten Zugang zu einer umfassenden Auswahl an Produkten und Services innerhalb und über mehrere Märkte hinaus (siehe Abbildung 5.8.19).

Die Ebene von Wertschöpfungsakteuren und -prozessen entspricht der Feldebene der Automatisierungspyramide sowie die Verschwendungsoptimierungsebene der Kaizen-Pyramide. Hauptaufgabe dieser Ebene liegt in der Datenintegration, d. h. der Identifikation und Sammlung von Daten aus dem Wertschöpfungsnetzwerk sowie öffentlich verfügbaren Daten. Daten können Produktdaten, IT-Systemdaten oder Transportaufträge mit Adressen, Fahrpersonal, Fahrzeuge zur Definition einzelner Netzwerke sein.

Den Mittelpunkt bildet eine Wertschöpfungsplattform, die eine zentrale Cloud- oder eine dezentrale (Datenverarbeitung nahe an Datenquelle) Egde-/Fog-Computing-Lösung darstellt. Aufgabe ist primär die Datenbewertung, d. h. die Datenspeicherung sowie -analyse. Dabei werden auf der Plattform z. B. Angebot und Nachfrage miteinander verknüpft, die Wertschöpfungspartner zertifiziert oder die Qualitätssicherung der Daten sichergestellt.

Die letzte Ebene – die Serviceebene – verarbeitet die Daten zu Informationen. Hauptaufgabe liegt in der Informationsaggregation zur Generierung von Services aus der Vielzahl der Daten durch Visualisierung und Erhöhung der Entscheidungsfähigkeit. Services lassen sich grundlegend in mehrere Kategorien unterteilen:

- Services, die primär der Visualisierung eines Status dienen,
- Services, die Planung und Steuerung durch Vergleiche und Trendableitung unterstützen sowie

- Erweiterung um die Ausgabe von Handlungsempfehlungen
- Bewertete Entscheidungsalternativen liefern

- Erweiterung um Ausführung von Entscheidungen
- (Teilweise) autonome Selbstorganisation

Empfehlung

Handeln

Prognose

Benchmark

Monitor

Realtime-Navigation

Ramp Control

Abfrageplattform für Bahntransport-Shared-Services

Decision-Support-Solution

Digital Twin-Simulation

Smart Truck-Parkplatz-Management

Dynamic Realtime-Tour Planning

AI-Resource planning

Event-related Action planer

Data Consolidation

Order Optimization & Consolidation

Palletten-Konto-Debt-Tracker

Freight Costs Calculator

ETA-Prognose

Transportzeitenabruf

Emission Calculation

Impact Analysis

Evaluation Transport Planning (KI)

Palletten-Pooling-Platform

Autom. Push-Notification

Delay Information for Customers

Rate Comparision and Monitoring

Realtime Alert

Predictive Alert

Monitoring Tachograph

Condition Monitoring

Palletten-Monitor

Driving Performance Monitoring

Order Monitoring

Track & Trace

Ressourcenmonitoring

Position Monitoring

In-transit Inventory Visibility

Ladezonensuche

Inventory Management

Could

Have

Must

Anforderungen

- Erweiterung um zukünftigen Trendentwicklung und Mustererkennung zur Vorhersehbarkeit von Abweichungen
- Prognosen erstellen

- Erweiterung eines Status mit einem Vergleich zu einem vordefinierten Zielwert
- Abweichung bestimmen

- Visualisierung von einem Status
- Transparenz schaffen

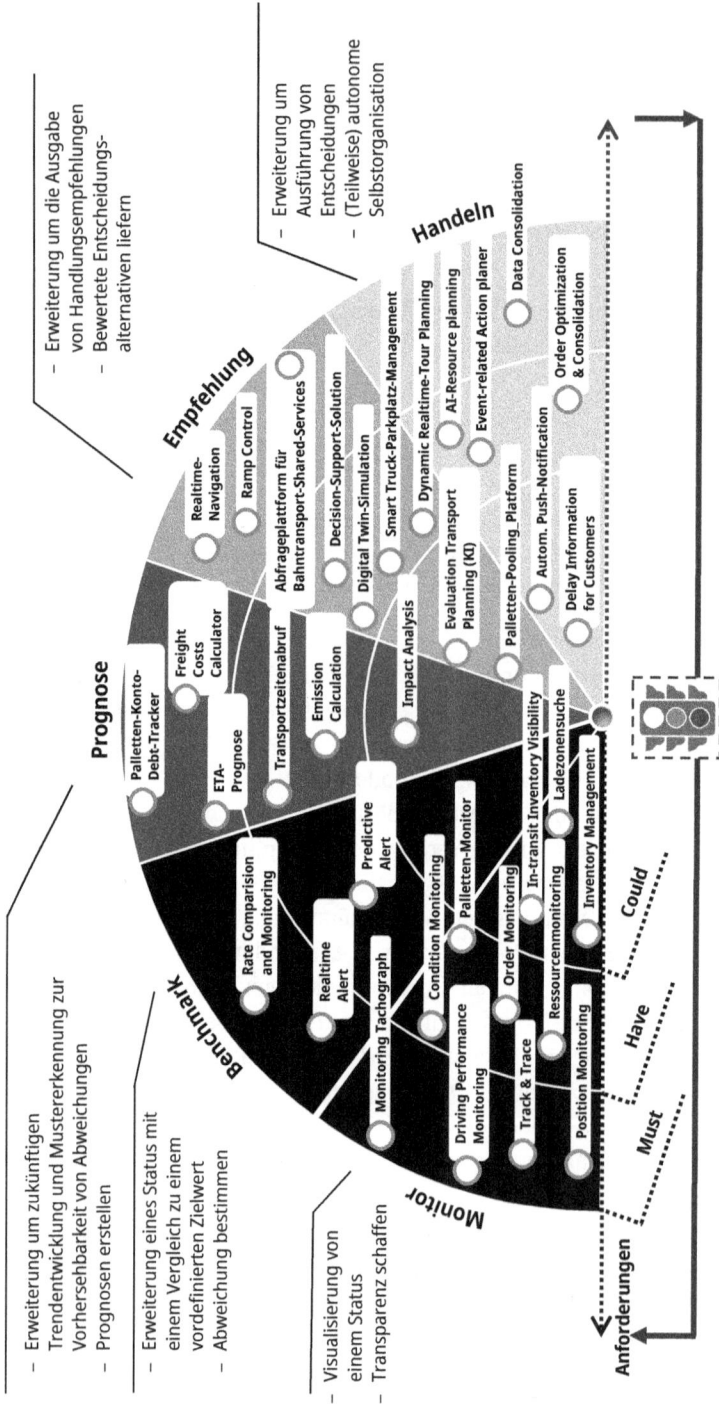

Abbildung 5.8.18: Datenbasierte Geschäftsmodelle für den Transportsektor (Roy & Fellenberg, 2020).

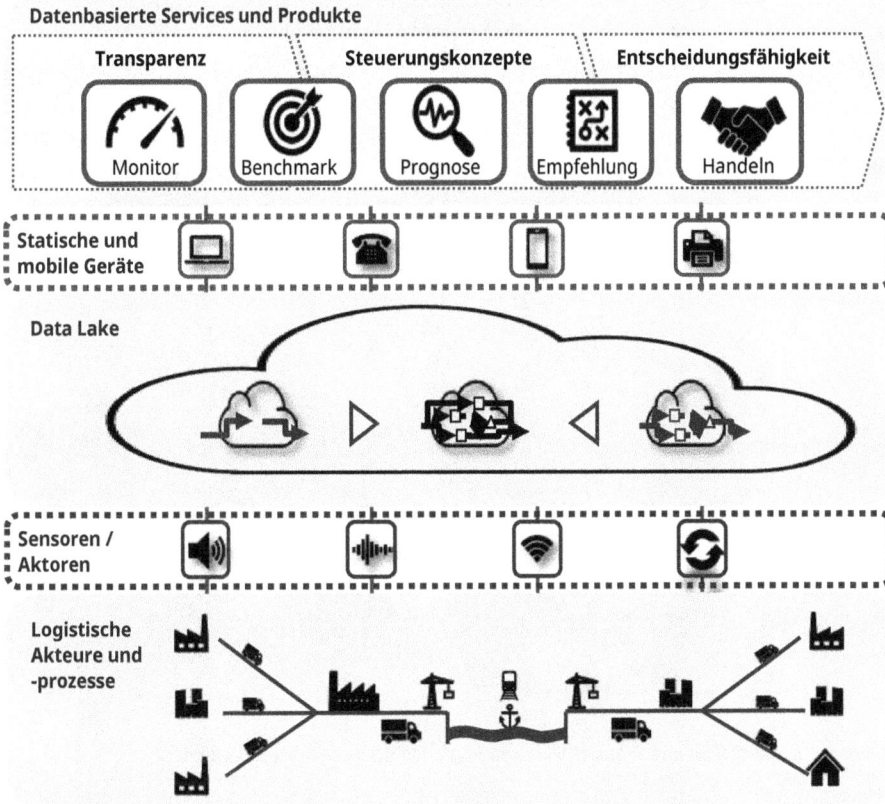

Abbildung 5.8.19: Referenzarchitektur Wertschöpfungsplattform (Roy, 2020).

- Services, die durch statische oder dynamische Systeme die Entscheidungsfähigkeit erhöhen.

Kundenzentrierte Wertschöpfungsplattform

Während bei humanzentrierten Organisationssystemen der Lean Value Chain die Dimensionen Abteilungsbezug, Hierarchie, Schnittstellenkomplexität und funktionale Optimierung im Zentrum stehen, entwickeln sich aktuell im Besonderen Industrieunternehmen zu einer Value Stream-Organization, in der Produktorientierung, Kundenzentrierung, Heterarchie und die E2E-Perspektive mit harmonisierten Schnittstellen fokussiert werden. Dies erfordert einen hohen Integrationsgrad von zentral- und dezentralen Funktionen in Unternehmen mit klarer Aufgabenverteilung. Abbildung 5.8.20 stellt vereinfacht diese Entwicklung dar.

Eine weitere Entwicklung auf Organisationsebene kann analog zur technischen Entwicklung gesehen werden: die Plattformisierung. Während in der klassischen Organisation Führungskräfte entscheiden, Ressourcen freigeben, befähigen und den Prozess steuern, werden diese Aufgaben sukzessive von Teams, also Netzwerken übernommen, die selbstständig über Ziele, Vorgehen und Zeiten entscheiden. Der notwendige Integrations- und Vernetzungsgrad wird durch das Erzeugen von ad hoc-Plattformen auf Unternehmensebene sichergestellt. Die technische und nichttechnische Integration und Vernetzung via Plattformen führen zu einer vermehrten Überschneidung, die die Virtualisierung weiter vorantreibt. Dadurch werden Menschen in den Mittelpunkt gestellt.

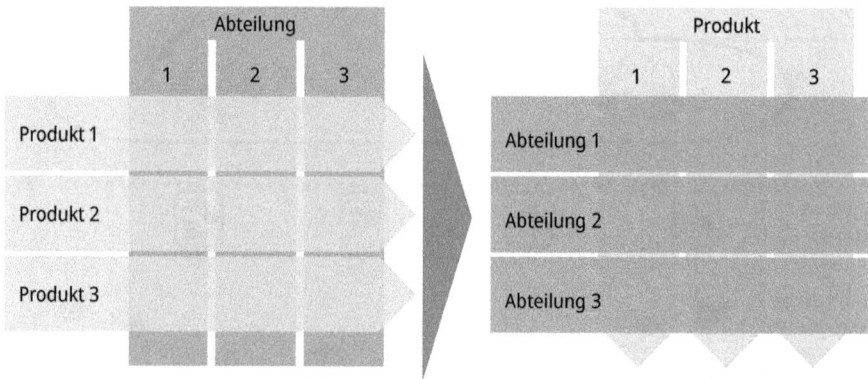

Abbildung 5.8.20: Traditionale funktionale Organisation und Wertstromorganisation.

5.8.6 Zusammenfassung

Die Kombination von humanzentrierten und technologieorientierten Organisationsystemen erfordert es, sukzessive das Beste aus beiden Welten nutzbar zu machen. Abbildung 5.8.21 stellt in Analogie zu Produktionssystemen mögliche Dimensionen von zukünftigen Wertschöpfungsplattformen dar.

Für den Güterverkehr sind Kunden- und Netzwerkzentrierung der Kern der täglichen Leistungserstellung. Die geeignete Auswahl digitaler Anwendungsmöglichkeiten unterstützen eindeutige strategische Leitplanken, um mit Hilfe der Komplexitätsreduzierung das Logistikmanagement zu unterstützen. Das Streben nach Excellence im Güterverkehr – inspiriert u. a. aus dem Produktionsumfeld – basiert auf den Erfolgsdimensionen Lean, Digitalisierung, Nachhaltigkeit und Servitization. Die vorgestellten Lösungsansätze können einen Beitrag dafür leisten. Dabei ist unerheblich, ob existierende Ansätze aufeinander aufbauen oder isoliert betrachtet werden. Vielmehr ist für den Erfolg entscheidend, den jeweils geeigneten Ansatz für die jeweilige Anforderung auszuwählen.

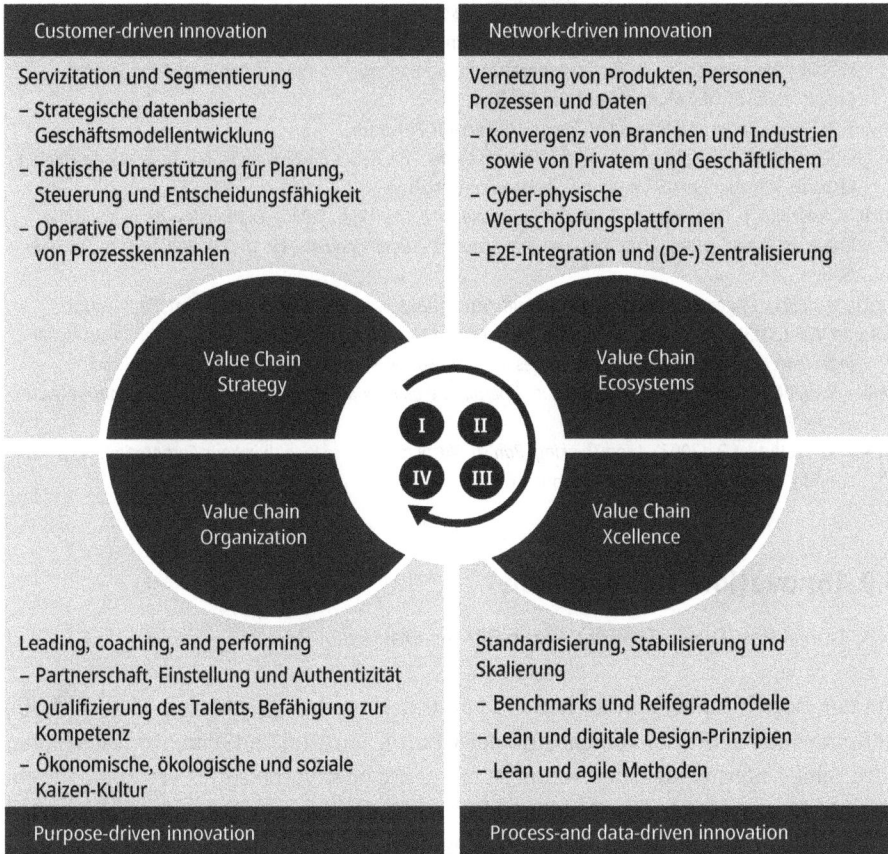

Abbildung 5.8.21: Dimensionen von zukünftigen Wertschöpfungsplattformen.

Literaturverzeichnis

Dennis, P. (2007). *Lean Production Simplified. A Plain-Language Guide to the World's Most Powerful Production System* (2. Aufl.). New York: Productivity Press.

Haehnel, H. (2010). Kommunikation. In R. Langmann (Hrsg.), *Taschenbuch der Automatisierung* (2. Aufl., S. 309–393). München: Carl Hanser Verlag.

Roy, D. T., Mittag, P. & Baumeister, M. (2015). Industrie 4.0 – Einfluss der Digitalisierung auf die fünf Lean-Prinzipien. Schlank vs Intelligent. In N. Gronau & B. Scholz-Reiter (Hrsg.), *producivITy – Kompetenz in Produktion und Logistik*. Nr. 02/2015. 27–30. Berlin: GITO mbH.

Roy, D. T. & Reipert, J. (2015). Developing a Cloud-Based Supply Chain Event Management Tool Through Integrated Logistics Planning and Controlling to Manage Cyber Physical Logistics Networks. *International Science and Technology Conference (ISTEC)*. St. Petersburg.

Roy, D. T. (2017). Industrie 4.0 – Gestaltung cyber-physischer Logistiksysteme zur Unterstützung des Logistikmanagements in der Smart Factory. In F. Straube, R. Klinkner & H. Baumgartner (Hrsg.), *Schriftenreihe Logistik der Technischen Universität* (Band 38). Berlin: Universitätsverlag der TU Berlin.

Roy, D. T. (2020). *Produktionslogistik in Wertschöpfungsnetzwerken*. Technische Universität Berlin.

Roy, D. T. & Fellenberg, M. (2020). Logistikplattformen als Treiber für smarte Ökosysteme – Supply Chain Visibility als initialer Schritt für Transparenz und Steuerung von integrierten Real-Time Supply Chains. *Industrie 4.0 Management, 36*, 63–66.

Roy, D. T. (2022). *Industrial Internet of Things*. Universität Potsdam.

Stegbauer, C. (2010). *Netzwerkanalyse und Netzwerktheorie. Ein neues Paradigma in den Sozialwissenschaften* (2. Aufl). Wiesbaden: VS Verlag für Sozialwissenschaften.

Stich, V. Reschke, J., Holtkemper, D., Kraut, A., Pause, D. & Marek, S. (2020*)*. Digitalisierung der Supply-Chain. In P. Voß (Hrsg.), *Logistik – die unterschätzte Zukunftsindustrie* (S. 17–32). Wiesbaden: Springer Gabler.

Ulrich, H. (2001). *Systemorientiertes Management*. Studienausgabe. Bern, Stuttgart, Wien: Paul Haupt.

VDI und VDE (2013). *Cyber-Physical Systems: Chancen und Nutzen aus Sicht der Automation Verein Deutscher Ingenieure e.V.* VDI/VDE Gesellschaft Mess- und Automatisierungstechnik (GMA). Düsseldorf.

Weller, W. (2008). *Automatisierungstechnik im Überblick. Was ist, was kann Automatisierungstechnik?* (1. Aufl.). Berlin, Wien, Zürich: Beuth.

Womack, J. & Jones, D. (2003). *Lean Thinking. Banish Waste and Create Wealth in Your Corporation*. New York, London, Sydney, Tokio: Simon & Schuster.

5.9 Innovationsmanagement

Daniel Roy, Dustin Schöder, Sarah Bittner-Krautsack

Um den Begriff Innovation im Kontext von Unternehmen zu schärfen, bietet sich die Definition aus dem Oslo Manual 2018 der OECD & Eurostat (2018) an, wo festgehalten wird „eine Unternehmensinnovation ist ein neues oder verbessertes Produkt oder ein Geschäftsprozess (oder eine Kombination davon), das bzw. der sich erheblich von den bisherigen Produkten oder Geschäftsprozessen des Unternehmens unterscheidet und das bzw. der auf dem Markt eingeführt oder von dem Unternehmen in Betrieb genommen wurde." Unterschieden werden kann zwischen Produktinnovation und Geschäftsprozessinnovation, wobei sich

- Produktinnovationen auf neue oder verbesserte Waren oder Dienstleistungen, und
- Geschäftsprozessinnovationen auf neue oder verbesserte Geschäftsprozesse für eine oder mehrere Unternehmensfunktionen beziehen (OECD & Eurostat, 2018).

Neue und verbesserte Technologien sind häufig Basis für Innovationen. Man spricht folglich oft auch von technischen Innovationen. Innovationen können aber auch rein durch soziale oder organisatorische Änderungen ausgelöst werden. Bei produzierenden Unternehmen setzt sich das Innovationsmanagement vor allem mit neuen oder verbesserten Waren ggf. in Kombination mit neuen oder verbesserten Dienstleistungen auseinander (Produkt- bzw. Serviceinnovationen). In Güterverkehrsunternehmen geht es einerseits um Service- und Geschäftsprozessinnovationen, weil der Gütertransport per se eine immaterielle Dienstleistung darstellt, andererseits aber auch um Produktinnovationen bei den eingesetzten Assets.

Mit Blick auf das Innovationsmanagement in Güterverkehrsunternehmen stellen sich folgende Kernfragen:
- Warum sollten Güterverkehrsunternehmen Innovationsmanagement betreiben? (Kapitel 5.9.1)
- Wie können Güterverkehrsunternehmen ein erfolgreiches Innovationsmanagement durchführen? (Kapitel 5.9.2)
- Was sind Beispiele für erfolgreich durchgeführtes Innovationsmanagement? (Kapitel 5.9.3)

5.9.1 Relevanz des Innovationsmanagements in Güterverkehrsunternehmen

Im Malik Gälweiler Navigationssystem (Malik, 2013) werden für integrale strategische Navigationslogik zukünftige Erfolgspotenziale als eine von vier zentralen Steuerungsgrößen neben der Liquidität, dem Erfolg und den heutigen Erfolgspotenzialen für Unternehmen definiert. Während Liquidität und Erfolg zu den kurzfristigen Erfolgspotenzialen gehören, sind Innovationen v. a. für das Heben der zukünftigen Erfolgspotenziale entscheidend. Ziel ist, auf Basis neuer Technologien [...] neuartige Lösungen für dieselben Kundenprobleme zu ermöglichen (Malik, 2013).

Untersuchungen der Korrelation zwischen Innovation und Marktmacht zeigen, dass Innovationen sowohl effizienzsteigernde als auch nachfrageverlagernde Effekte auf das Überleben und die Produktivität von Unternehmen haben. Unternehmen, die sich mit nachfrageverlagernden Innovationstypen wie Produktinnovationen beschäftigen, haben tendenziell stärkere positive Auswirkungen auf ihr Überleben und ihre Produktivität. Zudem gibt es Hinweise, dass innovationsintensive Unternehmen größere Produktivitätseffekte realisieren (Ugur & Vivarelli, 2021). Unternehmen sollten folglich über Innovationsmanagement Forschungs- und Entwicklungsziele festlegen, die sich auf potenzielle neue Lösungstechnologien beziehen. Die Orientierung an Kundenproblemen sowie sozio-ökonomischen Trends in der Verknüpfung mit Kostensenkungspotenzialen sollte hier im Fokus der Rolle „Innovation Manager/in" stehen (Malik, 2013).

Da das Leistungsportfolio im Güterverkehr häufig aus austauschbaren, „Commodity Services" besteht und der Preis für die Kunden häufig das vorrangige Entscheidungskriterium darstellt, sind die Margen gering und der Markt stark umkämpft (Verdrängungswettbewerb). Güterverkehrsunternehmen sind daher vorwiegend mit der Steuerung ihrer kurzfristigen Erfolgspotenziale beschäftigt und oftmals in kurz- und mittelfristigen Planungshorizonten verhaftet. Ressourcen für Innovationsmanagement fehlen oft ganz oder werden mit anderen Verantwortlichkeiten geteilt. Ein institutionalisiertes Innovationsmanagement mit einer Rolle "Innovation Manager/in" ist i. d. R. nur in großen Logistikdienstleistungsunternehmen implementiert. Kleine und mittlere Unternehmen haben hier eine erschwerte Position aufgrund ihrer Ressourcen. In produzierenden Unternehmen widmen sich ganze Abteilungen dem Innovationsmanagement v. a. in Bezug auf die zu produzierenden Produkte, während es im Lieferkettenmanagement selbst weniger Beachtung findet.

Innovationen können die Effizienz als auch Effektivität oder im besten Fall beides adressieren. Sie sollten die Geschäftsprozesse erneuern bzw. verbessern und so dem Unternehmen verhelfen, effizienter zu sein und gleichzeitig den Kundennutzen zu verbessern und damit dem Unternehmen ermöglichen, effektiver zu sein. Fehlen im eigenen Unternehmen die Ressourcen, so kann Innovationsmanagement auch über die eigenen Unternehmensgrenzen hinausgehen und im Sinne von *Open Innovation* auch externe Akteure miteinbeziehen. Hierfür stehen Forschungseinrichtungen aus dem In- und Ausland mit spezifischen Forschungsgebieten, agile Start-Ups oder auch innovative Partner aus vertikalen und horizontalen Kooperationen zur Verfügung. Ein wichtiger Treiber für diese Service- und Geschäftsprozessinnovationen sind oftmals Basistechnologien der Digitalisierung (siehe Kapitel 5.7).

Relevanz von Innovationen im Güterverkehr seitens des Staates

Staaten haben Interesse daran, die Innovationsleistung von Unternehmen zu stärken und setzen dafür seit den 80er Jahren Maßnahmen im Bereich der Forschungs-, Technologie- und/oder Innovationspolitik ein. Auf europäischer Ebene sind die EU-Forschungsrahmenprogramme auch in dieser Zeit entstanden. In den letzten Jahrzehnten haben sich die Interventionslogiken grundlegend verändert. Mit monetären Anreizen für Forschungs-, Technologie- oder Innovationsinitiativen und -programme sollen Unternehmen bei der angewandten Forschung und technologischen Entwicklung direkt unterstützt werden. Die wesentlichen Entwicklungsstufen sind die folgenden (Krautsack, 2016):

- Zu Beginn orientierte sich die Politik an linearen Innovationstheorien, die auf Josef Schumpeter zurückgehen und einen linearen Zusammenhang von Forschung, technologischer Entwicklung und Innovation postulierten. Damit sollte die Wettbewerbsfähigkeit der Wirtschaft und ihr Wachstum unterstützt und in weiterer Folge gesellschaftliche Veränderungen unterstützt werden. Die Politik sollte sicherstellen, dass Unternehmen v. a. in die Ergebnisse der Grundlagenforschung investieren und Mindestinvestitionen in Forschung und technologische Entwicklung tätigen. Es handelte sich um Technologiepolitik.
- Seit Ende des 20. Jahrhunderts orientierte sich die Politik zunehmend an den neu aufkommenden systemischen, evolutionären Innovationstheorien, die auf dem Konzept des nationalen Innovationssystems beruhen, wo u. a. die Unternehmen und der Staat selbst Teil des Innovationssystems sind. Die Politik sieht sich verantwortlich, die großen gesellschaftlichen Herausforderungen wie die Klimakrise, die Ressourcenknappheit, den demografischen Wandel oder die Urbanisierung mit Schwerpunktsetzungen zu adressieren. Zur Aufgabe der Innovationsförderung gehört v. a. die Übersetzung, Interaktion und Kooperation zwischen den Akteuren (Wissenschaft und Wirtschaft bzw. Forschung und Unternehmen) im

System sicherzustellen, Pfadabhängigkeiten und Lock-In-Effekte aufzubrechen bzw. von Beginn an zu vermeiden und als Teil des Systems flankierende regulatorische Maßnahmen zur Problemlösung umzusetzen.

Am Beispiel Österreichs bedeutete dieser Wandel neben der Förderung von Forschungsprojekten einzelner Unternehmen, die Förderung von kooperativen Forschungs- und Entwicklungsvorhaben, durch die mehrere Unternehmen miteinander oder Unternehmen mit Forschungseinrichtungen über ihre Unternehmensgrenzen hinweg kooperieren. Auf den Güterverkehr bezogen wurden zunächst v. a. Umschlagstechnologien oder innovative Waggon-Projekte unterstützt. Später ging es gestützt auf den kooperativen Ansatz um technologische und organisatorische Innovationen mit dem Ziel, Entwicklungen wie nachhaltige Gütermobilität in bzw. außerhalb von Ballungszentren, nachhaltige Transportketten und -netzwerke und intermodale Knotenpunkte zu fokussieren. Zielgruppen waren Unternehmen aus dem Bereich Transportwirtschaft und Logistik, universitäre und außeruniversitäre Forschungseinrichtungen und Fachhochschulen im Gütermobilitätsbereich.

Auch die EU-Forschungsrahmenprogramme setzen auf Kooperationen der Akteure über Unternehmensgrenzen hinweg und adressieren große Konsortien. Um derartige Kooperationen zu Innovationen auf EU-Ebene zu stärken, wurde die europäische Technologie- und Innovationsplattform ALICE im Jahr 2013 ins Leben gerufen. Sie soll eine umfassende Strategie für Forschung, Innovation und Markteinführung von Innovationen im Bereich Logistik und Lieferkettenmanagement in Europa entwickeln und die Europäische Kommission bei der Umsetzung des EU-Forschungsprogramms im Bereich Logistik unterstützen, beraten und begleiten (ALICE, o. D.). Ihre Mitglieder sind vor allem innovative Unternehmen aus dem Bereich Logistik- und Lieferkettenmanagement.

Relevanz von Innovationen im Güterverkehr für Ziele der Verkehrspolitik
In den bisherigen Abschnitten wurde dargelegt, warum Güterverkehrsunternehmen Innovationen benötigen und sie managen sollten. Es wurde aufgezeigt, warum der Staat Interesse daran hat, die Unternehmen dabei zu unterstützen. Aus Sicht der Verkehrspolitik ist dieses Interesse in den letzten Jahren nochmals gewachsen, weil es dringend Lösungen braucht, um die Mobilitätswende zu schaffen, auch im Güterverkehr.

Mit dem European Green Deal setzt sich die EU-Kommission das Ziel, als Europäische Union im Jahr 2050 erster klimaneutraler Kontinent zu werden. Dafür müssen die Netto-Treibhausgasemissionen bis 2030 um mindestens 55 % gegenüber 1990 gesenkt werden (Europäische Kommission, o. D.). Das bedeutet auch, die verkehrsbedingten Treibhausgasemissionen bis zum Jahr 2050 um 90 % zu verringern. Um dieses Ziel zu erreichen, wurde die Sustainable and Smart Mobility Strategy erstellt und mit Maßnahmen versehen. In EU-Mitgliedsstaaten haben sich Regierungen darüberhinausgehend ambitioniertere Ziele gesetzt: Österreich soll bereits bis zum Jahr 2040 klimaneutral sein, Deutschland möchte Treibhausgasneutralität im Jahr 2045 erreichen.

Im Mobilitätsmasterplan 2030 fordert das österreichische Bundesministerium für Klimaschutz einerseits „die Verkehrswende (Vermeiden, Verlagern) als auch die Energiewende im Verkehr (Verbessern mit Phase-Out fossiler Energieträger und 100 % erneuerbare Energie im Verkehr)" (BMK, 2021). Neben Digitalisierung werden Forschung und Innovation als große Hebel zum Gelingen dieser Transformation zu einer klimaneutralen Wirtschaft und Gesellschaft gesehen. Folglich hat die Politik größtes Interesse daran, Maßnahmen im Bereich Forschung, Technologie und Innovation zur Verkehrs- und Energiewende zu fördern. Forschungs-, Technologie- und Innovationsschwerpunkte beginnen, sich inhaltlich zunehmend an den sektoralen Zielen von Verkehrs-, Mobilitäts-, Energie- und Umweltpolitik zu orientieren. Forschungs-, Technologie- und Innovationspolitik wird um Maßnahmen zur Skalierung und Verbreitung vielversprechender innovativer Lösungen wie Experimentierräume, Allianzen und Umsetzungspartnerschaften sowie europäische und internationale Positionierung ergänzt. Darüber hinaus wird auf einen Mix verschiedenster Politikmaßnahmen gesetzt. Das können Maßnahmen im Bereich der innovationsorientierteren öffentlichen Beschaffung oder auch regulatorische Maßnahmen wie Zufahrtsbeschränkungen oder Neuzulassungsverbote von Verbrennungsmotoren oder zusätzliche bzw. erhöhte Steuern z. B. auf Mineralöl sein. Pfadabhängigkeiten lassen sich damit noch besser aufbrechen, wie etwa im Güterverkehr die große Abhängigkeit vom Verbrennungsmotor und folglich fossilen Energieträgern sowohl im Straßen-, Schiff- als auch Luftverkehr. Des Weiteren können neue Pfadabhängigkeiten basierend auf dem Verbrennungsmotor vermieden werden wie etwa der Einsatz synthetischer Kraftstoffe mit sehr geringem Wirkungsgrad im Güterschwerlastverkehr auf der Straße und gleichzeitig neue Pfade in Richtung Wasserstoff und Elektrifizierung im Bereich der Antriebe forciert werden. Die Treibhausgas-Emissionen von strombasierten, flüssigen, synthetischen Kraftstoffen liegen zwar nur geringfügig über jenen von Elektrofahrzeugen, aber der kumulierte Energieaufwand ist um den Faktor 6 höher als bei batterieelektrischen Fahrzeugen bzw. bei Biokraftstoffen zwei- bis dreimal höher, letztere sind zudem nur begrenzt verfügbar (Fritz, Heinfellner & Lambert, 2022).

Auf Europäischer Ebene wurden dafür das Konzept der EU-Missionen aufgegriffen. Über sie sollen 100 europäische Städte, mit dem Ziel der Klimaneutralität bis zum Jahr 2030 unterstützt und gefördert und zu Versuchs- und Innovationszentren für alle Städte gemacht (Europäische Kommission, 2020) werden, darunter zehn Städte im DACH-Raum. Hier sind Auswirkungen auf den städtischen Güterverkehr vorbestimmt, die innovative Lösungen auf Seiten der Güterverkehrsunternehmen erfordern.

Beispiele aus der Innovationsförderung im Güterverkehr

Unternehmen wie Innofreight liefern Beispiele für *Produktinnovationen* im Schienengüterverkehr. Seit seiner Gründung im Jahr 2002 hat es sich Innovationen im Schienengüterverkehr verschrieben und entwickelt modulare Konzepte von Güterwagen angepasst an die Bedürfnisse verschiedener Industriesektoren von der Holz- bis zur

Stahlindustrie (Niederl, 2021). Es arbeitet dafür mit verschiedenen Forschungseinrichtungen im Bereich Informatik bzw. Logistik, ihren Industriekunden und Eisenbahnverkehrsunternehmen eng in der Forschung- und Entwicklung zusammen.

Ein Beispiel für Produktinnovationen in der KEP-Branche basierend auf Investitionen in die Ergebnisse der Grundlagenforschung ist das Start-Up PHS Logistiktechnik GmbH mit seinem Produkt dem Rapid Unloader, „einem automatischen Entladesystems für große Paketmengen im Pulk, wie sie an Umschlag- und Verteilknoten der Kurier-, Express- und Paketbranche anfallen" (BMK, 2020). Ein Projekt der angewandten Forschung wurde im Anschluss an vielversprechende Ergebnisse aus der Grundlagenforschung gemeinsam mit der Österreichischen Post AG durchgeführt. Das Start-Up wurde von Mitarbeitern der Technischen Universität Graz unter Beteiligung der Österreichischen Post AG gegründet, die später ihre Anteile an einen dänischen Logistikzulieferer verkauft hat.

In Testbetrieben erfolgreich erprobte *Dienstleistungsinnovationen* für eine nachhaltige Gütermobilität in Ballungszentren sind (kooperativ) genutzte innerstädtische Logistik-Hubs, die eine klimaneutrale Zustellung auf der letzten Meile ermöglichen. Sie bauen auf horizontaler Kooperation auf und werden durch politisches Interesse der Städte an einem klimaneutralen städtischen Güterverkehr gestützt. Die Stadt Graz engagierte sich aufbauend auf dem kooperativen Forschungs- und Entwicklungsprojekt GrazLog mit dem Ziel, den städtischen Warentransport zukünftig schadstoffärmer, günstiger und nachhaltiger zu gewährleisten, indem E-Fahrzeuge und E-Fahrräder auf der letzten Meile eingesetzt werden und die Einführung eines kooperativ betriebenen innerstädtischen Güterkonsolidierungszentrums, eines sogenannten Micro-Hubs, vorangetrieben wird (GrazLog, o. D.). In Berlin entsteht mit der Siemensstadt[2] ein Forschungs-, Industrie- und Wohnareal in enger Kooperation zwischen dem Siemens AG und dem Land Berlin Dabei wird u. a. auch ein Gesamtvolumen von knapp 14 Mio. EUR auf vier Jahre zur Erforschung des hochautomatisierten Bahnbetriebs zur Verfügung stehen, davon die Hälfte gefördert aus öffentlichen Mitteln (Süddeutsche Zeitung, 2021). In Oslo hat DB Schenker 2019 den „Oslo City Hub" auf 500 m[2] in einer Public-Private-Partnership u. a. mit der Stadt Oslo eröffnet und stellt von dort ausschließlich mit Elektroautos und E-Bikes zu (Daimler Truck, 2021). Das Konzept soll auf weitere norwegische Städte ausgeweitet werden und dafür investiert DB Schenker in eine neue elektrische Fahrzeugflotte (Deutsche Bahn, 2021).

Österreich setzt seit Mitte der Nullerjahre für die Skalierung von Innovationen vermehrt auf Experimentierräume und hat dafür ein neues Instrument in die Forschungs-, Technologie- und Innovationspolitik eingeführt: *Innovationslabore.* In Deutschland werden gleichartige Ansätze in abgegrenzten geografischen Räumen als Reallabore ausgeflaggt. Sie forschen und entwickeln nicht selbst, sondern sollen ein innovationsförderliches Umfeld schaffen, vernetzen und Wissen transferieren. Folglich gibt es in Österreich Testumgebungen für automatisiertes Fahren wie Digitrans, welches sich autonomen Nutz- und Transportfahrzeugen widmet und wo namenhafte Unternehmen wie Magna, Hödlmayr International und Reform-Werke beteiligt sind oder aber auch thinkportVienna, ein urbanes Mobilitätslabor im Raum, welches sich güterlogistischen Innovationen in Wien annimmt und vom Hafen Wien gemeinsam mit der Universität für Bodenkultur – Institut für Produktionswirtschaft und Logistik – betrieben wird und sehr eng mit der Stadt Wien zusammenarbeitet. Unter anderem organisierte es eine Testfahrt des ersten vollelektrischen 37-Tonnen e-Trucks von Wien nach Graz über eine Strecke von 200 km (thinkportVienna, 2022).

5.9.2 Methoden des Innovationsmanagements im Güterverkehr

Nach den Theorien der Kondratieff-Wellen und der daraus von Schumpeter abgeleiteten Theorie der Konjunkturwellen sind technologische Innovationen die Basis zur Umwälzung von Wirtschaft und Organisation. Die Umwälzung oder Disruption führt demnach zu einem Paradigmenwechsel. Kennzeichen dieses Paradigmenwechsels sind zumeist Steigerungen in der Produktivität industrieller Leistungserstellung. Kondratieff konnte durch verschiedene wirtschaftliche Indikatoren den Zusammenhang zwischen technischen Innovationen und der damit verbundenen Produktivitätssteigerung nachweisen. Abbildung 5.9.1 zeigt die durch Kondratieff erarbeiteten gesamtwirtschaftlichen Anstiege diverser Leistungskennzahlen in Verbindung mit technologischen Innovationen (Schumpeter, 1987; Nefiodow, 2014; Roy, 2020).

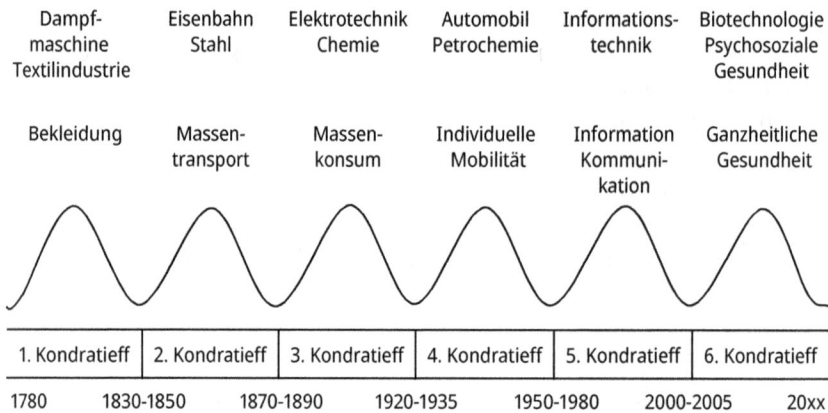

Dampf-maschine Textilindustrie	Eisenbahn Stahl	Elektrotechnik Chemie	Automobil Petrochemie	Informations-technik	Biotechnologie Psychosoziale Gesundheit
Bekleidung	Massen-transport	Massen-konsum	Individuelle Mobilität	Information Kommuni-kation	Ganzheitliche Gesundheit

1. Kondratieff	2. Kondratieff	3. Kondratieff	4. Kondratieff	5. Kondratieff	6. Kondratieff

| 1780 | 1830-1850 | 1870-1890 | 1920-1935 | 1950-1980 | 2000-2005 | 20xx |

Abbildung 5.9.1: Kondratieff-Wellen (Nefiodow, 2014).

Der Zusammenhang von technologischen Innovationen, die mit einer Produktivitätssteigerung einher gingen und dadurch für die moderne Industriegesellschaft besondere zivilisatorische Sprünge zur Folge hatte, wird gemein hin als industrielle Revolution beschrieben. Die industriellen Revolutionen waren dabei nicht auf den Fabrikbetrieb begrenzt, sondern bedingten ebenfalls Entwicklungen im Güterverkehr. Aufgrund der Innovationen und der damit folgenden Produktivitätssteigerungen wurde nicht nur der Bedarf an zu befördernden Waren größer, sondern ebenfalls die Geschwindigkeit sowie die zu erfüllenden Distanzen im Güterverkehr. Die von Kondratieff oder Schumpeter beschriebenen (technologischen) Innovationen lassen sich i. d.R. in inkrementelle und radikale Innovationen unterscheiden. Die in Industrie, Handel und Güterverkehr weit verbreitete *inkrementelle Innovation* (kontinuierliche Verbesserung in stetigen Schritten) ist einer der Domänen deutscher Unternehmen und lange Jahre der Garant für den Erfolg des Wirtschafsstandortes Deutschland. Dem gegenüber steht die *radikale bzw. disruptive Innovation*, in der etwas Neuartiges, Sprunghaftes erschaffen wird. Inkrementelle sowie radikale Innovationen besitzen dabei gleichermaßen das Potenzial ganze Branchen zu verändern (Gorecki & Pautsch, 2010; Hauschildt & Salomo, 2007).

Güterverkehrsunternehmen steigern sukzessive ihren Innovationsgrad sowohl bei der Beförderung von Waren (z. B. Plattformsysteme oder Datenintegration in die Transportplanung) als auch in den Operations von Logistiklägern (vollautomatische Klein- oder Hochregalläger, Einsatz von Robotern oder autonomen innerbetrieblichen Transportsystemen). Für die Förderung des Innovationsgrades können Unternehmen auf eine Reihe von qualitativen und quantitativen Methoden zurückgreifen.

Qualitative und quantitative Methoden des Innovationsmanagements
Innovationen entstehen nicht immer zufällig, sondern werden durch das Innovationsmanagement zielgerichtet durch eine Vielzahl eingesetzter Methoden begünstigt. Diese lassen sich grundlegend in qualitative und quantitative Methoden unterteilen. Zudem unterscheiden sich Innovationsmethoden bzgl. des Zeithorizonts, den sie zu prognostizieren versuchen bzw. für welches Zieljahr die jeweilige Innovation realisiert werden soll. Abbildung 5.9.2 zeigt eine Übersicht unterschiedlicher qualitativer und quantitativer Innovationsmethoden in Bezug zum Zeithorizont. Die Einordnung erfolgt nach der häufigsten Einsatzart. Ansätze, die sowohl qualitativ als auch quantitativ sind, verlangen oft einen stärkeren Experteneinsatz.

In jüngster Vergangenheit gewinnen Methoden aus der agilen Softwareentwicklung eine immer größere Relevanz für das Innovationsmanagement, um technischen Innovationen für die IT und Software-Entwicklung kompatibel zu machen. Regelmäßig haben diese Methoden radikale Innovationen zur Folge.
- *Business Model Canvas* eignen sich sowohl für die Strategie sowie der Geschäftsmodellentwicklung auf Basis von Produkt- oder Serviceinnovationen. Ziel ist die schrittweise Visualisierung und Formulierung von bis zu neun strategischen Feldern und deren Abhängigkeiten sowie deren Umsetzung. Lösungsansätze basieren auf der Geschäftslogik eines Unternehmens.
- *Event Storming* setzt am konkreten Prozess des Anwenders an und definiert die einzelnen Prozessschritte als „Events" zur Unterstützung des Software-Engineerings. In der Regel wird zunächst die gesamte Prozess-/ Event-Landschaft aufgenommen, dieser Rollen und das verwendete System zugeordnet. Am Ende werden Potenziale und Herausforderungen entlang der Event-Landkarte identifiziert und priorisiert.
- *Kontextanalysen, Service-Blueprints, Personas* und *Customer Journeys* haben zum Ziel die Kundenanforderungen im Detail zu verstehen und aufzunehmen. Im Fokus

stehen dabei z. B. der Tagesablauf sowie die jeweiligen Aufgaben, bei denen z. B. IT-Software zum Einsatz kommt. Darüber hinaus werden Begeisterungs- und Frustrationsfaktoren identifiziert.

Agile Methoden in den Phasen des Innovationsmanagements

Während die beschriebenen Methoden primär den Phasen Ideen- und Konzeptphase eines Innovationsmanagement zuordbar sind, gibt es agile Methoden, welche die Umsetzung mit Hilfe von Entwicklung, Prototyping, Testen und Realisierung zum Ziel haben. Diese Methoden lassen sich den inkrementellen (Umsetzungs-) Innovationen zuordnen. Da der Einsatz von Digitalisierung und IT-Systemen seit geraumer Zeit zum Werkzeugkasten von Güterverkehrsunternehmen gehören, werden diese Methoden, die aus der klassischen Software-Entwicklung stammen, immer mehr im Innovationsmanagement von Handel, Industrie und Güterverkehrsunternehmen eingesetzt.

- *Design-Sprints* sind zeitbeschränkte Entwicklungen von Lösungen, die auf einem schnellen regelmäßigem Kundenfeedback aufsetzen. Die fünf iterativen Schritte pro Lösung einschließlich Validierung orientieren sich an unterschiedlichen Werktagen. Eine Abfolge ist z. B. Montag = Entwicklung User-Story & gemeinsames Verständnis entwickeln, Dienstag = Ideensammlung und Bewertung, Mittwoch = Entscheiden und Planen, Donnerstag = Rapid Prototyping und Freitag = Testen.
- *Scrum* ist analog aufgebaut, beschränkt sich aber nicht auf die fünf Tage. Die Zeitspanne bei Scrum ist flexibel und kann tage- oder wochenweise definiert werden. Schritte sind die Sprint-Planung, die Sprint-Arbeit das anschließende Sprint-Review sowie die Sprint-Retrospektive.
- Das Ziel der *Objectives and Key Results (OKR)* ist es, Teams dabei zu unterstützen, sich erstens auf wenige Ziele zu fokussieren und zweitens zu definieren, wie das Erreichen dieser Ziele innerhalb eines überschaubaren Zeitraums gemessen werden soll. OKR ist in Anlehnung an Kennzahlensystemen für die Steuerung von Projekterfolgen oder -misserfolgen notwendig. Primärer Unterschied liegt – so gut wie in allen agilen Methoden – in der Selbstorganisation des Teams.

Abbildung 5.9.3 gibt eine Übersicht über verschiedene agile Methoden im Rahmen des Innovationsprozesses.

Konventionelle Methoden und agile Methoden sind unterschiedliche Ansätze mit dem gleichen Ziel möglichst Innovationen am Kundenbedarf auszurichten. Nichtsdestotrotz sind für beide Ansätze verschiedene Vorgehensmodelle sowie unterschiedliche Team-Kulturen eine Voraussetzung für erfolgreiche Projekte. Tabelle 5.9.1 zeigt einige Charakteristika im Vergleich.

In agil orientierten Unternehmen verlagert sich die Wertschöpfung vom operativen Geschäft sukzessive in Richtung IT. Dies ist ebenfalls an der Zusammensetzung der Mitarbeitenden-Struktur zu beobachten. Während in einem agilen Unternehmen der Hauptanteil der Mitarbeiter der IT zugehörig ist (gefolgt von Marketing, Operati-

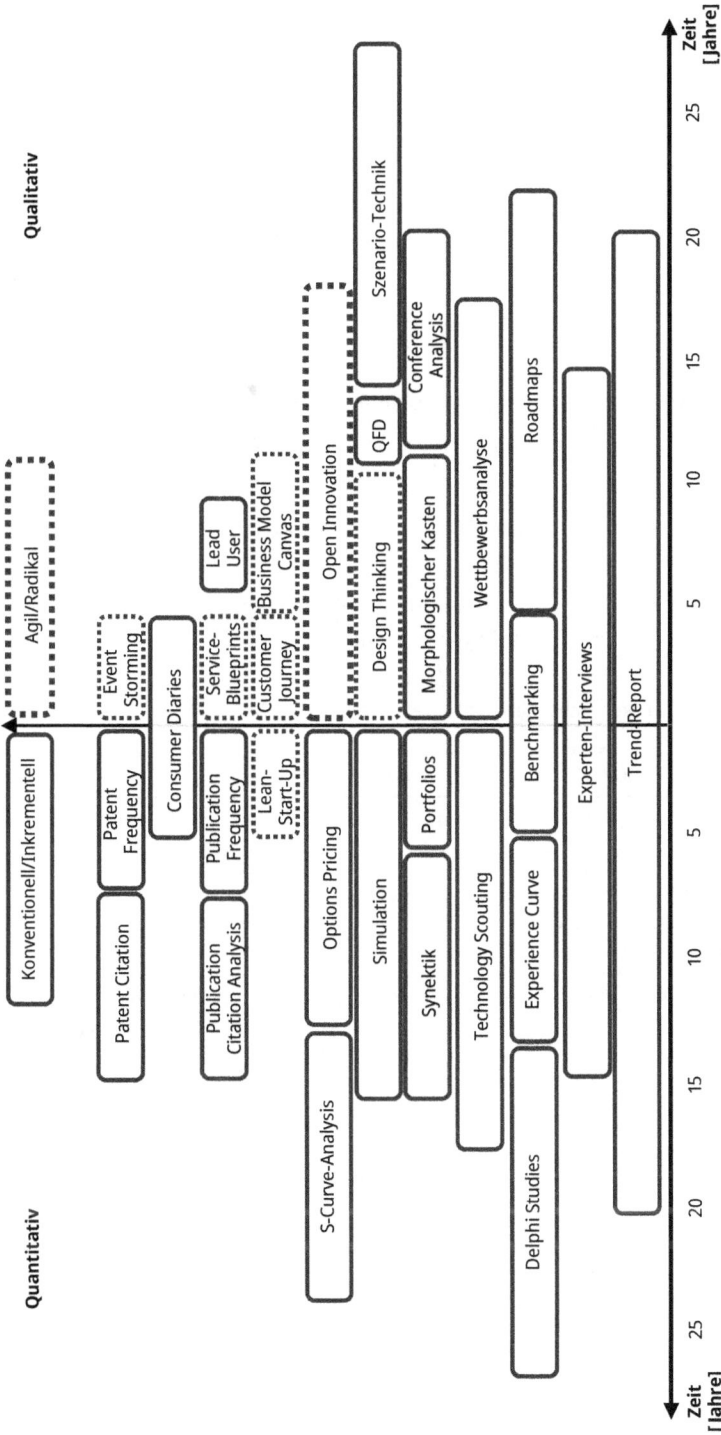

Abbildung 5.9.2: Qualitative und quantitative Methoden des Innovationsmanagements.

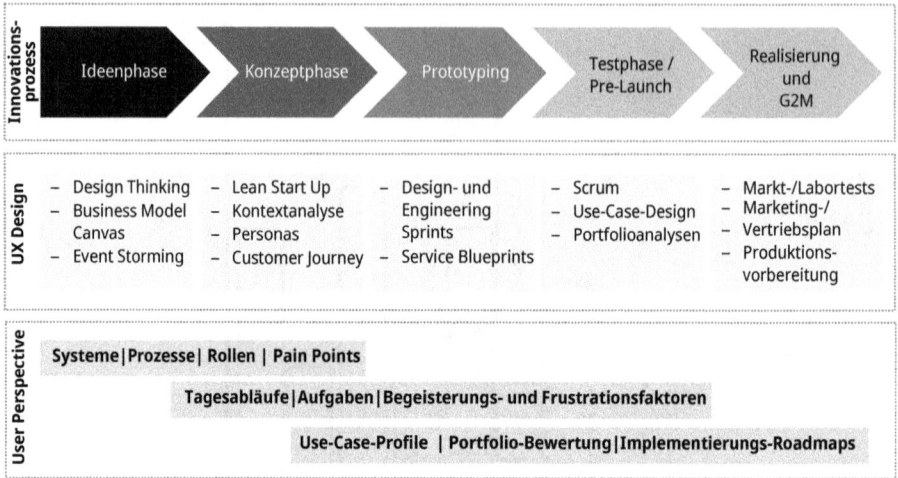

Abbildung 5.9.3: Agile Methoden in den Phasen des Innovationsmanagements.

ons, Geschäftsführung und HR), fällt der Anteil von IT-Mitarbeitern in herkömmlichen Unternehmensstrukturen aktuell häufig geringer aus.

Tabelle 5.9.1: Unterschied von konventionellen und agilen Ansätzen (Roy, 2020).

	Konventionelle Ansätze	**Agile Ansätze**
Vorgehen	Linear: Alle Phasen eines Prozesses laufen nacheinander	Flexibel: Berücksichtigung digitaler und schnelllebiger Anforderungen
	Definierte Objekte, kontrollierbarer Prozess, klare Dokumentation, mehr Rechenschaftspflicht	Geringe Planungszeit, schnelle Ergebnisse, starker Teamgeist, kontinuierliche Verbesserung
	Wasserfallmethode mit klar definierten Meilensteinen	Kein Wasserfall, meist Vorgabe von Zielthema, Zeitrahmen der Sprints, Rollen und Tools (online und post its)
Team-Kultur	Führungskraft entscheidet, gibt Ressourcen frei und steuert	Teams entscheiden selbstständig über Ziele, Vorgehen und Zeiten
	Meilensteine mit Darstellung einer 100 % igen Lösung	Präsentation von 20 %- / 50 %-Lösungen In jedem Sprint, um Feedback zu erhalten
	Fokus auf Fehlervermeidung	Fail forward: Fail often, fail often

5.9.3 Beispiele für erfolgreiches Innovationsmanagement am Beispiel von technischen Innovationen

Abschließend folgt die Skizzierung möglicher Ergebnisse eines erfolgreich durchgeführten Innovationsmanagements. Der Fokus liegt dabei in den Beispielen auf technischen Innovationen, welche in ihrer Anwendung zu Produkt- oder Geschäftsprozessinnovationen führen.

Die getroffene Auswahl fokussiert sich auf Beispiele von innovativen Technologien, welche eine besondere Relevanz für bestimmte Bereiche des Güterverkehrs besitzen. Als vorrangige Auswahlkriterien werden der technologische Reifegrad und das Einsatzpotenzial der jeweiligen Technologie abgeschätzt, gestützt auf entsprechende Analysen von Forschungseinrichtungen, Beratungsunternehmen und (Pilot-)Anwendern.

Als Einstieg und als Übersicht für Innovationsschwerpunkte wird das Trendradar herangezogen (siehe Abbildung 5.9.4). Das Trendradar in der Logistik ist ein wertvolles Instrument, das die Branche über aktuelle und zukünftige Entwicklungen informiert. Er dient häufig als Leitfaden für Unternehmen, um neue Chancen zu erkennen sowie

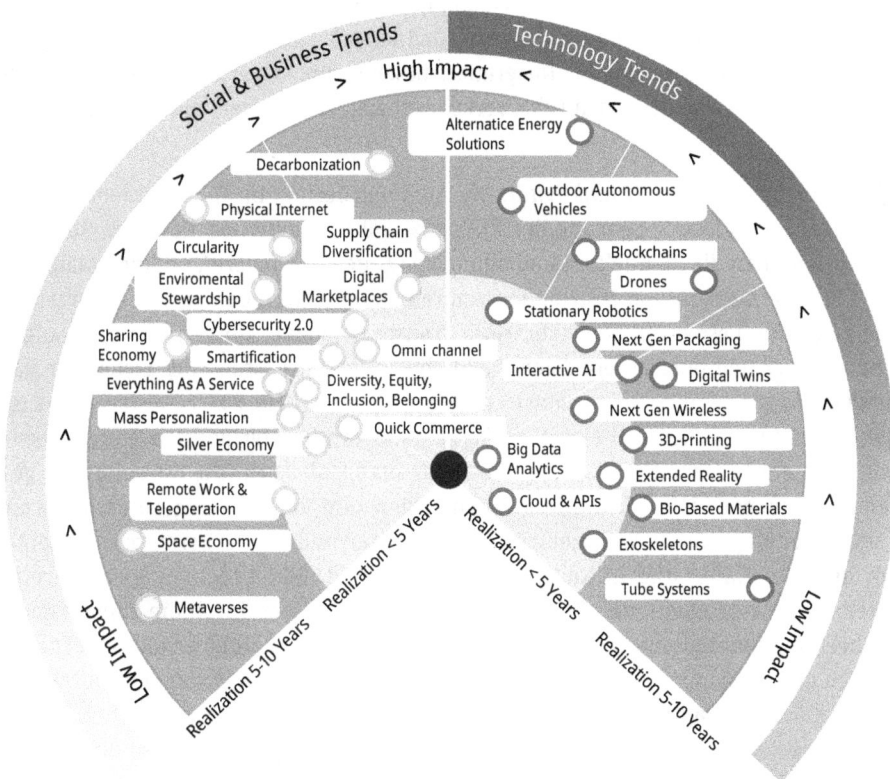

Abbildung 5.9.4: DHL Trendradar (DHL, 2023).

Herausforderungen frühzeitig zu bewältigen und somit ihr Innovationsmanagement auszurichten. Das Trendradar analysiert technologische Fortschritte wie künstliche Intelligenz, Internet der Dinge oder autonome Fahrzeuge, jeweils verbunden mit nachhaltigen Auswirkungen auf die Logistik. Ebenso berücksichtigt es nachhaltige Praktiken und grüne Lösungen, da die Logistikbranche, getrieben durch entsprechende Kundenanforderungen, zunehmend auf umweltfreundliche Initiativen setzt. Das Trendradar verfolgt auch den Einfluss geopolitischer Entwicklungen auf den globalen Handel und die Logistikketten. Er ist ein wichtiges Instrument, um in der dynamischen Logistikwelt erfolgreich zu navigieren und zielgerichtetes Innovationsmanagement betreiben zu können.

Im Güterverkehr ist das Trendradar der DHL von besonderem Renommée, weshalb es nachfolgend betrachtet wird. Im Folgenden liegt der Fokus auf den technologischen Trends, da diese im Rahmen des Innovationsmanagements bei der Mehrzahl der Akteure von besonderer Bedeutung sind.

Die Bedeutung von Automatisierung und Robotik im Güterverkehr

Die fortschreitende Technologieentwicklung hat einen großen Einfluss auf den Güterverkehr. Insbesondere die Automatisierung und Robotik spielen eine immer wichtigere Rolle in der Logistikbranche. Die Integration dieser Technologien bietet zahlreiche Vorteile und hat das Potenzial, den Güterverkehr effizienter, sicherer und nachhaltiger zu gestalten.

Effizienzsteigerung und Produktivität: Die Automatisierung im Güterverkehr ermöglicht eine erhebliche Steigerung der Effizienz und Produktivität. Robotergesteuerte Systeme können die manuelle Handhabung von Gütern reduzieren und den Materialfluss in Lagerhäusern und Distributionszentren optimieren. Automatisierte Fahrzeuge, wie autonome Lastwagen oder fahrerlose Transportsysteme, können Transportaufgaben schneller und präziser erledigen. Dadurch werden Engpässe in der Lieferkette minimiert und die gesamte Prozessabwicklung beschleunigt (DHL, 2023). Beispielsweise ist der Umschlag zwischen den einzelnen Verkehrsträgern in intermodalen Transportketten stehts ein Prozessschritt, dessen Resilienz maßgeblich auf die Stabilität der gesamten Transportkette wirkt. Diese Technologien zum Verkehrsträgerumschlag von Ladeeinheiten (zumeist Wechselbrücken, Container und Trailer) sind bereits heute vor allem in Häfen und in Railports eingesetzt und haben technologisch bereits einen weit fortgeschrittenen Reifegrad. Dies wird vor allem durch die zunehmende Verbreitung von automatischen Umschlag-Equipment im Rahmen von Modernisierungen und Neubauvorhaben belegt. Das Einsatzpotenzial hängt von dem Durchsatz und den Leistungsanforderungen des jeweiligen Terminals ab. Grundsätzlich gibt es einen unteren Grenzwert, ab welchem die Automatisierung mit Blick auf die Kostenbilanz des Umschlagterminals unwirtschaftlich ist. Dieser Kipppunkt ist dabei hoch individuell und abhängig von der jeweiligen Umschlaganlage (Martin-Soberon, Monfort, Sapiña, Monterde & Calduch, 2014).

Kostenersparnis: Die Automatisierung im Güterverkehr generell und speziell die Einführung von Robotik können zu erheblichen Kostenersparnissen führen. Obwohl die anfänglichen Investitionskosten hoch sein mögen, amortisieren sich diese Investitionen oft über die Zeit durch eine verbesserte Effizienz und geringere Betriebskosten. Automatisierte Systeme reduzieren den Bedarf an Arbeitskräften und reduzieren menschliche Fehler, was wiederum zu geringeren Ausschussraten und weniger Beschädigungen der Güter führt (Martin-Soberon et al.,2014).

Arbeitssicherheit: Automatisierung und Robotik tragen wesentlich zur Verbesserung der Arbeitssicherheit im Güterverkehr bei. Gefährliche und körperlich anstrengende Aufgaben können von Robotern übernommen werden, wodurch das Risiko von Arbeitsunfällen und Verletzungen für Mitarbeiter reduziert wird. Mitarbeitende können sich auf Aufgaben konzentrieren, die höhere kognitive Fähigkeiten erfordern und somit wertvolle Beiträge zur Optimierung der Logistikprozesse leisten (Martin-Soberon et al., 2014).

Rund-um-die-Uhr Betrieb: Automatisierte Systeme ermöglichen einen 24/7-Betrieb ohne menschliche Aufsicht. Dies führt zu einer kontinuierlichen und unterbrechungsfreien Abwicklung des Güterverkehrs, was die Lieferzeiten verkürzen und eine schnellere Reaktion auf unvorhergesehene Ereignisse ermöglichen kann. Vor allem in der heutigen Welt, in der die Nachfrage nach schnelleren Lieferungen und kürzeren Durchlaufzeiten steigt, ist die Fähigkeit, rund um die Uhr zu arbeiten, ein entscheidender Wettbewerbsvorteil.

Präzision und Zuverlässigkeit: Automatisierte Systeme sind in der Lage, hochpräzise und wiederholbare Aktionen auszuführen. Dies führt zu einer höheren Genauigkeit bei der Sortierung, dem Verpacken und dem Beladen von Gütern. Die Zuverlässigkeit automatisierter Prozesse minimiert Fehlerraten und gewährleistet eine gleichbleibend hohe Qualität der Logistikdienstleistungen.

Sicherung der Wettbewerbsfähigkeit: Unternehmen, die Robotik und Automatisierung im Güterverkehr einsetzen, können ihre Wettbewerbsfähigkeit stärken. Die schnelle und effiziente Abwicklung von Gütertransporten führt zu zufriedeneren Kunden und ermöglicht es Unternehmen, sich als zuverlässige Partner in der Lieferkette zu etablieren. Diejenigen Unternehmen, die den technologischen Fortschritt ignorieren, könnten dagegen Gefahr laufen, den Anschluss an die sich weiter entwickelnde Logistikbranche zu verlieren. Durch leistungsfähigere und vielfältigere Automatisierungslösungen und einer zunehmenden Zahl von Anwendungsfällen werden (Entwicklungs-)Partnerschaften in der Logistikbranche – zwischen Anwendern und Technologieentwicklern, zwischen etablierten Unternehmen und Start-ups – geschlossen, welche die Geschwindigkeit in der Entwicklung und Implementation erhöhen und die Wettbewerbsfähigkeit sichern.

Nachhaltigkeit und Umweltschutz: Automatisierung kann auch einen positiven Einfluss auf die Nachhaltigkeit im Güterverkehr haben. Effizientere Transportrouten, eine optimierte Fahrzeugauslastung und der Einsatz von Elektrofahrzeugen oder alternativen Antrieben können den Energieverbrauch und die CO_2-Emissionen reduzieren. Eine nachhaltige Ausrichtung ist für viele Unternehmen zunehmend wichtig, die Automatisierung bietet hierzu Möglichkeiten (Martin-Soberon et al., 2014).

Herausforderungen: Trotz der zahlreichen Vorteile birgt die Einführung Automatisierung und Robotik im Güterverkehr auch Herausforderungen. Der technologische Wandel erfordert umfassende Investitionen und Schulungen für die Mitarbeitenden, um den Wandel zu bewältigen. Außerdem sind ethische und soziale Aspekte, wie der mögliche Verlust von Arbeitsplätzen oder die Haftung bei Unfällen mit autonomen Fahrzeugen, sorgfältig zu berücksichtigen.

Zusammenfassend lassen sich die nachfolgenden Chancen und Herausforderungen für Technologien der Robotik und Automatisierung herausstellen:

Chancen:
- Steigerung der Agilität und Flexibilität von Logistik-Infrastruktur, um Volatilitäten am Markt zu begegnen
- Gesteigerte Produktivität und Auslastung
- Verbesserte Arbeitssicherheit für Angestellte
- Geringere Ressourcenbindung im Rahmen repetitiver und physisch herausfordernder Prozesse durch Automatisierung ermöglicht den Einsatz von Humanressourcen im Rahmen komplexerer Tätigkeiten

Herausforderungen:
- Rechtliche Anforderungen im Nebeneinander von Robotern und menschlichen Arbeitskräften
- Die Arbeitssicherheitsanforderungen reduzieren die Geschwindigkeit und Mobilität von eingesetzten Automatisierungslösungen
- Ethische Vorbehalte seitens der Arbeitnehmenden-Vertreter und Tarifpartner hinsichtlich des Levels an Automatisierung in Bezug auf die Arbeitsplatzsicherheit von Arbeitnehmenden.

Insgesamt wird die Integration von Automatisierung und Robotik im Güterverkehr in der Branche als eine notwendige und zukunftsweisende Entwicklung angesehen. Die Vorteile in Bezug auf Effizienz, Kosten, Arbeitssicherheit und Nachhaltigkeit überwiegen die Herausforderungen. Unternehmen, die diese Technologien gezielt einsetzen, können ihre Logistikprozesse optimieren und sich einen entscheidenden Wettbewerbsvorteil verschaffen, während gleichzeitig die Chancen für eine nachhaltige und effiziente Zukunft im Güterverkehr gefördert werden.

Die Bedeutung des autonomen Fahrens im Güterverkehr

Das autonome Fahren im Güterverkehr hat das Potenzial, die gesamte Logistikbranche zu revolutionieren. Mit der fortschreitenden Entwicklung von Technologien wie künstlicher Intelligenz und Sensorik könnten Fahrzeuge in naher Zukunft ohne menschliches Eingreifen auf den Straßen unterwegs sein. Der technologische Fortschritt im Bereich des autonomen Fahrens führte in den vergangenen Jahren dazu, dass autonome Einheiten nicht mehr auf abgeschlossenen Betriebshöfen oder in der Intralogistik eingesetzt werden können, sondern ihr Einsatz zunehmend in den öffentlichen und halb-öffentlichen Raum ausgeweitet wird. Der Schwerpunkt der Entwicklung liegt in den Bereichen von Pkw und Lkw, Autonomisierungsprojekte in den Verkehrsträgern Wasser, Schiene und Luft sind deutlich weniger häufig und prominent angesiedelt. Auf der Straße stehen sowohl Anwendungsfälle des Hauptlaufs und der letzten Meile bzw. Zustellung im Fokus, jedoch sind es in der Transportbranche insbesondere auch Umschlagsaktivitäten, welchen ein hohes Potenzial in der Autonomisierung zugerechnet wird. Die Bedeutung des autonomen Fahrens im Güterverkehr ist vielfältig und beeinflusst verschiedene Aspekte der Logistikindustrie.

Effizienzsteigerung: Autonome Lkw und Lieferfahrzeuge können die Effizienz des Güterverkehrs erheblich steigern. Sie sind in der Lage, schneller und präziser zu fahren, da sie nicht von menschlichen Beschränkungen wie Ermüdung oder Ablenkung betroffen sind. Durch eine optimierte Fahrweise und eine ständige Anpassung an den Verkehrsfluss könnten autonome Fahrzeuge Verzögerungen und Staus minimieren, was zu einer insgesamt effizienteren Lieferkette führt.

Kostenreduktion: Die Einführung autonomer Fahrzeuge im Güterverkehr könnte langfristig zu erheblichen Kostenreduktionen führen. Da kein Fahrpersonal mehr benötigt wird, entfallen die damit verbundenen Lohnkosten. Darüber hinaus könnten autonome Lkws durch ihre effiziente Fahrweise auch den Kraftstoffverbrauch senken, was zu weiteren Einsparungen führt. Die seit dem Jahr 2022 im Rahmen von Feldtests und Reallaboren stattfinden Erprobung des autonomen Fahrens zeigen, dass die Autonomisierung von Transportprozessen unmittelbar auf eine Senkung der Lieferzeiten und Betriebskosten wirkt, weshalb die Branche diese Entwicklungen und Erprobungen genau verfolgt. Insgesamt werden durch den breiten Einsatz von Autonomisierung im Transportgewerbe Kostenreduktionen im Güterverkehr um bis zu 60 % vermutet.

Sicherheit: Autonome Fahrzeuge haben das Potenzial, die Straßensicherheit zu verbessern. Die meisten Verkehrsunfälle sind auf menschliches Versagen zurückzuführen, sei es durch Unaufmerksamkeit, Fehleinschätzungen oder Müdigkeit. Autonome Fahrzeuge können diese Fehlerquellen reduzieren, da sie mit Hilfe von Sensoren und Algorithmen eine präzise und vorausschauende Fahrweise gewährleisten können.

Flexibilität: Autonome Fahrzeuge bieten eine höhere Flexibilität im Güterverkehr (Transport-Online, 2023). Sie können rund um die Uhr fahren, ohne dass vorgeschriebene Ruhezeiten des Fahrpersonals eingehalten werden müssen. Dadurch können Lieferungen schneller und pünktlicher erfolgen, was insbesondere bei zeitkritischen Waren von Vorteil ist.

Umweltfreundlichkeit: Die zunehmende Automatisierung im Güterverkehr könnte auch positive Auswirkungen auf die Umwelt haben. Durch eine optimierte Fahrweise könnten autonom fahrende Lkws den Kraftstoffverbrauch und die CO_2-Emissionen reduzieren. Zudem könnten sie den Einsatz von alternativen Antrieben, wie Elektro- oder Wasserstofftechnologien, einfacher integrieren und so zu einer nachhaltigeren Logistik beitragen.

Skalierbarkeit: Autonome Fahrzeuge bieten eine hohe Skalierbarkeit für den Güterverkehr. Unternehmen könnten ihre Flotten flexibel an die jeweilige Nachfrage anpassen, indem sie bei Bedarf mehr autonome Fahrzeuge einsetzen oder diese reduzieren. Dies ermöglicht es Unternehmen, sich an Marktveränderungen anzupassen und ihre Logistikstrategien agiler zu gestalten.

Trotz der vielen Vorteile, die das autonome Fahren im Güterverkehr bietet, gibt es auch einige *Herausforderungen* zu bewältigen. Die Technologie muss noch weiterentwickelt und getestet werden, um eine zuverlässige und sichere Autonomie auf den Straßen zu gewährleisten. Die rechtlichen Rahmenbedingungen und die Haftungsfrage sind weitere wichtige Aspekte, die geklärt werden müssen. Dennoch bieten sich auch zahlreiche *Chancen* für die Logistikindustrie. Unternehmen, die frühzeitig auf autonomes Fahren setzen und in entsprechende Technologien investieren, könnten sich einen Wettbewerbsvorteil verschaffen und ihre Position in der Branche stärken. Außerdem eröffnen sich neue Geschäftsmöglichkeiten, wie zum Beispiel der Betrieb von autonomen Lieferdiensten oder die Entwicklung spezialisierter Technologien für autonomes Fahren in bestimmten Nischen des Güterverkehrs. Zusammenfassend lassen sich die nachfolgenden Chancen und Herausforderungen für die Autonomisierung von Fahrzeugen herausstellen:

Chancen:
- Schnellere und effizientere Transporte mit der Möglichkeit der zeitlichen Verstetigung (24/7 Betrieb)
- Verbesserte Verkehrssicherheit und operative Produktivität, da menschliche Fehler eliminiert werden
- Reduzierte Treibhausgas-Emissionen durch effizienteren Treibstoffverbrauch

Herausforderungen:
- Hohe rechtliche Barrieren in vielen Ländern und damit eine zu erwartende, langsame Verbreitung der Technologie
- Hohe Sicherheitsanforderungen aufgrund der enormen Konsequenzen durch unbeabsichtigte Softwarefehler oder unberechtigten Zugriff (Hacker)

–   Potenziell negative Auswirkungen auf die menschliche Beschäftigungsquote in Einsatzbereichen des autonomen Fahrens und eine somit entstehende Notwendigkeit der Weiterentwicklung von Arbeitsplätzen (Job Enrichment)

Das autonome Fahren im Güterverkehr birgt ein enormes Potenzial, um die Logistikindustrie zu transformieren und den Güterverkehr effizienter, sicherer und nachhaltiger zu gestalten. Die Technologie bietet eine Vielzahl von Vorteilen, wie eine erhöhte Effizienz, Kostenersparnis, verbesserte Sicherheit und Flexibilität. Dennoch gibt es auch Herausforderungen zu bewältigen, die eine sorgfältige Entwicklung und Integration erfordern. Unternehmen, die diese Chancen erkennen und auf autonomes Fahren setzen, könnten die Zukunft der Logistikbranche maßgeblich gestalten.

Die Bedeutung von Unmanned Aerial Vehicles im Güterverkehr
Unmanned Aerial Vehicles (UAVs), auch bekannt als Drohnen, haben in den letzten Jahren einen bemerkenswerten Aufstieg erlebt. Insbesondere im Güterverkehr haben UAVs das Potenzial, die Art und Weise, wie Waren transportiert werden, grundlegend zu verändern.

Schnelle und flexible Lieferungen: UAVs ermöglichen schnelle und flexible Lieferungen von Waren, insbesondere in Gebieten mit schwieriger Infrastruktur oder bei Naturkatastrophen, wo der Zugang durch herkömmliche Transportmittel eingeschränkt ist. Drohnen können Waren direkt zum Zielort fliegen, ohne sich durch den Straßenverkehr oder andere Hindernisse aufhalten zu lassen. Dies kann die Lieferzeiten erheblich verkürzen und dringende Sendungen schnell und zuverlässig an ihren Bestimmungsort bringen.

Reduzierung von Kosten und Emissionen: Der Einsatz von UAVs im Güterverkehr kann zu Kosteneinsparungen führen, da der Bedarf an menschlichen Arbeitskräften und Infrastruktur reduziert wird. Drohnenflüge haben auch das Potenzial, den Kraftstoffverbrauch und die damit verbundenen Emissionen zu minimieren, da sie im Vergleich zu herkömmlichen Transportmitteln weniger Treibstoff verbrauchen (Logxon, 2017).

Letzte Meile-Logistik: Eine der größten Herausforderungen in der Lieferkette ist die sogenannte "letzte Meile". Hierbei handelt es sich um den letzten Abschnitt der Lieferung, der oft kosten- und zeitintensiv sein kann. UAVs können in diesem Bereich einen bedeutenden Beitrag leisten, indem sie Pakete direkt an die Haustür des Kunden oder an entlegene Standorte liefern, ohne dass zusätzliche Transportmittel benötigt werden. Der Lieferdienst auf der letzten Meile, der prominenteste Anwendungsfall für UAVs, hat in den letzten Jahren eine entscheidende Entwicklung durchlaufen. Die hier aktiven Unternehmen fokussieren sich jedoch zumeist auf die Belieferung von abgelegenen Siedlungen mittels UAVs (beispielsweise abgelegene Bergdörfer, Siedlungen oder Halligen) oder auf die Zustellung besonders eiliger Sendungen (beispielsweise Medikamente und Laborproben) in ländlichen Gegenden in Afrika. Bis jedoch der Transport von ganzen Paletten und schweren Sendungen mit mehreren Hundert Kilogramm Gewicht mittels UAVs möglich ist, muss die Technologie in ihren Leistungsparametern noch weiterentwickelt werden. Besonders in den dicht besiedelten Ländern Europas ist der Überflug über bewohntes Gebiet oder kritische Infrastruktur derzeit die zentrale Herausforderung für die Umsetzung des Drohen-Anwendungsfalls der Zustellung auf der letzten Meile (FLS, 2022).

Überwachung und Inspektion: UAVs bieten nicht nur die Möglichkeit, Waren zu transportieren, sondern können auch für Überwachungs- und Inspektionsaufgaben eingesetzt werden. In der Logistik können Drohnen genutzt werden, um Lagerbestände zu überwachen, Frachtcontainer zu inspizieren und die Sicherheit in Logistikzentren zu verbessern. Insgesamt sind die Überwachung und Inspektion von Betriebshöfen, Schienentrassen und Straßen die aktuell bedeutendsten Anwendungsfälle für UAVs. Die Überwachung und Inspektion von Immobilien, Betriebshöfen oder auch Lagerplätzen werden durch Drohnen dahingehend verändert, dass sich der zeitliche Bedarf und personelle Aufwand für diese Tätigkeiten massiv reduzieren lässt. Insgesamt haben die taktischen Drohnen inzwischen ein breiteres Spektrum an Fähigkeiten und zahlreiche Akteure bieten Produkte und Dienstleistungen für zahlreiche Anwendungsfälle an (beispielsweise Nachteinsätze, Gasleck-Suche, Wildtierbekämpfung, Wildtier-Vergrämung, Inspektion von Grundstücksgrenzen).

Erweiterung des Zustellnetzwerks: UAVs können das Zustellnetzwerk von Logistikunternehmen erheblich erweitern. Sie ermöglichen es Unternehmen, neue Zielgruppen zu erreichen, die bisher schwer zugänglich waren. Dies könnte gerade in ländlichen Gebieten oder in Regionen mit schwieriger Topografie von großer Bedeutung sein.

Trotz der zahlreichen Vorteile, die UAVs im Güterverkehr bieten, stehen sie auch vor technologischen *Herausforderungen*. Die Sicherheit und Stabilität des Flugbetriebs muss gewährleistet werden und die Kommunikation zwischen den UAVs und den Bodenkontrollstationen muss hoch zuverlässig sein. Darüber hinaus sind auch die regulatorischen Rahmenbedingungen für den Einsatz von UAVs im kommerziellen Güterverkehr weiterzuentwickeln und anzupassen. Zusammenfassend lassen sich die nachfolgenden Chancen und Herausforderungen für den Einsatz von UAVs herausstellen:

Chancen:
– Sehr schnellere Transportdurchführung, insbesondere in Gegenden mit schwach ausgebauter Boden-Infrastruktur
– Sehr kosteneffiziente Inspektion von abgelegenen Lägern, Assets und Infrastruktur
– Sichere und sehr schnelle Überwachung von Lageraktivitäten und intralogistischer Prozesse

Herausforderungen:
- Regulative Einschränkungen des Einsatzes von UAVs könnten den breiten Einsatz der Technologie verzögern oder sogar verhindern
- Integration von UAV-Verkehr in die Luftraumkonzepte und Luftraumnetzwerke
- Datenschutz-, Lärm- und Sicherheitsbedenken in der Bevölkerung
- Risiko der unauthorisierten Steuerung von UAVs (Hacking)

Unmanned Aerial Vehicles haben das Potenzial, den Güterverkehr in vielerlei Hinsicht zu revolutionieren (BVL, 2021). Trotz einiger technologischer Herausforderungen ist die Integration von Drohnen im Güterverkehr eine vielversprechende Entwicklung, welche die Logistikindustrie in eine effiziente und innovative Zukunft führen kann.

Die Bedeutung des 3D-Drucks im Güterverkehr
Der 3D-Druck, auch bekannt als Additive Fertigung, hat sich zu einer potenzialträchtigen Technologie entwickelt, die nicht nur in der Produktentwicklung, sondern auch im Güterverkehr zukünftig von Bedeutung sein wird. Diese innovative Technologie ermöglicht es, Gegenstände und Bauteile direkt aus digitalen 3D-Modellen zu drucken, anstatt sie in traditionellen Produktionsprozessen herzustellen. Im Güterverkehr eröffnet der 3D-Druck neue Möglichkeiten und erhebliche Vorteile, die die Logistikindustrie nachhaltig verändern könnten.

Dezentrale Produktion: Der 3D-Druck ermöglicht eine dezentrale Produktion, da Gegenstände und Bauteile vor Ort oder in unmittelbarer Nähe des Bedarfs hergestellt werden können. Dies bedeutet, dass Unternehmen nicht mehr ausschließlich auf große, zentralisierte Produktionsstätten angewiesen sind, sondern die Produktion an verschiedene Standorte verlagern können. Dies kann die Notwendigkeit von langen Transportwegen und den damit verbundenen Kosten und Emissionen reduzieren. Da Produkte dezentral hergestellt werden können, entfallen lange Lieferzeiten und Zollformalitäten. Was zu schnelleren Lieferungen und einer beschleunigten Markteinführung neuer Produkte führt. Die Corona-Krise der Jahre 2020 bis 2023 hat gezeigt, dass über Verfahren der additiven Fertigung auch Flexibilitätsvorteile realisiert werden können. Der unerwartete Nachfrageanstieg bei persönlicher Schutzausrüstung und Beatmungsmaschinen führte dazu, dass die herkömmliche Fertigung ihre Produktionskapazitäten nicht rechtzeitig ausweiten konnte. Durch eine dezentrale Produktion hätte in diesem Fall die Produktion von Schutzausrüstung flexibler skaliert werden können.

Reduzierung der Lagerhaltung: Die dezentrale Produktion durch 3D-Druck kann auch zu einer Reduzierung der Lagerhaltung führen. Statt große Mengen an vorgefertigten Produkten zu lagern, können Unternehmen Gegenstände bei Bedarf "on-demand" drucken. Dies reduziert Überbestände und verringert die Lagerkosten (DHL, 2016).

Passive Lagerflächen werden sich daher zunehmend in aktive Fertigungszentren wandeln.

Ersatzteilversorgung: Im Güterverkehr spielt die Verfügbarkeit von Ersatzteilen eine entscheidende Rolle, insbesondere in der Industrie. Mit dem 3D-Druck können Unternehmen Ersatzteile bei Bedarf schnell und kostengünstig drucken, ohne auf Lagerbestände angewiesen zu sein (Deutsche Bahn, 2023). Dies ermöglicht tendenziell eine bessere Wartung und Instandhaltung von Maschinen und Fahrzeugen, was zu weniger Ausfallzeiten und höherer Effizienz führt.

Nachhaltigkeit: Die dezentrale Produktion und die Reduzierung der Lagerhaltung durch den 3D-Druck können auch zu einer Reduzierung der Umweltauswirkungen im Güterverkehr beitragen. Weniger Transportwege und eine effizientere Nutzung von Ressourcen können den CO_2-Ausstoß und den ökologischen Fußabdruck der Logistikindustrie verringern (AEB, 2016).

Obwohl der 3D-Druck viele Vorteile für den Güterverkehr bietet, existieren auch zahlreiche *Herausforderungen*. So sind beispielsweise die Verfügbarkeit, Geschwindigkeit sowie die Größe von 3D-Druckern derzeit noch begrenzt, was die Produktion großer und komplexer Objekte beeinträchtigt. Auch die Materialqualität und -vielfalt sind noch nicht so umfangreich wie in herkömmlichen Produktionsverfahren. Darüber hinaus gibt es auch rechtliche und regulatorische Aspekte zu berücksichtigen, insbesondere im Hinblick auf Patente und geistiges Eigentum. Zusammenfassend lassen sich die nachfolgenden Chancen und Herausforderungen für den Einsatz des 3D-Drucks herausstellen:

Chancen:
– Reduktion von Transportkosten und Leadtimes durch dezentrale, additive Fertigungszentren in Kundennähe
– Logistikdienstleister können sich zu Koordinatoren komplexer Versorgungsketten von Rohmaterialversorgung und Fertigung weiterentwickeln
– Möglichkeit neuer logistiknaher Geschäftsmodelle durch eine Fokussierung auf additive Fertigung

Herausforderungen:
– Die Geschwindigkeit der additiven Fertigung und Herausforderungen bei deren Materialversorgung können Hürden in der breiten Durchsetzung der 3D-Druck-Technologie sein
– Zertifizierungen von digitalen Fertigungsentwürfen, Haftungsthemen und Themen des geistigen Eigentums müssen geregelt werden (Regulierungsbedarf)
– Gefahr von unautorisierten Eingriffen in digitale Entwürfe (Hacking)

Der 3D-Druck hat das Potenzial, den Güterverkehr nachhaltig zu verändern. Trotz einiger Herausforderungen ist es entscheidend, dass Unternehmen die Potenziale dieser

Technologie erkennen und sie strategisch in ihre Logistikprozesse integrieren. Durch den intelligenten Einsatz von 3D-Druck können Unternehmen ihre Lieferketten optimieren, Kosten reduzieren und gleichzeitig die Flexibilität erhöhen.

Literaturverzeichnis

AEB (2026). *Sechs Thesen, wie der 3-D-Druck die Logistik verändert Vorteile und Grenzen der additiven Fertigung*. Whitepaper. Abgerufen am 7.10.2022 unter https://www.aeb.com/media/docs/de/white-paper/whitepaper-3d-druck.pdf

ALICE (o. D.). *About ALICE*. Abgerufen am 7.07.2022 unter https://www.etp-logistics.eu/about-alice/

BMK (2020). *EAGLE – Entwicklung eines automatischen Güterentladesystems*. Mobilität der Zukunft. Abgerufen am 7. Juli 2022 von https://mobilitaetderzukunft.at/de/highlights/eagle.php

BMK (2021). *Mobilitätsmasterplan 2030 für Österreich*. Abgerufen am 6. Juli 2022, von https://www.bmk.gv.at/dam/jcr:6318aa6f-f02b-4eb0-9eb9-1ffabf369432/BMK_Mobilitaetsmasterplan2030_DE_UA.pdf

BMK (2022). *RemiHub – Nutzbarkeit von ÖV-Betriebsflächen für nachhaltige City-Logistik*. Mobilität der Zukunft. Abgerufen am 07.07.2022 unter https://mobilitaetderzukunft.at/de/projekte/guetermobilitaet/remihub.php

BVL (2021). *Drohnen in der Logistik*. Abgerufen am 07.012.2022 unter https://bvl-digital.de/blog/drohnen-in-der-logistik/

Daimler Truck (2021). *Hei Oslo! DB Schenker erweitert nachhaltige City-Logistik in Norwegen mit acht batterieelektrischen FUSO eCanter*. Abgerufen am 16.08.2022 unter https://media.daimlertruck.com/marsMediaSite/de/instance/ko/Hei-Oslo-DB-Schenker-erweitert-nachhaltige-City-Logistik-in-Norwegen-mit-acht-batterieelektrischen-FUSO-eCanter.xhtml?oid=49888606

Deutsche Bahn (2021). *Mehr grüne Logistik für Norwegen*. Abgerufen am 16. August 2022 unter https://gruen.deutschebahn.com/de/news/gruene_logistik_norwegen

Deutsche Bahn (2023). *3D-Druck bringt Züge schneller aufs Gleis*. Abgerufen am 26.09.2023 unter https://www.deutschebahn.com/de/presse/pressestart_zentrales_uebersicht/3D-Druck-bringt-Zuege-schneller-aufs-Gleis-10641506

DHL (2016). *3D Printing and the Future of Supply Chains – A DHL perspective on the state of 3D printing and implications for logistics*. Abgerufen am 16.07.2023 unter https://www.dhl.com/content/dam/dhl/global/core/documents/pdf/dhl-trendreport-3dprinting.pdf

DHL (2023). *DHL Trendradar*. Abgerufen am 15.07.2023 unter https://www.dhl.com/global-en/home/insights-and-innovation/insights/logistics-trend-radar.html

Europäische Kommission (o. D.). *Verkehr und Grüner Deal*. Abgerufen am 06.07.2022 unter https://commission.europa.eu/strategy-and-policy/priorities-2019-2024/european-green-deal/transport-and-green-deal_de

Europäische Kommission (2020). *Mission „Klimaneutrale und intelligente Städte", 100 klimaneutrale Städte bis 2030 – durch und für die Bürgerinnen und Bürger*. Abgerufen am 07.07.2022 unter https://research-and-innovation.ec.europa.eu/system/files/2020-09/ec_rtd_mission-cities-citizens-summary_de.pdf

FLS (2022). *Anwendungsbereiche von Drohnen im urbanen Güterverkehr*. Abgerufen am 06.01.2023 unter https://www.forschungsinformationssystem.de/servlet/is/539547/

Fritz, D., Heinfellner, H. & Lambert, S. (2022). *Die Ökobilanz von schweren Nutzfahrzeugen und Bussen*. Umweltbundesamt. Abgerufen am 16.08.2022 unter https://www.umweltbundesamt.at/fileadmin/site/publikationen/rep0801bfz.pdf

Gorecki, P. & Pautsch, P. (2010). *Lean Management. Auf den Spuren des Erfolges der Managementphilosophie von Toyota und Co*. München: Carl Hanser Verlag.

GrazLog (o. D.). *Das Pilotprojekt* | GrazLog – nachhaltiger Warentransport. Abgerufen am 07.07.2022 unter https://www.grazlog.at/

Hauschildt, J. & Salomo, S. (2007). *Innovationsmanagement* (4., überarbeitete, ergänzte und aktualisierte Aufl.). München: Vahlen.

Krautsack, S. (2016). *Wirkungsorientierung in der angewandten Forschungsförderung am Beispiel der österreichischen Forschungs-, Technologie- und Innovationspolitik im Bereich Mobilität* (unveröffentlichte Masterarbeit). Wien.

Logxon (2017). *Drohnen und Wirtschaftlichkeit – Einsparen von Kosten und Ressourcen.* Abgerufen am 07.011.2022 unter https://www.logxon.com/en/drohnen-und-wirtschaftlichkeit/

Malik, F. (2013). *Strategie: Navigieren in der Komplexität der Neuen Welt* (2. Aufl.). Frankfurt: Campus Verlag.

Martin-Soberon, A. M., Monfort, A., Sapiña, R., Monterde, N., & Calduch, D. (2014). Automation in port container terminals. *Procedia-Social and Behavioral Sciences, 160*, 195–204.

Nefiodow (2014). *Der sechste Kondratieff. Der neue, lange Zyklus der Weltwirtschaft.* Norderstedt: Rhein-Sieg Verlag.

Niederl, T. (2021). Überblick. Abgerufen am 07.07.2022 unter https://www.innofreight.com/unternehmen/uberblick/#:%7E:text=Innofreight%20wurde%202002%20gegr%C3%BCndet%20und,legten%20wir%20in%20der%20Holzindustrie.

OECD & Eurostat (2018). *The Measurement of Scientific, Technological and Innovation Activities Oslo Manual 2018 Guidelines for Collecting, Reporting and Using Data on Innovation,* (4. Aufl.). 's-Hertogenbosch: Van Haren Publishing.

Roy (2020). *Produktionslogistik in Wertschöpfungsnetzwerken,* Technische Universität Berlin.

Schumpeter (1987). *Theorie der wirtschaftlichen Entwicklung – Eine Untersuchung über Unternehmergewinn, Kapital, Kredit, Zins und den Konjunkturzyklus* (7. Aufl.). Berlin: Duncker & Humblot.

Süddeutsche Zeitung (2021). *„Siemensstadt2": Forschungsprojekt zu digitalem Bahnbetrieb.* Süddeutsche.de. Abgerufen am 16.08.2022 unter https://www.sueddeutsche.de/wissen/technik-berlin-siemensstadt-forschungsprojekt-zu-digitalem-bahnbetrieb-dpa.urn-newsml-dpa-com-20090101-210704-99-253732

thinkportVienna (2022). *Erste 200 km Fahrt mit einem vollelektrischen 37-Tonnen VDL-Truck* | thinkport VIENNA. Abgerufen am 07.07.2022 unter https://www.thinkportvienna.at/2022/06/30/erste-200km-fahrt-mit-einem-vollelektrischen-37-tonnen-vdl-truck/

Transport-Online (2023). *Projekt ANITA: Autonom fahrender Lkw steigert Güterumschlag um bis zu 40 Prozent.* Abgerufen am 04.10.2023 unter https://transport-online.de/news/projekt-anita-autonom-fahrender-lkw-steigert-gueterumschlag-um-bis-zu-40-prozent-101152.html

Ugur, M., & Vivarelli, M. (2021). Innovation, firm survival and productivity: the state of the art. *Economics of Innovation and New Technology, 30*(5), 433–467.

5.10 Nachhaltigkeitsmanagement

Verena Ehrler, Dustin Schöder

Konkrete Schlussfolgerungen für das Nachhaltigkeitsmanagement in Unternehmen des Güterverkehrs lassen sich aus gesellschaftlichen Trends und der Bedeutung der Nachhaltigkeit für den Güterverkehr ziehen.

5.10.1 Gesellschaftliche Trends im Wandel

In den letzten Jahrzehnten hat in allen Bereichen von Gesellschaft und Politik das Bewusstsein zugenommen, dass natürliche Ressourcen begrenzt sind. Klimawandel und die Auswirkungen von Emissionen verursachen Kosten, und Erwartungen an Politik und Wirtschaft steigen, dass diese Auswirkungen nicht Ausmaße annehmen, in denen sie die Grundlagen menschlicher Existenz gefährden. Unter dem steigenden Druck, Klima- und Luftqualitätsziele zu erreichen, greifen Länder, Regionen und Städte zu Regulierungsansätzen wie z. B. der Förderung einer Verkehrsverlagerung auf nachhaltige Transportmodi oder die Begrenzung von Zugängen zu Innenstädten über Auflagen, optional auch in Form einer City-Maut.

Gleichzeitig sind Engagements von Unternehmen für nachhaltigere Produktion in der Regel nach wie vor mit Mehrkosten verbunden – sie erfordern die Anschaffung neuer Technologien, oft verbunden mit Investitionen in neue IT-Lösungen, sowie die Reorganisation von Abläufen und Prozessen, begleitet von entsprechenden Schulungsmaßnahmen. Dies alles sind kostspielige und zeitaufwendige Investitionen. Die Mehrkosten an Konsumenten weiter zu reichen, ist dabei in der Regel kaum möglich. Zum einen ist eine zusätzliche Zahlungsbereitschaft für nachhaltigere Transporte und Logistik in breiten Teilen der Bevölkerung nicht vorhanden. Die voranschreitende soziale Schere sorgt darüber hinaus dafür, dass für große Teile der Bevölkerung keine Budgets für die Zusatzbelastungen vorhanden sind. Zum anderen würde eine entsprechende Verteuerung von logistischen Dienstleistungen zu einem Wettbewerbsnachteil für finanziell schwächere Unternehmen in diesem sehr preisgesteuerten Markt führen.

Unternehmen des Güterverkehrs sind deshalb gefordert, neue Wege einzuschlagen. Gerade im Logistik- und Transportbereich sind neue Ansätze notwendig, um die Nachhaltigkeit zu verbessern und den zunehmenden Auflagen zu entsprechen, dabei aber weiter erfolgreich zu wirtschaften und wettbewerbsfähig zu bleiben. Das Management von Güterverkehrsunternehmen muss nicht nur die ökonomische Nachhaltigkeit des eigenen Unternehmens sicherstellen, sondern auch die ökologische und soziale Dimension beachten – ein umfassendes Nachhaltigkeitsmanagement ist notwendig.

5.10.2 Nachhaltigkeitsmanagement im Güterverkehr

Bereits in ihrem 1987 veröffentlichten Bericht hat die damalige Weltkommission für Umwelt und Entwicklung der Vereinten Nationen unter der Leitung der norwegischen Ministerpräsidentin Gro Harlem Brundtland festgehalten, dass „Nachhaltige Entwicklung eine Entwicklung [ist], die den Bedürfnissen der heutigen Generation entspricht, ohne die Fähigkeit künftiger Generationen zu gefährden, ihre eigenen Bedürfnisse zu befriedigen" (Brundtland, 1987). Ziel von Nachhaltigkeitsmanagement muss es demzufolge sein, ein Unternehmen so zu steuern, dass es langfristig wirtschaftlich erfolgreich agiert, ohne die in den Organisations- und Produktionsprozess eingebundenen Menschen auszubeuten und ohne natürliche Ressourcen zu belasten.

Bedeutung des Nachhaltigkeitsmanagements im Güterverkehr

Die folgenden Überlegungen basieren auf dem Ansatz des St. Galler Management-Modells, das Management als Gestaltung, Lenkung und Entwicklung sozialer Systeme definiert (Rüegg-Stürm, 2003). Unternehmen und andere soziale Systeme werden dabei als komplex eingestuft, bestehend aus einer Vielzahl von Elementen, die in Wechselwirkungen miteinander stehen. Bei der Entwicklung und Umsetzung von Nachhaltigkeitszielen handelt es sich somit nicht um ein reines Hinzufügen neuer Elemente oder einzelner Aktivitäten, sondern um eine Umstellung mit tiefgreifenden Auswirkungen auf die Strukturen innerhalb eines Unternehmens, auf seine Kultur und seine Prozesse auf allen Ebenen.

Das Nachhaltigkeitsmanagement betrifft folglich auch den Austausch mit den Interessensgruppen eines Unternehmens. Kapitalgeber, Kunden, Mitarbeitende, Lieferanten, staatliche Organisation aber auch relevante Nichtregierungsorganisationen (Non-Governmental Organizations, kurz: NGOs) und Konkurrenten haben eigene Werte, Bedürfnisse und Erwartungshaltungen und müssen bei einer Umstellung des Nachhaltigkeitsmanagements eines Unternehmens berücksichtigt sein. Diese Anforderung gilt auch für Änderungen des Nachhaltigkeitsmanagements im Güterverkehr. Die Anforderungen an das Nachhaltigkeitsmanagement im Güterverkehr gehen somit über die Abläufe und Prozesse der Logistik und des Lieferkettenmanagements hinaus und erfordern den Einbezug des Umfelds generell und speziell der Stakeholder. Eine Betrachtung der einzelnen Stakeholder des Güterverkehrs, basierend auf dem Ansatz des Neuen St. Galler Management-Modells (siehe Kapitel 1.4), verdeutlicht dies.

Stakeholdergruppe Mitarbeitende: Die Transport- und Logistikbranche klagt seit geraumer Zeit über Fachkräftemangel. Die Entwicklungen der letzten Jahre, einschließlich der Corona–Pandemie und des Brexits, haben diesen Mangel weiter verstärkt. Im Markt Deutschland waren die Landverkehre und Transporte in Rohrfernleitungen die Branche mit dem höchsten Fachkräftemangel (Marjenko, Müller & Sauer, 2021). Eine jährlich, auf globaler Ebene durchgeführte Konsumentenbefragung zeigt, dass die Themen „Gesunder Lebensstil", „Nachhaltigkeit" und „Hilfsbereitschaft" eine steigende Bedeutung unter Jugendlichen haben (GlobalScan, 2020). Im Wettbewerb um Mitarbeitende wird es somit immer wichtiger für Transport- und Logistik, sich im Bereich des Nachhaltigkeitsmanagements zu engagieren.

Stakeholdergruppe Kapitalgeber: Auch im Bereich der Investoren und Kapitalgeber ist seit Beginn der Corona-Krise die Forderung nach Nachhaltigkeit noch deutlicher geworden. Klima-Risiken werden als Finanzrisiko gesehen (BlackRock, 2022) und Versicherungen beschäftigen sich schon seit längerer Zeit mit den Kosten des Klimawandels. Rückversicherer verzeichneten in der ersten Jahreshälfte 2021 bereits Verluste in Höhe von USD 40 Milliarden durch Naturkatastrophen und rechnen damit, dass bis 2050 10 % des globalen BSPs für die Beseitigung von Klimaschäden aufgewandt werden muss (Swiss Re, 2021). Die Kosten für Versicherungen werden somit zunehmen und die Anforderungen an Nachhaltigkeit als Voraussetzung für Finanzierungszusagen werden steigen.

Stakeholdergruppe Kunden: In den letzten Jahren sind die Themen „Umweltverträglichkeit" und „Nachhaltigkeit" immer mehr in das Interesse der Öffentlichkeit gerückt. Die Aktionen von „Fridays for Future" haben wesentlich mit dazu beigetragen, und oft sind es vor allen Dingen die „Millenials", denen die Nachhaltigkeit von Produkten, aber auch von Transporten und generell innovativen Services wichtig sind. Diese steigende Priorität beschränkt sich aber nicht auf jüngere Generationen, sondern kennzeichnet den gesamten Markt (WEF, 2021; Nielsen, 2021). Die ersten Pilotprojekte zum Einsatz von Elektrofahrzeugen für Lieferdienste beginnend etwa im Jahr 2010 waren möglich, weil einzelne Entscheidungsträger sich für diese Innovation mit Aussicht auf eine Verbesserung der Nachhaltigkeit ihrer Organisation begeistern konnten. Sie waren aber auch möglich, da Unternehmen darum bemüht waren, ihre Emissionen zu reduzieren, um vorbereitet zu sein, falls Umweltauflagen strikter werden, und um darüber hinaus den steigenden Kundenerwartungen nach nachhaltigeren Transportketten zu entsprechen. Die Bemühungen um nachhaltigere Transportlösungen von Konkurrenten sind in dieser Situation vor allen Dingen als Benchmark aus Sicht der Kunden von Bedeutung. Ein umweltfreundliches Produkt erhöht den Druck auf die Konkurrenten, ebenfalls die Nachhaltigkeit zu verbessern, um so ein aus Kundensicht qualitativ gleichwertiges Produkt anbieten zu können. Nachhaltigkeit wird aus Sicht des Konsumenten immer mehr eine Grundanforderung und ist deshalb verbreitet in Ausschreibungsverfahren für Logistikdienstleistungen und Güterverkehre als Hygienekriterium enthalten, dies im Sinne von Herzbergs Zwei-Faktoren-Theorie, d. h. ein Kriterium, das erfüllt sein muss, damit der Transportanbieter überhaupt zugelassen wird, an einer Ausschreibung teilzunehmen. Während der aktuelle Verdrängungswettbewerb im Wesentlichen über den Preis gesteuert wird, zeigt die zunehmende Bedeutung der Nachhaltigkeit im Vergleich logistischer Dienstleistungen, dass der qualitativen Dimension wieder mehr Bedeutung zukommt.

Stakeholdergruppe Staatliche Organisationen: Die Motivationen und Aktionen staatlicher Organisationen zur Verbesserung der Nachhaltigkeit von Güterverkehren sind je nach Organisationsebene unterschiedlich. Für regionale und urbane Körperschaften steht die Sicherung der Luftqualität im Vordergrund. Klagen wegen Nicht-Einhaltung der Luftqualitätswerte haben Städte dazu gezwungen, Restriktionen auch für Lieferverkehre zu erlassen. Diese sind teilweise Zonen mit begrenzter Zufahrt (zeitlich limitiert, Fahrzeugtyp oder Abgasklassen limitiert, auch in Fußgängerzonen), oder Zonen, die nur gegen Bezahlung einer Maut zugänglich sind, um so die Verkehrsnachfrage durch motorisierte Fahrzeuge zu reduzieren. Auf nationaler und internationaler Ebene stehen eher Klimaziele im Vordergrund. Die güterverkehrsrelevanten Regulierungen beziehen sich hier auf Emissionsberechnungen und emissionsbedingte Abgaben sowie Gebühren, auf die Förderung von Verlagerungen auf nachhaltigere Transportmodi wie Schienen- und Binnenschiffsverkehre, und auf Auflagen betreffend Fahrzeuggruppen. Ziel ist es dabei, diese Verkehrsverlagerung zu fördern und Kombinierte Verkehre sowie die Multimodalität zu stärken, vor allen Dingen im Vergleich zum reinen Straßengüterverkehr. Neue logistische Ansätze und Technologien wie z. B. Entwicklungen für das Physical Internet, weitere Standardisierungen von Verpackungen und Protokollen für Informationstechnologien im Transportbereich, streben danach, Synchromodalität, d. h. die schnittstellenfreie Verbindung der verschiedenen Transportnetzwerke, zu ermöglichen. Das Ziel des Physical Internets ist es, durch Echtzeit Evaluation aller zur Verfügung stehenden Netzkapazitäten eine optimierte Auslastung aller möglichen Transportkapazitäten zu erreichen, dadurch Leerfahrten über die Netze hinweg zu reduzieren, und so die ökologische Nachhaltigkeit zu verbessern. Eine Optimierung des Nachhaltigkeitsmanagements im Güterverkehr ist somit direkt mit einer die einzelnen Organisationen und Transportmodi übergreifenden Kompatibilität der IT-Strukturen und der Datenverarbeitung verbunden (Montreuil, Meller & Ballot, 2010).

5.10.3 Nachhaltigkeitsmessung und -reporting im Güterverkehr

Im Bemühen um eine Verbesserung der Effizienz ihrer Transporte beschäftigen sich Logistikunternehmen und Transportdienstleiste schon seit einiger Zeit mit der Messung ihres Energieverbrauchs. Nur durch den Vergleich von Messungen, die nach den gleichen Prinzipien durchgeführt wurden, ist feststellbar, welche Lösung sich als effizient erweist. Motiviert durch den Wunsch nach Effizienzverbesserung, verbunden mit dem Bemühen um eine Reduktion der Nachhaltigkeit von Güterverkehren, haben Unternehmen und Interessenverbände Methoden und Ansätze entwickelt, um Transportkettenemissionen zu berechnen. Eine Untersuchung 2011 verweist auf über 100 verschiedene Berechnungsansätze, Werkzeuge und Datensätze für diesen Zweck (de Ree et al., 2012). Um die Nachfrage nach Emissionsberechnungen von Kunden aussagekräftig beantworten zu können, ist ein über alle Transportmodi und in allen Ländern anwendbarer gleicher Ansatz, eine internationale Norm, notwendig. Die ISO 14083 ist eine Norm, die eine solche Vergleichbarkeit ermöglicht. Sie deckt alle Transportmodi ab und macht klare Vorgaben, welche Daten heranzuziehen sind, um die Emissionen von Transportketten zu berechnen (ISO 14083, 2023). Die Norm spezifiziert ebenfalls, wie die Berichterstattung über Transportkettenemissionen erfolgen soll, damit auch Versender und Kunden Transparenz über die durch die Transporte ihrer Güter verursachten Emissionen erlangen. Eine Norm ist aber weder ein Gesetz noch eine Verordnung. Sie kann lediglich ein Leitfaden und eine Referenz sein. Inwieweit sie auf internationaler Ebene Verbindlichkeit gewinnt oder als Basis für Gesetzgebungsinitiativen genutzt wird, ist nicht steuerbar. Es kann also durchaus sein, dass sich Transporteure damit konfrontiert sehen, verschieden Emissionsberechnungen zu erstellen: für den internen Gebrauch, für Partner und Kunden sowie nach Gesetzesvorgaben.

5.10.4 Zielkonflikte im Nachhaltigkeitsmanagement

Im Folgenden wird der Blick auf den Einfluss einer zeitgemäßen Unternehmenskultur auf die Entwicklung von Nachhaltigkeitsstrategien im Güterverkehr gerichtet. Beispielhaft werden einige Wechselwirkungen zwischen Unternehmenskultur und den Nachhaltigkeitsbemühungen im Güterverkehr herausgestellt. Zeitgemäße Unternehmenskulturen, die auf Nachhaltigkeit und Innovation ausgerichtet sind, haben das Potenzial, die Entwicklung und Umsetzung von effektiven Nachhaltigkeitsstrategien im Güterverkehrsbereich zu fördern.

Ein offenes und partizipatives Führungsmodell fördert beispielsweise die Einbindung der Mitarbeiterinnen und Mitarbeiter in die Gestaltung von Nachhaltigkeitsstrategien (Hofstede, 1991). Eine Kultur der Offenheit für Veränderungen unterstützt die Bereitschaft, innovative Ansätze im Güterverkehr zu implementieren (Cameron & Quinn, 2006). Zudem spielt die klare Kommunikation von Unternehmenswerten und -zielen eine zentrale Rolle (Denison, 1990).

Darüber hinaus wirkt eine zeitgemäße Unternehmenskultur auf vielfältige Weise auf die Entwicklung von Nachhaltigkeitsstrategien im Güterverkehr. Erstens fördert sie eine erhöhte Sensibilität für ökologische und soziale Belange, was zu einer verstärkten Integration von Nachhaltigkeitszielen in die Geschäftsstrategien führt (Kotter & Heskett, 1992). Zweitens ermöglicht sie die Schaffung eines Umfelds, in dem innovative Ideen zur Steigerung der Effizienz und Reduzierung der Umweltauswirkungen gefördert werden (Schein, 2010). Drittens trägt sie zur Entwicklung einer nachhaltigkeitsorientierten Unternehmensidentität bei, die wiederum das Engagement von Stakeholdern und Kundinnen/Kunden für nachhaltige Güterverkehrslösungen stärkt.

Parallel zu den kulturellen Themen stehen Güterverkehrsunternehmen vor der anspruchsvollen Aufgabe, ihre Leistungsfähigkeit zu steigern, Kosten zu reduzieren und gleichzeitig nachhaltige Praktiken zu fördern. Diese Ziele können jedoch oft in Konflikt miteinander stehen, da steigende Anforderungen an Leistung und Effizienz häufig zu höheren Kosten führen können. Im Kontext des wachsenden Umweltbewusstseins gewinnen Themen der Nachhaltigkeit aber zunehmend an Bedeutung und erfordern eine ganzheitliche Betrachtung des Zielsystems in Güterverkehrsunternehmen.

Leistungsziele: Leistungsziele in Güterverkehrsunternehmen umfassen Aspekte wie Pünktlichkeit, Lieferzuverlässigkeit und Flexibilität. Die kontinuierliche Verbesserung dieser Parameter kann jedoch zu erhöhten Kosten führen, wenn nicht gleichzeitig Maßnahmen ergriffen werden, um die Effizienz zu steigern.

Kostenziele: Die Senkung der Kosten ist ein zentrales Ziel für Güterverkehrsunternehmen, um wettbewerbsfähig zu bleiben. Jedoch kann eine zu starke Fokussierung auf Kosteneinsparungen die Leistung und die Qualität der Dienstleistungen beeinträchtigen.

Nachhaltigkeitsziele: Die zunehmende Bedeutung von Nachhaltigkeitszielen erfordert eine Neubewertung der traditionellen Zielsetzungen in der Güterverkehrsbranche. Nachhaltigkeit umfasst Umweltaspekte wie Emissionsreduzierung, Energieeffizienz und Ressourcenschonung. Die Integration von Nachhaltigkeitszielen in das Zielsystem eröffnet jedoch gleichzeitig Chancen zur Verbesserung des Kosten-Leistungs-Verhältnisses. Darüber hinaus haben sich weitreichende Kundenerwartungen in Bezug auf die Nachhaltigkeit im Transportgewerbe etabliert, diesen muss ein Güterverkehrsunternehmen gerecht werden, um erfolgreich am Markt agieren zu können.

Die Entwicklung ausgewogener Zielsysteme im Güterverkehr erfordert eine systematische Herangehensweise. Die Herausforderung besteht darin, die drei Dimensionen Leistungen, Kosten und Nachhaltigkeit in Einklang zu bringen. Gleichzeitig bieten sich Chancen, Synergien zwischen diesen Zielen zu identifizieren. Technologische Innovationen wie emissionsarme Antriebssysteme und optimierte Routenplanung können sowohl die Nachhaltigkeitsziele als auch die Effizienz steigern (Taniguchi, Thompson, Yamada & Van Duin, 2001). Effizienzsteigerungen vermögen beispielsweise sowohl die Leistungen als auch die Kosten verbessern (Fernie & Sparks, 2004). Gleichzeitig können Schulungen und Qualifizierungsprogramme für Mitarbeitende zu einer verbesserten Kosteneffizienz beitragen.

Eine entscheidende Rolle spielt die Digitalisierung bei der Förderung von Nachhaltigkeit im Güterverkehr. Sie bietet innovative Lösungen und Technologien, die dazu beitragen, Umweltauswirkungen zu reduzieren, die Ressourceneffizienz zu steigern und die Gesamteffizienz der Logistikprozesse zu verbessern. Die Digitalisierung des Slot-Managements in Terminals oder Logistik-Hubs und auch die Echtzeit-Ortung von Fahrzeugen mit dem Ziel, deren Auslastung zu steigern, sind hier als Beispiele zu nennen. Aber auch hier gibt es Zielkonflikte, denn die zunehmende Digitalisierung verursacht selbst Emissionen, und eine gesteigerte Effizienz führt oft zu einer gesteigerten Nachfrage.

Somit stehen Güterverkehrsunternehmen vor der Herausforderung,
– ihre Effizienz zu steigern, um im Markt wettbewerbsfähig zu bleiben,
– innovative Lösungen zu integrieren, die oft kostenintensiv sind,
– Kundenanforderungen nach nachhaltigeren Services zu entsprechen,
– weiter steigenden Auflagen zu entsprechen,

und dabei attraktive Arbeitsorte anzubieten.

Diese Anforderungen aufeinander abzustimmen, erfordert Managementexpertise und eine geeignete Unternehmensstrategie verbunden mit einer innovativen Unternehmenskultur. In diesem Zusammenspiel ist eine erfolgreiche Positionierung von Güterverkehrsunternehmen im Markt möglich. Wesentlich ist, dass sich Unternehmen klare Nachhaltigkeitsziele setzen, diese in der Unternehmensstrategie verankern und in KPIs festhalten. Nur so ist eine Verbesserung der Nachhaltigkeit mess- und realisierbar (McKinnon, 2018).

Nachfolgend finden sich einige beispielhafte Ansatzpunkte, wie Digitalisierung als ein Treiber von Nachhaltigkeit im Güterverkehr angesehen werden kann:

Logistikoptimierung: Durch den Einsatz digitaler Plattformen, Algorithmen und Echtzeitdaten können Güterverkehrsunternehmen ihre Routenplanung und damit die Termintreue verbessern. Dies führt zu kürzeren Fahrstrecken, reduziertem Kraftstoffverbrauch und geringeren Emissionen von Treibhausgasen.

Fahrzeugmanagement: Die Verwendung von Telematik-Technologien ermöglicht die kontinuierliche Überwachung und Steuerung von Fahrzeugen. Dadurch können antizipativ auch Wartungsbedürfnisse vorhergesagt und der Kraftstoffverbrauch optimiert werden.

Flottensteuerung: Durch die Digitalisierung vermögen Flottenmanager, Echtzeitinformationen über den Zustand der Fahrzeuge, die Verkehrssituation und das Wetter zu erhalten. Dies ermöglicht eine bessere Flottensteuerung, Reduzierung von Leerfahrten und eine Verbesserung der Auslastung.

Ladungsoptimierung: Digitale Plattformen erlauben es, Ladungen optimal zu kombinieren und Transportkapazitäten besser auszulasten. Dies reduziert die Anzahl von Touren und eingesetzten Fahrzeugen, was den Kraftstoffverbrauch und die Umweltauswirkungen verringert.

Alternative Antriebe: Die Digitalisierung unterstützt die Einführung von Elektrofahrzeugen und anderen alternativen Antriebstechnologien. Digitale Lösungen erleichtern die Ladesteuerung, die Planung von Ladeinfrastruktur und die Verwaltung von Energiebedarfen.

Unterstützte Entscheidungsfindung: Durch die Analyse großer Datenmengen können Güterverkehrsunternehmen ihre Entscheidungen datenbasiert treffen. Dies ermöglicht Unternehmen eine effizientere Ressourcennutzung und eine gezielte Reduzierung von Emissionen.

Transparenz: Digitale Lösungen erhöhen die Transparenz entlang der Lieferkette, was die Rückverfolgbarkeit von Waren und die Einhaltung von Umweltauflagen erleichtert. Dies fördert nachhaltige Beschaffungspraktiken und Umweltschutz.

Kollaborative Plattformen: Digitale Plattformen ermöglichen es Unternehmen, Ressourcen gemeinsam zu nutzen und Transportkapazitäten zu teilen. Dadurch werden Leerfahrten reduziert und die Auslastung optimiert.

Verminderter Papierverbrauch: Mittels digitaler Lösungen ist es möglich, Papierdokumente in der Kommunikation – beispielsweise zwischen Verlader und Güterverkehrsunternehmen – durch Daten zu ersetzen. Dies senkt den Papierverbrauch und unterstützt eine nachhaltige Büropraxis.

Insgesamt fördert die Digitalisierung eine ganzheitliche Sichtweise auf die Logistikprozesse im Güterverkehr. Sie ermöglicht eine umfassende Optimierung der Betriebsabläufe, was nicht nur wirtschaftliche Vorteile bietet, sondern auch zu einer Steigerung der Nachhaltigkeit beitragen kann. Die Kombination von Technologie, Datenanalyse und innovativen Ansätzen trägt dazu bei, den Güterverkehr nachhaltiger und umweltfreundlicher zu gestalten.

5.10.5 Ausblick auf zukünftige Entwicklungen des Nachhaltigkeitsmanagements im Güterverkehr

In einer global ausgerichteten und zahlreichen Veränderungstreibern unterworfenen Güterverkehrsbranche gewinnt das Nachhaltigkeitsmanagement zunehmend an Bedeutung. Angesichts der steigenden Umweltauswirkungen, sozialen Erwartungen und regulatorischen Anforderungen steht die Güterverkehrsbranche vor der Herausforderung, nachhaltige Praktiken zu integrieren und zu fördern. Dabei gilt es auch, sich an zukünftigen Entwicklungsströmungen auszurichten, um die Praktiken geeignet priorisieren zu können.

Unternehmensübergreifende Kooperationen: Um Emissionsziele rasch zu realisieren, ist einer der naheliegenden Ansätze die unternehmensübergreifende Kooperation. Dies gilt insbesondere für kleine und mittlere Güterverkehrsunternehmen. Kooperationen ermöglichen die optimierte Nutzung bestehender Infrastrukturen und Ressourcen, und sind die Basis für eine weitergehende Reduzierung von Leerfahrten, die nach wie vor eine große Herausforderung im Gütertransport darstellen, dies im Lichte der damit verbundenen Kosten und Emissionen. Digitale Logistikplattformen werden künftig eine optimierte Koordination und Zusammenarbeit zwischen den verschiedenen Akteuren in Transportketten erlauben, basierend auf einem deutlichen Zuwachs an Transparenz und intelligenten Mechanismen zur Allokation von Sendungen verschiedener Akteure auf die in einem Verbund eingesetzten Transportmittel (McKinnon, 2018).

Technologische Innovationen und Digitalisierung: Die rasante Entwicklung digitaler Technologien wird zweifellos eine zentrale Rolle in der Zukunft des Nachhaltigkeitsmanagements im Güterverkehr spielen. Digitalisierung ermöglicht eine präzise Überwachung und Steuerung von Logistikprozessen, was zu einer verbesserten Effizienz und Reduzierung von Umweltauswirkungen führen kann. Technologien wie das Internet der Dinge (IoT), Big Data und künstliche Intelligenz ermöglichen eine Effizienzverbesserung des Güterverkehrs durch Echtzeitüberwachung von Fahrzeugen und Ladungen, optimierte Routenplanung, die Identifizierung von Effizienzsteigerungspotenzialen und den Einsatz autonomer Fahrzeuge. Es ist davon auszugehen, dass durch die Fähigkeit zum Selbstlernen von Künstlichen Intelligenz diese Effizienzoptimierungsprozesse nochmals weiter beschleunigt werden.

Alternative Antriebe: Die Elektrifizierung des Güterverkehrs wird eine wesentliche Rolle bei der Reduzierung von Emissionen und Luftverschmutzung spielen. Fortschritte in der Batterietechnologie und der Ladeinfrastruktur werden die Einführung von Elektro-Lkws und Lieferfahrzeugen weiter beschleunigen. Darüber hinaus gewinnen alternative Antriebe gestützt auf Wasserstoff und Brennstoffzellen an Bedeutung, da sie langfristig eine emissionsfreie Mobilität ermöglichen können. Die Integration dieser Technologien erfordert nicht nur erhebliche Investitionen in die Infrastruktur, sondern auch eine intensivierte Zusammenarbeit zwischen Regierungen, Herstellern und Güterverkehrsunternehmen.

Multimodale Transportlösungen: Die Zukunft des Güterverkehrs wird besonders in der DACH-Region durch die Förderung multimodaler Transportlösungen gekennzeichnet sein. Die weitgehend nahtlose Integration von Straße, Schiene, Luft und Wasser wird Effizienzsprünge bei der Nutzung verschiedener Transportmittel innerhalb einer Transportkette erlauben. Insbesondere ein spontaner Wechsel der Verkehrsträger wird – basierend auf Prozessstandards und digitalen Lösungen – die Flexibilität in Transportketten erhöhen und einen Beitrag zum Umgang mit punktuellen Engpässen leisten. Dies kann dazu beitragen, Staueffekte auf Straßen, Schienen, Wasserstraßen und Luftkorridoren zu reduzieren, den Energieverbrauch zu senken und den CO_2-Fußabdruck zu verringern.

Kreislaufwirtschaft und Ressourceneffizienz: Die Entwicklung hin zu einer Kreislaufwirtschaft wird im Güterverkehr an Bedeutung gewinnen. Unternehmen werden vermehrt darauf abzielen, Produkte und Verpackungen wiederverwendbar, reparierbar und recycelbar zu gestalten. Die schrittweise Umstellung auf nachhaltige Beschaffungspraktiken und die Förderung von Produktdesigns mit geringeren Umweltauswirkungen werden die Abfallmengen ebenso wie den Ressourcenverbrauch reduzieren.

Lieferkettenmanagement: Zukünftig werden Unternehmen vermehrt bestrebt sein, ihre Lieferketten nachhaltig zu gestalten. Dies umfasst die Auswahl von Lieferanten und Logistikdienstleistern, die soziale und ökologische Standards erfüllen, ebenso wie die Integration ethischer Prinzipien entlang der gesamten Wertschöpfungskette. Transparenz in Bezug auf Lieferanten / Dienstleister und Lieferketten wird dazu beitragen, soziale Missstände und Umweltauswirkungen zu reduzieren.

Regulatorische Anforderungen: Die Güterverkehrsbranche wird in Zukunft verstärkt mit strengeren regulatorischen Anforderungen und Standards konfrontiert sein. Regierungen und internationale Organisationen werden in Europa die Emissionsnormen verschärfen und weitere Umweltauflagen einführen. Unternehmen werden sich auf verstärkte Compliance-Maßnahmen einstellen müssen, um den rechtlichen Anforderungen gerecht zu werden.

Stakeholder-Engagement: Konsumenten und Konsumentinnen sowie Investoren werden weiterhin Unternehmen dazu drängen, ihre Nachhaltigkeitsbemühungen zu verstärken. Transparenz und Offenlegung von Nachhaltigkeitskennzahlen werden zur Norm werden, da Unternehmen ihre soziale und ökologische Verantwortung nachweisen müssen.

Soziale Verantwortung: Das Nachhaltigkeitsmanagement im Güterverkehr wird sich nicht nur auf ökologische Aspekte konzentrieren, sondern auch soziale Verantwortung umfassen. Unternehmen werden verstärkt darauf achten, die Sicherheit und Gesundheit ihrer Mitarbeitenden zu gewährleisten und faire Arbeitsbedingungen in Wertschöpfungsnetzwerken zu fördern.

Forschung und Entwicklung: Die kontinuierliche Forschung und Entwicklung neuer Technologien, Materialien und Prozesse wird die Grundlage für innovative Nachhaltigkeitslösungen im Güterverkehr bilden. Unternehmen, die in Forschungsprojekte investieren und Partnerschaften mit Forschungseinrichtungen eingehen, werden sich einen Wettbewerbsvorteil verschaffen und als Pioniere dazu beitragen, die Branche nachhaltiger zu gestalten.

Bildung: Die Zukunft des Nachhaltigkeitsmanagements im Güterverkehr erfordert gut ausgebildete Fachkräfte. Bildungsinitiativen, Schulungen und Weiterbildungsprogramme werden dabei unterstützen, das nötige Know-how für die Veränderungstreiber im Nachhaltigkeitsmanagement von Güterverkehrsunternehmen aufzubauen und anzuwenden.

Literaturverzeichnis

BlackRock (2022). *Climate risk is investment risk, which is why we've built Aladdin Climate*. Abgerufen am 06.06.2023 unter https://www.blackrock.com/institutions/en-gb/insights/portfolio-design/climate-risk-is-investment-risk

Brundtland-Bericht (1987). *Brundtland-Bericht.* Abgerufen am 06.06.203 unter https://www.are.admin.ch/are/de/home/medien-und-publikationen/publikationen/nachhaltige-entwicklung/brundtland-report.html

Cameron, K. S. & Quinn, R. E. (2006). *Diagnosing and changing organizational culture: Based on the competing values framework*. Hoboken: John Wiley & Sons.

De Ree, D., Ton, J., Davydenko, I., Chen, M., Kiel, J., Auvinen, H. & Mäkelä, K. (2012). *COFRET Deliverable 3.1. Assessment and typology of existing CO_2 calculation tools and methodologies.*

Denison, D. R. (1990). *Corporate culture and organizational effectiveness*. New York: John Wiley & Sons.

Fernie, J., & Sparks, L. (2004). *Logistics and retail management: emerging issues and new challenges in the retail supply chain*. London: Kogan Page Publishers.

GlobalScan. (2020). *Healthy & Sustainable Living*. Abgerufen am 15.05.2023 unter https://globescan.com/trends/healthy-sustainable-living/

Hofstede, G. (1991). *Cultures and Organizations: Software of the Mind*. London: McGraw-Hill.

ISO 14083 (2023). *Greenhouse gases – Quantification and reporting of greenhouse gas emissions arising from transport chain operations.*

Kotter, J. P. & Heskett, J. L. (1992). *Corporate culture and performance.* New York: Free Press.

Marjenko, A., Müller, M. & Sauer, S. (2021). Fachkräftebarometer: Jedes fünfte deutsche Unternehmen wird derzeit durch Fachkräftemangel beeinträchtigt. *Ifo Institut, 74,* 57–59.

McKinnon, A. (2018): *Decarbonizing Logistics: Distributing Goods in a Low Carbon World.* London: Kogan Page.

Montreuil, B., Meller, R. D. & Ballot, E. (2010). Towards a Physical Internet: the Impact on Logistics Facilities and Material Handling Systems Design and Innovation. *11th IMHRC Proceedings, Milwaukee.*

Nielsen (2021). *Sustainability in a post-Covid world and the emerging "conscious shopper".* Abgerufen am 04.08.2023 unter https://nielseniq.com/global/en/insights/education/2021/sustainability-in-a-post-covid-world-and-the-emerging-conscious-shopper/

Rüegg-Stürm, J. (2003). *Das neue St. Galler Management-Modell: Grundkategorien einer integrierten Managementlehre: der HSG-Ansatz.* Bern: Haupt.

Schein, E. H. (2010). *Organizational culture and leadership* (4. Aufl.). Hoboken: John Wiley & Sons.

Swiss Re (2021). *The economics of climate change, Climate change poses the biggest long-term risk to the global economy. No action is not an option.* Abgerufen am 04.10.2023 unter https://www.swissre.com/institute/research/topics-and-risk-dialogues/climate-and-natural-catastrophe-risk/expertise-publication-economics-of-climate-change.html

Taniguchi, E., Thompson, R. G., Yamada, T. & Van Duin, R. (2001). *City logistics: Network Modelling and Intelligent Transport Systems.* Bingley: Emerald

WEF (2021). *The global eco-wakening: how consumers are driving sustainability.* Abgerufen am 04.10.2023 unter https://www.weforum.org/agenda/2021/05/eco-wakening-consumers-driving-sustainability/

6 Güterverkehr in der Gesamtschau der Wirkungszusammenhänge

Dustin Schöder, Ludwig Häberle, Wolfgang Stölzle

Der Güterverkehr spielt eine entscheidende Rolle in einer Volkswirtschaft, indem er den reibungslosen Austausch von Waren und Dienstleistungen ermöglicht. In diesem hochkomplexen Umfeld interagieren Markt, Unternehmen und Politik auf vielfältige Weise miteinander und beeinflussen die Entwicklung der Branche maßgeblich. Diese Interaktionen formen nicht nur die gegenwärtige Landschaft im Güterverkehr, sondern werfen auch Licht auf zukünftige Trends und Herausforderungen.

Der Markt im Güterverkehrssektor wird von einer Vielzahl von Faktoren beeinflusst, darunter globale wirtschaftliche Entwicklungen, Veränderungen im Konsumverhalten, technologische Fortschritte und geopolitische Ereignisse. Diese Faktoren schaffen eine dynamische Umgebung, in der Unternehmen agieren und reagieren müssen. Angebot und Nachfrage bilden das Herzstück dieser Dynamik. Wenn die Nachfrage nach bestimmten Produkten steigt, erhöht sich in der Regel auch der Bedarf an Transporten und Logistikdienstleistungen.

Ein herausragendes Beispiel für die Auswirkungen des Marktes auf den Güterverkehr ist die steigende Bedeutung des Onlinehandels. Die zunehmende Online-Shopping-Präferenz hat über Jahre zu einem deutlichen Anstieg des B2B- und B2C-Verkehrs geführt, wodurch auch die Notwendigkeit effizienter Last-Mile-Lösungen entstanden ist. Güterverkehrsunternehmen, hier insbesondere im KEP-Bereich, müssen mehr Kapazitäten bereitstellen, um die zunehmende Anzahl von Paketen in den Transportnetzwerken zu bewältigen, dies verknüpft mit steigenden Erwartungen der Endkunden an individualisierte Zustellorte und Zeitfenster gepaart mit immer kürzeren Lieferzeiten (z. B. same day delivery). Die KEP-Dienstleister bauen folglich ihren Fahrzeugbestand sowie die Zahl der Touren aus und investieren in neue Paketzentren und Depots. Ergänzend wird mit Zustellrobotern, neuer Automatisierungstechnik in Depots und Drohnen für die Paketzustellung experimentiert. Zudem steigen immer mehr Anbieter in den boomenden Paketmarkt ein, so dass sich der Wettbewerbsdruck erhöht.

In der Folge häufen sich Verkehrsüberlastungen in urbanen Regionen, parallel parkierende Fahrzeuge von KEP-Dienstleistern sind längst zum öffentlichen Ärgernis geworden. Zudem werden die Emissionswirkungen der Fahrzeuge kritisiert. Aufgrund des spürbaren gesellschaftlichen Drucks agieren politische Entscheidungsträger mit Maßnahmen insbesondere für urbane Regionen. Restriktiv wirken beispielsweise zeitliche Einfahrtbeschränkungen für Fußgängerzonen, die Einführung von City-Mauten, Verbote für Diesel-betriebene Zustellfahrzeuge oder auch Sozialvorschriften für das Zustellpersonal wie etwa den Mindestlohn. Steuerliche Anreize werden beispielsweise für den Einsatz von emissionsfreien Fahrzeugen insbesondere für die letzte Meile ausgelobt. Die Politik nimmt demnach direkt Einfluss auf die Güterverkehrsanbieter, sei es

https://doi.org/10.1515/9783110773040-006

durch Regulierungen, Steuern, Umweltvorschriften oder grenzüberschreitend durch internationale Handelsabkommen. Im Zuge der Bemühungen zur Reduzierung von Treibhausgasemissionen und Luftverschmutzung haben viele Länder Anreize für den Einsatz von alternativ angetriebenen Fahrzeugen geschaffen.

Emissionsvorschriften und Umweltstandards beeinflussen die Entscheidungen der Güterverkehrsunternehmen beispielsweise im Hinblick auf die Fahrzeugtechnologie oder die Kraftstoffauswahl. Dies bewegt Unternehmen dazu, in alternative Antriebslösungen wie Elektromobilität und Wasserstofftechnologie zu investieren. Die Entwicklung neuer Technologien versetzt die Unternehmen in die Lage, Echtzeitdaten zu nutzen, um Routen zu optimieren, Zustellzeiten zu verkürzen und die Zufriedenheit von Geschäfts- und Privatkunden zu steigern. Datenanalyse und künstliche Intelligenz ermöglichen es den Anbietern, belastbare Vorhersagen über Nachfrage und Kapazitäten zu treffen, was zu einer effizienteren Ressourcennutzung führt. Die technologischen Innovationszyklen verkürzen sich spürbar. Das Internet der Dinge (IoT), Big Data und künstliche Intelligenz etablieren sich als Eckpfeiler einer zeitgemäßen Logistik. Das IoT ermöglicht eine nahtlose Kommunikation zwischen Fahrzeugen, Lagern und Logistik-Hubs, was die Echtzeitverfolgung von Sendungen und eine bessere Kontrolle über Transportketten ermöglicht. Die Unternehmen im Güterverkehrssektor reagieren damit auf Markttrends ebenso wie auf politische Vorgaben, um wettbewerbsfähig zu bleiben. Die Art und Weise, wie Unternehmen vorgehen, kann wiederum den Markt und die politischen Entscheidungen beeinflussen. Offenbar führen Entscheidungen in einem Bereich (Markt, Unternehmen, Politik) zu Reaktionen in den anderen Bereichen. Interdependente Entscheidungen bewirken im Zeitverlauf ständige Anpassungen, so dass Entscheidungsträger der Güterverkehrsunternehmen gefordert sind, bei eigenen Entscheidungen die Reaktionen des Marktes und der Politik zu antizipieren.

Die Logistikbranche steht zukünftig vor einer Reihe von Herausforderungen und Veränderungen, die in den kommenden Jahren von Bedeutung sein werden. Die fortschreitende Automatisierung und die bevorstehende Einführung von autonomen Fahrzeugen könnten die Effizienz der Transportketten steigern, aber auch Auswirkungen auf die Art und Anzahl der benötigten Arbeitskräfte haben. Die Politik wird bei der Gestaltung der Rahmenbedingungen dieser Veränderungen eine Schlüsselrolle spielen, um Arbeitsplatzverluste möglichst zu vermeiden. Der Fachkräftemangel in der Logistik- und Güterverkehrsbranche wird angesichts der demographischen Entwicklung zukünftig – speziell in der DACH-Region – ebenfalls eine anhaltende Herausforderung sein. Der Mangel an qualifiziertem Fahrpersonal, Lager-Mitarbeitenden und Logistikexperten könnte das Wachstum der Branche einschränken. Unternehmen müssen in Ausbildung und Schulung investieren, um die benötigten Fähigkeiten in der Belegschaft aufzubauen. In diesem Spannungsfeld von Politik, Markt und Unternehmen werden Nachhaltigkeit, Digitalisierung und Innovation als zentrale Treiber in den kommenden Jahren maßgeblichen Einfluss auf den Güterverkehrssektor nehmen (siehe Abbildung 6.1).

Nachhaltigkeit
Digitalisierung
Innovation

Eigenschaften
Marktsegmente

Markt

Güterverkehr

Politik

Unternehmen

Infrastruktur
Finanzierung
Verkehrspolitik
Regulierung

Akteure
Organisation
Strategische Positionierung
Geschäftsmodelle
Kapazitäten
Kosten
Preise
Innovation

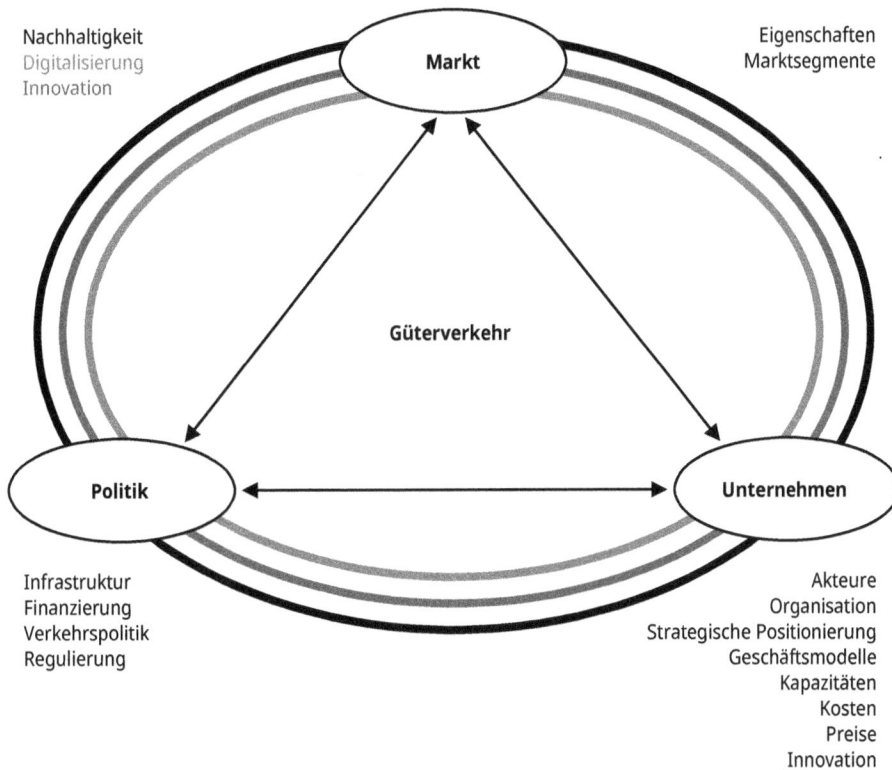

Abbildung 6.1: Systemelemente im Güterverkehr im Spannungsfeld von Nachhaltigkeit, Digitalisierung und Innovation.

Insgesamt ist der Güterverkehrssektor ein dynamisches Umfeld, in dem Marktverän-derungen, politische Entscheidungen und Unternehmensstrategien eng miteinander verknüpft sind. Die Entwicklung der Branche wird von der fortschreitender Technolo-gieintegration, der Forderung nach Nachhaltigkeit und der fortschreitenden Digitali-sierung geprägt. Die Zukunft bringt sowohl Chancen als auch Herausforderungen mit sich, die von allen Beteiligten – Unternehmen, Politikern und Verbrauchern – gemein-sam angegangen werden müssen, um eine effiziente, nachhaltige und reibungslose Logistik zu gewährleisten.

Autoren

Sarah Bittner-Krautsack (geb. 1985) ist Mobilitätsexpertin mit langjähriger Erfahrung in der Verwaltung. Sie hat 15 Jahre Forschungs-, Technologie- und Innovationspolitik und -strategien im Bereich Mobilität und Logistik auf nationaler und europäischer Ebene gestaltet. Aktuell verantwortet sie im Kontext der Stadtentwicklung und -planung in der Stadt Wien strategische Mobilitätskonzepte, übergeordnete Angelegenheiten der Mobilitätsplanung und der Hauptverkehrsnetze sowie Koordination der einschlägigen Fachplanungen v. a. der Generellen Planung von U-Bahnen, Straßenbahnen und dem Hauptradwegenetz.

Der Bundesminister für Verkehr, Bau und Wohnungswesen a. D. **Kurt Bodewig** (geb. 1955) beschäftigt sich seit Jahrzehnten mit der Entwicklung der Verkehrsinfrastruktur in Deutschland. Unter anderem hatte er den Vorsitz der beiden VMK-Kommissionen „Nachhaltige Verkehrsinfrastrukturfinanzierung" (2013) und „Bau und Unterhaltung des Verkehrsnetzes in Deutschland" (2016/17), deren Mitglieder Minister mit Verkehrsressort in den Ländern waren. Er befasste sich mit ebenfalls mit der Finanzierung der europäischen Verkehrsnetze, u. a. als Co-Autor des CBS-Reports und des gleichnamigen europäischen Aktionsplans „New financial schemes for European transport infrastructure". Er ist Honorarprofessor der Hochschule Osnabrück für Verkehrslogistik und Verkehrspolitik.

Prof. Dr. Verena Ehrler (geb. 1965) ist Professorin für International Supply Chain Management an der IÉSEG School of Management in Lille, Frankreich. Verena Ehrler hat eine langjährige, international erfolgreiche Karriere als Managerin im Bereich Logistik und Supply Chain Management in der Industrie durchlaufen, bevor sie in die Forschung und Lehre wechselte. Ihr Forschungsschwerpunkt sind die Verbesserung der Nachhaltigkeit und der Effizienz von Transportnetzen und in der Logistik. Zudem war sie war Convenor der ISO 14083 zur Berechnung von Transportkettenemissionen.

Prof. Dr. Alexander Eisenkopf (geb. 1962) ist Professor für Wirtschafts- und Verkehrspolitik an der Zeppelin Universität Friedrichshafen mit langjähriger Erfahrung in den Feldern Verkehrsökonomie und Verkehrspolitik. Seine Publikationen fokussieren Fragen der Infrastrukturpolitik, der Schienenverkehrspolitik und der umweltpolitischen Regulierung des Verkehrssektors. Er ist darüber hinaus seit vielen Jahren in der Beratung von Politik und Wirtschaft zu verkehrspolitischen Themen aktiv.

Ludwig Häberle (geb. 1995) studierte Betriebswirtschaftslehre (M.A. HSG) sowie Psychologie (B.Sc.) an den Universitäten St.Gallen, Mannheim und Jyväskylä. Zu seinen Forschungs- und Beratungsschwerpunkten zählen nachhaltige Güterverkehrssysteme, die Entwicklung von Transportkosten und -preisen sowie Marktanalysen unter besonderer Berücksichtigung des Straßengüterverkehrs. In seinem Dissertationsprojekt beschäftigt er sich mit Sharing im Güterschwerlastverkehr.

Prof. Dr. Christian Kille (geb. 1972) ist Professor für Handelslogistik und Operations Management an der Technischen Hochschule Würzburg-Schweinfurt, leitet dort den Studiengang Bachelor Betriebswirtschaft und ist Dozent an der TU München für Vorlesungen des Masterprogramms in Singapur. Zuvor war er Leiter des Geschäftsfelds Markt am Fraunhofer-Institut in Nürnberg. Seine Expertise liegt in den Bereichen Prognose und Trenduntersuchungen in der Logistik sowie Handelslogistik und Logistikimmobilien.

Prof. Dr. Dr. h.c. Andreas Knorr (geb. 1964) ist Inhaber der Professur für Volkswirtschaftslehre, insbesondere Wirtschafts- und Verkehrspolitik, an der Deutschen Universität für Verwaltungswissenschaften Speyer. Seine verkehrswissenschaftlichen Forschungsinteressen liegen primär auf Problemstellungen der deutschen und europäischen Luft- und Schienenverkehrspolitik sowie auf dem KEP-Markt. Er ist langjähriges Mitglied des Wissenschaftlichen Beirats beim Bundesminister für Digitales und Verkehr (BMDV).

https://doi.org/10.1515/9783110773040-007

Yannik Kohleisen (geb. 2003) hält einen Bachelor der Universität St.Gallen und bringt die Kombination aus akademischem Fachwissen einerseits sowie praxisorientierte Einblicke in den Güterverkehr andererseits mit. Als studentischer Mitarbeiter an der Universität St. Gallen mit familiären Wurzeln in der Güterverkehrs- und Lebensmittellogistik repräsentiert er die Zielgruppe dieses Lehrbuchs. Seine Interessensschwerpunkte liegen im Supply-Chain-, Informations- und Datenmanagement.

Der Betriebswirt **Matthias Magnor** (geb. 1974), Vorstand der BLG AG, besitzt langjährige Erfahrung im Management von Logistikunternehmen. Über berufliche Stationen in Handel, Einkauf, Produktion und Logistikdienstleistung erwarb er sich umfangreiche Expertise in der Führung privater und teilstaatlicher Logistik- und Güterverkehrsunternehmen. Der berufliche Fokus liegt in den Bereichen Strategieentwicklung und -implementierung, Turn-Around-Management und Wachstum mit Fokus auf Unternehmenskultur, Innovationen und Nachhaltigkeit.

Der Wirtschaftsingenieur **Dr.-Ing. Daniel Roy** (geb. 1981) besitzt eine langjährige, internationale Beratungserfahrung für Value Chain, Operational und Digital Excellence. Im Anschluss an seine erste berufliche Station mit dem Fokus Lean Management, Six Sigma und Automation, promovierte er über cyber-physische Logistiksysteme in Industrie 4.0. Mit der Rückkehr in die Management-Beratung erweiterte er seine operative und strategische Fabrik-Expertise auf die Excellence von Logistik- und Produktionsnetzwerken sowie deren Digitalisierung.

Der Betriebswirt **Dr. Christian Schneider** (geb. 1966) bekleidete verschiedene Führungspositionen bei namhaften Unternehmen im Bereich Transport, Logistik und Verkehr, unter anderem als Bereichsleiter, Niederlassungsleiter, Kaufmännischer Geschäftsführer und Alleingeschäftsführer. Seit Januar 2024 ist er bei einer international tätigen Beratungsgesellschaft im Competence Center Restructuring tätig. Christian Schneider ist Buch-Herausgeber, Autor einer Reihe von Fachbeiträgen sowie Lehrbeauftragter und Dozent, unter anderem an der Akademie für Verkehrswirtschaft und der Europäischen Fernhochschule Hamburg.

Der Betriebswirt **Dr. Dustin Schöder** (geb. 1985) besitzt eine langjährige Erfahrung im Management von Güterverkehrsunternehmen. Über berufliche Stationen in der Forschung und Lehre sowie im Landverkehr, speziell auch dem Schienengüterverkehr, eignete er sich umfangreiche Expertise der Logistik- und Güterverkehrsbranche an. Sein beruflicher Fokus liegt auf den Bereichen Strategieentwicklung, Innovations- und Nachhaltigkeitsmanagement.

Der Diplom-Wirtschaftsinformatiker **Prof. Dr. Michael Schüller** (geb. 1966) verantwortet den Bereich Supply Chain Management an der Hochschule Osnabrück in der Fakultät für Management, Kultur und Technik am Campus Lingen. Er verfügt über langjährige Erfahrungen im universitären Umfeld Chinas (Aufbau und Leitung eines internationalen Logistik-Bachelorprogramms, Ehrenprofessor der Universität Hefei, Träger des Huangshan-Freundschaftspreises). Zuvor zwölf Jahre Tätigkeit in der Praxis, unter anderem bei Dr. Oetker und im Lufthansa-Konzern.

Der Betriebswirt **Prof. Dr. Wolfgang Stölzle** (geb. 1962) ist neben seiner akademischen Laufbahn im Bereich Supply Chain Management und Logistik auch beratend tätig sowie Mitglied in mehreren Verwaltungs- und Beiräten. Zu seinen Arbeitsschwerpunkten zählen u. a. der Straßen- und der Schienengüterverkehr, dort speziell der Innovationstransfer, das Management von Kapazitäten sowie die Entwicklung von Transportkosten und -preisen.

Abbildungsverzeichnis

https://doi.org/10.1515/9783110773040-008

Tabellenverzeichnis

https://doi.org/10.1515/9783110773040-009

Register

https://doi.org/10.1515/9783110773040-010